Constituição da República Federativa do Brasil e Legislação Correlata

Guilherme Peña de Moraes
Organizador

Constituição da República Federativa do Brasil e Legislação Correlata

7ª Edição

São Paulo
Editora Atlas S.A. 2015

As 5 primeiras edições foram publicadas
pela Editora Lumen Juris; 6. ed. 2013; 7. ed. 2015

Capa: Leonardo Hermano

Projeto Gráfico de Miolo: Luciano Assis e Ronaldo Alexandre
Composição: Set-up Time Artes Gráficas

Dados Internacionais de Catalogação na Publicação (CIP)
(Câmara Brasileira do Livro, SP, Brasil)

Brasil
[Leis etc.]
Constituição da República Federativa do Brasil e legislação correlata / Guilherme Peña de Moraes, organizador; Daniel Petrocelli, colaborador. – 7. ed. – São Paulo: Atlas, 2015.

Bibliografia.
ISBN 978-85-224-9900-7
ISBN 978-85-224-9901-4 (PDF)

1. Brasil – Constituição (1988) I. Moraes, Guilherme Peña de.
II. Petrocelli, Daniel. III. Título.

12-14070
CDU-342.4(81) "1988"

Índice para catálogo sistemático:

1. Brasil: Constituição de 1988 342.4(81) "1988"

Depósito legal na Biblioteca Nacional conforme Lei nº 10.994, de 14 de dezembro de 2004.

Impresso no Brasil/*Printed in Brazil*

Editora Atlas S.A.
Rua Conselheiro Nébias, 1384
Campos Elísios
01203 904 São Paulo SP
011 3357 9144
atlas.com.br

Esta obra é dedicada a todos aqueles que tiveram os seus direitos fundamentais violados durante a história política brasileira, na esperança de que a ordem constitucional, efetivamente democrática, se perpetue entre nós.

ÍNDICE SISTEMÁTICO

Abreviaturas, xv

Considerações preliminares, xvii

CONSTITUIÇÃO DA REPÚBLICA FEDERATIVA DO BRASIL, 1

PREÂMBULO, 1

TÍTULO I – Dos Princípios Fundamentais, 1

TÍTULO II – Dos Direitos e Garantias Fundamentais, 3

CAPÍTULO I – Dos Direitos e Deveres Individuais e Coletivos, 3

CAPÍTULO II – Dos Direitos Sociais, 19

CAPÍTULO III – Da Nacionalidade, 25

CAPÍTULO IV – Dos Direitos Políticos, 27

CAPÍTULO V – Dos Partidos Políticos, 30

TÍTULO III – Da Organização do Estado, 30

CAPÍTULO I – Da Organização Político-Administrativa, 30

CAPÍTULO II – Da União, 31

CAPÍTULO III – Dos Estados Federados, 44

CAPÍTULO IV – Dos Municípios, 46

CAPÍTULO V – Do Distrito Federal e dos Territórios, 52
Seção I – Do Distrito Federal, 52
Seção II – Dos Territórios, 53
CAPÍTULO VI – Da Intervenção, 54
CAPÍTULO VII – Da Administração Pública, 56
Seção I – Disposições Gerais, 56
Seção II – Dos Servidores Públicos, 62
Seção III – Dos Militares dos Estados, do Distrito Federal e dos Territórios, 68
Seção IV – Das Regiões, 68
TÍTULO IV – Da Organização dos Poderes, 69
CAPÍTULO I – Do Poder Legislativo, 69
Seção I – Do Congresso Nacional, 69
Seção II – Das Atribuições do Congresso Nacional, 70
Seção III – Da Câmara dos Deputados, 73
Seção IV – Do Senado Federal, 74
Seção V – Dos Deputados e dos Senadores, 76
Seção VI – Das Reuniões, 79
Seção VII – Das Comissões, 80
Seção VIII – Do Processo Legislativo, 81
Subseção I – Disposição Geral, 81
Subseção II – Da Emenda à Constituição, 82
Subseção III – Das Leis, 83
Seção IX – Da Fiscalização Contábil, Financeira e Orçamentária, 88
CAPÍTULO II – Do Poder Executivo, 91
Seção I – Do Presidente e do Vice-Presidente da República, 91
Seção II – Das Atribuições do Presidente da República, 93
Seção III – Da Responsabilidade do Presidente da República, 96
Seção IV – Dos Ministros de Estado, 97
Seção V – Do Conselho da República e do Conselho de Defesa Nacional, 97
Subseção I – Do Conselho da República, 97
Subseção II – Do Conselho de Defesa Nacional, 98
CAPÍTULO III – Do Poder Judiciário, 99
Seção I – Disposições Gerais, 99
Seção II – Do Supremo Tribunal Federal, 109
Seção III – Do Superior Tribunal de Justiça, 117
Seção IV – Dos Tribunais Regionais Federais e dos Juízes Federais, 120
Seção V – Dos Tribunais e Juízes do Trabalho, 123
Seção VI – Dos Tribunais e Juízes Eleitorais, 126
Seção VII – Dos Tribunais e Juízes Militares, 128
Seção VIII – Dos Tribunais e Juízes dos Estados, 128

CAPÍTULO IV – Das Funções Essenciais à Justiça, 129
Seção I – Do Ministério Público, 129
Seção II – Da Advocacia Pública, 136
Seção III – Da Advocacia, 137
Seção IV – Da Defensoria Pública, 137
TÍTULO V – Da Defesa do Estado e das Instituições Democráticas, 138
CAPÍTULO I – Do Estado de Defesa e do Estado de Sítio, 138
Seção I – Do Estado de Defesa, 138
Seção II – Do Estado de Sítio, 139
Seção III – Disposições Gerais, 141
CAPÍTULO II – Das Forças Armadas, 141
CAPÍTULO III – Da Segurança Pública, 143
TÍTULO VI – Da Tributação e do Orçamento, 145
CAPÍTULO I – Do Sistema Tributário Nacional, 145
Seção I – Dos Princípios Gerais, 145
Seção II – Das Limitações do Poder de Tributar, 148
Seção III – Dos Impostos da União, 151
Seção IV – Dos Impostos dos Estados e do Distrito Federal, 153
Seção V – Dos Impostos dos Municípios, 157
Seção VI – Da Repartição das Receitas Tributárias, 158
CAPÍTULO II – Das Finanças Públicas, 162
Seção I – Normas Gerais, 162
Seção II – Dos Orçamentos, 163
TÍTULO VII – Da Ordem Econômica e Financeira, 170
CAPÍTULO I – Dos Princípios Gerais da Atividade Econômica, 170
CAPÍTULO II – Da Política Urbana, 177
CAPÍTULO III – Da Política Agrícola e Fundiária e da Reforma Agrária, 178
CAPÍTULO IV – Do Sistema Financeiro Nacional, 180
TÍTULO VIII – Da Ordem Social, 181
CAPÍTULO I – Disposição Geral, 181
CAPÍTULO II – Da Seguridade Social, 182
Seção I – Disposições Gerais, 182
Seção II – Da Saúde, 184
Seção III – Da Previdência Social, 187
Seção IV – Da Assistência Social, 190
CAPÍTULO III – Da Educação, da Cultura e do Desporto, 191
Seção I – Da Educação, 191
Seção II – Da Cultura, 196
Seção III – Do Desporto, 199

CAPÍTULO IV – Da Ciência, Tecnologia e Inovação, 200
CAPÍTULO V – Da Comunicação Social, 201
CAPÍTULO VI – Do Meio Ambiente, 204
CAPÍTULO VII – Da Família, da Criança, do Adolescente, do Jovem e do Idoso, 205
CAPÍTULO VIII – Dos Índios, 208
TÍTULO IX – Das Disposições Constitucionais Gerais, 209
ATO DAS DISPOSIÇÕES CONSTITUCIONAIS TRANSITÓRIAS, 215
EMENDAS CONSTITUCIONAIS, 261
Emenda Constitucional nº 1, de 31 de março de 1992, 261
Emenda Constitucional nº 2, de 25 de Agosto de 1992, 261
Emenda Constitucional nº 3, de 17 de março de 1993, 262
Emenda Constitucional nº 4, de 14 de setembro de 1993, 263
Emenda Constitucional nº 5, de 15 de agosto de 1995, 263
Emenda Constitucional nº 6, de 15 de agosto de 1995, 263
Emenda Constitucional nº 7, de 15 de agosto de 1995, 264
Emenda Constitucional nº 8, de 15 de agosto de 1995, 264
Emenda Constitucional nº 9, de 9 de novembro de 1995, 264
Emenda Constitucional nº 10, de 4 de março de 1996, 265
Emenda Constitucional nº 11, de 30 de abril de 1996, 265
Emenda Constitucional nº 12, de 15 de agosto de 1996, 266
Emenda Constitucional nº 13, de 21 de agosto de 1996, 266
Emenda Constitucional nº 14, de 12 de setembro de 1996, 266
Emenda Constitucional nº 15, de 12 de setembro de 1996, 267
Emenda Constitucional nº 16, de 4 de junho de 1997, 267
Emenda Constitucional nº 17, de 22 de novembro de 1997, 268
Emenda Constitucional nº 18, de 5 de fevereiro de 1998, 269
Emenda Constitucional nº 19, de 4 de junho de 1998, 269
Emenda Constitucional nº 20, de 15 de dezembro de 1998, 272
Emenda Constitucional nº 21, de 18 de março de 1999, 275
Emenda Constitucional nº 22, de 18 de março de 1999, 275
Emenda Constitucional nº 23, de 2 de setembro de 1999, 276
Emenda Constitucional nº 24, de 9 de dezembro de 1999, 276
Emenda Constitucional nº 25, de 14 de fevereiro de 2000, 277
Emenda Constitucional nº 26, de 14 de fevereiro de 2000, 277

Emenda Constitucional nº **27,** de 21 de março de 2000, 277
Emenda Constitucional nº **28,** de 25 de maio de 2000, 278
Emenda Constitucional nº **29,** de 13 de setembro de 2000, 278
Emenda Constitucional nº **30,** de 13 de setembro de 2000, 279
Emenda Constitucional nº **31,** de 14 de dezembro de 2000, 279
Emenda Constitucional nº **32,** de 11 de setembro de 2001, 280
Emenda Constitucional nº **33,** de 11 de dezembro de 2001, 280
Emenda Constitucional nº **34,** de 13 de dezembro de 2001, 281
Emenda Constitucional nº **35,** de 20 de dezembro de 2001, 281
Emenda Constitucional nº **36,** de 28 de maio de 2002, 281
Emenda Constitucional nº **37,** de 12 de junho de 2002, 282
Emenda Constitucional nº **38,** de 12 de junho de 2002, 282
Emenda Constitucional nº **39,** de 19 de dezembro de 2002, 282
Emenda Constitucional nº **40,** de 29 de maio de 2003, 283
Emenda Constitucional nº **41,** de 19 de dezembro de 2003, 283
Emenda Constitucional nº **42,** de 19 de dezembro de 2003, 287
Emenda Constitucional nº **43,** de 15 de abril de 2004, 288
Emenda Constitucional nº **44,** de 30 de junho de 2004, 288
Emenda Constitucional nº **45,** de 30 de dezembro de 2004, 288
Emenda Constitucional nº **46,** de 5 de maio de 2005, 290
Emenda Constitucional nº **47,** de 5 de julho de 2005, 290
Emenda Constitucional nº **48,** de 10 de agosto de 2005, 291
Emenda Constitucional nº **49,** de 8 de fevereiro de 2006, 291
Emenda Constitucional nº **50,** de 14 de fevereiro de 2006, 292
Emenda Constitucional nº **51,** de 14 de fevereiro de 2006, 292
Emenda Constitucional nº **52,** de 8 de março de 2006, 293
Emenda Constitucional nº **53,** de 19 de dezembro de 2006, 293
Emenda Constitucional nº **54,** de 20 de setembro de 2007, 294
Emenda Constitucional nº **55,** de 20 de setembro de 2007, 294
Emenda Constitucional nº **56,** de 20 de dezembro de 2007, 295
Emenda Constitucional nº **57,** de 18 de dezembro de 2008, 295
Emenda Constitucional nº **58,** de 23 de setembro de 2009, 295
Emenda Constitucional nº **59,** de 11 de novembro de 2009, 296
Emenda Constitucional nº **60,** de 11 de novembro de 2009, 297
Emenda Constitucional nº **61,** de 11 de novembro de 2009, 297

Emenda Constitucional nº 62, de 9 de dezembro de 2009, 297
Emenda Constitucional nº 63, de 4 de fevereiro de 2010, 298
Emenda Constitucional nº 64, de 4 de fevereiro de 2010, 298
Emenda Constitucional nº 65, de 13 de julho de 2010, 299
Emenda Constitucional nº 66, de 13 de julho de 2010, 299
Emenda Constitucional nº 67, de 22 de dezembro de 2010, 299
Emenda Constitucional nº 68, de 21 de dezembro de 2011, 300
Emenda Constitucional nº 69, de 29 de março de 2012, 300
Emenda Constitucional nº 70, de 29 de março de 2012, 301
Emenda Constitucional nº 71, de 29 de novembro de 2012, 301
Emenda Constitucional nº 72, de 2 de abril de 2013, 302
Emenda Constitucional nº 73, de 6 de junho de 2013, 302
Emenda Constitucional nº 74, de 6 de agosto de 2013, 302
Emenda Constitucional nº 75, de 15 de outubro de 2013, 303
Emenda Constitucional nº 76, de 28 de novembro de 2013, 303
Emenda Constitucional nº 77, de 11 de fevereiro de 2014, 303
Emenda Constitucional nº 78, de 14 de maio de 2014, 304
Emenda Constitucional nº 79, de 27 de maio de 2014, 304
Emenda Constitucional nº 80, de 4 de junho de 2014, 306
Emenda Constitucional nº 81, de 5 de junho de 2014, 306
Emenda Constitucional nº 82, de 16 de julho de 2014, 306
Emenda Constitucional nº 83, de 5 de agosto de 2014, 307
Emenda Constitucional nº 84, de 2 de dezembro de 2014, 307
Emenda Constitucional nº 85, de 26 de fevereiro de 2015, 308
Emenda Constitucional nº 86, de 17 de março de 2015, 308
Emenda Constitucional nº 87, de 16 de abril de 2015, 309
Emenda Constitucional nº 88, de 7 de maio de 2015, 310

EMENDAS CONSTITUCIONAIS DE REVISÃO, 311

Emenda Constitucional de Revisão nº 1, de 1º de março de 1994, 311
Emenda Constitucional de Revisão nº 2, de 7 de junho de 1994, 311
Emenda Constitucional de Revisão nº 3, de 7 de junho de 1994, 312
Emenda Constitucional de Revisão nº 4, de 7 de junho de 1994, 312
Emenda Constitucional de Revisão nº 5, de 7 de junho de 1994, 313
Emenda Constitucional de Revisão nº 6, de 7 de junho de 1994, 313

LEGISLAÇÃO CORRELATA AO DIREITO CONSTITUCIONAL, 315

1. **Lei Complementar nº 95,** de 26 de fevereiro de 1998, 315
2. **Lei nº 5.869,** de 11 de janeiro de 1973, 322
3. **Lei nº 9.868,** de 10 de novembro de 1999, 323
4. **Lei nº 9.882,** de 3 de dezembro de 1999, 331
5. **Lei nº 12.562,** de 23 de dezembro de 2011, 334
6. **Lei nº 11.417,** de 19 de dezembro de 2006, 336
7. **Regimento Interno do Supremo Tribunal Federal,** de 15 de outubro de 1980, 338
8. **Decreto-lei nº 3.689,** de 3 de outubro de 1941, 342
9. **Lei nº 12.016,** de 7 de agosto de 2009, 345
10. **Lei nº 8.038,** de 28 de maio de 1990, 351
11. **Lei nº 9.507,** de 12 de novembro de 1997, 351
12. **Lei nº 4.717,** de 29 de junho de 1965, 354
13. **Lei nº 7.347,** de 24 de julho de 1985, 361

ADENDO, 367

Texto original, 367

Súmula Vinculante do Supremo Tribunal Federal 401

Índice remissivo, 405

ABREVIATURAS

ADCT Ato das Disposições Constitucionais Transitórias
art. artigo
CC Código Civil
CCom Código Comercial
CD Câmara dos Deputados
CE Código Eleitoral
CLT Consolidação das Leis do Trabalho
CN Congresso Nacional
CNJ Conselho Nacional de Justiça
CNMP Conselho Nacional do Ministério Público
CP Código Penal
CPC Código de Processo Civil
CPM Código Penal Militar
CPP Código de Processo Penal
CPPM Código de Processo Penal Militar
CRFB Constituição da República Federativa do Brasil
CTN Código Tributário Nacional
EC Emenda Constitucional
ECR Emenda Constitucional de Revisão
ER Emenda Regimental
inc. inciso
LICC Lei de Introdução ao Código Civil
LOAGU Lei Orgânica da Advocacia-Geral da União
LOMAN Lei Orgânica da Magistratura Nacional
LOMPU Lei Orgânica do Ministério Público da União
LONDP Lei Orgânica Nacional da Defensoria Pública
LONMP Lei Orgânica Nacional do Ministério Público
LOTCU Lei Orgânica do Tribunal de Contas da União
RCCN Regimento Comum do Congresso Nacional
RICD Regimento Interno da Câmara dos Deputados
RICNJ Regimento Interno do Conselho Nacional de Justiça
RICNMP Regimento Interno do Conselho Nacional do Ministério Público
RISF Regimento Interno do Senado Federal
RISTF Regimento Interno do Supremo Tribunal Federal
RISTJ Regimento Interno do Superior Tribunal de Justiça
SF Senado Federal
STF Supremo Tribunal Federal
STJ Superior Tribunal de Justiça
TSE Tribunal Superior Eleitoral

CONSIDERAÇÕES PRELIMINARES

O trabalho que ora vem a lume, sob a chancela da EDITORA ATLAS, é dividido em três partes.

A primeira é devotada à Constituição da República Federativa do Brasil, com as notas remissivas que se nos afiguraram convenientes e oportunas.

A segunda é destinada à legislação correlata ao Direito Constitucional, por meio da qual são veiculadas normas jurídicas que dispõem sobre a elaboração, redação, alteração e consolidação das leis (*e. g.*: Lei Complementar nº 95, de 26 de fevereiro de 1998) e os instrumentos de jurisdição constitucional (*v. g.*: Leis nºs 9.868, de 10 de novembro, e 9.882, de 3 de dezembro de 1999).

A terceira é dedicada ao índice remissivo da *Lex Fundamentalis*, como também à Súmula Vinculante do Supremo Tribunal Federal e aos artigos, parágrafos, incisos e alíneas da Carta Magna que foram reformados por emenda ou revisão constitucional.

À guisa de complementação, esperando ter respondido às expectativas dos alunos do curso de graduação e dos candidatos a concursos públicos de ingresso em carreiras jurídicas, aos quais a obra se destina, colocamo-nos à disposição dos leitores para quaisquer esclarecimentos, observações ou críticas, que poderão ser enviadas para o endereço eletrônico <guilherme@penademoraes.com.br>.

Rio de Janeiro, verão de 2015.

O Organizador.

CONSTITUIÇÃO DA REPÚBLICA FEDERATIVA DO BRASIL

PREÂMBULO

Nós, representantes do povo brasileiro, reunidos em Assembleia Nacional Constituinte para instituir um Estado Democrático, destinado a assegurar o exercício dos direitos sociais e individuais, a liberdade, a segurança, o bem-estar, o desenvolvimento, a igualdade e a justiça como valores supremos de uma sociedade fraterna, pluralista e sem preconceitos, fundada na harmonia social e comprometida, na ordem interna e internacional, com a solução pacífica das controvérsias, promulgamos, sob a proteção de Deus, a seguinte Constituição da República Federativa do Brasil.

TÍTULO I

Dos Princípios Fundamentais

Art. 1º A República Federativa do Brasil, formada pela união indissolúvel dos Estados e Municípios e do Distrito Federal, constitui-se em Estado Democrático de Direito e tem como fundamentos:

- CRFB, arts. 3º, *caput*, 4º, 5º, inc. XLIV e § 2º, 12, incs. I e II, "b", 13, *caput* e § 1º, 17, *caput*, 18, *caput*, 20 a 24, 25 a 28, 29 a 31, 32, 34, incs. I e VII, "a", 60, § 4º, inc. I, 90, inc. II, 91, *caput* e § 1º, inc. IV, 127, *caput*, 136 a 144, 194, parágrafo único, inc. VII, 206, inc. VI, e 215, § 3º, inc. IV
- ADCT, arts. 2º, 63 e 95
- Lei nº 7.170/83 – Define os crimes contra a segurança nacional, a ordem política e social, estabelece seu processo e julgamento e dá outras providências, art. 11

I – a soberania;

- CRFB, arts. 5º, inc. LXXI, 14, *caput*, 17, *caput*, 91, *caput*, 170, inc. I, e 231, § 5º
- CPC, arts. 201, 202, 210 e 211
- CPP, arts. 780 a 790
- RISTF, arts. 215 a 229
- Lei nº 7.170/83 – Define os crimes contra a segurança nacional, a ordem política e social, estabelece seu processo e julgamento e dá outras providências, arts. 1º, inc. I, e 9º

II – a cidadania;

- CRFB, arts. 5º, incs. XXXIV, "a", LXXI, LXXIII e LXXVII, 14 a 16, 22, inc. XIII, 29, inc. XIII, 61, § 2º, 62, § 1º, inc. I, "a", 68, § 1º, inc. II, 74, § 2º, e 205
- ADCT, arts. 8º, § 3º, e 64

III – a dignidade da pessoa humana;

- CRFB, arts. 5º, incs. III e XLVII, "e", 170, *caput*, 226, § 7º, 227, *caput*, e 230, *caput*
- ADCT, art. 79

IV – os valores sociais do trabalho e da livre iniciativa;

- CRFB, arts. 5º, inc. XIII, 6º a 11, 21, inc. XXIV, 170, *caput*, 186, inc. III, 193, 203, inc. III, 205, 214, inc. IV, e 227, § 3º, inc. I
- CLT, art. 3º

V – o pluralismo político.

- CRFB, art. 17, *caput*
- ADCT, art. 6º
- Lei nº 9.096/95 – Dispõe sobre partidos políticos, art. 2º

Parágrafo único. Todo o poder emana do povo, que o exerce por meio de representantes eleitos ou diretamente, nos termos desta Constituição.

- CRFB, art. 14, incs. I, II e III, 18, §§ 3º e 4º, 27, § 4º, 29, inc. XIII, 49, inc. XV, e 61, § 2º
- ADCT, art. 2º
- Lei nº 9.709/98 – Regulamenta a execução do plebiscito, referendo e iniciativa popular

Art. 2º São Poderes da União, independentes e harmônicos entre si, o Legislativo, o Executivo e o Judiciário.

- CRFB, arts. 34, inc. IV, 44, *caput*, 60, § 4º, inc. III, 76, 85, inc. II, e 92, *caput*

Art. 3º Constituem objetivos fundamentais da República Federativa do Brasil:

- CRFB, arts. 1º, *caput*, 4º, 5º, § 2º, 12, incs. I e II, "b", 13, *caput* e § 1º, e 18, *caput*
- ADCT, art. 95

I – construir uma sociedade livre, justa e solidária;

- CRFB, arts. 3º, incs. III e IV, 4º, inc. VIII, 5º, *caput* e inc. XLII, 7º, incs. XX e XXXI, 23, incs. II e X, 24, inc. XIV, 37, inc. VIII, 170, *caput*, 193, 203, incs. IV e V, 206, inc. I, 208, inc. III, e 227, § 1º, inc. II

II – garantir o desenvolvimento nacional;

- CRFB, arts. 5º, inc. XXIX, 21, inc. IX, 23, parágrafo único, 43, § 1º, inc. II, 48, inc. IV, 58, § 2º, inc. VI, 174, § 1º, 192, 215, § 3º, 218, § 2º, e 219

III – erradicar a pobreza e a marginalização e reduzir as desigualdades sociais e regionais;

- CRFB, arts. 3º, incs. I e IV, 4º, inc. VIII, 5º, *caput* e inc. XLII, 7º, incs. XX e XXXI, 23, incs. II e X, 24, inc. XIV, 37, inc. VIII, 43, *caput*, 165, § 7º, 170, inc. VII, 203, incs. IV e V, 206, inc. I, 208, inc. III, e 227, § 1º, inc. II
- ADCT, arts. 79 a 82 e 84, § 2º, inc. III
- Lei Complementar nº 111/01 – Dispõe sobre o Fundo de Combate e Erradicação da Pobreza

IV – promover o bem de todos, sem preconceitos de origem, raça, sexo, cor, idade e quaisquer outras formas de discriminação.

- CRFB, arts. 3º, incs. I e III, 4º, inc. VIII, 5º, *caput*, incs. XLI e XLII, 7º, incs. XX, XXX e XXXI, 23, incs. II e X, 24, inc. XIV, 37, inc. VIII, 170, inc. VII, 203, incs. IV e V, 206, inc. I, 208, inc. III, e 227, *caput*, §§ 1º, inc. II e 6º
- Lei nº 7.716/89 – Define os crimes resultantes de preconceito de raça ou de cor
- Lei nº 12.288/10 – Institui o Estatuto da Igualdade Racial

Art. 4º A República Federativa do Brasil rege-se nas suas relações internacionais pelos seguintes princípios:

- CRFB, arts. 21, inc. I, 49, inc. I, e 84, incs. VII e VIII

I – independência nacional;

- CRFB, arts. 78, *caput*, e 91, § 1º, inc. IV

II – prevalência dos direitos humanos;

- CRFB, arts. 5º, §§ 2º e 3º, e 34, inc. VII, "b"
- ADCT, art. 7º

III – autodeterminação dos povos;

- CRFB, art. 4º, inc. IX e parágrafo único

IV – não intervenção;

- CRFB, arts. 21, inc. II, 49, inc. II, 84, inc. XIX, e 91, § 1º, inc. I

V – igualdade entre os Estados;

- CRFB, art. 178, *caput*

VI – defesa da paz;

- CRFB, arts. 21, inc. II, 49, inc. II, 84, inc. XX, e 91, § 1º, inc. I

VII – solução pacífica dos conflitos;

- CRFB, art. 102, inc. I, "e"

VIII – repúdio ao terrorismo e ao racismo;

- CRFB, arts. 3º, incs. I, III e IV, 5º, *caput*, incs. XLII e XLIII, 7º, incs. XX e XXXI, 23, incs. II e X, 24, inc. XIV, 37, inc. VIII, 170, inc. VII, 203, incs. IV e V, 206, inc. I, 208, inc. III, e 227, § 1º, inc. II

IX – cooperação entre os povos para o progresso da humanidade;

- CRFB, art. 4º, inc. III e parágrafo único

X – concessão de asilo político.

- Lei nº 6.815/80 – Define a situação jurídica do estrangeiro no Brasil, arts. 28 e 29
- Lei nº 9.474/97 – Define mecanismos para a implementação do Estatuto dos Refugiados, arts. 1º, inc. I, e 7º, § 1º

Parágrafo único. A República Federativa do Brasil buscará a integração econômica, política, social e cultural dos povos da América Latina, visando à formação de uma comunidade latino-americana de nações.

- CRFB, arts. 1º, *caput*, 3º, *caput*, 4º, incs. III e IX, 5º, § 2º, 12, incs. I e II, "b", 13, *caput* e § 1º, e 18, *caput*
- ADCT, art. 95
- Decreto Legislativo nº 197/91 e Decreto nº 350/91 – Promulga o Tratado para a Constituição do Mercado Comum do Sul, de 26 de março de 1991

TÍTULO II

Dos Direitos e Garantias Fundamentais

CAPÍTULO I

Dos Direitos e Deveres Individuais e Coletivos

Art. 5º Todos são iguais perante a lei, sem distinção de qualquer natureza, garantindo-se aos brasileiros e aos estrangeiros residentes no País a inviolabilidade do direito à vida, à liberdade, à igualdade, à segurança e à propriedade, nos termos seguintes:

- CRFB, arts. 3º, incs. I, III e IV, 4º, inc. VIII, 5º, incs. I, XXII e XLII, 7º, incs. XX e XXXI, 23, incs. II e X, 24, inc. XIV, 37, inc. VIII, 170, incs. II e VII, 203, incs. IV e V, 206, inc. I, 208, inc. III, e 227, § 1º, inc. II
- Lei nº 7.210/84 – Lei de Execução Penal, art. 3º, parágrafo único

- Lei nº 8.069/90 – Dispõe sobre o Estatuto da Criança e do Adolescente, art. 7º
- Lei nº 9.434/97 – Dispõe sobre a remoção de órgãos, tecidos e partes do corpo humano para fins de transplante e tratamento, art. 1º

I – homens e mulheres são iguais em direitos e obrigações, nos termos desta Constituição;

- CRFB, arts. 5º, *caput*, 7º, inc. XX, e 143, § 2º
- Lei nº 11.340/06 – Cria mecanismos para coibir a violência doméstica e familiar contra a mulher, art. 5º, incs. I, II e III

II – ninguém será obrigado a fazer ou deixar de fazer alguma coisa senão em virtude de lei;

- CRFB, arts. 21, inc. XI, 37, *caput*, 49, incs. V e X, 84, incs. IV e VI, 87, parágrafo único, inc. I, e 177, § 2º, inc. III
- Lei nº 10.683/03 – Dispõe sobre a organização da Presidência da República e dos Ministérios, arts. 1º e 25
- Lei nº 9.427/96 – Institui a Agência Nacional de Energia Elétrica, art. 3º
- Lei nº 9.472/97 – Institui a Agência Nacional de Telecomunicações, art. 19
- Lei nº 9.478/97 – Institui a Agência Nacional de Petróleo, art. 8º
- Lei nº 9.782/99 – Institui a Agência Nacional de Vigilância Sanitária, art. 1º
- Lei nº 9.961/00 – Institui a Agência Nacional de Saúde Suplementar, art. 1º
- Lei nº 9.984/00 – Institui a Agência Nacional de Águas, art. 20
- Lei nº 10.233/01 – Institui a Agência Nacional de Transportes Aquaviários e a Agência Nacional de Transportes Terrestres, art. 20
- Lei nº 11.182/05 – Institui a Agência Nacional de Aviação Civil, art. 3º
- Medida Provisória nº 2.228-1/01 – Institui a Agência Nacional do Cinema, art. 5º

III – ninguém será submetido a tortura nem a tratamento desumano ou degradante;

- CRFB, arts. 1º, inc. III, 5º, incs. XLIII, XLVII, "e", e XLIX, 170, *caput*, 226, § 7º, 227, *caput*, e 230, *caput*
- ADCT, art. 79
- Lei nº 4.898/65 – Regula o direito de representação e o processo de responsabilidade administrativa, civil e penal, nos casos de abuso de autoridade, art. 4º, "b"
- Lei nº 8.069/90 – Dispõe sobre o Estatuto da Criança e do Adolescente, art. 233
- Lei nº 8.072/90 – Dispõe sobre os crimes hediondos, arts. 2º e 8º
- Lei nº 9.455/97 – Define os crimes de tortura
- Súmula Vinculante nº 11/08

IV – é livre a manifestação do pensamento, sendo vedado o anonimato;

- CRFB, arts. 5º, incs. VI a IX e XIV, e 220, § 1º
- LOMAN, art. 36, inc. III
- LOMPU, art. 6º, inc. XIV, "e"
- Lei nº 7.524/86 – Dispõe sobre a manifestação, por servidor militar inativo, de pensamento e opinião políticos ou filosóficos
- Lei nº 8.313/91 – Institui o Programa Nacional de Apoio à Cultura, art. 39
- Lei nº 8.389/91 – Institui o Conselho de Comunicação Social, art. 2º, "a"

V – é assegurado o direito de resposta, proporcional ao agravo, além da indenização por dano material, moral ou à imagem;

- CRFB, arts. 5º, inc. X, e 220, § 1º
- CC, art. 927

- CE, art. 243, §§ 1º e 3º
- Lei nº 7.347/85 – Disciplina a ação civil pública de responsabilidade por danos causados ao meio ambiente, ao consumidor, a bens e direitos de valor artístico, estético, histórico, turístico e paisagístico, art. 1º, incs. I a VI
- Lei nº 8.078/90 – Dispõe sobre a proteção do consumidor, art. 6º, incs. VI e VII
- Lei nº 8.159/91 – Dispõe sobre a política nacional de arquivos públicos e privados, art. 6º

VI – é inviolável a liberdade de consciência e de crença, sendo assegurado o livre exercício dos cultos religiosos e garantida, na forma da lei, a proteção aos locais de culto e a suas liturgias;

- CRFB, art. 5º, incs. IV, VII a IX e XIV
- CP, art. 208
- Lei nº 4.898/65 – Regula o direito de representação e o processo de responsabilidade administrativa, civil e penal, nos casos de abuso de autoridade, art. 3º, "d" e "e"
- Lei nº 7.210/84 – Lei de Execução Penal, art. 24
- Lei nº 8.069/90 – Dispõe sobre o Estatuto da Criança e do Adolescente, art. 16, inc. III
- Lei nº 8.313/91 – Institui o Programa Nacional de Apoio à Cultura, art. 39

VII – é assegurada, nos termos da lei, a prestação de assistência religiosa nas entidades civis e militares de internação coletiva;

- CRFB, art. 5º, incs. IV, VI, VIII, IX e XIV
- CPPM, art. 241
- Lei nº 6.923/81 – Dispõe sobre o Serviço de Assistência Religiosa nas Forças Armadas
- Lei nº 7.210/84 – Lei de Execução Penal, art. 24
- Lei nº 8.069/90 – Dispõe sobre o Estatuto da Criança e do Adolescente, art. 124, inc. XIV
- Lei nº 9.982/00 – Dispõe sobre a prestação de assistência religiosa nas entidades hospitalares públicas e privadas, bem como nos estabelecimento prisionais civis e militares

VIII – ninguém será privado de direitos por motivo de crença religiosa ou de convicção filosófica ou política, salvo se as invocar para eximir-se de obrigação legal a todos imposta e recusar-se a cumprir prestação alternativa, fixada em lei;

- CRFB, arts. 5º, incs. IV, VI, VII, IX e XIV, 15, inc. IV, e 143, § 1º
- Lei nº 8.239/91 – Dispõe sobre a prestação de Serviço Alternativo ao Serviço Militar Obrigatório, arts. 3º e 4º

IX – é livre a expressão da atividade intelectual, artística, científica e de comunicação, independentemente de censura ou licença;

- CRFB, arts. 5º, incs. IV, VI a VIII e XIV, e 220, *caput* e § 2º
- Lei nº 7.524/86 – Dispõe sobre a manifestação, por servidor militar inativo, de pensamento e opinião políticos ou filosóficos
- Lei nº 8.313/91 – Institui o Programa Nacional de Apoio à Cultura, art. 39

X – são invioláveis a intimidade, a vida privada, a honra e a imagem das pessoas, assegurado o direito a indenização pelo dano material ou moral decorrente de sua violação;

- CRFB, arts. 5º, inc. V, 37, § 3º, inc. II, e 220, § 1º
- CE, art. 243, inc. IX e § 1º
- CP, arts. 138 a 145
- CTN, art. 198, § 1º

- Lei Complementar nº 105/01 – Dispõe sobre o sigilo das operações de instituições financeiras, art. 1º, § 4º
- Lei nº 8.159/91 – Dispõe sobre a política nacional de arquivos públicos e privados, arts. 6º e 23, § 1º
- Lei nº 9.296/96 – Regulamenta a interceptação de comunicações telefônicas, art. 3º, incs. I e II
- Súmula Vinculante nº 11/08

XI – a casa é asilo inviolável do indivíduo, ninguém nela podendo penetrar sem consentimento do morador, salvo em caso de flagrante delito ou desastre, ou para prestar socorro, ou, durante o dia, por determinação judicial;

- CRFB, arts. 5º, inc. LXI, 53, § 2º, e 139, inc. V
- CP, art. 150, §§ 4º e 5º
- CPC, arts. 172 a 176
- CPP, art. 240, § 1º

XII – é inviolável o sigilo da correspondência e das comunicações telegráficas, de dados e das comunicações telefônicas, salvo, no último caso, por ordem judicial, nas hipóteses e na forma que a lei estabelecer para fins de investigação criminal ou instrução processual penal;

- CRFB, arts. 136, § 1º, inc. I, "b" e "c", e 139, inc. III
- CP, arts. 151 e 152
- LOMPU, art. 6º, inc. XVIII, "a"
- Lei nº 4.117/62 – Código Brasileiro de Telecomunicações, arts. 55 a 57
- Lei nº 4.898/65 – Regula o direito de representação e o processo de responsabilidade administrativa, civil e penal, nos casos de abuso de autoridade, art. 3º, "c"
- Lei nº 6.538/78 – Dispõe sobre os serviços postais, art. 5º
- Lei nº 7.210/84 – Lei de Execução Penal, art. 41, parágrafo único
- Lei nº 8.906/94 – Dispõe sobre o Estatuto da Advocacia e a Ordem dos Advogados do Brasil, art. 7º, inc. II
- Lei nº 9.296/96 – Regulamenta a interceptação de comunicações telefônicas, art. 3º, incs. I e II

XIII – é livre o exercício de qualquer trabalho, ofício ou profissão, atendidas as qualificações profissionais que a lei estabelecer;

- CRFB, arts. 1º, inc. IV, 6º a 11, 21, inc. XXIV, 22, inc. XVI, 170, *caput*, 186, inc. III, 193, 203, inc. III, 205, 214, inc. IV, 220, § 1º, e 227, § 3º, inc. I
- CLT, art. 3º
- Lei nº 1.411/51 – Economistas
- Lei nº 2.800/56 – Químicos
- Lei nº 3.268/57 – Médicos
- Lei nº 3.820/60 – Farmacêuticos
- Lei nº 3.857/60 – Músicos
- Lei nº 3.968/61 – Massagistas
- Lei nº 4.021/61 – Leiloeiros rurais
- Lei nº 4.076/62 – Geólogos
- Lei nº 4.119/62 – Psicólogos
- Lei nº 4.594/64 – Corretores de seguro
- Lei nº 4.637/65 – Transportadores de bagagem
- Lei nº 4.680/65 – Publicitários
- Lei nº 4.739/65 – Estatísticos

- Lei nº 4.769/65 – Técnicos de administração
- Lei nº 4.886/65 – Representante comerciais
- Lei nº 5.081/66 – Cirurgiões-dentistas
- Lei nº 5.194/66 – Engenheiros e arquitetos
- Lei nº 5.377/67 – Relações públicas
- Lei nº 5.517/68 – Veterinários
- Lei nº 5.524/68 – Técnicos industriais
- Lei nº 5.564/68 – Orientadores educacionais
- Lei nº 6.242/75 – Guardadores de veículo automotor
- Lei nº 6.530/78 – Corretores de imóvel
- Lei nº 6.533/78 – Artistas
- Lei nº 6.546/78 – Técnicos de arquivo
- Lei nº 6.615/78 – Radialistas
- Lei nº 6.664/79 – Geógrafos
- Lei nº 6.684/79 – Biólogos e biomédicos
- Lei nº 6.710/79 – Técnicos em prótese dentária
- Lei nº 6.835/80 – Meteorologistas
- Lei nº 6.888/80 – Sociólogos
- Lei nº 6.965/81 – Fonoaudiólogos
- Lei nº 7.183/84 – Aeronautas
- Lei nº 7.287/84 – Museólogos
- Lei nº 7.394/85 – Técnicos em radiologia
- Lei nº 7.410/85 – Técnicos de segurança do trabalho
- Lei nº 8.234/91 – Nutricionistas
- Lei nº 8.623/93 – Guias de turismo
- Lei nº 8.662/93 – Assistentes sociais
- Lei nº 9.674/98 – Bibliotecários
- Lei nº 11.476/07 – Enólogos
- Lei nº 11.760/08 – Oceanógrafos
- Lei nº 11.889/08 – Técnicos em saúde bucal
- Lei nº 11.901/09 – Bombeiros civis
- Lei nº 12.009/09 – Mototaxistas e *motoboys*
- Lei nº 12.198/10 – Repentistas
- Lei nº 12.302/10 – Instrutores de trânsito
- Lei nº 12.319/10 – Tradutores e intérpretes
- Lei nº 12.378/10 – Arquitetos e urbanistas
- Lei nº 12.467/11 – *Sommeliers*
- Lei nº 12.468/11 – Taxistas
- Lei nº 12.591/12 – Turismólogos
- Lei nº 12.592/12 – Cabeleireiros e barbeiros
- Lei nº 12.619/12 – Motoristas
- Lei nº 12.790/13 – Comerciários
- Lei nº 12.867/13 – Árbitros de futebol
- Decreto-lei nº 806/69 – Atuários

- Decreto-lei nº 938/69 – Fisioterapeutas
- Decreto-lei nº 972/69 – Jornalistas

XIV – é assegurado a todos o acesso à informação e resguardado o sigilo da fonte, quando necessário ao exercício profissional;

- CRFB, arts. 5º, incs. IV e VI a IX, e 220, § 1º
- CP, art. 154
- Lei nº 7.524/86 – Dispõe sobre a manifestação, por servidor militar inativo, de pensamento e opinião políticos ou filosóficos
- Lei nº 8.389/91 – Institui o Conselho de Comunicação Social, art. 2º, "a"
- Lei nº 8.394/91 – Dispõe sobre a preservação, organização e proteção dos acervos documentais privados dos Presidentes da República, art. 10

XV – é livre a locomoção no território nacional em tempo de paz, podendo qualquer pessoa, nos termos da lei, nele entrar, permanecer ou dele sair com seus bens;

- CRFB, art. 139, incs. I e II
- Lei nº 4.898/65 – Regula o direito de representação e o processo de responsabilidade administrativa, civil e penal, nos casos de abuso de autoridade, art. 3º, "a"
- Lei nº 6.815/80 – Define a situação jurídica do estrangeiro no Brasil, arts. 57 a 64
- Lei nº 7.685/88 – Dispõe sobre o registro provisório para o estrangeiro em situação ilegal em território nacional, art. 2º, inc. III

XVI – todos podem reunir-se pacificamente, sem armas, em locais abertos ao público, independentemente de autorização, desde que não frustrem outra reunião anteriormente convocada para o mesmo local, sendo apenas exigido prévio aviso à autoridade competente;

- CRFB, arts. 136, § 1º, inc. I, "a", e 139, inc. IV
- Lei nº 1.207/50 – Dispõe sobre o direito de reunião
- Lei nº 4.898/65 – Regula o direito de representação e o processo de responsabilidade administrativa, civil e penal, nos casos de abuso de autoridade, art. 3º, "h"

XVII – é plena a liberdade de associação para fins lícitos, vedada a de caráter paramilitar;

- CRFB, arts. 5º, incs. XVIII a XXI e LXX, "b", 8º, 17, § 4º, 37, inc. VI, 136, § 1º, inc. I, "a", e 142, § 3º, inc. IV
- Lei nº 4.898/65 – Regula o direito de representação e o processo de responsabilidade administrativa, civil e penal, nos casos de abuso de autoridade, art. 3º, "f"
- Lei nº 9.615/98 – Institui normas gerais sobre desporto, art. 4º, § 2º

XVIII – a criação de associações e, na forma da lei, a de cooperativas independem de autorização, sendo vedada a interferência estatal em seu funcionamento;

- CRFB, arts. 5º, incs. XVII, XIX a XXI e LXX, "b", 8º, 37, inc. VI, 136, § 1º, inc. I, "a", 142, § 3º, inc. IV, e 174, § 2º
- Lei nº 5.764/71 – Define a Política Nacional de Cooperativismo, institui o regime jurídico das sociedades cooperativas
- Lei nº 8.078/90 – Dispõe sobre a proteção do consumidor, arts. 4º, inc. II, "b", e 5º, inc. V
- Lei nº 9.867/99 – Dispõe sobre a criação e o funcionamento de Cooperativas Sociais

XIX – as associações só poderão ser compulsoriamente dissolvidas ou ter suas atividades suspensas por decisão judicial, exigindo-se, no primeiro caso, o trânsito em julgado;

- CRFB, arts. 5º, incs. XVII, XVIII, XX, XXI e LXX, "b", 8º, 37, inc. VI, 136, § 1º, inc. I, "a", e 142, § 3º, inc. IV
- Decreto-lei nº 41/66 – Dispõe sobre a dissolução de sociedades civis de fins assistenciais

XX – ninguém poderá ser compelido a associar-se ou a permanecer associado;

- CRFB, arts. 5º, incs. XVII a XIX, XXI e LXX, "b", 8º, 37, inc. VI, 136, § 1º, inc. I, "a", e 142, § 3º, inc. IV
- CP, art. 199
- Lei nº 8.112/90 – Dispõe sobre o regime jurídico dos servidores públicos civis da União, autarquias e fundações públicas federais, art. 117, inc. VII

XXI – as entidades associativas, quando expressamente autorizadas, têm legitimidade para representar seus filiados judicial ou extrajudicialmente;

- CRFB, arts. 5º, incs. XVII a XX e LXX, "b", 8º, 37, inc. VI, 136, § 1º, inc. I, "a", e 142, § 3º, inc. IV
- CPC, art. 6º
- Lei nº 7.347/85 – Disciplina a ação civil pública de responsabilidade por danos causados ao meio ambiente, ao consumidor, a bens e direitos de valor artístico, estético, histórico, turístico e paisagístico, art. 5º, inc. V
- Lei nº 7.802/89 – Dispõe sobre os agrotóxicos, art. 5º, incs. I e III
- Lei nº 7.853/89 – Dispõe sobre o apoio às pessoas portadoras de deficiência, art. 3º, *caput*
- Lei nº 8.069/90 – Dispõe sobre o Estatuto da Criança e do Adolescente, art. 210, inc. III
- Lei nº 8.078/90 – Dispõe sobre a proteção do consumidor, art. 82, inc. IV

XXII – é garantido o direito de propriedade;

- CRFB, arts. 5º, *caput*, e 170, inc. II
- CC, arts. 1.225, inc. I, 1.228 a 1.368-A

XXIII – a propriedade atenderá a sua função social;

- CRFB, arts. 170, inc. III, 182, § 2º, e 186
- CC, art. 2.035, parágrafo único
- Lei nº 8.884/94 – Dispõe sobre a prevenção e a repressão às infrações contra a ordem econômica, art. 1º, *caput*

XXIV – a lei estabelecerá o procedimento para desapropriação por necessidade ou utilidade pública, ou por interesse social, mediante justa e prévia indenização em dinheiro, ressalvados os casos previstos nesta Constituição;

- CRFB, arts. 22, inc. II, 182, § 4º, inc. III, e 184
- Lei nº 4.132/62 – Define os casos de desapropriação por interesse social
- Decreto-lei nº 3.365/41 – Dispõe sobre desapropriações por utilidade pública

XXV – no caso de iminente perigo público, a autoridade competente poderá usar de propriedade particular, assegurada ao proprietário indenização ulterior, se houver dano;

- CRFB, arts. 22, inc. III, e 139, inc. VII
- Decreto-lei nº 4.812/42 – Dispõe sobre a requisição de bens imóveis e moveis, necessários às forças armadas e à defesa passiva da população

XXVI – a pequena propriedade rural, assim definida em lei, desde que trabalhada pela família, não será objeto de penhora para pagamento de débitos decorrentes de sua atividade produtiva, dispondo a lei sobre os meios de financiar o seu desenvolvimento;

- CRFB, arts. 43, § 3º, e 185, inc. I
- CPC, art. 649, inc. VIII

- Lei nº 4.595/64 – Dispõe sobre a Política e as Instituições Monetárias, Bancárias e Creditícias, art. 19, inc. IX
- Lei nº 8.009/90 – Dispõe sobre a impenhorabilidade do bem de família, art. 4º, § 2º

XXVII – aos autores pertence o direito exclusivo de utilização, publicação ou reprodução de suas obras, transmissível aos herdeiros pelo tempo que a lei fixar;

- CRFB, art. 5º, incs. XXVIII e XXIX
- CP, art. 184
- CPC, art. 842, § 3º
- CPP, arts. 524 a 530-I
- Lei nº 5.988/73 – Regula os direitos autorais, art. 17, *caput*, §§ 1º e 2º
- Lei nº 8.977/95 – Dispõe sobre o serviço de televisão a cabo, art. 30, parágrafo único
- Lei nº 9.456/97 – Lei de Proteção de Cultivares
- Lei nº 9.609/98 – Dispõe sobre a proteção da propriedade intelectual de programa de computador, art. 3º
- Lei nº 9.610/98 – Altera, atualiza e consolida a legislação sobre direitos autorais

XXVIII – são assegurados, nos termos da lei:

a) a proteção às participações individuais em obras coletivas e à reprodução da imagem e voz humanas, inclusive nas atividades desportivas;

- CRFB, arts. 24, inc. IX, e 217
- Lei nº 9.615/98 – Institui normas gerais sobre desporto, art. 42

b) o direito de fiscalização do aproveitamento econômico das obras que criarem ou de que participarem aos criadores, aos intérpretes e às respectivas representações sindicais e associativas;

- CRFB, art. 5º, incs. XXVII e XXIX
- Lei nº 9.610/98 – Altera, atualiza e consolida a legislação sobre direitos autorais

XXIX – a lei assegurará aos autores de inventos industriais privilégio temporário para sua utilização, bem como proteção às criações industriais, à propriedade das marcas, aos nomes de empresas e a outros signos distintivos, tendo em vista o interesse social e o desenvolvimento tecnológico e econômico do País;

- CRFB, arts. 3º, inc. II, 5º, incs. XXVII e XXVIII, 21, inc. IX, 23, parágrafo único, 43, § 1º, inc. II, 48, inc. IV, 58, § 2º, inc. VI, 174, § 1º, 192, 215, § 3º, 218, § 2º, e 219
- CPP, arts. 524 a 530-I
- Lei nº 8.078/90 – Dispõe sobre a proteção do consumidor, art. 4º, inc. VI
- Lei nº 9.279/96 – Regula direitos e obrigações relativos à propriedade industrial

XXX – é garantido o direito de herança;

- CRFB, art. 5º, inc. XXXI
- CC, arts. 1.784 a 2.027
- CPC, arts. 1.135 a 1.158
- Lei nº 8.971/94 – Regula o direito dos companheiros a alimentos e à sucessão, arts. 2º e 3º

XXXI – a sucessão de bens de estrangeiros situados no País será regulada pela lei brasileira em benefício do cônjuge ou dos filhos brasileiros, sempre que não lhes seja mais favorável a lei pessoal do *de cujus*;

- CRFB, art. 5º, inc. XXX
- LICC, art. 10, § 1º

XXXII – o Estado promoverá, na forma da lei, a defesa do consumidor;

- CRFB, arts. 24, inc. V, e 170, inc. V
- ADCT, art. 48
- Lei nº 8.078/90 – Dispõe sobre a proteção do consumidor
- Lei nº 8.137/90 – Define os crimes contra a ordem tributária, econômica e contra as relações de consumo, art. 7º
- Lei nº 8.884/94 – Dispõe sobre a prevenção e a repressão às infrações contra a ordem econômica, art. 1º, *caput*
- Lei nº 10.671/03 – Dispõe sobre o Estatuto de Defesa do Torcedor, art. 40

XXXIII – todos têm direito a receber dos órgãos públicos informações de seu interesse particular, ou de interesse coletivo ou geral, que serão prestadas no prazo da lei, sob pena de responsabilidade, ressalvadas aquelas cujo sigilo seja imprescindível à segurança da sociedade e do Estado;

- CRFB, arts. 5º, incs. XXXIV e LXXII, 37, *caput* e § 3º, inc. II, e 139, inc. III
- Lei nº 8.159/91 – Dispõe sobre a política nacional de arquivos públicos e privados, art. 4º
- Lei nº 11.111/05 – Enumera os documentos públicos que contenham informações cujo sigilo seja imprescindível à segurança da sociedade e do Estado
- Lei nº 12.527/11 – Lei de Acesso à Informação
- Lei nº 12.682/12 – Dispõe sobre a elaboração e o arquivamento de documentos em meios eletromagnéticos
- Lei nº 12.686/12 – Normatiza a divulgação de documentos institucionais produzidos em língua estrangeira, nos sítios e portais da rede mundial de computadores, mantidos por órgãos e entidades públicos

XXXIV – são a todos assegurados, independentemente do pagamento de taxas:

a) o direito de petição aos Poderes Públicos em defesa de direitos ou contra ilegalidade ou abuso de poder;

- CRFB, arts. 1º, inc. II, 5º, incs. LXXI, LXXIII e LXXVII, 14 a 16, 22, inc. XIII, 29, inc. XIII, 61, § 2º, 62, § 1º, inc. I, "a", 68, § 1º, inc. II, 74, § 2º, e 205
- ADCT, arts. 8º, § 3º, e 64
- Lei nº 4.898/65 – Regula o direito de representação e o processo de responsabilidade administrativa, civil e penal, nos casos de abuso de autoridade, art. 2º
- Lei nº 9.882/99 – Dispõe sobre o processo e julgamento da arguição de descumprimento de preceito fundamental, art. 2º, § 1º
- Súmula Vinculante nº 21/09

b) a obtenção de certidões em repartições públicas, para defesa de direitos e esclarecimento de situações de interesse pessoal;

- CRFB, art. 5º, incs. XXXIII, LXXII e LXXVI, "b", e 37, *caput*
- Lei nº 9.051/95 – Dispõe sobre a expedição de certidões para a defesa de direitos e esclarecimentos de situações

XXXV – a lei não excluirá da apreciação do Poder Judiciário lesão ou ameaça a direito;

- CRFB, art. 217, § 1º
- Lei nº 9.307/96 – Dispõe sobre a arbitragem
- Lei nº 9.507/97 – Disciplina o rito processual do *habeas data*, art. 8º, parágrafo único
- Lei nº 12.016/09 – Disciplina o mandado de segurança individual e coletivo, art. 5º, inc. I
- Súmula Vinculante nº 28/10

XXXVI – a lei não prejudicará o direito adquirido, o ato jurídico perfeito e a coisa julgada;

- ADCT, arts. 17, *caput*, e 41, § 2º
- LICC, art. 6º
- CPC, arts. 467 a 475
- Súmula Vinculante nº 1/07
- Súmula Vinculante nº 9/08

XXXVII – não haverá juízo ou tribunal de exceção;

- CRFB, art. 5º, incs. XXXVIII a LXVII

XXXVIII – é reconhecida a instituição do júri, com a organização que lhe der a lei, assegurados:

a) a plenitude de defesa;

b) o sigilo das votações;

c) a soberania dos veredictos;

d) a competência para o julgamento dos crimes dolosos contra a vida;

- CRFB, arts. 5º, incs. XXXVII e XXXIX a LXVII, e 125, § 4º
- CP, arts. 121 a 128
- CPP, arts. 406 a 497

XXXIX – não há crime sem lei anterior que o defina, nem pena sem prévia cominação legal;

- CRFB, art. 5º, incs. XXXVII, XXXVIII e XL a LXVII
- CP, art. 1º
- CPM, art. 1º

XL – a lei penal não retroagirá, salvo para beneficiar o réu;

- CRFB, art. 5º, incs. XXXVII a XXXIX e XLI a LXVII
- CP, art. 2º
- CPM, art. 2º
- Lei nº 7.210/84 – Lei de Execução Penal, art. 66, inc. I

XLI – a lei punirá qualquer discriminação atentatória dos direitos e liberdades fundamentais;

- CRFB, arts. 3º, inc. IV, 5º, incs. XXXVII a XL e XLII a LXVII, 7º, incs. XXX e XXXI, e 227, *caput*, §§ 1º, inc. II e 6º
- Lei nº 7.716/89 – Define os crimes resultantes de preconceito de raça ou de cor
- Lei nº 12.288/10 – Institui o Estatuto da Igualdade Racial

XLII – a prática do racismo constitui crime inafiançável e imprescritível, sujeito à pena de reclusão, nos termos da lei;

- CRFB, arts. 3º, incs. I, III e IV, 4º, inc. VIII, 5º, *caput* e incs. XXXVII a XLI e XLIII a LXVII, 7º, incs. XX e XXXI, 23, incs. II e X, 24, inc. XIV, 37, inc. VIII, 170, inc. VII, 203, incs. IV e V, 206, inc. I, 208, inc. III, e 227, § 1º, inc. II
- CP, art. 140, § 3º
- Lei nº 7.716/89 – Define os crimes resultantes de preconceito de raça ou de cor, arts. 1º e 20
- Lei nº 12.288/10 – Institui o Estatuto da Igualdade Racial, arts. 8º, inc. III, e 48, inc. I

XLIII – a lei considerará crimes inafiançáveis e insuscetíveis de graça ou anistia a prática da tortura, o tráfico ilícito de entorpecentes e drogas afins, o terrorismo e os definidos como crimes hediondos, por eles respondendo os mandantes, os executores e os que, podendo evitá-los, se omitirem;

- CRFB, arts. 4º, inc. VIII, 5º, incs. III, XXXVII a XLII e XLIV a LXVII, 21, inc. XVII, 48, inc. VIII, 144, § 1º, inc. II, e 243, parágrafo único
- CP, arts. 121, *caput* e § 2º, 157, § 3º, *in fine*, 158, § 2º, 159, *caput*, §§ 1º a 3º, 213, 214, 267, § 1º, e 273, *caput*, §§ 1º, 1º-A e 1º-B
- Lei nº 2.889/56 – Define e pune o crime de genocídio, arts. 1º a 3º
- Lei nº 8.072/90 – Dispõe sobre os crimes hediondos, arts. 2º e 8º
- Lei nº 9.455/97 – Define os crimes de tortura
- Lei nº 11.343/06 – Institui o Sistema Nacional de Políticas Públicas sobre Drogas, prescreve medidas para prevenção do uso indevido, atenção e reinserção social de usuários e dependentes de drogas, estabelece normas para repressão à produção não autorizada e tráfico ilícito de drogas e define crimes

XLIV – constitui crime inafiançável e imprescritível a ação de grupos armados, civis ou militares, contra a ordem constitucional e o Estado Democrático;

- CRFB, arts. 1º, *caput*, 5º, incs. XXXVII a XLIII e XLV a LXVII, e 91, *caput* e § 1º, inc. IV
- Lei nº 9.034/95 – Dispõe sobre a utilização de meios operacionais para a prevenção e repressão de ações praticadas por organizações criminosas
- Lei nº 12.694/12 – Dispõe sobre o processo e o julgamento colegiado em primeiro grau de jurisdição de crimes praticados por organizações criminosas, arts. 1º e 2º

XLV – nenhuma pena passará da pessoa do condenado, podendo a obrigação de reparar o dano e a decretação do perdimento de bens ser, nos termos da lei, estendidas aos sucessores e contra eles executadas, até o limite do valor do patrimônio transferido;

- CRFB, arts. 5º, incs. XXXVII a XLIV e XLVI a LXVII, e 225, § 3º
- CC, art. 927
- Lei nº 8.429/92 – Dispõe sobre as sanções aplicáveis aos agentes públicos nos casos de enriquecimento ilícito no exercício de mandato, cargo, emprego ou função na administração pública direta, indireta ou fundacional, arts. 8º e 12

XLVI – a lei regulará a individualização da pena e adotará, entre outras, as seguintes:

a) privação ou restrição da liberdade;

- CP, arts. 32, inc. I, e 33

b) perda de bens;

- CP, arts. 32, inc. II, 43, inc. II, e 45, § 3º

c) multa;

- CP, arts. 32, inc. III, e 49

d) prestação social alternativa;

- CP, arts. 32, inc. II, 43, inc. IV, e 46

e) suspensão ou interdição de direitos;

- CRFB, art. 5º, incs. XXXVII a XLV e XLVII a LXVII
- CP, arts. 32, inc. II, 43, inc. V, 47 e 59
- Súmula Vinculante nº 9/08
- Súmula Vinculante nº 26/09

XLVII – não haverá penas:

a) de morte, salvo em caso de guerra declarada, nos termos do art. 84, inc. XIX;

b) de caráter perpétuo;

c) de trabalhos forçados;

d) de banimento;

e) cruéis;

- CRFB, arts. 1º, inc. III, 5º, incs. III, XXXVII a XLVI e XLVIII a LXVII, 170, *caput*, 226, § 7º, 227, *caput*, e 230, *caput*
- ADCT, art. 79
- CPM, arts. 55, inc. I, 56, 57, 355 a 408
- CPPM, arts. 707 e 708

XLVIII – a pena será cumprida em estabelecimentos distintos, de acordo com a natureza do delito, a idade e o sexo do apenado;

- CRFB, art. 5º, incs. XXXVII a XLVII e XLIX a LXVII
- Lei nº 7.210/84 – Lei de Execução Penal, arts. 5º a 9º, 52 e 82, § 1º

XLIX – é assegurado aos presos o respeito à integridade física e moral;

- CRFB, art. 5º, incs. III, XXXVII a XLVIII e L a LXVII
- CP, art. 38
- Lei nº 7.210/84 – Lei de Execução Penal, art. 40
- Lei nº 8.653/93 – Dispõe sobre o transporte de presos, art. 1º
- Súmula Vinculante nº 11/08

L – às presidiárias serão asseguradas condições para que possam permanecer com seus filhos durante o período de amamentação;

- CRFB, art. 5º, incs. XXXVII a XLIX e LI a LXVII
- Lei nº 7.210/84 – Lei de Execução Penal, art. 89

LI – nenhum brasileiro será extraditado, salvo o naturalizado, em caso de crime comum, praticado antes da naturalização, ou de comprovado envolvimento em tráfico ilícito de entorpecentes e drogas afins, na forma da lei;

- CRFB, arts. 5º, incs. XXXVII a L e LII a LXVII, 12, § 2º, 22, inc. XV, 102, inc. I, "g", 144, § 1º, inc. II, e 243, parágrafo único
- Lei nº 6.815/80 – Define a situação jurídica do estrangeiro no Brasil, art. 77, inc. I

LII – não será concedida extradição de estrangeiro por crime político ou de opinião;

- CRFB, arts. 5º, incs. XXXVII a LI e LIII a LXVII, 22, inc. XV, e 102, incs. I, "g", e II, "b"
- Lei nº 6.815/80 – Define a situação jurídica do estrangeiro no Brasil, art. 77, inc. VII e § 1º

LIII – ninguém será processado nem sentenciado senão pela autoridade competente;

- CRFB, art. 5º, incs. XXXVII a LII e LIV a LXVII

LIV – ninguém será privado da liberdade ou de seus bens sem o devido processo legal;

- CRFB, art. 5º, incs. XXXVII a LIII e LV a LXVII

LV – aos litigantes, em processo judicial ou administrativo, e aos acusados em geral são assegurados o contraditório e ampla defesa, com os meios e recursos a ela inerentes;

- CRFB, arts. 5º, incs. XXXVII a LIV e LVI a LXVII, e 247, parágrafo único
- Lei nº 8.112/90 – Dispõe sobre o regime jurídico dos servidores públicos civis da União, autarquias e fundações públicas federais, art. 153
- Lei nº 9.784/99 – Regula o processo administrativo no âmbito da Administração Pública Federal, art. 2º
- Súmula Vinculante nº 3/07
- Súmula Vinculante nº 5/08
- Súmula Vinculante nº 14/09
- Súmula Vinculante nº 21/09
- Súmula Vinculante nº 24/09

LVI – são inadmissíveis, no processo, as provas obtidas por meios ilícitos;

- CRFB, art. 5º, incs. XXXVII a LV e LVII a LXVII
- CPP, art. 157

LVII – ninguém será considerado culpado até o trânsito em julgado de sentença penal condenatória;

- CRFB, art. 5º, incs. XXXVII a LVI e LVIII a LXVII
- CPP, arts. 301, 312 e 413
- Lei nº 7.960/89 – Dispõe sobre prisão temporária
- Lei nº 8.072/90 – Dispõe sobre os crimes hediondos, art. 2º, § 3º

LVIII – o civilmente identificado não será submetido a identificação criminal, salvo nas hipóteses previstas em lei;

- CRFB, art. 5º, incs. XXXVII a LVII e LIX a LXVII
- CPP, art. 6º, inc. VIII
- Lei nº 8.069/90 – Dispõe sobre o Estatuto da Criança e do Adolescente, art. 109
- Lei nº 9.034/95 – Dispõe sobre a utilização de meios operacionais para a prevenção e repressão de ações praticadas por organizações criminosas, art. 5º
- Lei nº 9.454/97 – Institui o número único de Registro de Identidade Civil
- Lei nº 12.037/09 – Dispõe sobre a identificação criminal

LIX – será admitida ação privada nos crimes de ação pública, se esta não for intentada no prazo legal;

- CRFB, art. 5º, incs. XXXVII a LVIII e LX a LXVII
- CP, art. 100, § 3º
- CPP, art. 29
- Lei nº 4.898/65 – Regula o direito de representação e o processo de responsabilidade administrativa, civil e penal, nos casos de abuso de autoridade, art. 16

LX – a lei só poderá restringir a publicidade dos atos processuais quando a defesa da intimidade ou o interesse social o exigirem;

- CRFB, arts. 5º, incs. XXXVII a LIX e LXI a LXVII, e 93, inc. IX
- CPP, art. 792
- Lei nº 9.800/99 – Permite às partes a utilização de sistema de transmissão de dados para a prática de atos processuais
- Lei nº 11.900/09 – Prevê a possibilidade de realização de interrogatório e outros atos processuais por sistema de videoconferência
- Resolução CNJ nº 105/10 – Dispõe sobre a documentação dos depoimentos por meio do sistema audiovisual e realização de interrogatório e inquirição de testemunhas por videoconferência

LXI – ninguém será preso senão em flagrante delito ou por ordem escrita e fundamentada de autoridade judiciária competente, salvo nos casos de transgressão militar ou crime propriamente militar, definidos em lei;

- CRFB, arts. 5º, incs. XI, XXXVII a LX e LXII a LXVII, e 53, § 2º
- CPM, arts. 136 a 334, 340 a 407
- CPP, arts. 282, 301 a 310
- CPPM, arts. 221, 243 a 253
- Lei nº 6.880/80 – Dispõe sobre o Estatuto dos Militares, art. 47

LXII – a prisão de qualquer pessoa e o local onde se encontre serão comunicados imediatamente ao juiz competente e à família do preso ou à pessoa por ele indicada;

- CRFB, art. 5º, incs. XXXVII a LXI e LXIII a LXVII
- CPP, art. 306
- LOMPU, art. 10
- Lei nº 4.898/65 – Regula o direito de representação e o processo de responsabilidade administrativa, civil e penal, nos casos de abuso de autoridade, art. 4º, "c"

LXIII – o preso será informado de seus direitos, entre os quais o de permanecer calado, sendo-lhe assegurada a assistência da família e de advogado;

- CRFB, art. 5º, incs. XXXVII a LXII e LXIV a LXVII
- CPP, art. 186
- Lei nº 8.906/94 – Dispõe sobre o Estatuto da Advocacia e a Ordem dos Advogados do Brasil, art. 7º, inc. III

LXIV – o preso tem direito à identificação dos responsáveis por sua prisão ou por seu interrogatório policial;

- CRFB, art. 5º, incs. XXXVII a LXIII e LXV a LXVII

LXV – a prisão ilegal será imediatamente relaxada pela autoridade judiciária;

- CRFB, art. 5º, incs. XXXVII a LXIV, LXVI e LXVII

LXVI – ninguém será levado à prisão ou nela mantido, quando a lei admitir a liberdade provisória, com ou sem fiança;

- CRFB, art. 5º, incs. XXXVII a LXV e LXVII
- CPP, arts. 321 a 350
- Lei nº 9.099/95 – Dispõe sobre os Juizados Especiais Cíveis e Criminais, art. 69

LXVII – não haverá prisão civil por dívida, salvo a do responsável pelo inadimplemento voluntário e inescusável de obrigação alimentícia e a do depositário infiel;

- CRFB, art. 5º, incs. XXXVII a LXVI
- CPC, art. 733, § 1º
- Lei nº 5.478/68 – Dispõe sobre ação de alimentos, arts. 19 e 22
- Súmula Vinculante nº 25/09

LXVIII – conceder-se-á *habeas corpus* sempre que alguém sofrer ou se achar ameaçado de sofrer violência ou coação em sua liberdade de locomoção, por ilegalidade ou abuso de poder;

- CRFB, arts. 5º, inc. LXXVII, 102, incs. I, "d" e "i", e II, "a", 105, incs. I, "c", e II, "a", 108, inc. I, "d", 109, inc. VII, 114, inc. IV, 121, §§ 3º e 4º, inc. V, e 142, § 2º
- CPP, arts. 647 a 667

LXIX – conceder-se-á mandado de segurança para proteger direito líquido e certo, não amparado por *habeas corpus* ou *habeas data*, quando o responsável pela ilegalidade ou abuso de poder for autoridade pública ou agente de pessoa jurídica no exercício de atribuições do Poder Público;

- CRFB, arts. 102, incs. I, "d", e II, "a", 105, incs. I, "b", e II, "b", 108, inc. I, "c", 109, inc. VIII, 114, inc. IV, e 121, §§ 3º e 4º, inc. V
- Lei nº 12.016/09 – Disciplina o mandado de segurança individual e coletivo, art. 1º, *caput*

LXX – o mandado de segurança coletivo pode ser impetrado por:

a) partido político com representação no Congresso Nacional;

- CRFB, arts. 17, 62, § 1º, inc. I, "a", e 103, inc. VIII

b) organização sindical, entidade de classe ou associação legalmente constituída e em funcionamento há pelo menos um ano, em defesa dos interesses de seus membros ou associados;

- CRFB, arts. 5º, incs. XVII a XXI, 8º, 37, inc. VI, 103, inc. IX, 114, inc. III, 136, § 1º, inc. I, "a", e 142, § 3º, inc. IV
- Lei nº 12.016/09 – Disciplina o mandado de segurança individual e coletivo, arts. 21 e 22

LXXI – conceder-se-á mandado de injunção sempre que a falta de norma regulamentadora torne inviável o exercício dos direitos e liberdades constitucionais e das prerrogativas inerentes à nacionalidade, à soberania e à cidadania;

- CRFB, arts. 1º, incs. I e II, 5º, incs. XXXIV, "a", LXXIII e LXXVII, 12, 14 a 16, 17, *caput*, 22, inc. XIII, 29, inc. XIII, 61, § 2º, 62, § 1º, inc. I, "a", 68, § 1º, inc. II, 74, § 2º, 91, *caput*, 102, incs. I, "q", e II, "a", 105, inc. I, "h", 121, § 4º, inc. V, 170, inc. I, 205 e 231, § 5º
- ADCT, arts. 8º, § 3º, e 64
- Lei nº 8.038/90 – Institui normas procedimentais para os processos que especifica, art. 24, parágrafo único

LXXII – conceder-se-á *habeas data*:

a) para assegurar o conhecimento de informações relativas à pessoa do impetrante, constantes de registros ou bancos de dados de entidades governamentais ou de caráter público;

b) para a retificação de dados, quando não se prefira fazê-lo por processo sigiloso, judicial ou administrativo;

- CRFB, arts. 5º, incs. XXXIII, XXXIV e LXXVII, 37, *caput*, 102, incs. I, "d", e II, "a", 105, inc. I, "b", 108, inc. I, "c", 109, inc. VIII, 114, inc. IV, e 121, § 4º, inc. V
- Lei nº 9.507/97 – Disciplina o rito processual do *habeas data*, art. 7º, incs. I a III

LXXIII – qualquer cidadão é parte legítima para propor ação popular que vise a anular ato lesivo ao patrimônio público ou de entidade de que o Estado participe, à moralidade administrativa, ao meio ambiente e ao patrimônio histórico e cultural, ficando o autor, salvo comprovada má-fé, isento de custas judiciais e do ônus da sucumbência;

- CRFB, arts. 1º, inc. II, 5º, incs. XXXIV, "a", LXXI e LXXVII, 14 a 16, 22, inc. XIII, 29, inc. XIII, 61, § 2º, 62, § 1º, inc. I, "a", 68, § 1º, inc. II, 74, § 2º, e 205
- ADCT, arts. 8º, § 3º, e 64
- Lei nº 4.717/65 – Regula a ação popular, art. 1º, *caput*

LXXIV – o Estado prestará assistência jurídica integral e gratuita aos que comprovarem insuficiência de recursos;

- CRFB, arts. 24, inc. XIII, e 134, *caput*
- Lei nº 1.060/50 – Estabelece normas para a concessão de assistência judiciária aos necessitados

LXXV – o Estado indenizará o condenado por erro judiciário, assim como o que ficar preso além do tempo fixado na sentença;

- CRFB, art. 37, § 6º
- CPP, art. 630

LXXVI – são gratuitos para os reconhecidamente pobres, na forma da lei:

a) o registro civil de nascimento;

b) a certidão de óbito;

- CRFB, art. 5º, inc. XXXIV, "b"
- Lei nº 6.015/73 – Dispõe sobre os registros públicos, arts. 29, incs. I e III, 30, *caput*, 50 a 66, 77 a 88

LXXVII – são gratuitas as ações de *habeas corpus* e *habeas data*, e, na forma da lei, os atos necessários ao exercício da cidadania;

- CRFB, arts. 1º, inc. II, 5º, incs. XXXIV, "a", LXVIII, LXXI a LXXIII, 14 a 16, 22, inc. XIII, 29, inc. XIII, 61, § 2º, 62, § 1º, inc. I, "a", 68, § 1º, inc. II, 74, § 2º, 102, incs. I, "d" e "i", e II, "a", 105, incs. I, "c", e II, "a", 108, inc. I, "d", 109, inc. VII, 114, inc. IV, 121, §§ 3º e 4º, inc. V, 142, § 2º, e 205
- ADCT, arts. 8º, § 3º, e 64
- CPP, arts. 647 a 667
- Lei nº 9.265/96 – Dispõe sobre a gratuidade dos atos necessários ao exercício da cidadania
- Lei nº 9.507/97 – Disciplina o rito processual do *habeas data*, art. 7º, incs. I a III

LXXVIII – a todos, no âmbito judicial e administrativo, são assegurados a razoável duração do processo e os meios que garantam a celeridade de sua tramitação.

- CRFB, art. 5º, inc. XXXV
- Lei nº 11.419/06 – Dispõe sobre a informatização do processo judicial
- Lei nº 11.441/07 – Possibilita a realização de inventário, partilha, separação consensual e divórcio consensual por via administrativa
- Resolução CNMP nº 77/11 – Estabelece regras sobre o prazo razoável dos processos administrativos no âmbito do Ministério Público brasileiro
- Incluído pela EC nº 45/04

§ 1º As normas definidoras dos direitos e garantias fundamentais têm aplicação imediata.

- CRFB, art. 5º, inc. LXXI

§ 2º Os direitos e garantias expressos nesta Constituição não excluem outros decorrentes do regime e dos princípios por ela adotados, ou dos tratados internacionais em que a República Federativa do Brasil seja parte.

- CRFB, arts. 1º, *caput*, 3º, *caput*, 4º, 5º, § 3º, 12, incs. I e II, "b", 13, *caput* e § 1º, 18, *caput*, e 34, inc. VII, "b"
- ADCT, arts. 7º e 95
- Decreto Legislativo nº 34/64 e Decreto nº 55.929/65 – Promulga a Convenção sobre Asilo Territorial, de 28 de março de 1954
- Decreto Legislativo nº 23/67 e Decreto nº 65.810/69 – Promulga a Convenção Internacional sobre a Eliminação de Todas as Formas de Discriminação Racial, de 7 de março de 1966
- Decreto Legislativo nº 26/84 e Decreto nº 4.377/02 – Promulga a Convenção Internacional sobre a Eliminação de Todas as Formas de Discriminação contra a Mulher, de 18 de dezembro de 1979

- Decreto Legislativo nº 4/89 e Decreto nº 40/91 – Promulga a Convenção Internacional contra a Tortura e Outros Tratamentos ou Penas Cruéis, Desumanos ou Degradantes, de 10 de dezembro de 1984
- Decreto Legislativo nº 5/89 e Decreto nº 98.386/89 – Promulga a Convenção Interamericana para Prevenir e Punir a Tortura, de 9 de dezembro de 1985
- Decreto Legislativo nº 28/90 e Decreto nº 99.710/90 – Promulga a Convenção Internacional sobre os Direitos da Criança, de 20 de novembro de 1989
- Decreto Legislativo nº 226/91 e Decreto nº 592/92 – Promulga o Pacto Internacional sobre Direitos Civis e Políticos, de 16 de dezembro de 1966
- Decreto Legislativo nº 27/92 e Decreto nº 678/92 – Promulga a Convenção Americana sobre Direitos Humanos (Pacto de San Jose da Costa Rica), de 22 de novembro de 1969
- Decreto Legislativo nº 107/95 e Decreto nº 1.973/96 – Promulga a Convenção Interamericana para Prevenir, Punir e Erradicar a Violência contra a Mulher, de 9 de junho de 1994
- Decreto Legislativo nº 198/01 e Decreto nº 3.956/01 – Promulga a Convenção Interamericana para a Eliminação de Todas as Formas de Discriminação contra as Pessoas Portadoras de Deficiência, de 7 de junho de 1999

§ 3º Os tratados e convenções internacionais sobre direitos humanos que forem aprovados, em cada Casa do Congresso Nacional, em dois turnos, por três quintos dos votos dos respectivos membros, serão equivalentes às emendas constitucionais.

- CRFB, arts. 4º, inc. II, 5º, § 2º, e 34, inc. VII, "b"
- ADCT, art. 7º
- Decreto Legislativo nº 186/08 e Decreto nº 6.949/09 – Promulga a Convenção Internacional sobre os Direitos das Pessoas com Deficiência, de 30 de março de 2007
- Incluído pela EC nº 45/04

§ 4º O Brasil se submete à jurisdição de Tribunal Penal Internacional a cuja criação tenha manifestado adesão.

- CRFB, arts. 60, § 4º, inc. IV, e 85, inc. III
- Decreto Legislativo nº 112/02 e Decreto nº 4.388/02 – Promulga o Estatuto de Roma do Tribunal Penal Internacional, de 17 de julho de 1998
- Incluído pela EC nº 45/04

CAPÍTULO II

Dos Direitos Sociais

Art. 6º São direitos sociais a educação, a saúde, a alimentação, o trabalho, a moradia, o lazer, a segurança, a previdência social, a proteção à maternidade e à infância, a assistência aos desamparados, na forma desta Constituição.

- CRFB, arts. 7º, incs. XVIII, XIX e XXV, 21, inc. XX, 22, inc. XXIV, 23, inc. IX, 24, incs. IX, XII e XV, 144, 187, inc. VIII, 196, 201, 203, 205, 217, § 3º, e 227, *caput* e § 3º
- Redação dada pela EC nº 64/10

Art. 7º São direitos dos trabalhadores urbanos e rurais, além de outros que visem à melhoria de sua condição social:

I – relação de emprego protegida contra despedida arbitrária ou sem justa causa, nos termos de lei complementar, que preverá indenização compensatória, dentre outros direitos;

- ADCT, art. 10, *caput*

II – seguro-desemprego, em caso de desemprego involuntário;

- CRFB, art. 7º, incs. III e XXI
- Lei nº 7.998/90 – Regula o Programa do Seguro-Desemprego

III – fundo de garantia do tempo de serviço;

- CRFB, art. 7º, incs. II e XXI
- Lei nº 8.036/90 – Dispõe sobre o Fundo de Garantia do Tempo de Serviço
- Lei nº 8.844/94 – Dispõe sobre a fiscalização, apuração e cobrança judicial as contribuições e multas devidas ao Fundo de Garantia do Tempo de Serviço
- Lei nº 11.491/07 – Institui o Fundo de Investimento do Fundo de Garantia do Tempo de Serviço

IV – salário-mínimo, fixado em lei, nacionalmente unificado, capaz de atender a suas necessidades vitais básicas e às de sua família com moradia, alimentação, educação, saúde, lazer, vestuário, higiene, transporte e previdência social, com reajustes periódicos que lhe preservem o poder aquisitivo, sendo vedada sua vinculação para qualquer fim;

- CRFB, art. 7º, incs. V a X e parágrafo único e 39, § 3º
- Lei nº 6.205/75 – Estabelece a descaracterização do salário-mínimo como fator de correção monetária
- Lei nº 8.542/92 – Dispõe sobre a política nacional de salários, art. 6º
- Súmula Vinculante nº 4/08
- Súmula Vinculante nº 6/08
- Súmula Vinculante nº 15/09
- Súmula Vinculante nº 16/09

V – piso salarial proporcional à extensão e à complexidade do trabalho;

- CRFB, art. 7º, incs. IV, VI a X
- Lei Complementar nº 103/00 – Autoriza os Estados e o Distrito Federal a instituir o piso salarial

VI – irredutibilidade do salário, salvo o disposto em convenção ou acordo coletivo;

- CRFB, art. 7º, incs. IV, V, VII a X e parágrafo único
- Lei nº 8.542/92 – Dispõe sobre a política nacional de salários, art. 1º, *caput*

VII – garantia de salário, nunca inferior ao mínimo, para os que percebem remuneração variável;

- CRFB, arts. 7º, incs. IV a VI, VIII a X, e 39, § 3º
- Lei nº 8.716/93 – Dispõe sobre a garantia do salário-mínimo

VIII – décimo terceiro salário com base na remuneração integral ou no valor da aposentadoria;

- CRFB, arts. 7º, incs. IV a VII, IX e X e parágrafo único, 39, § 3º, e 142, § 3º, inc. VIII
- Lei nº 4.090/62 – Institui a Gratificação de Natal para os Trabalhadores
- Lei nº 4.749/65 – Dispõe sobre o Pagamento da Gratificação de Natal para os Trabalhadores

IX – remuneração do trabalho noturno superior à do diurno;

- CRFB, arts. 7º, incs. IV a VIII e X, e 39, § 3º
- CLT, art. 73

X – proteção do salário na forma da lei, constituindo crime sua retenção dolosa;

- CRFB, art. 7º, incs. IV a IX
- CP, art. 168

XI – participação nos lucros, ou resultados, desvinculada da remuneração, e, excepcionalmente, participação na gestão da empresa, conforme definido em lei;

- Lei nº 10.101/00 – Dispõe sobre a participação dos trabalhadores nos lucros ou resultados da empresa

XII – salário-família pago em razão do dependente do trabalhador de baixa renda nos termos da lei;

- CRFB, arts. 39, § 3º, e 142, § 3º, inc. VIII
- Lei nº 4.266/63 – Institui o salário-família do trabalhador
- Lei nº 5.559/68 – Estende o direito ao salário-família aos filhos inválidos de qualquer idade
- Lei nº 8.213/91 – Dispõe sobre os Planos de Benefícios da Previdência Social, arts. 65 a 70
- Redação dada pela EC nº 20/98

XIII – duração do trabalho normal não superior a oito horas diárias e quarenta e quatro semanais, facultada a compensação de horários e a redução da jornada, mediante acordo ou convenção coletiva de trabalho;

- CRFB, arts. 7º, incs. XIV a XVI, e 39, § 3º
- CLT, arts. 58 a 65

XIV – jornada de seis horas para o trabalho realizado em turnos ininterruptos de revezamento, salvo negociação coletiva;

- CRFB, art. 7º, incs. XIII, XV e XVI

XV – repouso semanal remunerado, preferencialmente aos domingos;

- CRFB, arts. 7º, incs. XIII, XIV e XVI e parágrafo único e 39, § 3º
- CLT, art. 67
- Lei nº 605/49 – Dispõe sobre o repouso semanal remunerado e o pagamento de salário nos dias feriados civis e religiosos

XVI – remuneração do serviço extraordinário superior, no mínimo, em cinquenta por cento à do normal;

- CRFB, arts. 7º, incs. XIII a XV, e 39, § 3º
- CLT, art. 59

XVII – gozo de férias anuais remuneradas com, pelo menos, um terço a mais do que o salário normal;

- CRFB, arts. 7º, parágrafo único, 39, § 3º, e 142, § 3º, inc. VIII
- CLT, arts. 129, 142 a 145

XVIII – licença à gestante, sem prejuízo do emprego e do salário, com a duração de cento e vinte dias;

- CRFB, arts. 6º, 7º, incs. XIX e XXV e parágrafo único, 39, § 3º, e 142, § 3º, inc. VIII
- ADCT, art. 10, inc. II, "b"
- CLT, arts. 391 e 392
- Lei nº 8.213/91 – Dispõe sobre os Planos de Benefícios da Previdência Social, arts. 71 a 73
- Lei nº 11.770/08 – Cria o Programa Empresa Cidadã, destinado à prorrogação da licença-maternidade

XIX – licença-paternidade, nos termos fixados em lei;

- CRFB, arts. 6º, 7º, incs. XVIII e XXV e parágrafo único, 39, § 3º, e 142, § 3º, inc. VIII
- ADCT, art. 10, § 1º

XX – proteção do mercado de trabalho da mulher, mediante incentivos específicos, nos termos da lei;

- CRFB, arts. 3º, incs. I, III e IV, 4º, inc. VIII, 5º, *caput* e incs. I e XLII, 7º, inc. XXXI, 23, incs. II e X, 24, inc. XIV, 37, inc. VIII, 39, § 3º, 143, § 2º, 170, inc. VII, 203, incs. IV e V, 206, inc. I, 208, inc. III, e 227, § 1º, inc. II
- CLT, arts. 372, 373-A, 390-B, 390-E e 392, § 4º

XXI – aviso prévio proporcional ao tempo de serviço, sendo no mínimo de trinta dias, nos termos da lei;

- CRFB, art. 7º, incs. II e III e parágrafo único
- CLT, arts. 487 a 491
- Lei nº 12.506/11 – Dispõe sobre o aviso prévio

XXII – redução dos riscos inerentes ao trabalho, por meio de normas de saúde, higiene e segurança;

- CRFB, arts. 7º, incs. XXIII e XXVIII, e 39, § 3º
- CLT, arts. 154 a 200

XXIII – adicional de remuneração para as atividades penosas, insalubres ou perigosas, na forma da lei;

- CRFB, art. 7º, incs. XXII e XXVIII
- CLT, arts. 189 a 197

XXIV – aposentadoria;

- CRFB, art. 7º, parágrafo único
- Lei nº 8.213/91 – Dispõe sobre os Planos de Benefícios da Previdência Social, arts. 42 a 58
- Lei nº 9.477/97 – Institui o Fundo de Aposentadoria Programada Individual e o Plano de Incentivo à Aposentadoria Programada Individual

XXV – assistência gratuita aos filhos e dependentes desde o nascimento até cinco anos de idade em creches e pré-escolas;

- CRFB, arts. 6º, 7º, incs. XVIII e XIX, e 142, § 3º, inc. VIII
- Lei nº 8.978/95 – Dispõe sobre a construção de creches e estabelecimentos de pré-escola
- Redação dada pela EC nº 53/06

XXVI – reconhecimento das convenções e acordos coletivos de trabalho;

- CLT, arts. 611 a 625
- Lei nº 9.601/98 – Dispõe sobre o contrato de trabalho por prazo determinado, art. 1º

XXVII – proteção em face da automação, na forma da lei;

XXVIII – seguro contra acidentes de trabalho, a cargo do empregador, sem excluir a indenização a que este está obrigado, quando incorrer em dolo ou culpa;

- CRFB, art. 7º, incs. XXII e XXIII
- Lei nº 6.367/76 – Dispõe sobre o seguro de acidentes do trabalho
- Lei nº 8.213/91 – Dispõe sobre os Planos de Benefícios da Previdência Social, art. 86

XXIX – ação, quanto aos créditos resultantes das relações de trabalho, com prazo prescricional de cinco anos para os trabalhadores urbanos e rurais, até o limite de dois anos após a extinção do contrato de trabalho;

- CLT, art. 11
- Redação dada pela EC nº 28/00

a)

- Excluída pela EC nº 28/00

b)

- Excluída pela EC nº 28/00

XXX – proibição de diferença de salários, de exercício de funções e de critério de admissão por motivo de sexo, idade, cor ou estado civil;

- CRFB, arts. 3º, inc. IV, 5º, inc. XLI, 7º, incs. XXXI e XXXII, 39, § 3º, e 227, *caput*, §§ 1º, inc. II e 6º
- Lei nº 9.029/95 – Proíbe a exigência de atestados de gravidez e esterilização, e outras práticas discriminatórias, para efeitos admissionais ou de permanência da relação jurídica de trabalho, art. 1º

XXXI – proibição de qualquer discriminação no tocante a salário e critérios de admissão do trabalhador portador de deficiência;

- CRFB, arts. 3º, incs. I, III e IV, 4º, inc. VIII, 5º, *caput* e incs. XLI e XLII, 7º, incs. XX, XXX e XXXII, 23, incs. II e X, 24, inc. XIV, 37, inc. VIII, 170, inc. VII, 203, incs. IV e V, 206, inc. I, 208, inc. III, e 227, *caput*, §§ 1º, inc. II, 2º e 6º, e 244
- Lei nº 7.853/89 – Dispõe sobre o apoio às pessoas portadoras de deficiência, art. 2º, *caput*

XXXII – proibição de distinção entre trabalho manual, técnico e intelectual ou entre os profissionais respectivos;

- CRFB, art. 7º, incs. XXX e XXXI
- CLT, art. 3º, parágrafo único

XXXIII – proibição de trabalho noturno, perigoso ou insalubre a menores de dezoito e de qualquer trabalho a menores de dezesseis anos, salvo na condição de aprendiz, a partir de quatorze anos;

- CRFB, art. 227, § 3º, inc. I
- CLT, arts. 402 a 410
- Lei nº 8.069/90 – Dispõe sobre o Estatuto da Criança e do Adolescente, arts. 60 a 69
- Redação dada pela EC nº 20/98

XXXIV – igualdade de direitos entre o trabalhador com vínculo empregatício permanente e o trabalhador avulso.

Parágrafo único. São assegurados à categoria dos trabalhadores domésticos os direitos previstos nos incisos IV, VI, VII, VIII, X, XIII, XV, XVI, XVII, XVIII, XIX, XXI, XXII, XXIV, XXVI, XXX, XXXI e XXXIII e, atendidas as condições estabelecidas em lei e observada a simplificação do cumprimento das obrigações tributárias, principais e acessórias, decorrentes da relação de trabalho e suas peculiaridades, os previstos nos incisos I, II, III, IX, XII, XXV e XXVIII, bem como a sua integração à previdência social.

- CLT, art. 7º, "a"
- Lei nº 5.859/72 – Dispõe sobre a profissão de empregado doméstico, art. 1º
- Lei nº 7.195/84 – Dispõe sobre a responsabilidade civil das agências de empregados domésticos, arts. 1º e 2º
- Redação dada pela EC nº 72/13

Art. 8º É livre a associação profissional ou sindical, observado o seguinte:

I – a lei não poderá exigir autorização do Estado para a fundação de sindicato, ressalvado o registro no órgão competente, vedadas ao Poder Público a interferência e a intervenção na organização sindical;

- CLT, arts. 525 e 528

II – é vedada a criação de mais de uma organização sindical, em qualquer grau, representativa de categoria profissional ou econômica, na mesma base territorial, que será definida pelos trabalhadores ou empregadores interessados, não podendo ser inferior à área de um Município;

- CLT, arts. 516 e 517, § 1º

III – ao sindicato cabe a defesa dos direitos e interesses coletivos ou individuais da categoria, inclusive em questões judiciais ou administrativas;

- CLT, art. 513, "a"

IV – a assembleia geral fixará a contribuição que, em se tratando de categoria profissional, será descontada em folha, para custeio do sistema confederativo da representação sindical respectiva, independentemente da contribuição prevista em lei;

- CLT, arts. 578 a 610

V – ninguém será obrigado a filiar-se ou a manter-se filiado a sindicato;

- CP, art. 199

VI – é obrigatória a participação dos sindicatos nas negociações coletivas de trabalho;

- CLT, art. 514, "a"

VII – o aposentado filiado tem direito a votar e ser votado nas organizações sindicais;

- CLT, arts. 529 e 530

VIII – é vedada a dispensa do empregado sindicalizado a partir do registro da candidatura a cargo de direção ou representação sindical e, se eleito, ainda que suplente, até um ano após o final do mandato, salvo se cometer falta grave nos termos da lei.

- CLT, art. 543, § 3º

Parágrafo único. As disposições deste artigo aplicam-se à organização de sindicatos rurais e de colônias de pescadores, atendidas as condições que a lei estabelecer.

- CRFB, arts. 5º, incs. XVII a XXI e LXX, "b", 37, inc. VI, 114, inc. III, 136, § 1º, inc. I, "a", e 142, § 3º, inc. IV
- CLT, arts. 511 a 577
- Lei nº 11.699/08 – Dispõe sobre as Colônias, Federações e Confederação Nacional dos Pescadores
- Lei nº 11.648/08 – Dispõe sobre o reconhecimento formal das centrais sindicais
- Decreto-lei nº 1.402/39 – Regula a associação em sindicato

Art. 9º É assegurado o direito de greve, competindo aos trabalhadores decidir sobre a oportunidade de exercê-lo e sobre os interesses que devam por meio dele defender.

§ 1º A lei definirá os serviços ou atividades essenciais e disporá sobre o atendimento das necessidades inadiáveis da comunidade.

§ 2º Os abusos cometidos sujeitam os responsáveis às penas da lei.

- CRFB, arts. 37, inc. VII, e 142, § 3º, inc. IV
- Lei nº 7.783/89 – Dispõe sobre o exercício do direito de greve

Art. 10. É assegurada a participação dos trabalhadores e empregadores nos colegiados dos órgãos públicos em que seus interesses profissionais ou previdenciários sejam objeto de discussão e deliberação.

- CRFB, art. 11

Art. 11. Nas empresas de mais de duzentos empregados, é assegurada a eleição de um representante destes com a finalidade exclusiva de promover-lhes o entendimento direto com os empregadores.

- CRFB, arts. 1º, inc. IV, 5º, inc. XIII, 10, 21, inc. XXIV, 85, inc. III, 170, *caput*, 186, inc. III, 193, 203, inc. III, 205, 214, inc. IV, e 227, § 3º, inc. I
- CLT, art. 543

CAPÍTULO III

Da Nacionalidade

Art. 12. São brasileiros:

I – natos:

a) os nascidos na República Federativa do Brasil, ainda que de pais estrangeiros, desde que estes não estejam a serviço de seu país;

b) os nascidos no estrangeiro, de pai brasileiro ou mãe brasileira, desde que qualquer deles esteja a serviço da República Federativa do Brasil;

c) os nascidos no estrangeiro de pai brasileiro ou de mãe brasileira, desde que sejam registrados em repartição brasileira competente ou venham a residir na República Federativa do Brasil e optem, em qualquer tempo, depois de atingida a maioridade, pela nacionalidade brasileira;

- Redação dada pela EC nº 54/07

II – naturalizados:

a) os que, na forma da lei, adquiram a nacionalidade brasileira, exigidas aos originários de países de língua portuguesa apenas residência por um ano ininterrupto e idoneidade moral;

- Lei nº 6.815/80 – Define a situação jurídica do estrangeiro no Brasil, art. 112, incs. I a VIII

b) os estrangeiros de qualquer nacionalidade, residentes na República Federativa do Brasil há mais de quinze anos ininterruptos e sem condenação penal, desde que requeiram a nacionalidade brasileira.

- Redação dada pela ECR nº 3/94

§ 1º Aos portugueses com residência permanente no País, se houver reciprocidade em favor de brasileiros, serão atribuídos os direitos inerentes ao brasileiro, salvo os casos previstos nesta Constituição.

- Redação dada pela ECR nº 3/94

§ 2º A lei não poderá estabelecer distinção entre brasileiros natos e naturalizados, salvo nos casos previstos nesta Constituição.

- CRFB, arts. 5º, inc. LI, 12, §§ 3º e 4º, inc. I, 19, inc. III, 89, inc. VII, e 222

§ 3º São privativos de brasileiro nato os cargos:

I – de Presidente e Vice-Presidente da República;

II – de Presidente da Câmara dos Deputados;

III – de Presidente do Senado Federal;

IV – de Ministro do Supremo Tribunal Federal;

V – da carreira diplomática;

VI – de oficial das Forças Armadas;

VII – de Ministro de Estado da Defesa.

- CRFB, art. 12, § 2º
- Incluído pela EC nº 23/99

§ 4º Será declarada a perda da nacionalidade do brasileiro que:

I – tiver cancelada sua naturalização, por sentença judicial, em virtude de atividade nociva ao interesse nacional;

- CRFB, art. 12, § 2º

II – adquirir outra nacionalidade, salvo no casos:

- Redação dada pela ECR nº 3/94

a) de reconhecimento de nacionalidade originária pela lei estrangeira;

- Incluída pela ECR nº 3/94

b) de imposição de naturalização, pela norma estrangeira, ao brasileiro residente em estado estrangeiro, como condição para permanência em seu território ou para o exercício de direitos civis;

- CRFB, arts. 1º, *caput*, 3º, *caput*, 4º, 5º, inc. LXXI e § 2º, 13, *caput* e § 1º, 18, *caput*, 22, inc. XIII, 62, § 1º, inc. I, "a", e 68, § 1º, inc. II
- ADCT, art. 95
- Lei nº 818/49 – Regula a aquisição, a perda e a reaquisição da nacionalidade, art. 22, incs. I e III
- Incluída pela ECR nº 3/94

Art. 13. A língua portuguesa é o idioma oficial da República Federativa do Brasil.

- CRFB, arts. 1º, *caput*, 3º, *caput*, 4º, 5º, § 2º, 12, incs. I e II, "b", 13, § 1º, 18, *caput*, e 210, § 2º
- Decreto Legislativo nº 54/95 e Decreto nº 6.583/08 – Promulga o Acordo Ortográfico da Língua Portuguesa, de 16 de dezembro de 1990

§ 1º São símbolos da República Federativa do Brasil a bandeira, o hino, as armas e o selo nacionais.

- CRFB, arts. 1º, *caput*, 3º, *caput*, 4º, 5º, § 2º, 12, incs. I e II, "b", 13, *caput*, e 18, *caput*
- ADCT, art. 95
- Lei nº 5.700/71 – Dispõe sobre a forma e a apresentação dos Símbolos Nacionais, art. 1º

§ 2º Os Estados, o Distrito Federal e os Municípios poderão ter símbolos próprios.

CAPÍTULO IV

Dos Direitos Políticos

Art. 14. A soberania popular será exercida pelo sufrágio universal e pelo voto direto e secreto, com valor igual para todos, e, nos termos da lei, mediante:

- CRFB, arts. 1º, inc. I, 5º, inc. LXXI, e 60, § 4º, inc. II
- CE, art. 82

I – plebiscito;

- CRFB, arts. 1º, parágrafo único, 18, §§ 3º e 4º, e 49, inc. XV
- ADCT, art. 2º
- Lei nº 9.709/98 – Regulamenta a execução do plebiscito, referendo e iniciativa popular, arts. 1º, inc. I, e 2º, § 1º

II – referendo;

- CRFB, art. 1º, parágrafo único, e 49, inc. XV
- Lei nº 9.709/98 – Regulamenta a execução do plebiscito, referendo e iniciativa popular, arts. 1º, inc. II, e 2º, § 2º

III – iniciativa popular.

- CRFB, arts. 1º, parágrafo único, 27, § 4º, 29, inc. XIII, e 61, § 2º
- Lei nº 9.709/98 – Regulamenta a execução do plebiscito, referendo e iniciativa popular, arts. 1º, inc. III, e 13, *caput*

§ 1º O alistamento eleitoral e o voto são:

I – obrigatórios para os maiores de dezoito anos;

- CE, arts. 4º e 8º, *caput*

II – facultativos para:

a) os analfabetos;

b) os maiores de setenta anos;

c) os maiores de dezesseis e menores de dezoito anos.

- CRFB, art. 14, § 2º
- CE, art. 6º, inc. I, "b"

§ 2º Não podem alistar-se como eleitores os estrangeiros e, durante o período do serviço militar obrigatório, os conscritos.

- CRFB, art. 14, § 1º
- CE, arts. 5º, inc. III, e 6º, inc. I, "a"

§ 3º São condições de elegibilidade, na forma da lei:

I – a nacionalidade brasileira;

II – o pleno exercício dos direitos políticos;

III – o alistamento eleitoral;

IV – o domicílio eleitoral na circunscrição;

V – a filiação partidária;

VI – a idade mínima de:

a) trinta e cinco anos para Presidente e Vice-Presidente da República e Senador;

b) trinta anos para Governador e Vice-Governador de Estado e do Distrito Federal;

c) vinte e um anos para Deputado Federal, Deputado Estadual ou Distrital, Prefeito, Vice-Prefeito e juiz de paz;

d) dezoito anos para Vereador.

- CRFB, art. 14, §§ 4º a 9º
- CE, arts. 87 a 102

§ 4º São inelegíveis os inalistáveis e os analfabetos.

- CRFB, art. 14, §§ 3º, 5º a 9º

§ 5º O Presidente da República, os Governadores de Estado e do Distrito Federal, os Prefeitos e quem os houver sucedido, ou substituído no curso dos mandatos poderão ser reeleitos para um único período subsequente.

- CRFB, art. 14, §§ 3º, 4º, 6º a 9º
- Redação dada pela EC nº 16/97

§ 6º Para concorrerem a outros cargos, o Presidente da República, os Governadores de Estado e do Distrito Federal e os Prefeitos devem renunciar aos respectivos mandatos até seis meses antes do pleito.

- CRFB, art. 14, §§ 3º a 5º, 7º a 9º
- ADCT, art. 13, § 3º, inc. III

§ 7º São inelegíveis, no território de jurisdição do titular, o cônjuge e os parentes consanguíneos ou afins, até o segundo grau ou por adoção, do Presidente da República, de Governador de Estado ou Território, do Distrito Federal, de Prefeito ou de quem os haja substituído dentro dos seis meses anteriores ao pleito, salvo se já titular de mandato eletivo e candidato à reeleição.

- CRFB, art. 14, §§ 3º a 6º, 8º e 9º
- ADCT, art. 5º, § 5º
- Súmula Vinculante nº 18/09

§ 8º O militar alistável é elegível, atendidas as seguintes condições:

I – se contar menos de dez anos de serviço, deverá afastar-se da atividade;

II – se contar mais de dez anos de serviço, será agregado pela autoridade superior e, se eleito, passará automaticamente, no ato da diplomação, para a inatividade.

- CRFB, arts. 14, §§ 3º a 7º e 9º, 42, § 1º, e 142, § 3º, inc. V

§ 9º Lei complementar estabelecerá outros casos de inelegibilidade e os prazos de sua cessação, a fim de proteger a probidade administrativa, a moralidade para exercício de mandato considerada vida pregressa do candidato, e a normalidade e legitimidade das eleições contra a influência do poder econômico ou o abuso do exercício de função, cargo ou emprego na administração direta ou indireta.

- CRFB, art. 14, §§ 3º a 8º
- Lei Complementar nº 64/90 – Estabelece casos de inelegibilidade e prazos de cessação

- Lei Complementar nº 135/10 – Inclui hipóteses de inelegibilidade que visam a proteger a probidade administrativa e a moralidade no exercício do mandato
- Redação dada pela ECR nº 4/94

§ 10. O mandato eletivo poderá ser impugnado ante a Justiça Eleitoral no prazo de quinze dias contados da diplomação, instruída a ação com provas de abuso do poder econômico, corrupção ou fraude.

- CRFB, art. 14, § 11

§ 11. A ação de impugnação de mandato tramitará em segredo de justiça, respondendo o autor, na forma da lei, se temerária ou de manifesta má-fé.

- CRFB, art. 14, § 10

Art. 15. É vedada a cassação de direitos políticos, cuja perda ou suspensão só se dará nos casos de:

I – cancelamento da naturalização por sentença transitada em julgado;

- Lei nº 818/49 – Regula a aquisição, a perda e a reaquisição da nacionalidade, arts. 24 a 34

II – incapacidade civil absoluta;

- CC, arts. 3º, 1.767 a 1.777

III – condenação criminal transitada em julgado, enquanto durarem seus efeitos;

- CP, arts. 92, inc. I, 107 a 120
- Lei Complementar nº 64/90 – Estabelece casos de inelegibilidade, art. 1º, inc. I, "e"

IV – recusa de cumprir obrigação a todos imposta ou prestação alternativa, nos termos do art. 5º, inc. VIII;

- CRFB, art. 143, § 1º
- Lei nº 8.239/91 – Dispõe sobre a prestação de Serviço Alternativo ao Serviço Militar Obrigatório, arts. 3º e 4º

V – improbidade administrativa, nos termos do art. 37, § 4º.

- CRFB, arts. 37, *caput*, 52, parágrafo único, 78, parágrafo único, 83 e 85, inc. V
- ADCT, art. 9º
- CE, art. 71, incs. I a V
- Lei nº 8.429/92 – Dispõe sobre as sanções aplicáveis aos agentes públicos nos casos de enriquecimento ilícito no exercício de mandato, cargo, emprego ou função na administração pública direta, indireta ou fundacional, arts. 12 e 20
- Resolução TSE nº 21.538/03 – Dispõe sobre o cancelamento de inscrição eleitoral

Art. 16. A lei que alterar o processo eleitoral entrará em vigor na data de sua publicação, não se aplicando à eleição que ocorra até um ano da data de sua vigência.

- CRFB, arts. 1º, inc. II, 5º, incs. XXXIV, "a", LXXI, LXXIII e LXXVII, 22, inc. XIII, 29, inc. XIII, 55, inc. IV, 61, § 2º, 62, § 1º, inc. I, "a", 68, § 1º, inc. II, 74, § 2º, 85, inc. III, e 205
- ADCT, arts. 4º, § 1º, 5º, *caput*, 8º, § 3º, e 64
- Lei nº 9.504/97 – Estabelece normas para as eleições
- Redação dada pela EC nº 4/93

CAPÍTULO V

Dos Partidos Políticos

Art. 17. É livre a criação, fusão, incorporação e extinção de partidos políticos, resguardados a soberania nacional, o regime democrático, o pluripartidarismo, os direitos fundamentais da pessoa humana e observados os seguintes preceitos:

I – caráter nacional;

II – proibição de recebimento de recursos financeiros de entidade ou governo estrangeiros ou de subordinação a estes;

III – prestação de contas à Justiça Eleitoral;

IV – funcionamento parlamentar de acordo com a lei.

- CRFB, arts. 1º, *caput*, 5º, inc. LXXI, 14, *caput*, 23, inc. I, 34, inc. VII, "a", 90, inc. II, 91, *caput*, 127, *caput*, 136 a 144, 170, inc. I, 194, parágrafo único, inc. VII, 206, inc. VI, 215, § 3º, inc. IV, e 231, § 5º
- ADCT, art. 6º

§ 1º É assegurada aos partidos políticos autonomia para definir sua estrutura interna, organização e funcionamento e para adotar os critérios de escolha e o regime de suas coligações eleitorais, sem obrigatoriedade de vinculação entre as candidaturas em âmbito nacional, estadual, distrital ou municipal, devendo seus estatutos estabelecer normas de disciplina e fidelidade partidária.

- Resolução TSE nº 22.610/07 – Disciplina o processo de perda de cargo eletivo, bem como de justificação de desfiliação partidária
- Redação dada pela EC nº 52/06

§ 2º Os partidos políticos, após adquirirem personalidade jurídica, na forma da lei civil, registrarão seus estatutos no Tribunal Superior Eleitoral.

§ 3º Os partidos políticos têm direito a recursos do fundo partidário e acesso gratuito ao rádio e à televisão, na forma da lei.

§ 4º É vedada a utilização pelos partidos políticos de organização paramilitar.

- CRFB, arts. 5º, incs. XVII e LXX, "a", 62, § 1º, inc. I, "a", e 103, inc. VIII
- Lei nº 9.096/95 – Dispõe sobre partidos políticos

TÍTULO III

Da Organização do Estado

CAPÍTULO I

Da Organização Político-Administrativa

Art. 18. A organização político-administrativa da República Federativa do Brasil compreende a União, os Estados, o Distrito Federal e os Municípios, todos autônomos, nos termos desta Constituição.

- CRFB, arts. 1º, *caput*, 3º, *caput*, 4º, 5º, § 2º, 12, incs. I e II, "b", 13, *caput* e § 1º, 18, *caput*, 20 a 24, 25 a 28, 29 a 31, 32, 34, inc. I, 60, § 4º, inc. I, e 85, inc. I
- ADCT, art. 95

§ 1º Brasília é a Capital Federal.

- CRFB, art. 48, inc. VII
- Lei nº 3.751/60 – Dispõe sobre a organização administrativa do Distrito Federal

§ 2º Os Territórios Federais integram a União, e sua criação, transformação em Estado ou reintegração ao Estado de origem serão reguladas em lei complementar.

- CRFB, arts. 33, § 1º, e 48, inc. VI
- Lei Complementar nº 20/74 – Dispõe sobre a criação de Estados e Territórios, arts. 6º e 7º

§ 3º Os Estados podem incorporar-se entre si, subdividir-se ou desmembrar-se para se anexarem a outros, ou formarem novos Estados ou Territórios Federais, mediante aprovação da população diretamente interessada, através de plebiscito, e do Congresso Nacional, por lei complementar.

- CRFB, art. 48, inc. VI
- Lei Complementar nº 20/74 – Dispõe sobre a criação de Estados e Territórios, arts. 1º a 5º
- Lei nº 9.709/98 – Regulamenta a execução do plebiscito, referendo e iniciativa popular, arts. 3º e 4º

§ 4º A criação, a incorporação, a fusão e o desmembramento de Municípios, far-se-ão por lei estadual, dentro do período determinado por Lei Complementar Federal, e dependerão de consulta prévia, mediante plebiscito, às populações dos Municípios envolvidos, após divulgação dos Estudos de Viabilidade Municipal, apresentados e publicados na forma da lei.

- CRFB, arts. 1º, parágrafo único, 14, inc. I, 25, §§ 2º e 3º, e 49, inc. XV
- ADCT, art. 2º
- Lei nº 9.709/98 – Regulamenta a execução do plebiscito, referendo e iniciativa popular, art. 5º
- Lei nº 10.521/02 – Assegura a instalação de Municípios criados por Lei Estadual
- Redação dada pela EC nº 15/96

Art. 19. É vedado à União, aos Estados, ao Distrito Federal e aos Municípios:

I – estabelecer cultos religiosos ou igrejas, subvencioná-los, embaraçar-lhes o funcionamento ou manter com eles ou seus representantes relações de dependência ou aliança, ressalvada, na forma da lei, a colaboração de interesse público;

II – recusar fé aos documentos públicos;

III – criar distinções entre brasileiros ou preferências entre si.

- CRFB, art. 12, § 2º

CAPÍTULO II
Da União

Art. 20. São bens da União:

I – os que atualmente lhe pertencem e os que lhe vierem a ser atribuídos;

- ADCT, art. 51, § 3º

II – as terras devolutas indispensáveis à defesa das fronteiras, das fortificações e construções militares, das vias federais de comunicação e à preservação ambiental, definidas em lei;

- CRFB, arts. 26, inc. IV, e 188, *caput*
- Lei nº 4.504/64 – Dispõe sobre o Estatuto da Terra, art. 9º, inc. III
- Lei nº 6.383/76 – Dispõe sobre o processo discriminatório de terras devolutas da União
- Lei nº 6.634/79 – Dispõe sobre a Faixa de Fronteira
- Decreto-lei nº 9.760/46 – Dispõe sobre os bens imóveis da União, arts. 1º, "e" e "f", e 5º

III – os lagos, rios e quaisquer correntes de água em terrenos de seu domínio, ou que banhem mais de um Estado, sirvam de limites com outros países, ou se estendam a território estrangeiro ou dele provenham, bem como os terrenos marginais e as praias fluviais;

- CRFB, art. 26, inc. I
- Decreto-lei nº 9.760/46 – Dispõe sobre os bens imóveis da União, arts. 1º, "b" e "c", e 4º
- Decreto nº 24.643/34 – Código de Águas, art. 29, inc. I

IV – as ilhas fluviais e lacustres nas zonas limítrofes com outros países; as praias marítimas; as ilhas oceânicas e as costeiras, excluídas, destas, as que contenham a sede de Municípios, exceto aquelas áreas afetadas ao serviço público e a unidade ambiental federal, e as referidas no art. 26, inc. II;

- CRFB, art. 26, incs. II e III
- Decreto-lei nº 9.760/46 – Dispõe sobre os bens imóveis da União, art. 1º, "d"
- Redação dada pela EC nº 46/05

V – os recursos naturais da plataforma continental e da zona econômica exclusiva;

- Lei nº 8.617/93 – Dispõe sobre o mar territorial, a zona contígua, a zona econômica exclusiva e a plataforma continental brasileiros, arts. 6º a 14

VI – o mar territorial;

- Lei nº 8.617/93 – Dispõe sobre o mar territorial, a zona contígua, a zona econômica exclusiva e a plataforma continental brasileiros, arts. 1º a 3º
- Decreto nº 24.643/34 – Código de Águas, art. 2º, "a"

VII – os terrenos de marinha e seus acrescidos;

- ADCT, art. 49, § 3º
- Decreto-lei nº 9.760/46 – Dispõe sobre os bens imóveis da União, arts. 1º, "a", 2º e 3º

VIII – os potenciais de energia hidráulica;

- Decreto nº 24.643/34 – Código de Águas, arts. 191 a 194

IX – os recursos minerais, inclusive os do subsolo;

- Decreto-lei nº 227/67 – Código de Minas

X – as cavidades naturais subterrâneas e os sítios arqueológicos e pré-históricos;

- CRFB, art. 216, inc. V

XI – as terras tradicionalmente ocupadas pelos índios.

- CRFB, arts. 22, inc. XIV, 49, inc. XVI, 109, inc. XI, 129, inc. V, 176, § 1º, 210, § 2º, 231 e 232
- ADCT, art. 67
- Lei nº 6.001/73 – Dispõe sobre o Estatuto do Índio, art. 17

§ 1º É assegurada, nos termos da lei, aos Estados, ao Distrito Federal e aos Municípios, bem como a órgãos da administração direta da União, participação no resultado da exploração de petróleo ou gás natural, de recursos hídricos para fins de geração de energia elétrica e de outros recursos minerais no respectivo território, plataforma continental, mar territorial ou zona econômica exclusiva, ou compensação financeira por essa exploração.

- CRFB, arts. 21, inc. XIX, e 23, inc. XI
- ADCT, art. 97, § 3º
- Lei nº 7.990/89 – Institui, para os Estados, Distrito Federal e Municípios, compensação financeira pelo resultado da exploração de petróleo ou gás natural, de recursos hídricos para fins de geração de energia elétrica, e de recursos minerais em seus respectivos territórios, plataformas continental, mar territorial ou zona econômica exclusiva
- Lei nº 8.001/90 – Define os percentuais da distribuição da compensação financeira devida aos Estados, Distrito Federal e Municípios

§ 2º A faixa de até cento e cinquenta quilômetros de largura, ao longo das fronteiras terrestres, designada como faixa de fronteira, é considerada fundamental para defesa do território nacional, e sua ocupação e utilização serão reguladas em lei.

- CRFB, arts. 48, inc. V, e 176, *caput*
- CC, arts. 98 a 103
- Lei nº 6.634/79 – Dispõe sobre a faixa de fronteira
- Lei nº 9.636/98 – Dispõe sobre a regularização, administração, aforamento e alienação de bens imóveis de domínio da União

Art. 21. Compete à União:

I – manter relações com Estados estrangeiros e participar de organizações internacionais;

- CRFB, arts. 4º, *caput*, 49, inc. I, e 84, incs. VII e VIII

II – declarar a guerra e celebrar a paz;

- CRFB, arts. 4º, incs. IV e VI, 49, inc. II, 84, incs. XIX e XX, e 91, § 1º, inc. I

III – assegurar a defesa nacional;

- CRFB, arts. 22, inc. XXVIII, 84, inc. XIII, e 142

IV – permitir, nos casos previstos em lei complementar, que forças estrangeiras transitem pelo território nacional ou nele permaneçam temporariamente;

- CRFB, arts. 49, inc. II, e 84, inc. XXII
- Lei Complementar nº 90/97 – Determina os casos em que forças estrangeiras possam transitar pelo território nacional ou nele permanecer temporariamente

V – decretar o estado de sítio, o estado de defesa e a intervenção federal;

- CRFB, arts. 36, § 1º, 49, inc. IV, 57, § 6º, inc. I, 60, § 1º, 84, incs. IX e X, 90, inc. I, 91, § 1º, inc. II, 136 a 141

VI – autorizar e fiscalizar a produção e o comércio de material bélico;

- CRFB, art. 170, parágrafo único

VII – emitir moeda;

- CRFB, arts. 48, inc. XIV, e 164

VIII – administrar as reservas cambiais do País e fiscalizar as operações de natureza financeira, especialmente as de crédito, câmbio e capitalização, bem como as de seguros e de previdência privada;

- CRFB, arts. 22, inc. VII, 48, inc. II, 74, inc. III, e 163, inc. VI
- Lei Complementar nº 109/01 – Dispõe sobre o Regime de Previdência Complementar
- Lei nº 4.595/64 – Dispõe sobre a Política e as Instituições Monetárias, Bancárias e Creditícias
- Lei nº 4.728/65 – Disciplina o mercado de capitais e estabelece medidas para o seu desenvolvimento
- Decreto-lei nº 73/66 – Dispõe sobre o Sistema Nacional de Seguros Privados e regula as operações de seguros e resseguros

IX – elaborar e executar planos nacionais e regionais de ordenação do território e de desenvolvimento econômico e social;

- CRFB, arts. 3º, inc. II, 5º, inc. XXIX, 23, parágrafo único, 43, § 1º, inc. II, 48, inc. IV, 58, § 2º, inc. VI, 174, § 1º, 192, 215, § 3º, 218, § 2º, e 219

X – manter o serviço postal e o correio aéreo nacional;

- CRFB, art. 22, inc. V
- Lei nº 6.538/78 – Dispõe sobre os Serviços Postais

XI – explorar, diretamente ou mediante autorização, concessão ou permissão, os serviços de telecomunicações, nos termos da lei, que disporá sobre a organização dos serviços, a criação de um órgão regulador e outros aspectos institucionais;

- CRFB, arts. 5º, inc. II, 21, inc. XII, 22, inc. IV, 25, § 2º, 30, inc. V, 48, inc. XII, 175, *caput*, e 177, § 2º, inc. III
- Lei nº 4.117/62 – Código Brasileiro de Telecomunicações
- Lei nº 5.792/72 – Institui política de exploração de serviços de telecomunicações
- Lei nº 8.987/95 – Dispõe sobre o regime de concessão e permissão da prestação de serviços públicos
- Lei nº 9.295/96 – Dispõe sobre os serviços de telecomunicações e sua organização, arts. 4º a 6º, 8º, §§ 2º e 3º, 11, 13, parágrafo único, e 15
- Lei nº 9.472/97 – Institui a Agência Nacional de Telecomunicações
- Súmula Vinculante nº 27/09
- Redação dada pela EC nº 8/95

XII – explorar, diretamente ou mediante autorização, concessão ou permissão:

a) os serviços de radiodifusão sonora, e de sons e imagens;

- Redação dada pela EC nº 8/95

b) os serviços e instalações de energia elétrica e o aproveitamento energético dos cursos de água, em articulação com os Estados onde se situam os potenciais hidroenergéticos;

c) a navegação aérea, aeroespacial e a infraestrutura aeroportuária;

d) os serviços de transporte ferroviário e aquaviário entre portos brasileiros e fronteiras nacionais, ou que transponham os limites de Estado ou Território;

e) os serviços de transporte rodoviário interestadual e internacional de passageiros;

f) os portos marítimos, fluviais e lacustres;

- CRFB, arts. 21, inc. XI, 22, inc. IV, 25, § 2º, 30, inc. V, 48, inc. XII, e 175, *caput*

- Lei nº 6.009/73 – Dispõe sobre a utilização e a exploração dos aeroportos
- Lei nº 6.301/75 – Institui política de exploração de serviço de radiodifusão de emissoras oficiais
- Lei nº 7.565/86 – Código Brasileiro de Aeronáutica
- Lei nº 8.630/93 – Lei dos Portos
- Lei nº 8.987/95 – Dispõe sobre o regime de concessão e permissão da prestação de serviços públicos
- Lei nº 9.432/97 – Dispõe sobre a ordenação do transporte aquaviário
- Lei nº 9.994/00 – Institui o Programa de Desenvolvimento Científico e Tecnológico do Setor Espacial

XIII – organizar e manter o Poder Judiciário, o Ministério Público do Distrito Federal e dos Territórios e a Defensoria Pública dos Territórios;

- CRFB, arts. 21, inc. XIV, 22, inc. XVII, 24, inc. XIII, 32, § 1º, 48, inc. IX, 61, § 1º, inc. II, "d", 92, inc. VII, 128, inc. I, "d", 134 e 168
- LOMPU, arts. 24, inc. IV, 149 a 181
- LONDP, arts. 2º, inc. II, 52 a 96
- Lei nº 8.185/91 – Dispõe sobre a organização judiciária do Distrito Federal e dos Territórios
- Redação dada pela EC nº 69/12

XIV – organizar e manter a polícia civil, a polícia militar e o corpo de bombeiros militar do Distrito Federal, bem como prestar assistência financeira ao Distrito Federal para a execução de serviços públicos, por meio de fundo próprio;

- CRFB, arts. 21, inc. XIII, 22, inc. XVII, 32, §§ 1º e 4º, e 144, § 6º
- Lei nº 12.086/09 – Dispõe sobre os militares da Polícia Militar do Distrito Federal e do Corpo de Bombeiros Militar do Distrito Federal
- Decreto-lei nº 9/66 – Dispõe sobre a organização da Polícia Militar e do Corpo de Bombeiros do Distrito Federal
- Decreto-lei nº 667/69 – Reorganiza as Polícias Militares e os Corpos de Bombeiros Militares dos Estados, dos Território e do Distrito Federal
- Redação dada pela EC nº 19/98

XV – organizar e manter os serviços oficiais de estatística, geografia, geologia e cartografia de âmbito nacional;

- CRFB, art. 22, inc. XVIII
- Lei nº 5.878/73 – Dispõe sobre a Fundação Instituto Brasileiro de Geografia e Estatística
- Decreto-lei nº 243/67 – Fixa as diretrizes e bases da cartografia brasileira

XVI – exercer a classificação, para efeito indicativo, de diversões públicas e de programas de rádio e televisão;

- CRFB, arts. 21, inc. XVI, 220, § 3º, e 221
- ADCT, art. 23

XVII – conceder anistia;

- CRFB, arts. 5º, inc. XLIII, e 48, inc. VIII

XVIII – planejar e promover a defesa permanente contra as calamidades públicas, especialmente as secas e as inundações;

- Lei nº 3.742/60 – Dispõe sobre o auxílio federal em casos de prejuízos causados por fatores naturais
- Decreto-lei nº 950/69 – Institui o Fundo Especial para Calamidades Públicas

XIX – instituir sistema nacional de gerenciamento de recursos hídricos e definir critérios de outorga de direitos de seu uso;

- CRFB, arts. 20, § 1º, e 23, inc. XI
- Lei nº 9.433/97 – Institui a Política Nacional de Recursos Hídricos

XX – instituir diretrizes para o desenvolvimento urbano, inclusive habitação, saneamento básico e transportes urbanos;

- CRFB, arts. 6º, 23, inc. IX, 182, *caput*, 187, inc. VIII, e 200, inc. IV
- Lei nº 11.124/05 – Dispõe sobre o Sistema Nacional de Habitação de Interesse Social
- Lei nº 11.445/07 – Estabelece diretrizes nacionais para o saneamento básico

XXI – estabelecer princípios e diretrizes para o sistema nacional de viação;

- CRFB, art. 22, inc. IX
- Lei nº 5.917/73 – Aprova o Plano Nacional de Viação

XXII – executar os serviços de polícia marítima, aeroportuária e de fronteiras;

- CRFB, art. 144, § 1º, inc. III
- Redação dada pela EC nº 19/98

XXIII – explorar os serviços e instalações nucleares de qualquer natureza e exercer monopólio estatal sobre a pesquisa, a lavra, o enriquecimento e reprocessamento, a industrialização e o comércio de minérios nucleares e seus derivados, atendidos os seguintes princípios e condições:

a) toda atividade nuclear em território nacional somente será admitida para fins pacíficos e mediante aprovação do Congresso Nacional;

b) sob regime de permissão, são autorizadas a comercialização e a utilização de radioisótopos para a pesquisa e usos médicos, agrícolas e industriais;

- CRFB, art. 177, inc. V
- Redação dada pela EC nº 49/06

c) sob regime de permissão, são autorizadas a produção, comercialização e utilização de radioisótopos de meia-vida igual ou inferior a duas horas;

- CRFB, art. 177, inc. V
- Redação dada pela EC nº 49/06

d) a responsabilidade civil por danos nucleares independe da existência de culpa;

- CRFB, arts. 22, inc. XXVI, 49, inc. XIV, e 177, inc. V
- Lei nº 6.453/77 – Dispõe sobre a responsabilidade civil por danos nucleares e a responsabilidade criminal por atos relacionados com atividades nucleares
- Lei nº 10.308/01 – Dispõe sobre a seleção de locais, construção, licenciamento, operação, fiscalização, custos, indenização, responsabilidade civil e garantias referentes aos depósitos de rejeitos radioativos
- Decreto-lei nº 1.809/80 – Institui o Sistema de Proteção ao Programa Nuclear Brasileiro
- Incluída pela EC nº 49/06

XXIV – organizar, manter e executar a inspeção do trabalho;

- CRFB, arts. 1º, inc. IV, 5º, inc. XIII, 6º a 11, 170, 186, inc. III, 193, 203, inc. III, 205, 214, inc. IV, e 227, § 3º, inc. I

XXV – estabelecer as áreas e as condições para o exercício da atividade de garimpagem, em forma associativa.

- CRFB, art. 174, §§ 3º e 4º
- Lei nº 7.805/89 – Institui o regime de permissão de lavra garimpeira

Art. 22. Compete privativamente à União legislar sobre:

I – direito civil, comercial, penal, processual, eleitoral, agrário, marítimo, aeronáutico, espacial e do trabalho;

- CRFB, arts. 24, inc. XI, e 62, § 1º, inc. I, "a" e "b"
- CC
- CCom
- CE
- CLT
- CP
- CPC
- CPP
- Lei nº 4.947/66 – Fixa normas de direito agrário
- Lei nº 7.565/86 – Código Brasileiro de Aeronáutica

II – desapropriação;

- CRFB, arts. 5º, inc. XXIV, 182, § 4º, inc. III, e 184
- Lei Complementar nº 76/93 – Dispõe sobre o procedimento contraditório especial, de rito sumário, para o processo de desapropriação de imóvel rural, por interesse social, para fins de reforma agrária
- Lei nº 4.132/62 – Define os casos de desapropriação por interesse social
- Lei nº 8.629/93 – Dispõe sobre a reforma agrária
- Lei nº 10.257/01 – Estabelece diretrizes gerais da política urbana, art. 8º
- Decreto-lei nº 3.365/41 – Dispõe sobre desapropriações por utilidade pública

III – requisições civis e militares, em caso de iminente perigo e em tempo de guerra;

- CRFB, arts. 5º, inc. XXV, e 139, inc. VII
- Decreto-lei nº 4.812/42 – Dispõe sobre a requisição de bens imóveis e móveis, necessários às forças armadas e à defesa passiva da população

IV – águas, energia, informática, telecomunicações e radiodifusão;

- CRFB, arts. 21, incs. XI e XII, e 48, inc. XII
- Lei nº 4.117/62 – Código Brasileiro de Telecomunicações
- Lei nº 5.792/72 – Institui política de exploração de serviços de telecomunicações
- Lei nº 6.301/75 – Institui política de exploração de serviço de radiodifusão de emissoras oficiais
- Lei nº 7.232/84 – Dispõe sobre a Política Nacional de Informática
- Lei nº 9.295/96 – Dispõe sobre os serviços de telecomunicações e sua organização, arts. 4º a 6º, 8º, §§ 2º e 3º, 11, 13, parágrafo único, e 15
- Decreto nº 24.643/34 – Código de Águas

V – serviço postal;

- CRFB, art. 21, inc. X
- Lei nº 6.538/78 – Dispõe sobre os Serviços Postais

VI – sistema monetário e de medidas, títulos e garantias dos metais;

- CRFB, art. 48, inc. XIV
- Lei nº 9.069/95 – Dispõe sobre o Sistema Monetário Nacional
- Decreto-lei nº 240/67 – Define a política e o sistema nacional de metrologia

VII – política de crédito, câmbio, seguros e transferência de valores;

- CRFB, arts. 21, inc. VIII, 48, inc. II, e 74, inc. III
- Lei nº 4.595/64 – Dispõe sobre a Política e as Instituições Monetárias, Bancárias e Creditícias
- Decreto-lei nº 73/66 – Dispõe sobre o Sistema Nacional de Seguros Privados e regula as operações de seguros e resseguros

VIII – comércio exterior e interestadual;

- CRFB, art. 237
- Lei nº 5.025/66 – Dispõe sobre o intercâmbio comercial com o exterior

IX – diretrizes da política nacional de transportes;

- CRFB, arts. 21, inc. XXI, e 178, *caput*
- Lei nº 5.917/73 – Aprova o Plano Nacional de Viação

X – regime dos portos, navegação lacustre, fluvial, marítima, aérea e aeroespacial;

- CRFB, art. 178, parágrafo único
- Lei nº 7.565/86 – Código Brasileiro de Aeronáutica
- Lei nº 8.630/93 – Lei dos Portos
- Lei nº 9.994/00 – Institui o Programa de Desenvolvimento Científico e Tecnológico do Setor Espacial

XI – trânsito e transporte;

- CRFB, art. 23, inc. XII
- Lei nº 9.503/97 – Código de Trânsito Brasileiro

XII – jazidas, minas, outros recursos minerais e metalurgia;

- CRFB, arts. 176, *caput*, e 225, § 2º
- Decreto-lei nº 227/67 – Código de Minas

XIII – nacionalidade, cidadania e naturalização;

- CRFB, arts 1º, inc. II. 5º, incs. XXXIV, "a", LXXI, LXXIII e LXXVII, 12, 14 a 16, 29, inc. XIII, 61, § 2º, 62, § 1º, inc. I, "a", 68, § 1º, inc. II, 74, § 2º, e 205
- ADCT, arts. 8º, § 3º, e 64
- Lei nº 818/49 – Regula a aquisição, a perda e a reaquisição da nacionalidade
- Lei nº 6.815/80 – Define a situação jurídica do estrangeiro no Brasil

XIV – populações indígenas;

- CRFB, arts. 20, inc. XI, 49, inc. XVI, 109, inc. XI, 129, inc. V, 176, § 1º, 210, § 2º, 231 e 232
- ADCT, art. 67
- Lei nº 6.001/73 – Dispõe sobre o Estatuto do Índio

XV – emigração e imigração, entrada, extradição e expulsão de estrangeiros;

- CRFB, arts. 5º, incs. LI e LII, e 102, inc. I, "g"
- Lei nº 6.815/80 – Define a situação jurídica do estrangeiro no Brasil, arts. 76 a 94

XVI – organização do sistema nacional de emprego e condições para o exercício de profissões;

- CRFB, arts. 5º, inc. XIII, e 170, inc. VIII

XVII – organização judiciária, do Ministério Público do Distrito Federal e dos Territórios e da Defensoria Pública dos Territórios, bem como organização administrativa destes;

- CRFB, arts. 21, incs. XIII e XIV, 24, inc. XIII, 32, § 1º, 48, inc. IX, 61, § 1º, inc. II, "d", 92, inc. VII, 128, inc. I, "d", 134 e 168
- LOMPU, arts. 24, inc. IV, 149 a 181
- LONDP, arts. 2º, inc. II, 52 a 96
- Lei nº 11.697/08 – Dispõe sobre a organização judiciária do Distrito Federal e dos Territórios
- Redação dada pela EC nº 69/12

XVIII – sistema estatístico, sistema cartográfico e de geologia nacionais;

- CRFB, art. 21, inc. XV
- Lei nº 5.878/73 – Dispõe sobre a Fundação Instituto Brasileiro de Geografia e Estatística
- Decreto-lei nº 243/67 – Fixa as diretrizes e bases da cartografia brasileira

XIX – sistemas de poupança, captação e garantia da poupança popular;

- CRFB, art. 62, § 1º, inc. II
- Lei nº 8.177/91 – Estabelece regras para a remuneração das cadernetas de poupança
- Decreto-lei nº 70/66 – Autoriza o funcionamento de associações de poupança e empréstimo

XX – sistemas de consórcios e sorteios;

- Lei nº 5.768/71 – Abre a legislação sobre distribuição gratuita de prêmios, mediante sorteio, vale-brinde ou concurso, a título de propaganda
- Lei nº 11.795/08 – Dispõe sobre o Sistema de Consórcios
- Súmula Vinculante nº 2/07

XXI – normas gerais de organização, efetivos, material bélico, garantias, convocação e mobilização das polícias militares e corpos de bombeiros militares;

- CRFB, arts. 42 e 144, inc. V e § 5º
- Decreto-lei nº 667/69 – Reorganiza as Polícias Militares e os Corpos de Bombeiros Militares dos Estados, dos Território e do Distrito Federal

XXII – competência da polícia federal e das polícias rodoviária e ferroviária federais;

- CRFB, art. 144, incs. I a III, §§ 1º a 3º
- Lei nº 9.266/96 – Reorganiza as classes da carreira policial federal
- Lei nº 9.654/98 – Cria a carreira de policial rodoviário federal
- Decreto-lei nº 2.251/85 – Dispõe sobre a criação da carreira policial federal e seus cargos

XXIII – seguridade social;

- CRFB, art. 194
- Lei nº 8.212/91 – Dispõe sobre a organização da Seguridade Social
- Lei nº 8.213/91 – Dispõe sobre os Planos de Benefícios da Previdência Social

XXIV – diretrizes e bases da educação nacional;

- CRFB, arts. 6º e 24, inc. IX
- Lei nº 9.394/96 – Estabelece as diretrizes e bases da educação nacional

XXV – registros públicos;

- CRFB, art. 236
- Lei nº 6.015/73 – Dispõe sobre os registros públicos

XXVI – atividades nucleares de qualquer natureza;

- CRFB, arts. 21, inc. XXIII, 49, inc. XIV, e 177, inc. V
- Lei nº 6.453/77 – Dispõe sobre a responsabilidade civil por danos nucleares e a responsabilidade criminal por atos relacionados com atividades nucleares

- Lei nº 10.308/01 – Dispõe sobre a seleção de locais, construção, licenciamento, operação, fiscalização, custos, indenização, responsabilidade civil e garantias referentes aos depósitos de rejeitos radioativos
- Decreto-lei nº 1.809/80 – Institui o Sistema de Proteção ao Programa Nuclear Brasileiro

XXVII – normas gerais de licitação e contratação, em todas as modalidades, para as administrações públicas diretas, autárquicas e fundacionais da União, Estados, Distrito Federal e Municípios, obedecido o disposto no art. 37, inc. XXI, e para as empresas públicas e sociedades de economia mista, nos termos do art. 173, § 1º, inc. III;

- CRFB, arts. 37, *caput* e incs. II e XXI, 173, § 1º, inc. III, e 175, *caput*
- Lei nº 8.666/93 – Institui normas para licitações e contratos da Administração Pública
- Lei nº 9.986/00 – Dispõe sobre a gestão de recursos humanos das agências reguladoras, art. 37
- Lei nº 10.520/02 – Institui, no âmbito da União, Estados, Distrito Federal e Municípios, modalidade de licitação denominada pregão, para aquisição de bens e serviços comuns
- Lei nº 11.079/04 – Institui normas gerais para licitação e contratação de parceria público-privada no âmbito da administração pública
- Lei nº 12.462/11 – Institui o Regime Diferenciado de Contratações Públicas
- Decreto nº 2.745/98 – Aprova o Regulamento do Procedimento Licitatório Simplificado da Petrobrás
- Redação dada pela EC nº 19/98

XXVIII – defesa territorial, defesa aeroespacial, defesa marítima, defesa civil e mobilização nacional;

- CRFB, arts. 21, inc. III, 84, incs. XIII e XIX, 142 e 144, § 5º
- Lei nº 11.631/07 – Dispõe sobre o Sistema Nacional de Mobilização
- Lei nº 12.608/12 – Dispõe sobre o Sistema Nacional de Proteção e Defesa Civil

XXIX – propaganda comercial.

- CRFB, art. 37, § 1º
- Lei nº 8.078/90 – Dispõe sobre a proteção do consumidor, arts. 36 a 38

Parágrafo único. Lei complementar poderá autorizar os Estados a legislar sobre questões específicas das matérias relacionadas neste artigo.

- Lei Complementar nº 103/00 – Autoriza os Estados e o Distrito Federal a instituir o piso salarial

Art. 23. É competência comum da União, dos Estados, do Distrito Federal e dos Municípios:

I – zelar pela guarda da Constituição, das leis e das instituições democráticas e conservar o patrimônio público;

- CRFB, arts. 17, *caput*, 34, inc. VII, "a", 90, inc. II, 127, *caput*, 136 a 144, 194, parágrafo único, inc. VII, 206, inc. VI, e 215, § 3º, inc. IV

II – cuidar da saúde e assistência pública, da proteção e garantia das pessoas portadoras de deficiência;

- CRFB, arts. 3º, incs. I, III e IV, 4º, inc. VIII, 5º, *caput* e inc. XLII, 7º, incs. XX e XXXI, 23, inc. X, 24, inc. XIV, 37, inc. VIII, 170, inc. VII, 203, incs. IV e V, 206, inc. I, 208, inc. III, e 227, §§ 1º, inc. II e 2º e 244
- Lei nº 7.853/89 – Dispõe sobre o apoio às pessoas portadoras de deficiência

III – proteger os documentos, as obras e outros bens de valor histórico, artístico e cultural, os monumentos, as paisagens naturais notáveis e os sítios arqueológicos;

- CRFB, arts. 23, inc. IV, 24, inc. VII, 30, inc. IX, e 216
- Decreto-lei nº 25/37 – Organiza a proteção do patrimônio histórico e artístico nacional

IV – impedir a evasão, a destruição e a descaracterização de obras de arte e de outros bens de valor histórico, artístico ou cultural;

- CRFB, arts. 23, inc. III, 24, inc. VII, e 30, inc. IX
- Decreto-lei nº 25/37 – Organiza a proteção do patrimônio histórico e artístico nacional

V – proporcionar os meios de acesso à cultura, à educação, à ciência, à tecnologia, à pesquisa e à inovação;

- Redação dada pela EC nº 85/15
- CRFB, arts. 23, inc. V, 206, inc. I, 208, § 1º, e 215, *caput* e § 3º, inc. IV
- Lei nº 8.313/91 – Institui o Programa Nacional de Apoio à Cultura
- Lei nº 9.394/96 – Estabelece as diretrizes e bases da educação nacional
- Lei nº 10.219/01 – Cria o Programa Nacional de Renda Mínima vinculada à educação

VI – proteger o meio ambiente e combater a poluição em qualquer de suas formas;

- CRFB, arts. 23, inc. VII, 24, inc. VI, 170, inc. VI, e 225, *caput*
- Lei nº 6.938/81 – Dispõe sobre a Política Nacional do Meio Ambiente
- Lei nº 9.605/98 – Dispõe sobre as sanções penais e administrativas derivadas de condutas e atividades lesivas ao meio ambiente
- Lei nº 9.966/00 – Dispõe sobre a prevenção, controle e fiscalização da poluição causada por lançamento de óleo e outras substâncias nocivas ou perigosas em águas sob jurisdição nacional

VII – preservar as florestas, a fauna e a flora;

- CRFB, arts. 23, inc. VI, 24, inc. VI, 170, inc. VI, e 225, *caput*
- Lei nº 6.938/81 – Dispõe sobre a Política Nacional do Meio Ambiente
- Lei nº 9.605/98 – Dispõe sobre as sanções penais e administrativas derivadas de condutas e atividades lesivas ao meio ambiente
- Lei nº 11.284/06 – Dispõe sobre a gestão de florestas públicas para a produção sustentável
- Lei nº 12.651/12 – Código Florestal

VIII – fomentar a produção agropecuária e organizar o abastecimento alimentar;

- CRFB, art. 187
- Lei nº 8.171/91 – Dispõe sobre a política agrícola
- Medida Provisória nº 2.206-1/01 – Cria o Programa Nacional de Renda Mínima vinculado à saúde

IX – promover programas de construção de moradias e a melhoria das condições habitacionais e de saneamento básico;

- CRFB, arts. 6º, 21, inc. XX, 22, inc. XXIV, 187, inc. VIII, e 200, inc. IV
- Lei nº 11.124/05 – Dispõe sobre o Sistema Nacional de Habitação de Interesse Social
- Lei nº 11.445/07 – Estabelece diretrizes nacionais para o saneamento básico

X – combater as causas da pobreza e os fatores de marginalização, promovendo a integração social dos setores desfavorecidos;

- CRFB, arts. 3º, incs. I, III e IV, 4º, inc. VIII, 5º, *caput* e inc. XLII, 7º, incs. XX e XXXI, 23, inc. II, 24, inc. XIV, 37, inc. VIII, 170, inc. VII, 203, incs. IV e V, 206, inc. I, 208, inc. III, e 227, § 1º, inc. II
- ADCT, arts. 79 a 82 e 84, § 2º, inc. III
- Lei Complementar nº 111/01 – Dispõe sobre o Fundo de Combate e Erradicação da Pobreza

XI – registrar, acompanhar e fiscalizar as concessões de direitos de pesquisa e exploração de recursos hídricos e minerais em seus territórios;

- CRFB, arts. 20, § 1º, e 21, inc. XIX

- Lei nº 9.433/97 – Institui a Política Nacional de Recursos Hídricos

XII – estabelecer e implantar política de educação para a segurança do trânsito.

- CRFB, art. 22, inc. XI
- Lei nº 9.503/97 – Código de Trânsito Brasileiro, arts. 74 a 79

Parágrafo único. Leis complementares fixarão normas para a cooperação entre a União e os Estados, o Distrito Federal e os Municípios, tendo em vista o equilíbrio do desenvolvimento e do bem-estar em âmbito nacional.

- CRFB, arts. 3º, inc. II, 5º, inc. XXIX, 21, inc. IX, 43, § 1º, inc. II, 48, inc. IV, 58, § 2º, inc. VI, 174, § 1º, 192, 215, § 3º, 218, § 2º, e 219
- Lei Complementar nº 140/11 – Fixa normas para a cooperação entre a União, os Estados, o Distrito Federal e os Municípios nas ações administrativas decorrentes do exercício da competência comum relativas à proteção das paisagens naturais notáveis, proteção do meio ambiente, combate à poluição em qualquer de suas formas e preservação das florestas, fauna e flora
- Redação dada pela EC nº 53/06

Art. 24. Compete à União, aos Estados e ao Distrito Federal legislar concorrentemente sobre:

I – direito tributário, financeiro, penitenciário, econômico e urbanístico;

- CTN
- Lei nº 4.320/64 – Estatui normas gerais de direito financeiro para elaboração e controle dos orçamentos e balanços da União, dos Estados, dos Municípios e do Distrito Federal
- Lei nº 7.210/84 – Lei de Execução Penal
- Lei nº 8.884/94 – Dispõe sobre a prevenção e a repressão às infrações contra a ordem econômica

II – orçamento;

- CRFB, arts. 85, inc. VI, 165 a 169
- Lei nº 4.320/64 – Estatui normas gerais de direito financeiro para elaboração e controle dos orçamentos e balanços da União, dos Estados, dos Municípios e do Distrito Federal

III – juntas comerciais;

- Lei nº 8.934/94 – Dispõe sobre o Registro Público de Empresas Mercantis e Atividades Afins, arts. 3º, inc. II, 5º a 28

IV – custas dos serviços forenses;

- CRFB, art. 98, § 2º
- Lei nº 9.289/96 – Dispõe sobre as custas devidas à União na Justiça Federal de primeiro e segundo graus

V – produção e consumo;

- CRFB, arts. 5º, inc. XXXII, e 170, inc. V
- ADCT, art. 48
- Lei nº 8.078/90 – Dispõe sobre a proteção do consumidor
- Lei nº 8.137/90 – Define os crimes contra a ordem tributária, econômica e contra as relações de consumo, art. 7º
- Lei nº 8.884/94 – Dispõe sobre a prevenção e a repressão às infrações contra a ordem econômica, art. 1º, *caput*
- Lei nº 10.671/03 – Dispõe sobre o Estatuto de Defesa do Torcedor, art. 40

VI – florestas, caça, pesca, fauna, conservação da natureza, defesa do solo e dos recursos naturais, proteção do meio ambiente e controle da poluição;

- CRFB, arts. 23, incs. VI e VII, 170, inc. VI, e 225, *caput*
- Lei nº 5.197/67 – Dispõe sobre a proteção à fauna
- Lei nº 6.938/81 – Dispõe sobre a Política Nacional do Meio Ambiente
- Lei nº 9.605/98 – Dispõe sobre as sanções penais e administrativas derivadas de condutas e atividades lesivas ao meio ambiente
- Lei nº 9.966/00 – Dispõe sobre a prevenção, controle e fiscalização da poluição causada por lançamento de óleo e outras substâncias nocivas ou perigosas em águas sob jurisdição nacional
- Lei nº 11.284/06 – Dispõe sobre a gestão de florestas públicas para a produção sustentável
- Lei nº 12.651/12 – Código Florestal
- Decreto-lei nº 221/67 – Dispõe sobre a proteção e estímulos à pesca

VII – proteção ao patrimônio histórico, cultural, artístico, turístico e paisagístico;

- CRFB, arts. 23, incs. III e IV, 30, inc. IX, e 216
- Decreto-lei nº 25/37 – Organiza a proteção do patrimônio histórico e artístico nacional

VIII – responsabilidade por dano ao meio ambiente, ao consumidor, a bens e direitos de valor artístico, estético, histórico, turístico e paisagístico;

- CRFB, art. 129, inc. III e § 1º
- Lei nº 7.347/85 – Disciplina a ação civil pública de responsabilidade por danos causados ao meio ambiente, ao consumidor, a bens e direitos de valor artístico, estético, histórico, turístico e paisagístico, art. 1º, incs. I a VI

IX – educação, cultura, ensino, desporto, ciência, tecnologia, pesquisa, desenvolvimento e inovação;

- Redação dada pela EC nº 85/15
- CRFB, arts. 5º, inc. XXVIII, "a", 6º, 205, 215 e 217
- Lei nº 8.313/91 – Institui o Programa Nacional de Apoio à Cultura
- Lei nº 9.615/98 – Institui normas gerais sobre desporto

X – criação, funcionamento e processo do juizado de pequenas causas;

- CRFB, art. 98, inc. I e § 1º
- Lei nº 9.099/95 – Dispõe sobre os Juizados Especiais Cíveis e Criminais
- Lei nº 10.259/01 – Dispõe sobre a instituição dos Juizados Especiais Cíveis e Criminais no âmbito da Justiça Federal
- Lei nº 12.153/09 – Dispõe sobre os Juizados Especiais da Fazenda Pública
- Lei nº 12.665/12 – Dispõe sobre a criação de estrutura permanente para as Turmas Recursais dos Juizados Especiais Federais

XI – procedimentos em matéria processual;

- CRFB, art. 22, inc. I

XII – previdência social, proteção e defesa da saúde;

- CRFB, arts. 6º, 196 e 201
- Lei nº 8.080/90 – Dispõe sobre as condições para a promoção, proteção e recuperação da saúde
- Lei nº 8.142/90 – Dispõe sobre a participação da comunidade na gestão do Sistema Único de Saúde e as transferências intergovernamentais de recursos financeiros na área da saúde
- Lei nº 8.212/91 – Dispõe sobre a organização da Seguridade Social
- Lei nº 8.213/91 – Dispõe sobre os Planos de Benefícios da Previdência Social

XIII – assistência jurídica e Defensoria Pública;

- CRFB, arts. 5º, inc. LXXIV, 21, inc. XIII, 22, inc. XVII, 48, inc. IX, 61, § 1º, inc. II, "d", 134 e 168

- LONDP
- Lei nº 1.060/50 – Estabelece normas para a concessão de assistência judiciária aos necessitados

XIV – proteção e integração social das pessoas portadoras de deficiência;

- CRFB, arts. 3º, incs. I, III e IV, 4º, inc. VIII, 5º, *caput* e inc. XLII, 7º, incs. XX e XXXI, 23, incs. II e X, 37, inc. VIII, 170, inc. VII, 203, incs. IV e V, 206, inc. I, 208, inc. III, e 227, §§ 1º, inc. II e 2º e 244
- Lei nº 7.853/89 – Dispõe sobre o apoio às pessoas portadoras de deficiência

XV – proteção à infância e à juventude;

- CRFB, arts. 6º e 227, § 3º
- Lei nº 8.069/90 – Dispõe sobre o Estatuto da Criança e do Adolescente

XVI – organização, garantias, direitos e deveres das polícias civis.

- CRFB, art. 144, inc. IV e § 4º

§ 1º No âmbito da legislação concorrente, a competência da União limitar-se-á a estabelecer normas gerais.

§ 2º A competência da União para legislar sobre normas gerais não exclui a competência suplementar dos Estados.

- CRFB, art. 30, inc. II

§ 3º Inexistindo lei federal sobre normas gerais, os Estados exercerão a competência legislativa plena, para atender a suas peculiaridades.

§ 4º A superveniência de lei federal sobre normas gerais suspende a eficácia da lei estadual, no que lhe for contrário.

- CRFB, arts. 1º, *caput*, 18, *caput*, e 85, inc. I

CAPÍTULO III

Dos Estados Federados

Art. 25. Os Estados organizam-se e regem-se pelas Constituições e leis que adotarem, observados os princípios desta Constituição.

- CRFB, arts. 29, *caput*, 75, parágrafo único, e 125, § 1º
- ADCT, arts. 11, *caput*, e 70

§ 1º São reservadas aos Estados as competências que não lhes sejam vedadas por esta Constituição.

§ 2º Cabe aos Estados explorar diretamente, ou mediante concessão, os serviços locais de gás canalizado, na forma da lei, vedada a edição de medida provisória para a sua regulamentação.

- CRFB, arts. 18, § 4º, 21, incs. XI e XI, 25, § 3º, 30, inc. V, e 175, *caput*
- Redação dada pela EC nº 5/95

§ 3º Os Estados poderão, mediante lei complementar, instituir regiões metropolitanas, aglomerações urbanas e microrregiões, constituídas por agrupamentos de municípios limítrofes, para integrar a organização, o planejamento e a execução de funções públicas de interesse comum.

- CRFB, arts. 18, § 4º, e 25, § 2º

Art. 26. Incluem-se entre os bens dos Estados:

I – as águas superficiais ou subterrâneas, fluentes, emergentes e em depósito, ressalvadas, neste caso, na forma da lei, as decorrentes de obras da União;

- CRFB, art. 20, inc. III
- Decreto nº 24.643/34 – Código de Águas, art. 29, inc. II

II – as áreas, nas ilhas oceânicas e costeiras, que estiverem no seu domínio, excluídas aquelas sob domínio da União, Municípios ou terceiros;

- CRFB, arts. 20, inc. IV, e 26, inc. III

III – as ilhas fluviais e lacustres não pertencentes à União;

- CRFB, arts. 20, inc. IV, e 26, inc. II

IV – as terras devolutas não compreendidas entre as da União.

- CRFB, arts. 20, inc. II, e 188, *caput*
- CC, arts. 98 a 103
- Lei nº 4.504/64 – Dispõe sobre o Estatuto da Terra, art. 9º, inc. III

Art. 27. O número de Deputados à Assembleia Legislativa corresponderá ao triplo da representação do Estado na Câmara dos Deputados e, atingido o número de trinta e seis, será acrescido de tantos quantos forem os Deputados Federais acima de doze.

- CRFB, art. 45, § 1º

§ 1º Será de quatro anos o mandato dos Deputados Estaduais, aplicando-se-lhes as regras desta Constituição sobre sistema eleitoral, inviolabilidade, imunidades, remuneração, perda de mandato, licença, impedimentos e incorporação às Forças Armadas.

- CRFB, arts. 27, § 2º, 29, incs. I, VI e VIII, 32, § 2º, 37, inc. XI, 39, § 4º, 44, parágrafo único, 45, *caput*, 53, *caput*, §§ 2º a 5º, 7º e 8º, 54 a 56
- ADCT, art. 13, §§ 3º e 4º

§ 2º O subsídio dos Deputados Estaduais será fixado por lei de iniciativa da Assembleia Legislativa, na razão de, no máximo, setenta e cinco por cento daquele estabelecido, em espécie, para os Deputados Federais, observado o que dispõem os arts. 39, § 4º, 57, § 7º, 150, inc. II, e 153, inc. III e § 2º, inc. I.

- CRFB, arts. 27, § 1º, 29, inc. VI, 37, inc. XI, e 39, § 4º
- Redação dada pela EC nº 19/98

§ 3º Compete às Assembleias Legislativas dispor sobre seu regimento interno, polícia e serviços administrativos de sua secretaria, e prover os respectivos cargos.

- CRFB, arts. 51, inc. III, 52, inc. XII, e 57, § 3º, inc. II

§ 4º A lei disporá sobre a iniciativa popular no processo legislativo estadual.

- CRFB, arts. 1º, parágrafo único, 14, inc. III, 29, inc. XIII, 32, § 3º, 51, inc. III, 52, inc. XII, 61, § 2º, e 103, inc. IV
- Lei nº 9.709/98 – Regulamenta a execução do plebiscito, referendo e iniciativa popular, arts. 1º, inc. III, e 13, *caput*

Art. 28. A eleição do Governador e do Vice-Governador de Estado, para mandato de quatro anos, realizar-se-á no primeiro domingo de outubro, em primeiro turno, e no último domingo de outubro, em segundo turno, se houver, do ano anterior ao do término do mandato de seus antecessores, e a posse ocorrerá em primeiro de janeiro do ano subsequente, observado, quanto ao mais, o disposto no art. 77.

- CRFB, arts. 29, inc. II, 32, § 2º, 46, *caput*, e 77, § 2º
- ADCT, arts. 4º, § 3º, e 13, §§ 3º e 4º
- Redação dada pela EC nº 16/97

§ 1º Perderá o mandato o Governador que assumir outro cargo ou função na administração pública direta ou indireta, ressalvada a posse em virtude de concurso público e observado o disposto no art. 38, incs. I, IV e V.

- CRFB, art. 29, inc. XIV
- Redação dada pela EC nº 19/98

§ 2º Os subsídios do Governador, do Vice-Governador e dos Secretários de Estado serão fixados por lei de iniciativa da Assembleia Legislativa, observado o que dispõem os arts. 37, inc. XI, 39, § 4º, 150, inc. II, e 153, inc. III e § 2º, inc. I.

- CRFB, arts. 1º, *caput*, 18, *caput*, 39, § 4º, e 103, inc. V
- ADCT, art. 13
- Incluído pela EC nº 19/98

CAPÍTULO IV

Dos Municípios

Art. 29. O Município reger-se-á por lei orgânica, votada em dois turnos, com o interstício mínimo de dez dias, e aprovada por dois terços dos membros da Câmara Municipal, que a promulgará, atendidos os princípios estabelecidos nesta Constituição, na Constituição do respectivo Estado e os seguintes preceitos:

- CRFB, arts. 25, *caput*, 75, parágrafo único, e 125, § 1º
- ADCT, arts. 11, *caput*, e 70

I – eleição do Prefeito, do Vice-Prefeito e dos Vereadores, para mandato de quatro anos, mediante pleito direto e simultâneo realizado em todo o País;

- CRFB, arts. 27, § 1º, e 45, *caput*
- ADCT, art. 4º, § 4º

II – eleição do Prefeito e do Vice-Prefeito realizada no primeiro domingo de outubro do ano anterior ao término do mandato dos que devam suceder, aplicadas as regras do art. 77, no caso de Municípios com mais de duzentos mil eleitores;

- CRFB, arts. 28, *caput*, e 46, *caput*
- Redação dada pela EC nº 16/97

III – posse do Prefeito e do Vice-Prefeito no dia 1º de janeiro do ano subsequente ao da eleição;

- ADCT, art. 4º, § 4º

IV – para a composição das Câmaras Municipais, será observado o limite máximo de:

- Redação dada pela EC nº 58/09

a) 9 (nove) Vereadores, nos Municípios de até 15.000 (quinze mil) habitantes;

- Redação dada pela EC nº 58/09

b) 11 (onze) Vereadores, nos Municípios de mais de 15.000 (quinze mil) habitantes e de até 30.000 (trinta mil) habitantes;

- Redação dada pela EC nº 58/09

c) 13 (treze) Vereadores, nos Municípios com mais de 30.000 (trinta mil) habitantes e de até 50.000 (cinquenta mil) habitantes;

- Redação dada pela EC nº 58/09

d) 15 (quinze) Vereadores, nos Municípios de mais de 50.000 (cinquenta mil) habitantes e de até 80.000 (oitenta mil) habitantes;

- Incluída pela EC nº 58/09

e) 17 (dezessete) Vereadores, nos Municípios de mais de 80.000 (oitenta mil) habitantes e de até 120.000 (cento e vinte mil) habitantes;

- Incluída pela EC nº 58/09

f) 19 (dezenove) Vereadores, nos Municípios de mais de 120.000 (cento e vinte mil) habitantes e de até 160.000 (cento sessenta mil) habitantes;

- Incluída pela EC nº 58/09

g) 21 (vinte e um) Vereadores, nos Municípios de mais de 160.000 (cento e sessenta mil) habitantes e de até 300.000 (trezentos mil) habitantes;

- Incluída pela EC nº 58/09

h) 23 (vinte e três) Vereadores, nos Municípios de mais de 300.000 (trezentos mil) habitantes e de até 450.000 (quatrocentos e cinquenta mil) habitantes;

- Incluída pela EC nº 58/09

i) 25 (vinte e cinco) Vereadores, nos Municípios de mais de 450.000 (quatrocentos e cinquenta mil) habitantes e de até 600.000 (seiscentos mil) habitantes;

- Incluída pela EC nº 58/09

j) 27 (vinte e sete) Vereadores, nos Municípios de mais de 600.000 (seiscentos mil) habitantes e de até 750.000 (setecentos cinquenta mil) habitantes;

- Incluída pela EC nº 58/09

k) 29 (vinte e nove) Vereadores, nos Municípios de mais de 750.000 (setecentos e cinquenta mil) habitantes e de até 900.000 (novecentos mil) habitantes;

- Incluída pela EC nº 58/09

l) 31 (trinta e um) Vereadores, nos Municípios de mais de 900.000 (novecentos mil) habitantes e de até 1.050.000 (um milhão e cinquenta mil) habitantes;

- Incluída pela EC nº 58/09

m) 33 (trinta e três) Vereadores, nos Municípios de mais de 1.050.000 (um milhão e cinquenta mil) habitantes e de até 1.200.000 (um milhão e duzentos mil) habitantes;

- Incluída pela EC nº 58/09

n) 35 (trinta e cinco) Vereadores, nos Municípios de mais de 1.200.000 (um milhão e duzentos mil) habitantes e de até 1.350.000 (um milhão e trezentos e cinquenta mil) habitantes;

- Incluída pela EC nº 58/09

o) 37 (trinta e sete) Vereadores, nos Municípios de 1.350.000 (um milhão e trezentos e cinquenta mil) habitantes e de até 1.500.000 (um milhão e quinhentos mil) habitantes;

- Incluída pela EC nº 58/09

p) 39 (trinta e nove) Vereadores, nos Municípios de mais de 1.500.000 (um milhão e quinhentos mil) habitantes e de até 1.800.000 (um milhão e oitocentos mil) habitantes;

- Incluída pela EC nº 58/09

q) 41 (quarenta e um) Vereadores, nos Municípios de mais de 1.800.000 (um milhão e oitocentos mil) habitantes e de até 2.400.000 (dois milhões e quatrocentos mil) habitantes;

- Incluída pela EC nº 58/09

r) 43 (quarenta e três) Vereadores, nos Municípios de mais de 2.400.000 (dois milhões e quatrocentos mil) habitantes e de até 3.000.000 (três milhões) de habitantes;

- Incluída pela EC nº 58/09

s) 45 (quarenta e cinco) Vereadores, nos Municípios de mais de 3.000.000 (três milhões) de habitantes e de até 4.000.000 (quatro milhões) de habitantes;

- Incluída pela EC nº 58/09

t) 47 (quarenta e sete) Vereadores, nos Municípios de mais de 4.000.000 (quatro milhões) de habitantes e de até 5.000.000 (cinco milhões) de habitantes;

- Incluída pela EC nº 58/09

u) 49 (quarenta e nove) Vereadores, nos Municípios de mais de 5.000.000 (cinco milhões) de habitantes e de até 6.000.000 (seis milhões) de habitantes;

- Incluída pela EC nº 58/09

v) 51 (cinquenta e um) Vereadores, nos Municípios de mais de 6.000.000 (seis milhões) de habitantes e de até 7.000.000 (sete milhões) de habitantes;

- Incluída pela EC nº 58/09

w) 53 (cinquenta e três) Vereadores, nos Municípios de mais de 7.000.000 (sete milhões) de habitantes e de até 8.000.000 (oito milhões) de habitantes; e

- Incluída pela EC nº 58/09

x) 55 (cinquenta e cinco) Vereadores, nos Municípios de mais de 8.000.000 (oito milhões) de habitantes;

- ADCT, art. 5º, § 4º
- Incluída pela EC nº 58/09

V – subsídios do Prefeito, do Vice-Prefeito e dos Secretários Municipais fixados por lei de iniciativa da Câmara Municipal, observado o que dispõem os arts. 37, inc. XI, 39, § 4º, 150, inc. II, e 153, inc. III e § 2º, inc. I;

- CRFB, art. 39, § 4º
- Redação dada pela EC nº 19/98

VI – o subsídio dos Vereadores será fixado pelas respectivas Câmaras Municipais em cada legislatura para a subsequente, observado o que dispõe esta Constituição, observados os critérios estabelecidos na respectiva Lei Orgânica e os seguintes limites máximos:

- Redação dada pela EC nº 25/00

a) em Municípios de até dez mil habitantes, o subsídio máximo dos Vereadores corresponderá a vinte por cento do subsídio dos Deputados Estaduais;

- Incluída pela EC nº 25/00

b) em Municípios de dez mil e um a cinquenta mil habitantes, o subsídio máximo dos Vereadores corresponderá a trinta por cento do subsídio dos Deputados Estaduais;

- Incluída pela EC nº 25/00

c) em Municípios de cinquenta mil e um a cem mil habitantes, o subsídio máximo dos Vereadores corresponderá a quarenta por cento do subsídio dos Deputados Estaduais;

- Incluída pela EC nº 25/00

d) em Municípios de cem mil e um a trezentos mil habitantes, o subsídio máximo dos Vereadores corresponderá a cinquenta por cento do subsídio dos Deputados Estaduais;

- Incluída pela EC nº 25/00

e) em Municípios de trezentos mil e um a quinhentos mil habitantes, o subsídio máximo dos Vereadores corresponderá a sessenta por cento do subsídio dos Deputados Estaduais;

- Incluída pela EC nº 25/00

f) em Municípios de mais de quinhentos mil habitantes, o subsídio máximo dos Vereadores corresponderá a setenta e cinco por cento do subsídio dos Deputados Estaduais;

- CRFB, arts. 27, §§ 1º e 2º, 37, inc. XI, e 39, § 4º
- Incluída pela EC nº 25/00

VII – o total da despesa com a remuneração dos Vereadores não poderá ultrapassar o montante de cinco por cento da receita do Município;

- CRFB, art. 29-A, *caput*
- Incluído pela EC nº 1/92

VIII – inviolabilidade dos Vereadores por suas opiniões, palavras e votos no exercício do mandato e na circunscrição do Município;

- CRFB, arts. 27, § 1º, e 53, *caput*
- Redação dada pela EC nº 1/92

IX – proibições e incompatibilidades, no exercício da vereança, similares, no que couber, ao disposto nesta Constituição para os membros do Congresso Nacional e na Constituição do respectivo Estado para os membros da Assembleia Legislativa;

- CRFB, art. 54
- Redação dada pela EC nº 1/92

X – julgamento do Prefeito perante o Tribunal de Justiça;

- Decreto-lei nº 201/67 – Dispõe sobre a responsabilidade dos Prefeitos e Vereadores, art. 1º
- Redação dada pela EC nº 1/92

XI – organização das funções legislativas e fiscalizadoras da Câmara Municipal;

- CRFB, arts. 31, 70 a 75
- Lei nº 9.452/97 – Determina que as Câmaras Municipais sejam obrigatoriamente notificadas da liberação de recursos federais para os respectivos Municípios
- Redação dada pela EC nº 1/92

XII – cooperação das associações representativas no planejamento municipal;

- Redação dada pela EC nº 1/92

XIII – iniciativa popular de projetos de lei de interesse específico do Município, da cidade ou de bairros, através de manifestação de, pelo menos, cinco por cento do eleitorado;

- CRFB, arts. 1º, inc. II e parágrafo único, 5º, incs. XXXIV, "a", LXXI, LXXIII e LXXVII, 14 a 16, 22, inc. XIII, 27, § 4º, 61, § 2º, 62, § 1º, inc. I, "a", 68, § 1º, inc. II, 74, § 2º, e 205
- ADCT, arts. 8º, § 3º, e 64
- Lei nº 9.709/98 – Regulamenta a execução do plebiscito, referendo e iniciativa popular, arts. 1º, inc. III, e 13, *caput*
- Redação dada pela EC nº 1/92

XIV – perda do mandato do Prefeito, nos termos do art. 28, parágrafo único.

- CRFB, art. 28, § 1º
- ADCT, art. 11, parágrafo único
- Decreto-lei nº 201/67 – Dispõe sobre a responsabilidade dos Prefeitos e Vereadores, art. 6º
- Redação dada pela EC nº 1/92

Art. 29-A. O total da despesa do Poder Legislativo Municipal, incluídos os subsídios dos Vereadores e excluídos os gastos com inativos, não poderá ultrapassar os seguintes percentuais, relativos ao somatório da receita tributária e das transferências previstas no § 5º do art. 153 e nos arts. 158 e 159, efetivamente realizado no exercício anterior:

- CRFB, art. 29, inc. VII
- Incluído pela EC nº 25/00

I – 7% (sete por cento) para Municípios com população de até 100.000 (cem mil) habitantes;

- Incluído pela EC nº 58/09

II – 6% (seis por cento) para Municípios com população entre 100.000 (cem mil) e 300.000 (trezentos mil) habitantes;

- Incluído pela EC nº 58/09

III – 5% (cinco por cento) para Municípios com população entre 300.001 (trezentos mil e um) e 500.000 (quinhentos mil) habitantes;

- Incluído pela EC nº 58/09

IV – 4,5% (quatro inteiros e cinco décimos por cento) para Municípios com população entre 500.001 (quinhentos mil e um) e 3.000.000 (três milhões) de habitantes;

- Incluído pela EC nº 58/09

V – 4% (quatro por cento) para Municípios com população entre 3.000.001 (três milhões e um) e 8.000.000 (oito milhões) de habitantes;

- Incluído pela EC nº 58/09

VI – 3,5% (três inteiros e cinco décimos por cento) para Municípios com população acima de 8.000.001 (oito milhões e um) habitantes.

- Incluído pela EC nº 58/09

§ 1º A Câmara Municipal não gastará mais de setenta por cento de sua receita com folha de pagamento, incluído o gasto com o subsídio de seus Vereadores.

- Incluído pela EC nº 25/00

§ 2º Constitui crime de responsabilidade do Prefeito Municipal:

- Incluído pela EC nº 25/00

I – efetuar repasse que supere os limites definidos neste artigo;

- Incluído pela EC nº 25/00

II – não enviar o repasse até o dia vinte de cada mês; ou

- Incluído pela EC nº 25/00

III – enviá-lo a menor em relação à proporção fixada na Lei Orçamentária.

- Lei Complementar nº 101/00 – Estabelece normas de finanças públicas voltadas para a responsabilidade na gestão fiscal
- Decreto-lei nº 201/67 – Dispõe sobre a responsabilidade dos Prefeitos e Vereadores, art. 1º
- Incluído pela EC nº 25/00

§ 3º Constitui crime de responsabilidade do Presidente da Câmara Municipal o desrespeito ao § 1º deste artigo.

- Decreto-lei nº 201/67 – Dispõe sobre a responsabilidade dos Prefeitos e Vereadores, art. 3º
- Incluído pela EC nº 25/00

Art. 30. Compete aos Municípios:

I – legislar sobre assuntos de interesse local;

II – suplementar a legislação federal e a estadual no que couber;

- CRFB, art. 24, § 2º

III – instituir e arrecadar os tributos de sua competência, bem como aplicar suas rendas, sem prejuízo da obrigatoriedade de prestar contas e publicar balancetes nos prazos fixados em lei;

- CRFB, arts. 31, §§ 2º e 3º, 33, § 2º, 34, inc. VII, "d", 35, inc. II, 70, parágrafo único, 84, inc. XXIV, e 156

IV – criar, organizar e suprimir distritos, observada a legislação estadual;

V – organizar e prestar, diretamente ou sob regime de concessão ou permissão, os serviços públicos de interesse local, incluído o de transporte coletivo, que tem caráter essencial;

- CRFB, arts. 21, incs. XI e XII, 25, § 2º, e 175, *caput*
- Lei nº 8.987/95 – Dispõe sobre o regime de concessão e permissão da prestação de serviços públicos

VI – manter, com a cooperação técnica e financeira da União e do Estado, programas de educação infantil e de ensino fundamental;

- CRFB, art. 211, §§ 2º e 3º
- Redação dada pela EC nº 53/06

VII – prestar, com a cooperação técnica e financeira da União e do Estado, serviços de atendimento à saúde da população;

- CRFB, art. 198, §§ 1º a 3º

VIII – promover, no que couber, adequado ordenamento territorial, mediante planejamento e controle do uso, do parcelamento e da ocupação do solo urbano;

- CRFB, art. 182
- Lei nº 6.766/79 – Dispõe sobre o parcelamento do solo urbano

IX – promover a proteção do patrimônio histórico-cultural local, observada a legislação e a ação fiscalizadora federal e estadual.

- CRFB, arts. 23, incs. III e IV, e 24, inc. VII
- Decreto-lei nº 25/37 – Organiza a proteção do patrimônio histórico e artístico nacional

Art. 31. A fiscalização do Município será exercida pelo Poder Legislativo Municipal, mediante controle externo, e pelos sistemas de controle interno do Poder Executivo Municipal, na forma da lei.

§ 1º O controle externo da Câmara Municipal será exercido com o auxílio dos Tribunais de Contas dos Estados ou do Município ou dos Conselhos ou Tribunais de Contas dos Municípios, onde houver.

- CRFB, arts. 31, § 1º, e 75

§ 2º O parecer prévio, emitido pelo órgão competente sobre as contas que o Prefeito deve anualmente prestar, só deixará de prevalecer por decisão de dois terços dos membros da Câmara Municipal.

- CRFB, arts. 30, inc. III, 31, § 3º, 33, § 2º, 34, inc. VII, "d", 35, inc. II, 70, parágrafo único, e 84, inc. XXIV

§ 3º As contas dos Municípios ficarão, durante sessenta dias, anualmente, à disposição de qualquer contribuinte, para exame e apreciação, o qual poderá questionar-lhes a legitimidade, nos termos da lei.

- CRFB, arts. 30, inc. III, 31, § 2º, 33, § 2º, 34, inc. VII, "d", 35, inc. II, 70, parágrafo único, e 84, inc. XXIV

§ 4º É vedada a criação de Tribunais, Conselhos ou órgãos de Contas Municipais.

- CRFB, arts. 1º, *caput*, 18, *caput*, 29, inc. XI, 31, § 1º, 33, § 1º, 70 a 75

CAPÍTULO V

Do Distrito Federal e dos Territórios

Seção I

Do Distrito Federal

Art. 32. O Distrito Federal, vedada sua divisão em Municípios, reger-se-á por lei orgânica, votada em dois turnos com interstício mínimo de dez dias, e aprovada por dois terços da Câmara Legislativa, que a promulgará, atendidos os princípios estabelecidos nesta Constituição.

§ 1º Ao Distrito Federal são atribuídas as competências legislativas reservadas aos Estados e Municípios.

- CRFB, arts. 21, incs. XIII e XIV, e 22, inc. XVII

§ 2º A eleição do Governador e do Vice-Governador, observadas as regras do art. 77, e dos Deputados Distritais coincidirá com a dos Governadores e Deputados Estaduais, para mandato de igual duração.

- CRFB, art. 27, § 1º, 28, *caput*. 32, § 4º, 44, parágrafo único, e 103, inc. V
- ADCT, art. 16, *caput*

§ 3º Aos Deputados Distritais e à Câmara Legislativa aplica-se o disposto no art. 27.

- CRFB, art. 103, inc. IV
- ADCT, art. 16, § 1º

§ 4º Lei federal disporá sobre a utilização, pelo Governo do Distrito Federal, das polícias civil e militar e do corpo de bombeiros militar.

- CRFB, arts. 1º, *caput*, 18, *caput*, 21, inc. XIV, 32, § 2º, 103, inc. V, e 144, § 6º
- ADCT, art. 16, § 3º
- Lei nº 12.086/09 – Dispõe sobre os militares da Polícia Militar do Distrito Federal e do Corpo de Bombeiros Militar do Distrito Federal
- Decreto-lei nº 9/66 – Dispõe sobre a organização da Polícia Militar e do Corpo de Bombeiros do Distrito Federal
- Decreto-lei nº 667/69 – Reorganiza as Polícias Militares e os Corpos de Bombeiros Militares dos Estados, dos Território e do Distrito Federal

Seção II

Dos Territórios

Art. 33. A lei disporá sobre a organização administrativa e judiciária dos Territórios.

- Lei nº 8.185/91 – Dispõe sobre a organização judiciária do Distrito Federal e dos Territórios

§ 1º Os Territórios poderão ser divididos em Municípios, aos quais se aplicará, no que couber, o disposto no Capítulo IV deste Título.

- CRFB, arts. 18, § 2º, e 48, inc. VI

§ 2º As contas do Governo do Território serão submetidas ao Congresso Nacional, com parecer prévio do Tribunal de Contas da União.

- CRFB, arts. 30, inc. III, 31, §§ 2º e 3º, 34, inc. VII, "d", 35, inc. II, 70, parágrafo único, 71 a 74 e 84, inc. XXIV

§ 3º Nos Territórios Federais com mais de cem mil habitantes, além do Governador nomeado na forma desta Constituição, haverá órgãos judiciários de primeira e segunda instância, membros do Ministério Público e defensores públicos federais; a lei disporá sobre as eleições para a Câmara Territorial e sua competência deliberativa.

- CRFB, art. 61, § 1º, inc. II, "b"
- ADCT, arts. 14 e 15
- LOMPU, arts. 24, inc. IV, 149 a 181
- LONDP, arts. 2º, inc. II, 52 a 96
- Lei nº 8.185/91 – Dispõe sobre a organização judiciária do Distrito Federal e dos Territórios

CAPÍTULO VI

Da Intervenção

Art. 34. A União não intervirá nos Estados nem no Distrito Federal, exceto para:

I – manter a integridade nacional;

- CRFB, arts. 1º, *caput*, 18, *caput*, e 60, § 4º, inc. I
- Lei nº 7.170/83 – Define os crimes contra a segurança nacional, a ordem política e social, estabelece seu processo e julgamento e dá outras providências, art 11

II – repelir invasão estrangeira ou de uma unidade da Federação em outra;

- CRFB, arts. 84, inc. XIX, e 137, inc. II

III – pôr termo a grave comprometimento da ordem pública;

IV – garantir o livre exercício de qualquer dos Poderes nas unidades da Federação;

- CRFB, arts. 2º, 44, *caput*, 60, § 4º, inc. III, 76, 85, inc. II, e 92, *caput*

V – reorganizar as finanças da unidade da Federação que:

a) suspender o pagamento da dívida fundada por mais de dois anos consecutivos, salvo motivo de força maior;

- Lei Complementar nº 101/00 – Estabelece normas de finanças públicas voltadas para a responsabilidade na gestão fiscal, art. 29, inc. I

b) deixar de entregar aos Municípios receitas tributárias fixadas nesta Constituição, dentro dos prazos estabelecidos em lei;

- CRFB, arts. 157 a 162
- Lei Complementar nº 63/90 – Dispõe sobre critérios e prazos de crédito das parcelas do produto da arrecadação de impostos de competência dos Estados e de transferências por estes recebidos, pertencentes aos Municípios, art. 10

VI – prover a execução de lei federal, ordem ou decisão judicial;

- CRFB, arts. 36, incs. II e III e § 3º e 85, inc. VII

VII – assegurar a observância dos seguintes princípios constitucionais:

a) forma republicana, sistema representativo e regime democrático;

- CRFB, arts. 1º, *caput*, 17, *caput*, 23, inc. I, 90, inc. II, 127, *caput*, 136 a 144, 194, parágrafo único, inc. VII, 206, inc. VI, e 215, § 3º, inc. IV
- ADCT, arts. 2º e 63

b) direitos da pessoa humana;

- CRFB, arts. 4º, inc. II, e 5º, §§ 2º e 3º
- ADCT, art. 7º

c) autonomia municipal;

d) prestação de contas da administração pública, direta e indireta.

- CRFB, arts. 30, inc. III, 31, §§ 2º e 3º, 33, § 2º, 35, inc. II, 70, parágrafo único, e 84, inc. XXIV

e) aplicação do mínimo exigido da receita resultante de impostos estaduais, compreendida a proveniente de transferências, na manutenção e desenvolvimento do ensino e nas ações e serviços públicos de saúde.

- CRFB, arts. 36, inc. III e § 3º e 129, inc. IV

- Redação dada pela EC nº 29/00

Art. 35. O Estado não intervirá em seus Municípios, nem a União nos Municípios localizados em Território Federal, exceto quando:

I – deixar de ser paga, sem motivo de força maior, por dois anos consecutivos, a dívida fundada;

- Lei Complementar nº 101/00 – Estabelece normas de finanças públicas voltadas para a responsabilidade na gestão fiscal, art. 29, inc. I

II – não forem prestadas contas devidas, na forma da lei;

- CRFB, arts. 30, inc. III, 31, §§ 2º e 3º, 33, § 2º, 34, inc. VII, "d", 70, parágrafo único, e 84, inc. XXIV

III – não tiver sido aplicado o mínimo exigido da receita municipal na manutenção e desenvolvimento do ensino e nas ações e serviços públicos de saúde;

- Redação dada pela EC nº 29/00

IV – o Tribunal de Justiça der provimento a representação para assegurar a observância de princípios indicados na Constituição Estadual, ou para prover a execução de lei, de ordem ou de decisão judicial.

- CRFB, arts. 36, § 3º, e 125, §§ 1º e 2º

Art. 36. A decretação da intervenção dependerá:

I – no caso do art. 34, inc. IV, de solicitação do Poder Legislativo ou do Poder Executivo coacto ou impedido, ou de requisição do Supremo Tribunal Federal, se a coação for exercida contra o Poder Judiciário;

II – no caso de desobediência a ordem ou decisão judiciária, de requisição do Supremo Tribunal Federal, do Superior Tribunal de Justiça ou do Tribunal Superior Eleitoral;

- CRFB, art. 34, inc. VI

III – de provimento, pelo Supremo Tribunal Federal, de representação do Procurador-Geral da República, na hipótese do art. 34, inc. VII, e no caso de recusa à execução de lei federal.

- CRFB, art. 34, inc. VI, 103, inc. VI e § 1º, 103-B, § 6º, 109, § 5º, 128, § 1º, 129, inc. IV, e 130-A, inc. I
- RISTF, arts. 350 a 354
- Lei nº 12.562/11 – Dispõe sobre o processo e julgamento da representação interventiva perante o Supremo Tribunal Federal
- Redação dada pela EC nº 45/04

IV –

- Excluído pela EC nº 45/04

§ 1º O decreto de intervenção, que especificará a amplitude, o prazo e as condições de execução e que, se couber, nomeará o interventor, será submetido à apreciação do Congresso Nacional ou da Assembleia Legislativa do Estado, no prazo de vinte e quatro horas.

- CRFB, arts. 21, inc. V, 49, inc. IV, 57, § 6º, inc. I, 60, § 1º, 84, incs. IX e X, 90, inc. I, 91, § 1º, inc. II, 136 a 141

§ 2º Se não estiver funcionando o Congresso Nacional ou a Assembleia Legislativa, far-se-á convocação extraordinária, no mesmo prazo de vinte e quatro horas.

- CRFB, arts. 57, § 6º, 136, § 5º, e 138, § 2º

§ 3º Nos casos do art. 34, incs. VI e VII, ou do art. 35, inc. IV, dispensada a apreciação pelo Congresso Nacional ou pela Assembleia Legislativa, o decreto limitar-se-á a suspender a execução do ato impugnado, se essa medida bastar ao restabelecimento da normalidade.

§ 4º Cessados os motivos da intervenção, as autoridades afastadas de seus cargos a estes voltarão, salvo impedimento legal.

CAPÍTULO VII

Da Administração Pública

Seção I

Disposições Gerais

Art. 37. A administração pública direta e indireta de qualquer dos Poderes da União, dos Estados, do Distrito Federal e dos Municípios obedecerá aos princípios de legalidade, impessoalidade, moralidade, publicidade e eficiência e, também, ao seguinte:

- CRFB, arts. 5º, incs. II, XXXIII, XXXIV e LXXII, 15, inc. V, 22, inc. XXVII, 37, incs. II e XXI, §§ 3º, 4º e 8º, 84, incs. IV e VI, 85, inc. V, e 173, § 1º, inc. III
- Lei nº 8.027/90 – Dispõe sobre as normas de conduta dos servidores públicos civis da União, autarquias e fundações públicas federais
- Lei nº 8.112/90 – Dispõe sobre o regime jurídico dos servidores públicos civis da União, autarquias e fundações públicas federais
- Lei nº 9.962/00 – Disciplina o regime de emprego público do pessoal da Administração federal direta, autárquica e fundacional
- Decreto-lei nº 200/67 – Dispõe sobre a organização da Administração Federal
- Redação dada pela EC nº 19/98

I – os cargos, empregos e funções públicas são acessíveis aos brasileiros que preencham os requisitos estabelecidos em lei, assim como aos estrangeiros, na forma da lei;

- CRFB, arts. 39, § 3º, 61, § 1º, inc. II, "c", 96, inc. I, "c", 127, § 2º, e 207, § 1º
- Redação dada pela EC nº 19/98

II – a investidura em cargo ou emprego público depende de aprovação prévia em concurso público de provas ou de provas e títulos, de acordo com a natureza e a complexidade do cargo ou emprego, na forma prevista em lei, ressalvadas as nomeações para cargo em comissão declarado em lei de livre nomeação e exoneração;

- CRFB, arts. 22, inc. XXVII, 37, *caput*, incs. III a V e XXI e § 2º, 93, inc. I, 127, § 2º, 129, § 3º, 131, § 2º, 132, *caput*, 134, § 1º, e 173, § 1º, inc. III
- ADCT, art. 53, inc. I
- Resolução CNJ nº 7/05 – Disciplina o exercício de cargos, empregos e funções por parentes, cônjuges e companheiros de magistrados e de servidores investidos em cargos de direção e assessoramento no âmbito dos órgãos do Poder Judiciário
- Resolução CNMP nº 1/05 – Disciplina o exercício de cargos, empregos e funções por parentes, cônjuges e companheiros de membros do Ministério Público
- Súmula Vinculante nº 13/08
- Redação dada pela EC nº 19/98

III – o prazo de validade do concurso público será de até dois anos, prorrogável uma vez, por igual período;

- CRFB, arts. 37, incs. II e IV e § 2º, 93, inc. I, 127, § 2º, 129, § 3º, 131, § 2º, 132, *caput*, e 134, § 1º
- ADCT, art. 53, inc. I

IV – durante o prazo improrrogável previsto no edital de convocação, aquele aprovado em concurso público de provas ou de provas e títulos será convocado com prioridade sobre novos concursados para assumir cargo ou emprego, na carreira;

- CRFB, arts. 37, incs. II e III, 93, inc. I, 127, § 2º, 129, § 3º, 131, § 2º, 132, *caput*, e 134, § 1º
- ADCT, art. 53, inc. I

V – as funções de confiança, exercidas exclusivamente por servidores ocupantes de cargo efetivo, e os cargos em comissão, a serem preenchidos por servidores de carreira nos casos, condições e percentuais mínimos previstos em lei, destinam-se apenas às atribuições de direção, chefia e assessoramento;

- CRFB, art. 37, inc. II
- Redação dada pela EC nº 19/98

VI – é garantido ao servidor público civil o direito à livre associação sindical;

- CRFB, arts. 5º, incs. XVII a XXI e LXX, "b", 8º, 136, § 1º, inc. I, "a", e 142, § 3º, inc. IV

VII – o direito de greve será exercido nos termos e nos limites definidos em lei específica;

- CRFB, arts. 9º e 142, § 3º, inc. IV
- Redação dada pela EC nº 19/98

VIII – a lei reservará percentual dos cargos e empregos públicos para as pessoas portadoras de deficiência e definirá os critérios de sua admissão;

- CRFB, arts. 3º, incs. I, III e IV, 4º, inc. VIII, 5º, *caput* e inc. XLII, 7º, incs. XX e XXXI, 23, incs. II e X, 24, inc. XIV, 170, inc. VII, 203, incs. IV e V, 206, inc. I, 208, inc. III, 227, §§ 1º, inc. II e 2º, e 244

IX – a lei estabelecerá os casos de contratação por tempo determinado para atender a necessidade temporária de excepcional interesse público;

- Lei nº 8.745/93 – Dispõe sobre a contratação por tempo determinado para atender a necessidade temporária de excepcional interesse público

X – a remuneração dos servidores públicos e o subsídio de que trata o § 4º do art. 39 somente poderão ser fixados ou alterados por lei específica, observada a iniciativa privativa em cada caso, assegurada revisão geral anual, sempre na mesma data e sem distinção de índices;

- CRFB, arts. 37, incs. XI e XV, 95, inc. III, e 128, § 5º, inc. I, "c"
- Lei nº 10.331/01 – Dispõe sobre a revisão geral e anual das remunerações e subsídios dos servidores públicos federais dos Poderes Executivo, Legislativo e Judiciário da União, das autarquias e fundações públicas federais
- Súmula Vinculante nº 37/14
- Redação dada pela EC nº 19/98

XI – a remuneração e o subsídio dos ocupantes de cargos, funções e empregos públicos da administração direta, autárquica e fundacional, dos membros de qualquer dos Poderes da União, dos Estados, do Distrito Federal e dos Municípios, dos detentores de mandato eletivo e dos demais agentes políticos e os proventos, pensões ou outra espécie remuneratória, percebidos cumulativamente ou não, incluídas as vantagens pessoais ou de qualquer outra natureza, não poderão exceder o subsídio mensal, em espécie, dos Ministros do Supremo Tribunal Federal, aplicando-se como limite, nos Municípios, o subsídio do Prefeito, e nos Estados e no Distrito Federal, o subsídio mensal do Governador no âmbito do Poder Executivo, o subsídio dos Deputados Estaduais e Distritais no âmbito do Poder Legislativo e o subsídio dos Desembargadores do Tribunal de Justiça, limitado a noventa inteiros e vinte e cinco centésimos por cento do subsídio mensal, em espécie, dos Ministros do Supremo Tribunal Federal, no âmbito do Poder Judiciário, aplicável este limite aos membros do Ministério Público, aos Procuradores e aos Defensores Públicos;

- CRFB, arts. 27, §§ 1º e 2º, 28, § 2º, 29, incs. V e VI, 37, incs. X, XV e XVI, §§ 9º, 11 e 12, 39, §§ 4º e 5º, 40, § 11, 48, inc. XV, 49, incs. VII e VIII, 93, inc. V, 95, inc. III, 96, inc. II, "b", 128, § 5º, inc. I, "c", 142, § 3º, inc. VIII, e 248
- Lei nº 11.143/05 – Dispõe sobre o subsídio de Ministro do Supremo Tribunal Federal
- Lei nº 12.041/09 – Dispõe sobre a revisão do subsídio de Ministro do Supremo Tribunal Federal
- Resolução CNJ nº 13/06 – Dispõe sobre a aplicação do teto remuneratório constitucional e do subsídio mensal dos membros da magistratura
- Resolução CNMP nº 9/06 – Dispõe sobre a aplicação do teto remuneratório constitucional e do subsídio mensal dos membros do Ministério Público
- Redação dada pela EC nº 41/03

XII – os vencimentos dos cargos do Poder Legislativo e do Poder Judiciário não poderão ser superiores aos pagos pelo Poder Executivo;

XIII – é vedada a vinculação ou equiparação de quaisquer espécies remuneratórias para o efeito de remuneração de pessoal do serviço público;

- CRFB, arts. 37, § 12, e 142, § 3º, inc. VIII
- Redação dada pela EC nº 19/98

XIV – os acréscimos pecuniários percebidos por servidor público não serão computados nem acumulados para fins de concessão de acréscimos ulteriores;

- CRFB, art. 142, § 3º, inc. VIII
- Redação dada pela EC nº 19/98

XV – o subsídio e os vencimentos dos ocupantes de cargos e empregos públicos são irredutíveis, ressalvado o disposto nos incisos XI e XIV deste artigo e nos arts. 39, § 4º, 150, inc. II, e 153, inc. III e § 2º, inc. I;

- CRFB, art. 142, § 3º, inc. VIII
- Redação dada pela EC nº 19/98

XVI – é vedada a acumulação remunerada de cargos públicos, exceto, quando houver compatibilidade de horários, observado em qualquer caso o disposto no inciso XI.

- Redação dada pela EC nº 19/98

a) a de dois cargos de professor;

- Incluída pela EC nº 19/98

b) a de um cargo de professor com outro técnico ou científico;

- Incluída pela EC nº 19/98

c) a de dois cargos ou empregos privativos de profissionais de saúde, com profissões regulamentadas;

- CRFB, arts. 37, inc. XVII e § 10, 38, 40, § 6º, 95, parágrafo único, inc. I, e 128, § 5º, inc. II, "d"
- Redação dada pela EC nº 34/01

XVII – a proibição de acumular estende-se a empregos e funções e abrange autarquias, fundações, empresas públicas, sociedades de economia mista, suas subsidiárias, e sociedades controladas, direta ou indiretamente, pelo poder público;

- CRFB, arts. 37, inc. XVI e § 10, 38, 40, § 6º, 95, parágrafo único, inc. I, e 128, § 5º, inc. II, "d"
- Redação dada pela EC nº 19/98

XVIII – a administração fazendária e seus servidores fiscais terão, dentro de suas áreas de competência e jurisdição, precedência sobre os demais setores administrativos, na forma da lei;

XIX – somente por lei específica poderá ser criada autarquia e autorizada a instituição de empresa pública, de sociedade de economia mista e de fundação, cabendo à lei complementar, neste último caso, definir as áreas de sua atuação;

- CRFB, art. 37, inc. XX
- Redação dada pela EC nº 19/98

XX – depende de autorização legislativa, em cada caso, a criação de subsidiárias das entidades mencionadas no inciso anterior, assim como a participação de qualquer delas em empresa privada;

XXI – ressalvados os casos especificados na legislação, as obras, serviços, compras e alienações serão contratados mediante processo de licitação pública que assegure igualdade de condições a todos os concorrentes, com cláusulas que estabeleçam obrigações de pagamento, mantidas as condições efetivas da proposta, nos termos da lei, o qual somente permitirá as exigências de qualificação técnica e econômica indispensáveis à garantia do cumprimento das obrigações.

- CRFB, arts. 22, inc. XXVII, 37, *caput* e inc. II, 173, § 1º, inc. III, e 175, *caput*
- Lei nº 8.666/93 – Institui normas para licitações e contratos da Administração Pública
- Lei nº 9.986/00 – Dispõe sobre a gestão de recursos humanos das agências reguladoras, art. 37
- Lei nº 10.520/02 – Institui, no âmbito da União, Estados, Distrito Federal e Municípios, modalidade de licitação denominada pregão, para aquisição de bens e serviços comuns
- Lei nº 11.079/04 – Institui normas gerais para licitação e contratação de parceria público-privada no âmbito da administração pública
- Lei nº 12.462/11 – Institui o Regime Diferenciado de Contratações Públicas

XXII – as administrações tributárias da União, dos Estados, do Distrito Federal e dos Municípios, atividades essenciais ao funcionamento do Estado, exercidas por servidores de carreiras específicas, terão recursos prioritários para a realização de suas atividades e atuarão de forma integrada, inclusive com o compartilhamento de cadastros e de informações fiscais, na forma da lei ou convênio.

- CRFB, arts. 37, inc. XVI e § 10, 38, 95, parágrafo único, inc. I, 128, § 5º, inc. II, "d", e 167, inc. IV
- Incluído pela EC nº 42/03

§ 1º A publicidade dos atos, programas, obras, serviços e campanhas dos órgãos públicos deverá ter caráter educativo, informativo ou de orientação social, dela não podendo constar nomes, símbolos ou imagens que caracterizem promoção pessoal de autoridades ou servidores públicos.

- CRFB, art. 22, inc. XXIX

§ 2º A não observância do disposto nos incisos II e III implicará a nulidade do ato e a punição da autoridade responsável, nos termos da lei.

§ 3º A lei disciplinará as formas de participação do usuário na administração pública direta e indireta, regulando especialmente:

- Redação dada pela EC nº 19/98

I – as reclamações relativas à prestação dos serviços públicos em geral, asseguradas a manutenção de serviços de atendimento ao usuário e a avaliação periódica, externa e interna, da qualidade dos serviços;

- Incluído pela EC nº 19/98

II – o acesso dos usuários a registros administrativos e a informações sobre atos de governo, observado o disposto no art. 5º, incs. X e XXXIII;

- CRFB, art. 139, inc. III
- Lei nº 12.527/11 – Lei de Acesso à Informação
- Incluído pela EC nº 19/98

III – a disciplina da representação contra o exercício negligente ou abusivo de cargo, emprego ou função na administração pública.

- CRFB, art. 37, *caput* e § 8º
- Lei nº 9.784/99 – Regula o processo administrativo no âmbito da Administração Pública Federal, arts. 33 e 34
- Incluído pela EC nº 19/98

§ 4º Os atos de improbidade administrativa importarão a suspensão dos direitos políticos, a perda da função pública, a indisponibilidade dos bens e o ressarcimento ao erário, na forma e gradação previstas em lei, sem prejuízo da ação penal cabível.

- CRFB, arts. 15, inc. V, 37, *caput*, e 85, inc. V
- Lei nº 8.429/92 – Dispõe sobre as sanções aplicáveis aos agentes públicos nos casos de enriquecimento ilícito no exercício de mandato, cargo, emprego ou função na administração pública direta, indireta ou fundacional, art. 12

§ 5º A lei estabelecerá os prazos de prescrição para ilícitos praticados por qualquer agente, servidor ou não, que causem prejuízos ao erário, ressalvadas as respectivas ações de ressarcimento.

- Lei nº 8.429/92 – Dispõe sobre as sanções aplicáveis aos agentes públicos nos casos de enriquecimento ilícito no exercício de mandato, cargo, emprego ou função na administração pública direta, indireta ou fundacional, art. 23

§ 6º As pessoas jurídicas de direito público e as de direito privado prestadoras de serviços públicos responderão pelos danos que seus agentes, nessa qualidade, causarem a terceiros, assegurado o direito de regresso contra o responsável nos casos de dolo ou culpa.

- CRFB, art. 5º, inc. LXXV
- CC, art. 43
- Lei nº 6.453/77 – Dispõe sobre a responsabilidade civil por danos nucleares
- Lei nº 12.846/13 – Dispõe sobre a responsabilidade civil pela prática de atos contra a administração pública

§ 7º A lei disporá sobre os requisitos e as restrições ao ocupante de cargo ou emprego da administração direta e indireta que possibilite o acesso a informações privilegiadas.

- Incluído pela EC nº 19/98

§ 8º A autonomia gerencial, orçamentária e financeira dos órgãos e entidades da administração direta e indireta poderá ser ampliada mediante contrato, a ser firmado entre seus administradores e o poder público, que tenha por objeto a fixação de metas de desempenho para o órgão ou entidade, cabendo à lei dispor sobre:

- Lei nº 9.637/98 – Dispõe sobre a qualificação de entidades como organizações sociais, art. 5º
- Lei nº 9.790/99 – Dispõe sobre a qualificação de pessoas jurídicas de direito privado, sem fins lucrativos, como organizações da sociedade civil de interesse público, art. 9º
- Incluído pela EC nº 19/98

I – o prazo de duração do contrato;

- Incluído pela EC nº 19/98

II – os controles e critérios de avaliação de desempenho, direitos, obrigações e responsabilidade dos dirigentes;

- Incluído pela EC nº 19/98

III – a remuneração do pessoal.

- CRFB, art. 37, *caput* e § 3º
- Incluído pela EC nº 19/98

§ 9º O disposto no inciso XI aplica-se às empresas públicas e às sociedades de economia mista, e suas subsidiárias, que receberem recursos da União, dos Estados, do Distrito Federal ou dos Municípios para pagamento de despesas de pessoal ou de custeio em geral.

- CRFB, art. 96, inc. II, "b"
- Incluído pela EC nº 19/98

§ 10 – É vedada a percepção simultânea de proventos de aposentadoria decorrentes do art. 40 ou dos arts. 42 e 142 com a remuneração de cargo, emprego ou função pública, ressalvados os cargos acumuláveis na forma desta Constituição, os cargos eletivos e os cargos em comissão declarados em lei de livre nomeação e exoneração.

- CRFB, arts. 37, incs. XVI e XVII, 38, 40, § 6º, 95, parágrafo único, inc. I, e 128, § 5º, inc. II, "d"
- Incluído pela EC nº 20/98

§ 11 – Não serão computadas, para efeito dos limites remuneratórios de que trata o inciso XI do *caput* deste artigo, as parcelas de caráter indenizatório previstas em lei.

- Incluído pela EC nº 47/05

§ 12 – Para os fins do disposto no inciso XI do *caput* deste artigo, fica facultado aos Estados e ao Distrito Federal fixar, em seu âmbito, mediante emenda às respectivas Constituições e Lei Orgânica, como limite único, o subsídio mensal dos Desembargadores do respectivo Tribunal de Justiça, limitado a noventa inteiros e vinte e cinco centésimos por cento do subsídio mensal dos Ministros do Supremo Tribunal Federal, não se aplicando o disposto neste parágrafo aos subsídios dos Deputados Estaduais e Distritais e dos Vereadores.

- CRFB, arts. 37, inc. XIII, 103-B, § 4º, inc. II, e 130-A, § 2º, inc. II

- ADCT, art. 19
- Incluído pela EC nº 47/05

Art. 38. Ao servidor público da administração direta, autárquica e fundacional, no exercício de mandato eletivo, aplicam-se as seguintes disposições:

- Lei nº 8.112/90 – Dispõe sobre o regime jurídico dos servidores públicos civis da União, autarquias e fundações públicas federais, art. 94
- Redação dada pela EC nº 19/98

I – tratando-se de mandato eletivo federal, estadual ou distrital, ficará afastado de seu cargo, emprego ou função;

- CRFB, art. 28, § 1º

II – investido no mandato de Prefeito, será afastado do cargo, emprego ou função, sendo-lhe facultado optar pela sua remuneração;

III – investido no mandato de Vereador, havendo compatibilidade de horários, perceberá as vantagens de seu cargo, emprego ou função, sem prejuízo da remuneração do cargo eletivo, e, não havendo compatibilidade, será aplicada a norma do inciso anterior;

IV – em qualquer caso que exija o afastamento para o exercício de mandato eletivo, seu tempo de serviço será contado para todos os efeitos legais, exceto para promoção por merecimento;

- CRFB, art. 28, § 1º

V – para efeito de benefício previdenciário, no caso de afastamento, os valores serão determinados como se no exercício estivesse.

- CRFB, arts. 28, § 1º, 37, incs. XVI e XVII e § 10, 40, § 6º, 95, parágrafo único, inc. I, e 128, § 5º, inc. II, "d"

Seção II

Dos Servidores Públicos

- Redação dada pela EC nº 18/98

Art. 39. A União, os Estados, o Distrito Federal e os Municípios instituirão, no âmbito de sua competência, regime jurídico único e planos de carreira para os servidores da administração pública direta, das autarquias e das fundações públicas.

- Lei nº 8.112/90 – Dispõe sobre o regime jurídico dos servidores públicos civis da União, autarquias e fundações públicas federais

§ 1º A fixação dos padrões de vencimento e dos demais componentes do sistema remuneratório observará:

- Redação dada pela EC nº 19/98

I – a natureza, o grau de responsabilidade e a complexidade dos cargos componentes de cada carreira;

- Incluído pela EC nº 19/98

II – os requisitos para a investidura;

- Incluído pela EC nº 19/98

III – as peculiaridades dos cargos.

- Lei nº 8.448/92 – Regulamenta os arts. 37, inc. XI, e 39, § 1º, da Constituição Federal
- Lei nº 8.852/94 – Dispõe sobre a aplicação dos arts. 37, inc. XI, e 39, § 1º, da Constituição Federal
- Incluído pela EC nº 19/98

§ 2º A União, os Estados e o Distrito Federal manterão escolas de governo para a formação e o aperfeiçoamento dos servidores públicos, constituindo-se a participação nos cursos um dos requisitos para a promoção na carreira, facultada, para isso, a celebração de convênios ou contratos entre os entes federados.

- Redação dada pela EC nº 19/98

§ 3º Aplica-se aos servidores ocupantes de cargo público o disposto no art. 7º, incs. IV, VII, VIII, IX, XII, XIII, XV, XVI, XVII, XVIII, XIX, XX, XXII e XXX, podendo a lei estabelecer requisitos diferenciados de admissão quando a natureza do cargo o exigir.

- CRFB, arts. 37, inc. I, 61, § 1º, inc. II, "c", 96, inc. I, "c", 127, § 2º, e 207, § 1º
- Súmula Vinculante nº 15/09
- Súmula Vinculante nº 16/09
- Incluído pela EC nº 19/98

§ 4º O membro de Poder, o detentor de mandato eletivo, os Ministros de Estado e os Secretários Estaduais e Municipais serão remunerados exclusivamente por subsídio fixado em parcela única, vedado o acréscimo de qualquer gratificação, adicional, abono, prêmio, verba de representação ou outra espécie remuneratória, obedecido, em qualquer caso, o disposto no art. 37, incs. X e XI.

- CRFB, arts. 27, §§ 1º e 2º, 28, § 2º, 29, incs. V e VI, 37, inc. XV, 39, § 8º, 48, inc. XV, 49, incs. VII e VIII, 93, inc. V, 95, inc. III, 128, § 5º, inc. I, "c", 135 e 144, § 9º
- Incluído pela EC nº 19/98

§ 5º Lei da União, dos Estados, do Distrito Federal e dos Municípios poderá estabelecer a relação entre a maior e a menor remuneração dos servidores públicos, obedecido, em qualquer caso, o disposto no art. 37, inc. XI.

- Incluído pela EC nº 19/98

§ 6º Os Poderes Executivo, Legislativo e Judiciário publicarão anualmente os valores do subsídio e da remuneração dos cargos e empregos públicos.

- Incluído pela EC nº 19/98

§ 7º Lei da União, dos Estados, do Distrito Federal e dos Municípios disciplinará a aplicação de recursos orçamentários provenientes da economia com despesas correntes em cada órgão, autarquia e fundação, para aplicação no desenvolvimento de programas de qualidade e produtividade, treinamento e desenvolvimento, modernização, reaparelhamento e racionalização do serviço público, inclusive sob a forma de adicional ou prêmio de produtividade.

- Incluído pela EC nº 19/98

§ 8º A remuneração dos servidores públicos organizados em carreira poderá ser fixada nos termos do § 4º.

- ADCT, art. 24
- Incluído pela EC nº 19/98

Art. 40. Aos servidores titulares de cargos efetivos da União, dos Estados, do Distrito Federal e dos Municípios, incluídas suas autarquias e fundações, é assegurado regime de previdência de caráter contributivo e solidário, mediante contribuição do respectivo ente público, dos servidores ativos e inativos e dos pensionistas, observados critérios que preservem o equilíbrio financeiro e atuarial e o disposto neste artigo.

- Redação dada pela EC nº 41/03

§ 1º Os servidores abrangidos pelo regime de previdência de que trata este artigo serão aposentados, calculados os seus proventos a partir dos valores fixados na forma dos §§ 3º e 17:

- Redação dada pela EC nº 41/03

I – por invalidez permanente, sendo os proventos proporcionais ao tempo de contribuição, exceto se decorrente de acidente em serviço, moléstia profissional ou doença grave, contagiosa ou incurável, na forma da lei;

- Redação dada pela EC nº 41/03

II – compulsoriamente, com proventos proporcionais ao tempo de contribuição, aos 70 (setenta) anos de idade, ou aos 75 (setenta e cinco) anos de idade, na forma de lei complementar;

- CRFB, art. 40, § 19
- Redação dada pela EC nº 88/15

III – voluntariamente, desde que cumprido tempo mínimo de dez anos de efetivo exercício no serviço público e cinco anos no cargo efetivo em que se dará a aposentadoria, observadas as seguintes condições:

- Incluído pela EC nº 20/98

a) sessenta anos de idade e trinta e cinco de contribuição, se homem, e cinquenta e cinco anos de idade e trinta de contribuição, se mulher;

- CRFB, art. 40, §§ 5º e 19
- Incluída pela EC nº 20/98

b) sessenta e cinco anos de idade, se homem, e sessenta anos de idade, se mulher, com proventos proporcionais ao tempo de contribuição.

- Incluída pela EC nº 20/98

§ 2º Os proventos de aposentadoria e as pensões, por ocasião de sua concessão, não poderão exceder a remuneração do respectivo servidor, no cargo efetivo em que se deu a aposentadoria ou que serviu de referência para a concessão da pensão.

- Redação dada pela EC nº 20/98

§ 3º Para o cálculo dos proventos de aposentadoria, por ocasião da sua concessão, serão consideradas as remunerações utilizadas como base para as contribuições do servidor aos regimes de previdência de que tratam este artigo e o art. 201, na forma da lei.

- CRFB, art. 40, §§ 1º e 17
- Lei nº 10.887/04 – Dispõe sobre o cálculo dos proventos de aposentadoria dos servidores titulares de cargo efetivo de qualquer dos Poderes da União, dos Estados, do Distrito Federal e dos Municípios, incluídas suas autarquias e fundações
- Redação dada pela EC nº 41/03

§ 4º É vedada a adoção de requisitos e critérios diferenciados para a concessão de aposentadoria aos abrangidos pelo regime de que trata este artigo, ressalvados, nos termos definidos em leis complementares, os casos de servidores:

- Redação dada pela EC nº 47/05

I – portadores de deficiência;

- Incluído pela EC nº 47/05

II – que exerçam atividades de risco;

- Incluído pela EC nº 47/05

III – cujas atividades sejam exercidas sob condições especiais que prejudiquem a saúde ou a integridade física.

- Súmula Vinculante nº 33/14
- Incluído pela EC nº 47/05

§ 5º Os requisitos de idade e de tempo de contribuição serão reduzidos em cinco anos, em relação ao disposto no § 1º, inc. III, "a", para o professor que comprove exclusivamente tempo de efetivo exercício das funções de magistério na educação infantil e no ensino fundamental e médio.

- Redação dada pela EC nº 20/98

§ 6º Ressalvadas as aposentadorias decorrentes dos cargos acumuláveis na forma desta Constituição, é vedada a percepção de mais de uma aposentadoria à conta do regime de previdência previsto neste artigo.

- CRFB, arts. 37, incs. XVI e XVII e § 10, 38, 95, parágrafo único, inc. I, e 128, § 5º, inc. II, "d"
- Redação dada pela EC nº 20/98

§ 7º Lei disporá sobre a concessão do benefício de pensão por morte, que será igual:

- Redação dada pela EC nº 41/03

I – ao valor da totalidade dos proventos do servidor falecido, até o limite máximo estabelecido para os benefícios do regime geral de previdência social de que trata o art. 201, acrescido de setenta por cento da parcela excedente a este limite, caso aposentado à data do óbito; ou

- Incluído pela EC nº 41/03

II – ao valor da totalidade da remuneração do servidor no cargo efetivo em que se deu o falecimento, até o limite máximo estabelecido para os benefícios do regime geral de previdência social de que trata o art. 201, acrescido de setenta por cento da parcela excedente a este limite, caso em atividade na data do óbito.

- Incluído pela EC nº 41/03

§ 8º É assegurado o reajustamento dos benefícios para preservar-lhes, em caráter permanente, o valor real, conforme critérios estabelecidos em lei.

- ADCT, art. 20
- Súmula Vinculante nº 20/09
- Súmula Vinculante nº 34/14
- Redação dada pela EC nº 41/03

§ 9º O tempo de contribuição federal, estadual ou municipal será contado para efeito de aposentadoria e o tempo de serviço correspondente para efeito de disponibilidade.

- CRFB, art. 42, § 1º
- Incluído pela EC nº 20/98

§ 10 – A lei não poderá estabelecer qualquer forma de contagem de tempo de contribuição fictício.

- Incluído pela EC nº 20/98

§ 11 – Aplica-se o limite fixado no art. 37, inc. XI, à soma total dos proventos de inatividade, inclusive quando decorrentes da acumulação de cargos ou empregos públicos, bem como de outras atividades sujeitas a contribuição para o regime geral de previdência social, e ao montante resultante da adição de proventos de inatividade com remuneração de cargo acumulável na forma desta Constituição, cargo em comissão declarado em lei de livre nomeação e exoneração, e de cargo eletivo.

- Incluído pela EC nº 20/98

§ 12 – Além do disposto neste artigo, o regime de previdência dos servidores públicos titulares de cargo efetivo observará, no que couber, os requisitos e critérios fixados para o regime geral de previdência social.

- Incluído pela EC nº 20/98

§ 13 – Ao servidor ocupante, exclusivamente, de cargo em comissão declarado em lei de livre nomeação e exoneração bem como de outro cargo temporário ou de emprego público, aplica-se o regime geral de previdência social.

- Incluído pela EC nº 20/98

§ 14 – A União, os Estados, o Distrito Federal e os Municípios, desde que instituam regime de previdência complementar para os seus respectivos servidores titulares de cargo efetivo, poderão fixar, para o valor das aposentadorias e pensões a serem concedidas pelo regime de que trata este artigo, o limite máximo estabelecido para os benefícios do regime geral de previdência social de que trata o art. 201.

- CRFB, art. 40, §§ 15 e 16
- Lei nº 12.618/12 – Institui o regime de previdência complementar para os servidores públicos federais titulares de cargo efetivo
- Incluído pela EC nº 20/98

§ 15 – O regime de previdência complementar de que trata o § 14 será instituído por lei de iniciativa do respectivo Poder Executivo, observado o disposto no art. 202 e seus parágrafos, no que couber, por intermédio de entidades fechadas de previdência complementar, de natureza pública, que oferecerão aos respectivos participantes planos de benefícios somente na modalidade de contribuição definida.

- CRFB, art. 40, § 16
- Lei nº 12.618/12 – Institui o regime de previdência complementar para os servidores públicos federais titulares de cargo efetivo
- Redação dada pela EC nº 41/03

§ 16 – Somente mediante sua prévia e expressa opção, o disposto nos §§ 14 e 15 poderá ser aplicado ao servidor que tiver ingressado no serviço público até a data da publicação do ato de instituição do correspondente regime de previdência complementar.

- Lei nº 12.618/12 – Institui o regime de previdência complementar para os servidores públicos federais titulares de cargo efetivo
- Incluído pela EC nº 20/98

§ 17 – Todos os valores de remuneração considerados para o cálculo do benefício previsto no § 3º serão devidamente atualizados, na forma da lei.

- CRFB, art. 40, § 1º
- Incluído pela EC nº 41/03

§ 18 – Incidirá contribuição sobre os proventos de aposentadorias e pensões concedidas pelo regime de que trata este artigo que superem o limite máximo estabelecido para os benefícios do regime geral de previdência social de que trata o art. 201, com percentual igual ao estabelecido para os servidores titulares de cargos efetivos.

- CRFB, art. 40, § 21
- Incluído pela EC nº 41/03

§ 19 – O servidor de que trata este artigo que tenha completado as exigências para aposentadoria voluntária estabelecidas no § 1º, inc. III, "a", e que opte por permanecer em atividade fará jus a um abono de permanência equivalente ao valor da sua contribuição previdenciária até completar as exigências para aposentadoria compulsória contidas no § 1º, inc. II.

- Incluído pela EC nº 41/03

§ 20 – Fica vedada a existência de mais de um regime próprio de previdência social para os servidores titulares de cargos efetivos, e de mais de uma unidade gestora do respectivo regime em cada ente estatal, ressalvado o disposto no art. 142, § 3º, inc. X.

- Incluído pela EC nº 41/03

§ 21 – A contribuição prevista no § 18 deste artigo incidirá apenas sobre as parcelas de proventos de aposentadoria e de pensão que superem o dobro do limite máximo estabelecido para os benefícios do regime geral de previdência social de que trata o art. 201 desta Constituição, quando o beneficiário, na forma da lei, for portador de doença incapacitante.

- CRFB, arts. 37, § 10, 73, § 3º, 93, inc. VI, e 149, § 1º
- Incluído pela EC nº 47/05

Art. 41. São estáveis após três anos de efetivo exercício os servidores nomeados para cargo de provimento efetivo em virtude de concurso público.

- CRFB, art. 132, parágrafo único
- Redação dada pela EC nº 19/98

§ 1º O servidor público estável só perderá o cargo:

- Redação dada pela EC nº 19/98

I – em virtude de sentença judicial transitada em julgado;

- Incluído pela EC nº 19/98

II – mediante processo administrativo em que lhe seja assegurada ampla defesa;

- Incluído pela EC nº 19/98

III – mediante procedimento de avaliação periódica de desempenho, na forma de lei complementar, assegurada ampla defesa.

- CRFB, arts. 169, § 4º, 198, § 6º, e 247, *caput*
- Incluído pela EC nº 19/98

§ 2º Invalidada por sentença judicial a demissão do servidor estável, será ele reintegrado, e o eventual ocupante da vaga, se estável, reconduzido ao cargo de origem, sem direito a indenização, aproveitado em outro cargo ou posto em disponibilidade com remuneração proporcional ao tempo de serviço.

- Redação dada pela EC nº 19/98

§ 3º Extinto o cargo ou declarada a sua desnecessidade, o servidor estável ficará em disponibilidade, com remuneração proporcional ao tempo de serviço, até seu adequado aproveitamento em outro cargo.

- Redação dada pela EC nº 19/98

§ 4º Como condição para a aquisição da estabilidade, é obrigatória a avaliação especial de desempenho por comissão instituída para essa finalidade.

- Incluído pela EC nº 19/98

Seção III

Dos Militares dos Estados, do Distrito Federal e dos Territórios

- Redação dada pela EC nº 18/98

Art. 42. Os membros das Polícias Militares e Corpos de Bombeiros Militares, instituições organizadas com base na hierarquia e disciplina, são militares dos Estados, do Distrito Federal e dos Territórios.

- Redação dada pela EC nº 18/98

§ 1º Aplicam-se aos militares dos Estados, do Distrito Federal e dos Territórios, além do que vier a ser fixado em lei, as disposições do art. 14, § 8º; do art. 40, § 9º; e do art. 142, §§ 2º e 3º, cabendo a lei estadual específica dispor sobre as matérias do art. 142, § 3º, inc. X, sendo as patentes dos oficiais conferidas pelos respectivos governadores.

- Redação dada pela EC nº 20/98

§ 2º Aos pensionistas dos militares dos Estados, do Distrito Federal e dos Territórios aplica-se o que for fixado em lei específica do respectivo ente estatal.

- CRFB, arts. 22, inc. XXI, 37, § 10, e 144, inc. V e § 5º
- Lei nº 6.880/80 – Dispõe sobre o Estatuto dos Militares
- Redação dada pela EC nº 41/03

Seção IV

Das Regiões

Art. 43. Para efeitos administrativos, a União poderá articular sua ação em um mesmo complexo geoeconômico e social, visando a seu desenvolvimento e à redução das desigualdades regionais.

- CRFB, arts. 3º, inc. III, 165, § 7º, e 170, inc. VII

§ 1º Lei complementar disporá sobre:

I – as condições para integração de regiões em desenvolvimento;

II – a composição dos organismos regionais que executarão, na forma da lei, os planos regionais, integrantes dos planos nacionais de desenvolvimento econômico e social, aprovados juntamente com estes.

- CRFB, arts. 3º, inc. II, 5º, inc. XXIX, 21, inc. IX, 23, parágrafo único, 48, inc. IV, 58, § 2º, inc. VI, 174, § 1º, 192, 215, § 3º, 218, § 2º, e 219
- Lei Complementar nº 124/07 – Institui a Superintendência do Desenvolvimento da Amazônia
- Lei Complementar nº 125/07 – Institui a Superintendência do Desenvolvimento do Nordeste
- Lei Complementar nº 129/09 – Institui a Superintendência do Desenvolvimento do Centro-Oeste

§ 2º Os incentivos regionais compreenderão, além de outros, na forma da lei:

I – igualdade de tarifas, fretes, seguros e outros itens de custos e preços de responsabilidade do Poder Público;

II – juros favorecidos para financiamento de atividades prioritárias;

III – isenções, reduções ou diferimento temporário de tributos federais devidos por pessoas físicas ou jurídicas;

IV – prioridade para o aproveitamento econômico e social dos rios e das massas de água represadas ou represáveis nas regiões de baixa renda, sujeitas a secas periódicas.

- CRFB, art. 43, § 3º

§ 3º Nas áreas a que se refere o § 2º, inc. IV, a União incentivará a recuperação de terras áridas e cooperará com os pequenos e médios proprietários rurais para o estabelecimento, em suas glebas, de fontes de água e de pequena irrigação.

- CRFB, arts. 5º, inc. XXVI, e 185, inc. I

TÍTULO IV

Da Organização dos Poderes

CAPÍTULO I

Do Poder Legislativo

Seção I

Do Congresso Nacional

Art. 44. O Poder Legislativo é exercido pelo Congresso Nacional, que se compõe da Câmara dos Deputados e do Senado Federal.

- CRFB, arts. 2º, 34, inc. IV, 60, § 4º, inc. III, 76, 85, inc. II, e 92, *caput*

Parágrafo único. Cada legislatura terá a duração de quatro anos.

- CRFB, arts. 27, § 1º, 32, § 2º, e 57, §§ 3º a 5º
- Decreto Legislativo nº 79/79 – Dispõe sobre a designação do número de ordem das legislaturas

Art. 45. A Câmara dos Deputados compõe-se de representantes do povo, eleitos, pelo sistema proporcional, em cada Estado, em cada Território e no Distrito Federal.

- CRFB, arts. 27, § 1º, e 29, inc. I

§ 1º O número total de Deputados, bem como a representação por Estado e pelo Distrito Federal, será estabelecido por lei complementar, proporcionalmente à população, procedendo-se aos ajustes necessários, no ano anterior às eleições, para que nenhuma daquelas unidades da Federação tenha menos de oito ou mais de setenta Deputados.

- CRFB, art. 27, *caput*
- Lei Complementar nº 78/93 – Disciplina a fixação do número de Deputados

§ 2º Cada Território elegerá quatro Deputados.

Art. 46. O Senado Federal compõe-se de representantes dos Estados e do Distrito Federal, eleitos segundo o princípio majoritário.

- CRFB, arts. 28, *caput*, 29, inc. II, e 77, § 2º

§ 1º Cada Estado e o Distrito Federal elegerão três Senadores, com mandato de oito anos.

§ 2º A representação de cada Estado e do Distrito Federal será renovada de quatro em quatro anos, alternadamente, por um e dois terços.

§ 3º Cada Senador será eleito com dois suplentes.

Art. 47. Salvo disposição constitucional em contrário, as deliberações de cada Casa e de suas Comissões serão tomadas por maioria dos votos, presente a maioria absoluta de seus membros.

- CRFB, arts. 53, § 8º, 60, § 2º, e 69

Seção II

Das Atribuições do Congresso Nacional

Art. 48. Cabe ao Congresso Nacional, com a sanção do Presidente da República, não exigida esta para o especificado nos arts. 49, 51 e 52, dispor sobre todas as matérias de competência da União, especialmente sobre:

I – sistema tributário, arrecadação e distribuição de rendas;

- CRFB, arts. 52, inc. XV, 145 a 162

II – plano plurianual, diretrizes orçamentárias, orçamento anual, operações de crédito, dívida pública e emissões de curso forçado;

- CRFB, arts. 21, inc. VIII, 22, inc. VII, 52, incs. VI e IX, 57, § 2º, 62, § 1º, inc. I, "d", 68, § 1º, inc. III, 74, inc. III, 84, inc. XXIII, 163, inc. II, 165, incs. I a III, §§ 1º, 2º e 5º, e 166

III – fixação e modificação do efetivo das Forças Armadas;

- CRFB, art. 61, § 1º, inc. I

IV – planos e programas nacionais, regionais e setoriais de desenvolvimento;

- CRFB, arts. 3º, inc. II, 5º, inc. XXIX, 21, inc. IX, 23, parágrafo único, 43, § 1º, inc. II, 58, § 2º, inc. VI, 174, § 1º, 192, 215, § 3º, 218, § 2º, e 219

V – limites do território nacional, espaço aéreo e marítimo e bens do domínio da União;

- CRFB, arts. 20 e 176, *caput*
- CC, arts. 98 a 103

VI – incorporação, subdivisão ou desmembramento de áreas de Territórios ou Estados, ouvidas as respectivas Assembleias Legislativas;

- CRFB, art. 18, §§ 2º e 3º, e 33, § 1º

VII – transferência temporária da sede do Governo Federal;

- CRFB, art. 18, § 1º

VIII – concessão de anistia;

- CRFB, arts. 5º, inc. XLIII, e 21, inc. XVII

IX – organização administrativa, judiciária, do Ministério Público e da Defensoria Pública da União e dos Territórios e organização judiciária e do Ministério Público do Distrito Federal;

- CRFB, arts. 21, inc. XIII, 22, inc. XVII, 24, inc. XIII, 61, § 1º, inc. II, "d", 134 e 168
- Redação dada pela EC nº 69/12

X – criação, transformação e extinção de cargos, empregos e funções públicas, observado o que estabelece o art. 84, inc. VI, "b";

- CRFB, arts. 51, inc. IV, 52, inc. XIII, 61, § 1º, inc. II, "a", 84, inc. XXV, 96, inc. II, "b", e 127, § 2º
- Redação dada pela EC nº 32/01

XI – criação e extinção de Ministérios e órgãos da administração pública;

- CRFB, arts. 61, § 1º, inc. II, "e", e 88
- Redação dada pela EC nº 32/01

XII – telecomunicações e radiodifusão;

- CRFB, arts. 21, incs. XI e XII, e 22, inc. IV

XIII – matéria financeira, cambial e monetária, instituições financeiras e suas operações;

- CRFB, art. 192

XIV – moeda, seus limites de emissão, e montante da dívida mobiliária federal.

- CRFB, arts. 21, inc. VII, 22, inc. VI, e 164

XV – fixação do subsídio dos Ministros do Supremo Tribunal Federal, observado o que dispõem os arts. 39, § 4º, 150, inc. II, e 153, inc. III e § 2º, inc. I.

- CRFB, arts. 37, inc. XI, e 96, inc. II, "b"
- Lei nº 11.143/05 – Dispõe sobre o subsídio de Ministro do Supremo Tribunal Federal
- Lei nº 12.041/09 – Dispõe sobre a revisão do subsídio de Ministro do Supremo Tribunal Federal
- Redação dada pela EC nº 41/03

Art. 49. É da competência exclusiva do Congresso Nacional:

I – resolver definitivamente sobre tratados, acordos ou atos internacionais que acarretem encargos ou compromissos gravosos ao patrimônio nacional;

- CRFB, arts. 4º, *caput*, 21, inc. I, e 84, incs. VII e VIII

II – autorizar o Presidente da República a declarar guerra, a celebrar a paz, a permitir que forças estrangeiras transitem pelo território nacional ou nele permaneçam temporariamente, ressalvados os casos previstos em lei complementar;

- CRFB, arts. 4º, incs. IV e VI, 21, incs. II e IV, 84, incs. XIX, XX e XXII, e 91, § 1º, inc. I

III – autorizar o Presidente e o Vice-Presidente da República a se ausentarem do País, quando a ausência exceder a quinze dias;

- CRFB, art. 83

IV – aprovar o estado de defesa e a intervenção federal, autorizar o estado de sítio, ou suspender qualquer uma dessas medidas;

- CRFB, arts. 21, inc. V, 36, § 1º, 57, § 6º, inc. I, 60, § 1º, 84, incs. IX e X, 90, inc. I, 91, § 1º, inc. II, 136 a 141

V – sustar os atos normativos do Poder Executivo que exorbitem do poder regulamentar ou dos limites de delegação legislativa;

- CRFB, arts. 5º, inc. II, 49, incs. X e XI, 68, 84, incs. IV e VI, e 87, parágrafo único, inc. I

VI – mudar temporariamente sua sede;

VII – fixar idêntico subsídio para os Deputados Federais e os Senadores, observado o que dispõem os arts. 37, inc. XI, 39, § 4º, 150, inc. II, e 153, inc. III e § 2º, inc. I;

- Redação dada pela EC nº 19/98

VIII – fixar os subsídios do Presidente e do Vice-Presidente da República e dos Ministros de Estado, observado o que dispõem os arts. 37, inc. XI, 39, § 4º, 150, inc. II, e 153, inc. III e § 2º, inc. I;

- Redação dada pela EC nº 19/98

IX – julgar anualmente as contas prestadas pelo Presidente da República e apreciar os relatórios sobre a execução dos planos de governo;

- CRFB, art. 71, inc. II

X – fiscalizar e controlar, diretamente, ou por qualquer de suas Casas, os atos do Poder Executivo, incluídos os da administração indireta;

- CRFB, arts. 5º, inc. II, 49, inc. V, 84, incs. IV e VI, e 87, parágrafo único, inc. I

XI – zelar pela preservação de sua competência legislativa em face da atribuição normativa dos outros Poderes;

- CRFB, arts. 49, inc. V, e 68

XII – apreciar os atos de concessão e renovação de concessão de emissoras de rádio e televisão;

- CRFB, art. 223

XIII – escolher dois terços dos membros do Tribunal de Contas da União;

- CRFB, arts. 52, inc. III, "b", 73, § 1º, e 84, inc. XV

XIV – aprovar iniciativas do Poder Executivo referentes a atividades nucleares;

- CRFB, arts. 21, inc. XXIII, 22, inc. XXVI, e 177, inc. V

XV – autorizar referendo e convocar plebiscito;

- CRFB, arts. 1º, parágrafo único, 14, incs. I e II, e 18, §§ 3º e 4º
- ADCT, art. 2º

- Lei nº 9.709/98 – Regulamenta a execução do plebiscito, referendo e iniciativa popular, arts. 8º, *caput*, e 12

XVI – autorizar, em terras indígenas, a exploração e o aproveitamento de recursos hídricos e a pesquisa e lavra de riquezas minerais;

- CRFB, arts. 20, inc. XI, 22, inc. XIV, 109, inc. XI, 129, inc. V, 176, § 1º, 210, § 2º, 231 e 232
- ADCT, art. 67

XVII – aprovar, previamente, a alienação ou concessão de terras públicas com área superior a dois mil e quinhentos hectares.

- CRFB, arts. 48, 59, inc. VI, 62, § 3º, e 188, § 1º

Art. 50. A Câmara dos Deputados e o Senado Federal, ou qualquer de suas Comissões, poderão convocar Ministro de Estado ou quaisquer titulares de órgãos diretamente subordinados à Presidência da República para prestarem, pessoalmente, informações sobre assunto previamente determinado, importando crime de responsabilidade a ausência sem justificação adequada.

- CRFB, art. 50, § 2º
- Redação dada pela ECR nº 2/94

§ 1º Os Ministros de Estado poderão comparecer ao Senado Federal, à Câmara dos Deputados, ou a qualquer de suas Comissões, por sua iniciativa e mediante entendimentos com a Mesa respectiva, para expor assunto de relevância de seu Ministério.

§ 2º As Mesas da Câmara dos Deputados e do Senado Federal poderão encaminhar pedidos escritos de informações a Ministros de Estado ou a qualquer das pessoas referidas no *caput* deste artigo, importando em crime de responsabilidade a recusa, ou o não atendimento, no prazo de trinta dias, bem como a prestação de informações falsas.

- CRFB, arts. 51, inc. I, 52, incs. I e II e parágrafo único, 85, 86, *caput*, §§ 1º, inc. II e 2º, 102, inc. I, "c", e 167, § 1º
- Redação dada pela ECR nº 2/94

Seção III

Da Câmara dos Deputados

Art. 51. Compete privativamente à Câmara dos Deputados:

I – autorizar, por dois terços de seus membros, a instauração de processo contra o Presidente e o Vice-Presidente da República e os Ministros de Estado;

- CRFB, arts. 50, § 2º, 52, incs. I e II e parágrafo único, 85, 86, *caput*, §§ 1º, inc. II e 2º, 102, inc. I, "c", e 167, § 1º
- Lei nº 1.079/50 – Define os crimes de responsabilidade e regula o respectivo processo de julgamento

II – proceder à tomada de contas do Presidente da República, quando não apresentadas ao Congresso Nacional dentro de sessenta dias após a abertura da sessão legislativa;

- CRFB, arts. 57, § 3º, inc. I, 84, incs. XI e XXIV, e 103-B, § 4º, inc. VII

III – elaborar seu regimento interno;

- CRFB, arts. 27, § 3º, 52, inc. XII, e 57, § 3º, inc. II
- Resolução CD nº 17/89 – Aprova o Regimento Interno da Câmara dos Deputados

IV – dispor sobre sua organização, funcionamento, polícia, criação, transformação ou extinção dos cargos, empregos e funções de seus serviços, e a iniciativa de lei para fixação da respectiva remuneração, observados os parâmetros estabelecidos na lei de diretrizes orçamentárias;

- CRFB, arts. 48, inc. X, 52, inc. XIII, 61, § 1º, 73, 84, inc. XXV, 93, 96, inc. II, e 127, § 2º
- ADCT, art. 8º, § 3º
- Redação dada pela EC nº 19/98

V – eleger membros do Conselho da República, nos termos do art. 89, inc. VII.

- CRFB, arts. 48, 52, 59, inc. VII, 68, § 2º. 84, incs. XVII e XVIII, 90, 103, inc. III, 136, *caput*, e 137, *caput*

Seção IV

Do Senado Federal

Art. 52. Compete privativamente ao Senado Federal:

I – processar e julgar o Presidente e o Vice-Presidente da República nos crimes de responsabilidade, bem como os Ministros de Estado e os Comandantes da Marinha, do Exército e da Aeronáutica nos crimes da mesma natureza conexos com aqueles;

- CRFB, arts. 50, § 2º, 51, inc. I, 52, inc. II e parágrafo único, 85, 86, *caput*, §§ 1º, inc. II e 2º, 102, inc. I, "b" e "c", e 167, § 1º
- Lei nº 1.079/50 – Define os crimes de responsabilidade e regula o respectivo processo de julgamento
- Redação dada pela EC nº 23/99

II – processar e julgar os Ministros do Supremo Tribunal Federal, os membros do Conselho Nacional de Justiça e do Conselho Nacional do Ministério Público, o Procurador-Geral da República e o Advogado-Geral da União nos crimes de responsabilidade;

- CRFB, arts. 50, § 2º, 51, inc. I, 52, inc. I e parágrafo único, 85, 86, *caput*, §§ 1º, inc. II e 2º, 102, inc. I, "b" e "c", e 167, § 1º
- Redação dada pela EC nº 45/04

III – aprovar previamente, por voto secreto, após arguição pública, a escolha de:

a) Magistrados, nos casos estabelecidos nesta Constituição;

- CRFB, arts. 84, inc. XIV, 101, parágrafo único, 104, parágrafo único, 111-A, *caput*, 115, *caput*, e 123, *caput*

b) Ministros do Tribunal de Contas da União indicados pelo Presidente da República;

- CRFB, arts. 49, inc. XIII, 73, § 1º, e 84, inc. XV

c) Governador de Território;

- CRFB, art. 84, inc. XIV

d) Presidente e diretores do banco central;

- CRFB, art. 84, inc. XIV

e) Procurador-Geral da República;

- CRFB, arts. 84, inc. XIV, e 128, § 1º

f) titulares de outros cargos que a lei determinar;

IV – aprovar previamente, por voto secreto, após arguição em sessão secreta, a escolha dos chefes de missão diplomática de caráter permanente;

V – autorizar operações externas de natureza financeira, de interesse da União, dos Estados, do Distrito Federal, dos Territórios e dos Municípios;

VI – fixar, por proposta do Presidente da República, limites globais para o montante da dívida consolidada da União, dos Estados, do Distrito Federal e dos Municípios;

- CRFB, arts. 48, inc. II, 52, inc. IX, e 163, inc. II

VII – dispor sobre limites globais e condições para as operações de crédito externo e interno da União, dos Estados, do Distrito Federal e dos Municípios, de suas autarquias e demais entidades controladas pelo Poder Público federal;

VIII – dispor sobre limites e condições para a concessão de garantia da União em operações de crédito externo e interno;

IX – estabelecer limites globais e condições para o montante da dívida mobiliária dos Estados, do Distrito Federal e dos Municípios;

- CRFB, arts. 48, inc. II, 52, inc. VI, e 163, inc. II

X – suspender a execução, no todo ou em parte, de lei declarada inconstitucional por decisão definitiva do Supremo Tribunal Federal;

- RISTF, art. 178

XI – aprovar, por maioria absoluta e por voto secreto, a exoneração, de ofício, do Procurador-Geral da República antes do término de seu mandato;

- CRFB, art. 128, § 2º

XII – elaborar seu regimento interno;

- CRFB, arts. 27, § 3º, 51, inc. III, e 57, § 3º, inc. II
- Resolução SF nº 93/70 – Aprova o Regimento Interno do Senado Federal

XIII – dispor sobre sua organização, funcionamento, polícia, criação, transformação ou extinção dos cargos, empregos e funções de seus serviços, e a iniciativa de lei para fixação da respectiva remuneração, observados os parâmetros estabelecidos na lei de diretrizes orçamentárias;

- CRFB, arts. 48, inc. X, 51, inc. IV, 61, § 1º, 73, 84, inc. XXV, 93, 96, inc. II, e 127, § 2º
- ADCT, art. 8º, § 3º
- Redação dada pela EC nº 19/98

XIV – eleger membros do Conselho da República, nos termos do art. 89, inc. VII.

- CRFB, arts. 51, inc. V, 84, incs. XVII e XVIII, 90, 136, *caput*, e 137, *caput*

XV – avaliar periodicamente a funcionalidade do Sistema Tributário Nacional, em sua estrutura e seus componentes, e o desempenho das administrações tributárias da União, dos Estados e do Distrito Federal e dos Municípios.

- CRFB, art. 48, inc. I, 145 a 162
- Incluído pela EC nº 42/03

Parágrafo único. Nos casos previstos nos incisos I e II, funcionará como Presidente o do Supremo Tribunal Federal, limitando-se a condenação, que somente será proferida por dois terços dos votos do Senado Federal, à perda do cargo, com inabilitação, por oito anos, para o exercício de função pública, sem prejuízo das demais sanções judiciais cabíveis.

- CRFB, arts. 15, 48, 50, § 2º, 51, 52, incs. I e II, 59, inc. VII, 68, § 2º. 78, parágrafo único, 83, 85, 86, *caput*, §§ 1º, inc. II e 2º, 102, inc. I, "c", 103, inc. II, e 167, § 1º
- Lei nº 1.079/50 – Define os crimes de responsabilidade e regula o respectivo processo de julgamento

Seção V

Dos Deputados e dos Senadores

Art. 53. Os Deputados e Senadores são invioláveis, civil e penalmente, por quaisquer de suas opiniões, palavras e votos.

- CRFB, arts. 27, § 1º, e 29, inc. VIII
- Redação dada pela EC nº 35/01

§ 1º Os Deputados e Senadores, desde a expedição do diploma, serão submetidos a julgamento perante o Supremo Tribunal Federal.

- CRFB, art. 102, inc. I, "b"
- Redação dada pela EC nº 35/01

§ 2º Desde a expedição do diploma, os membros do Congresso Nacional não poderão ser presos, salvo em flagrante de crime inafiançável. Nesse caso, os autos serão remetidos dentro de vinte e quatro horas à Casa respectiva, para que, pelo voto da maioria de seus membros, resolva sobre a prisão.

- CRFB, arts. 5º, incs. XI e LXI, 27, § 1º, e 53, §§ 3º a 5º e 8º
- CPP, arts. 301 a 310
- Redação dada pela EC nº 35/01

§ 3º Recebida a denúncia contra o Senador ou Deputado, por crime ocorrido após a diplomação, o Supremo Tribunal Federal dará ciência à Casa respectiva, que, por iniciativa de partido político nela representado e pelo voto da maioria de seus membros, poderá, até a decisão final, sustar o andamento da ação.

- CRFB, arts. 27, § 1º, e 53, §§ 2º, 4º, 5º e 8º
- Redação dada pela EC nº 35/01

§ 4º O pedido de sustação será apreciado pela Casa respectiva no prazo improrrogável de quarenta e cinco dias do seu recebimento pela Mesa Diretora.

- CRFB, arts. 27, § 1º, e 53, §§ 2º, 3º, 5º e 8º
- Redação dada pela EC nº 35/01

§ 5º A sustação do processo suspende a prescrição, enquanto durar o mandato.

- CRFB, arts. 27, § 1º, e 53, §§ 2º a 4º e 8º
- Redação dada pela EC nº 35/01

§ 6º Os Deputados e Senadores não serão obrigados a testemunhar sobre informações recebidas ou prestadas em razão do exercício do mandato, nem sobre as pessoas que lhes confiaram ou deles receberam informações.

- Redação dada pela EC nº 35/01

§ 7º A incorporação às Forças Armadas de Deputados e Senadores, embora militares e ainda que em tempo de guerra, dependerá de prévia licença da Casa respectiva.

- CRFB, art. 27, § 1º
- Redação dada pela EC nº 35/01

§ 8º As imunidades de Deputados ou Senadores subsistirão durante o estado de sítio, só podendo ser suspensas mediante o voto de dois terços dos membros da Casa respectiva, nos casos de atos praticados fora do recinto do Congresso Nacional, que sejam incompatíveis com a execução da medida.

- CRFB, arts. 47, 27, § 1º, 53, §§ 2º a 5º, 60, § 2º, e 69
- Incluído pela EC nº 35/01

Art. 54. Os Deputados e Senadores não poderão:

I – desde a expedição do diploma:

a) firmar ou manter contrato com pessoa jurídica de direito público, autarquia, empresa pública, sociedade de economia mista ou empresa concessionária de serviço público, salvo quando o contrato obedecer a cláusulas uniformes;

- CRFB, art. 54, inc. II, "b" e "c"

b) aceitar ou exercer cargo, função ou emprego remunerado, inclusive os de que sejam demissíveis *ad nutum*, nas entidades constantes da alínea anterior;

II – desde a posse:

a) ser proprietários, controladores ou diretores de empresa que goze de favor decorrente de contrato com pessoa jurídica de direito público, ou nela exercer função remunerada;

b) ocupar cargo ou função de que sejam demissíveis ad nutum, nas entidades referidas no inciso I, "a";

c) patrocinar causa em que seja interessada qualquer das entidades a que se refere o inciso I, "a";

d) ser titulares de mais de um cargo ou mandato público eletivo.

- CRFB, arts. 27, § 1º, 29, inc. IX, e 55, inc. I
- ADCT, art. 5º, § 3º

Art. 55. Perderá o mandato o Deputado ou Senador:

I – que infringir qualquer das proibições estabelecidas no artigo anterior;

- CRFB, art. 55, § 2º

II – cujo procedimento for declarado incompatível com o decoro parlamentar;

- CRFB, art. 55, §§ 1º e 2º

III – que deixar de comparecer, em cada sessão legislativa, à terça parte das sessões ordinárias da Casa a que pertencer, salvo licença ou missão por esta autorizada;

- CRFB, art. 55, § 3º

IV – que perder ou tiver suspensos os direitos políticos;

- CRFB, arts. 14 a 16, 55, § 3º, 62, § 1º, inc. I, "a", 68, § 1º, inc. II, e 85, inc. III

V – quando o decretar a Justiça Eleitoral, nos casos previstos nesta Constituição;

- CRFB, arts. 55, § 3º, e 121, § 4º, inc. IV

VI – que sofrer condenação criminal em sentença transitada em julgado.

- CRFB, art. 55, § 2º
- Lei Complementar nº 64/90 – Estabelece casos de inelegibilidade, art. 1º, inc. I, "e"

§ 1º É incompatível com o decoro parlamentar, além dos casos definidos no regimento interno, o abuso das prerrogativas asseguradas a membro do Congresso Nacional ou a percepção de vantagens indevidas.

- CRFB, art. 55, inc. II
- RICD, art. 244
- RISF, art. 32, § 1º
- Resolução CD nº 25/01 – Código de Ética e Decoro Parlamentar da Câmara dos Deputados
- Resolução SF nº 20/93 – Código de Ética e Decoro Parlamentar do Senado Federal

§ 2º Nos casos dos incisos I, II e VI, a perda do mandato será decidida pela Câmara dos Deputados ou pelo Senado Federal, por maioria absoluta, mediante provocação da respectiva Mesa ou de partido político representado no Congresso Nacional, assegurada ampla defesa.

- CRFB, art. 55, § 4º
- Redação dada pela EC nº 76/13

§ 3º Nos casos previstos nos incisos III a V, a perda será declarada pela Mesa da Casa respectiva, de ofício ou mediante provocação de qualquer de seus membros, ou de partido político representado no Congresso Nacional, assegurada ampla defesa.

- CRFB, art. 55, § 4º

§ 4º A renúncia de parlamentar submetido a processo que vise ou possa levar à perda do mandato, nos termos deste artigo, terá seus efeitos suspensos até as deliberações finais de que tratam os §§ 2º e 3º.

- CRFB, art. 27, § 1º
- Incluído pela ECR nº 6/94

Art. 56. Não perderá o mandato o Deputado ou Senador:

I – investido no cargo de Ministro de Estado, Governador de Território, Secretário de Estado, do Distrito Federal, de Território, de Prefeitura de Capital ou chefe de missão diplomática temporária;

- CRFB, art. 56, § 3º
- ADCT, art. 5º, § 3º

II – licenciado pela respectiva Casa por motivo de doença, ou para tratar, sem remuneração, de interesse particular, desde que, neste caso, o afastamento não ultrapasse cento e vinte dias por sessão legislativa.

§ 1º O suplente será convocado nos casos de vaga, de investidura em funções previstas neste artigo ou de licença superior a cento e vinte dias.

§ 2º Ocorrendo vaga e não havendo suplente, far-se-á eleição para preenchê-la se faltarem mais de quinze meses para o término do mandato.

§ 3º Na hipótese do inciso I, o Deputado ou Senador poderá optar pela remuneração do mandato.

- CRFB, art. 27, § 1º

Seção VI

Das Reuniões

Art. 57. O Congresso Nacional reunir-se-á, anualmente, na Capital Federal, de 2 de fevereiro a 17 de julho e de 1º de agosto a 22 de dezembro.

- CRFB, arts. 58, § 4º, 62, § 4º, e 64, § 4º
- Redação dada pela EC nº 50/06

§ 1º As reuniões marcadas para essas datas serão transferidas para o primeiro dia útil subsequente, quando recaírem em sábados, domingos ou feriados.

§ 2º A sessão legislativa não será interrompida sem a aprovação do projeto de lei de diretrizes orçamentárias.

- CRFB, arts. 48, inc. II, 62, § 1º, inc. I, "d", 68, § 1º, inc. III, 84, inc. XXIII, 165, inc. II e § 2º, e 166

§ 3º Além de outros casos previstos nesta Constituição, a Câmara dos Deputados e o Senado Federal reunir-se-ão em sessão conjunta para:

I – inaugurar a sessão legislativa;

- CRFB, arts. 51, inc. II, 84, incs. XI e XXIV, e 103-B, § 4º, inc. VII

II – elaborar o regimento comum e regular a criação de serviços comuns às duas Casas;

- CRFB, arts. 27, § 3º, 51, inc. III, e 52, inc. XII
- Resolução CN nº 1/70 – Aprova o Regimento Comum do Congresso Nacional

III – receber o compromisso do Presidente e do Vice-Presidente da República;

- CRFB, arts. 57, § 6º, inc. I, e 78, *caput*

IV – conhecer do veto e sobre ele deliberar.

- CRFB, arts. 44, parágrafo único, 57, § 5º, 66, §§ 1º e 4º, e 84, inc. V

§ 4º Cada uma das Casas reunir-se-á em sessões preparatórias, a partir de 1º de fevereiro, no primeiro ano da legislatura, para a posse de seus membros e eleição das respectivas Mesas, para mandato de dois anos, vedada a recondução para o mesmo cargo na eleição imediatamente subsequente.

- CRFB, art. 44, parágrafo único
- Redação dada pela EC nº 50/06

§ 5º A Mesa do Congresso Nacional será presidida pelo Presidente do Senado Federal, e os demais cargos serão exercidos, alternadamente, pelos ocupantes de cargos equivalentes na Câmara dos Deputados e no Senado Federal.

- CRFB, arts. 44, parágrafo único, 57, § 3º, 80, 89, inc. III, e 91, inc. III

§ 6º A convocação extraordinária do Congresso Nacional far-se-á:

- Redação dada pela EC nº 50/06

I – pelo Presidente do Senado Federal, em caso de decretação de estado de defesa ou de intervenção federal, de pedido de autorização para a decretação de estado de sítio e para o compromisso e a posse do Presidente e do Vice-Presidente da República;

- CRFB, arts. 21, inc. V, 36, § 1º, 49, inc. IV, 57, § 3º, inc. III, 60, § 1º, 78, *caput*, 84, incs. IX e X, 90, inc. I, 91, § 1º, inc. II, 136 a 141

II – pelo Presidente da República, pelos Presidentes da Câmara dos Deputados e do Senado Federal ou a requerimento da maioria dos membros de ambas as Casas, em caso de urgência ou interesse público relevante, em todas as hipóteses deste inciso com a aprovação da maioria absoluta de cada uma das Casas do Congresso Nacional.

- CRFB, arts. 36, § 2º, 136, § 5º, e 138, § 2º
- Redação dada pela EC nº 50/06

§ 7º Na sessão legislativa extraordinária, o Congresso Nacional somente deliberará sobre a matéria para a qual foi convocado, ressalvada a hipótese do § 8º deste artigo, vedado o pagamento de parcela indenizatória, em razão da convocação.

- CRFB, art. 27, § 2º
- Redação dada pela EC nº 50/06

§ 8º Havendo medidas provisórias em vigor na data de convocação extraordinária do Congresso Nacional, serão elas automaticamente incluídas na pauta da convocação.

- CRFB, art. 57, § 7º
- Incluído pela EC nº 32/01

Seção VII

Das Comissões

Art. 58. O Congresso Nacional e suas Casas terão comissões permanentes e temporárias, constituídas na forma e com as atribuições previstas no respectivo regimento ou no ato de que resultar sua criação.

§ 1º Na constituição das Mesas e de cada Comissão, é assegurada, tanto quanto possível, a representação proporcional dos partidos ou dos blocos parlamentares que participam da respectiva Casa.

§ 2º Às comissões, em razão da matéria de sua competência, cabe:

I – discutir e votar projeto de lei que dispensar, na forma do regimento, a competência do Plenário, salvo se houver recurso de um décimo dos membros da Casa;

II – realizar audiências públicas com entidades da sociedade civil;

III – convocar Ministros de Estado para prestar informações sobre assuntos inerentes a suas atribuições;

IV – receber petições, reclamações, representações ou queixas de qualquer pessoa contra atos ou omissões das autoridades ou entidades públicas;

V – solicitar depoimento de qualquer autoridade ou cidadão;

VI – apreciar programas de obras, planos nacionais, regionais e setoriais de desenvolvimento e sobre eles emitir parecer.

- CRFB, arts. 3º, inc. II, 5º, inc. XXIX, 21, inc. IX, 23, parágrafo único, 43, § 1º, inc. II, 48, inc. IV, 72, 166, § 1º, 174, § 1º, 192, 215, § 3º, 218, § 2º, e 219

§ 3º As comissões parlamentares de inquérito, que terão poderes de investigação próprios das autoridades judiciais, além de outros previstos nos regimentos das respectivas Casas, serão criadas pela Câmara dos Deputados e pelo Senado Federal, em conjunto ou separadamente, mediante requerimento de um terço de seus membros, para a apuração de fato determinado e por prazo certo, sendo suas conclusões, se for o caso, encaminhadas ao Ministério Público, para que promova a responsabilidade civil ou criminal dos infratores.

- ADCT, art. 26, § 1º
- Lei nº 1.579/52 – Dispõe sobre as Comissões Parlamentares de Inquérito
- Lei nº 10.001/00 – Dispõe sobre a prioridade nos procedimentos a serem adotados pelo Ministério Público e por outros órgãos a respeito das conclusões das Comissões Parlamentares de Inquérito

§ 4º Durante o recesso, haverá uma Comissão representativa do Congresso Nacional, eleita por suas Casas na última sessão ordinária do período legislativo, com atribuições definidas no regimento comum, cuja composição reproduzirá, quanto possível, a proporcionalidade da representação partidária.

- CRFB, arts. 57, *caput*, 62, § 4º, 64, § 4º, e 166, § 1º, inc. II
- Resolução CN nº 3/90 – Dispõe sobre a Comissão Representativa do Congresso Nacional

Seção VIII

Do Processo Legislativo

Subseção I

Disposição Geral

Art. 59. O processo legislativo compreende a elaboração de:

I – emendas à Constituição;

- CRFB, art. 60

II – leis complementares;

- CRFB, arts. 61, 62, § 1º, inc. III, e 69

III – leis ordinárias;

- CRFB, art. 61

IV – leis delegadas;

- CRFB, art. 68

V – medidas provisórias;

- CRFB, arts. 62 e 84, inc. XXVI
- ADCT, art. 73

VI – decretos legislativos;

- CRFB, arts. 49 e 62, § 3º

VII – resoluções.

- CRFB, arts. 51, 52 e 68, § 2º

Parágrafo único. Lei complementar disporá sobre a elaboração, redação, alteração e consolidação das leis.

- Lei Complementar nº 95/98 – Dispõe sobre a elaboração, a redação, a alteração e a consolidação das leis

Subseção II

Da Emenda à Constituição

Art. 60. A Constituição poderá ser emendada mediante proposta:

I – de um terço, no mínimo, dos membros da Câmara dos Deputados ou do Senado Federal;

II – do Presidente da República;

III – de mais da metade das Assembleias Legislativas das unidades da Federação, manifestando-se, cada uma delas, pela maioria relativa de seus membros.

§ 1º A Constituição não poderá ser emendada na vigência de intervenção federal, de estado de defesa ou de estado de sítio.

- CRFB, arts. 21, inc. V, 36, § 1º, 49, inc. IV, 57, § 6º, inc. I, 84, incs. IX e X, 90, inc. I, 91, § 1º, inc. II, 136 a 141

§ 2º A proposta será discutida e votada em cada Casa do Congresso Nacional, em dois turnos, considerando-se aprovada se obtiver, em ambos, três quintos dos votos dos respectivos membros.

- CRFB, arts. 47, 53, § 8º, e 69

§ 3º A emenda à Constituição será promulgada pelas Mesas da Câmara dos Deputados e do Senado Federal, com o respectivo número de ordem.

§ 4º Não será objeto de deliberação a proposta de emenda tendente a abolir:

I – a forma federativa de Estado;

- CRFB, arts. 1º, *caput*, 18, *caput*, e 34, inc. I

II – o voto direto, secreto, universal e periódico;

- CRFB, art. 14, *caput*
- CE, art. 82

III – a separação dos Poderes;

- CRFB, arts. 2º, 34, inc. IV, 44, *caput*, 76, 85, inc. II, e 92, *caput*

IV – os direitos e garantias individuais.

- CRFB, arts. 5º e 85, inc. III

§ 5º A matéria constante de proposta de emenda rejeitada ou havida por prejudicada não pode ser objeto de nova proposta na mesma sessão legislativa.

- CRFB, art. 59, inc. I
- ADCT, art. 3º

Subseção III

Das Leis

Art. 61. A iniciativa das leis complementares e ordinárias cabe a qualquer membro ou Comissão da Câmara dos Deputados, do Senado Federal ou do Congresso Nacional, ao Presidente da República, ao Supremo Tribunal Federal, aos Tribunais Superiores, ao Procurador-Geral da República e aos cidadãos, na forma e nos casos previstos nesta Constituição.

- CRFB, art. 84, inc. III

§ 1º São de iniciativa privativa do Presidente da República as leis que:

I – fixem ou modifiquem os efetivos das Forças Armadas;

- CRFB, art. 48, inc. III

II – disponham sobre:

a) criação de cargos, funções ou empregos públicos na administração direta e autárquica ou aumento de sua remuneração;

- CRFB, arts. 48, inc. X, 51, inc. IV, 52, inc. XIII, 84, inc. XXV, 96, inc. II, "b", e 127, § 2º

b) organização administrativa e judiciária, matéria tributária e orçamentária, serviços públicos e pessoal da administração dos Territórios;

- CRFB, art. 33

c) servidores públicos da União e Territórios, seu regime jurídico, provimento de cargos, estabilidade e aposentadoria;

- CRFB, arts. 37, inc. I, 39, § 3º, 96, inc. I, "c", 127, § 2º, e 207, § 1º
- Redação dada pela EC nº 18/98

d) organização do Ministério Público e da Defensoria Pública da União, bem como normas gerais para a organização do Ministério Público e da Defensoria Pública dos Estados, do Distrito Federal e dos Territórios;

- CRFB, arts. 21, inc. XIII, 22, inc. XVII, 24, inc. XIII, 48, inc. IX, 134 e 168
- Lei Complementar nº 80/94 – Organiza a Defensoria Pública da União, do Distrito Federal e dos Territórios e prescreve normas gerais para sua organização nos Estados
- Lei nº 8.625/93 – Dispõe sobre normas gerais para a organização do Ministério Público dos Estados

e) criação e extinção de Ministérios e órgãos da administração pública, observado o disposto no art. 84, inc. VI;

- CRFB, arts. 48, inc. XI, e 88
- Redação dada pela EC nº 32/01

f) militares das Forças Armadas, seu regime jurídico, provimento de cargos, promoções, estabilidade, remuneração, reforma e transferência para a reserva.

- CRFB, arts. 51, inc. IV, 52, inc. XIII, 73, 84, inc. III, 93, 96, inc. II, e 127, § 2º

- ADCT, art. 8º, § 3º
- Incluída pela EC nº 18/98

§ 2º A iniciativa popular pode ser exercida pela apresentação à Câmara dos Deputados de projeto de lei subscrito por, no mínimo, um por cento do eleitorado nacional, distribuído pelo menos por cinco Estados, com não menos de três décimos por cento dos eleitores de cada um deles.

- CRFB, arts. 1º, inc. II e parágrafo único, 5º, incs. XXXIV, "a", LXXI, LXXIII e LXXVII, 14 a 16, 22, inc. XIII, 27, § 4º, 29, inc. XIII, 59, incs. II e III, 62, § 1º, incs. I, "a" e III, 68, § 1º, inc. II, 69, 74, § 2º, e 205
- ADCT, arts. 8º, § 3º, e 64

Art. 62. Em caso de relevância e urgência, o Presidente da República poderá adotar medidas provisórias, com força de lei, devendo submetê-las de imediato ao Congresso Nacional.

- Redação dada pela EC nº 32/01

§ 1º É vedada a edição de medidas provisórias sobre matéria:

- Incluído pela EC nº 32/01

I – relativa a:

- Incluído pela EC nº 32/01

a) nacionalidade, cidadania, direitos políticos, partidos políticos e direito eleitoral;

- CRFB, arts. 1º, inc. II, 5º, incs. XXXIV, "a", LXX, "a", LXXI, LXXIII e LXXVII, 12, 14 a 17, 22, incs. I e XIII, 29, inc. XIII, 55, inc. IV, 61, § 2º, 68, § 1º, inc. II, 74, § 2º, 85, inc. III, 103, inc. VIII, e 205
- ADCT, arts. 8º, § 3º, e 64
- Incluída pela EC nº 32/01

b) direito penal, processual penal e processual civil;

- CRFB, art. 22, inc. I
- Incluída pela EC nº 32/01

c) organização do Poder Judiciário e do Ministério Público, a carreira e a garantia de seus membros;

- CRFB, arts. 68, § 1º, inc. I, 73, § 3º, 95, *caput*, e 128, § 5º, inc. I
- Incluída pela EC nº 32/01

d) planos plurianuais, diretrizes orçamentárias, orçamento e créditos adicionais e suplementares, ressalvado o previsto no art. 167, § 3º;

- CRFB, arts. 48, inc. II, 57, § 2º, 68, § 1º, inc. III, 84, inc. XXIII, 165, incs. I a III, §§ 1º, 2º e 5º, e 166
- Incluída pela EC nº 32/01

II – que vise a detenção ou sequestro de bens, de poupança popular ou qualquer outro ativo financeiro;

- CRFB, art. 22, inc. XIX
- Incluído pela EC nº 32/01

III – reservada a lei complementar;

- CRFB, arts. 59, inc. II, 61 e 69
- Incluído pela EC nº 32/01

IV – já disciplinada em projeto de lei aprovado pelo Congresso Nacional e pendente de sanção ou veto do Presidente da República.

- CRFB, art. 246
- Incluído pela EC nº 32/01

§ 2º Medida provisória que implique instituição ou majoração de impostos, exceto os previstos nos arts. 153, incs. I, II, IV e V, e 154, inc. II, só produzirá efeitos no exercício financeiro seguinte se houver sido convertida em lei até o último dia daquele em que foi editada.

- CRFB, art. 150, inc. III, "b"
- Incluído pela EC nº 32/01

§ 3º As medidas provisórias, ressalvado o disposto nos §§ 11 e 12 perderão eficácia, desde a edição, se não forem convertidas em lei no prazo de sessenta dias, prorrogável, nos termos do § 7º, uma vez por igual período, devendo o Congresso Nacional disciplinar, por decreto legislativo, as relações jurídicas delas decorrentes.

- CRFB, arts. 49, 59, inc. VI, e 62, §§ 4º e 11
- Incluído pela EC nº 32/01

§ 4º O prazo a que se refere o § 3º contar-se-á da publicação da medida provisória, suspendendo-se durante os períodos de recesso do Congresso Nacional.

- CRFB, arts. 57, *caput*, 58, § 4º, e 64, § 4º
- Incluído pela EC nº 32/01

§ 5º A deliberação de cada uma das Casas do Congresso Nacional sobre o mérito das medidas provisórias dependerá de juízo prévio sobre o atendimento de seus pressupostos constitucionais.

- Incluído pela EC nº 32/01

§ 6º Se a medida provisória não for apreciada em até quarenta e cinco dias contados de sua publicação, entrará em regime de urgência, subsequentemente, em cada uma das Casas do Congresso Nacional, ficando sobrestadas, até que se ultime a votação, todas as demais deliberações legislativas da Casa em que estiver tramitando.

- CRFB, art. 64, §§ 1º e 2º
- Incluído pela EC nº 32/01

§ 7º Prorrogar-se-á uma única vez por igual período a vigência de medida provisória que, no prazo de sessenta dias, contado de sua publicação, não tiver a sua votação encerrada nas duas Casas do Congresso Nacional.

- CRFB, art. 62, § 3º
- Incluído pela EC nº 32/01

§ 8º As medidas provisórias terão sua votação iniciada na Câmara dos Deputados.

- CRFB, art. 64, *caput*
- Incluído pela EC nº 32/01

§ 9º Caberá à comissão mista de Deputados e Senadores examinar as medidas provisórias e sobre elas emitir parecer, antes de serem apreciadas, em sessão separada, pelo plenário de cada uma das Casas do Congresso Nacional.

- CRFB, arts. 72 e 166, § 1º
- Incluído pela EC nº 32/01

§ 10 – É vedada a reedição, na mesma sessão legislativa, de medida provisória que tenha sido rejeitada ou que tenha perdido sua eficácia por decurso de prazo.

- Incluído pela EC nº 32/01

§ 11 – Não editado o decreto legislativo a que se refere o § 3º até sessenta dias após a rejeição ou perda de eficácia de medida provisória, as relações jurídicas constituídas e decorrentes de atos praticados durante sua vigência conservar-se-ão por ela regidas.

- Incluído pela EC nº 32/01

§ 12 – Aprovado projeto de lei de conversão alterando o texto original da medida provisória, esta manter-se-á integralmente em vigor até que seja sancionado ou vetado o projeto.

- CRFB, arts. 59, inc. V, 62, § 3º, 84, inc. XXVI, e 167, § 3º
- ADCT, art. 25, § 2º
- Resolução CN nº 1/02 – Dispõe sobre a apreciação, pelo Congresso Nacional, das medidas provisórias
- Incluído pela EC nº 32/01

Art. 63. Não será admitido aumento da despesa prevista:

I – nos projetos de iniciativa exclusiva do Presidente da República, ressalvado o disposto no art. 166, §§ 3º e 4º;

II – nos projetos sobre organização dos serviços administrativos da Câmara dos Deputados, do Senado Federal, dos Tribunais Federais e do Ministério Público.

Art. 64. A discussão e votação dos projetos de lei de iniciativa do Presidente da República, do Supremo Tribunal Federal e dos Tribunais Superiores terão início na Câmara dos Deputados.

- CRFB, art. 62, § 8º

§ 1º O Presidente da República poderá solicitar urgência para apreciação de projetos de sua iniciativa.

- CRFB, arts. 62, § 6º, e 64, § 2º

§ 2º Se, no caso do § 1º, a Câmara dos Deputados e o Senado Federal não se manifestarem sobre a proposição, cada qual sucessivamente, em até quarenta e cinco dias, sobrestar-se-ão todas as demais deliberações legislativas da respectiva Casa, com exceção das que tenham prazo constitucional determinado, até que se ultime a votação.

- CRFB, arts. 62, § 6º, 64, §§ 3º e 4º, e 223, § 1º
- Redação dada pela EC nº 32/01

§ 3º A apreciação das emendas do Senado Federal pela Câmara dos Deputados far-se-á no prazo de dez dias, observado quanto ao mais o disposto no parágrafo anterior.

§ 4º Os prazos do § 2º não correm nos períodos de recesso do Congresso Nacional, nem se aplicam aos projetos de código.

- CRFB, arts. 57, *caput*, 58, § 4º, 62, § 4º, e 223, § 1º

Art. 65. O projeto de lei aprovado por uma Casa será revisto pela outra, em um só turno de discussão e votação, e enviado à sanção ou promulgação, se a Casa revisora o aprovar, ou arquivado, se o rejeitar.

Parágrafo único. Sendo o projeto emendado, voltará à Casa iniciadora.

Art. 66. A Casa na qual tenha sido concluída a votação enviará o projeto de lei ao Presidente da República, que, aquiescendo, o sancionará.

- CRFB, art. 84, inc. IV

§ 1º Se o Presidente da República considerar o projeto, no todo ou em parte, inconstitucional ou contrário ao interesse público, vetá-lo-á total ou parcialmente, no prazo de quinze dias úteis, contados da data do recebimento, e comunicará, dentro de quarenta e oito horas, ao Presidente do Senado Federal os motivos do veto.

- CRFB, arts. 57, § 3º, inc. IV, 66, § 4º, e 84, inc. V

§ 2º O veto parcial somente abrangerá texto integral de artigo, de parágrafo, de inciso ou de alínea.

§ 3º Decorrido o prazo de quinze dias, o silêncio do Presidente da República importará sanção.

- CRFB, art. 66, § 7º

§ 4º O veto será apreciado em sessão conjunta, dentro de trinta dias a contar de seu recebimento, só podendo ser rejeitado pelo voto da maioria absoluta dos Deputados e Senadores.

- CRFB, arts. 57, § 3º, 66, §§ 1º e 6º, e 84, inc. V
- RCCN, arts. 104 a 106
- Redação dada pela EC nº 76/13

§ 5º Se o veto não for mantido, será o projeto enviado, para promulgação, ao Presidente da República.

- CRFB, arts. 66, § 7º, e 84, inc. IV

§ 6º Esgotado sem deliberação o prazo estabelecido no § 4º, o veto será colocado na ordem do dia da sessão imediata, sobrestadas as demais proposições, até sua votação final.

- Redação dada pela EC nº 32/01

§ 7º Se a lei não for promulgada dentro de quarenta e oito horas pelo Presidente da República, nos casos dos §§ 3º e 5º, o Presidente do Senado a promulgará, e, se este não o fizer em igual prazo, caberá ao Vice-Presidente do Senado fazê-lo.

- CRFB, art. 84, inc. IV

Art. 67. A matéria constante de projeto de lei rejeitado somente poderá constituir objeto de novo projeto, na mesma sessão legislativa, mediante proposta da maioria absoluta dos membros de qualquer das Casas do Congresso Nacional.

Art. 68. As leis delegadas serão elaboradas pelo Presidente da República, que deverá solicitar a delegação ao Congresso Nacional.

§ 1º Não serão objeto de delegação os atos de competência exclusiva do Congresso Nacional, os de competência privativa da Câmara dos Deputados ou do Senado Federal, a matéria reservada à lei complementar, nem a legislação sobre:

I – organização do Poder Judiciário e do Ministério Público, a carreira e a garantia de seus membros;

- CRFB, arts. 62, § 1º, inc. I, "c", 73, § 3º, 95, *caput*, e 128, § 5º, inc. I

II – nacionalidade, cidadania, direitos individuais, políticos e eleitorais;

- CRFB, arts. 1º, inc. II, 5º, incs. XXXIV, "a", LXXI, LXXIII e LXXVII, 12, 14 a 16, 22, inc. XIII, 29, inc. XIII, 55, inc. IV, 61, § 2º, 62, § 1º, inc. I, "a", 74, § 2º, 85, inc. III, e 205
- ADCT, arts. 8º, § 3º, e 64

III – planos plurianuais, diretrizes orçamentárias e orçamentos.

- CRFB, arts. 48, inc. II, 57, § 2º, 62, § 1º, inc. I, "d", 84, inc. XXIII, 165, incs. I a III, §§ 1º, 2º e 5º, e 166

§ 2º A delegação ao Presidente da República terá a forma de resolução do Congresso Nacional, que especificará seu conteúdo e os termos de seu exercício.

- CRFB, arts. 51, 52 e 59, inc. VII

§ 3º Se a resolução determinar a apreciação do projeto pelo Congresso Nacional, este a fará em votação única, vedada qualquer emenda.

- CRFB, arts. 49, incs. V e XI, e 59, inc. IV

Art. 69. As leis complementares serão aprovadas por maioria absoluta.

- CRFB, arts. 47, 53, § 8º, 59, inc. II, 60, § 2º, 61 e 62, § 1º, inc. III

Seção IX

Da Fiscalização Contábil, Financeira e Orçamentária

Art. 70. A fiscalização contábil, financeira, orçamentária, operacional e patrimonial da União e das entidades da administração direta e indireta, quanto à legalidade, legitimidade, economicidade, aplicação das subvenções e renúncia de receitas, será exercida pelo Congresso Nacional, mediante controle externo, e pelo sistema de controle interno de cada Poder.

- CRFB, art. 150, § 6º

Parágrafo único. Prestará contas qualquer pessoa física ou jurídica, pública ou privada, que utilize, arrecade, guarde, gerencie ou administre dinheiros, bens e valores públicos ou pelos quais a União responda, ou que, em nome desta, assuma obrigações de natureza pecuniária.

- CRFB, arts. 30, inc. III, 31, §§ 2º e 3º, 33, § 2º, 34, inc. VII, "d", 35, inc. II, e 84, inc. XXIV
- Redação dada pela EC nº 19/98

Art. 71. O controle externo, a cargo do Congresso Nacional, será exercido com o auxílio do Tribunal de Contas da União, ao qual compete:

I – apreciar as contas prestadas anualmente pelo Presidente da República, mediante parecer prévio que deverá ser elaborado em sessenta dias a contar de seu recebimento;

II – julgar as contas dos administradores e demais responsáveis por dinheiros, bens e valores públicos da administração direta e indireta, incluídas as fundações e sociedades instituídas e mantidas pelo Poder Público federal, e as contas daqueles que derem causa a perda, extravio ou outra irregularidade de que resulte prejuízo ao erário público;

- CRFB, arts. 49, inc. IX, e 71, inc. IV

III – apreciar, para fins de registro, a legalidade dos atos de admissão de pessoal, a qualquer título, na administração direta e indireta, incluídas as fundações instituídas e mantidas pelo Poder Público, excetuadas as nomeações para cargo de provimento em comissão, bem como a das concessões de aposentadorias, reformas e pensões, ressalvadas as melhorias posteriores que não alterem o fundamento legal do ato concessório;

IV – realizar, por iniciativa própria, da Câmara dos Deputados, do Senado Federal, de Comissão técnica ou de inquérito, inspeções e auditorias de natureza contábil, financeira, orçamentária, operacional e patrimonial, nas unidades administrativas dos Poderes Legislativo, Executivo e Judiciário, e demais entidades referidas no inciso II;

V – fiscalizar as contas nacionais das empresas supranacionais de cujo capital social a União participe, de forma direta ou indireta, nos termos do tratado constitutivo;

VI – fiscalizar a aplicação de quaisquer recursos repassados pela União mediante convênio, acordo, ajuste ou outros instrumentos congêneres, a Estado, ao Distrito Federal ou a Município;

VII – prestar as informações solicitadas pelo Congresso Nacional, por qualquer de suas Casas, ou por qualquer das respectivas Comissões, sobre a fiscalização contábil, financeira, orçamentária, operacional e patrimonial e sobre resultados de auditorias e inspeções realizadas;

VIII – aplicar aos responsáveis, em caso de ilegalidade de despesa ou irregularidade de contas, as sanções previstas em lei, que estabelecerá, entre outras cominações, multa proporcional ao dano causado ao erário;

IX – assinar prazo para que o órgão ou entidade adote as providências necessárias ao exato cumprimento da lei, se verificada ilegalidade;

X – sustar, se não atendido, a execução do ato impugnado, comunicando a decisão à Câmara dos Deputados e ao Senado Federal;

XI – representar ao Poder competente sobre irregularidades ou abusos apurados.

§ 1º No caso de contrato, o ato de sustação será adotado diretamente pelo Congresso Nacional, que solicitará, de imediato, ao Poder Executivo as medidas cabíveis.

- CRFB, arts. 3º, inc. III, 43, *caput*, 71, § 2º, e 170, inc. VII

§ 2º Se o Congresso Nacional ou o Poder Executivo, no prazo de noventa dias, não efetivar as medidas previstas no parágrafo anterior, o Tribunal decidirá a respeito.

§ 3º As decisões do Tribunal de que resulte imputação de débito ou multa terão eficácia de título executivo.

§ 4º O Tribunal encaminhará ao Congresso Nacional, trimestral e anualmente, relatório de suas atividades.

- ADCT, art. 26, § 1º
- Lei nº 8.443/92 – Dispõe sobre a Lei Orgânica do Tribunal de Contas da União

Art. 72. A Comissão mista permanente a que se refere o art. 166, §1º, diante de indícios de despesas não autorizadas, ainda que sob a forma de investimentos não programados ou de subsídios não aprovados, poderá solicitar à autoridade governamental responsável que, no prazo de cinco dias, preste os esclarecimentos necessários.

§ 1º Não prestados os esclarecimentos, ou considerados estes insuficientes, a Comissão solicitará ao Tribunal pronunciamento conclusivo sobre a matéria, no prazo de trinta dias.

§ 2º Entendendo o Tribunal irregular a despesa, a Comissão, se julgar que o gasto possa causar dano irreparável ou grave lesão à economia pública, proporá ao Congresso Nacional sua sustação.

- CRFB, arts. 58, § 2º, e 62, § 9º
- ADCT, art. 16, § 2º

Art. 73. O Tribunal de Contas da União, integrado por nove Ministros, tem sede no Distrito Federal, quadro próprio de pessoal e jurisdição em todo o território nacional, exercendo, no que couber, as atribuições previstas no art. 96.

§ 1º Os Ministros do Tribunal de Contas da União serão nomeados dentre brasileiros que satisfaçam os seguintes requisitos:

I – mais de trinta e cinco e menos de sessenta e cinco anos de idade;

II – idoneidade moral e reputação ilibada;

III – notórios conhecimentos jurídicos, contábeis, econômicos e financeiros ou de administração pública;

- CRFB, arts. 49, inc. XIII, 52, inc. III, "b", e 84, inc. XV

IV – mais de dez anos de exercício de função ou de efetiva atividade profissional que exija os conhecimentos mencionados no inciso anterior.

§ 2º Os Ministros do Tribunal de Contas da União serão escolhidos:

I – um terço pelo Presidente da República, com aprovação do Senado Federal, sendo dois alternadamente dentre auditores e membros do Ministério Público junto ao Tribunal, indicados em lista tríplice pelo Tribunal, segundo os critérios de antiguidade e merecimento;

- CRFB, arts. 52, inc. III, "b", e 130

II – dois terços pelo Congresso Nacional.

§ 3º Os Ministros do Tribunal de Contas da União terão as mesmas garantias, prerrogativas, impedimentos, vencimentos e vantagens dos Ministros do Superior Tribunal de Justiça, aplicando-se-lhes, quanto à aposentadoria e pensão, as normas constantes do art. 40.

- CRFB, arts. 62, § 1º, inc. I, "c", 68, § 1º, inc. I, 93, incs. V e VIII, 95 e 128, § 5º, inc. I
- Redação dada pela EC nº 20/98

§ 4º O auditor, quando em substituição a Ministro, terá as mesmas garantias e impedimentos do titular e, quando no exercício das demais atribuições da judicatura, as de juiz de Tribunal Regional Federal.

- CRFB, arts. 51, inc. IV, 52, inc. XIII, 61, § 1º, 84, inc. XV, 93, 96, inc. II, e 127, § 2º
- ADCT, art. 8º, § 3º
- LOTCU, arts. 62 a 88

Art. 74. Os Poderes Legislativo, Executivo e Judiciário manterão, de forma integrada, sistema de controle interno com a finalidade de:

I – avaliar o cumprimento das metas previstas no plano plurianual, a execução dos programas de governo e dos orçamentos da União;

II – comprovar a legalidade e avaliar os resultados, quanto à eficácia e eficiência, da gestão orçamentária, financeira e patrimonial nos órgãos e entidades da administração federal, bem como da aplicação de recursos públicos por entidades de direito privado;

III – exercer o controle das operações de crédito, avais e garantias, bem como dos direitos e haveres da União;

- CRFB, arts. 21, inc. VIII, 22, inc. VII, e 48, inc. II

IV – apoiar o controle externo no exercício de sua missão institucional.

§ 1º Os responsáveis pelo controle interno, ao tomarem conhecimento de qualquer irregularidade ou ilegalidade, dela darão ciência ao Tribunal de Contas da União, sob pena de responsabilidade solidária.

§ 2º Qualquer cidadão, partido político, associação ou sindicato é parte legítima para, na forma da lei, denunciar irregularidades ou ilegalidades perante o Tribunal de Contas da União.

- CRFB, arts. 1º, inc. II, 5º, incs. XXXIV, "a", LXXI, LXXIII e LXXVII, 14 a 16, 22, inc. XIII, 29, inc. XIII, 33, § 2º, 61, § 2º, 62, § 1º, inc. I, "a", 68, § 1º, inc. II, 75 e 205
- ADCT, arts. 8º, § 3º, 64 e 77, § 3º

Art. 75. As normas estabelecidas nesta seção aplicam-se, no que couber, à organização, composição e fiscalização dos Tribunais de Contas dos Estados e do Distrito Federal, bem como dos Tribunais e Conselhos de Contas dos Municípios.

Parágrafo único. As Constituições estaduais disporão sobre os Tribunais de Contas respectivos, que serão integrados por sete Conselheiros.

- CRFB, arts. 25, *caput*, 29, *caput* e inc. XI, 31 e 125, § 1º

CAPÍTULO II

Do Poder Executivo

Seção I

Do Presidente e do Vice-Presidente da República

Art. 76. O Poder Executivo é exercido pelo Presidente da República, auxiliado pelos Ministros de Estado.

- CRFB, arts. 2º, 34, inc. IV, 44, *caput*, 60, § 4º, inc. III, 85, inc. II, 92, *caput*, e 103, inc. I
- Lei nº 10.683/03 – Dispõe sobre a organização da Presidência da República e dos Ministérios

Art. 77. A eleição do Presidente e do Vice-Presidente da República realizar-se-á, simultaneamente, no primeiro domingo de outubro, em primeiro turno, e no último domingo de outubro, em segundo turno, se houver, do ano anterior ao do término do mandato presidencial vigente.

- Redação dada pela EC nº 16/97

§ 1º A eleição do Presidente da República importará a do Vice-Presidente com ele registrado.

§ 2º Será considerado eleito Presidente o candidato que, registrado por partido político, obtiver a maioria absoluta de votos, não computados os em branco e os nulos.

- CRFB, arts. 28, *caput*, 29, inc. II, e 46, *caput*

§ 3º Se nenhum candidato alcançar maioria absoluta na primeira votação, far-se-á nova eleição em até vinte dias após a proclamação do resultado, concorrendo os dois candidatos mais votados e considerando-se eleito aquele que obtiver a maioria dos votos válidos.

- CRFB, art. 77, § 5º

§ 4º Se, antes de realizado o segundo turno, ocorrer morte, desistência ou impedimento legal de candidato, convocar-se-á, dentre os remanescentes, o de maior votação.

- CRFB, art. 77, § 5º

§ 5º Se, na hipótese dos parágrafos anteriores, remanescer, em segundo lugar, mais de um candidato com a mesma votação, qualificar-se-á o mais idoso.

- CRFB, arts. 28, *caput*, 29, inc. II, e 32, § 2º
- ADCT, art. 5º, *caput*

Art. 78. O Presidente e o Vice-Presidente da República tomarão posse em sessão do Congresso Nacional, prestando o compromisso de manter, defender e cumprir a Constituição, observar as leis, promover o bem geral do povo brasileiro, sustentar a união, a integridade e a independência do Brasil.

- CRFB, arts. 4º, inc. I, 57, §§ 3º, inc. III e 6º, inc. I, e 91, § 1º, inc. IV

Parágrafo único. Se, decorridos dez dias da data fixada para a posse, o Presidente ou o Vice-Presidente, salvo motivo de força maior, não tiver assumido o cargo, este será declarado vago.

- CRFB, arts. 15, 52, parágrafo único, e 83

Art. 79. Substituirá o Presidente, no caso de impedimento, e suceder-lhe-á, no de vaga, o Vice-Presidente.

Parágrafo único. O Vice-Presidente da República, além de outras atribuições que lhe forem conferidas por lei complementar, auxiliará o Presidente, sempre que por ele convocado para missões especiais.

- CRFB, arts. 89, inc. I, e 91, inc. I

Art. 80. Em caso de impedimento do Presidente e do Vice-Presidente, ou vacância dos respectivos cargos, serão sucessivamente chamados ao exercício da Presidência o Presidente da Câmara dos Deputados, o do Senado Federal e o do Supremo Tribunal Federal.

- CRFB, arts. 57, § 5º, 89, incs. II e III, e 91, incs. II e III

Art. 81. Vagando os cargos de Presidente e Vice-Presidente da República, far-se-á eleição noventa dias depois de aberta a última vaga.

§ 1º Ocorrendo a vacância nos últimos dois anos do período presidencial, a eleição para ambos os cargos será feita trinta dias depois da última vaga, pelo Congresso Nacional, na forma da lei.

- Lei nº 4.321/64 – Dispõe sobre a eleição, pelo Congresso Nacional, do Presidente e Vice-Presidente da República

§ 2º Em qualquer dos casos, os eleitos deverão completar o período de seus antecessores.

Art. 82. O mandato do Presidente da República é de quatro anos e terá início em primeiro de janeiro do ano seguinte ao da sua eleição.

- ADCT, art. 4º, *caput*
- Redação dada pela EC nº 16/97

Art. 83. O Presidente e o Vice-Presidente da República não poderão, sem licença do Congresso Nacional, ausentar-se do País por período superior a quinze dias, sob pena de perda do cargo.

- CRFB, arts. 15, 49, inc. III, 52, parágrafo único, e 78, parágrafo único

Seção II

Das Atribuições do Presidente da República

Art. 84. Compete privativamente ao Presidente da República:

I – nomear e exonerar os Ministros de Estado;

- CRFB, art. 87, *caput*

II – exercer, com o auxílio dos Ministros de Estado, a direção superior da administração federal;

- CRFB, arts. 87, parágrafo único, 89, inc. VI, 90, § 1º, e 91, incs. IV a VII

III – iniciar o processo legislativo, na forma e nos casos previstos nesta Constituição;

- CRFB, art. 61, *caput* e § 1º

IV – sancionar, promulgar e fazer publicar as leis, bem como expedir decretos e regulamentos para sua fiel execução;

- CRFB, arts. 5º, inc. II, 37, *caput*, 49, incs. V e X, 66, *caput*, §§ 5º e 7º, 84, inc. VI, e 87, parágrafo único, inc. I

V – vetar projetos de lei, total ou parcialmente;

- CRFB, arts. 57, § 3º, inc. IV, e 66, §§ 1º e 4º

VI – dispor, mediante decreto, sobre:

- Redação dada pela EC nº 32/01

a) organização e funcionamento da administração federal, quando não implicar aumento de despesa nem criação ou extinção de órgãos públicos;

- Incluída pela EC nº 32/01

b) extinção de funções ou cargos públicos, quando vagos;

- CRFB, arts. 5º, inc. II, 37, *caput*, 48, inc. X, 49, incs. V e X, 61, § 1º, inc. II, "e", 84, inc. IV e parágrafo único, e 87, parágrafo único, inc. I
- Incluída pela EC nº 32/01

VII – manter relações com Estados estrangeiros e acreditar seus representantes diplomáticos;

- CRFB, arts. 4º, *caput*, 21, inc. I, 49, inc. I, e 84, inc. VIII

VIII – celebrar tratados, convenções e atos internacionais, sujeitos a referendo do Congresso Nacional;

- CRFB, arts. 4º, *caput*, 21, inc. I, 49, inc. I, e 84, inc. VII

IX – decretar o estado de defesa e o estado de sítio;

- CRFB, arts. 21, inc. V, 36, § 1º, 49, inc. IV, 57, § 6º, inc. I, 60, § 1º, 84, inc. X, 90, inc. I, 91, § 1º, inc. II, 136 a 141

X – decretar e executar a intervenção federal;

- CRFB, arts. 21, inc. V, 36, § 1º, 49, inc. IV, 57, § 6º, inc. I, 60, § 1º, 84, inc. IX, 90, inc. I, 91, § 1º, inc. II, 136 a 141

XI – remeter mensagem e plano de governo ao Congresso Nacional por ocasião da abertura da sessão legislativa, expondo a situação do País e solicitando as providências que julgar necessárias;

- CRFB, arts. 51, inc. II, 57, § 3º, inc. I, 84, inc. XXIV, 103-B, § 4º, inc. VII, e 130-A, § 2º, inc. V

XII – conceder indulto e comutar penas, com audiência, se necessário, dos órgãos instituídos em lei;

- CRFB, art. 84, parágrafo único

XIII – exercer o comando supremo das Forças Armadas, nomear os Comandantes da Marinha, do Exército e da Aeronáutica, promover seus oficiais-generais e nomeá-los para os cargos que lhes são privativos;

- CRFB, arts. 21, inc. III, 22, inc. XXVIII, e 142
- Redação dada pela EC nº 23/99

XIV – nomear, após aprovação pelo Senado Federal, os Ministros do Supremo Tribunal Federal e dos Tribunais Superiores, os Governadores de Territórios, o Procurador-Geral da República, o presidente e os diretores do banco central e outros servidores, quando determinado em lei;

- CRFB, arts. 52, inc. III, "a", "c" a "e", 101, parágrafo único, 104, parágrafo único, 111-A, *caput*, 115, *caput*, e 123, *caput*

XV – nomear, observado o disposto no art. 73, os Ministros do Tribunal de Contas da União;

- CRFB, arts. 49, inc. XIII, 52, inc. III, "b", e 73, § 1º

XVI – nomear os magistrados, nos casos previstos nesta Constituição, e o Advogado-Geral da União;

- CRFB, art. 131, § 1º

XVII – nomear membros do Conselho da República, nos termos do art. 89, inc. VII;

- CRFB, arts. 51, inc. V, 52, inc. XIV, 84, inc. XVIII, 90, 136, *caput*, e 137, *caput*

XVIII – convocar e presidir o Conselho da República e o Conselho de Defesa Nacional;

- CRFB, arts. 51, inc. V, 52, inc. XIV, 84, inc. XVII, 89 a 91, 136, *caput*, e 137, *caput*

XIX – declarar guerra, no caso de agressão estrangeira, autorizado pelo Congresso Nacional ou referendado por ele, quando ocorrida no intervalo das sessões legislativas, e, nas mesmas condições, decretar, total ou parcialmente, a mobilização nacional;

- CRFB, arts. 4º, inc. IV, 5º, inc. XLVII, "a", 21, inc. II, 34, inc. II, 49, inc. II, 84, inc. XIX, 91, § 1º, inc. I, e 137, inc. II
- Lei nº 11.631/07 – Dispõe sobre o Sistema Nacional de Mobilização

XX – celebrar a paz, autorizado ou com o referendo do Congresso Nacional;

- CRFB, arts. 4º, inc. VI, 21, inc. II, 49, inc. II, e 91, § 1º, inc. I

XXI – conferir condecorações e distinções honoríficas;

- Decreto-lei nº 1.424/39 – Institui o Grande Colar da Ordem Nacional do Cruzeiro do Sul
- Decreto-lei nº 6.795/44 – Cria, no Exército, as condecorações denominadas Medalha de Guerra, Medalha de Campanha e Cruz de Combate
- Decreto-lei nº 7.928/45 – Institui condecorações destinadas a premiar os serviços prestados a humanidade pela Cruz Vermelha Brasileira

XXII – permitir, nos casos previstos em lei complementar, que forças estrangeiras transitem pelo território nacional ou nele permaneçam temporariamente;

- CRFB, arts. 21, inc. IV, e 49, inc. II
- Lei Complementar nº 90/97 – Determina os casos em que forças estrangeiras possam transitar pelo território nacional ou nele permanecer temporariamente

XXIII – enviar ao Congresso Nacional o plano plurianual, o projeto de lei de diretrizes orçamentárias e as propostas de orçamento previstos nesta Constituição;

- CRFB, arts. 48, inc. II, 57, § 2º, 62, § 1º, inc. I, "d", 68, § 1º, inc. III, 165, incs. I a III, §§ 1º, 2º a 5º, e 166

XXIV – prestar, anualmente, ao Congresso Nacional, dentro de sessenta dias após a abertura da sessão legislativa, as contas referentes ao exercício anterior;

- CRFB, arts. 30, inc. III, 31, §§ 2º e 3º, 33, § 2º, 34, inc. VII, "d", 35, inc. II, 51, inc. II, 57, § 3º, inc. I, 70, parágrafo único, 84, inc. XI, e 103-B, § 4º, inc. VII

XXV – prover e extinguir os cargos públicos federais, na forma da lei;

- CRFB, arts. 48, inc. X, 51, inc. IV, 52, inc. XIII, 61, § 1º, inc. II, "a", 84, parágrafo único, 96, inc. II, "b", e 127, § 2º

XXVI – editar medidas provisórias com força de lei, nos termos do art. 62;

- CRFB, art. 59, inc. V

XXVII – exercer outras atribuições previstas nesta Constituição.

Parágrafo único. O Presidente da República poderá delegar as atribuições mencionadas nos incisos VI, XII e XXV, primeira parte, aos Ministros de Estado, ao Procurador-Geral da República ou ao Advogado-Geral da União, que observarão os limites traçados nas respectivas delegações.

Seção III

Da Responsabilidade do Presidente da República

Art. 85. São crimes de responsabilidade os atos do Presidente da República que atentem contra a Constituição Federal e, especialmente, contra:

I – a existência da União;

- CRFB, art. 18, *caput*, 20 a 24

II – o livre exercício do Poder Legislativo, do Poder Judiciário, do Ministério Público e dos Poderes constitucionais das unidades da Federação;

- CRFB, arts. 2º, 34, inc. IV, 44, *caput*, 60, § 4º, inc. III, 76 e 92, *caput*

III – o exercício dos direitos políticos, individuais e sociais;

- CRFB, arts. 5º a 11, 14 a 16, 55, inc. IV, 60, § 4º, inc. IV, 62, § 1º, inc. I, "a", e 68, § 1º, inc. II

IV – a segurança interna do País;

- CRFB, art. 91, § 1º, inc. III

V – a probidade na administração;

- CRFB, arts. 15, inc. V, e 37, *caput* e § 4º

VI – a lei orçamentária;

- CRFB, arts. 24, inc. II, 165 a 169

VII – o cumprimento das leis e das decisões judiciais.

- CRFB, art. 34, inc. VI

Parágrafo único. Esses crimes serão definidos em lei especial, que estabelecerá as normas de processo e julgamento.

- CRFB, arts. 50, § 2º, 51, inc. I, 52, incs. I e II e parágrafo único, 86, *caput*, §§ 1º, inc. II e 2º, 102, inc. I, "c", e 167, § 1º
- Lei nº 1.079/50 – Define os crimes de responsabilidade e regula o respectivo processo de julgamento
- Lei nº 8.730/93 – Estabelece a obrigatoriedade da declaração de bens e rendas para o exercício de cargos, empregos e funções nos Poderes Executivo, Legislativo e Judiciário, art. 3º, parágrafo único, "a"

Art. 86. Admitida a acusação contra o Presidente da República, por dois terços da Câmara dos Deputados, será ele submetido a julgamento perante o Supremo Tribunal Federal, nas infrações penais comuns, ou perante o Senado Federal, nos crimes de responsabilidade.

- CRFB, arts. 50, § 2º, 51, inc. I, 52, incs. I e II e parágrafo único, 85, 86, §§ 1º, inc. II e 2º, 102, inc. I, "b" e "c", e 167, § 1º

§ 1º O Presidente ficará suspenso de suas funções:

I – nas infrações penais comuns, se recebida a denúncia ou queixa-crime pelo Supremo Tribunal Federal;

II – nos crimes de responsabilidade, após a instauração do processo pelo Senado Federal.

- CRFB, arts. 50, § 2º, 51, inc. I, 52, incs. I e II e parágrafo único, 85, 86, *caput* e § 2º, 102, inc. I, "c", e 167, § 1º

§ 2º Se, decorrido o prazo de cento e oitenta dias, o julgamento não estiver concluído, cessará o afastamento do Presidente, sem prejuízo do regular prosseguimento do processo.

- CRFB, arts. 50, § 2º, 51, inc. I, 52, incs. I e II e parágrafo único, 85, 86, *caput* e § 1º, inc. II, 102, inc. I, "c", e 167, § 1º
- Lei nº 1.079/50 – Define os crimes de responsabilidade e regula o respectivo processo de julgamento

§ 3º Enquanto não sobrevier sentença condenatória, nas infrações comuns, o Presidente da República não estará sujeito a prisão.

§ 4º O Presidente da República, na vigência de seu mandato, não pode ser responsabilizado por atos estranhos ao exercício de suas funções.

Seção IV
Dos Ministros de Estado

Art. 87. Os Ministros de Estado serão escolhidos dentre brasileiros maiores de vinte e um anos e no exercício dos direitos políticos.

- CRFB, art. 84, inc. I

Parágrafo único. Compete ao Ministro de Estado, além de outras atribuições estabelecidas nesta Constituição e na lei:

I – exercer a orientação, coordenação e supervisão dos órgãos e entidades da administração federal na área de sua competência e referendar os atos e decretos assinados pelo Presidente da República;

- CRFB, arts. 5º, inc. II, 49, inc. V, e 84, incs. IV e VI

II – expedir instruções para a execução das leis, decretos e regulamentos;

III – apresentar ao Presidente da República relatório anual de sua gestão no Ministério;

IV – praticar os atos pertinentes às atribuições que lhe forem outorgadas ou delegadas pelo Presidente da República.

- CRFB, arts. 84, inc. II, 89, inc. VI, 90, § 1º, e 91, incs. IV a VII

Art. 88. A lei disporá sobre a criação e extinção de Ministérios e órgãos da administração pública.

- CRFB, arts. 48, inc. XI, e 61, § 1º, inc. II, "e"
- Lei nº 10.683/03 – Dispõe sobre a organização da Presidência da República e dos Ministérios
- Redação dada pela EC nº 32/01

Seção V
Do Conselho da República e do Conselho de Defesa Nacional

Subseção I
Do Conselho da República

Art. 89. O Conselho da República é órgão superior de consulta do Presidente da República, e dele participam:

I – o Vice-Presidente da República;

- CRFB, arts. 79, parágrafo único, e 91, inc. I

II – o Presidente da Câmara dos Deputados;

- CRFB, arts. 80 e 91, inc. II

III – o Presidente do Senado Federal;

- CRFB, arts. 57, § 5º, 80 e 91, inc. III

IV – os líderes da maioria e da minoria na Câmara dos Deputados;

- CRFB, arts. 89, inc. V, e 140

V – os líderes da maioria e da minoria no Senado Federal;

- CRFB, arts. 89, inc. IV, e 140

VI – o Ministro da Justiça;

- CRFB, arts. 84, inc. II, 87, parágrafo único, 90, § 1º, e 91, incs. IV a VII

VII – seis cidadãos brasileiros natos, com mais de trinta e cinco anos de idade, sendo dois nomeados pelo Presidente da República, dois eleitos pelo Senado Federal e dois eleitos pela Câmara dos Deputados, todos com mandato de três anos, vedada a recondução.

- CRFB, arts. 12, § 2º, 51, inc. V, 52, inc. XIV, e 84, inc. XVII

Art. 90. Compete ao Conselho da República pronunciar-se sobre:

I – intervenção federal, estado de defesa e estado de sítio;

- CRFB, arts. 21, inc. V, 36, § 1º, 49, inc. IV, 57, § 6º, inc. I, 60, § 1º, 84, incs. IX e X, 91, § 1º, inc. II, 136 a 141

II – as questões relevantes para a estabilidade das instituições democráticas.

- CRFB, arts. 1º, *caput*, 17, *caput*, 23, inc. I, 34, inc. VII, "a", 127, *caput*, 136 a 144, 194, parágrafo único, inc. VII, 206, inc. VI, e 215, § 3º, inc. IV

§ 1º O Presidente da República poderá convocar Ministro de Estado para participar da reunião do Conselho, quando constar da pauta questão relacionada com o respectivo Ministério.

- CRFB, arts. 84, inc. II, 87, parágrafo único, 89, inc. VI, e 91, incs. IV a VII

§ 2º A lei regulará a organização e o funcionamento do Conselho da República.

- CRFB, arts. 51, inc. V, 52, inc. XIV, 84, incs. XVII e XVIII, 136, *caput*, e 137, *caput*
- Lei nº 8.041/90 – Dispõe sobre a organização e o funcionamento do Conselho da República

Subseção II

Do Conselho de Defesa Nacional

Art. 91. O Conselho de Defesa Nacional é órgão de consulta do Presidente da República nos assuntos relacionados com a soberania nacional e a defesa do Estado democrático, e dele participam como membros natos:

- CRFB, arts. 1º, *caput*, 5º, incs. XLIV e LXXI, 14, *caput*, 17, *caput*, 91, § 1º, inc. IV, 170, inc. I, e 231, § 5º

I – o Vice-Presidente da República;

- CRFB, arts. 79, parágrafo único, e 89, inc. I

II – o Presidente da Câmara dos Deputados;

- CRFB, arts. 80, 89, inc. II, e 91, inc. II

III – o Presidente do Senado Federal;

- CRFB, arts. 57, § 5º, 80 e 89, inc. III

IV – o Ministro da Justiça;

- CRFB, arts. 84, inc. II, 87, parágrafo único, 89, inc. VI, 90, § 1º, e 91, incs. V a VII

V – o Ministro de Estado da Defesa;

- CRFB, arts. 84, inc. II, 87, parágrafo único, 90, § 1º, e 91, incs. IV, VI e VII
- Redação dada pela EC nº 23/99

VI – o Ministro das Relações Exteriores;

- CRFB, arts. 84, inc. II, 87, parágrafo único, 90, § 1º, e 91, incs. IV, V e VII

VII – o Ministro do Planejamento.

- CRFB, arts. 84, inc. II, 87, parágrafo único, 90, § 1º, e 91, incs. IV a VI

VIII – os Comandantes da Marinha, do Exército e da Aeronáutica.

- Incluído pela EC nº 23/99

§ 1º Compete ao Conselho de Defesa Nacional:

I – opinar nas hipóteses de declaração de guerra e de celebração da paz, nos termos desta Constituição;

- CRFB, arts. 4º, incs. IV e VI, 21, inc. II, 49, inc. II, e 84, incs. XIX e XX

II – opinar sobre a decretação do estado de defesa, do estado de sítio e da intervenção federal;

- CRFB, arts. 21, inc. V, 36, § 1º, 49, inc. IV, 57, § 6º, inc. I, 60, § 1º, 84, incs. IX e X, 90, inc. I, 136 a 141

III – propor os critérios e condições de utilização de áreas indispensáveis à segurança do território nacional e opinar sobre seu efetivo uso, especialmente na faixa de fronteira e nas relacionadas com a preservação e a exploração dos recursos naturais de qualquer tipo;

- CRFB, art. 85, inc. IV

IV – estudar, propor e acompanhar o desenvolvimento de iniciativas necessárias a garantir a independência nacional e a defesa do Estado democrático.

- CRFB, arts. 1º, *caput*, 4º, inc. I, 5º, inc. XLIV, 78, *caput*, e 91, *caput* e § 1º, inc. IV

§ 2º A lei regulará a organização e o funcionamento do Conselho de Defesa Nacional.

- CRFB, arts. 84, inc. XVIII, 136, *caput*, e 137, *caput*
- Lei nº 8.183/91 – Dispõe sobre a organização e o funcionamento do Conselho de Defesa Nacional

CAPÍTULO III

Do Poder Judiciário

Seção I

Disposições Gerais

Art. 92. São órgãos do Poder Judiciário:

I – o Supremo Tribunal Federal;

- CRFB, arts. 101 a 103-A

I-A – o Conselho Nacional de Justiça;

- CRFB, art. 103-B
- Incluído pela EC nº 45/04

II – o Superior Tribunal de Justiça;

- CRFB, arts. 104 e 105

III – os Tribunais Regionais Federais e Juízes Federais;

- CRFB, arts. 106 a 110

IV – os Tribunais e Juízes do Trabalho;

- CRFB, arts. 111 a 116

V – os Tribunais e Juízes Eleitorais;

- CRFB, arts. 118 a 121

VI – os Tribunais e Juízes Militares;

- CRFB, arts. 122 a 124

VII – os Tribunais e Juízes dos Estados e do Distrito Federal e Territórios.

- CRFB, arts. 2º, 21, inc. XIII, 22, inc. XVII, 34, inc. IV, 44, *caput*, 60, § 4º, inc. III, 76, 85, inc. II, 125, 126, 128, inc. I, "d", e 134, § 1º

§ 1º O Supremo Tribunal Federal, o Conselho Nacional de Justiça e os Tribunais Superiores têm sede na Capital Federal.

- Redação dada pela EC nº 45/04

§ 2º O Supremo Tribunal Federal e os Tribunais Superiores têm jurisdição em todo o território nacional.

- Incluído pela EC nº 45/04

Art. 93. Lei complementar, de iniciativa do Supremo Tribunal Federal, disporá sobre o Estatuto da Magistratura, observados os seguintes princípios:

I – ingresso na carreira, cujo cargo inicial será o de juiz substituto, mediante concurso público de provas e títulos, com a participação da Ordem dos Advogados do Brasil em todas as fases, exigindo-se do bacharel em direito, no mínimo, três anos de atividade jurídica e obedecendo-se, nas nomeações, à ordem de classificação;

- CRFB, arts. 37, incs. II a IV, 127, § 2º, 129, § 3º, 131, § 2º, 132, *caput*, e 134, § 1º
- Resolução CNJ nº 75/09 – Dispõe sobre os concursos públicos para ingresso na carreira da magistratura em todos os ramos do Poder Judiciário nacional
- Redação dada pela EC nº 45/04

II – promoção de entrância para entrância, alternadamente, por antiguidade e merecimento, atendidas as seguintes normas:

a) é obrigatória a promoção do juiz que figure por três vezes consecutivas ou cinco alternadas em lista de merecimento;

- CRFB, art. 93, inc. VIII-A

b) a promoção por merecimento pressupõe dois anos de exercício na respectiva entrância e integrar o juiz a primeira quinta parte da lista de antiguidade desta, salvo se não houver com tais requisitos quem aceite o lugar vago;

- CRFB, art. 93, inc. VIII-A

c) aferição do merecimento conforme o desempenho e pelos critérios objetivos de produtividade e presteza no exercício da jurisdição e pela frequência e aproveitamento em cursos oficiais ou reconhecidos de aperfeiçoamento;

- CRFB, art. 93, inc. VIII-A
- Redação dada pela EC nº 45/04

d) na apuração de antiguidade, o tribunal somente poderá recusar o juiz mais antigo pelo voto fundamentado de dois terços de seus membros, conforme procedimento próprio, e assegurada ampla defesa, repetindo-se a votação até fixar-se a indicação;

- Redação dada pela EC nº 45/04

e) não será promovido o juiz que, injustificadamente, retiver autos em seu poder além do prazo legal, não podendo devolvê-los ao cartório sem o devido despacho ou decisão;

- CRFB, art. 93, inc. VIII-A
- ADCT, art. 28, parágrafo único
- Incluída pela EC nº 45/04

III – o acesso aos tribunais de segundo grau far-se-á por antiguidade e merecimento, alternadamente, apurados na última ou única entrância;

- Resolução CNJ nº 106/10 – Dispõe sobre os critérios objetivos para aferição do merecimento para promoção de magistrados e acesso aos tribunais de segundo grau
- Redação dada pela EC nº 45/04

IV – previsão de cursos oficiais de preparação, aperfeiçoamento e promoção de magistrados, constituindo etapa obrigatória do processo de vitaliciamento a participação em curso oficial ou reconhecido por escola nacional de formação e aperfeiçoamento de magistrados;

- Redação dada pela EC nº 45/04

V – o subsídio dos Ministros dos Tribunais Superiores corresponderá a noventa e cinco por cento do subsídio mensal fixado para os Ministros do Supremo Tribunal Federal e os subsídios dos demais magistrados serão fixados em lei e escalonados, em nível federal e estadual, conforme as respectivas categorias da estrutura judiciária nacional, não podendo a diferença entre uma e outra ser superior a dez por cento ou inferior a cinco por cento, nem exceder a noventa e cinco por cento do subsídio mensal dos Ministros dos Tribunais Superiores, obedecido, em qualquer caso, o disposto nos arts. 37, inc. XI, e 39, § 4º;

- CRFB, art. 73, § 3º
- Redação dada pela EC nº 19/98

VI – a aposentadoria dos magistrados e a pensão de seus dependentes observarão o disposto no art. 40;

- ADCT, art. 21, parágrafo único
- Redação dada pela EC nº 20/98

VII – o juiz titular residirá na respectiva comarca, salvo autorização do tribunal;

- Resolução CNJ nº 37/07 – Dispõe sobre a obrigatoriedade de os tribunais regulamentarem os casos excepcionais de juízes residirem fora das respectivas comarcas
- Redação dada pela EC nº 45/04

VIII – o ato de remoção, disponibilidade e aposentadoria do magistrado, por interesse público, fundar-se-á em decisão por voto da maioria absoluta do respectivo tribunal ou do Conselho Nacional de Justiça, assegurada ampla defesa;

- CRFB, arts. 73, § 3º, 95, inc. II, e 128, § 5º, inc. I, "b"
- Redação dada pela EC nº 45/04

VIII-A – a remoção a pedido ou a permuta de magistrados de comarca de igual entrância atenderá, no que couber, ao disposto nas alíneas "a", "b", "c" e "e" do inciso II;

- Resolução CNJ nº 32/07 – Dispõe sobre as remoções a pedido e permuta de magistrados de igual entrância
- Incluído pela EC nº 45/04

IX – todos os julgamentos dos órgãos do Poder Judiciário serão públicos, e fundamentadas todas as decisões, sob pena de nulidade, podendo a lei limitar a presença, em determinados atos, às próprias partes e a seus advogados, ou somente a estes, em casos nos quais a preservação do direito à intimidade do interessado no sigilo não prejudique o interesse público à informação;

- CRFB, art. 5º, inc. LX
- CPC, arts. 155 e 444
- CPP, art. 792
- Lei nº 9.800/99 – Permite às partes a utilização de sistema de transmissão de dados para a prática de atos processuais
- Lei nº 11.280/06 – Disciplina a prática e a comunicação oficial dos atos processuais por meios eletrônicos
- Lei nº 11.900/09 – Prevê a possibilidade de realização de interrogatório e outros atos processuais por sistema de videoconferência
- Redação dada pela EC nº 45/04

X – as decisões administrativas dos tribunais serão motivadas e em sessão pública, sendo as disciplinares tomadas pelo voto da maioria absoluta de seus membros;

- Redação dada pela EC nº 45/04

XI – nos tribunais com número superior a vinte e cinco julgadores, poderá ser constituído órgão especial, com o mínimo de onze e o máximo de vinte e cinco membros, para o exercício das atribuições administrativas e jurisdicionais delegadas da competência do tribunal pleno, provendo-se metade das vagas por antiguidade e a outra metade por eleição pelo tribunal pleno;

- Resolução CNJ nº 16/06 – Estabelece critérios para a composição e eleição do órgão especial dos tribunais
- Redação dada pela EC nº 45/04

XII – a atividade jurisdicional será ininterrupta, sendo vedado férias coletivas nos juízos e tribunais de segundo grau, funcionando, nos dias em que não houver expediente forense normal, juízes em plantão permanente;

- Resolução CNJ nº 3/05 – Dispõe sobre as férias coletivas nos juízos e tribunais de segundo grau

- Resolução CNJ nº 71/09 – Dispõe sobre regime de plantão judiciário em primeiro e segundo graus de jurisdição
- Incluído pela EC nº 45/04

XIII – o número de juízes na unidade jurisdicional será proporcional à efetiva demanda judicial e à respectiva população;

- Incluído pela EC nº 45/04

XIV – os servidores receberão delegação para a prática de atos de administração e atos de mero expediente sem caráter decisório;

- Incluído pela EC nº 45/04

XV – a distribuição de processos será imediata, em todos os graus de jurisdição.

- CRFB, arts. 51, inc. IV, 52, inc. XIII, 61, § 1º, 73, 96, inc. II, 103-B, §§ 4º e 5º, 127, § 2º, e 129, § 4º
- ADCT, art. 8º, § 3º
- Lei Complementar nº 35/79 – Dispõe sobre a Lei Orgânica da Magistratura Nacional
- Incluído pela EC nº 45/04

Art. 94. Um quinto dos lugares dos Tribunais Regionais Federais, dos Tribunais dos Estados, e do Distrito Federal e Territórios será composto de membros, do Ministério Público, com mais de dez anos de carreira, e de advogados de notório saber jurídico e de reputação ilibada, com mais de dez anos de efetiva atividade profissional, indicados em lista sêxtupla pelos órgãos de representação das respectivas classes.

Parágrafo único. Recebidas as indicações, o tribunal formará lista tríplice, enviando-a ao Poder Executivo, que, nos vinte dias subsequentes, escolherá um de seus integrantes para nomeação.

- CRFB, arts. 104, parágrafo único, inc. II, 107, inc. I, 111-A, inc. I, e 115, inc. I

Art. 95. Os juízes gozam das seguintes garantias:

I – vitaliciedade, que, no primeiro grau, só será adquirida após dois anos de exercício, dependendo a perda do cargo, nesse período, de deliberação do tribunal a que o juiz estiver vinculado, e, nos demais casos, de sentença judicial transitada em julgado;

- CRFB, arts. 73, § 3º, e 128, § 5º, inc. I, "a"

II – inamovibilidade, salvo por motivo de interesse público, na forma do art. 93, inc. VIII;

- CRFB, arts. 73, § 3º, e 128, § 5º, inc. I, "b"

III – irredutibilidade de subsídio, ressalvado o disposto nos arts. 37, incs. X e XI, 39, § 4º, 150, inc. II, e 153, inc. III e § 2º, inc. I.

- CRFB, arts. 73, § 3º, 62, § 1º, inc. I, "c", 68, § 1º, inc. I, 73, § 3º, e 128, § 5º, inc. I, "c"
- Redação dada pela EC nº 19/98

Parágrafo único. Aos juízes é vedado:

I – exercer, ainda que em disponibilidade, outro cargo ou função, salvo uma de magistério;

- CRFB, arts. 37, incs. XVI e XVII e § 10, 38, 40, § 6º, e 128, § 5º, inc. II, "d"
- Resolução CNJ nº 34/07 – Dispõe sobre o exercício de atividades do magistério pelos integrantes da magistratura nacional

II – receber, a qualquer título ou pretexto, custas ou participação em processo;

III – dedicar-se à atividade político-partidária.

IV – receber, a qualquer título ou pretexto, auxílios ou contribuições de pessoas físicas, entidades públicas ou privadas, ressalvadas as exceções previstas em lei;

- Incluído pela EC nº 45/04

V – exercer a advocacia no juízo ou tribunal do qual se afastou, antes de decorridos três anos do afastamento do cargo por aposentadoria ou exoneração.

- CRFB, arts. 73, § 3º, e 128, § 6º
- Resolução CNJ nº 135/11 – Dispõe sobre o procedimento administrativo disciplinar aplicável aos magistrados
- Incluído pela EC nº 45/04

Art. 96. Compete privativamente:

I – aos tribunais:

a) eleger seus órgãos diretivos e elaborar seus regimentos internos, com observância das normas de processo e das garantias processuais das partes, dispondo sobre a competência e o funcionamento dos respectivos órgãos jurisdicionais e administrativos;

b) organizar suas secretarias e serviços auxiliares e os dos juízos que lhes forem vinculados, velando pelo exercício da atividade correicional respectiva;

c) prover, na forma prevista nesta Constituição, os cargos de juiz de carreira da respectiva jurisdição;

- CRFB, arts. 37, inc. II, 39, § 3º, 61, § 1º, inc. II, "c", 127, § 2º, e 207, § 1º

d) propor a criação de novas varas judiciárias;

e) prover, por concurso público de provas, ou de provas e títulos, obedecido o disposto no art. 169, parágrafo único, os cargos necessários à administração da Justiça, exceto os de confiança assim definidos em lei;

f) conceder licença, férias e outros afastamentos a seus membros e aos juízes e servidores que lhes forem imediatamente vinculados;

II – ao Supremo Tribunal Federal, aos Tribunais Superiores e aos Tribunais de Justiça propor ao Poder Legislativo respectivo, observado o disposto no art. 169:

a) a alteração do número de membros dos tribunais inferiores;

b) a criação e a extinção de cargos e a remuneração dos seus serviços auxiliares e dos juízos que lhes forem vinculados, bem como a fixação do subsídio de seus membros e dos juízes, inclusive dos tribunais inferiores, onde houver;

- CRFB, arts. 37, inc. XI e § 9º, 48, incs. X e XV, 51, inc. IV, 52, inc. XIII, 61, § 1º, inc. II, "a", 84, inc. XXV, e 127, § 2º
- Redação dada pela EC nº 41/03

c) a criação ou extinção dos tribunais inferiores;

d) a alteração da organização e da divisão judiciárias;

- CRFB, arts. 51, inc. IV, 52, inc. XIII, 61, § 1º, 73, 93 e 127, § 2º
- ADCT, art. 8º, § 3º

III – aos Tribunais de Justiça julgar os juízes estaduais e do Distrito Federal e Territórios, bem como os membros do Ministério Público, nos crimes comuns e de responsabilidade, ressalvada a competência da Justiça Eleitoral.

- CRFB, arts. 73, *caput*, 105, inc. I, "a", e 108, inc. I, "a"

Art. 97. Somente pelo voto da maioria absoluta de seus membros ou dos membros do respectivo órgão especial poderão os tribunais declarar a inconstitucionalidade de lei ou ato normativo do Poder Público.

- CPC, arts. 480 a 482
- RISTF, arts. 176 e 177
- Súmula Vinculante nº 10/08

Art. 98. A União, no Distrito Federal e nos Territórios, e os Estados criarão:

I – juizados especiais, providos por juízes togados, ou togados e leigos, competentes para a conciliação, o julgamento e a execução de causas cíveis de menor complexidade e infrações penais de menor potencial ofensivo, mediante os procedimentos oral e sumariíssimo, permitidos, nas hipóteses previstas em lei, a transação e o julgamento de recursos por turmas de juízes de primeiro grau;

- CRFB, arts. 24, inc. X, e 98, § 1º
- Lei nº 9.099/95 – Dispõe sobre os Juizados Especiais Cíveis e Criminais
- Lei nº 12.153/09 – Dispõe sobre os Juizados Especiais da Fazenda Pública
- Súmula Vinculante nº 35/14

II – justiça de paz, remunerada, composta de cidadãos eleitos pelo voto direto, universal e secreto, com mandato de quatro anos e competência para, na forma da lei, celebrar casamentos, verificar, de ofício ou em face de impugnação apresentada, o processo de habilitação e exercer atribuições conciliatórias, sem caráter jurisdicional, além de outras previstas na legislação.

- ADCT, art. 30

§ 1º Lei federal disporá sobre a criação de juizados especiais no âmbito da Justiça Federal.

- CRFB, arts. 24, inc. X, e 98, inc. I
- Lei nº 10.259/01 – Dispõe sobre a instituição dos Juizados Especiais Cíveis e Criminais no âmbito da Justiça Federal
- Lei nº 12.665/12 – Dispõe sobre a criação de estrutura permanente para as Turmas Recursais dos Juizados Especiais Federais
- Incluído pela EC nº 22/99

§ 2º As custas e emolumentos serão destinados exclusivamente ao custeio dos serviços afetos às atividades específicas da Justiça.

- CRFB, art. 24, inc. IV
- Lei nº 9.289/96 – Dispõe sobre as custas devidas à União na Justiça Federal de primeiro e segundo graus
- Incluído pela EC nº 45/04

Art. 99. Ao Poder Judiciário é assegurada autonomia administrativa e financeira.

- CRFB, arts. 103-B, § 4º, inc. I, 127, § 2º, 130-A, § 2º, inc. I, e 134, § 2º

§ 1º Os tribunais elaborarão suas propostas orçamentárias dentro dos limites estipulados conjuntamente com os demais Poderes na lei de diretrizes orçamentárias.

- CRFB, art. 99, §§ 3º e 4º

§ 2º O encaminhamento da proposta, ouvidos os outros tribunais interessados, compete:

I – no âmbito da União, aos Presidentes do Supremo Tribunal Federal e dos Tribunais Superiores, com a aprovação dos respectivos tribunais;

II – no âmbito dos Estados e no do Distrito Federal e Territórios, aos Presidentes dos Tribunais de Justiça, com a aprovação dos respectivos tribunais.

- CRFB, arts. 99, § 3º, e 134, § 2º

§ 3º Se os órgãos referidos no § 2º não encaminharem as respectivas propostas orçamentárias dentro do prazo estabelecido na lei de diretrizes orçamentárias, o Poder Executivo considerará, para fins de consolidação da proposta orçamentária anual, os valores aprovados na lei orçamentária vigente, ajustados de acordo com os limites estipulados na forma do § 1º deste artigo.

- Incluído pela EC nº 45/04

§ 4º Se as propostas orçamentárias de que trata este artigo forem encaminhadas em desacordo com os limites estipulados na forma do § 1º, o Poder Executivo procederá aos ajustes necessários para fins de consolidação da proposta orçamentária anual.

- Incluído pela EC nº 45/04

§ 5º Durante a execução orçamentária do exercício, não poderá haver a realização de despesas ou a assunção de obrigações que extrapolem os limites estabelecidos na lei de diretrizes orçamentárias, exceto se previamente autorizadas, mediante a abertura de créditos suplementares ou especiais.

- Incluído pela EC nº 45/04

Art. 100. Os pagamentos devidos pelas Fazendas Públicas Federal, Estaduais, Distrital e Municipais, em virtude de sentença judiciária, far-se-ão exclusivamente na ordem cronológica de apresentação dos precatórios e à conta dos créditos respectivos, proibida a designação de casos ou de pessoas nas dotações orçamentárias e nos créditos adicionais abertos para este fim.

- CRFB, art. 100, § 3º
- Redação dada pela EC nº 62/09

§ 1º Os débitos de natureza alimentícia compreendem aqueles decorrentes de salários, vencimentos, proventos, pensões e suas complementações, benefícios previdenciários e indenizações por morte ou por invalidez, fundadas em responsabilidade civil, em virtude de sentença judicial transitada em julgado, e serão pagos com preferência sobre todos os demais débitos, exceto sobre aqueles referidos no § 2º deste artigo.

- ADCT, art. 97, § 6º
- Súmula Vinculante nº 17/09
- Redação dada pela EC nº 62/09

§ 1º-A –

- Excluído pela EC nº 62/09

§ 2º Os débitos de natureza alimentícia cujos titulares tenham 60 (sessenta) anos de idade ou mais na data de expedição do precatório, ou sejam portadores de doença grave, definidos na forma da lei, serão pagos com preferência sobre todos os demais débitos, até o valor equivalente ao triplo do fixado em lei para os fins do disposto no § 3º deste artigo, admitido o fracionamento para essa finalidade, sendo que o restante será pago na ordem cronológica de apresentação do precatório.

- CRFB, art. 100, §§ 1º e 13
- ADCT, art. 97, *caput*, §§ 6º, 9º, inc. II e 17
- Redação dada pela EC nº 62/09

§ 3º O disposto no *caput* deste artigo relativamente à expedição de precatórios não se aplica aos pagamentos de obrigações definidas em leis como de pequeno valor que as Fazendas referidas devam fazer em virtude de sentença judicial transitada em julgado.

- CRFB, art. 100, §§ 2º, 4º, 8º e 13
- ADCT, arts. 86, inc. II, 87 e 97, *caput* e § 11
- Lei nº 10.099/00 – Define obrigações de pequeno valor para a Previdência Social
- Redação dada pela EC nº 62/09

§ 4º Para os fins do disposto no § 3º, poderão ser fixados, por leis próprias, valores distintos às entidades de direito público, segundo as diferentes capacidades econômicas, sendo o mínimo igual ao valor do maior benefício do regime geral de previdência social.

- ADCT, arts. 87, *caput*, e 97, § 12
- Redação dada pela EC nº 62/09

§ 5º É obrigatória a inclusão, no orçamento das entidades de direito público, de verba necessária ao pagamento de seus débitos, oriundos de sentenças transitadas em julgado, constantes de precatórios judiciários apresentados até 1º de julho, fazendo-se o pagamento até o final do exercício seguinte, quando terão seus valores atualizados monetariamente.

- Redação dada pela EC nº 62/09

§ 6º As dotações orçamentárias e os créditos abertos serão consignados diretamente ao Poder Judiciário, cabendo ao Presidente do Tribunal que proferir a decisão exequenda determinar o pagamento integral e autorizar, a requerimento do credor e exclusivamente para os casos de preterimento de seu direito de precedência ou de não alocação orçamentária do valor necessário à satisfação do seu débito, o sequestro da quantia respectiva.

- Redação dada pela EC nº 62/09

§ 7º O Presidente do Tribunal competente que, por ato comissivo ou omissivo, retardar ou tentar frustrar a liquidação regular de precatórios incorrerá em crime de responsabilidade e responderá, também, perante o Conselho Nacional de Justiça.

- Incluído pela EC nº 62/09

§ 8º É vedada a expedição de precatórios complementares ou suplementares de valor pago, bem como o fracionamento, repartição ou quebra do valor da execução para fins de enquadramento de parcela do total ao que dispõe o § 3º deste artigo.

- Incluído pela EC nº 62/09

§ 9º No momento da expedição dos precatórios, independentemente de regulamentação, deles deverá ser abatido, a título de compensação, valor correspondente aos débitos líquidos e certos, inscritos ou não em dívida ativa e constituídos contra o credor original pela Fazenda Pública devedora, incluídas parcelas vincendas de parcelamentos, ressalvados aqueles cuja execução esteja suspensa em virtude de contestação administrativa ou judicial.

- CRFB, art. 100, § 10
- ADCT, art. 97, *caput*
- Incluído pela EC nº 62/09

§ 10 – Antes da expedição dos precatórios, o Tribunal solicitará à Fazenda Pública devedora, para resposta em até trinta dias, sob pena de perda do direito de abatimento, informação sobre os débitos que preencham as condições estabelecidas no § 9º, para os fins nele previstos.

- ADCT, art. 97, *caput*
- Incluído pela EC nº 62/09

§ 11 – É facultada ao credor, conforme estabelecido em lei da entidade federativa devedora, a entrega de créditos em precatórios para compra de imóveis públicos do respectivo ente federado.

- ADCT, art. 97, *caput*
- Incluído pela EC nº 62/09

§ 12 – A partir da promulgação desta Emenda Constitucional, a atualização de valores de requisitórios, após sua expedição, até o efetivo pagamento, independentemente de sua natureza, será feita pelo índice oficial de remuneração básica da caderneta de poupança, e, para fins de compensação da mora, incidirão juros simples no mesmo percentual de juros incidentes sobre a caderneta de poupança, ficando excluída a incidência de juros compensatórios.

- ADCT, art. 97, *caput*
- Incluído pela EC nº 62/09

§ 13 – O credor poderá ceder, total ou parcialmente, seus créditos em precatórios a terceiros, independentemente da concordância do devedor, não se aplicando ao cessionário o disposto nos §§ 2º e 3º.

- ADCT, art. 97, *caput*
- Incluído pela EC nº 62/09

§ 14 – A cessão de precatórios somente produzirá efeitos após comunicação, por meio de petição protocolizada, ao tribunal de origem e à entidade devedora.

- ADCT, art. 97, *caput*
- Incluído pela EC nº 62/09

§ 15 – Sem prejuízo do disposto neste artigo, lei complementar a esta Constituição Federal poderá estabelecer regime especial para pagamento de crédito de precatórios de Estados, Distrito Federal e Municípios, dispondo sobre vinculações à receita corrente líquida e forma e prazo de liquidação.

- ADCT, art. 97, *caput*
- Incluído pela EC nº 62/09

§ 16 – A seu critério exclusivo e na forma de lei, a União poderá assumir débitos, oriundos de precatórios, de Estados, Distrito Federal e Municípios, refinanciando-os diretamente.

- ADCT, arts. 33, 78 e 86, *caput*
- CPC, arts. 730 e 731
- Resolução CNJ nº 115/10 – Dispõe sobre a gestão de precatórios no âmbito do Poder Judiciário
- Incluído pela EC nº 62/09

Seção II

Do Supremo Tribunal Federal

Art. 101. O Supremo Tribunal Federal compõe-se de onze Ministros, escolhidos dentre cidadãos com mais de trinta e cinco e menos de sessenta e cinco anos de idade, de notável saber jurídico e reputação ilibada.

Parágrafo único. Os Ministros do Supremo Tribunal Federal serão nomeados pelo Presidente da República, depois de aprovada a escolha pela maioria absoluta do Senado Federal.

- CRFB, arts. 52, inc. III, "a", e 84, inc. XIV

Art. 102. Compete ao Supremo Tribunal Federal, precipuamente, a guarda da Constituição, cabendo-lhe:

I – processar e julgar, originariamente:

a) a ação direta de inconstitucionalidade de lei ou ato normativo federal ou estadual e a ação declaratória de constitucionalidade de lei ou ato normativo federal;

- CRFB, arts. 102, inc. I, "p", 103, *caput*, §§ 1º e 3º, e 129, inc. IV
- RISTF, arts. 169 a 175
- Lei nº 9.868/99 – Dispõe sobre o processo e julgamento da ação direta de inconstitucionalidade e da ação declaratória de constitucionalidade perante o Supremo Tribunal Federal
- Redação dada pela EC nº 3/93

b) nas infrações penais comuns, o Presidente da República, o Vice-Presidente, os membros do Congresso Nacional, seus próprios Ministros e o Procurador-Geral da República;

- CRFB, arts. 52, incs. I e II, 53, § 1º, 86, *caput*, e 102, inc. I, "d"
- RISTF, arts. 230 a 246

c) nas infrações penais comuns e nos crimes de responsabilidade, os Ministros de Estado e os Comandantes da Marinha, do Exército e da Aeronáutica, ressalvado o disposto no art. 52, inc. I, os membros dos Tribunais Superiores, os do Tribunal de Contas da União e os chefes de missão diplomática de caráter permanente;

- CRFB, arts. 50, § 2º, 51, inc. I, 52, incs. I e II e parágrafo único, 85, 86, *caput*, §§ 1º, inc. II e 2º, 102, inc. I, "d", e 167, § 1º
- RISTF, arts. 230 a 246
- Redação dada pela EC nº 23/99

d) o *habeas corpus*, sendo paciente qualquer das pessoas referidas nas alíneas anteriores; o mandado de segurança e o *habeas data* contra atos do Presidente da República, das Mesas da Câmara dos Deputados e do Senado Federal, do Tribunal de Contas da União, do Procurador-Geral da República e do próprio Supremo Tribunal Federal;

- CRFB, arts. 5º, incs. LXVIII, LXIX, LXXII e LXXVII, 102, incs. I, "i" e II, "a", 105, incs. I, "b" e "c" e II, "a" e "b", 108, inc. I, "c" e "d", 109, incs. VII e VIII, 114, inc. IV, 121, §§ 3º e 4º, inc. V, e 142, § 2º
- CPP, arts. 647 a 667
- RISTF, arts. 188 a 206
- Lei nº 9.507/97 – Disciplina o rito processual do *habeas data*, art. 7º, incs. I a III
- Lei nº 12.016/09 – Disciplina o mandado de segurança individual e coletivo, art. 1º, *caput*

e) o litígio entre Estado estrangeiro ou organismo internacional e a União, o Estado, o Distrito Federal ou o Território;

- CRFB, art. 4º, inc. VII
- RISTF, arts. 273 a 275

f) as causas e os conflitos entre a União e os Estados, a União e o Distrito Federal, ou entre uns e outros, inclusive as respectivas entidades da administração indireta;

- RISTF, arts. 247 a 251

g) a extradição solicitada por Estado estrangeiro;

- CRFB, arts. 5º, incs. LI e LII, e 22, inc. XV
- RISTF, arts. 207 a 214
- Lei nº 6.815/80 – Define a situação jurídica do estrangeiro no Brasil, arts. 76 a 94

h)

- Excluída pela EC nº 45/04

i) o *habeas corpus*, quando o coator for Tribunal Superior ou quando o coator ou o paciente for autoridade ou funcionário cujos atos estejam sujeitos diretamente à jurisdição do Supremo Tribunal Federal, ou se trate de crime sujeito à mesma jurisdição em uma única instância;

- CRFB, arts. 5º, incs. LXVIII e LXXVII, 102, incs. I, "d" e II, "a", 105, incs. I, "c" e II, "a", 108, inc. I, "d", 109, inc. VII, 114, inc. IV, 121, §§ 3º e 4º, inc. V, e 142, § 2º
- CPP, arts. 647 a 667
- RISTF, arts. 188 a 199
- Redação dada pela EC nº 22/99

j) a revisão criminal e a ação rescisória de seus julgados;

- CRFB, arts. 105, inc. I, "e", e 108, inc. I, "b"
- CPC, arts. 485 a 495
- CPP, arts. 621 a 631
- RISTF, arts. 259 a 272

l) a reclamação para a preservação de sua competência e garantia da autoridade de suas decisões;

- CRFB, arts. 103-A, § 3º, e 105, inc. I, "f"
- RISTF, arts. 156 a 162
- Lei nº 8.038/90 – Institui normas procedimentais para os processos que especifica, arts. 13 a 18

m) a execução de sentença nas causas de sua competência originária, facultada a delegação de atribuições para a prática de atos processuais;

- RISTF, arts. 340 a 343

n) a ação em que todos os membros da magistratura sejam direta ou indiretamente interessados, e aquela em que mais da metade dos membros do tribunal de origem estejam impedidos ou sejam direta ou indiretamente interessados;

- RISTF, art. 9º, inc. I, "g"

o) os conflitos de competência entre o Superior Tribunal de Justiça e quaisquer tribunais, entre Tribunais Superiores, ou entre estes e qualquer outro tribunal;

- CRFB, arts. 105, inc. I, "d", 108, inc. I, "e", e 114, inc. V
- RISTF, arts. 163 a 168

p) o pedido de medida cautelar das ações diretas de inconstitucionalidade;

- CRFB, arts. 102, inc. I, "a", 103, *caput*, §§ 1º e 3º, e 129, inc. IV
- RISTF, art. 170, § 1º
- Lei nº 9.868/99 – Dispõe sobre o processo e julgamento da ação direta de inconstitucionalidade e da ação declaratória de constitucionalidade perante o Supremo Tribunal Federal, arts. 10 a 12

q) o mandado de injunção, quando a elaboração da norma regulamentadora for atribuição do Presidente da República, do Congresso Nacional, da Câmara dos Deputados, do Senado Federal, das Mesas de uma dessas Casas Legislativas, do Tribunal de Contas da União, de um dos Tribunais Superiores, ou do próprio Supremo Tribunal Federal;

- CRFB, arts. 5º, inc. LXXI, 102, inc. II, "a", 105, inc. I, "h", e 121, § 4º, inc. V
- RISTF, art. 9º, inc. I, "e"
- Lei nº 8.038/90 – Institui normas procedimentais para os processos que especifica, art. 24, parágrafo único

r) as ações contra o Conselho Nacional de Justiça e contra o Conselho Nacional do Ministério Público;

- RISTF, arts. 5º, inc. V, e 9º, inc. I, "d"
- Incluída pela EC nº 45/04

II – julgar, em recurso ordinário:

a) o *habeas corpus*, o mandado de segurança, o *habeas data* e o mandado de injunção decididos em única instância pelos Tribunais Superiores, se denegatória a decisão;

- CRFB, arts. 5º, incs. LXVIII, LXIX, LXXI, LXXII e LXXVII, 102, inc. I, "d", "i" e "q", 105, incs. I, "b", "c" e "h" e II, "a" e "b", 108, inc. I, "c" e "d", 109, incs. VII e VIII, 114, inc. IV, 121, §§ 3º e 4º, inc. V, e 142, § 2º
- CPP, arts. 647 a 667
- Lei nº 8.038/90 – Institui normas procedimentais para os processos que especifica, art. 24, parágrafo único
- Lei nº 9.507/97 – Disciplina o rito processual do *habeas data*, art. 7º, incs. I a III
- Lei nº 12.016/09 – Disciplina o mandado de segurança individual e coletivo, art. 1º, *caput*

b) o crime político;

- CRFB, arts. 5º, inc. LII, e 105, inc. II
- CPC, arts. 539, inc. I, e 540
- RISTF, arts. 307 a 312

III – julgar, mediante recurso extraordinário, as causas decididas em única ou última instância, quando a decisão recorrida:

a) contrariar dispositivo desta Constituição;

b) declarar a inconstitucionalidade de tratado ou lei federal;

c) julgar válida lei ou ato de governo local contestado em face desta Constituição.

d) julgar válida lei local contestada em face de lei federal.

- CPC, arts. 541 a 543
- RISTF, arts. 321 a 324
- Lei nº 8.038/90 – Institui normas procedimentais para os processos que especifica, arts. 26 a 28
- Incluída pela EC nº 45/04

§ 1º A arguição de descumprimento de preceito fundamental, decorrente desta Constituição, será apreciada pelo Supremo Tribunal Federal, na forma da lei.

- Lei nº 9.882/99 – Dispõe sobre o processo e julgamento da arguição de descumprimento de preceito fundamental
- Redação dada pela EC nº 3/93

§ 2º As decisões definitivas de mérito, proferidas pelo Supremo Tribunal Federal, nas ações diretas de inconstitucionalidade e nas ações declaratórias de constitucionalidade produzirão eficácia contra todos e efeito vinculante, relativamente aos demais órgãos do Poder Judiciário e à administração pública direta e indireta, nas esferas federal, estadual e municipal.

- CRFB, art. 103-A, *caput*
- Redação dada pela EC nº 45/04

§ 3º No recurso extraordinário o recorrente deverá demonstrar a repercussão geral das questões constitucionais discutidas no caso, nos termos da lei, a fim de que o Tribunal examine a admissão do recurso, somente podendo recusá-lo pela manifestação de dois terços de seus membros.

- CPC, arts. 543-A e 543-B
- RISTF, arts. 325 a 329
- Incluído pela EC nº 45/04

Art. 103. Podem propor a ação direta de inconstitucionalidade e a ação declaratória de constitucionalidade:

- Redação dada pela EC nº 45/04

I – o Presidente da República;

- CRFB, art. 76

II – a Mesa do Senado Federal;

- CRFB, art. 52

III – a Mesa da Câmara dos Deputados;

- CRFB, art. 51

IV – a Mesa de Assembleia Legislativa ou da Câmara Legislativa do Distrito Federal;

- CRFB, arts. 27 e 32, § 3º
- Redação dada pela EC nº 45/04

V – o Governador de Estado ou do Distrito Federal;

- CRFB, arts. 28 e 32, §§ 2º e 4º
- Redação dada pela EC nº 45/04

VI – o Procurador-Geral da República;

- CRFB, arts. 36, inc. III, 103, § 1º, 103-B, § 6º, 109, § 5º, 128, § 1º, e 130-A, inc. I

VII – o Conselho Federal da Ordem dos Advogados do Brasil;

- CRFB, arts. 103-B, inc. XII e § 6º, e 130-A, inc. V e § 4º

VIII – partido político com representação no Congresso Nacional;

- CRFB, arts. 5º, inc. LXX, "a", 17 e 62, § 1º, inc. I, "a"

IX – confederação sindical ou entidade de classe de âmbito nacional.

- CRFB, art. 5º, inc. LXX, "b", 102, inc. I, "a" e "p", 103, §§ 1º e 3º, e 129, inc. IV
- CLT, art. 535
- Lei nº 9.868/99 – Dispõe sobre o processo e julgamento da ação direta de inconstitucionalidade e da ação declaratória de constitucionalidade perante o Supremo Tribunal Federal, art. 2º

§ 1º O Procurador-Geral da República deverá ser previamente ouvido nas ações de inconstitucionalidade e em todos os processos de competência do Supremo Tribunal Federal.

- CRFB, arts. 36, inc. III, 102, inc. I, "a" e "p", 103, *caput* e § 3º, 103-B, § 6º, 109, § 5º, 128, § 1º, 129, inc. IV, e 130-A, inc. I
- Lei nº 9.868/99 – Dispõe sobre o processo e julgamento da ação direta de inconstitucionalidade e da ação declaratória de constitucionalidade perante o Supremo Tribunal Federal, art. 8º

§ 2º Declarada a inconstitucionalidade por omissão de medida para tornar efetiva norma constitucional, será dada ciência ao Poder competente para a adoção das providências necessárias e, em se tratando de órgão administrativo, para fazê-lo em trinta dias.

§ 3º Quando o Supremo Tribunal Federal apreciar a inconstitucionalidade, em tese, de norma legal ou ato normativo, citará, previamente, o Advogado-Geral da União, que defenderá o ato ou texto impugnado.

- CRFB, arts. 102, inc. I, "a" e "p", 103, *caput* e § 1º, 129, inc. IV, e 131, § 1º
- Lei nº 9.868/99 – Dispõe sobre o processo e julgamento da ação direta de inconstitucionalidade e da ação declaratória de constitucionalidade perante o Supremo Tribunal Federal, art. 8º

§ 4º

- Excluído pela EC nº 45/04

Art. 103-A. O Supremo Tribunal Federal poderá, de ofício ou por provocação, mediante decisão de dois terços dos seus membros, após reiteradas decisões sobre matéria constitucional, aprovar súmula que, a partir de sua publicação na imprensa oficial, terá efeito vinculante em relação aos demais órgãos do Poder Judiciário e à administração pública direta e indireta, nas esferas federal, estadual e municipal, bem como proceder à sua revisão ou cancelamento, na forma estabelecida em lei.

- CRFB, art. 102, § 2º
- Incluído pela EC nº 45/04

§ 1º A súmula terá por objetivo a validade, a interpretação e a eficácia de normas determinadas, acerca das quais haja controvérsia atual entre órgãos judiciários ou entre esses e a administração pública que acarrete grave insegurança jurídica e relevante multiplicação de processos sobre questão idêntica.

- Incluído pela EC nº 45/04

§ 2º Sem prejuízo do que vier a ser estabelecido em lei, a aprovação, revisão ou cancelamento de súmula poderá ser provocada por aqueles que podem propor a ação direta de inconstitucionalidade.

- Incluído pela EC nº 45/04

§ 3º Do ato administrativo ou decisão judicial que contrariar a súmula aplicável ou que indevidamente a aplicar, caberá reclamação ao Supremo Tribunal Federal que, julgando-a procedente, anulará o ato administrativo ou cassará a decisão judicial reclamada, e determinará que outra seja proferida com ou sem a aplicação da súmula, conforme o caso.

- CRFB, arts. 92, inc. I, 102, inc. I, "l", e 105, inc. I, "f"
- RISTF, arts. 354-A a 354-G
- Lei nº 11.417/06 – Disciplina a edição, revisão e cancelamento de enunciado de súmula vinculante pelo Supremo Tribunal Federal
- Resolução STF nº 381/08 – Estabelece procedimentos para a edição, a revisão e o cancelamento de súmulas vinculantes
- Incluído pela EC nº 45/04

Art. 103-B. O Conselho Nacional de Justiça compõe-se de 15 (quinze) membros com mandato de 2 (dois) anos, admitida 1 (uma) recondução, sendo:

- Redação dada pela EC nº 61/09

I – o Presidente do Supremo Tribunal Federal;

- Redação dada pela EC nº 61/09

II – um Ministro do Superior Tribunal de Justiça, indicado pelo respectivo tribunal;

- Incluído pela EC nº 45/04

III – um Ministro do Tribunal Superior do Trabalho, indicado pelo respectivo tribunal;

- Incluído pela EC nº 45/04

IV – um desembargador de Tribunal de Justiça, indicado pelo Supremo Tribunal Federal;

- Incluído pela EC nº 45/04

V – um juiz estadual, indicado pelo Supremo Tribunal Federal;

- Incluído pela EC nº 45/04

VI – um juiz de Tribunal Regional Federal, indicado pelo Superior Tribunal de Justiça;

- Incluído pela EC nº 45/04

VII – um juiz federal, indicado pelo Superior Tribunal de Justiça;

- Incluído pela EC nº 45/04

VIII – um juiz de Tribunal Regional do Trabalho, indicado pelo Tribunal Superior do Trabalho;

- Incluído pela EC nº 45/04

IX – um juiz do trabalho, indicado pelo Tribunal Superior do Trabalho;

- Incluído pela EC nº 45/04

X – um membro do Ministério Público da União, indicado pelo Procurador-Geral da República;

- Incluído pela EC nº 45/04

XI – um membro do Ministério Público estadual, escolhido pelo Procurador-Geral da República dentre os nomes indicados pelo órgão competente de cada instituição estadual;

- Incluído pela EC nº 45/04

XII – dois advogados, indicados pelo Conselho Federal da Ordem dos Advogados do Brasil;

- CRFB, arts. 103, inc. VII, 103-B, § 6º, e 130-A, inc. V e § 4º
- Incluído pela EC nº 45/04

XIII – dois cidadãos, de notável saber jurídico e reputação ilibada, indicados um pela Câmara dos Deputados e outro pelo Senado Federal.

- Incluído pela EC nº 45/04

§ 1º O Conselho será presidido pelo Presidente do Supremo Tribunal Federal e, nas suas ausências e impedimentos, pelo Vice-Presidente do Supremo Tribunal Federal.

- Redação dada pela EC nº 61/09

§ 2º Os demais membros do Conselho serão nomeados pelo Presidente da República, depois de aprovada a escolha pela maioria absoluta do Senado Federal.

- Redação dada pela EC nº 61/09

§ 3º Não efetuadas, no prazo legal, as indicações previstas neste artigo, caberá a escolha ao Supremo Tribunal Federal.

- Incluído pela EC nº 45/04

§ 4º Compete ao Conselho o controle da atuação administrativa e financeira do Poder Judiciário e do cumprimento dos deveres funcionais dos juízes, cabendo-lhe, além de outras atribuições que lhe forem conferidas pelo Estatuto da Magistratura:

- Incluído pela EC nº 45/04

I – zelar pela autonomia do Poder Judiciário e pelo cumprimento do Estatuto da Magistratura, podendo expedir atos regulamentares, no âmbito de sua competência, ou recomendar providências;

- CRFB, arts. 99, *caput*, 127, § 2º, 130-A, § 2º, inc. I, e 134, § 2º
- Incluído pela EC nº 45/04

II – zelar pela observância do art. 37 e apreciar, de ofício ou mediante provocação, a legalidade dos atos administrativos praticados por membros ou órgãos do Poder Judiciário, podendo desconstituí-los, revê-los ou fixar prazo para que se adotem as providências necessárias ao exato cumprimento da lei, sem prejuízo da competência do Tribunal de Contas da União;

- Incluído pela EC nº 45/04

III – receber e conhecer das reclamações contra membros ou órgãos do Poder Judiciário, inclusive contra seus serviços auxiliares, serventias e órgãos prestadores de serviços notariais e de registro que atuem por delegação do poder público ou oficializados, sem prejuízo da competência disciplinar e correicional dos tribunais, podendo avocar processos disciplinares em curso e determinar a remoção, a disponibilidade ou a aposentadoria com subsídios ou proventos proporcionais ao tempo de serviço e aplicar outras sanções administrativas, assegurada ampla defesa;

- Incluído pela EC nº 45/04

IV – representar ao Ministério Público, no caso de crime contra a administração pública ou de abuso de autoridade;

- Incluído pela EC nº 45/04

V – rever, de ofício ou mediante provocação, os processos disciplinares de juízes e membros de tribunais julgados há menos de um ano;

- Incluído pela EC nº 45/04

VI – elaborar semestralmente relatório estatístico sobre processos e sentenças prolatadas, por unidade da Federação, nos diferentes órgãos do Poder Judiciário;

- Resolução CNJ nº 4/05 – Cria o Sistema de Estatística do Poder Judiciário
- Incluído pela EC nº 45/04

VII – elaborar relatório anual, propondo as providências que julgar necessárias, sobre a situação do Poder Judiciário no País e as atividades do Conselho, o qual deve integrar mensagem do Presidente do Supremo Tribunal Federal a ser remetida ao Congresso Nacional, por ocasião da abertura da sessão legislativa.

- CRFB, arts. 51, inc. II, 57, § 3º, inc. I, 84, incs. XI e XXIV, 93, 103-B, § 5º, e 130-A, § 2º
- Incluído pela EC nº 45/04

§ 5º O Ministro do Superior Tribunal de Justiça exercerá a função de Ministro-Corregedor e ficará excluído da distribuição de processos no Tribunal, competindo-lhe, além das atribuições que lhe forem conferidas pelo Estatuto da Magistratura, as seguintes:

- Incluído pela EC nº 45/04

I – receber as reclamações e denúncias, de qualquer interessado, relativas aos magistrados e aos serviços judiciários;

- Incluído pela EC nº 45/04

II – exercer funções executivas do Conselho, de inspeção e de correição geral;

- Incluído pela EC nº 45/04

III – requisitar e designar magistrados, delegando-lhes atribuições, e requisitar servidores de juízos ou tribunais, inclusive nos Estados, Distrito Federal e Territórios.

- CRFB, arts. 93 e 103-B, § 4º
- Incluído pela EC nº 45/04

§ 6º Junto ao Conselho oficiarão o Procurador-Geral da República e o Presidente do Conselho Federal da Ordem dos Advogados do Brasil.

- CRFB, arts. 36, inc. III, 103, incs. VI e VII e § 1º, 103-B, inc. XII, 109, § 5º, 128, § 1º, e 130-A, incs. I e V e § 4º
- Incluído pela EC nº 45/04

§ 7º A União, inclusive no Distrito Federal e nos Territórios, criará ouvidorias de justiça, competentes para receber reclamações e denúncias de qualquer interessado contra membros ou órgãos do Poder Judiciário, ou contra seus serviços auxiliares, representando diretamente ao Conselho Nacional de Justiça.

- CRFB, art. 92, inc. II
- RICNJ
- Lei nº 11.364/06 – Dispõe sobre as atividades de apoio ao Conselho Nacional de Justiça
- Lei nº 11.365/06 – Dispõe sobre a remuneração dos membros do Conselho Nacional de Justiça
- Resolução CNJ nº 103/10 – Dispõe sobre as atribuições da Ouvidoria do Conselho Nacional de Justiça e determina a criação de ouvidorias no âmbito dos tribunais
- Incluído pela EC nº 45/04

Seção III

Do Superior Tribunal de Justiça

Art. 104. O Superior Tribunal de Justiça compõe-se de, no mínimo, trinta e três Ministros.

Parágrafo único. Os Ministros do Superior Tribunal de Justiça serão nomeados pelo Presidente da República, dentre brasileiros com mais de trinta e cinco e menos de sessenta e cinco anos, de notável saber jurídico e reputação ilibada, depois de aprovada a escolha pela maioria absoluta do Senado Federal, sendo:

- Redação dada pela EC nº 45/04

I – um terço dentre juízes dos Tribunais Regionais Federais e um terço dentre desembargadores dos Tribunais de Justiça, indicados em lista tríplice elaborada pelo próprio Tribunal;

II – um terço, em partes iguais, dentre advogados e membros do Ministério Público Federal, Estadual, do Distrito Federal e Territórios, alternadamente, indicados na forma do art. 94.

- CRFB, arts. 52, inc. III, "a", e 84, inc. XIV
- ADCT, art. 27, §§ 2º e 5º

Art. 105. Compete ao Superior Tribunal de Justiça:

I – processar e julgar, originariamente:

a) nos crimes comuns, os Governadores dos Estados e do Distrito Federal, e, nestes e nos de responsabilidade, os desembargadores dos Tribunais de Justiça dos Estados e do Distrito Federal, os membros dos Tribunais de Contas dos Estados e do Distrito Federal, os dos Tribunais Regionais Federais, dos Tribunais Regionais Eleitorais e do Trabalho, os membros dos Conselhos ou Tribunais de Contas dos Municípios e os do Ministério Público da União que oficiem perante tribunais;

- CRFB, arts. 96, inc. III, 105, inc. I, "c", e 108, inc. I, "a"
- RISTJ, arts. 217 a 232

b) os mandados de segurança e os *habeas data* contra ato de Ministro de Estado, dos Comandantes da Marinha, do Exército e da Aeronáutica ou do próprio Tribunal;

- CRFB, arts. 5º, incs. LXIX, LXXII e LXXVII, 102, incs. I, "d" e II, "a", 105, inc. II, "b", 108, inc. I, "c", 109, inc. VIII, 114, inc. IV, e 121, §§ 3º e 4º, inc. V
- RISTJ, arts. 211 a 216

- Lei nº 9.507/97 – Disciplina o rito processual do *habeas data*, art. 7º, incs. I a III
- Lei nº 12.016/09 – Disciplina o mandado de segurança individual e coletivo, art. 1º, *caput*
- Redação dada pela EC nº 23/99

c) os *habeas corpus*, quando o coator ou paciente for qualquer das pessoas mencionadas na alínea "a", ou quando o coator for tribunal sujeito à sua jurisdição, Ministro de Estado ou Comandante da Marinha, do Exército ou da Aeronáutica, ressalvada a competência da Justiça Eleitoral;

- CRFB, arts. 5º, incs. LXVIII e LXXVII, 102, incs. I, "d" e "i" e II, "a", 105, inc. II, "a", 108, inc. I, "d", 109, inc. VII, 114, inc. IV, 121, §§ 3º e 4º, inc. V, e 142, § 2º
- CPP, arts. 647 a 667
- RISTJ, arts. 201 a 210
- Redação dada pela EC nº 23/99

d) os conflitos de competência entre quaisquer tribunais, ressalvado o disposto no art. 102, inc. I, "o", bem como entre tribunal e juízes a ele não vinculados e entre juízes vinculados a tribunais diversos;

- CRFB, arts. 108, inc. I, "e", e 114, inc. V
- RISTJ, arts. 193 a 198

e) as revisões criminais e as ações rescisórias de seus julgados;

- CRFB, arts. 102, inc. I, "j", e 108, inc. I, "b"
- CPC, arts. 485 a 495
- CPP, arts. 621 a 631
- RISTJ, arts. 233 a 243

f) a reclamação para a preservação de sua competência e garantia da autoridade de suas decisões;

- CRFB, arts. 102, inc. I, "l", e 103-A, § 3º
- RISTJ, arts. 187 a 192
- Lei nº 8.038/90 – Institui normas procedimentais para os processos que especifica, arts. 13 a 18

g) os conflitos de atribuições entre autoridades administrativas e judiciárias da União, ou entre autoridades judiciárias de um Estado e administrativas de outro ou do Distrito Federal, ou entre as deste e da União;

- RISTJ, arts. 193 a 198

h) o mandado de injunção, quando a elaboração da norma regulamentadora for atribuição de órgão, entidade ou autoridade federal, da administração direta ou indireta, excetuados os casos de competência do Supremo Tribunal Federal e dos órgãos da Justiça Militar, da Justiça Eleitoral, da Justiça do Trabalho e da Justiça Federal;

- CRFB, arts. 5º, inc. LXXI, 102, incs. I, "q" e II, "a", e 121, § 4º, inc. V
- RISTJ, art. 216
- Lei nº 8.038/90 – Institui normas procedimentais para os processos que especifica, art. 24, parágrafo único

i) a homologação de sentenças estrangeiras e a concessão de *exequatur* às cartas rogatórias;

- CRFB, art. 109, inc. X
- CPC, art. 483, *caput*

- Resolução STJ nº 9/05 – Dispõe, em caráter transitório, sobre a competência acrescida ao Superior Tribunal de Justiça pela Emenda Constitucional nº 45/04
- Incluída pela EC nº 45/04

II – julgar, em recurso ordinário:

a) os *habeas corpus* decididos em única ou última instância pelos Tribunais Regionais Federais ou pelos tribunais dos Estados, do Distrito Federal e Territórios, quando a decisão for denegatória;

- CRFB, arts. 5º, incs. LXVIII e LXXVII, 102, incs. I, "d" e "i" e II, "a", 105, inc. I, "c", 108, inc. I, "d", 109, inc. VII, 114, inc. IV, 121, §§ 3º e 4º, inc. V, e 142, § 2º
- CPP, arts. 647 a 667

b) os mandados de segurança decididos em única instância pelos Tribunais Regionais Federais ou pelos tribunais dos Estados, do Distrito Federal e Territórios, quando denegatória a decisão;

- CRFB, arts. 5º, inc. LXIX, 102, incs. I, "d" e II, "a", 105, inc. I, "b", 108, inc. I, "c", 109, inc. VIII, 114, inc. IV, e 121, §§ 3º e 4º, inc. V
- Lei nº 12.016/09 – Disciplina o mandado de segurança individual e coletivo, art. 1º, *caput*

c) as causas em que forem partes Estado estrangeiro ou organismo internacional, de um lado, e, do outro, Município ou pessoa residente ou domiciliada no País;

- CRFB, art. 102, inc. II
- CPC, arts. 539, inc. II, e 540
- RISTJ, arts. 244 a 248
- Lei nº 8.038/90 – Institui normas procedimentais para os processos que especifica, arts. 30 a 37

III – julgar, em recurso especial, as causas decididas, em única ou última instância, pelos Tribunais Regionais Federais ou pelos tribunais dos Estados, do Distrito Federal e Territórios, quando a decisão recorrida:

a) contrariar tratado ou lei federal, ou negar-lhes vigência;

b) julgar válido ato de governo local contestado em face de lei federal;

- Redação dada pela EC nº 45/04

c) der a lei federal interpretação divergente da que lhe haja atribuído outro tribunal.

- CPC, arts. 541 a 543
- RISTJ, arts. 255 a 257
- Lei nº 8.038/90 – Institui normas procedimentais para os processos que especifica, arts. 26 a 28

Parágrafo único. Funcionarão junto ao Superior Tribunal de Justiça:

- Redação dada pela EC nº 45/04

I – a Escola Nacional de Formação e Aperfeiçoamento de Magistrados, cabendo-lhe, dentre outras funções, regulamentar os cursos oficiais para o ingresso e promoção na carreira;

- Resolução CNJ nº 126/11 – Dispõe sobre o Plano Nacional de Capacitação Judicial de magistrados e servidores do Poder Judiciário
- Incluído pela EC nº 45/04

II – o Conselho da Justiça Federal, cabendo-lhe exercer, na forma da lei, a supervisão administrativa e orçamentária da Justiça Federal de primeiro e segundo graus, como órgão central do sistema e com poderes correicionais, cujas decisões terão caráter vinculante.

- CRFB, art. 92, inc. II
- Incluído pela EC nº 45/04

Seção IV

Dos Tribunais Regionais Federais e dos Juízes Federais

Art. 106. São órgãos da Justiça Federal:

I – os Tribunais Regionais Federais;

II – os Juízes Federais.

Art. 107. Os Tribunais Regionais Federais compõem-se de, no mínimo, sete juízes, recrutados, quando possível, na respectiva região e nomeados pelo Presidente da República dentre brasileiros com mais de trinta e menos de sessenta e cinco anos, sendo:

I – um quinto dentre advogados com mais de dez anos de efetiva atividade profissional e membros do Ministério Público Federal com mais de dez anos de carreira;

- CRFB, arts. 94, 111-A, inc. I, e 115, inc. I

II – os demais, mediante promoção de juízes federais com mais de cinco anos de exercício, por antiguidade e merecimento, alternadamente.

- ADCT, art. 27, § 9º

§ 1º A lei disciplinará a remoção ou a permuta de juízes dos Tribunais Regionais Federais e determinará sua jurisdição e sede.

- Redação dada pela EC nº 45/04

§ 2º Os Tribunais Regionais Federais instalarão a justiça itinerante, com a realização de audiências e demais funções da atividade jurisdicional, nos limites territoriais da respectiva jurisdição, servindo-se de equipamentos públicos e comunitários.

- CRFB, arts. 115, § 1º, e 125, § 7º
- Incluído pela EC nº 45/04

§ 3º Os Tribunais Regionais Federais poderão funcionar descentralizadamente, constituindo Câmaras regionais, a fim de assegurar o pleno acesso do jurisdicionado à justiça em todas as fases do processo.

- CRFB, arts. 115, § 2º, e 125, § 6º
- ADCT, art. 27, § 6º
- Incluído pela EC nº 45/04

Art. 108. Compete aos Tribunais Regionais Federais:

I – processar e julgar, originariamente:

a) os juízes federais da área de sua jurisdição, incluídos os da Justiça Militar e da Justiça do Trabalho, nos crimes comuns e de responsabilidade, e os membros do Ministério Público da União, ressalvada a competência da Justiça Eleitoral;

- CRFB, arts. 96, inc. III, e 105, inc. I, "a"

b) as revisões criminais e as ações rescisórias de julgados seus ou dos juízes federais da região;

- CRFB, arts. 102, inc. I, "j", e 105, inc. I, "e"
- CPC, arts. 485 a 495
- CPP, arts. 621 a 631

c) os mandados de segurança e os *habeas data* contra ato do próprio Tribunal ou de juiz federal;

- CRFB, arts. 5º, incs. LXIX, LXXII e LXXVII, 102, incs. I, "d" e II, "a", 105, incs. I, "b" e II, "b", 109, inc. VIII, 114, inc. IV, e 121, §§ 3º e 4º, inc. V
- Lei nº 9.507/97 – Disciplina o rito processual do *habeas data*, art. 7º, incs. I a III
- Lei nº 12.016/09 – Disciplina o mandado de segurança individual e coletivo, art. 1º, *caput*

d) os *habeas corpus*, quando a autoridade coatora for juiz federal;

- CRFB, arts. 5º, incs. LXVIII e LXXVII, 102, incs. I, "d" e "i" e II, "a", 105, incs. I, "c" e II, "a", 109, inc. VII, 114, inc. IV, 121, §§ 3º e 4º, inc. V, e 142, § 2º
- CPP, arts. 647 a 667

e) os conflitos de competência entre juízes federais vinculados ao Tribunal;

- CRFB, arts. 102, inc. I, "o", 105, inc. I, "d", e 114, inc. V

II – julgar, em grau de recurso, as causas decididas pelos juízes federais e pelos juízes estaduais no exercício da competência federal da área de sua jurisdição.

Art. 109. Aos juízes federais compete processar e julgar:

I – as causas em que a União, entidade autárquica ou empresa pública federal forem interessadas na condição de autoras, rés, assistentes ou oponentes, exceto as de falência, as de acidentes de trabalho e as sujeitas à Justiça Eleitoral e à Justiça do Trabalho;

II – as causas entre Estado estrangeiro ou organismo internacional e Município ou pessoa domiciliada ou residente no País;

III – as causas fundadas em tratado ou contrato da União com Estado estrangeiro ou organismo internacional;

IV – os crimes políticos e as infrações penais praticadas em detrimento de bens, serviços ou interesse da União ou de suas entidades autárquicas ou empresas públicas, excluídas as contravenções e ressalvada a competência da Justiça Militar e da Justiça Eleitoral;

- Súmula Vinculante nº 36/14

V – os crimes previstos em tratado ou convenção internacional, quando, iniciada a execução no País, o resultado tenha ou devesse ter ocorrido no estrangeiro, ou reciprocamente;

V-A – as causas relativas a direitos humanos a que se refere o § 5º deste artigo;

- Incluído pela EC nº 45/04

VI – os crimes contra a organização do trabalho e, nos casos determinados por lei, contra o sistema financeiro e a ordem econômico-financeira;

- CP, arts. 197 a 207
- Lei nº 7.492/86 – Define os crimes contra o sistema financeiro nacional
- Lei nº 8.137/90 – Define os crimes contra a ordem tributária, econômica e contra as relações de consumo
- Lei nº 8.176/91 – Define os crimes contra a ordem econômica

VII – os *habeas corpus*, em matéria criminal de sua competência ou quando o constrangimento provier de autoridade cujos atos não estejam diretamente sujeitos a outra jurisdição;

- CRFB, arts. 5º, incs. LXVIII e LXXVII, 102, incs. I, "d" e "i" e II, "a", 105, incs. I, "c" e II, "a", 108, inc. I, "d", 114, inc. IV, 121, §§ 3º e 4º, inc. V, e 142, § 2º
- CPP, arts. 647 a 667

VIII – os mandados de segurança e os *habeas data* contra ato de autoridade federal, excetuados os casos de competência dos tribunais federais;

- CRFB, arts. 5º, incs. LXIX, LXXII e LXXVII, 102, incs. I, "d" e II, "a", 105, incs. I, "b" e II, "b", 108, inc. I, "c", 114, inc. IV, e 121, §§ 3º e 4º, inc. V
- Lei nº 9.507/97 – Disciplina o rito processual do *habeas data*, art. 7º, incs. I a III
- Lei nº 12.016/09 – Disciplina o mandado de segurança individual e coletivo, art. 1º, *caput*

IX – os crimes cometidos a bordo de navios ou aeronaves, ressalvada a competência da Justiça Militar;

X – os crimes de ingresso ou permanência irregular de estrangeiro, a execução de carta rogatória, após o *exequatur*, e de sentença estrangeira, após a homologação, as causas referentes à nacionalidade, inclusive a respectiva opção, e à naturalização;

- CRFB, art. 105, inc. I, "i"
- CPC, art. 484

XI – a disputa sobre direitos indígenas.

- CRFB, arts. 20, inc. XI, 22, inc. XIV, 49, inc. XVI, 129, inc. V, 176, § 1º, 210, § 2º, 231 e 232
- ADCT, art. 67

§ 1º As causas em que a União for autora serão aforadas na seção judiciária onde tiver domicílio a outra parte.

§ 2º As causas intentadas contra a União poderão ser aforadas na seção judiciária em que for domiciliado o autor, naquela onde houver ocorrido o ato ou fato que deu origem à demanda ou onde esteja situada a coisa, ou, ainda, no Distrito Federal.

§ 3º Serão processadas e julgadas na justiça estadual, no foro do domicílio dos segurados ou beneficiários, as causas em que forem parte instituição de previdência social e segurado, sempre que a comarca não seja sede de vara do juízo federal, e, se verificada essa condição, a lei poderá permitir que outras causas sejam também processadas e julgadas pela justiça estadual.

- CRFB, art. 109, § 4º

§ 4º Na hipótese do parágrafo anterior, o recurso cabível será sempre para o Tribunal Regional Federal na área de jurisdição do juiz de primeiro grau.

§ 5º Nas hipóteses de grave violação de direitos humanos, o Procurador-Geral da República, com a finalidade de assegurar o cumprimento de obrigações decorrentes de tratados internacionais de direitos humanos dos quais o Brasil seja parte, poderá suscitar, perante o Superior Tribunal de Justiça, em qualquer fase do inquérito ou processo, incidente de deslocamento de competência para a Justiça Federal.

- CRFB, arts. 36, inc. III, 103, inc. VI e § 1º, 103-B, § 6º, 109, inc. V-A, 128, § 1º, e 130-A, inc. I

- Resolução STJ nº 6/05 – Dispõe sobre a competência acrescida ao Superior Tribunal de Justiça pela Emenda Constitucional nº 45/04
- Incluído pela EC nº 45/04

Art. 110. Cada Estado, bem como o Distrito Federal, constituirá uma seção judiciária que terá por sede a respectiva Capital, e varas localizadas segundo o estabelecido em lei.

- Lei nº 5.010/66 – Organiza a Justiça Federal de primeira instância

Parágrafo único. Nos Territórios Federais, a jurisdição e as atribuições cometidas aos juízes federais caberão aos juízes da justiça local, na forma da lei.

- CRFB, art. 92, inc. III

Seção V

Dos Tribunais e Juízes do Trabalho

Art. 111. São órgãos da Justiça do Trabalho:

I – o Tribunal Superior do Trabalho;

II – os Tribunais Regionais do Trabalho;

III – Juízes do Trabalho.

- Redação dada pela EC nº 24/99

§ 1º

- Excluído pela EC nº 45/04

§ 2º

- Excluído pela EC nº 45/04

§ 3º

- Excluído pela EC nº 45/04

Art. 111-A. O Tribunal Superior do Trabalho compor-se-á de vinte e sete Ministros, escolhidos dentre brasileiros com mais de trinta e cinco e menos de sessenta e cinco anos, nomeados pelo Presidente da República após aprovação pela maioria absoluta do Senado Federal, sendo:

- Incluído pela EC nº 45/04

I – um quinto dentre advogados com mais de dez anos de efetiva atividade profissional e membros do Ministério Público do Trabalho com mais de dez anos de efetivo exercício, observado o disposto no art. 94;

- CRFB, arts. 107, inc. I, e 115, inc. I
- Incluído pela EC nº 45/04

II – os demais dentre juízes dos Tribunais Regionais do Trabalho, oriundos da magistratura da carreira, indicados pelo próprio Tribunal Superior.

- CRFB, art. 52, inc. III, "a", e 84, inc. XIV
- Incluído pela EC nº 45/04

§ 1º A lei disporá sobre a competência do Tribunal Superior do Trabalho.

- Incluído pela EC nº 45/04

§ 2º Funcionarão junto ao Tribunal Superior do Trabalho:

- Incluído pela EC nº 45/04

I – a Escola Nacional de Formação e Aperfeiçoamento de Magistrados do Trabalho, cabendo-lhe, dentre outras funções, regulamentar os cursos oficiais para o ingresso e promoção na carreira;

- Resolução CNJ nº 126/11 – Dispõe sobre o Plano Nacional de Capacitação Judicial de magistrados e servidores do Poder Judiciário
- Incluído pela EC nº 45/04

II – o Conselho Superior da Justiça do Trabalho, cabendo-lhe exercer, na forma da lei, a supervisão administrativa, orçamentária, financeira e patrimonial da Justiça do Trabalho de primeiro e segundo graus, como órgão central do sistema, cujas decisões terão efeito vinculante.

- Incluído pela EC nº 45/04

Art. 112. A lei criará varas da Justiça do Trabalho, podendo, nas comarcas não abrangidas por sua jurisdição, atribuí-la aos juízes de direito, com recurso para o respectivo Tribunal Regional do Trabalho.

- Redação dada pela EC nº 45/04

Art. 113. A lei disporá sobre a constituição, investidura, jurisdição, competência, garantias e condições de exercício dos órgãos da Justiça do Trabalho.

- Redação dada pela EC nº 24/99

Art. 114. Compete à Justiça do Trabalho processar e julgar:

- Redação dada pela EC nº 45/04

I – as ações oriundas da relação de trabalho, abrangidos os entes de direito público externo e da administração pública direta e indireta da União, dos Estados, do Distrito Federal e dos Municípios;

- Incluído pela EC nº 45/04

II – as ações que envolvam exercício do direito de greve;

- Súmula Vinculante nº 23/09
- Incluído pela EC nº 45/04

III – as ações sobre representação sindical, entre sindicatos, entre sindicatos e trabalhadores, e entre sindicatos e empregadores;

- CRFB, arts. 5º, inc. LXX, "b", e 8º
- Incluído pela EC nº 45/04

IV – os mandados de segurança, *habeas corpus* e *habeas data*, quando o ato questionado envolver matéria sujeita à sua jurisdição;

- CRFB, arts. 5º, incs. LXVIII, LXIX, LXXII e LXXVII, 102, incs. I, "d" e "i" e II, "a", 105, incs. I, "b" e "c" e II, "a" e "b", 108, inc. I, "c" e "d", 109, incs. VII e VIII, 121, §§ 3º e 4º, inc. V, e 142, § 2º
- CPP, arts. 647 a 667
- Lei nº 9.507/97 – Disciplina o rito processual do *habeas data*, art. 7º, incs. I a III
- Lei nº 12.016/09 – Disciplina o mandado de segurança individual e coletivo, art. 1º, *caput*
- Incluído pela EC nº 45/04

V – os conflitos de competência entre órgãos com jurisdição trabalhista, ressalvado o disposto no art. 102, inc. I, "o";

- CRFB, arts. 105, inc. I, "d", e 108, inc. I, "e"
- Incluído pela EC nº 45/04

VI – as ações de indenização por dano moral ou patrimonial, decorrentes da relação de trabalho;

- Súmula Vinculante nº 22/09
- Incluído pela EC nº 45/04

VII – as ações relativas às penalidades administrativas impostas aos empregadores pelos órgãos de fiscalização das relações de trabalho;

- Incluído pela EC nº 45/04

VIII – a execução, de ofício, das contribuições sociais previstas no art. 195, incs. I, "a" e II, e seus acréscimos legais, decorrentes das sentenças que proferir;

- Incluído pela EC nº 45/04

IX – outras controvérsias decorrentes da relação de trabalho, na forma da lei.

- Lei nº 8.984/95 – Estende a competência da Justiça do Trabalho
- Incluído pela EC nº 45/04

§ 1º Frustrada a negociação coletiva, as partes poderão eleger árbitros.

§ 2º Recusando-se qualquer das partes à negociação coletiva ou à arbitragem, é facultado às mesmas, de comum acordo, ajuizar dissídio coletivo de natureza econômica, podendo a Justiça do Trabalho decidir o conflito, respeitadas as disposições mínimas legais de proteção ao trabalho, bem como as convencionadas anteriormente.

- Redação dada pela EC nº 45/04

§ 3º Em caso de greve em atividade essencial, com possibilidade de lesão do interesse público, o Ministério Público do Trabalho poderá ajuizar dissídio coletivo, competindo à Justiça do Trabalho decidir o conflito.

- Redação dada pela EC nº 45/04

Art. 115. Os Tribunais Regionais do Trabalho compõem-se de, no mínimo, sete juízes, recrutados, quando possível, na respectiva região, e nomeados pelo Presidente da República dentre brasileiros com mais de trinta e menos de sessenta e cinco anos, sendo:

- Redação dada pela EC nº 45/04

I – um quinto dentre advogados com mais de dez anos de efetiva atividade profissional e membros do Ministério Público do Trabalho com mais de dez anos de efetivo exercício, observado o disposto no art. 94;

- CRFB, arts. 107, inc. I, e 111-A, inc. I
- Incluído pela EC nº 45/04

II – os demais, mediante promoção de juízes do trabalho por antiguidade e merecimento, alternadamente.

- CRFB, arts. 52, inc. III, "a", e 84, inc. XIV
- Incluído pela EC nº 45/04

§ 1º Os Tribunais Regionais do Trabalho instalarão a justiça itinerante, com a realização de audiências e demais funções de atividade jurisdicional, nos limites territoriais da respectiva jurisdição, servindo-se de equipamentos públicos e comunitários.

- CRFB, arts. 107, § 2º, e 125, § 7º
- Incluído pela EC nº 45/04

§ 2º Os Tribunais Regionais do Trabalho poderão funcionar descentralizadamente, constituindo Câmaras regionais, a fim de assegurar o pleno acesso do jurisdicionado à justiça em todas as fases do processo.

- CRFB, arts. 107, § 3º, e 125, § 6º
- Incluído pela EC nº 45/04

Art. 116. Nas Varas do Trabalho, a jurisdição será exercida por um juiz singular.

- CRFB, art. 92, inc. IV
- Redação dada pela EC nº 24/99

Parágrafo único.

- Excluído pela EC nº 24/99

Art. 117.

- Excluído pela EC nº 24/99

Parágrafo único.

- Excluído pela EC nº 24/99

Seção VI

Dos Tribunais e Juízes Eleitorais

Art. 118. São órgãos da Justiça Eleitoral:

I – o Tribunal Superior Eleitoral;

II – os Tribunais Regionais Eleitorais;

III – os Juízes Eleitorais;

IV – as Juntas Eleitorais.

Art. 119. O Tribunal Superior Eleitoral compor-se-á, no mínimo, de sete membros, escolhidos:

I – mediante eleição, pelo voto secreto:

a) três juízes dentre os Ministros do Supremo Tribunal Federal;

b) dois juízes dentre os Ministros do Superior Tribunal de Justiça;

II – por nomeação do Presidente da República, dois juízes dentre seis advogados de notável saber jurídico e idoneidade moral, indicados pelo Supremo Tribunal Federal.

Parágrafo único. O Tribunal Superior Eleitoral elegerá seu Presidente e o Vice-Presidente dentre os Ministros do Supremo Tribunal Federal, e o Corregedor Eleitoral dentre os Ministros do Superior Tribunal de Justiça.

Art. 120. Haverá um Tribunal Regional Eleitoral na Capital de cada Estado e no Distrito Federal.

§ 1º Os Tribunais Regionais Eleitorais compor-se-ão:

I – mediante eleição, pelo voto secreto:

a) de dois juízes dentre os desembargadores do Tribunal de Justiça;

b) de dois juízes, dentre juízes de direito, escolhidos pelo Tribunal de Justiça;

II – de um juiz do Tribunal Regional Federal com sede na Capital do Estado ou no Distrito Federal, ou, não havendo, de juiz federal, escolhido, em qualquer caso, pelo Tribunal Regional Federal respectivo;

III – por nomeação, pelo Presidente da República, de dois juízes dentre seis advogados de notável saber jurídico e idoneidade moral, indicados pelo Tribunal de Justiça.

§ 2º O Tribunal Regional Eleitoral elegerá seu Presidente e o Vice-Presidente dentre os desembargadores.

Art. 121. Lei complementar disporá sobre a organização e competência dos tribunais, dos juízes de direito e das juntas eleitorais.

§ 1º Os membros dos tribunais, os juízes de direito e os integrantes das juntas eleitorais, no exercício de suas funções, e no que lhes for aplicável, gozarão de plenas garantias e serão inamovíveis.

§ 2º Os juízes dos tribunais eleitorais, salvo motivo justificado, servirão por dois anos, no mínimo, e nunca por mais de dois biênios consecutivos, sendo os substitutos escolhidos na mesma ocasião e pelo mesmo processo, em número igual para cada categoria.

§ 3º São irrecorríveis as decisões do Tribunal Superior Eleitoral, salvo as que contrariarem esta Constituição e as denegatórias de *habeas corpus* ou mandado de segurança.

- CRFB, arts. 5º, incs. LXVIII, LXIX e LXXVII, 102, incs. I, "d" e "i" e II, "a", 105, incs. I, "b" e "c" e II, "a" e "b", 108, inc. I, "c" e "d", 109, incs. VII e VIII, 114, inc. IV, 121, § 4º, inc. V, e 142, § 2º
- CPP, arts. 647 a 667
- Lei nº 12.016/09 – Disciplina o mandado de segurança individual e coletivo, art. 1º, *caput*

§ 4º Das decisões dos Tribunais Regionais Eleitorais somente caberá recurso quando:

I – forem proferidas contra disposição expressa desta Constituição ou de lei;

II – ocorrer divergência na interpretação de lei entre dois ou mais tribunais eleitorais;

III – versarem sobre inelegibilidade ou expedição de diplomas nas eleições federais ou estaduais;

IV – anularem diplomas ou decretarem a perda de mandatos eletivos federais ou estaduais;

- CRFB, art. 55, inc. V

V – denegarem *habeas corpus*, mandado de segurança, *habeas data* ou mandado de injunção.

- CRFB, arts. 5º, incs. LXVIII, LXIX, LXXI, LXXII e LXXVII, 92, inc. V, 102, incs. I, "d", "i" e "q" e II, "a", 105, incs. I, "b", "c" e "h" e II, "a" e "b", 108, inc. I, "c" e "d", 109, incs. VII e VIII, 114, inc. IV, 121, § 3º, e 142, § 2º
- CPP, arts. 647 a 667
- Lei nº 8.038/90 – Institui normas procedimentais para os processos que especifica, art. 24, parágrafo único
- Lei nº 9.507/97 – Disciplina o rito processual do *habeas data*, art. 7º, incs. I a III
- Lei nº 12.016/09 – Disciplina o mandado de segurança individual e coletivo, art. 1º, *caput*

Seção VII

Dos Tribunais e Juízes Militares

Art. 122. São órgãos da Justiça Militar:

I – o Superior Tribunal Militar;

II – os Tribunais e Juízes Militares instituídos por lei.

Art. 123. O Superior Tribunal Militar compor-se-á de quinze Ministros vitalícios, nomeados pelo Presidente da República, depois de aprovada a indicação pelo Senado Federal, sendo três dentre oficiais-generais da Marinha, quatro dentre oficiais-generais do Exército, três dentre oficiais-generais da Aeronáutica, todos da ativa e do posto mais elevado da carreira, e cinco dentre civis.

- CRFB, art. 52, inc. III, "a", e 84, inc. XIV

Parágrafo único. Os Ministros civis serão escolhidos pelo Presidente da República dentre brasileiros maiores de trinta e cinco anos, sendo:

I – três dentre advogados de notório saber jurídico e conduta ilibada, com mais de dez anos de efetiva atividade profissional;

II – dois, por escolha paritária, dentre juízes auditores e membros do Ministério Público da Justiça Militar.

Art. 124. À Justiça Militar compete processar e julgar os crimes militares definidos em lei.

- CPM, arts. 136 a 408

Parágrafo único. A lei disporá sobre a organização, o funcionamento e a competência da Justiça Militar.

- CRFB, art. 92, inc. VI
- Lei nº 8.457/92 – Organiza a Justiça Militar da União e regula o funcionamento de seus serviços auxiliares

Seção VIII

Dos Tribunais e Juízes dos Estados

Art. 125. Os Estados organizarão sua Justiça, observados os princípios estabelecidos nesta Constituição.

§ 1º A competência dos tribunais será definida na Constituição do Estado, sendo a lei de organização judiciária de iniciativa do Tribunal de Justiça.

- CRFB, arts. 25, *caput*, 29, *caput*, 35, inc. IV, 75, parágrafo único, e 125, § 2º
- ADCT, arts. 11, *caput*, e 70

§ 2º Cabe aos Estados a instituição de representação de inconstitucionalidade de leis ou atos normativos estaduais ou municipais em face da Constituição Estadual, vedada a atribuição da legitimação para agir a um único órgão.

- CRFB, arts. 35, inc. IV, e 125, § 1º

§ 3º A lei estadual poderá criar, mediante proposta do Tribunal de Justiça, a Justiça Militar estadual, constituída, em primeiro grau, pelos juízes de direito e pelos Conselhos de Justiça e, em segundo grau, pelo próprio Tribunal de Justiça, ou por Tribunal de Justiça Militar nos Estados em que o efetivo militar seja superior a vinte mil integrantes.

- Redação dada pela EC nº 45/04

§ 4º Compete à Justiça Militar estadual processar e julgar os militares dos Estados, nos crimes militares definidos em lei e as ações judiciais contra atos disciplinares militares, ressalvada a competência do júri quando a vítima for civil, cabendo ao tribunal competente decidir sobre a perda do posto e da patente dos oficiais e da graduação das praças.

- CRFB, art. 5º, inc. XXXVIII
- CPPM, art. 82, *caput* e § 2º
- Redação dada pela EC nº 45/04

§ 5º Compete aos juízes de direito do juízo militar processar e julgar, singularmente, os crimes militares cometidos contra civis e as ações judiciais contra atos disciplinares militares, cabendo ao Conselho de Justiça, sob a presidência de juiz de direito, processar e julgar os demais crimes militares.

- Incluído pela EC nº 45/04

§ 6º O Tribunal de Justiça poderá funcionar descentralizadamente, constituindo Câmaras regionais, a fim de assegurar o pleno acesso do jurisdicionado à justiça em todas as fases do processo.

- CRFB, arts. 107, § 3º, e 115, § 2º
- Incluído pela EC nº 45/04

§ 7º O Tribunal de Justiça instalará a justiça itinerante, com a realização de audiências e demais funções da atividade jurisdicional, nos limites territoriais da respectiva jurisdição, servindo-se de equipamentos públicos e comunitários.

- CRFB, arts. 107, § 2º, e 115, § 1º
- Incluído pela EC nº 45/04

Art. 126. Para dirimir conflitos fundiários, o Tribunal de Justiça proporá a criação de varas especializadas, com competência exclusiva para questões agrárias.

- Redação dada pela EC nº 45/04

Parágrafo único. Sempre que necessário à eficiente prestação jurisdicional, o juiz far-se-á presente no local do litígio.

- CRFB, art. 92, inc. VII

CAPÍTULO IV

Das Funções Essenciais à Justiça

Seção I

Do Ministério Público

Art. 127. O Ministério Público é instituição permanente, essencial à função jurisdicional do Estado, incumbindo-lhe a defesa da ordem jurídica, do regime democrático e dos interesses sociais e individuais indisponíveis.

- CRFB, arts. 1º, *caput*, 17, *caput*, 23, inc. I, 34, inc. VII, "a", 90, inc. II, 136 a 144, 194, parágrafo único, inc. VII, 206, inc. VI, e 215, § 3º, inc. IV

§ 1º São princípios institucionais do Ministério Público a unidade, a indivisibilidade e a independência funcional.

§ 2º Ao Ministério Público é assegurada autonomia funcional e administrativa, podendo, observado o disposto no art. 169, propor ao Poder Legislativo a criação e extinção de seus cargos e serviços auxiliares, provendo-os por concurso público de provas ou de provas e títulos, a política remuneratória e os planos de carreira; a lei disporá sobre sua organização e funcionamento.

- CRFB, arts. 37, incs. I a IV, 39, § 3º, 48, inc. X, 51, inc. IV, 52, inc. XIII, 61, § 1º, 73, 84, inc. XXV, 93, 96, incs. I, "b" e II, 99, *caput*, 103-B, § 4º, inc. I, 129, § 3º, 130-A, § 2º, inc. I, 131, § 2º, 132, *caput*, 134, §§ 1º e 2º, e 207, § 1º
- ADCT, art. 8º, § 3º
- Redação dada pela EC nº 19/98

§ 3º O Ministério Público elaborará sua proposta orçamentária dentro dos limites estabelecidos na lei de diretrizes orçamentárias.

- CRFB, art. 127, §§ 4º e 5º

§ 4º Se o Ministério Público não encaminhar a respectiva proposta orçamentária dentro do prazo estabelecido na lei de diretrizes orçamentárias, o Poder Executivo considerará, para fins de consolidação da proposta orçamentária anual, os valores aprovados na lei orçamentária vigente, ajustados de acordo com os limites estipulados na forma do § 3º.

- Incluído pela EC nº 45/04

§ 5º Se a proposta orçamentária de que trata este artigo for encaminhada em desacordo com os limites estipulados na forma do § 3º, o Poder Executivo procederá aos ajustes necessários para fins de consolidação da proposta orçamentária anual.

- Incluído pela EC nº 45/04

§ 6º Durante a execução orçamentária do exercício, não poderá haver a realização de despesas ou a assunção de obrigações que extrapolem os limites estabelecidos na lei de diretrizes orçamentárias, exceto se previamente autorizadas, mediante a abertura de créditos suplementares ou especiais.

- Incluído pela EC nº 45/04

Art. 128. O Ministério Público abrange:

I – o Ministério Público da União, que compreende:

a) o Ministério Público Federal;

b) o Ministério Público do Trabalho;

c) o Ministério Público Militar;

d) o Ministério Público do Distrito Federal e Territórios;

- CRFB, arts. 21, inc. XIII, 22, inc. XVII, 92, inc. VII, e 134, § 1º

II – os Ministérios Públicos dos Estados.

§ 1º O Ministério Público da União tem por chefe o Procurador-Geral da República, nomeado pelo Presidente da República dentre integrantes da carreira, maiores de trinta e cinco anos, após a aprovação de seu nome pela maioria absoluta dos membros do Senado Federal, para mandato de dois anos, permitida a recondução.

- CRFB, arts. 36, inc. III, 52, inc. III, "e", 84, inc. XIV, 103, inc. VI e § 1º, 103-B, § 6º, 109, § 5º, e 130-A, inc. I

§ 2º A destituição do Procurador-Geral da República, por iniciativa do Presidente da República, deverá ser precedida de autorização da maioria absoluta do Senado Federal.

- CRFB, art. 52, inc. XI

§ 3º Os Ministérios Públicos dos Estados e o do Distrito Federal e Territórios formarão lista tríplice dentre integrantes da carreira, na forma da lei respectiva, para escolha de seu Procurador-Geral, que será nomeado pelo Chefe do Poder Executivo, para mandato de dois anos, permitida uma recondução.

§ 4º Os Procuradores-Gerais nos Estados e no Distrito Federal e Territórios poderão ser destituídos por deliberação da maioria absoluta do Poder Legislativo, na forma da lei complementar respectiva.

§ 5º Leis complementares da União e dos Estados, cuja iniciativa é facultada aos respectivos Procuradores-Gerais, estabelecerão a organização, as atribuições e o estatuto de cada Ministério Público, observadas, relativamente a seus membros:

I – as seguintes garantias:

a) vitaliciedade, após dois anos de exercício, não podendo perder o cargo senão por sentença judicial transitada em julgado;

- CRFB, arts. 73, § 3º, e 95, inc. I

b) inamovibilidade, salvo por motivo de interesse público, mediante decisão do órgão colegiado competente do Ministério Público, pelo voto da maioria absoluta de seus membros, assegurada ampla defesa;

- CRFB, arts. 73, § 3º, 93, inc. VIII, e 95, inc. II
- Redação dada pela EC nº 45/04

c) irredutibilidade de subsídio, fixado na forma do art. 39, § 4º, e ressalvado o disposto nos arts. 37, incs. X e XI, 150, inc. II, e 153, inc. III e § 2º, inc. I;

- CRFB, arts. 62, § 1º, inc. I, "c", 68, § 1º, inc. I, 73, § 3º, e 95, inc. III
- Redação dada pela EC nº 19/98

II – as seguintes vedações:

a) receber, a qualquer título e sob qualquer pretexto, honorários, percentagens ou custas processuais;

b) exercer a advocacia;

- ADCT, art. 29, § 3º
- Resolução CNMP nº 8/06 – Dispõe sobre impedimentos e vedações ao exercício de advocacia por membros do Ministério Público

c) participar de sociedade comercial, na forma da lei;

d) exercer, ainda que em disponibilidade, qualquer outra função pública, salvo uma de magistério;

- CRFB, arts. 37, incs. XVI e XVII e § 10, 38, 40, § 6º, e 95, parágrafo único, inc. I

- Resolução CNMP nº 73/11 – Dispõe sobre o acúmulo do exercício das funções ministeriais com o exercício do magistério por membros do Ministério Público da União e dos Estados

e) exercer atividade político-partidária;

- Resolução CNMP nº 5/06 – Disciplina o exercício de atividade político-partidária e de cargos públicos por membros do Ministério Público Nacional
- Redação dada pela EC nº 45/04

f) receber, a qualquer título ou pretexto, auxílios ou contribuições de pessoas físicas, entidades públicas ou privadas, ressalvadas as exceções previstas em lei.

- Lei Complementar nº 75/93 – Dispõe sobre a organização, as atribuições e o estatuto do Ministério Público da União
- Resolução CNMP nº 68/11 – Dispõe sobre a indicação dos termos e os prazos de prescrição, em tese, para as penalidades aplicáveis a infrações que tenham justificado a instauração de procedimentos administrativos disciplinares
- Incluída pela EC nº 45/04

§ 6º Aplica-se aos membros do Ministério Público o disposto no art. 95, parágrafo único, inc. V.

- Incluído pela EC nº 45/04

Art. 129. São funções institucionais do Ministério Público:

I – promover, privativamente, a ação penal pública, na forma da lei;

- CPP, art. 24
- LOMPU, art. 6º, inc. V
- LONMP, art. 25, inc. III

II – zelar pelo efetivo respeito dos Poderes Públicos e dos serviços de relevância pública aos direitos assegurados nesta Constituição, promovendo as medidas necessárias a sua garantia;

- LOMPU, art. 2º
- LONMP, art. 27
- Lei nº 8.987/95 – Dispõe sobre o regime de concessão e permissão da prestação de serviços públicos, art. 7º, incs. IV e V

III – promover o inquérito civil e a ação civil pública, para a proteção do patrimônio público e social, do meio ambiente e de outros interesses difusos e coletivos;

- CRFB, arts. 24, inc. VIII, e 129, § 1º
- LOMPU, art. 6º, inc. VII
- LONMP, art. 25, inc. IV
- Lei nº 7.347/85 – Disciplina a ação civil pública de responsabilidade por danos causados ao meio ambiente, ao consumidor, a bens e direitos de valor artístico, estético, histórico, turístico e paisagístico, art. 1º, incs. I a VI
- Resolução CNMP nº 23/07 – Disciplina a instauração e tramitação do inquérito civil no âmbito do Ministério Público

IV – promover a ação de inconstitucionalidade ou representação para fins de intervenção da União e dos Estados, nos casos previstos nesta Constituição;

- CRFB, arts. 34, inc. VII, 36, inc. III, 102, inc. I, "a" e "p", e 103, *caput*, §§ 1º e 3º
- LOMPU, art. 6º, incs. I a IV
- LONMP, art. 25, incs. I e II

- Lei nº 12.562/11 – Dispõe sobre o processo e julgamento da representação interventiva perante o Supremo Tribunal Federal, art. 2º
- Lei nº 9.868/99 – Dispõe sobre o processo e julgamento da ação direta de inconstitucionalidade e da ação declaratória de constitucionalidade perante o Supremo Tribunal Federal, art. 2º, inc. VI

V – defender judicialmente os direitos e interesses das populações indígenas;

- CRFB, arts. 20, inc. XI, 22, inc. XIV, 49, inc. XVI, 109, inc. XI, 176, § 1º, 210, § 2º, 231 e 232
- ADCT, art. 67
- LOMPU, art. 6º, inc. XI
- LONMP, art. 80

VI – expedir notificações nos procedimentos administrativos de sua competência, requisitando informações e documentos para instruí-los, na forma da lei complementar respectiva;

- CRFB, art. 129, inc. VIII
- LOMPU, art. 8º, incs. I a V, VII e IX
- LONMP, art. 26, incs. I e II
- Resolução CNMP nº 13/06 – Disciplina a instauração, instrução e conclusão do procedimento administrativo investigatório criminal no âmbito do Ministério Público

VII – exercer o controle externo da atividade policial, na forma da lei complementar mencionada no artigo anterior;

- LOMPU, arts. 3º, 9º e 38, inc. IV
- LONMP, art. 80
- Resolução CNMP nº 20/07 – Disciplina o controle externo da atividade policial no âmbito do Ministério Público

VIII – requisitar diligências investigatórias e a instauração de inquérito policial, indicados os fundamentos jurídicos de suas manifestações processuais;

- CRFB, art. 129, inc. VI
- CPP, art. 5º, inc. II
- LOMPU, art. 7º, inc. II
- LONMP, art. 26, inc. IV

IX – exercer outras funções que lhe forem conferidas, desde que compatíveis com sua finalidade, sendo-lhe vedada a representação judicial e a consultoria jurídica de entidades públicas.

- CRFB, arts. 131, *caput*, e 132, *caput*

§ 1º A legitimação do Ministério Público para as ações civis previstas neste artigo não impede a de terceiros, nas mesmas hipóteses, segundo o disposto nesta Constituição e na lei.

- CRFB, arts. 24, inc. VIII, e 129, inc. III
- Lei nº 7.347/85 – Disciplina a ação civil pública de responsabilidade por danos causados ao meio ambiente, ao consumidor, a bens e direitos de valor artístico, estético, histórico, turístico e paisagístico, art. 5º, incs. II a V

§ 2º As funções do Ministério Público só podem ser exercidas por integrantes da carreira, que deverão residir na comarca da respectiva lotação, salvo autorização do chefe da instituição.

- Resolução CNMP nº 26/07 – Disciplina a residência na Comarca pelos membros do Ministério Público
- Redação dada pela EC nº 45/04

§ 3º O ingresso na carreira do Ministério Público far-se-á mediante concurso público de provas e títulos, assegurada a participação da Ordem dos Advogados do Brasil em sua realização, exigindo-se do bacharel em direito, no mínimo, três anos de atividade jurídica e observando-se, nas nomeações, a ordem de classificação.

- CRFB, arts. 37, incs. II a IV, 93, inc. I, 127, § 2º, 131, § 2º, 132, *caput*, e 134, § 1º
- ADCT, art. 29, § 2º
- Resolução CNMP nº 14/06 – Dispõe sobre regras gerais regulamentares para o concurso de ingresso na carreira do Ministério Público brasileiro
- Redação dada pela EC nº 45/04

§ 4º Aplica-se ao Ministério Público, no que couber, o disposto no art. 93.

- Redação dada pela EC nº 45/04

§ 5º A distribuição de processos no Ministério Público será imediata.

- Incluído pela EC nº 45/04

Art. 130. Aos membros do Ministério Público junto aos Tribunais de Contas aplicam-se as disposições desta seção pertinentes a direitos, vedações e forma de investidura.

- CRFB, art. 73, § 2º, inc. I

Art. 130-A. O Conselho Nacional do Ministério Público compõe-se de quatorze membros nomeados pelo Presidente da República, depois de aprovada a escolha pela maioria absoluta do Senado Federal, para um mandato de dois anos, admitida uma recondução, sendo:

- Incluído pela EC nº 45/04

I – o Procurador-Geral da República, que o preside;

- CRFB, arts. 36, inc. III, 103, inc. VI e § 1º, 103-B, § 6º, 109, § 5º, e 128, § 1º
- Incluído pela EC nº 45/04

II – quatro membros do Ministério Público da União, assegurada a representação de cada uma de suas carreiras;

- Incluído pela EC nº 45/04

III – três membros do Ministério Público dos Estados;

- Incluído pela EC nº 45/04

IV – dois juízes, indicados um pelo Supremo Tribunal Federal e outro pelo Superior Tribunal de Justiça;

- Incluído pela EC nº 45/04

V – dois advogados, indicados pelo Conselho Federal da Ordem dos Advogados do Brasil;

- CRFB, arts. 103, inc. VII, 103-B, inc. XII e § 6º, e 130-A, § 4º
- Incluído pela EC nº 45/04

VI – dois cidadãos de notável saber jurídico e reputação ilibada, indicados um pela Câmara dos Deputados e outro pelo Senado Federal.

- Incluído pela EC nº 45/04

§ 1º Os membros do Conselho oriundos do Ministério Público serão indicados pelos respectivos Ministérios Públicos, na forma da lei.

- Lei nº 11.372/06 – Dispõe sobre a forma de indicação dos membros do Conselho Nacional do Ministério Público oriundos do Ministério Público
- Incluído pela EC nº 45/04

§ 2º Compete ao Conselho Nacional do Ministério Público o controle da atuação administrativa e financeira do Ministério Público e do cumprimento dos deveres funcionais de seus membros, cabendo-lhe:

- Incluído pela EC nº 45/04

I – zelar pela autonomia funcional e administrativa do Ministério Público, podendo expedir atos regulamentares, no âmbito de sua competência, ou recomendar providências;

- CRFB, arts. 99, *caput*, 103-B, § 4º, inc. I, 127, § 2º, e 134, § 2º
- Incluído pela EC nº 45/04

II – zelar pela observância do art. 37 e apreciar, de ofício ou mediante provocação, a legalidade dos atos administrativos praticados por membros ou órgãos do Ministério Público da União e dos Estados, podendo desconstituí-los, revê-los ou fixar prazo para que se adotem as providências necessárias ao exato cumprimento da lei, sem prejuízo da competência dos Tribunais de Contas;

- Incluído pela EC nº 45/04

III – receber e conhecer das reclamações contra membros ou órgãos do Ministério Público da União ou dos Estados, inclusive contra seus serviços auxiliares, sem prejuízo da competência disciplinar e correicional da instituição, podendo avocar processos disciplinares em curso, determinar a remoção, a disponibilidade ou a aposentadoria com subsídios ou proventos proporcionais ao tempo de serviço e aplicar outras sanções administrativas, assegurada ampla defesa;

- Incluído pela EC nº 45/04

IV – rever, de ofício ou mediante provocação, os processos disciplinares de membros do Ministério Público da União ou dos Estados julgados há menos de um ano;

- Incluído pela EC nº 45/04

V – elaborar relatório anual, propondo as providências que julgar necessárias sobre a situação do Ministério Público no País e as atividades do Conselho, o qual deve integrar a mensagem prevista no art. 84, inc. XI.

- CRFB, art. 103-B, § 4º
- Incluído pela EC nº 45/04

§ 3º O Conselho escolherá, em votação secreta, um Corregedor nacional, dentre os membros do Ministério Público que o integram, vedada a recondução, competindo-lhe, além das atribuições que lhe forem conferidas pela lei, as seguintes:

- Incluído pela EC nº 45/04

I – receber reclamações e denúncias, de qualquer interessado, relativas aos membros do Ministério Público e dos seus serviços auxiliares;

- Incluído pela EC nº 45/04

II – exercer funções executivas do Conselho, de inspeção e correição geral;

- Incluído pela EC nº 45/04

III – requisitar e designar membros do Ministério Público, delegando-lhes atribuições, e requisitar servidores de órgãos do Ministério Público.

- Incluído pela EC nº 45/04

§ 4º O Presidente do Conselho Federal da Ordem dos Advogados do Brasil oficiará junto ao Conselho.

- CRFB, arts. 103, inc. VII, 103-B, inc. XII e § 6º, e 130-A, inc. V
- Incluído pela EC nº 45/04

§ 5º Leis da União e dos Estados criarão ouvidorias do Ministério Público, competentes para receber reclamações e denúncias de qualquer interessado contra membros ou órgãos do Ministério Público, inclusive contra seus serviços auxiliares, representando diretamente ao Conselho Nacional do Ministério Público.

- RICNMP
- Lei nº 11.883/08 – Dispõe sobre a remuneração dos membros do Conselho Nacional do Ministério Público
- Lei nº 12.412/11 – Dispõe sobre o Quadro de Pessoal e a Estrutura Organizacional do Conselho Nacional do Ministério Público
- Resolução CNMP nº 64/10 – Determina a implantação das ouvidorias no Ministério Público dos Estados, da União e no âmbito do Conselho Nacional do Ministério Público
- Incluído pela EC nº 45/04

Seção II

Da Advocacia Pública

- Redação dada pela EC nº 19/98

Art. 131. A Advocacia-Geral da União é a instituição que, diretamente ou através de órgão vinculado, representa a União, judicial e extrajudicialmente, cabendo-lhe, nos termos da lei complementar que dispuser sobre sua organização e funcionamento, as atividades de consultoria e assessoramento jurídico do Poder Executivo.

- CRFB, arts. 129, inc. IX, e 132, *caput*

§ 1º A Advocacia-Geral da União tem por chefe o Advogado-Geral da União, de livre nomeação pelo Presidente da República dentre cidadãos maiores de trinta e cinco anos, de notável saber jurídico e reputação ilibada.

- CRFB, arts. 84, inc. XVI, e 103, § 3º

§ 2º O ingresso nas classes iniciais das carreiras da instituição de que trata este artigo far-se-á mediante concurso público de provas e títulos.

- CRFB, arts. 37, incs. II a IV, 93, inc. I, 127, § 2º, 129, § 3º, 132, *caput*, e 134, § 1º
- ADCT, art. 29, § 2º
- Lei Complementar nº 73/93 – Institui a Lei Orgânica da Advocacia-Geral da União

§ 3º Na execução da dívida ativa de natureza tributária, a representação da União cabe à Procuradoria-Geral da Fazenda Nacional, observado o disposto em lei.

- LOAGU, arts. 2º, inc. I, "b" e § 1º, 12, 13 e 67, parágrafo único
- Lei nº 6.830/80 – Dispõe sobre a cobrança judicial da Dívida Ativa da Fazenda Pública

Art. 132. Os Procuradores dos Estados e do Distrito Federal, organizados em carreira, na qual o ingresso dependerá de concurso público de provas e títulos, com a participação da Ordem dos Advogados do Brasil em todas as suas fases, exercerão a representação judicial e a consultoria jurídica das respectivas unidades federadas.

- CRFB, arts. 37, incs. II a IV, 93, inc. I, 127, § 2º, 129, inc. IX e § 3º, 131, *caput* e § 2º, e 134, § 1º
- ADCT, art. 69
- Redação dada pela EC nº 19/98

Parágrafo único. Aos procuradores referidos neste artigo é assegurada estabilidade após três anos de efetivo exercício, mediante avaliação de desempenho perante os órgãos próprios, após relatório circunstanciado das corregedorias.

- CRFB, arts. 41, *caput*, e 135
- Incluído pela EC nº 19/98

Seção III

Da Advocacia

- Redação dada pela EC nº 80/14

Art. 133. O advogado é indispensável à administração da justiça, sendo inviolável por seus atos e manifestações no exercício da profissão, nos limites da lei.

- Lei nº 8.906/94 – Dispõe sobre o Estatuto da Advocacia e a Ordem dos Advogados do Brasil

Seção IV

Da Defensoria Pública

- Incluída pela EC nº 80/14

Art. 134. A Defensoria Pública é instituição permanente, essencial à função jurisdicional do Estado, incumbindo-lhe, como expressão e instrumento do regime democrático, fundamentalmente, a orientação jurídica, a promoção dos direitos humanos e a defesa, em todos os graus, judicial e extrajudicial, dos direitos individuais e coletivos, de forma integral e gratuita, aos necessitados, na forma do inciso LXXIV do art. 5º desta Constituição Federal.

- CRFB, art. 24, inc. XIII
- Lei nº 11.448/07 – Legitima a Defensoria Pública para a propositura da ação civil pública
- Redação dada pela EC nº 80/14

§ 1º Lei complementar organizará a Defensoria Pública da União e do Distrito Federal e dos Territórios e prescreverá normas gerais para sua organização nos Estados, em cargos de carreira, providos, na classe inicial, mediante concurso público de provas e títulos, assegurada a seus integrantes a garantia da inamovibilidade e vedado o exercício da advocacia fora das atribuições institucionais.

- CRFB, arts. 21, inc. XIII, 22, inc. XVII, 37, incs. II a IV, 92, inc. VII, 93, inc. I, 127, § 2º, 128, inc. I, "d", 129, § 3º, 131, § 2º, e 132, *caput*
- ADCT, art. 22
- LONDP
- Redação dada pela EC nº 45/04

§ 2º Às Defensorias Públicas Estaduais são asseguradas autonomia funcional e administrativa e a iniciativa de sua proposta orçamentária dentro dos limites estabelecidos na lei de diretrizes orçamentárias e subordinação ao disposto no art. 99, § 2º.

- CRFB, arts. 21, inc. XIII, 22, inc. XVII, 24, inc. XIII, 48, inc. IX, 61, § 1º, inc. II, "d", 99, *caput*, 103-B, § 4º, inc. I, 127, § 2º, 130-A, § 2º, inc. I, 135 e 168
- Incluído pela EC nº 45/04

§ 3º Aplica-se o disposto no § 2º às Defensorias Públicas da União e do Distrito Federal.

- Incluído pela EC nº 74/13

§ 4º São princípios institucionais da Defensoria Pública a unidade, a indivisibilidade e a independência funcional, aplicando-se também, no que couber, o disposto no art. 93 e no inc. II do art. 96 desta Constituição Federal.

- Incluído pela EC nº 80/14

Art. 135. Os servidores integrantes das carreiras disciplinadas nas Seções II e III deste Capítulo serão remunerados na forma do art. 39, § 4º.

- Redação dada pela EC nº 19/98

TÍTULO V

Da Defesa do Estado e das Instituições Democráticas

CAPÍTULO I

Do Estado de Defesa e do Estado de Sítio

Seção I

Do Estado de Defesa

Art. 136. O Presidente da República pode, ouvidos o Conselho da República e o Conselho de Defesa Nacional, decretar estado de defesa para preservar ou prontamente restabelecer, em locais restritos e determinados, a ordem pública ou a paz social ameaçadas por grave e iminente instabilidade institucional ou atingidas por calamidades de grandes proporções na natureza.

- CRFB, arts. 51, inc. V, 52, inc. XIV, 84, incs. XVII e XVIII, 89 a 91 e 137, *caput*

§ 1º O decreto que instituir o estado de defesa determinará o tempo de sua duração, especificará as áreas a serem abrangidas e indicará, nos termos e limites da lei, as medidas coercitivas a vigorarem, dentre as seguintes:

I – restrições aos direitos de:

reunião, ainda que exercida no seio das associações;

- CRFB, arts. 5º, incs. XVI a XXI e LXX, "b", 8º, 37, inc. VI, 139, inc. IV, e 142, § 3º, inc. IV

b) sigilo de correspondência;

- CRFB, arts. 5º, inc. XII, e 139, inc. III

c) sigilo de comunicação telegráfica e telefônica;

- CRFB, arts. 5º, inc. XII, e 139, inc. III

II – ocupação e uso temporário de bens e serviços públicos, na hipótese de calamidade pública, respondendo a União pelos danos e custos decorrentes.

- Lei nº 3.924/61 – Dispõe sobre os monumentos arqueológicos e pré-históricos, arts. 13 a 16
- Decreto-lei nº 3.365/41 – Dispõe sobre desapropriações por utilidade pública, art. 36

§ 2º O tempo de duração do estado de defesa não será superior a trinta dias, podendo ser prorrogado uma vez, por igual período, se persistirem as razões que justificaram a sua decretação.

§ 3º Na vigência do estado de defesa:

I – a prisão por crime contra o Estado, determinada pelo executor da medida, será por este comunicada imediatamente ao juiz competente, que a relaxará, se não for legal, facultado ao preso requerer exame de corpo de delito à autoridade policial;

II – a comunicação será acompanhada de declaração, pela autoridade, do estado físico e mental do detido no momento de sua autuação;

III – a prisão ou detenção de qualquer pessoa não poderá ser superior a dez dias, salvo quando autorizada pelo Poder Judiciário;

IV – é vedada a incomunicabilidade do preso.

- CPP, art. 21

§ 4º Decretado o estado de defesa ou sua prorrogação, o Presidente da República, dentro de vinte e quatro horas, submeterá o ato com a respectiva justificação ao Congresso Nacional, que decidirá por maioria absoluta.

§ 5º Se o Congresso Nacional estiver em recesso, será convocado, extraordinariamente, no prazo de cinco dias.

- CRFB, arts. 36, § 2º, 57, § 6º, e 138, § 2º

§ 6º O Congresso Nacional apreciará o decreto dentro de dez dias contados de seu recebimento, devendo continuar funcionando enquanto vigorar o estado de defesa.

§ 7º Rejeitado o decreto, cessa imediatamente o estado de defesa.

Seção II

Do Estado de Sítio

Art. 137. O Presidente da República pode, ouvidos o Conselho da República e o Conselho de Defesa Nacional, solicitar ao Congresso Nacional autorização para decretar o estado de sítio nos casos de:

I – comoção grave de repercussão nacional ou ocorrência de fatos que comprovem a ineficácia de medida tomada durante o estado de defesa;

- CRFB, arts. 138, § 1º, e 139, *caput*

II – declaração de estado de guerra ou resposta a agressão armada estrangeira.

- CRFB, arts. 34, inc. II, 51, inc. V, 52, inc. XIV, 84, incs. XVII a XIX, 89 a 91, 136, *caput*, e 138, § 1º

Parágrafo único. O Presidente da República, ao solicitar autorização para decretar o estado de sítio ou sua prorrogação, relatará os motivos determinantes do pedido, devendo o Congresso Nacional decidir por maioria absoluta.

Art. 138. O decreto do estado de sítio indicará sua duração, as normas necessárias a sua execução e as garantias constitucionais que ficarão suspensas, e, depois de publicado, o Presidente da República designará o executor das medidas específicas e as áreas abrangidas.

§ 1º O estado de sítio, no caso do art. 137, inc. I, não poderá ser decretado por mais de trinta dias, nem prorrogado, de cada vez, por prazo superior; no do inciso II, poderá ser decretado por todo o tempo que perdurar a guerra ou a agressão armada estrangeira.

§ 2º Solicitada autorização para decretar o estado de sítio durante o recesso parlamentar, o Presidente do Senado Federal, de imediato, convocará extraordinariamente o Congresso Nacional para se reunir dentro de cinco dias, a fim de apreciar o ato.

- CRFB, arts. 36, § 2º, 57, § 6º, e 136, § 5º

§ 3º O Congresso Nacional permanecerá em funcionamento até o término das medidas coercitivas.

Art. 139. Na vigência do estado de sítio decretado com fundamento no art. 137, inc. I, só poderão ser tomadas contra as pessoas as seguintes medidas:

I – obrigação de permanência em localidade determinada;

- CRFB, art. 5º, inc. XV

II – detenção em edifício não destinado a acusados ou condenados por crimes comuns;

- CRFB, art. 5º, inc. XV

III – restrições relativas à inviolabilidade da correspondência, ao sigilo das comunicações, à prestação de informações e à liberdade de imprensa, radiodifusão e televisão, na forma da lei;

- CRFB, arts. 5º, incs. XII e XXXIII, 37, § 3º, inc. II, 136, § 1º, inc. I, "b" e "c", e 139, parágrafo único

IV – suspensão da liberdade de reunião;

- CRFB, arts. 5º, inc. XVI, e 136, § 1º, inc. I, "a"

V – busca e apreensão em domicílio;

- CRFB, art. 5º, inc. XI

VI – intervenção nas empresas de serviços públicos;

- CRFB, art. 175, *caput*

VII – requisição de bens.

- CRFB, arts. 5º, inc. XXV, e 22, inc. III

Parágrafo único. Não se inclui nas restrições do inciso III a difusão de pronunciamentos de parlamentares efetuados em suas Casas Legislativas, desde que liberada pela respectiva Mesa.

Seção III

Disposições Gerais

Art. 140. A Mesa do Congresso Nacional, ouvidos os líderes partidários, designará Comissão composta de cinco de seus membros para acompanhar e fiscalizar a execução das medidas referentes ao estado de defesa e ao estado de sítio.

- CRFB, art. 89, incs. IV e V

Art. 141. Cessado o estado de defesa ou o estado de sítio, cessarão também seus efeitos, sem prejuízo da responsabilidade pelos ilícitos cometidos por seus executores ou agentes.

Parágrafo único. Logo que cesse o estado de defesa ou o estado de sítio, as medidas aplicadas em sua vigência serão relatadas pelo Presidente da República, em mensagem ao Congresso Nacional, com especificação e justificação das providências adotadas, com relação nominal dos atingidos e indicação das restrições aplicadas.

- CRFB, arts. 21, inc. V, 36, § 1º, 49, inc. IV, 57, § 6º, inc. I, 60, § 1º, 84, incs. IX e X, 90, inc. I, e 91, § 1º, inc. II

CAPÍTULO II

Das Forças Armadas

Art. 142. As Forças Armadas, constituídas pela Marinha, pelo Exército e pela Aeronáutica, são instituições nacionais permanentes e regulares, organizadas com base na hierarquia e na disciplina, sob a autoridade suprema do Presidente da República, e destinam-se à defesa da Pátria, à garantia dos poderes constitucionais e, por iniciativa de qualquer destes, da lei e da ordem.

§ 1º Lei complementar estabelecerá as normas gerais a serem adotadas na organização, no preparo e no emprego das Forças Armadas.

- Lei Complementar nº 97/99 – Dispõe sobre as normas gerais para a organização, o preparo e o emprego das Forças Armadas

§ 2º Não caberá *habeas corpus* em relação a punições disciplinares militares.

- CRFB, arts. 5º, incs. LXVIII e LXXVII, 42, § 1º, 102, incs. I, "d" e "i" e II, "a", 105, incs. I, "c" e II, "a", 108, inc. I, "d", 109, inc. VII, 114, inc. IV, e 121, §§ 3º e 4º, inc. V
- CPP, arts. 647 a 667

§ 3º Os membros das Forças Armadas são denominados militares, aplicando-se-lhes, além das que vierem a ser fixadas em lei, as seguintes disposições:

- Incluído pela EC nº 18/98

I – as patentes, com prerrogativas, direitos e deveres a elas inerentes, são conferidas pelo Presidente da República e asseguradas em plenitude aos oficiais da ativa, da reserva ou reformados, sendo-lhes privativos os títulos e postos militares e, juntamente com os demais membros, o uso dos uniformes das Forças Armadas;

- Incluído pela EC nº 18/98

II – o militar em atividade que tomar posse em cargo ou emprego público civil permanente, ressalvada a hipótese prevista no art. 37, inc. XVI, "c", será transferido para a reserva, nos termos da lei;

- Redação dada pela EC nº 77/14

III – o militar da ativa que, de acordo com a lei, tomar posse em cargo, emprego ou função pública civil temporária, não eletiva, ainda que da administração indireta, ressalvada a hipótese prevista no art. 37, inc. XVI, "c", ficará agregado ao respectivo quadro e somente poderá, enquanto permanecer nessa situação, ser promovido por antiguidade, contando-se-lhe o tempo de serviço apenas para aquela promoção e transferência para a reserva, sendo depois de dois anos de afastamento, contínuos ou não, transferido para a reserva, nos termos da lei;

- Redação dada pela EC nº 77/14

IV – ao militar são proibidas a sindicalização e a greve;

- CRFB, arts. 5º, incs. XVII a XXI e LXX, "b", 8º, 9º, 37, incs. VI e VII, e 136, § 1º, inc. I, "a"
- Incluído pela EC nº 18/98

V – o militar, enquanto em serviço ativo, não pode estar filiado a partidos políticos;

- CRFB, art. 14, § 8º
- Incluído pela EC nº 18/98

VI – o oficial só perderá o posto e a patente se for julgado indigno do oficialato ou com ele incompatível, por decisão de tribunal militar de caráter permanente, em tempo de paz, ou de tribunal especial, em tempo de guerra;

- CRFB, art. 142, § 3º, inc. VII
- Incluído pela EC nº 18/98

VII – o oficial condenado na justiça comum ou militar a pena privativa de liberdade superior a dois anos, por sentença transitada em julgado, será submetido ao julgamento previsto no inciso anterior;

- Incluído pela EC nº 18/98

VIII – aplica-se aos militares o disposto no art. 7º, incs. VIII, XII, XVII, XVIII, XIX e XXV, e no art. 37, incs. XI, XIII, XIV e XV, bem como, na forma da lei e com prevalência da atividade militar, no art. 37, inc. XVI, "c";

- Redação dada pela EC nº 77/14

IX –

- Excluído pela EC nº 41/03

X – a lei disporá sobre o ingresso nas Forças Armadas, os limites de idade, a estabilidade e outras condições de transferência do militar para a inatividade, os direitos, os deveres, a remuneração, as prerrogativas e outras situações especiais dos militares, consideradas as peculiaridades de suas atividades, inclusive aquelas cumpridas por força de compromissos internacionais e de guerra.

- CRFB, arts. 21, inc. III, 22, inc. XXVIII, 37, § 10, 40, § 20, 42, § 1º, e 84, inc. XIII
- Lei nº 6.880/80 – Dispõe sobre o Estatuto dos Militares
- Lei nº 12.705/12 – Dispõe sobre os requisitos para ingresso nos cursos de formação de militares de carreira do Exército
- Incluído pela EC nº 18/98

Art. 143. O serviço militar é obrigatório nos termos da lei.

- Lei nº 4.375/64 – Lei do Serviço Militar

§ 1º Às Forças Armadas compete, na forma da lei, atribuir serviço alternativo aos que, em tempo de paz, após alistados, alegarem imperativo de consciência, entendendo-se como tal o decorrente de crença religiosa e de convicção filosófica ou política, para se eximirem de atividades de caráter essencialmente militar.

- CRFB, arts. 5º, inc. VIII, e 15, inc. IV
- Lei nº 8.239/91 – Dispõe sobre a prestação de Serviço Alternativo ao Serviço Militar Obrigatório

§ 2º As mulheres e os eclesiásticos ficam isentos do serviço militar obrigatório em tempo de paz, sujeitos, porém, a outros encargos que a lei lhes atribuir.

- CRFB, arts. 5º, inc. I, e 7º, inc. XX

CAPÍTULO III

Da Segurança Pública

Art. 144. A segurança pública, dever do Estado, direito e responsabilidade de todos, é exercida para a preservação da ordem pública e da incolumidade das pessoas e do patrimônio, através dos seguintes órgãos:

I – polícia federal;

- CRFB, arts. 24, inc. XXII, e 144, § 1º

II – polícia rodoviária federal;

- CRFB, arts. 24, inc. XXII, e 144, § 2º

III – polícia ferroviária federal;

- CRFB, arts. 24, inc. XXII, e 144, § 3º

IV – polícias civis;

- CRFB, arts. 24, inc. XVI, e 144, § 4º

V – polícias militares e corpos de bombeiros militares.

- CRFB, arts. 22, inc. XXI, 42 e 144, § 5º
- Lei nº 11.473/07 – Dispõe sobre a cooperação federativa no âmbito da segurança pública

§ 1º A polícia federal, instituída por lei como órgão permanente, organizado e mantido pela União e estruturado em carreira, destina-se a:

- Redação dada pela EC nº 19/98

I – apurar infrações penais contra a ordem política e social ou em detrimento de bens, serviços e interesses da União ou de suas entidades autárquicas e empresas públicas, assim como outras infrações cuja prática tenha repercussão interestadual ou internacional e exija repressão uniforme, segundo se dispuser em lei;

- Lei nº 10.446/02 – Dispõe sobre infrações penais de repercussão interestadual ou internacional que exigem repressão uniforme

II – prevenir e reprimir o tráfico ilícito de entorpecentes e drogas afins, o contrabando e o descaminho, sem prejuízo da ação fazendária e de outros órgãos públicos nas respectivas áreas de competência;

- CRFB, arts. 5º, incs. XLIII e LI, e 243, parágrafo único

III – exercer as funções de polícia marítima, aeroportuária e de fronteiras;

- CRFB, art. 21, inc. XXII
- Redação dada pela EC nº 19/98

IV – exercer, com exclusividade, as funções de polícia judiciária da União.

- CRFB, arts. 22, inc. XXII, e 144, inc. I, §§ 2º e 3º
- Lei nº 9.266/96 – Reorganiza as classes da carreira policial federal
- Decreto-lei nº 2.251/85 – Dispõe sobre a criação da carreira policial federal e seus cargos

§ 2º A polícia rodoviária federal, órgão permanente, organizado e mantido pela União e estruturado em carreira, destina-se, na forma da lei, ao patrulhamento ostensivo das rodovias federais.

- CRFB, arts. 22, inc. XXII, e 144, inc. II, §§ 1º e 3º
- Lei nº 9.654/98 – Cria a carreira de policial rodoviário federal
- Redação dada pela EC nº 19/98

§ 3º A polícia ferroviária federal, órgão permanente, organizado e mantido pela União e estruturado em carreira, destina-se, na forma da lei, ao patrulhamento ostensivo das ferrovias federais.

- CRFB, arts. 22, inc. XXII, e 144, inc. III, §§ 1º e 2º
- Redação dada pela EC nº 19/98

§ 4º Às polícias civis, dirigidas por delegados de polícia de carreira, incumbem, ressalvada a competência da União, as funções de polícia judiciária e a apuração de infrações penais, exceto as militares.

- CRFB, arts. 24, inc. XVI, e 144, inc. IV
- Lei nº 12.830/13 – Dispõe sobre a investigação criminal conduzida pelo delegado de polícia

§ 5º Às polícias militares cabem a polícia ostensiva e a preservação da ordem pública; aos corpos de bombeiros militares, além das atribuições definidas em lei, incumbe a execução de atividades de defesa civil.

- CRFB, arts. 22, incs. XXI e XXVIII, 42 e 144, inc. V
- Decreto-lei nº 667/69 – Reorganiza as Polícias Militares e os Corpos de Bombeiros Militares dos Estados, dos Território e do Distrito Federal

§ 6º As polícias militares e corpos de bombeiros militares, forças auxiliares e reserva do Exército, subordinam-se, juntamente com as polícias civis, aos Governadores dos Estados, do Distrito Federal e dos Territórios.

- CRFB, arts. 21, inc. XIV, e 32, § 4º

§ 7º A lei disciplinará a organização e o funcionamento dos órgãos responsáveis pela segurança pública, de maneira a garantir a eficiência de suas atividades.

- Lei nº 12.681/12 – Institui o Sistema Nacional de Informações de Segurança Pública, Prisionais e sobre Drogas

§ 8º Os Municípios poderão constituir guardas municipais destinadas à proteção de seus bens, serviços e instalações, conforme dispuser a lei.

- Lei nº 13.022/14 – Dispõe sobre o Estatuto Geral das Guardas Municipais

§ 9º A remuneração dos servidores policiais integrantes dos órgãos relacionados neste artigo será fixada na forma do § 4º do art. 39.

- CRFB, arts. 1º, *caput*, 6º, 17, *caput*, 23, inc. I, 34, inc. VII, "a", 90, inc. II, 127, *caput*, 194, parágrafo único, inc. VII, 206, inc. VI, e 215, § 3º, inc. IV
- Incluído pela EC nº 19/98

§ 10 A segurança viária, exercida para a preservação da ordem pública e da incolumidade das pessoas e do seu patrimônio nas vias públicas:

- Incluído pela EC nº 82/14

I – compreende a educação, engenharia e fiscalização de trânsito, além de outras atividades previstas em lei, que assegurem ao cidadão o direito à mobilidade urbana eficiente; e

- Incluído pela EC nº 82/14

II – compete, no âmbito dos Estados, do Distrito Federal e dos Municípios, aos respectivos órgãos ou entidades executivos e seus agentes de trânsito, estruturados em Carreira, na forma da lei.

- Incluído pela EC nº 82/14

TÍTULO VI

Da Tributação e do Orçamento

CAPÍTULO I

Do Sistema Tributário Nacional

Seção I

Dos Princípios Gerais

Art. 145. A União, os Estados, o Distrito Federal e os Municípios poderão instituir os seguintes tributos:

I – impostos;

II – taxas, em razão do exercício do poder de polícia ou pela utilização, efetiva ou potencial, de serviços públicos específicos e divisíveis, prestados ao contribuinte ou postos a sua disposição;

- Súmula Vinculante nº 19/09

III – contribuição de melhoria, decorrente de obras públicas.

- Decreto-lei nº 195/67 – Dispõe sobre a cobrança da contribuição de melhoria

§ 1º Sempre que possível, os impostos terão caráter pessoal e serão graduados segundo a capacidade econômica do contribuinte, facultado à administração tributária, especialmente para conferir efetividade a esses objetivos, identificar, respeitados os direitos individuais e nos termos da lei, o patrimônio, os rendimentos e as atividades econômicas do contribuinte.

§ 2º As taxas não poderão ter base de cálculo própria de impostos.

- CTN, arts. 3º e 5º
- Súmula Vinculante nº 29/10

Art. 146. Cabe à lei complementar:

I – dispor sobre conflitos de competência, em matéria tributária, entre a União, os Estados, o Distrito Federal e os Municípios;

II – regular as limitações constitucionais ao poder de tributar;

III – estabelecer normas gerais em matéria de legislação tributária, especialmente sobre:

a) definição de tributos e de suas espécies, bem como, em relação aos impostos discriminados nesta Constituição, a dos respectivos fatos geradores, bases de cálculo e contribuintes;

b) obrigação, lançamento, crédito, prescrição e decadência tributários;

- Súmula Vinculante nº 8/08

c) adequado tratamento tributário ao ato cooperativo praticado pelas sociedades cooperativas.

d) definição de tratamento diferenciado e favorecido para as microempresas e para as empresas de pequeno porte, inclusive regimes especiais ou simplificados no caso do imposto previsto no art. 155, inc. II, das contribuições previstas no art. 195, inc. I, §§ 12 e 13, e da contribuição a que se refere o art. 239.

- CRFB, arts. 149, *caput*, 146, parágrafo único, 170, inc. IX, e 179
- ADCT, art. 94
- Lei Complementar nº 123/06 – Institui o Estatuto Nacional da Microempresa e da Empresa de Pequeno Porte
- Incluído pela EC nº 42/03

Parágrafo único. A lei complementar de que trata o inciso III, "d", também poderá instituir um regime único de arrecadação dos impostos e contribuições da União, dos Estados, do Distrito Federal e dos Municípios, observado que:

- Incluído pela EC nº 42/03

I – será opcional para o contribuinte;

- Incluído pela EC nº 42/03

II – poderão ser estabelecidas condições de enquadramento diferenciadas por Estado;

- Incluído pela EC nº 42/03

III – o recolhimento será unificado e centralizado e a distribuição da parcela de recursos pertencentes aos respectivos entes federados será imediata, vedada qualquer retenção ou condicionamento;

- Incluído pela EC nº 42/03

IV – a arrecadação, a fiscalização e a cobrança poderão ser compartilhadas pelos entes federados, adotado cadastro nacional único de contribuintes.

- Incluído pela EC nº 42/03

Art. 146-A. Lei complementar poderá estabelecer critérios especiais de tributação, com o objetivo de prevenir desequilíbrios da concorrência, sem prejuízo da competência de a União, por lei, estabelecer normas de igual objetivo.

- Incluído pela EC nº 42/03

Art. 147. Competem à União, em Território Federal, os impostos estaduais e, se o Território não for dividido em Municípios, cumulativamente, os impostos municipais; ao Distrito Federal cabem os impostos municipais.

Art. 148. A União, mediante lei complementar, poderá instituir empréstimos compulsórios:

I – para atender a despesas extraordinárias, decorrentes de calamidade pública, de guerra externa ou sua iminência;

- CRFB, art. 150, § 1º

II – no caso de investimento público de caráter urgente e de relevante interesse nacional, observado o disposto no art. 150, inc. III, "b".

- ADCT, art. 34, § 12

Parágrafo único. A aplicação dos recursos provenientes de empréstimo compulsório será vinculada à despesa que fundamentou sua instituição.

- ADCT, art. 34, § 1º
- CTN, art. 15

Art. 149. Compete exclusivamente à União instituir contribuições sociais, de intervenção no domínio econômico e de interesse das categorias profissionais ou econômicas, como instrumento de sua atuação nas respectivas áreas, observado o disposto nos arts. 146, inc. III, e 150, incs. I e III, e sem prejuízo do previsto no art. 195, § 6º, relativamente às contribuições a que alude o dispositivo.

§ 1º Os Estados, o Distrito Federal e os Municípios instituirão contribuição, cobrada de seus servidores, para o custeio, em benefício destes, do regime previdenciário de que trata o art. 40, cuja alíquota não será inferior à da contribuição dos servidores titulares de cargos efetivos da União.

- Redação dada pela EC nº 41/03

§ 2º As contribuições sociais e de intervenção no domínio econômico de que trata o *caput* deste artigo:

- Incluído pela EC nº 33/01

I – não incidirão sobre as receitas decorrentes de exportação;

- Incluído pela EC nº 33/01

II – incidirão também sobre a importação de produtos estrangeiros ou serviços;

- Redação dada pela EC nº 42/03

III – poderão ter alíquotas:

• Incluído pela EC nº 33/01

a) *ad valorem*, tendo por base o faturamento, a receita bruta ou o valor da operação e, no caso de importação, o valor aduaneiro;

• Incluída pela EC nº 33/01

b) específica, tendo por base a unidade de medida adotada.

• Incluída pela EC nº 33/01

§ 3º A pessoa natural destinatária das operações de importação poderá ser equiparada a pessoa jurídica, na forma da lei.

• Incluído pela EC nº 33/01

§ 4º A lei definirá as hipóteses em que as contribuições incidirão uma única vez.

• ADCT, art. 34, § 1º
• Incluído pela EC nº 33/01

Art. 149-A. Os Municípios e o Distrito Federal poderão instituir contribuição, na forma das respectivas leis, para o custeio do serviço de iluminação pública, observado o disposto no art. 150, incs. I e III.

• CRFB, art. 149-A, parágrafo único
• Incluído pela EC nº 39/02

Parágrafo único. É facultada a cobrança da contribuição a que se refere o *caput*, na fatura de consumo de energia elétrica.

• Incluído pela EC nº 39/02

Seção II

Das Limitações do Poder de Tributar

Art. 150. Sem prejuízo de outras garantias asseguradas ao contribuinte, é vedado à União, aos Estados, ao Distrito Federal e aos Municípios:

I – exigir ou aumentar tributo sem lei que o estabeleça;

• CRFB, arts. 149, *caput*, 149-A, *caput*, e 150, incs. II a VI
• CTN, art. 9º, inc. I

II – instituir tratamento desigual entre contribuintes que se encontrem em situação equivalente, proibida qualquer distinção em razão de ocupação profissional ou função por eles exercida, independentemente da denominação jurídica dos rendimentos, títulos ou direitos;

• CRFB, arts. 27, § 2º, 28, § 2º, 29, inc. V, 37, inc. XV, 48, inc. XV, 49, incs. VII e VIII, 95, inc. III, 128, § 5º, inc. I, "c", e 150, incs. I e III a VI

III – cobrar tributos:

a) em relação a fatos geradores ocorridos antes do início da vigência da lei que os houver instituído ou aumentado;

• CTN, arts. 105 e 106

b) no mesmo exercício financeiro em que haja sido publicada a lei que os instituiu ou aumentou;

- CRFB, arts. 62, § 2º, 148, inc. II, 150, inc. III, "c" e § 1º, 155, § 4º, inc. IV, "c", art. 177, § 4º, inc. I, "b", e 195, § 6º
- ADCT, art. 34, § 6º
- CTN, art. 9º, inc. II

c) antes de decorridos noventa dias da data em que haja sido publicada a lei que os instituiu ou aumentou, observado o disposto na alínea "b";

- CRFB, arts. 149, *caput*, 149-A, *caput*, e 150, incs. I, II e IV a VI e § 1º
- Incluído pela EC nº 42/03

IV – utilizar tributo com efeito de confisco;

- CRFB, art. 150, incs. I a III, V e VI

V – estabelecer limitações ao tráfego de pessoas ou bens, por meio de tributos interestaduais ou intermunicipais, ressalvada a cobrança de pedágio pela utilização de vias conservadas pelo Poder Público;

- CRFB, art. 150, incs. I a IV e VI
- CTN, art. 9º, inc. III

VI – instituir impostos sobre:

a) patrimônio, renda ou serviços, uns dos outros;

- CRFB, art. 150, §§ 2º e 3º
- CTN, art. 9º, inc. IV, "a"

b) templos de qualquer culto;

- CRFB, art. 150, § 4º
- CTN, art. 9º, inc. IV, "b"

c) patrimônio, renda ou serviços dos partidos políticos, inclusive suas fundações, das entidades sindicais dos trabalhadores, das instituições de educação e de assistência social, sem fins lucrativos, atendidos os requisitos da lei;

- CRFB, art. 150, § 4º
- CTN, art. 9º, inc. IV, "c"

d) livros, jornais, periódicos e o papel destinado a sua impressão.

- CRFB, art. 150, incs. I a V
- CTN, art. 9º, inc. IV, "d"

e) fonogramas e videofonogramas musicais produzidos no Brasil contendo obras musicais ou literomusicais de autores brasileiros e/ou obras em geral interpretadas por artistas brasileiros bem como os suportes materiais ou arquivos digitais que os contenham, salvo na etapa de replicação industrial de mídias ópticas de leitura a laser.

- Incluída pela EC nº 75/13

§ 1º A vedação do inc. III, "b", não se aplica aos tributos previstos nos arts. 148, inc. I, 153, incs. I, II, IV e V, e 154, inc. II; e a vedação do inciso III, "c", não se aplica aos tributos previstos nos arts. 148, inc. I, 153, incs. I, II, III e V, e 154, inc. II, nem à fixação da base de cálculo dos impostos previstos nos arts. 155, inc. III, e 156, inc. I.

- Redação dada pela EC nº 42/03

§ 2º A vedação do inciso VI, "a", é extensiva às autarquias e às fundações instituídas e mantidas pelo Poder Público, no que se refere ao patrimônio, à renda e aos serviços, vinculados a suas finalidades essenciais ou às delas decorrentes.

- CRFB, art. 150, § 3º
- CTN, art. 12

§ 3º As vedações do inciso VI, "a", e do parágrafo anterior não se aplicam ao patrimônio, à renda e aos serviços, relacionados com exploração de atividades econômicas regidas pelas normas aplicáveis a empreendimentos privados, ou em que haja contraprestação ou pagamento de preços ou tarifas pelo usuário, nem exonera o promitente comprador da obrigação de pagar imposto relativamente ao bem imóvel.

§ 4º As vedações expressas no inciso VI, "b" e "c", compreendem somente o patrimônio, a renda e os serviços, relacionados com as finalidades essenciais das entidades nelas mencionadas.

§ 5º A lei determinará medidas para que os consumidores sejam esclarecidos acerca dos impostos que incidam sobre mercadorias e serviços.

§ 6º Qualquer subsídio ou isenção, redução de base de cálculo, concessão de crédito presumido, anistia ou remissão, relativos a impostos, taxas ou contribuições, só poderá ser concedido mediante lei específica, federal, estadual ou municipal, que regule exclusivamente as matérias acima enumeradas ou o correspondente tributo ou contribuição, sem prejuízo do disposto no art. 155, § 2º, inc. XII, "g".

- CRFB, art. 70, *caput*
- ADCT, art. 41
- Redação dada pela EC nº 3/93

§ 7º A lei poderá atribuir a sujeito passivo de obrigação tributária a condição de responsável pelo pagamento de imposto ou contribuição, cujo fato gerador deva ocorrer posteriormente, assegurada a imediata e preferencial restituição da quantia paga, caso não se realize o fato gerador presumido.

- ADCT, art. 34, § 1º
- Incluído pela EC nº 3/93

Art. 151. É vedado à União:

I – instituir tributo que não seja uniforme em todo o território nacional ou que implique distinção ou preferência em relação a Estado, ao Distrito Federal ou a Município, em detrimento de outro, admitida a concessão de incentivos fiscais destinados a promover o equilíbrio do desenvolvimento socioeconômico entre as diferentes regiões do País;

- ADCT, art. 40
- CTN, art. 10

II – tributar a renda das obrigações da dívida pública dos Estados, do Distrito Federal e dos Municípios, bem como a remuneração e os proventos dos respectivos agentes públicos, em níveis superiores aos que fixar para suas obrigações e para seus agentes;

III – instituir isenções de tributos da competência dos Estados, do Distrito Federal ou dos Municípios.

Art. 152. É vedado aos Estados, ao Distrito Federal e aos Municípios estabelecer diferença tributária entre bens e serviços, de qualquer natureza, em razão de sua procedência ou destino.

- CTN, art. 11

Seção III
Dos Impostos da União

Art. 153. Compete à União instituir impostos sobre:

I – importação de produtos estrangeiros;

- CRFB, arts. 62, § 2º, 150, § 1º, 153, § 1º, e 155, § 3º
- CTN, arts. 19 a 22

II – exportação, para o exterior, de produtos nacionais ou nacionalizados;

- CRFB, arts. 62, § 2º, 150, § 1º, 153, § 1º, e 155, § 3º
- CTN, arts. 23 a 28

III – renda e proventos de qualquer natureza;

- CRFB, arts. 27, § 2º, 28, § 2º, 29, inc. V, 37, inc. XV, 48, inc. XV, 49, incs. VII e VIII, 95, inc. III, 128, § 5º, inc. I, "c", 150, § 1º, e 153, § 2º
- ADCT, art. 34, § 2º, inc. I

IV – produtos industrializados;

- CRFB, arts. 62, § 2º, 150, § 1º, e 153, §§ 1º e 3º
- ADCT, art. 34, § 2º, inc. I

V – operações de crédito, câmbio e seguro, ou relativas a títulos ou valores mobiliários;

- CRFB, arts. 62, § 2º, 150, § 1º, e 153, §§ 1º e 5º
- CTN, arts. 63 a 67

VI – propriedade territorial rural;

- CRFB, art. 153, § 4º

VII – grandes fortunas, nos termos de lei complementar.

- ADCT, art. 80, inc. III

§ 1º É facultado ao Poder Executivo, atendidas as condições e os limites estabelecidos em lei, alterar as alíquotas dos impostos enumerados nos incisos I, II, IV e V.

§ 2º O imposto previsto no inciso III:

I – será informado pelos critérios da generalidade, da universalidade e da progressividade, na forma da lei;

- CRFB, arts. 27, § 2º, 28, § 2º, 29, inc. V, 37, inc. XV, 48, inc. XV, 49, incs. VII e VIII, 95, inc. III, e 128, § 5º, inc. I, "c"
- CTN, arts. 43 a 45

II –

- Excluído pela EC nº 20/98

§ 3º O imposto previsto no inciso IV:

I – será seletivo, em função da essencialidade do produto;

II – será não cumulativo, compensando-se o que for devido em cada operação com o montante cobrado nas anteriores;

III – não incidirá sobre produtos industrializados destinados ao exterior.

IV – terá reduzido seu impacto sobre a aquisição de bens de capital pelo contribuinte do imposto, na forma da lei.

- CTN, arts. 46 a 51
- Incluído pela EC nº 42/03

§ 4º O imposto previsto no inciso VI do *caput*:

- Redação dada pela EC nº 42/03

I – será progressivo e terá suas alíquotas fixadas de forma a desestimular a manutenção de propriedades improdutivas;

- Incluído pela EC nº 42/03

II – não incidirá sobre pequenas glebas rurais, definidas em lei, quando as explore o proprietário que não possua outro imóvel;

- Incluído pela EC nº 42/03

III – será fiscalizado e cobrado pelos Municípios que assim optarem, na forma da lei, desde que não implique redução do imposto ou qualquer outra forma de renúncia fiscal.

- CRFB, art. 158, inc. II
- CTN, arts. 29 a 31
- Lei nº 11.250/05 – Regulamenta a delegação das atribuições de fiscalização e de cobrança do Imposto sobre a Propriedade Territorial Rural
- Incluído pela EC nº 42/03

§ 5º O ouro, quando definido em lei como ativo financeiro ou instrumento cambial, sujeita-se exclusivamente à incidência do imposto de que trata o inciso V do *caput* deste artigo, devido na operação de origem; a alíquota mínima será de um por cento, assegurada a transferência do montante da arrecadação nos seguintes termos:

I – trinta por cento para o Estado, o Distrito Federal ou o Território, conforme a origem;

II – setenta por cento para o Município de origem.

- CRFB, arts. 29-A, *caput*, 154, inc. I, e 155, § 2º, inc. X, "c"
- ADCT, arts. 72, § 3º, 74, § 2º, e 76, § 1º
- Lei nº 7.766/89 – Dispõe sobre o ouro, ativo financeiro, e sobre seu tratamento tributário

Art. 154. A União poderá instituir:

I – mediante lei complementar, impostos não previstos no artigo anterior, desde que sejam não cumulativos e não tenham fato gerador ou base de cálculo próprios dos discriminados nesta Constituição;

- CRFB, arts. 157, inc. II, e 195, § 4º
- ADCT, arts. 34, § 1º, e 74, § 2º

II – na iminência ou no caso de guerra externa, impostos extraordinários, compreendidos ou não em sua competência tributária, os quais serão suprimidos, gradativamente, cessadas as causas de sua criação.

- CRFB, arts. 62, § 2º, e 150, § 1º
- CTN, art. 76

Seção IV

Dos Impostos dos Estados e do Distrito Federal

Art. 155. Compete aos Estados e ao Distrito Federal instituir impostos sobre:

- Redação dada pela EC nº 3/93

I – transmissão *causa mortis* e doação, de quaisquer bens ou direitos;

- CRFB, art. 155, § 1º
- ADCT, arts. 34, § 6º, e 60, inc. II e § 5º, inc. II
- Redação dada pela EC nº 3/93

II – operações relativas à circulação de mercadorias e sobre prestações de serviços de transporte interestadual e intermunicipal e de comunicação, ainda que as operações e as prestações se iniciem no exterior;

- CRFB, arts. 146, inc. III, "d", 155, §§ 2º e 3º, e 156, inc. III
- ADCT, arts. 34, §§ 6º e 8º, 60, inc. II e § 5º, inc. I, e 91, §§ 2º e 4º
- Súmula Vinculante nº 32/11
- Redação dada pela EC nº 3/93

III – propriedade de veículos automotores.

- CRFB, arts. 150, § 1º, e 155, § 6º
- ADCT, art. 60, inc. II e § 5º, inc. II
- Incluído pela EC nº 3/93

§ 1º O imposto previsto no inciso I:

- Redação dada pela EC nº 3/93

I – relativamente a bens imóveis e respectivos direitos, compete ao Estado da situação do bem, ou ao Distrito Federal;

II – relativamente a bens móveis, títulos e créditos, compete ao Estado onde se processar o inventário ou arrolamento, ou tiver domicílio o doador, ou ao Distrito Federal;

III – terá competência para sua instituição regulada por lei complementar:

a) se o doador tiver domicílio ou residência no exterior;

b) se o *de cujus* possuía bens, era residente ou domiciliado ou teve o seu inventário processado no exterior;

IV – terá suas alíquotas máximas fixadas pelo Senado Federal;

- CTN, arts. 35 a 42

§ 2º O imposto previsto no inciso II atenderá ao seguinte:

- Redação dada pela EC nº 3/93

I – será não cumulativo, compensando-se o que for devido em cada operação relativa à circulação de mercadorias ou prestação de serviços com o montante cobrado nas anteriores pelo mesmo ou outro Estado ou pelo Distrito Federal;

II – a isenção ou não-incidência, salvo determinação em contrário da legislação:

a) não implicará crédito para compensação com o montante devido nas operações ou prestações seguintes;

b) acarretará a anulação do crédito relativo às operações anteriores;

- Lei Complementar nº 24/75 – Dispõe sobre os convênios para a concessão de isenções do imposto sobre operações relativas à circulação de mercadorias

III – poderá ser seletivo, em função da essencialidade das mercadorias e dos serviços;

IV – resolução do Senado Federal, de iniciativa do Presidente da República ou de um terço dos Senadores, aprovada pela maioria absoluta de seus membros, estabelecerá as alíquotas aplicáveis às operações e prestações, interestaduais e de exportação;

V – é facultado ao Senado Federal:

a) estabelecer alíquotas mínimas nas operações internas, mediante resolução de iniciativa de um terço e aprovada pela maioria absoluta de seus membros;

b) fixar alíquotas máximas nas mesmas operações para resolver conflito específico que envolva interesse de Estados, mediante resolução de iniciativa da maioria absoluta e aprovada por dois terços de seus membros;

VI – salvo deliberação em contrário dos Estados e do Distrito Federal, nos termos do disposto no inciso XII, "g", as alíquotas internas, nas operações relativas à circulação de mercadorias e nas prestações de serviços, não poderão ser inferiores às previstas para as operações interestaduais;

VII – nas operações e prestações que destinem bens e serviços a consumidor final, contribuinte ou não do imposto, localizado em outro Estado, adotar-se-á a alíquota interestadual e caberá ao Estado de localização do destinatário o imposto correspondente à diferença entre a alíquota interna do Estado destinatário e a alíquota interestadual:

- Redação dada pela EC nº 87/15

a) (revogada);

- Redação dada pela EC nº 87/15

b) (revogada);

- Redação dada pela EC nº 87/15

VIII – a responsabilidade pelo recolhimento do imposto correspondente à diferença entre a alíquota interna e a interestadual de que trata o inciso VII será atribuída;

- Redação dada pela EC nº 87/15

a) ao destinatário, quando este for contribuinte do imposto;

- Incluído pela EC nº 87/15

b) ao remetente, quando o destinatário não for contribuinte do imposto;

- Incluído pela EC nº 87/15

IX – incidirá também:

a) sobre a entrada de bem ou mercadoria importados do exterior por pessoa física ou jurídica, ainda que não seja contribuinte habitual do imposto, qualquer que seja a sua finalidade, assim como sobre o serviço prestado no exterior, cabendo o imposto ao Estado onde estiver situado o domicílio ou o estabelecimento do destinatário da mercadoria, bem ou serviço;

- Redação dada pela EC nº 33/01

b) sobre o valor total da operação, quando mercadorias forem fornecidas com serviços não compreendidos na competência tributária dos Municípios;

X – não incidirá:

a) sobre operações que destinem mercadorias para o exterior, nem sobre serviços prestados a destinatários no exterior, assegurada a manutenção e o aproveitamento do montante do imposto cobrado nas operações e prestações anteriores;

- CRFB, art. 155, § 2º, inc. XII, "e"
- ADCT, art. 91, *caput*
- Lei Complementar nº 65/91 – Define os produtos semi-elaborados que podem ser tributados pelos Estados e Distrito Federal, quando de sua exportação para o exterior
- Redação dada pela EC nº 42/03

b) sobre operações que destinem a outros Estados petróleo, inclusive lubrificantes, combustíveis líquidos e gasosos dele derivados, e energia elétrica;

- CRFB, art. 155, § 2º, inc. XII, "h"

c) sobre o ouro, nas hipóteses definidas no art. 153, § 5º;

d) nas prestações de serviço de comunicação nas modalidades de radiodifusão sonora e de sons e imagens de recepção livre e gratuita;

- Incluída pela EC nº 42/03

XI – não compreenderá, em sua base de cálculo, o montante do imposto sobre produtos industrializados, quando a operação, realizada entre contribuintes e relativa a produto destinado à industrialização ou à comercialização, configure fato gerador dos dois impostos;

XII – cabe à lei complementar:

a) definir seus contribuintes;

b) dispor sobre substituição tributária;

c) disciplinar o regime de compensação do imposto;

d) fixar, para efeito de sua cobrança e definição do estabelecimento responsável, o local das operações relativas à circulação de mercadorias e das prestações de serviços;

e) excluir da incidência do imposto, nas exportações para o exterior, serviços e outros produtos além dos mencionados no inciso X, "a";

f) prever casos de manutenção de crédito, relativamente à remessa para outro Estado e exportação para o exterior, de serviços e de mercadorias;

g) regular a forma como, mediante deliberação dos Estados e do Distrito Federal, isenções, incentivos e benefícios fiscais serão concedidos e revogados.

- CRFB, arts. 150, § 6º, e 155, §§ 2º, inc. VI, 4º, inc. IV e 5º

h) definir os combustíveis e lubrificantes sobre os quais o imposto incidirá uma única vez, qualquer que seja a sua finalidade, hipótese em que não se aplicará o disposto no inciso X, "b";

- CRFB, art. 155, § 4º
- Incluída pela EC nº 33/01

i) fixar a base de cálculo, de modo que o montante do imposto a integre, também na importação do exterior de bem, mercadoria ou serviço.

- ADCT, art. 82, § 1º
- Lei Complementar nº 87/96 – Dispõe sobre o imposto dos Estados e do Distrito Federal sobre operações relativas à circulação de mercadorias e sobre prestações de serviços de transporte interestadual e intermunicipal e de comunicação
- Súmula Vinculante nº 32/11
- Incluída pela EC nº 33/01

§ 3º À exceção dos impostos de que tratam o inciso II do *caput* deste artigo e o art. 153, incs. I e II, nenhum outro imposto poderá incidir sobre operações relativas a energia elétrica, serviços de telecomunicações, derivados de petróleo, combustíveis e minerais do País.

- Redação dada pela EC nº 33/01

§ 4º Na hipótese do inciso XII, "h", observar-se-á o seguinte:

- Incluído pela EC nº 33/01

I – nas operações com os lubrificantes e combustíveis derivados de petróleo, o imposto caberá ao Estado onde ocorrer o consumo;

- CRFB, art. 155, § 4º, incs. II e III
- Incluído pela EC nº 33/01

II – nas operações interestaduais, entre contribuintes, com gás natural e seus derivados, e lubrificantes e combustíveis não incluídos no inciso I deste parágrafo, o imposto será repartido entre os Estados de origem e de destino, mantendo-se a mesma proporcionalidade que ocorre nas operações com as demais mercadorias;

- Incluído pela EC nº 33/01

III – nas operações interestaduais com gás natural e seus derivados, e lubrificantes e combustíveis não incluídos no inciso I deste parágrafo, destinadas a não contribuinte, o imposto caberá ao Estado de origem;

- Incluído pela EC nº 33/01

IV – as alíquotas do imposto serão definidas mediante deliberação dos Estados e Distrito Federal, nos termos do § 2º, inc. XII, "g", observando-se o seguinte:

- Incluído pela EC nº 33/01

a) serão uniformes em todo o território nacional, podendo ser diferenciadas por produto;

- Incluída pela EC nº 33/01

b) poderão ser específicas, por unidade de medida adotada, ou *ad valorem*, incidindo sobre o valor da operação ou sobre o preço que o produto ou seu similar alcançaria em uma venda em condições de livre concorrência;

- Incluída pela EC nº 33/01

c) poderão ser reduzidas e restabelecidas, não se lhes aplicando o disposto no art. 150, inc. III, "b".

- CRFB, art. 155, § 5º
- Incluída pela EC nº 33/01

§ 5º As regras necessárias à aplicação do disposto no § 4º, inclusive as relativas à apuração e à destinação do imposto, serão estabelecidas mediante deliberação dos Estados e do Distrito Federal, nos termos do § 2º, inc. XII, "g".

- Incluído pela EC nº 33/01

§ 6º O imposto previsto no inciso III:

- Incluído pela EC nº 42/03

I – terá alíquotas mínimas fixadas pelo Senado Federal;

- Incluído pela EC nº 42/03

II – poderá ter alíquotas diferenciadas em função do tipo e utilização.

- CRFB, arts. 167, § 4º, e 198, § 2º, inc. II
- ADCT, art. 77, inc. II
- Incluído pela EC nº 42/03

Seção V

Dos Impostos dos Municípios

Art. 156. Compete aos Municípios instituir impostos sobre:

I – propriedade predial e territorial urbana;

- CRFB, arts. 150, § 1º, e 156, § 1º

II – transmissão *inter vivos*, a qualquer título, por ato oneroso, de bens imóveis, por natureza ou acessão física, e de direitos reais sobre imóveis, exceto os de garantia, bem como cessão de direitos a sua aquisição;

- CRFB, art. 156, § 2º
- ADCT, art. 34, § 6º

III – serviços de qualquer natureza, não compreendidos no art. 155, inc. II, definidos em lei complementar.

- CRFB, art. 156, § 3º
- ADCT, arts. 34, §§ 1º e 6º, e 88, *caput*
- Súmula Vinculante nº 31/10
- Redação dada pela EC nº 3/93

IV –

- Excluído pela EC nº 3/93

§ 1º Sem prejuízo da progressividade no tempo a que se refere o art. 182, § 4º, inc. II, o imposto previsto no inciso I poderá:

- Redação dada pela EC nº 29/00

I – ser progressivo em razão do valor do imóvel;

- Incluído pela EC nº 29/00

II – ter alíquotas diferentes de acordo com a localização e o uso do imóvel.

- CTN, arts. 32 a 34
- Incluído pela EC nº 29/00

§ 2º O imposto previsto no inciso II:

I – não incide sobre a transmissão de bens ou direitos incorporados ao patrimônio de pessoa jurídica em realização de capital, nem sobre a transmissão de bens ou direitos decorrente de fusão, incorporação, cisão ou extinção de pessoa jurídica, salvo se, nesses casos, a atividade preponderante do adquirente for a compra e venda desses bens ou direitos, locação de bens imóveis ou arrendamento mercantil;

II – compete ao Município da situação do bem.

- CTN, arts. 35 a 42

§ 3º Em relação ao imposto previsto no inciso III do *caput* deste artigo, cabe à lei complementar:

- Redação dada pela EC nº 37/02

I – fixar as suas alíquotas máximas e mínimas;

- ADCT, art. 88, *caput*
- Redação dada pela EC nº 37/02

II – excluir da sua incidência exportações de serviços para o exterior.

- Incluído pela EC nº 3/93

III – regular a forma e as condições como isenções, incentivos e benefícios fiscais serão concedidos e revogados.

- ADCT, art. 88, *caput*
- Lei Complementar nº 116/03 – Dispõe sobre o Imposto Sobre Serviços de Qualquer Natureza
- Súmula Vinculante nº 31/10
- Incluído pela EC nº 37/02

§ 4º

- CRFB, arts. 30, inc. III, 167, § 4º, e 198, § 2º, inc. III
- ADCT, art. 77, inc. III
- Excluído pela EC nº 3/93

Seção VI

Da Repartição das Receitas Tributárias

Art. 157. Pertencem aos Estados e ao Distrito Federal:

I – o produto da arrecadação do imposto da União sobre renda e proventos de qualquer natureza, incidente na fonte, sobre rendimentos pagos, a qualquer título, por eles, suas autarquias e pelas fundações que instituírem e mantiverem;

- CRFB, art. 159, § 1º
- ADCT, art. 76, § 1º

II – vinte por cento do produto da arrecadação do imposto que a União instituir no exercício da competência que lhe é atribuída pelo art. 154, inc. I.

- CRFB, arts. 161, inc. III, 167, § 4º, e 198, § 2º, inc. II
- ADCT, arts. 60, inc. II e § 5º, inc. II, 72, § 3º, e 77, inc. II

Art. 158. Pertencem aos Municípios:

I – o produto da arrecadação do imposto da União sobre renda e proventos de qualquer natureza, incidente na fonte, sobre rendimentos pagos, a qualquer título, por eles, suas autarquias e pelas fundações que instituírem e mantiverem;

- CRFB, art. 159, § 1º
- ADCT, art. 76, § 1º

II – cinquenta por cento do produto da arrecadação do imposto da União sobre a propriedade territorial rural, relativamente aos imóveis neles situados, cabendo a totalidade na hipótese da opção a que se refere o art. 153, § 4º, inc. III;

- ADCT, arts. 60, inc. II e § 5º, inc. II, 72, § 4º, e 76, § 1º
- Redação dada pela EC nº 42/03

III – cinquenta por cento do produto da arrecadação do imposto do Estado sobre a propriedade de veículos automotores licenciados em seus territórios;

- ADCT, art. 60, inc. II e § 5º, inc. II

IV – vinte e cinco por cento do produto da arrecadação do imposto do Estado sobre operações relativas à circulação de mercadorias e sobre prestações de serviços de transporte interestadual e intermunicipal e de comunicação.

- CRFB, art. 158, parágrafo único
- ADCT, arts. 60, inc. II e § 5º, inc. I, e 82, § 1º
- Lei Complementar nº 63/90 – Dispõe sobre critérios e prazos de crédito das parcelas do produto da arrecadação de impostos de competência dos Estados e de transferências por estes recebidos, pertencentes aos Municípios

Parágrafo único. As parcelas de receita pertencentes aos Municípios, mencionadas no inciso IV, serão creditadas conforme os seguintes critérios:

I – três quartos, no mínimo, na proporção do valor adicionado nas operações relativas à circulação de mercadorias e nas prestações de serviços, realizadas em seus territórios;

- CRFB, arts. 159, § 3º, e 161, inc. I

II – até um quarto, de acordo com o que dispuser lei estadual ou, no caso dos Territórios, lei federal.

- CRFB, arts. 29-A, *caput*, 159, § 3º, 161, inc. III, 167, inc. IV e § 4º, e 198, § 2º, inc. III
- ADCT, arts. 77, inc. III, e 91, § 1º

Art. 159. A União entregará:

I – do produto da arrecadação dos impostos sobre renda e proventos de qualquer natureza e sobre produtos industrializados, quarenta e nove por cento na seguinte forma:

- Redação dada pela EC nº 84/14

a) vinte e um inteiros e cinco décimos por cento ao Fundo de Participação dos Estados e do Distrito Federal;

- CRFB, arts. 167, § 4º, e 198, § 2º, inc. II
- ADCT, arts. 14, § 4º, 34, § 2º, inc. II, 60, inc. II e § 5º, inc. I, 76, § 1º, e 77, inc. II

b) vinte e dois inteiros e cinco décimos por cento ao Fundo de Participação dos Municípios;

- CRFB, arts. 167, § 4º, e 198, § 2º, inc. III
- ADCT, arts. 34, § 2º, inc. III, 60, inc. II e § 5º, inc. I, 76, § 1º, e 77, inc. III
- Lei Complementar nº 91/97 – Dispõe sobre a fixação dos coeficientes do Fundo de Participação dos Municípios

c) três por cento, para aplicação em programas de financiamento ao setor produtivo das Regiões Norte, Nordeste e Centro-Oeste, através de suas instituições financeiras de caráter regional, de acordo com os planos regionais de desenvolvimento, ficando assegurada ao semiárido do Nordeste a metade dos recursos destinados à Região, na forma que a lei estabelecer;

- ADCT, arts. 34, §§ 1º, 10 e 11, e 76, § 1º
- Lei nº 7.827/89 – institui o Fundo Constitucional de Financiamento do Centro-Oeste, o Fundo Constitucional de Financiamento do Nordeste e o Fundo Constitucional de Financiamento do Norte
- Lei nº 10.177/01 – Dispõe sobre as operações com recursos do Fundo Constitucional de Financiamento do Centro-Oeste, do Fundo Constitucional de Financiamento do Nordeste e do Fundo Constitucional de Financiamento do Norte

d) um por cento ao Fundo de Participação dos Municípios, que será entregue no primeiro decêndio do mês de dezembro de cada ano;

- CRFB, arts. 159, § 1º, e 161, inc. II
- Incluído pela EC nº 55/07

e) 1% (um por cento) ao Fundo de Participação dos Municípios, que será entregue no primeiro decêndio do mês de julho de cada ano;

- Incluído pela EC nº 84/14

II – do produto da arrecadação do imposto sobre produtos industrializados, dez por cento aos Estados e ao Distrito Federal, proporcionalmente ao valor das respectivas exportações de produtos industrializados.

- CRFB, arts. 159, §§ 2º e 3º, 167, § 4º, e 198, § 2º, inc. II
- ADCT, arts. 60, inc. II e § 5º, inc. I, 76, § 1º, e 77, inc. II
- Lei Complementar nº 61/89 – Estabelece normas para a participação dos Estados e do Distrito Federal no produto da arrecadação do Imposto sobre Produtos Industrializados, relativamente às exportações
- Lei Complementar nº 63/90 – Dispõe sobre critérios e prazos de crédito das parcelas do produto da arrecadação de impostos de competência dos Estados e de transferências por estes recebidos, pertencentes aos Municípios

III – do produto da arrecadação da contribuição de intervenção no domínio econômico prevista no art. 177, § 4º, vinte e nove por cento para os Estados e o Distrito Federal, distribuídos na forma da lei, observada a destinação a que se refere o inciso II, “c”, do referido parágrafo.

- CRFB, art. 159, § 4º
- ADCT, art. 93
- Redação dada pela EC nº 44/04

§ 1º Para efeito de cálculo da entrega a ser efetuada de acordo com o previsto no inciso I, excluir-se-á a parcela da arrecadação do imposto de renda e proventos de qualquer natureza pertencente aos Estados, ao Distrito Federal e aos Municípios, nos termos do disposto nos arts. 157, inc. I, e 158, inc. I.

§ 2º A nenhuma unidade federada poderá ser destinada parcela superior a vinte por cento do montante a que se refere o inciso II, devendo o eventual excedente ser distribuído entre os demais participantes, mantido, em relação a esses, o critério de partilha nele estabelecido.

§ 3º Os Estados entregarão aos respectivos Municípios vinte e cinco por cento dos recursos que receberem nos termos do inciso II, observados os critérios estabelecidos no art. 158, parágrafo único, incs. I e II.

- CRFB, art. 198, § 2º, inc. III
- ADCT, art. 77, inc. III
- Lei Complementar nº 63/90 – Dispõe sobre critérios e prazos de crédito das parcelas do produto da arrecadação de impostos de competência dos Estados e de transferências por estes recebidos, pertencentes aos Municípios

§ 4º Do montante de recursos de que trata o inciso III que cabe a cada Estado, vinte e cinco por cento serão destinados aos seus Municípios, na forma da lei a que se refere o mencionado inciso.

- CRFB, arts. 29-A, *caput*, 161, inc. III, e 167, inc. IV
- ADCT, arts. 72, §§ 2º e 4º, 80, § 1º, e 93
- Incluído pela EC nº 42/03

Art. 160. É vedada a retenção ou qualquer restrição à entrega e ao emprego dos recursos atribuídos, nesta seção, aos Estados, ao Distrito Federal e aos Municípios, neles compreendidos adicionais e acréscimos relativos a impostos.

Parágrafo único. A vedação prevista neste artigo não impede a União e os Estados de condicionarem a entrega de recursos:

- Redação dada pela EC nº 29/00

I – ao pagamento de seus créditos, inclusive de suas autarquias;

- Incluído pela EC nº 29/00

II – ao cumprimento do disposto no art. 198, § 2º, incs. II e III.

- ADCT, art. 60, inc. X
- Incluído pela EC nº 29/00

Art. 161. Cabe à lei complementar:

I – definir valor adicionado para fins do disposto no art. 158, parágrafo único, inc. I;

II – estabelecer normas sobre a entrega dos recursos de que trata o art. 159, especialmente sobre os critérios de rateio dos fundos previstos em seu inciso I, objetivando promover o equilíbrio sócio-econômico entre Estados e entre Municípios;

- CRFB, art. 161, parágrafo único
- ADCT, arts. 34, § 2º, inc. I, e 39, parágrafo único

III – dispor sobre o acompanhamento, pelos beneficiários, do cálculo das quotas e da liberação das participações previstas nos arts. 157, 158 e 159.

- Lei Complementar nº 62/89 – Estabelece normas sobre o cálculo, a entrega e o controle das liberações dos recursos dos Fundos de Participação

Parágrafo único. O Tribunal de Contas da União efetuará o cálculo das quotas referentes aos fundos de participação a que alude o inciso II.

Art. 162. A União, os Estados, o Distrito Federal e os Municípios divulgarão, até o último dia do mês subsequente ao da arrecadação, os montantes de cada um dos tributos arrecadados, os recursos recebidos, os valores de origem tributária entregues e a entregar e a expressão numérica dos critérios de rateio.

Parágrafo único. Os dados divulgados pela União serão discriminados por Estado e por Município; os dos Estados, por Município.

- CRFB, arts. 34, inc. V, "b", 48, inc. I, e 52, inc. XV

CAPÍTULO II

Das Finanças Públicas

Seção I

Normas Gerais

Art. 163. Lei complementar disporá sobre:

I – finanças públicas;

- Lei Complementar nº 101/00 – Estabelece normas de finanças públicas voltadas para a responsabilidade na gestão fiscal

II – dívida pública externa e interna, incluída a das autarquias, fundações e demais entidades controladas pelo Poder Público;

- CRFB, arts. 48, inc. II, e 52, incs. VI e IX

III – concessão de garantias pelas entidades públicas;

- CRFB, art. 167, inc. IV

IV – emissão e resgate de títulos da dívida pública;

- CRFB, arts. 182, § 4º, inc. III, e 184

V – fiscalização financeira da administração pública direta e indireta;

- Redação dada pela EC nº 40/03

VI – operações de câmbio realizadas por órgãos e entidades da União, dos Estados, do Distrito Federal e dos Municípios;

- CRFB, art. 21, inc. VIII

VII – compatibilização das funções das instituições oficiais de crédito da União, resguardadas as características e condições operacionais plenas das voltadas ao desenvolvimento regional.

- ADCT, art. 50

Art. 164. A competência da União para emitir moeda será exercida exclusivamente pelo banco central.

§ 1º É vedado ao banco central conceder, direta ou indiretamente, empréstimos ao Tesouro Nacional e a qualquer órgão ou entidade que não seja instituição financeira.

§ 2º O banco central poderá comprar e vender títulos de emissão do Tesouro Nacional, com o objetivo de regular a oferta de moeda ou a taxa de juros.

§ 3º As disponibilidades de caixa da União serão depositadas no banco central; as dos Estados, do Distrito Federal, dos Municípios e dos órgãos ou entidades do Poder Público e das empresas por ele controladas, em instituições financeiras oficiais, ressalvados os casos previstos em lei.

- CRFB, arts. 21, inc. VII, e 48, inc. XIV

Seção II

Dos Orçamentos

Art. 165. Leis de iniciativa do Poder Executivo estabelecerão:

I – o plano plurianual;

- CRFB, arts. 48, inc. II, 62, § 1º, inc. I, "d", 68, § 1º, inc. III, 84, inc. XXIII, 165, § 1º, e 166

II – as diretrizes orçamentárias;

- CRFB, arts. 48, inc. II, 57, § 2º, 62, § 1º, inc. I, "d", 68, § 1º, inc. III, 84, inc. XXIII, 165, § 2º, e 166

III – os orçamentos anuais.

- CRFB, arts. 48, inc. II, 62, § 1º, inc. I, "d", 68, § 1º, inc. III, 84, inc. XXIII, 165, § 5º, e 166

§ 1º A lei que instituir o plano plurianual estabelecerá, de forma regionalizada, as diretrizes, objetivos e metas da administração pública federal para as despesas de capital e outras delas decorrentes e para as relativas aos programas de duração continuada.

- CRFB, arts. 48, inc. II, 62, § 1º, inc. I, "d", 68, § 1º, inc. III, 84, inc. XXIII, 165, inc. I, e 166
- Lei nº 11.653/08 – Dispõe sobre o Plano Plurianual para o período 2008/2011

§ 2º A lei de diretrizes orçamentárias compreenderá as metas e prioridades da administração pública federal, incluindo as despesas de capital para o exercício financeiro subsequente, orientará a elaboração da lei orçamentária anual, disporá sobre as alterações na legislação tributária e estabelecerá a política de aplicação das agências financeiras oficiais de fomento.

- CRFB, arts. 48, inc. II, 57, § 2º, 62, § 1º, inc. I, "d", 68, § 1º, inc. III, 84, inc. XXIII, 165, inc. II, e 166
- ADCT, art. 55
- Lei nº 12.465/11 – Dispõe sobre as diretrizes para a elaboração e execução da Lei Orçamentária de 2012

§ 3º O Poder Executivo publicará, até trinta dias após o encerramento de cada bimestre, relatório resumido da execução orçamentária.

§ 4º Os planos e programas nacionais, regionais e setoriais previstos nesta Constituição serão elaborados em consonância com o plano plurianual e apreciados pelo Congresso Nacional.

§ 5º A lei orçamentária anual compreenderá:

I – o orçamento fiscal referente aos Poderes da União, seus fundos, órgãos e entidades da administração direta e indireta, inclusive fundações instituídas e mantidas pelo Poder Público;

- CRFB, art. 165, § 7º

II – o orçamento de investimento das empresas em que a União, direta ou indiretamente, detenha a maioria do capital social com direito a voto;

- CRFB, art. 165, § 7º

III – o orçamento da seguridade social, abrangendo todas as entidades e órgãos a ela vinculados, da administração direta ou indireta, bem como os fundos e fundações instituídos e mantidos pelo Poder Público.

- CRFB, arts. 48, inc. II, 62, § 1º, inc. I, "d", 68, § 1º, inc. III, 84, inc. XXIII, 165, inc. III, 166 e 167, inc. VIII

§ 6º O projeto de lei orçamentária será acompanhado de demonstrativo regionalizado do efeito, sobre as receitas e despesas, decorrente de isenções, anistias, remissões, subsídios e benefícios de natureza financeira, tributária e creditícia.

§ 7º Os orçamentos previstos no § 5º, incs. I e II, deste artigo, compatibilizados com o plano plurianual, terão entre suas funções a de reduzir desigualdades inter-regionais, segundo critério populacional.

- CRFB, arts. 3º, inc. III, 43, *caput*, e 170, inc. VII
- ADCT, art. 35, *caput*

§ 8º A lei orçamentária anual não conterá dispositivo estranho à previsão da receita e à fixação da despesa, não se incluindo na proibição a autorização para abertura de créditos suplementares e contratação de operações de crédito, ainda que por antecipação de receita, nos termos da lei.

- CRFB, art. 167, inc. IV

§ 9º Cabe à lei complementar:

I – dispor sobre o exercício financeiro, a vigência, os prazos, a elaboração e a organização do plano plurianual, da lei de diretrizes orçamentárias e da lei orçamentária anual;

- ADCT, art. 35, § 2º

II – estabelecer normas de gestão financeira e patrimonial da administração direta e indireta bem como condições para a instituição e funcionamento de fundos.

- CRFB, arts. 166, § 6º, e 168
- ADCT, arts. 35, § 2º, 71, § 1º, e 81, § 3º

III – dispor sobre critérios para a execução equitativa, além de procedimentos que serão adotados quando houver impedimentos legais e técnicos, cumprimento de restos a pagar e limitação das programações de caráter obrigatório, para a realização do disposto no § 11 do art. 166.

- Incluído pela EC nº 86/15

Art. 166. Os projetos de lei relativos ao plano plurianual, às diretrizes orçamentárias, ao orçamento anual e aos créditos adicionais serão apreciados pelas duas Casas do Congresso Nacional, na forma do regimento comum.

- RCCN, arts. 89 a 103

§ 1º Caberá a uma Comissão mista permanente de Senadores e Deputados:

I – examinar e emitir parecer sobre os projetos referidos neste artigo e sobre as contas apresentadas anualmente pelo Presidente da República;

II – examinar e emitir parecer sobre os planos e programas nacionais, regionais e setoriais previstos nesta Constituição e exercer o acompanhamento e a fiscalização orçamentária, sem prejuízo da atuação das demais comissões do Congresso Nacional e de suas Casas, criadas de acordo com o art. 58.

- CRFB, arts. 62, § 9º, e 72
- Resolução CN nº 1/06 – Dispõe sobre a Comissão Mista Permanente

§ 2º As emendas serão apresentadas na Comissão mista, que sobre elas emitirá parecer, e apreciadas, na forma regimental, pelo Plenário das duas Casas do Congresso Nacional.

§ 3º As emendas ao projeto de lei do orçamento anual ou aos projetos que o modifiquem somente podem ser aprovadas caso:

I – sejam compatíveis com o plano plurianual e com a lei de diretrizes orçamentárias;

II – indiquem os recursos necessários, admitidos apenas os provenientes de anulação de despesa, excluídas as que incidam sobre:

a) dotações para pessoal e seus encargos;

b) serviço da dívida;

c) transferências tributárias constitucionais para Estados, Municípios e Distrito Federal;

III – sejam relacionadas:

a) com a correção de erros ou omissões;

b) com os dispositivos do texto do projeto de lei.

- CRFB, art. 63, inc. I

§ 4º As emendas ao projeto de lei de diretrizes orçamentárias não poderão ser aprovadas quando incompatíveis com o plano plurianual.

- CRFB, art. 63, inc. I

§ 5º O Presidente da República poderá enviar mensagem ao Congresso Nacional para propor modificação nos projetos a que se refere este artigo enquanto não iniciada a votação, na Comissão mista, da parte cuja alteração é proposta.

§ 6º Os projetos de lei do plano plurianual, das diretrizes orçamentárias e do orçamento anual serão enviados pelo Presidente da República ao Congresso Nacional, nos termos da lei complementar a que se refere o art. 165, § 9º.

§ 7º Aplicam-se aos projetos mencionados neste artigo, no que não contrariar o disposto nesta seção, as demais normas relativas ao processo legislativo.

§ 8º Os recursos que, em decorrência de veto, emenda ou rejeição do projeto de lei orçamentária anual, ficarem sem despesas correspondentes poderão ser utilizados, conforme o caso, mediante créditos especiais ou suplementares, com prévia e específica autorização legislativa.

- CRFB, arts. 48, inc. II, 57, § 2º, 62, § 1º, inc. I, "d", 68, § 1º, inc. III, 84, inc. XXIII, e 165, incs. I a III, §§ 1º, 2º e 5º

§ 9º As emendas individuais ao projeto de lei orçamentária serão aprovadas no limite de 1,2% (um inteiro e dois décimos por cento) da receita corrente líquida prevista no projeto encaminhado pelo Poder Executivo, sendo que a metade deste percentual será destinada a ações e serviços públicos de saúde.

- Incluído pela EC nº 86/15

§ 10. A execução do montante destinado a ações e serviços públicos de saúde previsto no § 9º, inclusive custeio, será computada para fins do cumprimento do inciso I do § 2º do art. 198, vedada a destinação para pagamento de pessoal ou encargos sociais.

- Incluído pela EC nº 86/15

§ 11. É obrigatória a execução orçamentária e financeira das programações a que se refere o § 9º deste artigo, em montante correspondente a 1,2% (um inteiro e dois décimos por cento) da receita corrente líquida realizada no exercício anterior, conforme os critérios para a execução equitativa da programação definidos na lei complementar prevista no § 9º do art. 165.

- Incluído pela EC nº 86/15

§ 12. As programações orçamentárias previstas no § 9º deste artigo não serão de execução obrigatória nos casos dos impedimentos de ordem técnica.

- Incluído pela EC nº 86/15

§ 13. Quando a transferência obrigatória da União, para a execução da programação prevista no § 11 deste artigo, for destinada a Estados, ao Distrito Federal e a Municípios, independerá da adimplência do ente federativo destinatário e não integrará a base de cálculo da receita corrente líquida para fins de aplicação dos limites de despesa de pessoal de que trata o *caput* do art. 169.

- Incluído pela EC nº 86/15

§ 14. No caso de impedimento de ordem técnica, no empenho de despesa que integre a programação, na forma do § 11 deste artigo, serão adotadas as seguintes medidas:

- Incluído pela EC nº 86/15

I – até 120 (cento e vinte) dias após a publicação da lei orçamentária, o Poder Executivo, o Poder Legislativo, o Poder Judiciário, o Ministério Público e a Defensoria Pública enviarão ao Poder Legislativo as justificativas do impedimento;

- Incluído pela EC nº 86/15

II – até 30 (trinta) dias após o término do prazo previsto no inciso I, o Poder Legislativo indicará ao Poder Executivo o remanejamento da programação cujo impedimento seja insuperável;

- Incluído pela EC nº 86/15

III – até 30 de setembro ou até 30 (trinta) dias após o prazo previsto no inciso II, o Poder Executivo encaminhará projeto de lei sobre o remanejamento da programação cujo impedimento seja insuperável;

- Incluído pela EC nº 86/15

IV – se, até 20 de novembro ou até 30 (trinta) dias após o término do prazo previsto no inciso III, o Congresso Nacional não deliberar sobre o projeto, o remanejamento será implementado por ato do Poder Executivo, nos termos previstos na lei orçamentária.

- Incluído pela EC nº 86/15

§ 15. Após o prazo previsto no inciso IV do § 14, as programações orçamentárias previstas no § 11 não serão de execução obrigatória nos casos dos impedimentos justificados na notificação prevista no inciso I do § 14.

- Incluído pela EC nº 86/15

§ 16. Os restos a pagar poderão ser considerados para fins de cumprimento da execução financeira prevista no § 11 deste artigo, até o limite de 0,6% (seis décimos por cento) da receita corrente líquida realizada no exercício anterior.

- Incluído pela EC nº 86/15

§ 17. Se for verificado que a reestimativa da receita e da despesa poderá resultar no não cumprimento da meta de resultado fiscal estabelecida na lei de diretrizes orçamentárias, o montante previsto no § 11 deste artigo poderá ser reduzido em até a mesma proporção da limitação incidente sobre o conjunto das despesas discricionárias.

- Incluído pela EC nº 86/15

§ 18. Considera-se equitativa a execução das programações de caráter obrigatório que atenda de forma igualitária e impessoal às emendas apresentadas, independentemente da autoria.

- Incluído pela EC nº 86/15

Art. 167. São vedados:

I – o início de programas ou projetos não incluídos na lei orçamentária anual;

II – a realização de despesas ou a assunção de obrigações diretas que excedam os créditos orçamentários ou adicionais;

III – a realização de operações de créditos que excedam o montante das despesas de capital, ressalvadas as autorizadas mediante créditos suplementares ou especiais com finalidade precisa, aprovados pelo Poder Legislativo por maioria absoluta;

- ADCT, art. 37

IV – a vinculação de receita de impostos a órgão, fundo ou despesa, ressalvadas a repartição do produto da arrecadação dos impostos a que se referem os arts. 158 e 159, a destinação de recursos para as ações e serviços públicos de saúde, para manutenção e desenvolvimento do ensino e para realização de atividades da administração tributária, como determinado, respectivamente, pelos arts. 198, § 2º, 212 e 37, inc. XXII, e a prestação de garantias às operações de crédito por antecipação de receita, previstas no art. 165, § 8º, bem como o disposto no § 4º deste artigo;

- CRFB, art. 163, inc. III
- ADCT, art. 80, § 1º
- Redação dada pela EC nº 42/03

V – a abertura de crédito suplementar ou especial sem prévia autorização legislativa e sem indicação dos recursos correspondentes;

VI – a transposição, o remanejamento ou a transferência de recursos de uma categoria de programação para outra ou de um órgão para outro, sem prévia autorização legislativa;

VII – a concessão ou utilização de créditos ilimitados;

VIII – a utilização, sem autorização legislativa específica, de recursos dos orçamentos fiscal e da seguridade social para suprir necessidade ou cobrir déficit de empresas, fundações e fundos, inclusive dos mencionados no art. 165, § 5º;

IX – a instituição de fundos de qualquer natureza, sem prévia autorização legislativa.

X – a transferência voluntária de recursos e a concessão de empréstimos, inclusive por antecipação de receita, pelos Governos Federal e Estaduais e suas instituições financeiras, para pagamento de despesas com pessoal ativo, inativo e pensionista, dos Estados, do Distrito Federal e dos Municípios.

- Incluído pela EC nº 19/98

XI – a utilização dos recursos provenientes das contribuições sociais de que trata o art. 195, incs. I, "a" e II, para a realização de despesas distintas do pagamento de benefícios do regime geral de previdência social de que trata o art. 201.

- Incluído pela EC nº 20/98

§ 1º Nenhum investimento cuja execução ultrapasse um exercício financeiro poderá ser iniciado sem prévia inclusão no plano plurianual, ou sem lei que autorize a inclusão, sob pena de crime de responsabilidade.

- CRFB, arts. 50, § 2º, 51, inc. I, 52, incs. I e II e parágrafo único, 85, 86, *caput*, §§ 1º, inc. II e 2º, e 102, inc. I, "c"

§ 2º Os créditos especiais e extraordinários terão vigência no exercício financeiro em que forem autorizados, salvo se o ato de autorização for promulgado nos últimos quatro meses daquele exercício, caso em que, reabertos nos limites de seus saldos, serão incorporados ao orçamento do exercício financeiro subsequente.

§ 3º A abertura de crédito extraordinário somente será admitida para atender a despesas imprevisíveis e urgentes, como as decorrentes de guerra, comoção interna ou calamidade pública, observado o disposto no art. 62.

- CRFB, art. 62, § 1º, inc. I, "d"

§ 4º É permitida a vinculação de receitas próprias geradas pelos impostos a que se referem os arts. 155 e 156, e dos recursos de que tratam os arts. 157, 158 e 159, incs. I, "a" e "b" e II, para a prestação de garantia ou contragarantia à União e para pagamento de débitos para com esta.

- CRFB, art. 167, inc. IV
- Incluído pela EC nº 3/93

§ 5º A transposição, o remanejamento ou a transferência de recursos de uma categoria de programação para outra poderão ser admitidos, no âmbito das atividades de ciência, tecnologia e inovação, com o objetivo de viabilizar os resultados de projetos restritos a essas funções, mediante ato do Poder Executivo, sem necessidade da prévia autorização legislativa prevista no inciso VI deste artigo.

- Redação dada pela EC nº 85/15

Art. 168. Os recursos correspondentes às dotações orçamentárias, compreendidos os créditos suplementares e especiais, destinados aos órgãos dos Poderes Legislativo e Judiciário, do Ministério Público e da Defensoria Pública, ser-lhes-ão entregues até o dia 20 de cada mês, em duodécimos, na forma da lei complementar a que se refere o art. 165, § 9º.

- CRFB, arts. 21, inc. XIII, 22, inc. XVII, 24, inc. XIII, 48, inc. IX, 61, § 1º, inc. II, "d", e 134
- Redação dada pela EC nº 45/04

Art. 169. A despesa com pessoal ativo e inativo da União, dos Estados, do Distrito Federal e dos Municípios não poderá exceder os limites estabelecidos em lei complementar.

- CRFB, art. 169, § 3º
- Lei Complementar nº 101/00 – Estabelece normas de finanças públicas voltadas para a responsabilidade na gestão fiscal

§ 1º A concessão de qualquer vantagem ou aumento de remuneração, a criação de cargos, empregos e funções ou alteração de estrutura de carreiras, bem como a admissão ou contratação de pessoal, a qualquer título, pelos órgãos e entidades da administração direta ou indireta, inclusive fundações instituídas e mantidas pelo poder público, só poderão ser feitas:

- Redação dada pela EC nº 19/98

I – se houver prévia dotação orçamentária suficiente para atender às projeções de despesa de pessoal e aos acréscimos dela decorrentes;

II – se houver autorização específica na lei de diretrizes orçamentárias, ressalvadas as empresas públicas e as sociedades de economia mista.

§ 2º Decorrido o prazo estabelecido na lei complementar referida neste artigo para a adaptação aos parâmetros ali previstos, serão imediatamente suspensos todos os repasses de verbas federais ou estaduais aos Estados, ao Distrito Federal e aos Municípios que não observarem os referidos limites.

- Incluído pela EC nº 19/98

§ 3º Para o cumprimento dos limites estabelecidos com base neste artigo, durante o prazo fixado na lei complementar referida no *caput*, a União, os Estados, o Distrito Federal e os Municípios adotarão as seguintes providências:

- Incluído pela EC nº 19/98

I – redução em pelo menos vinte por cento das despesas com cargos em comissão e funções de confiança;

- Incluído pela EC nº 19/98

II – exoneração dos servidores não estáveis.

- CRFB, art. 169, § 4º
- Incluído pela EC nº 19/98

§ 4º Se as medidas adotadas com base no parágrafo anterior não forem suficientes para assegurar o cumprimento da determinação da lei complementar referida neste artigo, o servidor estável poderá perder o cargo, desde que ato normativo motivado de cada um dos Poderes especifique a atividade funcional, o órgão ou unidade administrativa objeto da redução de pessoal.

- CRFB, arts. 41, § 1º, 169, §§ 5º, 6º e 7º, e 198, § 6º
- Incluído pela EC nº 19/98

§ 5º O servidor que perder o cargo na forma do parágrafo anterior fará jus a indenização correspondente a um mês de remuneração por ano de serviço.

- CRFB, art. 169, § 6º
- Incluído pela EC nº 19/98

§ 6º O cargo objeto da redução prevista nos parágrafos anteriores será considerado extinto, vedada a criação de cargo, emprego ou função com atribuições iguais ou assemelhadas pelo prazo de quatro anos.

- Incluído pela EC nº 19/98

§ 7º Lei federal disporá sobre as normas gerais a serem obedecidas na efetivação do disposto no § 4º.

- CRFB, arts. 24, inc. II, 85, inc. VI, 96, incs. I, "e" e II, 127, § 2º, e 247, *caput*
- ADCT, art. 38, *caput*
- Lei nº 9.801/99 – Dispõe sobre as normas gerais para perda de cargo público por excesso de despesa
- Incluído pela EC nº 19/98

TÍTULO VII

Da Ordem Econômica e Financeira

CAPÍTULO I

Dos Princípios Gerais da Atividade Econômica

Art. 170. A ordem econômica, fundada na valorização do trabalho humano e na livre iniciativa, tem por fim assegurar a todos existência digna, conforme os ditames da justiça social, observados os seguintes princípios:

- CRFB, arts. 1º, incs. III e IV, 3º, inc. I, 5º, incs. III, XIII e XLVII, "e", 6º a 11, 21, inc. XXIV, 186, inc. III, 193, 203, inc. III, 205, 214, inc. IV, 226, § 7º, 227, *caput* e § 3º, inc. I, e 230, *caput*
- ADCT, art. 79

I – soberania nacional;

- CRFB, arts. 1º, inc. I, 5º, inc. LXXI, 14, *caput*, 17, *caput*, 91, *caput*, e 231, § 5º
- CPC, arts. 201, 202, 210 e 211
- CPP, arts. 780 a 790
- RISTF, arts. 215 a 229
- Lei nº 7.170/83 – Define os crimes contra a segurança nacional, a ordem política e social, estabelece seu processo e julgamento e dá outras providências, arts. 1º, inc. I, e 9º

II – propriedade privada;

- CRFB, art. 5º, *caput* e inc. XXII
- CC, arts. 1.225, inc. I, 1.228 a 1.368-A

III – função social da propriedade;

- CRFB, arts. 5º, inc. XXIII, 182, § 2º, e 186

- CC, art. 2.035, parágrafo único
- Lei nº 8.884/94 – Dispõe sobre a prevenção e a repressão às infrações contra a ordem econômica, art. 1º, *caput*

IV – livre concorrência;

- Lei nº 8.884/94 – Dispõe sobre a prevenção e a repressão às infrações contra a ordem econômica, art. 1º, *caput*

V – defesa do consumidor;

- CRFB, arts. 5º, inc. XXXII, e 24, inc. V
- ADCT, art. 48
- Lei nº 8.078/90 – Dispõe sobre a proteção do consumidor
- Lei nº 8.137/90 – Define os crimes contra a ordem tributária, econômica e contra as relações de consumo, art. 7º
- Lei nº 8.884/94 – Dispõe sobre a prevenção e a repressão às infrações contra a ordem econômica, art. 1º, *caput*
- Lei nº 10.671/03 – Dispõe sobre o Estatuto de Defesa do Torcedor, art. 40

VI – defesa do meio ambiente, inclusive mediante tratamento diferenciado conforme o impacto ambiental dos produtos e serviços e de seus processos de elaboração e prestação;

- CRFB, arts. 23, incs. VI e VII, 24, inc. VI, e 225, *caput*
- Lei nº 6.938/81 – Dispõe sobre a Política Nacional do Meio Ambiente
- Lei nº 9.605/98 – Dispõe sobre as sanções penais e administrativas derivadas de condutas e atividades lesivas ao meio ambiente
- Lei nº 9.966/00 – Dispõe sobre a prevenção, controle e fiscalização da poluição causada por lançamento de óleo e outras substâncias nocivas ou perigosas em águas sob jurisdição nacional
- Redação dada pela EC nº 42/03

VII – redução das desigualdades regionais e sociais;

- CRFB, arts. 3º, incs. I, III e IV, 4º, inc. VIII, 5º, *caput* e inc. XLII, 7º, incs. XX e XXXI, 23, incs. II e X, 24, inc. XIV, 37, inc. VIII, 43, *caput*, 165, § 7º, 203, incs. IV e V, 206, inc. I, 208, inc. III, e 227, § 1º, inc. II

VIII – busca do pleno emprego;

- CRFB, arts. 5º, inc. XIII, e 22, inc. XVI

IX – tratamento favorecido para as empresas de pequeno porte constituídas sob as leis brasileiras e que tenham sua sede e administração no País.

- CRFB, arts. 146, inc. III, "d", e 179
- ADCT, art. 94
- Lei Complementar nº 123/06 – Institui o Estatuto Nacional da Microempresa e da Empresa de Pequeno Porte
- Redação dada pela EC nº 6/95

Parágrafo único. É assegurado a todos o livre exercício de qualquer atividade econômica, independentemente de autorização de órgãos públicos, salvo nos casos previstos em lei.

- CRFB, art. 21, incs. VI e XXIV

Art. 171.

- Excluído pela EC nº 6/95

I –

- Excluído pela EC nº 6/95

II –

- Excluído pela EC nº 6/95

§ 1º

- Excluído pela EC nº 6/95

I –

- Excluído pela EC nº 6/95

II –

- Excluído pela EC nº 6/95

a)

- Excluída pela EC nº 6/95

b)

- Excluída pela EC nº 6/95

§ 2º

- Excluído pela EC nº 6/95

Art. 172. A lei disciplinará, com base no interesse nacional, os investimentos de capital estrangeiro, incentivará os reinvestimentos e regulará a remessa de lucros.

- CRFB, arts. 192 e 222, § 4º

Art. 173. Ressalvados os casos previstos nesta Constituição, a exploração direta de atividade econômica pelo Estado só será permitida quando necessária aos imperativos da segurança nacional ou a relevante interesse coletivo, conforme definidos em lei.

§ 1º A lei estabelecerá o estatuto jurídico da empresa pública, da sociedade de economia mista e de suas subsidiárias que explorem atividade econômica de produção ou comercialização de bens ou de prestação de serviços, dispondo sobre:

- Redação dada pela EC nº 19/98

I – sua função social e formas de fiscalização pelo Estado e pela sociedade;

- Incluído pela EC nº 19/98

II – a sujeição ao regime jurídico próprio das empresas privadas, inclusive quanto aos direitos e obrigações civis, comerciais, trabalhistas e tributários;

- Lei nº 11.101/05 – Regula a recuperação judicial, a extrajudicial e a falência do empresário e da sociedade empresária, art. 2º, inc. I
- Incluído pela EC nº 19/98

III – licitação e contratação de obras, serviços, compras e alienações, observados os princípios da administração pública;

- CRFB, arts. 22, inc. XXVII, 37, *caput* e incs. II e XXI, e 175, *caput*
- Decreto nº 2.745/98 – Aprova o Regulamento do Procedimento Licitatório Simplificado da Petrobrás
- Incluído pela EC nº 19/98

IV – a constituição e o funcionamento dos conselhos de administração e fiscal, com a participação de acionistas minoritários;

- Incluído pela EC nº 19/98

V – os mandatos, a avaliação de desempenho e a responsabilidade dos administradores.

- Incluído pela EC nº 19/98

§ 2º As empresas públicas e as sociedades de economia mista não poderão gozar de privilégios fiscais não extensivos às do setor privado.

§ 3º A lei regulamentará as relações da empresa pública com o Estado e a sociedade.

§ 4º A lei reprimirá o abuso do poder econômico que vise à dominação dos mercados, à eliminação da concorrência e ao aumento arbitrário dos lucros.

- Lei nº 8.884/94 – Dispõe sobre a prevenção e a repressão às infrações contra a ordem econômica

§ 5º A lei, sem prejuízo da responsabilidade individual dos dirigentes da pessoa jurídica, estabelecerá a responsabilidade desta, sujeitando-a às punições compatíveis com sua natureza, nos atos praticados contra a ordem econômica e financeira e contra a economia popular.

- CRFB, art. 225, § 3º

Art. 174. Como agente normativo e regulador da atividade econômica, o Estado exercerá, na forma da lei, as funções de fiscalização, incentivo e planejamento, sendo este determinante para o setor público e indicativo para o setor privado.

§ 1º A lei estabelecerá as diretrizes e bases do planejamento do desenvolvimento nacional equilibrado, o qual incorporará e compatibilizará os planos nacionais e regionais de desenvolvimento.

- CRFB, arts. 3º, inc. II, 5º, inc. XXIX, 21, inc. IX, 23, parágrafo único, 43, § 1º, inc. II, 48, inc. IV, 58, § 2º, inc. VI, 192, 215, § 3º, 218, § 2º, e 219

§ 2º A lei apoiará e estimulará o cooperativismo e outras formas de associativismo.

- CRFB, art. 5º, inc. XVIII
- Lei nº 5.764/71 – Define a Política Nacional de Cooperativismo, institui o regime jurídico das sociedades cooperativas
- Lei nº 9.867/99 – Dispõe sobre a criação e o funcionamento de Cooperativas Sociais

§ 3º O Estado favorecerá a organização da atividade garimpeira em cooperativas, levando em conta a proteção do meio ambiente e a promoção econômico-social dos garimpeiros.

- CRFB, arts. 21, inc. XXV, 174, § 4º, e 231, § 7º

§ 4º As cooperativas a que se refere o parágrafo anterior terão prioridade na autorização ou concessão para pesquisa e lavra dos recursos e jazidas de minerais garimpáveis, nas áreas onde estejam atuando, e naquelas fixadas de acordo com o art. 21, inc. XXV, na forma da lei.

- CRFB, art. 231, § 7º

Art. 175. Incumbe ao Poder Público, na forma da lei, diretamente ou sob regime de concessão ou permissão, sempre através de licitação, a prestação de serviços públicos.

- CRFB, arts. 21, incs. XI e XII, 22, inc. XXVII, 25, § 2º, 30, inc. V, 37, inc. XXI, 139, inc. VI, e 173, § 1º, inc. II

- Lei nº 8.666/93 – Institui normas para licitações e contratos da Administração Pública
- Lei nº 9.986/00 – Dispõe sobre a gestão de recursos humanos das agências reguladoras, art. 37
- Lei nº 10.520/02 – Institui, no âmbito da União, Estados, Distrito Federal e Municípios, modalidade de licitação denominada pregão, para aquisição de bens e serviços comuns
- Lei nº 11.079/04 – Institui normas gerais para licitação e contratação de parceria público-privada no âmbito da administração pública
- Lei nº 12.462/11 – Institui o Regime Diferenciado de Contratações Públicas
- Decreto nº 2.745/98 – Aprova o Regulamento do Procedimento Licitatório Simplificado da Petrobras

Parágrafo único. A lei disporá sobre:

I – o regime das empresas concessionárias e permissionárias de serviços públicos, o caráter especial de seu contrato e de sua prorrogação, bem como as condições de caducidade, fiscalização e rescisão da concessão ou permissão;

II – os direitos dos usuários;

III – política tarifária;

IV – a obrigação de manter serviço adequado.

- Lei nº 8.987/95 – Dispõe sobre o regime de concessão e permissão da prestação de serviços públicos
- Lei nº 9.074/95 – Estabelece normas para outorga e prorrogações das concessões e permissões de serviços públicos

Art. 176. As jazidas, em lavra ou não, e demais recursos minerais e os potenciais de energia hidráulica constituem propriedade distinta da do solo, para efeito de exploração ou aproveitamento, e pertencem à União, garantida ao concessionário a propriedade do produto da lavra.

- CRFB, arts. 20, 48, inc. V, 22, inc. XII, 176, § 1º, e 225, § 2º
- CC, arts. 98 a 103

§ 1º A pesquisa e a lavra de recursos minerais e o aproveitamento dos potenciais a que se refere o *caput* deste artigo somente poderão ser efetuados mediante autorização ou concessão da União, no interesse nacional, por brasileiros ou empresa constituída sob as leis brasileiras e que tenha sua sede e administração no País, na forma da lei, que estabelecerá as condições específicas quando essas atividades se desenvolverem em faixa de fronteira ou terras indígenas.

- CRFB, arts. 20, inc. XI, 22, inc. XIV, 49, inc. XVI, 109, inc. XI, 129, inc. V, 210, § 2º, 231 e 232
- ADCT, arts. 44, *caput*, §§ 1º e 2º, e 67
- Redação dada pela EC nº 6/95

§ 2º É assegurada participação ao proprietário do solo nos resultados da lavra, na forma e no valor que dispuser a lei.

- Lei nº 8.901/94 – Regulamenta a participação do proprietário do solo nos resultados da lavra

§ 3º A autorização de pesquisa será sempre por prazo determinado, e as autorizações e concessões previstas neste artigo não poderão ser cedidas ou transferidas, total ou parcialmente, sem prévia anuência do poder concedente.

§ 4º Não dependerá de autorização ou concessão o aproveitamento do potencial de energia renovável de capacidade reduzida.

Art. 177. Constituem monopólio da União:

I – a pesquisa e a lavra das jazidas de petróleo e gás natural e outros hidrocarbonetos fluidos;

- CRFB, art. 177, inc. III e § 1º
- Lei nº 12.351/10 – Dispõe sobre a exploração e a produção de petróleo, gás natural e outros hidrocarbonetos fluidos, sob o regime de partilha de produção, em áreas do pré-sal e áreas estratégicas

II – a refinação do petróleo nacional ou estrangeiro;

- CRFB, art. 177, inc. III e § 1º
- ADCT, art. 45, *caput*

III – a importação e exportação dos produtos e derivados básicos resultantes das atividades previstas nos incisos anteriores;

- CRFB, art. 177, § 1º

IV – o transporte marítimo do petróleo bruto de origem nacional ou de derivados básicos de petróleo produzidos no País, bem assim o transporte, por meio de conduto, de petróleo bruto, seus derivados e gás natural de qualquer origem;

- CRFB, art. 177, § 1º
- Lei nº 11.909/09 – Dispõe sobre as atividades relativas ao transporte de gás natural

V – a pesquisa, a lavra, o enriquecimento, o reprocessamento, a industrialização e o comércio de minérios e minerais nucleares e seus derivados, com exceção dos radioisótopos cuja produção, comercialização e utilização poderão ser autorizadas sob regime de permissão, conforme as alíneas "b" e "c" do inciso XXIII do *caput* do art. 21 desta Constituição Federal.

- CRFB, art. 22, inc. XXVI, e 49, inc. XIV
- Redação dada pela EC nº 49/06

§ 1º A União poderá contratar com empresas estatais ou privadas a realização das atividades previstas nos incisos I a IV deste artigo observadas as condições estabelecidas em lei.

- CRFB, art. 177, § 2º
- ADCT, art. 45, parágrafo único
- Redação dada pela EC nº 9/95

§ 2º A lei a que se refere o § 1º disporá sobre:

- Incluído pela EC nº 9/95

I – a garantia do fornecimento dos derivados de petróleo em todo o território nacional;

- Incluído pela EC nº 9/95

II – as condições de contratação;

- Incluído pela EC nº 9/95

III – a estrutura e atribuições do órgão regulador do monopólio da União;

- CRFB, arts. 5º, inc. II, e 21, inc. XI
- Lei nº 9.478/97 – Institui a Agência Nacional de Petróleo
- Incluído pela EC nº 9/95

§ 3º A lei disporá sobre o transporte e a utilização de materiais radioativos no território nacional.

- Redação dada pela EC nº 9/95

§ 4º A lei que instituir contribuição de intervenção no domínio econômico relativa às atividades de importação ou comercialização de petróleo e seus derivados, gás natural e seus derivados e álcool combustível deverá atender aos seguintes requisitos:

- Incluído pela EC nº 33/01

I – a alíquota da contribuição poderá ser:

- Incluído pela EC nº 33/01

a) diferenciada por produto ou uso;

- Incluída pela EC nº 33/01

b) reduzida e restabelecida por ato do Poder Executivo, não se lhe aplicando o disposto no art. 150, inc. III, "b";

- Incluída pela EC nº 33/01

II – os recursos arrecadados serão destinados:

- Incluído pela EC nº 33/01

a) ao pagamento de subsídios a preços ou transporte de álcool combustível, gás natural e seus derivados e derivados de petróleo;

- Incluída pela EC nº 33/01

b) ao financiamento de projetos ambientais relacionados com a indústria do petróleo e do gás;

- Incluída pela EC nº 33/01

c) ao financiamento de programas de infra-estrutura de transportes.

- CRFB, art. 159, inc. III
- Lei nº 10.336/01 – Institui a Contribuição de Intervenção no Domínio Econômico incidente sobre a importação e a comercialização de petróleo e seus derivados, gás natural e seus derivados e álcool etílico combustível
- Incluída pela EC nº 33/01

Art. 178. A lei disporá sobre a ordenação dos transportes aéreo, aquático e terrestre, devendo, quanto à ordenação do transporte internacional, observar os acordos firmados pela União, atendido o princípio da reciprocidade.

- CRFB, arts. 4º, inc. V, e 22, inc. IX
- Redação dada pela EC nº 7/95

Parágrafo único. Na ordenação do transporte aquático, a lei estabelecerá as condições em que o transporte de mercadorias na cabotagem e a navegação interior poderão ser feitos por embarcações estrangeiras.

- CRFB, art. 22, inc. X
- Incluído pela EC nº 7/95

Art. 179. A União, os Estados, o Distrito Federal e os Municípios dispensarão às microempresas e às empresas de pequeno porte, assim definidas em lei, tratamento jurídico diferenciado, visando a incentivá-las pela simplificação de suas obrigações administrativas, tributárias, previdenciárias e creditícias, ou pela eliminação ou redução destas por meio de lei.

- CRFB, arts. 146, inc. III, "d", e 170, inc. IX
- ADCT, art. 94
- Lei Complementar nº 123/06 – Institui o Estatuto Nacional da Microempresa e da Empresa de Pequeno Porte

Art. 180. A União, os Estados, o Distrito Federal e os Municípios promoverão e incentivarão o turismo como fator de desenvolvimento social e econômico.

Art. 181. O atendimento de requisição de documento ou informação de natureza comercial, feita por autoridade administrativa ou judiciária estrangeira, a pessoa física ou jurídica residente ou domiciliada no País dependerá de autorização do Poder competente.

CAPÍTULO II

Da Política Urbana

Art. 182. A política de desenvolvimento urbano, executada pelo Poder Público municipal, conforme diretrizes gerais fixadas em lei, tem por objetivo ordenar o pleno desenvolvimento das funções sociais da cidade e garantir o bem-estar de seus habitantes.

- CRFB, art. 21, inc. XX
- Lei nº 10.257/01 – Estabelece diretrizes gerais da política urbana

§ 1º O plano diretor, aprovado pela Câmara Municipal, obrigatório para cidades com mais de vinte mil habitantes, é o instrumento básico da política de desenvolvimento e de expansão urbana.

§ 2º A propriedade urbana cumpre sua função social quando atende às exigências fundamentais de ordenação da cidade expressas no plano diretor.

- CRFB, arts. 5º, inc. XXIII, 170, inc. III, e 186

§ 3º As desapropriações de imóveis urbanos serão feitas com prévia e justa indenização em dinheiro.

§ 4º É facultado ao Poder Público municipal, mediante lei específica para área incluída no plano diretor, exigir, nos termos da lei federal, do proprietário do solo urbano não edificado, subutilizado ou não utilizado, que promova seu adequado aproveitamento, sob pena, sucessivamente, de:

I – parcelamento ou edificação compulsórios;

- Lei nº 10.257/01 – Estabelece diretrizes gerais da política urbana, art. 5º

II – imposto sobre a propriedade predial e territorial urbana progressivo no tempo;

- CRFB, art. 156, § 1º
- Lei nº 10.257/01 – Estabelece diretrizes gerais da política urbana, art. 7º

III – desapropriação com pagamento mediante títulos da dívida pública de emissão previamente aprovada pelo Senado Federal, com prazo de resgate de até dez anos, em parcelas anuais, iguais e sucessivas, assegurados o valor real da indenização e os juros legais.

- CRFB, arts. 5º, inc. XXIV, 22, inc. II, 30, inc. VIII, 163, inc. IV, e 184
- Lei nº 10.257/01 – Estabelece diretrizes gerais da política urbana, art. 8º

Art. 183. Aquele que possuir como sua área urbana de até duzentos e cinquenta metros quadrados, por cinco anos, ininterruptamente e sem oposição, utilizando-a para sua moradia ou de sua família, adquirir-lhe-á o domínio, desde que não seja proprietário de outro imóvel urbano ou rural.

§ 1º O título de domínio e a concessão de uso serão conferidos ao homem ou à mulher, ou a ambos, independentemente do estado civil.

- Medida Provisória nº 2.220-1/01 – Dispõe sobre a concessão de uso especial

§ 2º Esse direito não será reconhecido ao mesmo possuidor mais de uma vez.

§ 3º Os imóveis públicos não serão adquiridos por usucapião.

- CRFB, art. 191, parágrafo único
- CC, art. 102

CAPÍTULO III

Da Política Agrícola e Fundiária e da Reforma Agrária

Art. 184. Compete à União desapropriar por interesse social, para fins de reforma agrária, o imóvel rural que não esteja cumprindo sua função social, mediante prévia e justa indenização em títulos da dívida agrária, com cláusula de preservação do valor real, resgatáveis no prazo de até vinte anos, a partir do segundo ano de sua emissão, e cuja utilização será definida em lei.

§ 1º As benfeitorias úteis e necessárias serão indenizadas em dinheiro.

§ 2º O decreto que declarar o imóvel como de interesse social, para fins de reforma agrária, autoriza a União a propor a ação de desapropriação.

§ 3º Cabe à lei complementar estabelecer procedimento contraditório especial, de rito sumário, para o processo judicial de desapropriação.

- Lei Complementar nº 76/93 – Dispõe sobre o procedimento contraditório especial, de rito sumário, para o processo de desapropriação de imóvel rural, por interesse social, para fins de reforma agrária

§ 4º O orçamento fixará anualmente o volume total de títulos da dívida agrária, assim como o montante de recursos para atender ao programa de reforma agrária no exercício.

§ 5º São isentas de impostos federais, estaduais e municipais as operações de transferência de imóveis desapropriados para fins de reforma agrária.

- CRFB, arts. 5º, inc. XXIV, 22, inc. II, 163, inc. IV, e 182, § 4º, inc. III
- Lei nº 8.629/93 – Dispõe sobre a reforma agrária

Art. 185. São insuscetíveis de desapropriação para fins de reforma agrária:

I – a pequena e média propriedade rural, assim definida em lei, desde que seu proprietário não possua outra;

- CRFB, arts. 5º, inc. XXVI, e 43, § 3º

II – a propriedade produtiva.

Parágrafo único. A lei garantirá tratamento especial à propriedade produtiva e fixará normas para o cumprimento dos requisitos relativos a sua função social.

Art. 186. A função social é cumprida quando a propriedade rural atende, simultaneamente, segundo critérios e graus de exigência estabelecidos em lei, aos seguintes requisitos:

I – aproveitamento racional e adequado;

II – utilização adequada dos recursos naturais disponíveis e preservação do meio ambiente;

III – observância das disposições que regulam as relações de trabalho;

- CRFB, arts. 1º, inc. IV, 5º, incs. XIII e XXIII, 6º a 11, 21, inc. XXIV, 170, *caput*, 182, § 2º, 193, 203, inc. III, 205, 214, inc. IV, e 227, § 3º, inc. I

IV – exploração que favoreça o bem-estar dos proprietários e dos trabalhadores.

- Lei nº 4.504/64 – Dispõe sobre o Estatuto da Terra, arts. 2º, *caput* e § 1º, 12, 18, "a", e 47, inc. I
- Lei nº 8.171/91 – Dispõe sobre a política agrícola, art. 2º, inc. I
- Lei nº 8.629/93 – Dispõe sobre a reforma agrária, art. 9º

Art. 187. A política agrícola será planejada e executada na forma da lei, com a participação efetiva do setor de produção, envolvendo produtores e trabalhadores rurais, bem como dos setores de comercialização, de armazenamento e de transportes, levando em conta, especialmente:

I – os instrumentos creditícios e fiscais;

II – os preços compatíveis com os custos de produção e a garantia de comercialização;

III – o incentivo à pesquisa e à tecnologia;

IV – a assistência técnica e extensão rural;

V – o seguro agrícola;

VI – o cooperativismo;

VII – a eletrificação rural e irrigação;

VIII – a habitação para o trabalhador rural.

- CRFB, arts. 6º, 21, inc. XX, e 23, inc. IX
- Lei nº 5.889/73 – Estatui normas reguladoras do trabalho rural

§ 1º Incluem-se no planejamento agrícola as atividades agroindustriais, agropecuárias, pesqueiras e florestais.

§ 2º Serão compatibilizadas as ações de política agrícola e de reforma agrária.

- CRFB, art. 23, inc. VII

- Lei nº 8.171/91 – Dispõe sobre a política agrícola
- Lei nº 8.174/91 – Dispõe sobre princípios de política agrícola

Art. 188. A destinação de terras públicas e devolutas será compatibilizada com a política agrícola e com o plano nacional de reforma agrária.

- CRFB, arts. 20, inc. II, e 26, inc. IV

§ 1º A alienação ou a concessão, a qualquer título, de terras públicas com área superior a dois mil e quinhentos hectares a pessoa física ou jurídica, ainda que por interposta pessoa, dependerá de prévia aprovação do Congresso Nacional.

- CRFB, art. 49, inc. XVII, e 188, § 2º

§ 2º Excetuam-se do disposto no parágrafo anterior as alienações ou as concessões de terras públicas para fins de reforma agrária.

Art. 189. Os beneficiários da distribuição de imóveis rurais pela reforma agrária receberão títulos de domínio ou de concessão de uso, inegociáveis pelo prazo de dez anos.

Parágrafo único. O título de domínio e a concessão de uso serão conferidos ao homem ou à mulher, ou a ambos, independentemente do estado civil, nos termos e condições previstos em lei.

Art. 190. A lei regulará e limitará a aquisição ou o arrendamento de propriedade rural por pessoa física ou jurídica estrangeira e estabelecerá os casos que dependerão de autorização do Congresso Nacional.

Art. 191. Aquele que, não sendo proprietário de imóvel rural ou urbano, possua como seu, por cinco anos ininterruptos, sem oposição, área de terra, em zona rural, não superior a cinquenta hectares, tornando-a produtiva por seu trabalho ou de sua família, tendo nela sua moradia, adquirir-lhe-á a propriedade.

Parágrafo único. Os imóveis públicos não serão adquiridos por usucapião.

- CRFB, art. 183, § 3º
- CC, art. 102

CAPÍTULO IV

Do Sistema Financeiro Nacional

Art. 192. O sistema financeiro nacional, estruturado de forma a promover o desenvolvimento equilibrado do País e a servir aos interesses da coletividade, em todas as partes que o compõem, abrangendo as cooperativas de crédito, será regulado por leis complementares que disporão, inclusive, sobre a participação do capital estrangeiro nas instituições que o integram.

- CRFB, arts. 3º, inc. II, 5º, inc. XXIX, 21, inc. IX, 23, parágrafo único, 43, § 1º, inc. II, 48, incs. IV e XIII, 58, § 2º, inc. VI, 172, 174, § 1º, 215, § 3º, 218, § 2º, 219 e 222, § 4º
- ADCT, art. 52, *caput*
- Lei nº 4.595/64 – Dispõe sobre a Política e as Instituições Monetárias, Bancárias e Creditícias

- Lei nº 9.069/95 – Dispõe sobre o Sistema Monetário Nacional
- Redação dada pela EC nº 40/03

I –

- Excluído pela EC nº 40/03

II –

- Excluído pela EC nº 40/03

III –

- Excluído pela EC nº 40/03

a)

- Excluída pela EC nº 40/03

b)

- Excluída pela EC nº 40/03

IV –

- Excluído pela EC nº 40/03

V –

- Excluído pela EC nº 40/03

VI –

- Excluído pela EC nº 40/03

VII –

- Excluído pela EC nº 40/03

VIII –

- Excluído pela EC nº 40/03

§ 1º

- Excluído pela EC nº 40/03

§ 2º

- Excluído pela EC nº 40/03

§ 3º

- Súmula Vinculante nº 7/08
- Excluído pela EC nº 40/03

TÍTULO VIII

Da Ordem Social

CAPÍTULO I

Disposição Geral

Art. 193. A ordem social tem como base o primado do trabalho, e como objetivo o bem-estar e a justiça sociais.

- CRFB, arts. 1º, inc. IV, 3º, inc. I, 5º, inc. XIII, 6º a 11, 21, inc. XXIV, 170, *caput*, 186, inc. III, 203, inc. III, 205, 214, inc. IV, e 227, § 3º, inc. I

CAPÍTULO II

Da Seguridade Social

Seção I

Disposições Gerais

Art. 194. A seguridade social compreende um conjunto integrado de ações de iniciativa dos Poderes Públicos e da sociedade, destinadas a assegurar os direitos relativos à saúde, à previdência e à assistência social.

Parágrafo único. Compete ao Poder Público, nos termos da lei, organizar a seguridade social, com base nos seguintes objetivos:

I – universalidade da cobertura e do atendimento;

II – uniformidade e equivalência dos benefícios e serviços às populações urbanas e rurais;

III – seletividade e distributividade na prestação dos benefícios e serviços;

IV – irredutibilidade do valor dos benefícios;

V – equidade na forma de participação no custeio;

VI – diversidade da base de financiamento;

VII – caráter democrático e descentralizado da administração, mediante gestão quadripartite, com participação dos trabalhadores, dos empregadores, dos aposentados e do Governo nos órgãos colegiados.

- CRFB, arts. 1º, *caput*, 17, *caput*, 22, inc. XXIII, 23, inc. I, 34, inc. VII, "a", 90, inc. II, 127, *caput*, 136 a 144, 206, inc. VI, e 215, § 3º, inc. IV
- Redação dada pela EC nº 20/98

Art. 195. A seguridade social será financiada por toda a sociedade, de forma direta e indireta, nos termos da lei, mediante recursos provenientes dos orçamentos da União, dos Estados, do Distrito Federal e dos Municípios, e das seguintes contribuições sociais:

- Decreto-lei nº 1.940/82 – Institui contribuição social

I – do empregador, da empresa e da entidade a ela equiparada na forma da lei, incidentes sobre:

- Redação dada pela EC nº 20/98

a) a folha de salários e demais rendimentos do trabalho pagos ou creditados, a qualquer título, à pessoa física que lhe preste serviço, mesmo sem vínculo empregatício;

- CRFB, arts. 114, inc. VIII, 167, inc. XI, e 195, §§ 11 e 13
- Incluída pela EC nº 20/98

b) a receita ou o faturamento;

- CRFB, 195, § 12
- Incluída pela EC nº 20/98

c) o lucro;

- CRFB, arts. 146, inc. III, "d", e 195, § 9º

- ADCT, art. 56
- Lei Complementar nº 70/91 – Institui contribuição para financiamento da Seguridade Social
- Lei nº 7.689/88 – Institui contribuição social sobre o lucro das pessoas jurídicas
- Incluída pela EC nº 20/98

II – do trabalhador e dos demais segurados da previdência social, não incidindo contribuição sobre aposentadoria e pensão concedidas pelo regime geral de previdência social de que trata o art. 201;

- CRFB, arts. 114, inc. VIII, 167, inc. XI, e 195, § 11
- Lei nº 9.876/99 – Dispõe sobre a contribuição previdenciária do contribuinte individual
- Redação dada pela EC nº 20/98

III – sobre a receita de concursos de prognósticos.

- Lei nº 11.345/06 – Dispõe sobre a instituição de concurso de prognóstico destinado ao desenvolvimento da prática desportiva

IV – do importador de bens ou serviços do exterior, ou de quem a lei a ele equiparar.

- CRFB, 195, § 12
- Incluído pela EC nº 42/03

§ 1º As receitas dos Estados, do Distrito Federal e dos Municípios destinadas à seguridade social constarão dos respectivos orçamentos, não integrando o orçamento da União.

§ 2º A proposta de orçamento da seguridade social será elaborada de forma integrada pelos órgãos responsáveis pela saúde, previdência social e assistência social, tendo em vista as metas e prioridades estabelecidas na lei de diretrizes orçamentárias, assegurada a cada área a gestão de seus recursos.

§ 3º A pessoa jurídica em débito com o sistema da seguridade social, como estabelecido em lei, não poderá contratar com o Poder Público nem dele receber benefícios ou incentivos fiscais ou creditícios.

§ 4º A lei poderá instituir outras fontes destinadas a garantir a manutenção ou expansão da seguridade social, obedecido o disposto no art. 154, inc. I.

- Lei Complementar nº 84/96 – Institui fonte de custeio para a manutenção da Seguridade Social

§ 5º Nenhum benefício ou serviço da seguridade social poderá ser criado, majorado ou estendido sem a correspondente fonte de custeio total.

§ 6º As contribuições sociais de que trata este artigo só poderão ser exigidas após decorridos noventa dias da data da publicação da lei que as houver instituído ou modificado, não se lhes aplicando o disposto no art. 150, inc. III, "b".

- CRFB, art. 149, *caput*
- ADCT, arts. 74, § 4º, e 75, § 1º

§ 7º São isentas de contribuição para a seguridade social as entidades beneficentes de assistência social que atendam às exigências estabelecidas em lei.

§ 8º O produtor, o parceiro, o meeiro e o arrendatário rurais e o pescador artesanal, bem como os respectivos cônjuges, que exerçam suas atividades em regime de economia familiar, sem empregados permanentes, contribuirão para a seguridade social mediante a aplicação de uma alíquota sobre o resultado da comercialização da produção e farão jus aos benefícios nos termos da lei.

- Redação dada pela EC nº 20/98

§ 9º As contribuições sociais previstas no inciso I do *caput* deste artigo poderão ter alíquotas ou bases de cálculo diferenciadas, em razão da atividade econômica, da utilização intensiva de mão de obra, do porte da empresa ou da condição estrutural do mercado de trabalho.

- Redação dada pela EC nº 47/05

§ 10 – A lei definirá os critérios de transferência de recursos para o sistema único de saúde e ações de assistência social da União para os Estados, o Distrito Federal e os Municípios, e dos Estados para os Municípios, observada a respectiva contrapartida de recursos.

- Incluído pela EC nº 20/98

§ 11 – vedada a concessão de remissão ou anistia das contribuições sociais de que tratam os incisos I, "a" e II deste artigo, para débitos em montante superior ao fixado em lei complementar.

- Incluído pela EC nº 20/98

§ 12 – A lei definirá os setores de atividade econômica para os quais as contribuições incidentes na forma dos incisos I, "b" e IV do *caput*, serão não cumulativas.

- CRFB, arts. 146, inc. III, "d", e 195, § 13
- Incluído pela EC nº 42/03

§ 13 – Aplica-se o disposto no § 12 inclusive na hipótese de substituição gradual, total ou parcial, da contribuição incidente na forma do inciso I, "a", pela incidente sobre a receita ou o faturamento.

- CRFB, arts. 146, inc. III, "d", 198, § 1º, 204, *caput*, e 240
- Lei nº 8.212/91 – Dispõe sobre a organização da Seguridade Social
- Incluído pela EC nº 42/03

Seção II

Da Saúde

Art. 196. A saúde é direito de todos e dever do Estado, garantido mediante políticas sociais e econômicas que visem à redução do risco de doença e de outros agravos e ao acesso universal e igualitário às ações e serviços para sua promoção, proteção e recuperação.

- CRFB, arts. 6º e 24, inc. XII

Art. 197. São de relevância pública as ações e serviços de saúde, cabendo ao Poder Público dispor, nos termos da lei, sobre sua regulamentação, fiscalização e controle, devendo sua execução ser feita diretamente ou através de terceiros e, também, por pessoa física ou jurídica de direito privado.

Art. 198. As ações e serviços públicos de saúde integram uma rede regionalizada e hierarquizada e constituem um sistema único, organizado de acordo com as seguintes diretrizes:

I – descentralização, com direção única em cada esfera de governo;

II – atendimento integral, com prioridade para as atividades preventivas, sem prejuízo dos serviços assistenciais;

III – participação da comunidade.

§ 1º O sistema único de saúde será financiado, nos termos do art. 195, com recursos do orçamento da seguridade social, da União, dos Estados, do Distrito Federal e dos Municípios, além de outras fontes.

- CRFB, art. 30, inc. VII
- Redação dada pela EC nº 29/00

§ 2º A União, os Estados, o Distrito Federal e os Municípios aplicarão, anualmente, em ações e serviços públicos de saúde recursos mínimos derivados da aplicação de percentuais calculados sobre:

- Incluído pela EC nº 29/00

I – no caso da União, a receita corrente líquida do respectivo exercício financeiro, não podendo ser inferior a 15% (quinze por cento);

- Incluído pela EC nº 86/15

II – no caso dos Estados e do Distrito Federal, o produto da arrecadação dos impostos a que se refere o art. 155 e dos recursos de que tratam os arts. 157 e 159, incs. I, "a" e II, deduzidas as parcelas que forem transferidas aos respectivos Municípios;

- CRFB, art. 160, parágrafo único, inc. II
- Incluído pela EC nº 29/00

III – no caso dos Municípios e do Distrito Federal, o produto da arrecadação dos impostos a que se refere o art. 156 e dos recursos de que tratam os arts. 158 e 159, inc. I, "b" e § 3º.

- CRFB, arts. 30, inc. VII, 160, parágrafo único, inc. II, 167, inc. IV, e 198, § 3º, inc. I
- Incluído pela EC nº 29/00

§ 3º Lei complementar, que será reavaliada pelo menos a cada cinco anos, estabelecerá:

- Incluído pela EC nº 29/00

I – os percentuais de que tratam os incisos II e III do § 2º;

- Incluído pela EC nº 86/15

II – os critérios de rateio dos recursos da União vinculados à saúde destinados aos Estados, ao Distrito Federal e aos Municípios, e dos Estados destinados a seus respectivos Municípios, objetivando a progressiva redução das disparidades regionais;

- Incluído pela EC nº 29/00

III – as normas de fiscalização, avaliação e controle das despesas com saúde nas esferas federal, estadual, distrital e municipal;

- Incluído pela EC nº 29/00

IV –

- Excluído pela EC nº 86/15

§ 4º Os gestores locais do sistema único de saúde poderão admitir agentes comunitários de saúde e agentes de combate às endemias por meio de processo seletivo público, de acordo com a natureza e complexidade de suas atribuições e requisitos específicos para sua atuação.

- Incluído pela EC nº 51/06

§ 5º Lei federal disporá sobre o regime jurídico, o piso salarial profissional nacional, as diretrizes para os Planos de Carreira e a regulamentação das atividades de agente comunitário de saúde e agente de combate às endemias, competindo à União, nos termos da lei, prestar assistência financeira complementar aos Estados, ao Distrito Federal e aos Municípios, para o cumprimento do referido piso salarial.

- Lei nº 11.350/06 – Regulamenta o exercício das atividades de agente comunitário de saúde e de agente de combate às endemias
- Redação dada pela EC nº 63/10

§ 6º Além das hipóteses previstas no § 1º do art. 41 e no § 4º do art. 169 da Constituição Federal, o servidor que exerça funções equivalentes às de agente comunitário de saúde ou de agente de combate às endemias poderá perder o cargo em caso de descumprimento dos requisitos específicos, fixados em lei, para o seu exercício.

- Incluído pela EC nº 51/06

Art. 199. A assistência à saúde é livre à iniciativa privada.

- Lei nº 9.656/98 – Dispõe sobre os planos e seguros privados de assistência à saúde

§ 1º As instituições privadas poderão participar de forma complementar do sistema único de saúde, segundo diretrizes deste, mediante contrato de direito público ou convênio, tendo preferência as entidades filantrópicas e as sem fins lucrativos.

§ 2º É vedada a destinação de recursos públicos para auxílios ou subvenções às instituições privadas com fins lucrativos.

§ 3º É vedada a participação direta ou indireta de empresas ou capitais estrangeiros na assistência à saúde no País, salvo nos casos previstos em lei.

§ 4º A lei disporá sobre as condições e os requisitos que facilitem a remoção de órgãos, tecidos e substâncias humanas para fins de transplante, pesquisa e tratamento, bem como a coleta, processamento e transfusão de sangue e seus derivados, sendo vedado todo tipo de comercialização.

- Lei nº 9.434/97 – Dispõe sobre a remoção de órgãos, tecidos e partes do corpo humano para fins de transplante e tratamento
- Lei nº 10.205/01 – Regulamenta a coleta, processamento, estocagem, distribuição e aplicação do sangue, seus componentes e derivados

Art. 200. Ao sistema único de saúde compete, além de outras atribuições, nos termos da lei:

I – controlar e fiscalizar procedimentos, produtos e substâncias de interesse para a saúde e participar da produção de medicamentos, equipamentos, imunobiológicos, hemoderivados e outros insumos;

- Lei nº 10.742/03 – Define normas de regulação para o setor farmacêutico

II – executar as ações de vigilância sanitária e epidemiológica, bem como as de saúde do trabalhador;

III – ordenar a formação de recursos humanos na área de saúde;

IV – participar da formulação da política e da execução das ações de saneamento básico;

- CRFB, arts. 21, inc. XX, e 23, inc. IX
- Lei nº 11.445/07 – Estabelece diretrizes nacionais para o saneamento básico

V – incrementar, em sua área de atuação, o desenvolvimento científico e tecnológico e a inovação;

- Redação dada pela EC nº 85/15

VI – fiscalizar e inspecionar alimentos, compreendido o controle de seu teor nutricional, bem como bebidas e águas para consumo humano;

VII – participar do controle e fiscalização da produção, transporte, guarda e utilização de substâncias e produtos psicoativos, tóxicos e radioativos;

VIII – colaborar na proteção do meio ambiente, nele compreendido o do trabalho.

- Lei nº 8.080/90 – Dispõe sobre as condições para a promoção, proteção e recuperação da saúde
- Lei nº 8.142/90 – Dispõe sobre a participação da comunidade na gestão do Sistema Único de Saúde e as transferências intergovernamentais de recursos financeiros na área da saúde

Seção III

Da Previdência Social

Art. 201. A previdência social será organizada sob a forma de regime geral, de caráter contributivo e de filiação obrigatória, observados critérios que preservem o equilíbrio financeiro e atuarial, e atenderá, nos termos da lei, a:

- Redação dada pela EC nº 20/98

I – cobertura dos eventos de doença, invalidez, morte e idade avançada;

- Redação dada pela EC nº 20/98

II – proteção à maternidade, especialmente à gestante;

- Redação dada pela EC nº 20/98

III – proteção ao trabalhador em situação de desemprego involuntário;

- Redação dada pela EC nº 20/98

IV – salário-família e auxílio-reclusão para os dependentes dos segurados de baixa renda;

- Redação dada pela EC nº 20/98

V – pensão por morte do segurado, homem ou mulher, ao cônjuge ou companheiro e dependentes, observado o disposto no § 2º.

- Lei nº 8.213/91 – Dispõe sobre os Planos de Benefícios da Previdência Social
- Redação dada pela EC nº 20/98

§ 1º É vedada a adoção de requisitos e critérios diferenciados para a concessão de aposentadoria aos beneficiários do regime geral de previdência social, ressalvados os casos de atividades exercidas sob condições especiais que prejudiquem a saúde ou a integridade física e quando se tratar de segurados portadores de deficiência, nos termos definidos em lei complementar.

- Redação dada pela EC nº 47/05
- Lei Complementar nº 142/13 – Dispõe sobre a aposentadoria dos portadores de deficiência

§ 2º Nenhum benefício que substitua o salário de contribuição ou o rendimento do trabalho do segurado terá valor mensal inferior ao salário-mínimo.

- CRFB, art. 201, inc. V
- Redação dada pela EC nº 20/98

§ 3º Todos os salários de contribuição considerados para o cálculo de benefício serão devidamente atualizados, na forma da lei.

- Redação dada pela EC nº 20/98

§ 4º É assegurado o reajustamento dos benefícios para preservar-lhes, em caráter permanente, o valor real, conforme critérios definidos em lei.

- Redação dada pela EC nº 20/98

§ 5º É vedada a filiação ao regime geral de previdência social, na qualidade de segurado facultativo, de pessoa participante de regime próprio de previdência.

- Redação dada pela EC nº 20/98

§ 6º A gratificação natalina dos aposentados e pensionistas terá por base o valor dos proventos do mês de dezembro de cada ano.

- Redação dada pela EC nº 20/98

§ 7º É assegurada aposentadoria no regime geral de previdência social, nos termos da lei, obedecidas as seguintes condições:

- Redação dada pela EC nº 20/98

I – trinta e cinco anos de contribuição, se homem, e trinta anos de contribuição, se mulher;

- CRFB, art. 201, § 8º
- Incluído pela EC nº 20/98

II – sessenta e cinco anos de idade, se homem, e sessenta anos de idade, se mulher, reduzido em cinco anos o limite para os trabalhadores rurais de ambos os sexos e para os que exerçam suas atividades em regime de economia familiar, nestes incluídos o produtor rural, o garimpeiro e o pescador artesanal.

- Incluído pela EC nº 20/98

§ 8º Os requisitos a que se refere o inciso I do parágrafo anterior serão reduzidos em cinco anos, para o professor que comprove exclusivamente tempo de efetivo exercício das funções de magistério na educação infantil e no ensino fundamental e médio.

- Redação dada pela EC nº 20/98

§ 9º Para efeito de aposentadoria, é assegurada a contagem recíproca do tempo de contribuição na administração pública e na atividade privada, rural e urbana, hipótese em que os diversos regimes de previdência social se compensarão financeiramente, segundo critérios estabelecidos em lei.

- ADCT, art. 97, § 3º, inc. II
- Incluído pela EC nº 20/98

§ 10 – Lei disciplinará a cobertura do risco de acidente do trabalho, a ser atendida concorrentemente pelo regime geral de previdência social e pelo setor privado.

- Incluído pela EC nº 20/98

§ 11 – Os ganhos habituais do empregado, a qualquer título, serão incorporados ao salário para efeito de contribuição previdenciária e consequente repercussão em benefícios, nos casos e na forma da lei.

- Incluído pela EC nº 20/98

§ 12 – Lei disporá sobre sistema especial de inclusão previdenciária para atender a trabalhadores de baixa renda e àqueles sem renda própria que se dediquem exclusivamente ao trabalho doméstico no âmbito de sua residência, desde que pertencentes a famílias de baixa renda, garantindo-lhes acesso a benefícios de valor igual a um salário-mínimo.

- CRFB, art. 201, § 13
- Redação dada pela EC nº 47/05

§ 13 – O sistema especial de inclusão previdenciária de que trata o § 12 deste artigo terá alíquotas e carências inferiores às vigentes para os demais segurados do regime geral de previdência social.

- CRFB, arts. 6º, 24, inc. XII, 40, §§ 3º, 7º, 14, 18 e 21, 167, inc. XI, e 195, inc. II
- Incluído pela EC nº 47/05

Art. 202. O regime de previdência privada, de caráter complementar e organizado de forma autônoma em relação ao regime geral de previdência social, será facultativo, baseado na constituição de reservas que garantam o benefício contratado, e regulado por lei complementar.

- Lei Complementar nº 109/01 – Dispõe sobre o Regime de Previdência Complementar
- Redação dada pela EC nº 20/98

§ 1º – A lei complementar de que trata este artigo assegurará ao participante de planos de benefícios de entidades de previdência privada o pleno acesso às informações relativas à gestão de seus respectivos planos.

- Redação dada pela EC nº 20/98

§ 2º – As contribuições do empregador, os benefícios e as condições contratuais previstas nos estatutos, regulamentos e planos de benefícios das entidades de previdência privada não integram o contrato de trabalho dos participantes, assim como, à exceção dos benefícios concedidos, não integram a remuneração dos participantes, nos termos da lei.

- Redação dada pela EC nº 20/98

§ 3º É vedado o aporte de recursos a entidade de previdência privada pela União, Estados, Distrito Federal e Municípios, suas autarquias, fundações, empresas públicas, sociedades de economia mista e outras entidades públicas, salvo na qualidade de patrocinador, situação na qual, em hipótese alguma, sua contribuição normal poderá exceder a do segurado.

- Incluído pela EC nº 20/98

§ 4º Lei complementar disciplinará a relação entre a União, Estados, Distrito Federal ou Municípios, inclusive suas autarquias, fundações, sociedades de economia mista e empresas controladas direta ou indiretamente, enquanto patrocinadoras de entidades fechadas de previdência privada, e suas respectivas entidades fechadas de previdência privada.

- CRFB, art. 202, §§ 5º e 6º
- Lei Complementar nº 108/01 – Dispõe sobre a relação entre a União, os Estados, o Distrito Federal e os Municípios, suas autarquias, fundações, sociedades de economia mista e outras entidades públicas e suas respectivas entidades fechadas de previdência complementar
- Incluído pela EC nº 20/98

§ 5º A lei complementar de que trata o parágrafo anterior aplicar-se-á, no que couber, às empresas privadas permissionárias ou concessionárias de prestação de serviços públicos, quando patrocinadoras de entidades fechadas de previdência privada.

- Incluído pela EC nº 20/98

§ 6º A lei complementar a que se refere o § 4º deste artigo estabelecerá os requisitos para a designação dos membros das diretorias das entidades fechadas de previdência privada e disciplinará a inserção dos participantes nos colegiados e instâncias de decisão em que seus interesses sejam objeto de discussão e deliberação.

- CRFB, art. 40, § 15
- Incluído pela EC nº 20/98

Seção IV

Da Assistência Social

Art. 203. A assistência social será prestada a quem dela necessitar, independentemente de contribuição à seguridade social, e tem por objetivos:

I – a proteção à família, à maternidade, à infância, à adolescência e à velhice;

- Lei nº 10.835/04 – Institui a renda básica de cidadania
- Lei nº 10.836/04 – Cria o Programa Bolsa Família

II – o amparo às crianças e adolescentes carentes;

III – a promoção da integração ao mercado de trabalho;

- CRFB, arts. 1º, inc. IV, 5º, inc. XIII, 6º a 11, 21, inc. XXIV, 170, *caput*, 186, inc. III, 193, 205, 214, inc. IV, e 227, § 3º, inc. I

IV – a habilitação e reabilitação das pessoas portadoras de deficiência e a promoção de sua integração à vida comunitária;

- CRFB, arts. 3º, incs. I, III e IV, 4º, inc. VIII, 5º, *caput* e inc. XLII, 7º, incs. XX e XXXI, 23, incs. II e X, 24, inc. XIV, 37, inc. VIII, 170, inc. VII, 203, inc. V, 206, inc. I, 208, inc. III, 227, §§ 1º, inc. II e 2º, e 244
- Lei nº 7.853/89 – Dispõe sobre o apoio às pessoas portadoras de deficiência

V – a garantia de um salário-mínimo de benefício mensal à pessoa portadora de deficiência e ao idoso que comprovem não possuir meios de prover à própria manutenção ou de tê-la provida por sua família, conforme dispuser a lei.

- CRFB, arts. 3º, incs. I, III e IV, 4º, inc. VIII, 5º, *caput* e inc. XLII, 6º, 7º, incs. XX e XXXI, 23, incs. II e X, 24, inc. XIV, 37, inc. VIII, 170, inc. VII, 203, inc. IV, 206, inc. I, 208, inc. III, 227, §§ 1º, inc. II e 2º, 230 e 244

Art. 204. As ações governamentais na área da assistência social serão realizadas com recursos do orçamento da seguridade social, previstos no art. 195, além de outras fontes, e organizadas com base nas seguintes diretrizes:

I – descentralização político-administrativa, cabendo a coordenação e as normas gerais à esfera federal e a coordenação e a execução dos respectivos programas às esferas estadual e municipal, bem como a entidades beneficentes e de assistência social;

II – participação da população, por meio de organizações representativas, na formulação das políticas e no controle das ações em todos os níveis.

Parágrafo único. É facultado aos Estados e ao Distrito Federal vincular a programa de apoio à inclusão e promoção social até cinco décimos por cento de sua receita tributária líquida, vedada a aplicação desses recursos no pagamento de:

- Incluído pela EC nº 42/03

I – despesas com pessoal e encargos sociais;

- Incluído pela EC nº 42/03

II – serviço da dívida;

- Incluído pela EC nº 42/03

III – qualquer outra despesa corrente não vinculada diretamente aos investimentos ou ações apoiados.

- CRFB, art. 227, § 7º
- Lei nº 8.742/93 – Dispõe sobre a organização da assistência social
- Incluído pela EC nº 42/03

CAPÍTULO III

Da Educação, da Cultura e do Desporto

Seção I

Da Educação

Art. 205. A educação, direito de todos e dever do Estado e da família, será promovida e incentivada com a colaboração da sociedade, visando ao pleno desenvolvimento da pessoa, seu preparo para o exercício da cidadania e sua qualificação para o trabalho.

- CRFB, arts. 1º, incs. II e IV, 5º, incs. XIII, XXXIV, "a", LXXI, LXXIII e LXXVII, 6º a 11, 14 a 16, 21, inc. XXIV, 22, inc. XIII, 24, inc. IX, 29, inc. XIII, 61, § 2º, 62, § 1º, inc. I, "a", 68, § 1º, inc. II, 74, § 2º, 170, *caput*, 186, inc. III, 193, 203, inc. III, 214, inc. IV, e 227, § 3º, inc. I
- ADCT, arts. 8º, § 3º, e 64
- Lei nº 9.394/96 – Estabelece as diretrizes e bases da educação nacional

Art. 206. O ensino será ministrado com base nos seguintes princípios:

I – igualdade de condições para o acesso e permanência na escola;

- CRFB, arts. 3º, incs. I, III e IV, 4º, inc. VIII, 5º, *caput* e inc. XLII, 7º, incs. XX e XXXI, 23, incs. II, V e X, 24, inc. XIV, 37, inc. VIII, 170, inc. VII, 203, incs. IV e V, 208, inc. III e § 1º, e 227, § 1º, inc. II

II – liberdade de aprender, ensinar, pesquisar e divulgar o pensamento, a arte e o saber;

III – pluralismo de ideias e de concepções pedagógicas, e coexistência de instituições públicas e privadas de ensino;

IV – gratuidade do ensino público em estabelecimentos oficiais;

- CRFB, art. 242, *caput*
- Súmula Vinculante nº 12/08

V – valorização dos profissionais da educação escolar, garantidos, na forma da lei, planos de carreira, com ingresso exclusivamente por concurso público de provas e títulos, aos das redes públicas;

- Lei nº 9.424/96 – Dispõe sobre o Fundo de Manutenção e Desenvolvimento do Ensino Fundamental e de Valorização do Magistério
- Redação dada pela EC nº 53/06

VI – gestão democrática do ensino público, na forma da lei;

- CRFB, arts. 1º, *caput*, 17, *caput*, 23, inc. I, 34, inc. VII, "a", 90, inc. II, 127, *caput*, 136 a 144, 194, parágrafo único, inc. VII, e 215, § 3º, inc. IV

VII – garantia de padrão de qualidade.

VIII – piso salarial profissional nacional para os profissionais da educação escolar pública, nos termos de lei federal.

- ADCT, art. 60, inc. III, "e"
- Lei nº 11.738/08 – institui o piso salarial profissional nacional para os profissionais do magistério público da educação básica
- Incluído pela EC nº 53/06

Parágrafo único. A lei disporá sobre as categorias de trabalhadores considerados profissionais da educação básica e sobre a fixação de prazo para a elaboração ou adequação de seus planos de carreira, no âmbito da União, dos Estados, do Distrito Federal e dos Municípios.

- Incluído pela EC nº 53/06

Art. 207. As universidades gozam de autonomia didático-científica, administrativa e de gestão financeira e patrimonial, e obedecerão ao princípio de indissociabilidade entre ensino, pesquisa e extensão.

§ 1º É facultado às universidades admitir professores, técnicos e cientistas estrangeiros, na forma da lei.

- CRFB, arts. 37, inc. II, 39, § 3º, 61, § 1º, inc. II, "c", 96, inc. I, "b", e 127, § 2º
- Incluído pela EC nº 11/96

§ 2º O disposto neste artigo aplica-se às instituições de pesquisa científica e tecnológica.

- CRFB, art. 213, § 2º
- Incluído pela EC nº 11/96

Art. 208. O dever do Estado com a educação será efetivado mediante a garantia de:

I – educação básica obrigatória e gratuita dos 4 (quatro) aos 17 (dezessete) anos de idade, assegurada inclusive sua oferta gratuita para todos os que a ela não tiveram acesso na idade própria;

- ADCT, art. 60, inc. III
- Redação dada pela EC nº 59/09

II – progressiva universalização do ensino médio gratuito;

- ADCT, art. 60, inc. III
- Lei nº 11.692/08 – Dispõe sobre o Programa Nacional de Inclusão de Jovens
- Redação dada pela EC nº 14/96

III – atendimento educacional especializado aos portadores de deficiência, preferencialmente na rede regular de ensino;

- CRFB, arts. 3º, incs. I, III e IV, 4º, inc. VIII, 5º, *caput* e inc. XLII, 7º, incs. XX e XXXI, 23, incs. II e X, 24, inc. XIV, 37, inc. VIII, 170, inc. VII, 203, incs. IV e V, 206, inc. I, 227, §§ 1º, inc. II e 2º, e 244
- ADCT, art. 60, inc. III

IV – educação infantil, em creche e pré-escola, às crianças até cinco anos de idade;

- ADCT, art. 60, inc. III
- Lei nº 8.978/95 – Dispõe sobre a construção de creches e estabelecimentos de pré-escola
- Redação dada pela EC nº 53/06

V – acesso aos níveis mais elevados do ensino, da pesquisa e da criação artística, segundo a capacidade de cada um;

- Lei nº 11.128/05 – Dispõe sobre o Programa Universidade para Todos
- Lei nº 12.711/12 – Dispõe sobre o ingresso nas universidades federais, arts. 1º e 3º

VI – oferta de ensino noturno regular, adequado às condições do educando;

VII – atendimento ao educando, em todas as etapas da educação básica, por meio de programas suplementares de material didático-escolar, transporte, alimentação e assistência à saúde.

- CRFB, art. 212, § 4º
- Lei nº 10.880/04 – Institui o Programa Nacional de Apoio ao Transporte do Escolar
- Lei nº 11.947/09 – Institui o Programa Nacional de Alimentação Escolar
- Redação dada pela EC nº 59/09

§ 1º O acesso ao ensino obrigatório e gratuito é direito público subjetivo.

- CRFB, arts. 23, inc. V, e 206, inc. I

§ 2º O não oferecimento do ensino obrigatório pelo Poder Público, ou sua oferta irregular, importa responsabilidade da autoridade competente.

§ 3º Compete ao Poder Público recensear os educandos no ensino fundamental, fazer-lhes a chamada e zelar, junto aos pais ou responsáveis, pela frequência à escola.

- ADCT, art. 60, inc. III, "c"

Art. 209. O ensino é livre à iniciativa privada, atendidas as seguintes condições:

I – cumprimento das normas gerais da educação nacional;

II – autorização e avaliação de qualidade pelo Poder Público.

- Lei nº 10.861/04 – Institui o Sistema Nacional de Avaliação da Educação Superior

Art. 210. Serão fixados conteúdos mínimos para o ensino fundamental, de maneira a assegurar formação básica comum e respeito aos valores culturais e artísticos, nacionais e regionais.

§ 1º O ensino religioso, de matrícula facultativa, constituirá disciplina dos horários normais das escolas públicas de ensino fundamental.

§ 2º O ensino fundamental regular será ministrado em língua portuguesa, assegurada às comunidades indígenas também a utilização de suas línguas maternas e processos próprios de aprendizagem.

- CRFB, arts. 13, *caput*, 20, inc. XI, 22, inc. XIV, 49, inc. XVI, 109, inc. XI, 129, inc. V, 176, § 1º, 231 e 232
- ADCT, art. 67

Art. 211. A União, os Estados, o Distrito Federal e os Municípios organizarão em regime de colaboração seus sistemas de ensino.

§ 1º A União organizará o sistema federal de ensino e o dos Territórios, financiará as instituições de ensino públicas federais e exercerá, em matéria educacional, função redistributiva e supletiva, de forma a garantir equalização de oportunidades educacionais e padrão mínimo de qualidade do ensino mediante assistência técnica e financeira aos Estados, ao Distrito Federal e aos Municípios;

- Redação dada pela EC nº 14/96

§ 2º Os Municípios atuarão prioritariamente no ensino fundamental e na educação infantil.

- CRFB, arts. 30, inc. VI, e 211, § 3º
- ADCT, art. 60, incs. II e IV
- Redação dada pela EC nº 14/96

§ 3º Os Estados e o Distrito Federal atuarão prioritariamente no ensino fundamental e médio.

- CRFB, arts. 30, inc. VI, e 211, § 2º
- ADCT, art. 60, incs. II e IV
- Incluído pela EC nº 14/96

§ 4º Na organização de seus sistemas de ensino, a União, os Estados, o Distrito Federal e os Municípios definirão formas de colaboração, de modo a assegurar a universalização do ensino obrigatório.

- Redação dada pela EC nº 59/09

§ 5º A educação básica pública atenderá prioritariamente ao ensino regular.

- Incluído pela EC nº 53/06

Art. 212. A União aplicará, anualmente, nunca menos de dezoito, e os Estados, o Distrito Federal e os Municípios vinte e cinco por cento, no mínimo, da receita resultante de impostos, compreendida a proveniente de transferências, na manutenção e desenvolvimento do ensino.

- CRFB, art. 212, § 2º
- ADCT, art. 60, *caput*

§ 1º A parcela da arrecadação de impostos transferida pela União aos Estados, ao Distrito Federal e aos Municípios, ou pelos Estados aos respectivos Municípios, não é considerada, para efeito do cálculo previsto neste artigo, receita do governo que a transferir.

§ 2º Para efeito do cumprimento do disposto no *caput* deste artigo, serão considerados os sistemas de ensino federal, estadual e municipal e os recursos aplicados na forma do art. 213.

§ 3º A distribuição dos recursos públicos assegurará prioridade ao atendimento das necessidades do ensino obrigatório, no que se refere a universalização, garantia de padrão de qualidade e equidade, nos termos do plano nacional de educação.

- Redação dada pela EC nº 59/09

§ 4º Os programas suplementares de alimentação e assistência à saúde previstos no art. 208, inc. VII, serão financiados com recursos provenientes de contribuições sociais e outros recursos orçamentários.

- Lei nº 11.947/09 – Institui o Programa Nacional de Alimentação Escolar, art. 5º

§ 5º A educação básica pública terá como fonte adicional de financiamento a contribuição social do salário-educação, recolhida pelas empresas na forma da lei.

- ADCT, arts. 60, inc. V, e 76, § 2º
- Redação dada pela EC nº 53/06

§ 6º As cotas estaduais e municipais da arrecadação da contribuição social do salário-educação serão distribuídas proporcionalmente ao número de alunos matriculados na educação básica nas respectivas redes públicas de ensino.

- CRFB, art. 167, inc. IV
- ADCT, arts. 60, inc. VIII, 72, §§ 2º e 3º, e 76, § 3º
- Incluído pela EC nº 53/06

Art. 213. Os recursos públicos serão destinados às escolas públicas, podendo ser dirigidos a escolas comunitárias, confessionais ou filantrópicas, definidas em lei, que:

I – comprovem finalidade não lucrativa e apliquem seus excedentes financeiros em educação;

II – assegurem a destinação de seu patrimônio a outra escola comunitária, filantrópica ou confessional, ou ao Poder Público, no caso de encerramento de suas atividades.

§ 1º Os recursos de que trata este artigo poderão ser destinados a bolsas de estudo para o ensino fundamental e médio, na forma da lei, para os que demonstrarem insuficiência de recursos, quando houver falta de vagas e cursos regulares da rede pública na localidade da residência do educando, ficando o Poder Público obrigado a investir prioritariamente na expansão de sua rede na localidade.

§ 2º As atividades de pesquisa, de extensão e de estímulo e fomento à inovação realizadas por universidades e/ou por instituições de educação profissional e tecnológica poderão receber apoio financeiro do Poder Público.

- Redação dada pela EC nº 85/15
- CRFB, arts. 207 e 212, § 2º
- ADCT, art. 61

Art. 214. A lei estabelecerá o plano nacional de educação, de duração decenal, com o objetivo de articular o sistema nacional de educação em regime de colaboração e definir diretrizes, objetivos, metas e estratégias de implementação para assegurar a manutenção e desenvolvimento do ensino em seus diversos níveis, etapas e modalidades por meio de ações integradas dos poderes públicos das diferentes esferas federativas que conduzam a:

- Redação dada pela EC nº 59/09

I – erradicação do analfabetismo;

II – universalização do atendimento escolar;

III – melhoria da qualidade do ensino;

IV – formação para o trabalho;

- CRFB, arts. 1º, inc. IV, 5º, inc. XIII, 6º a 11, 21, inc. XXIV, 170, *caput*, 186, inc. III, 193, 203, inc. III, 205 e 227, § 3º, inc. I

V – promoção humanística, científica e tecnológica do País;

VI – estabelecimento de meta de aplicação de recursos públicos em educação como proporção do produto interno bruto.

- ADCT, art. 60, inc. III, "c"
- Incluído pela EC nº 59/09

Seção II
Da Cultura

Art. 215. O Estado garantirá a todos o pleno exercício dos direitos culturais e acesso às fontes da cultura nacional, e apoiará e incentivará a valorização e a difusão das manifestações culturais.

- CRFB, arts. 23, inc. V, e 215, § 3º, inc. IV

§ 1º O Estado protegerá as manifestações das culturas populares, indígenas e afro-brasileiras, e das de outros grupos participantes do processo civilizatório nacional.

§ 2º A lei disporá sobre a fixação de datas comemorativas de alta significação para os diferentes segmentos étnicos nacionais.

§ 3º A lei estabelecerá o Plano Nacional de Cultura, de duração plurianual, visando ao desenvolvimento cultural do País e à integração das ações do poder público que conduzem à:

- Incluído pela EC nº 48/05

I – defesa e valorização do patrimônio cultural brasileiro;

- Incluído pela EC nº 48/05

II – produção, promoção e difusão de bens culturais;

- Incluído pela EC nº 48/05

III – formação de pessoal qualificado para a gestão da cultura em suas múltiplas dimensões;

- CRFB, arts. 3º, inc. II, 5º, inc. XXIX, 21, inc. IX, 23, parágrafo único, 43, § 1º, inc. II, 48, inc. IV, 58, § 2º, inc. VI, 174, § 1º, 192, 218, § 2º, e 219
- Incluído pela EC nº 48/05

IV – democratização do acesso aos bens de cultura;

- CRFB, arts. 1º, *caput*, 17, *caput*, 23, incs. I e V, 34, inc. VII, "a", 90, inc. II, 127, *caput*, 136 a 144, 194, parágrafo único, inc. VII, 206, inc. VI, e 215, *caput*
- Incluído pela EC nº 48/05

V – valorização da diversidade étnica e regional.

- CRFB, art. 24, inc. IX
- Incluído pela EC nº 48/05

Art. 216. Constituem patrimônio cultural brasileiro os bens de natureza material e imaterial, tomados individualmente ou em conjunto, portadores de referência à identidade, à ação, à memória dos diferentes grupos formadores da sociedade brasileira, nos quais se incluem:

I – as formas de expressão;

II – os modos de criar, fazer e viver;

III – as criações científicas, artísticas e tecnológicas;

IV – as obras, objetos, documentos, edificações e demais espaços destinados às manifestações artístico-culturais;

V – os conjuntos urbanos e sítios de valor histórico, paisagístico, artístico, arqueológico, paleontológico, ecológico e científico.

- CRFB, art. 20, inc. X
- Lei nº 3.924/61 – Dispõe sobre os monumentos arqueológicos e pré-históricos

§ 1º O Poder Público, com a colaboração da comunidade, promoverá e protegerá o patrimônio cultural brasileiro, por meio de inventários, registros, vigilância, tombamento e desapropriação, e de outras formas de acautelamento e preservação.

§ 2º Cabem à administração pública, na forma da lei, a gestão da documentação governamental e as providências para franquear sua consulta a quantos dela necessitem.

- Lei nº 12.527/11 – Lei de Acesso à Informação

§ 3º A lei estabelecerá incentivos para a produção e o conhecimento de bens e valores culturais.

- Lei nº 7.505/86 – Dispõe sobre benefícios fiscais na área do imposto de renda concedidos a operações de caráter cultural ou artístico
- Lei nº 8.313/91 – Institui o Programa Nacional de Apoio à Cultura

§ 4º Os danos e ameaças ao patrimônio cultural serão punidos, na forma da lei.

§ 5º Ficam tombados todos os documentos e os sítios detentores de reminiscências históricas dos antigos quilombos.

§ 6º É facultado aos Estados e ao Distrito Federal vincular a fundo estadual de fomento à cultura até cinco décimos por cento de sua receita tributária líquida, para o financiamento de programas e projetos culturais, vedada a aplicação desses recursos no pagamento de:

- Incluído pela EC nº 42/03

I – despesas com pessoal e encargos sociais;

- Incluído pela EC nº 42/03

II – serviço da dívida;

- Incluído pela EC nº 42/03

III – qualquer outra despesa corrente não vinculada diretamente aos investimentos ou ações apoiados.

- CRFB, arts. 23, inc. III, e 24, inc. VII
- Lei nº 8.313/91 – Institui o Programa Nacional de Apoio à Cultura
- Decreto-lei nº 25/37 – Organiza a proteção do patrimônio histórico e artístico nacional
- Incluído pela EC nº 42/03

Art. 216-A. O Sistema Nacional de Cultura, organizado em regime de colaboração, de forma descentralizada e participativa, institui um processo de gestão e promoção conjunta de políticas públicas de cultura, democráticas e permanentes, pactuadas entre os entes da Federação e a sociedade, tendo por objetivo promover o desenvolvimento humano, social e econômico com pleno exercício dos direitos culturais.

- Incluído pela EC nº 71/12

§ 1º O Sistema Nacional de Cultura fundamenta-se na política nacional de cultura e nas suas diretrizes, estabelecidas no Plano Nacional de Cultura, e rege-se pelos seguintes princípios:

- Incluído pela EC nº 71/12

I – diversidade das expressões culturais;

- Incluído pela EC nº 71/12

II – universalização do acesso aos bens e serviços culturais;

- Incluído pela EC nº 71/12

III – fomento à produção, difusão e circulação de conhecimento e bens culturais;

- Incluído pela EC nº 71/12

IV – cooperação entre os entes federados, os agentes públicos e privados atuantes na área cultural;

- Incluído pela EC nº 71/12

V – integração e interação na execução das políticas, programas, projetos e ações desenvolvidas;

- Incluído pela EC nº 71/12

VI – complementaridade nos papéis dos agentes culturais;

- Incluído pela EC nº 71/12

VII – transversalidade das políticas culturais;

- Incluído pela EC nº 71/12

VIII – autonomia dos entes federados e das instituições da sociedade civil;

- Incluído pela EC nº 71/12

IX – transparência e compartilhamento das informações;

- Incluído pela EC nº 71/12

X – democratização dos processos decisórios com participação e controle social;

- Incluído pela EC nº 71/12

XI – descentralização articulada e pactuada da gestão, dos recursos e das ações;

- Incluído pela EC nº 71/12

XII – ampliação progressiva dos recursos contidos nos orçamentos públicos para a cultura.

- Incluído pela EC nº 71/12

§ 2º Constitui a estrutura do Sistema Nacional de Cultura, nas respectivas esferas da Federação:

- Incluído pela EC nº 71/12

I – órgãos gestores da cultura;

- Incluído pela EC nº 71/12

II – conselhos de política cultural;

- Incluído pela EC nº 71/12

III – conferências de cultura;

- Incluído pela EC nº 71/12

IV – comissões intergestores;

- Incluído pela EC nº 71/12

V – planos de cultura;

- Incluído pela EC nº 71/12

VI – sistemas de financiamento à cultura;

- Incluído pela EC nº 71/12

VII – sistemas de informações e indicadores culturais;

- Incluído pela EC nº 71/12

VIII – programas de formação na área da cultura;

- Incluído pela EC nº 71/12

IX – sistemas setoriais de cultura.

- Incluído pela EC nº 71/12

§ 3º Lei federal disporá sobre a regulamentação do Sistema Nacional de Cultura, bem como de sua articulação com os demais sistemas nacionais ou políticas setoriais de governo.

- Incluído pela EC nº 71/12

§ 4º Os Estados, o Distrito Federal e os Municípios organizarão seus respectivos sistemas de cultura em leis próprias.

- Incluído pela EC nº 71/12

Seção III

Do Desporto

Art. 217. É dever do Estado fomentar práticas desportivas formais e não formais, como direito de cada um, observados:

I – a autonomia das entidades desportivas dirigentes e associações, quanto a sua organização e funcionamento;

II – a destinação de recursos públicos para a promoção prioritária do desporto educacional e, em casos específicos, para a do desporto de alto rendimento;

III – o tratamento diferenciado para o desporto profissional e o não profissional;

IV – a proteção e o incentivo às manifestações desportivas de criação nacional.

- Lei nº 11.438/06 – Dispõe sobre incentivos e benefícios para fomentar as atividades de caráter desportivo

§ 1º O Poder Judiciário só admitirá ações relativas à disciplina e às competições desportivas após esgotarem-se as instâncias da justiça desportiva, regulada em lei.

- CRFB, art. 5º, inc. XXXV

§ 2º A justiça desportiva terá o prazo máximo de sessenta dias, contados da instauração do processo, para proferir decisão final.

§ 3º O Poder Público incentivará o lazer, como forma de promoção social.

- CRFB, arts. 5º, inc. XXIV, "a", 6º, 24, inc. IX, e 227, *caput*
- Lei nº 9.615/98 – Institui normas gerais sobre desporto

CAPÍTULO IV

Da Ciência, Tecnologia e Inovação

Art. 218. O Estado promoverá e incentivará o desenvolvimento científico, a pesquisa, a capacitação científica e tecnológica e a inovação.

- Redação dada pela EC nº 85/15
- Lei nº 10.973/04 – Dispõe sobre incentivos à inovação e à pesquisa científica e tecnológica no ambiente produtivo

§ 1º A pesquisa científica básica e tecnológica receberá tratamento prioritário do Estado, tendo em vista o bem público e o progresso da ciência, tecnologia e inovação.

- Redação dada pela EC nº 85/15

§ 2º A pesquisa tecnológica voltar-se-á preponderantemente para a solução dos problemas brasileiros e para o desenvolvimento do sistema produtivo nacional e regional.

- CRFB, arts. 3º, inc. II, 5º, inc. XXIX, 21, inc. IX, 23, parágrafo único, 43, § 1º, inc. II, 48, inc. IV, 58, § 2º, inc. VI, 174, § 1º, 192, 215, § 3º, e 219

§ 3º O Estado apoiará a formação de recursos humanos nas áreas de ciência, pesquisa, tecnologia e inovação, inclusive por meio do apoio às atividades de extensão tecnológica, e concederá aos que delas se ocupem meios e condições especiais de trabalho.

- Redação dada pela EC nº 85/15

§ 4º A lei apoiará e estimulará as empresas que invistam em pesquisa, criação de tecnologia adequada ao País, formação e aperfeiçoamento de seus recursos humanos e que pratiquem sistemas de remuneração que assegurem ao empregado, desvinculada do salário, participação nos ganhos econômicos resultantes da produtividade de seu trabalho.

§ 5º É facultado aos Estados e ao Distrito Federal vincular parcela de sua receita orçamentária a entidades públicas de fomento ao ensino e à pesquisa científica e tecnológica.

§ 6º O Estado, na execução das atividades previstas no *caput*, estimulará a articulação entre entes, tanto públicos quanto privados, nas diversas esferas de governo.

- Redação dada pela EC nº 85/15

§ 7º O Estado promoverá e incentivará a atuação no exterior das instituições públicas de ciência, tecnologia e inovação, com vistas à execução das atividades previstas no *caput*. (NR)

- Redação dada pela EC nº 85/15

Art. 219. O mercado interno integra o patrimônio nacional e será incentivado de modo a viabilizar o desenvolvimento cultural e sócio-econômico, o bem-estar da população e a autonomia tecnológica do País, nos termos de lei federal.

- CRFB, arts. 3º, inc. II, 5º, inc. XXIX, 21, inc. IX, 23, parágrafo único, 43, § 1º, inc. II, 48, inc. IV, 58, § 2º, inc. VI, 174, § 1º, 192, 215, § 3º, e 218, § 2º
- Lei nº 9.257/96 – Dispõe sobre o Conselho Nacional de Ciência e Tecnologia

Parágrafo único. O Estado estimulará a formação e o fortalecimento da inovação nas empresas, bem como nos demais entes, públicos ou privados, a constituição e a manutenção de parques e polos tecnológicos e de demais ambientes promotores da inovação, a atuação dos inventores independentes e a criação, absorção, difusão e transferência de tecnologia.

- Redação dada pela EC nº 85/15

Art. 219-A. A União, os Estados, o Distrito Federal e os Municípios poderão firmar instrumentos de cooperação com órgãos e entidades públicos e com entidades privadas, inclusive para o compartilhamento de recursos humanos especializados e capacidade instalada, para a execução de projetos de pesquisa, de desenvolvimento científico e tecnológico e de inovação, mediante contrapartida financeira ou não financeira assumida pelo ente beneficiário, na forma da lei.

- Redação dada pela EC nº 85/15

Art. 219-B. O Sistema Nacional de Ciência, Tecnologia e Inovação (SNCTI) será organizado em regime de colaboração entre entes, tanto públicos quanto privados, com vistas a promover o desenvolvimento científico e tecnológico e a inovação.

- Redação dada pela EC nº 85/15

§ 1º Lei Federal disporá sobre as normas gerais do SNCTI.

- Redação dada pela EC nº 85/15

§ 2º Os Estados, o Distrito Federal e os Municípios legislarão concorrentemente sobre suas peculiaridades.

- Redação dada pela EC nº 85/15

CAPÍTULO V

Da Comunicação Social

Art. 220. A manifestação do pensamento, a criação, a expressão e a informação, sob qualquer forma, processo ou veículo não sofrerão qualquer restrição, observado o disposto nesta Constituição.

- CRFB, arts. 5º, inc. IX, e 220, § 2º

§ 1º Nenhuma lei conterá dispositivo que possa constituir embaraço à plena liberdade de informação jornalística em qualquer veículo de comunicação social, observado o disposto no art. 5º, incs. IV, V, X, XIII e XIV.

§ 2º É vedada toda e qualquer censura de natureza política, ideológica e artística.

- CRFB, arts. 5º, inc. IX, e 220, *caput*

§ 3º Compete à lei federal:

I – regular as diversões e espetáculos públicos, cabendo ao Poder Público informar sobre a natureza deles, as faixas etárias a que não se recomendem, locais e horários em que sua apresentação se mostre inadequada;

II – estabelecer os meios legais que garantam à pessoa e à família a possibilidade de se defenderem de programas ou programações de rádio e televisão que contrariem o disposto no art. 221, bem como da propaganda de produtos, práticas e serviços que possam ser nocivos à saúde e ao meio ambiente.

- CRFB, arts. 21, inc. XVI, 220, § 4º, e 221

§ 4º A propaganda comercial de tabaco, bebidas alcoólicas, agrotóxicos, medicamentos e terapias estará sujeita a restrições legais, nos termos do inc. II do parágrafo anterior, e conterá, sempre que necessário, advertência sobre os malefícios decorrentes de seu uso.

- ADCT, art. 65
- Lei nº 9.294/96 – Dispõe sobre as restrições ao uso e à propaganda de produtos fumígeros, bebidas alcoólicas, medicamentos, terapias e defensivos agrícolas

§ 5º Os meios de comunicação social não podem, direta ou indiretamente, ser objeto de monopólio ou oligopólio.

§ 6º A publicação de veículo impresso de comunicação independe de licença de autoridade.

Art. 221. A produção e a programação das emissoras de rádio e televisão atenderão aos seguintes princípios:

I – preferência a finalidades educativas, artísticas, culturais e informativas;

II – promoção da cultura nacional e regional e estímulo à produção independente que objetive sua divulgação;

III – regionalização da produção cultural, artística e jornalística, conforme percentuais estabelecidos em lei;

IV – respeito aos valores éticos e sociais da pessoa e da família.

- CRFB, arts. 21, inc. XVI, 220, § 3º, inc. II, e 222, § 3º

Art. 222. A propriedade de empresa jornalística e de radiodifusão sonora e de sons e imagens é privativa de brasileiros natos ou naturalizados há mais de dez anos, ou de pessoas jurídicas constituídas sob as leis brasileiras e que tenham sede no País.

- Redação dada pela EC nº 36/02

§ 1º Em qualquer caso, pelo menos setenta por cento do capital total e do capital votante das empresas jornalísticas e de radiodifusão sonora e de sons e imagens deverá pertencer, direta ou indiretamente, a brasileiros natos ou naturalizados há mais de dez anos, que exercerão obrigatoriamente a gestão das atividades e estabelecerão o conteúdo da programação.

- CRFB, art. 222, §§ 4º e 5º
- Redação dada pela EC nº 36/02

§ 2º A responsabilidade editorial e as atividades de seleção e direção da programação veiculada são privativas de brasileiros natos ou naturalizados há mais de dez anos, em qualquer meio de comunicação social.

- Redação dada pela EC nº 36/02

§ 3º Os meios de comunicação social eletrônica, independentemente da tecnologia utilizada para a prestação do serviço, deverão observar os princípios enunciados no art. 221, na forma de lei específica, que também garantirá a prioridade de profissionais brasileiros na execução de produções nacionais.

- Incluído pela EC nº 36/02

§ 4º Lei disciplinará a participação de capital estrangeiro nas empresas de que trata o § 1º.

- CRFB, arts. 172 e 192
- Lei nº 10.610/02 – Dispõe sobre a participação de capital estrangeiro nas empresas jornalísticas e de radiodifusão sonora e de sons e imagens
- Incluído pela EC nº 36/02

§ 5º As alterações de controle societário das empresas de que trata o § 1º serão comunicadas ao Congresso Nacional.

- CRFB, art. 12, § 2º
- Incluído pela EC nº 36/02

Art. 223. Compete ao Poder Executivo outorgar e renovar concessão, permissão e autorização para o serviço de radiodifusão sonora e de sons e imagens, observado o princípio da complementaridade dos sistemas privado, público e estatal.

- Lei nº 9.612/98 – Institui o serviço de radiodifusão comunitária

§ 1º O Congresso Nacional apreciará o ato no prazo do art. 64, §§ 2º e 4º, a contar do recebimento da mensagem.

- CRFB, art. 223, § 3º

§ 2º A não renovação da concessão ou permissão dependerá de aprovação de, no mínimo, dois quintos do Congresso Nacional, em votação nominal.

- CRFB, art. 223, § 3º

§ 3º O ato de outorga ou renovação somente produzirá efeitos legais após deliberação do Congresso Nacional, na forma dos parágrafos anteriores.

§ 4º O cancelamento da concessão ou permissão, antes de vencido o prazo, depende de decisão judicial.

§ 5º O prazo da concessão ou permissão será de dez anos para as emissoras de rádio e de quinze para as de televisão.

- CRFB, art. 49, inc. XII

Art. 224. Para os efeitos do disposto neste capítulo, o Congresso Nacional instituirá, como seu órgão auxiliar, o Conselho de Comunicação Social, na forma da lei.

- Lei nº 8.389/91 – Institui o Conselho de Comunicação Social

CAPÍTULO VI

Do Meio Ambiente

Art. 225. Todos têm direito ao meio ambiente ecologicamente equilibrado, bem de uso comum do povo e essencial à sadia qualidade de vida, impondo-se ao Poder Público e à coletividade o dever de defendê-lo e preservá-lo para as presentes e futuras gerações.

- CRFB, arts. 23, incs. VI e VII, 24, inc. VI, e 170, inc. VI
- Lei nº 7.735/89 – Cria o Instituto Brasileiro do Meio Ambiente e dos Recursos Naturais Renováveis

§ 1º Para assegurar a efetividade desse direito, incumbe ao Poder Público:

I – preservar e restaurar os processos ecológicos essenciais e prover o manejo ecológico das espécies e ecossistemas;

II – preservar a diversidade e a integridade do patrimônio genético do País e fiscalizar as entidades dedicadas à pesquisa e manipulação de material genético;

- Medida Provisória nº 2.186-16/01 – Dispõe sobre o acesso ao patrimônio genético

III – definir, em todas as unidades da Federação, espaços territoriais e seus componentes a serem especialmente protegidos, sendo a alteração e a supressão permitidas somente através de lei, vedada qualquer utilização que comprometa a integridade dos atributos que justifiquem sua proteção;

IV – exigir, na forma da lei, para instalação de obra ou atividade potencialmente causadora de significativa degradação do meio ambiente, estudo prévio de impacto ambiental, a que se dará publicidade;

V – controlar a produção, a comercialização e o emprego de técnicas, métodos e substâncias que comportem risco para a vida, a qualidade de vida e o meio ambiente;

- Lei nº 7.802/89 – Dispõe sobre os agrotóxicos
- Lei nº 11.105/05 – Estabelece normas de segurança e mecanismos de fiscalização sobre a construção, cultivo, produção, manipulação, transporte, transferência, importação, exportação, armazenamento, pesquisa, comercialização, consumo, liberação no meio ambiente e descarte de organismos geneticamente modificados e seus derivados

VI – promover a educação ambiental em todos os níveis de ensino e a conscientização pública para a preservação do meio ambiente;

- Lei nº 9.795/99 – Dispõe sobre a educação ambiental

VII – proteger a fauna e a flora, vedadas, na forma da lei, as práticas que coloquem em risco sua função ecológica, provoquem a extinção de espécies ou submetam os animais a crueldade.

- Lei nº 9.985/00 – Institui o Sistema Nacional de Unidades de Conservação da Natureza
- Lei nº 11.794/08 – Estabelece procedimentos para o uso científico de animais

§ 2º Aquele que explorar recursos minerais fica obrigado a recuperar o meio ambiente degradado, de acordo com solução técnica exigida pelo órgão público competente, na forma da lei.

- CRFB, arts. 22, inc. XII, e 176, *caput*

§ 3º As condutas e atividades consideradas lesivas ao meio ambiente sujeitarão os infratores, pessoas físicas ou jurídicas, a sanções penais e administrativas, independentemente da obrigação de reparar os danos causados.

- CRFB, arts. 5º, inc. XLV, e 173, § 5º
- Lei nº 9.605/98 – Dispõe sobre as sanções penais e administrativas derivadas de condutas e atividades lesivas ao meio ambiente

§ 4º A Floresta Amazônica brasileira, a Mata Atlântica, a Serra do Mar, o Pantanal Mato-Grossense e a Zona Costeira são patrimônio nacional, e sua utilização far-se-á, na forma da lei, dentro de condições que assegurem a preservação do meio ambiente, inclusive quanto ao uso dos recursos naturais.

- Lei nº 11.428/06 – Dispõe sobre a utilização e proteção da vegetação nativa do Bioma Mata Atlântica

§ 5º São indisponíveis as terras devolutas ou arrecadadas pelos Estados, por ações discriminatórias, necessárias à proteção dos ecossistemas naturais.

§ 6º As usinas que operem com reator nuclear deverão ter sua localização definida em lei federal, sem o que não poderão ser instaladas.

- Lei nº 6.938/81 – Dispõe sobre a Política Nacional do Meio Ambiente

CAPÍTULO VII

Da Família, da Criança, do Adolescente, do Jovem e do Idoso

- Redação dada pela EC nº 65/10

Art. 226. A família, base da sociedade, tem especial proteção do Estado.

§ 1º O casamento é civil e gratuita a celebração.

- CC, arts. 1.533 a 1.542

§ 2º O casamento religioso tem efeito civil, nos termos da lei.

- Lei nº 6.015/73 – Dispõe sobre os registros públicos, arts. 71 a 74

§ 3º Para efeito da proteção do Estado, é reconhecida a união estável entre o homem e a mulher como entidade familiar, devendo a lei facilitar sua conversão em casamento.

- CC, arts. 1.723 a 1.727
- Lei nº 8.971/94 – Regula o direito dos companheiros a alimentos e à sucessão
- Lei nº 9.278/96 – Regula os direitos e deveres dos conviventes

§ 4º Entende-se, também, como entidade familiar a comunidade formada por qualquer dos pais e seus descendentes.

- Lei nº 8.069/90 – Dispõe sobre o Estatuto da Criança e do Adolescente, art. 25

§ 5º Os direitos e deveres referentes à sociedade conjugal são exercidos igualmente pelo homem e pela mulher.

- CC, arts. 1.566 e 1.567

§ 6º O casamento civil pode ser dissolvido pelo divórcio.

- CC, arts. 1.579 a 1.582

- Lei nº 6.515/77 – Lei do Divórcio
- Redação dada pela EC nº 66/10

§ 7º Fundado nos princípios da dignidade da pessoa humana e da paternidade responsável, o planejamento familiar é livre decisão do casal, competindo ao Estado propiciar recursos educacionais e científicos para o exercício desse direito, vedada qualquer forma coercitiva por parte de instituições oficiais ou privadas.

- CRFB, arts. 1º, inc. III, 5º, incs. III e XLVII, "e", 170, *caput*, 227, *caput*, e 230, *caput*
- ADCT, art. 79
- Lei nº 9.263/96 – Regula o planejamento familiar

§ 8º O Estado assegurará a assistência à família na pessoa de cada um dos que a integram, criando mecanismos para coibir a violência no âmbito de suas relações.

- Lei nº 11.340/06 – Cria mecanismos para coibir a violência doméstica e familiar contra a mulher

Art. 227. É dever da família, da sociedade e do Estado assegurar à criança, ao adolescente e ao jovem, com absoluta prioridade, o direito à vida, à saúde, à alimentação, à educação, ao lazer, à profissionalização, à cultura, à dignidade, ao respeito, à liberdade e à convivência familiar e comunitária, além de colocá-los a salvo de toda forma de negligência, discriminação, exploração, violência, crueldade e opressão.

- CRFB, arts. 1º, inc. III, 3º, inc. IV, 5º, incs. III, XLI e XLVII, "e", 6º, 7º, incs. XXX e XXXI, 170, *caput*, 217, § 3º, 226, § 7º, 227, §§ 1º, inc. II e 6º, e 230, *caput*
- ADCT, art. 79
- Redação dada pela EC nº 65/10

§ 1º O Estado promoverá programas de assistência integral à saúde da criança, do adolescente e do jovem, admitida a participação de entidades não governamentais, mediante políticas específicas e obedecendo aos seguintes preceitos:

- Redação dada pela EC nº 65/10

I – aplicação de percentual dos recursos públicos destinados à saúde na assistência materno-infantil;

II – criação de programas de prevenção e atendimento especializado para as pessoas portadoras de deficiência física, sensorial ou mental, bem como de integração social do adolescente e do jovem portador de deficiência, mediante o treinamento para o trabalho e a convivência, e a facilitação do acesso aos bens e serviços coletivos, com a eliminação de obstáculos arquitetônicos e de todas as formas de discriminação.

- CRFB, arts. 3º, incs. I, III e IV, 4º, inc. VIII, 5º, *caput* e incs. XLI e XLII, 7º, incs. XX, XXX e XXXI, 23, incs. II e X, 24, inc. XIV, 37, inc. VIII, 170, inc. VII, 203, incs. IV e V, 206, inc. I, 208, inc. III, 227, *caput*, §§ 2º e 6º, e 244
- Lei nº 8.642/93 – Dispõe sobre a instituição do Programa Nacional de Atenção Integral à Criança e ao Adolescente
- Lei nº 10.216/01 – Dispõe sobre a proteção e os direitos das pessoas portadoras de transtornos mentais e redireciona o modelo assistencial em saúde mental
- Redação dada pela EC nº 65/10

§ 2º A lei disporá sobre normas de construção dos logradouros e dos edifícios de uso público e de fabricação de veículos de transporte coletivo, a fim de garantir acesso adequado às pessoas portadoras de deficiência.

- CRFB, arts. 7º, inc. XXXI, 23, inc. II, 24, inc. XIV, 37, inc. VIII, 203, incs. IV e V, 208, inc. III, 227, § 1º, inc. II, e 244

§ 3º O direito a proteção especial abrangerá os seguintes aspectos:

I – idade mínima de quatorze anos para admissão ao trabalho, observado o disposto no art. 7º, inc. XXXIII;

- CRFB, arts. 1º, inc. IV, 5º, inc. XIII, 6º a 11, 21, inc. XXIV, 170, *caput*, 186, inc. III, 193, 203, inc. III, 205 e 214, inc. IV

II – garantia de direitos previdenciários e trabalhistas;

III – garantia de acesso do trabalhador adolescente e jovem à escola;

- Redação dada pela EC nº 65/10

IV – garantia de pleno e formal conhecimento da atribuição de ato infracional, igualdade na relação processual e defesa técnica por profissional habilitado, segundo dispuser a legislação tutelar específica;

V – obediência aos princípios de brevidade, excepcionalidade e respeito à condição peculiar de pessoa em desenvolvimento, quando da aplicação de qualquer medida privativa da liberdade;

VI – estímulo do Poder Público, através de assistência jurídica, incentivos fiscais e subsídios, nos termos da lei, ao acolhimento, sob a forma de guarda, de criança ou adolescente órfão ou abandonado;

VII – programas de prevenção e atendimento especializado à criança, ao adolescente e ao jovem dependente de entorpecentes e drogas afins.

- CRFB, arts. 6º e 24, inc. XV
- Redação dada pela EC nº 65/10

§ 4º A lei punirá severamente o abuso, a violência e a exploração sexual da criança e do adolescente.

- CP, arts. 218 e 224, "a"

§ 5º A adoção será assistida pelo Poder Público, na forma da lei, que estabelecerá casos e condições de sua efetivação por parte de estrangeiros.

- CC, arts. 1.618 a 1.629

§ 6º Os filhos, havidos ou não da relação do casamento, ou por adoção, terão os mesmos direitos e qualificações, proibidas quaisquer designações discriminatórias relativas à filiação.

- CRFB, arts. 3º, inc. IV, 5º, inc. XLI, 7º, incs. XXX e XXXI, e 227, *caput* e § 1º, inc. II
- CC, art. 1.596
- Lei nº 8.560/92 – Regula a investigação de paternidade dos filhos havidos fora do casamento

§ 7º No atendimento dos direitos da criança e do adolescente levar-se-á em consideração o disposto no art. 204.

- Lei nº 8.069/90 – Dispõe sobre o Estatuto da Criança e do Adolescente

§ 8º A lei estabelecerá:

- Incluído dada pela EC nº 65/10

I – o estatuto da juventude, destinado a regular os direitos dos jovens;

- Incluído dada pela EC nº 65/10

II – o plano nacional de juventude, de duração decenal, visando à articulação das várias esferas do poder público para a execução de políticas públicas.

- Incluído dada pela EC nº 65/10

Art. 228. São penalmente inimputáveis os menores de dezoito anos, sujeitos às normas da legislação especial.

- CP, art. 27

Art. 229. Os pais têm o dever de assistir, criar e educar os filhos menores, e os filhos maiores têm o dever de ajudar e amparar os pais na velhice, carência ou enfermidade.

Art. 230. A família, a sociedade e o Estado têm o dever de amparar as pessoas idosas, assegurando sua participação na comunidade, defendendo sua dignidade e bem-estar e garantindo-lhes o direito à vida.

- CRFB, arts. 1º, inc. III, 5º, incs. III e XLVII, "e", 170, *caput*, 226, § 7º, e 227, *caput*
- ADCT, art. 79

§ 1º Os programas de amparo aos idosos serão executados preferencialmente em seus lares.

§ 2º Aos maiores de sessenta e cinco anos é garantida a gratuidade dos transportes coletivos urbanos.

- CRFB, art. 203, inc. V
- CPC, arts. 1.211-A a 1.211-C
- Lei nº 8.842/94 – Dispõe sobre a política nacional do idoso
- Lei nº 10.741/03 – Dispõe sobre o Estatuto do Idoso

CAPÍTULO VIII

Dos Índios

Art. 231. São reconhecidos aos índios sua organização social, costumes, línguas, crenças e tradições, e os direitos originários sobre as terras que tradicionalmente ocupam, competindo à União demarcá-las, proteger e fazer respeitar todos os seus bens.

§ 1º São terras tradicionalmente ocupadas pelos índios as por eles habitadas em caráter permanente, as utilizadas para suas atividades produtivas, as imprescindíveis à preservação dos recursos ambientais necessários a seu bem-estar e as necessárias a sua reprodução física e cultural, segundo seus usos, costumes e tradições.

§ 2º As terras tradicionalmente ocupadas pelos índios destinam-se a sua posse permanente, cabendo-lhes o usufruto exclusivo das riquezas do solo, dos rios e dos lagos nelas existentes.

§ 3º O aproveitamento dos recursos hídricos, incluídos os potenciais energéticos, a pesquisa e a lavra das riquezas minerais em terras indígenas só podem ser efetivados com autorização do Congresso Nacional, ouvidas as comunidades afetadas, ficando-lhes assegurada participação nos resultados da lavra, na forma da lei.

§ 4º As terras de que trata este artigo são inalienáveis e indisponíveis, e os direitos sobre elas, imprescritíveis.

§ 5º É vedada a remoção dos grupos indígenas de suas terras, salvo, *ad referendum* do Congresso Nacional, em caso de catástrofe ou epidemia que ponha em risco sua população, ou no interesse da soberania do País, após deliberação do Congresso Nacional, garantido, em qualquer hipótese, o retorno imediato logo que cesse o risco.

- CRFB, arts. 1º, inc. I, 5º, inc. LXXI, 14, *caput* , 17, *caput*, 91, *caput*, e 170, inc. I

§ 6º São nulos e extintos, não produzindo efeitos jurídicos, os atos que tenham por objeto a ocupação, o domínio e a posse das terras a que se refere este artigo, ou a exploração das riquezas naturais do solo, dos rios e dos lagos nelas existentes, ressalvado relevante interesse público da União, segundo o que dispuser lei complementar, não gerando a nulidade e a extinção direito a indenização ou a ações contra a União, salvo, na forma da lei, quanto às benfeitorias derivadas da ocupação de boa-fé.

§ 7º Não se aplica às terras indígenas o disposto no art. 174, §§ 3º e 4º.

Art. 232. Os índios, suas comunidades e organizações são partes legítimas para ingressar em juízo em defesa de seus direitos e interesses, intervindo o Ministério Público em todos os atos do processo.

- CRFB, arts. 20, inc. XI, 22, inc. XIV, 49, inc. XVI, 109, inc. XI, 129, inc. V, 176, § 1º, e 210, § 2º
- ADCT, art. 67
- Lei nº 6.001/73 – Dispõe sobre o Estatuto do Índio

TÍTULO IX

Das Disposições Constitucionais Gerais

Art. 233.

- Excluído pela EC nº 28/00

§ 1º –

- Excluído pela EC nº 28/00

§ 2º –

- Excluído pela EC nº 28/00

§ 3º –

- Excluído pela EC nº 28/00

Art. 234. É vedado à União, direta ou indiretamente, assumir, em decorrência da criação de Estado, encargos referentes a despesas com pessoal inativo e com encargos e amortizações da dívida interna ou externa da administração pública, inclusive da indireta.

- ADCT, art. 13, § 6º

Art. 235. Nos dez primeiros anos da criação de Estado, serão observadas as seguintes normas básicas:

I – a Assembleia Legislativa será composta de dezessete Deputados se a população do Estado for inferior a seiscentos mil habitantes, e de vinte e quatro, se igual ou superior a esse número, até um milhão e quinhentos mil;

II – o Governo terá no máximo dez Secretarias;

III – o Tribunal de Contas terá três membros, nomeados, pelo Governador eleito, dentre brasileiros de comprovada idoneidade e notório saber;

IV – o Tribunal de Justiça terá sete Desembargadores;

V – os primeiros Desembargadores serão nomeados pelo Governador eleito, escolhidos da seguinte forma:

a) cinco dentre os magistrados com mais de trinta e cinco anos de idade, em exercício na área do novo Estado ou do Estado originário;

b) dois dentre promotores, nas mesmas condições, e advogados de comprovada idoneidade e saber jurídico, com dez anos, no mínimo, de exercício profissional, obedecido o procedimento fixado na Constituição;

VI – no caso de Estado proveniente de Território Federal, os cinco primeiros Desembargadores poderão ser escolhidos dentre juízes de direito de qualquer parte do País;

VII – em cada Comarca, o primeiro Juiz de Direito, o primeiro Promotor de Justiça e o primeiro Defensor Público serão nomeados pelo Governador eleito após concurso público de provas e títulos;

VIII – até a promulgação da Constituição Estadual, responderão pela Procuradoria-Geral, pela Advocacia-Geral e pela Defensoria-Geral do Estado advogados de notório saber, com trinta e cinco anos de idade, no mínimo, nomeados pelo Governador eleito e demissíveis *ad nutum*;

IX – se o novo Estado for resultado de transformação de Território Federal, a transferência de encargos financeiros da União para pagamento dos servidores optantes que pertenciam à Administração Federal ocorrerá da seguinte forma:

a) no sexto ano de instalação, o Estado assumirá vinte por cento dos encargos financeiros para fazer face ao pagamento dos servidores públicos, ficando ainda o restante sob a responsabilidade da União;

b) no sétimo ano, os encargos do Estado serão acrescidos de trinta por cento e, no oitavo, dos restantes cinquenta por cento;

X – as nomeações que se seguirem às primeiras, para os cargos mencionados neste artigo, serão disciplinadas na Constituição Estadual;

XI – as despesas orçamentárias com pessoal não poderão ultrapassar cinquenta por cento da receita do Estado.

Art. 236. Os serviços notariais e de registro são exercidos em caráter privado, por delegação do Poder Público.

§ 1º Lei regulará as atividades, disciplinará a responsabilidade civil e criminal dos notários, dos oficiais de registro e de seus prepostos, e definirá a fiscalização de seus atos pelo Poder Judiciário.

- Lei nº 8.935/94 – Lei dos Cartórios

§ 2º Lei federal estabelecerá normas gerais para fixação de emolumentos relativos aos atos praticados pelos serviços notariais e de registro.

- Lei nº 10.169/00 – Estabelece normas gerais para a fixação de emolumentos relativos aos atos praticados pelos serviços notariais e de registro

§ 3º O ingresso na atividade notarial e de registro depende de concurso público de provas e títulos, não se permitindo que qualquer serventia fique vaga, sem abertura de concurso de provimento ou de remoção, por mais de seis meses.

- CRFB, art. 22, inc. XXV
- ADCT, art. 32
- Lei nº 6.015/73 – Dispõe sobre os registros públicos

Art. 237. A fiscalização e o controle sobre o comércio exterior, essenciais à defesa dos interesses fazendários nacionais, serão exercidos pelo Ministério da Fazenda.

- CRFB, art. 22, inc. VIII
- Lei nº 5.025/66 – Dispõe sobre o intercâmbio comercial com o exterior

Art. 238. A lei ordenará a venda e revenda de combustíveis de petróleo, álcool carburante e outros combustíveis derivados de matérias-primas renováveis, respeitados os princípios desta Constituição.

- Lei nº 9.847/99 – Dispõe sobre a fiscalização das atividades relativas ao abastecimento nacional de combustíveis

Art. 239. A arrecadação decorrente das contribuições para o Programa de Integração Social, criado pela Lei Complementar nº 7, de 7 de setembro de 1970, e para o Programa de Formação do Patrimônio do Servidor Público, criado pela Lei Complementar nº 8, de 3 de dezembro de 1970, passa, a partir da promulgação desta Constituição, a financiar, nos termos que a lei dispuser, o programa do seguro-desemprego e o abono de que trata o § 3º deste artigo.

- CRFB, art. 239, §§ 1º e 2º

§ 1º Dos recursos mencionados no *caput* deste artigo, pelo menos quarenta por cento serão destinados a financiar programas de desenvolvimento econômico, através do Banco Nacional de Desenvolvimento Econômico e Social, com critérios de remuneração que lhes preservem o valor.

§ 2º Os patrimônios acumulados do Programa de Integração Social e do Programa de Formação do Patrimônio do Servidor Público são preservados, mantendo-se os critérios de saque nas situações previstas nas leis específicas, com exceção da retirada por motivo de casamento, ficando vedada a distribuição da arrecadação de que trata o *caput* deste artigo, para depósito nas contas individuais dos participantes.

§ 3º Aos empregados que percebam de empregadores que contribuem para o Programa de Integração Social ou para o Programa de Formação do Patrimônio do Servidor

Público, até dois salários-mínimos de remuneração mensal, é assegurado o pagamento de um salário-mínimo anual, computado neste valor o rendimento das contas individuais, no caso daqueles que já participavam dos referidos programas, até a data da promulgação desta Constituição.

- CRFB, art. 239, *caput*
- Lei nº 7.859/89 – Regula a concessão e pagamento de abono anual

§ 4º O financiamento do seguro-desemprego receberá uma contribuição adicional da empresa cujo índice de rotatividade da força de trabalho superar o índice médio da rotatividade do setor, na forma estabelecida por lei.

- CRFB, art. 146, inc. III, "d"
- ADCT, art. 72, §§ 2º e 3º
- Lei nº 7.998/90 – Regula o Programa do Seguro-Desemprego
- Lei nº 10.637/02 – Dispõe sobre a cobrança da contribuição para os Programas de Integração Social e de Formação do Patrimônio do Servidor Público

Art. 240. Ficam ressalvadas do disposto no art. 195 as atuais contribuições compulsórias dos empregadores sobre a folha de salários, destinadas às entidades privadas de serviço social e de formação profissional vinculadas ao sistema sindical.

Art. 241. A União, os Estados, o Distrito Federal e os Municípios disciplinarão por meio de lei os consórcios públicos e os convênios de cooperação entre os entes federados, autorizando a gestão associada de serviços públicos, bem como a transferência total ou parcial de encargos, serviços, pessoal e bens essenciais à continuidade dos serviços transferidos.

- Lei nº 11.107/05 – Dispõe sobre normas gerais de contratação de consórcios públicos
- Lei nº 12.396/11 – Ratifica o Protocolo de Intenções firmado entre a União, o Estado do Rio de Janeiro e o Município do Rio de Janeiro, com a finalidade de constituir consórcio público, denominado Autoridade Pública Olímpica
- Redação dada pela EC nº 19/98

Art. 242. O princípio do art. 206, inc. IV, não se aplica às instituições educacionais oficiais criadas por lei estadual ou municipal e existentes na data da promulgação desta Constituição, que não sejam total ou preponderantemente mantidas com recursos públicos.

§ 1º O ensino da História do Brasil levará em conta as contribuições das diferentes culturas e etnias para a formação do povo brasileiro.

§ 2º O Colégio Pedro II, localizado na cidade do Rio de Janeiro, será mantido na órbita federal.

Art. 243. As propriedades rurais e urbanas de qualquer região do País onde forem localizadas culturas ilegais de plantas psicotrópicas ou a exploração de trabalho escravo na forma da lei serão expropriadas e destinadas à reforma agrária e a programas de habitação popular, sem qualquer indenização ao proprietário e sem prejuízo de outras sanções previstas em lei, observado, no que couber, o disposto no art. 5º.

- Lei nº 8.257/91 – Dispõe sobre a expropriação das glebas nas quais se localizem culturas ilegais de plantas psicotrópicas

- Redação dada pela EC nº 81/14

Parágrafo único. Todo e qualquer bem de valor econômico apreendido em decorrência do tráfico ilícito de entorpecentes e drogas afins e da exploração de trabalho escravo será confiscado e reverterá a fundo especial com destinação específica, na forma da lei.

- CRFB, arts. 5º, incs. XLIII e LI, e 144, § 1º, inc. II
- Lei nº 7.560/86 – Cria o Fundo de Prevenção, Recuperação e de Combate às Drogas de Abuso e dispõe sobre os bens apreendidos e adquiridos com produtos de tráfico ilícito de drogas ou atividades correlatas
- Redação dada pela EC nº 81/14

Art. 244. A lei disporá sobre a adaptação dos logradouros, dos edifícios de uso público e dos veículos de transporte coletivo atualmente existentes a fim de garantir acesso adequado às pessoas portadoras de deficiência, conforme o disposto no art. 227, § 2º.

- CRFB, arts. 7º, inc. XXXI, 23, inc. II, 24, inc. XIV, 37, inc. VIII, 203, incs. IV e V, 208, inc. III, e 227, §§ 1º, inc. II e 2º
- Lei nº 10.098/00 – Estabelece normas gerais e critérios básicos para a promoção da acessibilidade das pessoas portadoras de deficiência ou com mobilidade reduzida

Art. 245. A lei disporá sobre as hipóteses e condições em que o Poder Público dará assistência aos herdeiros e dependentes carentes de pessoas vitimadas por crime doloso, sem prejuízo da responsabilidade civil do autor do ilícito.

Art. 246. É vedada a adoção de medida provisória na regulamentação de artigo da Constituição cuja redação tenha sido alterada por meio de emenda promulgada entre 1º de janeiro de 1995 até a promulgação desta emenda, inclusive.

- CRFB, art. 62, § 1º
- Redação dada pela EC nº 32/01

Art. 247. As leis previstas no inciso III do § 1º do art. 41 e no § 7º do art. 169 estabelecerão critérios e garantias especiais para a perda do cargo pelo servidor público estável que, em decorrência das atribuições de seu cargo efetivo, desenvolva atividades exclusivas de Estado.

- Incluído pela EC nº 19/98

Parágrafo único. Na hipótese de insuficiência de desempenho, a perda do cargo somente ocorrerá mediante processo administrativo em que lhe sejam assegurados o contraditório e a ampla defesa.

- CRFB, art. 5º, inc. LV
- Incluído pela EC nº 19/98

Art. 248. Os benefícios pagos, a qualquer título, pelo órgão responsável pelo regime geral de previdência social, ainda que à conta do Tesouro Nacional, e os não sujeitos ao limite máximo de valor fixado para os benefícios concedidos por esse regime observarão os limites fixados no art. 37, inc. XI.

- Incluído pela EC nº 20/98

Art. 249. Com o objetivo de assegurar recursos para o pagamento de proventos de aposentadoria e pensões concedidas aos respectivos servidores e seus dependentes, em adição aos recursos dos respectivos tesouros, a União, os Estados, o Distrito Federal e os Municípios poderão constituir fundos integrados pelos recursos provenientes de contribuições e por bens, direitos e ativos de qualquer natureza, mediante lei que disporá sobre a natureza e administração desses fundos.

- Incluído pela EC nº 20/98

Art. 250. Com o objetivo de assegurar recursos para o pagamento dos benefícios concedidos pelo regime geral de previdência social, em adição aos recursos de sua arrecadação, a União poderá constituir fundo integrado por bens, direitos e ativos de qualquer natureza, mediante lei que disporá sobre a natureza e administração desse fundo.

- Incluído pela EC nº 20/98

ATO DAS DISPOSIÇÕES CONSTITUCIONAIS TRANSITÓRIAS

Art. 1º O Presidente da República, o Presidente do Supremo Tribunal Federal e os membros do Congresso Nacional prestarão o compromisso de manter, defender e cumprir a Constituição, no ato e na data de sua promulgação.

Art. 2º No dia 7 de setembro de 1993 o eleitorado definirá, através de plebiscito, a forma (república ou monarquia constitucional) e o sistema de governo (parlamentarismo ou presidencialismo) que devem vigorar no País.

§ 1º Será assegurada gratuidade na livre divulgação dessas formas e sistemas, através dos meios de comunicação de massa cessionários de serviço público.

§ 2º O Tribunal Superior Eleitoral, promulgada a Constituição, expedirá as normas regulamentadoras deste artigo.

- CRFB, arts. 1º, 14, inc. I, 18, §§ 3º e 4º, 34, inc. VII, "a", e 49, inc. XV
- ADCT, art. 63
- EC nº 2/92

Art. 3º A revisão constitucional será realizada após cinco anos, contados da promulgação da Constituição, pelo voto da maioria absoluta dos membros do Congresso Nacional, em sessão unicameral.

- CRFB, art. 60

Art. 4º O mandato do atual Presidente da República terminará em 15 de março de 1990.

- CRFB, art. 82

§ 1º A primeira eleição para Presidente da República após a promulgação da Constituição será realizada no dia 15 de novembro de 1989, não se lhe aplicando o disposto no art. 16 da Constituição.

§ 2º É assegurada a irredutibilidade da atual representação dos Estados e do Distrito Federal na Câmara dos Deputados.

§ 3º Os mandatos dos Governadores e dos Vice-Governadores eleitos em 15 de novembro de 1986 terminarão em 15 de março de 1991.

- CRFB, art. 28, *caput*

§ 4º Os mandatos dos atuais Prefeitos, Vice-Prefeitos e Vereadores terminarão no dia 1º de janeiro de 1989, com a posse dos eleitos.

- CRFB, art. 29, incs. I e III

Art. 5º Não se aplicam às eleições previstas para 15 de novembro de 1988 o disposto no art. 16 e as regras do art. 77 da Constituição.

§ 1º Para as eleições de 15 de novembro de 1988 será exigido domicílio eleitoral na circunscrição pelo menos durante os quatro meses anteriores ao pleito, podendo os candidatos que preencham este requisito, atendidas as demais exigências da lei, ter seu registro efetivado pela Justiça Eleitoral após a promulgação da Constituição.

§ 2º Na ausência de norma legal específica, caberá ao Tribunal Superior Eleitoral editar as normas necessárias à realização das eleições de 1988, respeitada a legislação vigente.

§ 3º Os atuais parlamentares federais e estaduais eleitos Vice-Prefeitos, se convocados a exercer a função de Prefeito, não perderão o mandato parlamentar.

- CRFB, arts. 54, inc. II, "d", e 56, inc. I

§ 4º O número de vereadores por município será fixado, para a representação a ser eleita em 1988, pelo respectivo Tribunal Regional Eleitoral, respeitados os limites estipulados no art. 29, inc. IV, da Constituição.

§ 5º Para as eleições de 15 de novembro de 1988, ressalvados os que já exercem mandato eletivo, são inelegíveis para qualquer cargo, no território de jurisdição do titular, o cônjuge e os parentes por consanguinidade ou afinidade, até o segundo grau, ou por adoção, do Presidente da República, do Governador de Estado, do Governador do Distrito Federal e do Prefeito que tenham exercido mais da metade do mandato.

- CRFB, art. 14, § 7º

Art. 6º Nos seis meses posteriores à promulgação da Constituição, parlamentares federais, reunidos em número não inferior a trinta, poderão requerer ao Tribunal Superior Eleitoral o registro de novo partido político, juntando ao requerimento o manifesto, o estatuto e o programa devidamente assinados pelos requerentes.

§ 1º O registro provisório, que será concedido de plano pelo Tribunal Superior Eleitoral, nos termos deste artigo, defere ao novo partido todos os direitos, deveres e prerrogativas dos atuais, entre eles o de participar, sob legenda própria, das eleições que vierem a ser realizadas nos doze meses seguintes a sua formação.

§ 2º O novo partido perderá automaticamente seu registro provisório se, no prazo de vinte e quatro meses, contados de sua formação, não obtiver registro definitivo no Tribunal Superior Eleitoral, na forma que a lei dispuser.

- CRFB, arts. 1º, inc. V, e 17, *caput*

Art. 7º O Brasil propugnará pela formação de um tribunal internacional dos direitos humanos.

- CRFB, arts. 4º, inc. II, 5º, §§ 2º e 3º, e 34, inc. VII, "b"

Art. 8º É concedida anistia aos que, no período de 18 de setembro de 1946 até a data da promulgação da Constituição, foram atingidos, em decorrência de motivação exclusivamente política, por atos de exceção, institucionais ou complementares, aos que foram abrangidos pelo Decreto Legislativo nº 18, de 15 de dezembro de 1961, e aos atingidos pelo Decreto-lei nº 864, de 12 de setembro de 1969, asseguradas as promoções, na inatividade, ao cargo, emprego, posto ou graduação a que teriam direito se estivessem em serviço ativo, obedecidos os prazos de permanência em atividade previstos nas leis e regulamentos vigentes, respeitadas as características e peculiaridades das carreiras dos servidores públicos civis e militares e observados os respectivos regimes jurídicos.

§ 1º O disposto neste artigo somente gerará efeitos financeiros a partir da promulgação da Constituição, vedada a remuneração de qualquer espécie em caráter retroativo.

- ADCT, art. 8º, § 5º

§ 2º Ficam assegurados os benefícios estabelecidos neste artigo aos trabalhadores do setor privado, dirigentes e representantes sindicais que, por motivos exclusivamente políticos, tenham sido punidos, demitidos ou compelidos ao afastamento das atividades remuneradas que exerciam, bem como aos que foram impedidos de exercer atividades profissionais em virtude de pressões ostensivas ou expedientes oficiais sigilosos.

§ 3º Aos cidadãos que foram impedidos de exercer, na vida civil, atividade profissional específica, em decorrência das Portarias Reservadas do Ministério da Aeronáutica nº S-50-GM5, de 19 de junho de 1964, e nº S-285-GM5 será concedida reparação de natureza econômica, na forma que dispuser lei de iniciativa do Congresso Nacional e a entrar em vigor no prazo de doze meses a contar da promulgação da Constituição.

- CRFB, arts. 1º, inc. II, 5º, incs. XXXIV, "a", LXXI, LXXIII e LXXVII, 14 a 16, 22, inc. XIII, 29, inc. XIII, 51, inc. IV, 52, inc. XIII, 61, §§ 1º e 2º, 62, § 1º, inc. I, "a", 68, § 1º, inc. II, 73, 74, § 2º, 93, 96, inc. II, 127, § 2º, e 205
- ADCT, art. 64

§ 4º Aos que, por força de atos institucionais, tenham exercido gratuitamente mandato eletivo de vereador serão computados, para efeito de aposentadoria no serviço público e previdência social, os respectivos períodos.

§ 5º A anistia concedida nos termos deste artigo aplica-se aos servidores públicos civis e aos empregados em todos os níveis de governo ou em suas fundações, empresas públicas ou empresas mistas sob controle estatal, exceto nos Ministérios militares, que tenham sido punidos ou demitidos por atividades profissionais interrompidas em virtude de decisão de seus trabalhadores, bem como em decorrência do Decreto-lei nº 1.632, de 4 de agosto de 1978, ou por motivos exclusivamente políticos, assegurada a readmissão dos que foram atingidos a partir de 1979, observado o disposto no § 1º.

Art. 9º Os que, por motivos exclusivamente políticos, foram cassados ou tiveram seus direitos políticos suspensos no período de 15 de julho a 31 de dezembro de 1969, por ato do então Presidente da República, poderão requerer ao Supremo Tribunal Federal o reconhecimento dos direitos e vantagens interrompidos pelos atos punitivos, desde que comprovem terem sido estes eivados de vício grave.

Parágrafo único. O Supremo Tribunal Federal proferirá a decisão no prazo de cento e vinte dias, a contar do pedido do interessado.

- CRFB, art. 15

Art. 10. Até que seja promulgada a lei complementar a que se refere o art. 7º, inc. I da Constituição:

I – fica limitada a proteção nele referida ao aumento, para quatro vezes, da porcentagem prevista no art. 6º, *caput* e § 1º da Lei nº 5.107, de 13 de setembro de 1966;

II – fica vedada a dispensa arbitrária ou sem justa causa:

a) do empregado eleito para cargo de direção de comissões internas de prevenção de acidentes, desde o registro de sua candidatura até um ano após o final de seu mandato;

b) da empregada gestante, desde a confirmação da gravidez até cinco meses após o parto.

- CRFB, art. 7º, inc. XVIII

§ 1º Até que a lei venha a disciplinar o disposto no art. 7º, inc. XIX da Constituição, o prazo da licença-paternidade a que se refere o inciso é de cinco dias.

§ 2º Até ulterior disposição legal, a cobrança das contribuições para o custeio das atividades dos sindicatos rurais será feita juntamente com a do imposto territorial rural, pelo mesmo órgão arrecadador.

§ 3º Na primeira comprovação do cumprimento das obrigações trabalhistas pelo empregador rural, na forma do art. 233, após a promulgação da Constituição, será certificada perante a Justiça do Trabalho a regularidade do contrato e das atualizações das obrigações trabalhistas de todo o período.

Art. 11. Cada Assembleia Legislativa, com poderes constituintes, elaborará a Constituição do Estado, no prazo de um ano, contado da promulgação da Constituição Federal, obedecidos os princípios desta.

- CRFB, arts. 25, *caput*, 29, *caput*, e 125, § 1º
- ADCT, art. 70

Parágrafo único. Promulgada a Constituição do Estado, caberá à Câmara Municipal, no prazo de seis meses, votar a Lei Orgânica respectiva, em dois turnos de discussão e votação, respeitado o disposto na Constituição Federal e na Constituição Estadual.

- CRFB, art. 29

Art. 12. Será criada, dentro de noventa dias da promulgação da Constituição, Comissão de Estudos Territoriais, com dez membros indicados pelo Congresso Nacional e cinco pelo Poder Executivo, com a finalidade de apresentar estudos sobre o território nacional e anteprojetos relativos a novas unidades territoriais, notadamente na Amazônia Legal e em áreas pendentes de solução.

§ 1º No prazo de um ano, a Comissão submeterá ao Congresso Nacional os resultados de seus estudos para, nos termos da Constituição, serem apreciados nos doze meses subsequentes, extinguindo-se logo após.

§ 2º Os Estados e os Municípios deverão, no prazo de três anos, a contar da promulgação da Constituição, promover, mediante acordo ou arbitramento, a demarcação de suas linhas divisórias atualmente litigiosas, podendo para isso fazer alterações e compensações de área que atendam aos acidentes naturais, critérios históricos, conveniências administrativas e comodidade das populações limítrofes.

§ 3º Havendo solicitação dos Estados e Municípios interessados, a União poderá encarregar-se dos trabalhos demarcatórios.

§ 4º Se, decorrido o prazo de três anos, a contar da promulgação da Constituição, os trabalhos demarcatórios não tiverem sido concluídos, caberá à União determinar os limites das áreas litigiosas.

§ 5º Ficam reconhecidos e homologados os atuais limites do Estado do Acre com os Estados do Amazonas e de Rondônia, conforme levantamentos cartográficos e geodésicos realizados pela Comissão Tripartite integrada por representantes dos Estados e dos serviços técnico-especializados do Instituto Brasileiro de Geografia e Estatística.

Art. 13. É criado o Estado do Tocantins, pelo desmembramento da área descrita neste artigo, dando-se sua instalação no quadragésimo sexto dia após a eleição prevista no § 3º, mas não antes de 1º de janeiro de 1989.

§ 1º O Estado do Tocantins integra a Região Norte e limita-se com o Estado de Goiás pelas divisas norte dos Municípios de São Miguel do Araguaia, Porangatu, Formoso, Minaçu, Cavalcante, Monte Alegre de Goiás e Campos Belos, conservando a leste, norte e oeste as divisas atuais de Goiás com os Estados da Bahia, Piauí, Maranhão, Pará e Mato Grosso.

§ 2º O Poder Executivo designará uma das cidades do Estado para sua Capital provisória até a aprovação da sede definitiva do governo pela Assembleia Constituinte.

§ 3º O Governador, o Vice-Governador, os Senadores, os Deputados Federais e os Deputados Estaduais serão eleitos, em um único turno, até setenta e cinco dias após a promulgação da Constituição, mas não antes de 15 de novembro de 1988, a critério do Tribunal Superior Eleitoral, obedecidas, entre outras, as seguintes normas:

I – o prazo de filiação partidária dos candidatos será encerrado setenta e cinco dias antes da data das eleições;

II – as datas das convenções regionais partidárias destinadas a deliberar sobre coligações e escolha de candidatos, de apresentação de requerimento de registro dos candidatos escolhidos e dos demais procedimentos legais serão fixadas, em calendário especial, pela Justiça Eleitoral;

III – são inelegíveis os ocupantes de cargos estaduais ou municipais que não se tenham deles afastado, em caráter definitivo, setenta e cinco dias antes da data das eleições previstas neste parágrafo;

- CRFB, art. 14, § 6º

IV – ficam mantidos os atuais diretórios regionais dos partidos políticos do Estado de Goiás, cabendo às comissões executivas nacionais designar comissões provisórias no Estado do Tocantins, nos termos e para os fins previstos na lei.

- ADCT, art. 13, *caput* e § 4º

§ 4º Os mandatos do Governador, do Vice-Governador, dos Deputados Federais e Estaduais eleitos na forma do parágrafo anterior extinguir-se-ão concomitantemente aos das demais unidades da Federação; o mandato do Senador eleito menos votado extinguir-se-á nessa mesma oportunidade, e os dos outros dois, juntamente com os dos Senadores eleitos em 1986 nos demais Estados.

- CRFB, arts. 27, § 1º, e 28, *caput*

§ 5º A Assembleia Estadual Constituinte será instalada no quadragésimo sexto dia da eleição de seus integrantes, mas não antes de 1º de janeiro de 1989, sob a presidência do Presidente do Tribunal Regional Eleitoral do Estado de Goiás, e dará posse, na mesma data, ao Governador e ao Vice-Governador eleitos.

§ 6º Aplicam-se à criação e instalação do Estado do Tocantins, no que couber, as normas legais disciplinadoras da divisão do Estado de Mato Grosso, observado o disposto no art. 234 da Constituição.

§ 7º Fica o Estado de Goiás liberado dos débitos e encargos decorrentes de empreendimentos no território do novo Estado, e autorizada a União, a seu critério, a assumir os referidos débitos.

- ADCT, arts. 25 a 28

Art. 14. Os Territórios Federais de Roraima e do Amapá são transformados em Estados Federados, mantidos seus atuais limites geográficos.

§ 1º A instalação dos Estados dar-se-á com a posse dos governadores eleitos em 1990.

§ 2º Aplicam-se à transformação e instalação dos Estados de Roraima e Amapá as normas e critérios seguidos na criação do Estado de Rondônia, respeitado o disposto na Constituição e neste Ato.

§ 3º O Presidente da República, até quarenta e cinco dias após a promulgação da Constituição, encaminhará à apreciação do Senado Federal os nomes dos governadores dos Estados de Roraima e do Amapá que exercerão o Poder Executivo até a instalação dos novos Estados com a posse dos governadores eleitos.

§ 4º Enquanto não concretizada a transformação em Estados, nos termos deste artigo, os Territórios Federais de Roraima e do Amapá serão beneficiados pela transferência de recursos prevista nos arts. 159, inc. I, "a", da Constituição, e 34, § 2º, inc. II, deste Ato.

- CRFB, art. 33

Art. 15. Fica extinto o Território Federal de Fernando de Noronha, sendo sua área reincorporada ao Estado de Pernambuco.

- CRFB, art. 33

Art. 16. Até que se efetive o disposto no art. 32, § 2º, da Constituição, caberá ao Presidente da República, com a aprovação do Senado Federal, indicar o Governador e o Vice-Governador do Distrito Federal.

§ 1º A competência da Câmara Legislativa do Distrito Federal, até que se instale, será exercida pelo Senado Federal.

- CRFB, art. 32, § 3º

§ 2º A fiscalização contábil, financeira, orçamentária, operacional e patrimonial do Distrito Federal, enquanto não for instalada a Câmara Legislativa, será exercida pelo Senado Federal, mediante controle externo, com o auxílio do Tribunal de Contas do Distrito Federal, observado o disposto no art. 72 da Constituição.

§ 3º Incluem-se entre os bens do Distrito Federal aqueles que lhe vierem a ser atribuídos pela União na forma da lei.

- CRFB, art. 32

Art. 17. Os vencimentos, a remuneração, as vantagens e os adicionais, bem como os proventos de aposentadoria que estejam sendo percebidos em desacordo com a

Constituição serão imediatamente reduzidos aos limites dela decorrentes, não se admitindo, neste caso, invocação de direito adquirido ou percepção de excesso a qualquer título.

- CRFB, art. 5º, inc. XXXVI
- ADCT, art. 41, § 2º

§ 1º É assegurado o exercício cumulativo de dois cargos ou empregos privativos de médico que estejam sendo exercidos por médico militar na administração pública direta ou indireta.

§ 2º É assegurado o exercício cumulativo de dois cargos ou empregos privativos de profissionais de saúde que estejam sendo exercidos na administração pública direta ou indireta.

Art. 18. Ficam extintos os efeitos jurídicos de qualquer ato legislativo ou administrativo, lavrado a partir da instalação da Assembleia Nacional Constituinte, que tenha por objeto a concessão de estabilidade a servidor admitido sem concurso público, da administração direta ou indireta, inclusive das fundações instituídas e mantidas pelo Poder Público.

Art. 19. Os servidores públicos civis da União, dos Estados, do Distrito Federal e dos Municípios, da administração direta, autárquica e das fundações públicas, em exercício na data da promulgação da Constituição, há pelo menos cinco anos continuados, e que não tenham sido admitidos na forma regulada no art. 37, da Constituição, são considerados estáveis no serviço público.

§ 1º O tempo de serviço dos servidores referidos neste artigo será contado como título quando se submeterem a concurso para fins de efetivação, na forma da lei.

§ 2º O disposto neste artigo não se aplica aos ocupantes de cargos, funções e empregos de confiança ou em comissão, nem aos que a lei declare de livre exoneração, cujo tempo de serviço não será computado para os fins do *caput* deste artigo, exceto se se tratar de servidor.

§ 3º O disposto neste artigo não se aplica aos professores de nível superior, nos termos da lei.

Art. 20. Dentro de cento e oitenta dias, proceder-se-á à revisão dos direitos dos servidores públicos inativos e pensionistas e à atualização dos proventos e pensões a eles devidos, a fim de ajustá-los ao disposto na Constituição.

- CRFB, art. 40, § 8º

Art. 21. Os juízes togados de investidura limitada no tempo, admitidos mediante concurso público de provas e títulos e que estejam em exercício na data da promulgação da Constituição, adquirem estabilidade, observado o estágio probatório, e passam a compor quadro em extinção, mantidas as competências, prerrogativas e restrições da legislação a que se achavam submetidos, salvo as inerentes à transitoriedade da investidura.

Parágrafo único. A aposentadoria dos juízes de que trata este artigo regular-se-á pelas normas fixadas para os demais juízes estaduais.

- CRFB, art. 93, inc. VI

Art. 22. É assegurado aos defensores públicos investidos na função até a data de instalação da Assembleia Nacional Constituinte o direito de opção pela carreira, com a observância das garantias e vedações previstas no art. 134, parágrafo único, da Constituição.

Art. 23. Até que se edite a regulamentação do art. 21, inc. XVI, da Constituição, os atuais ocupantes do cargo de censor federal continuarão exercendo funções com este compatíveis, no Departamento de Polícia Federal, observadas as disposições constitucionais.

Parágrafo único. A lei referida disporá sobre o aproveitamento dos Censores Federais, nos termos deste artigo.

Art. 24. A União, os Estados, o Distrito Federal e os Municípios editarão leis que estabeleçam critérios para a compatibilização de seus quadros de pessoal ao disposto no art. 39 da Constituição e à reforma administrativa dela decorrente, no prazo de dezoito meses, contados da sua promulgação.

Art. 25. Ficam revogados, a partir de cento e oitenta dias da promulgação da Constituição, sujeito este prazo a prorrogação por lei, todos os dispositivos legais que atribuam ou deleguem a órgão do Poder Executivo competência assinalada pela Constituição ao Congresso Nacional, especialmente no que tange a:

I – ação normativa;

II – alocação ou transferência de recursos de qualquer espécie.

§ 1º Os decretos-lei em tramitação no Congresso Nacional e por este não apreciados até a promulgação da Constituição terão seus efeitos regulados da seguinte forma:

I – se editados até 2 de setembro de 1988, serão apreciados pelo Congresso Nacional no prazo de até cento e oitenta dias a contar da promulgação da Constituição, não computado o recesso parlamentar;

- ADCT, art. 25, § 1º, incs. II e III

II – decorrido o prazo definido no inciso anterior, e não havendo apreciação, os decretos-lei ali mencionados serão considerados rejeitados;

- ADCT, art. 25, § 1º, inc. III

III – nas hipóteses definidas nos incisos I e II, terão plena validade os atos praticados na vigência dos respectivos decretos-lei, podendo o Congresso Nacional, se necessário, legislar sobre os efeitos deles remanescentes.

§ 2º Os decretos-lei editados entre 3 de setembro de 1988 e a promulgação da Constituição serão convertidos, nesta data, em medidas provisórias, aplicando-se-lhes as regras estabelecidas no art. 62, parágrafo único.

Art. 26. No prazo de um ano a contar da promulgação da Constituição, o Congresso Nacional promoverá, através de Comissão mista, exame analítico e pericial dos atos e fatos geradores do endividamento externo brasileiro.

§ 1º A Comissão terá a força legal de Comissão parlamentar de inquérito para os fins de requisição e convocação, e atuará com o auxílio do Tribunal de Contas da União.

- CRFB, arts. 58, § 3º, e 71

§ 2º Apurada irregularidade, o Congresso Nacional proporá ao Poder Executivo a declaração de nulidade do ato e encaminhará o processo ao Ministério Público Federal, que formalizará, no prazo de sessenta dias, a ação cabível.

Art. 27. O Superior Tribunal de Justiça será instalado sob a Presidência do Supremo Tribunal Federal.

§ 1º Até que se instale o Superior Tribunal de Justiça, o Supremo Tribunal Federal exercerá as atribuições e competências definidas na ordem constitucional precedente.

§ 2º A composição inicial do Superior Tribunal de Justiça far-se-á:

I – pelo aproveitamento dos Ministros do Tribunal Federal de Recursos;

II – pela nomeação dos Ministros que sejam necessários para completar o número estabelecido na Constituição.

- CRFB, art. 104, parágrafo único
- ADCT, art. 27, § 5º

§ 3º Para os efeitos do disposto na Constituição, os atuais Ministros do Tribunal Federal de Recursos serão considerados pertencentes à classe de que provieram, quando de sua nomeação.

§ 4º Instalado o Tribunal, os Ministros aposentados do Tribunal Federal de Recursos tornar-se-ão, automaticamente, Ministros aposentados do Superior Tribunal de Justiça.

§ 5º Os Ministros a que se refere o § 2º, inc. II, serão indicados em lista tríplice pelo Tribunal Federal de Recursos, observado o disposto no art. 104, parágrafo único, da Constituição.

§ 6º Ficam criados cinco Tribunais Regionais Federais, a serem instalados no prazo de seis meses a contar da promulgação da Constituição, com a jurisdição e sede que lhes fixar o Tribunal Federal de Recursos, tendo em conta o número de processos e sua localização geográfica.

- CRFB, art. 107

§ 7º Até que se instalem os Tribunais Regionais Federais, o Tribunal Federal de Recursos exercerá a competência a eles atribuída em todo o território nacional, cabendo-lhe promover sua instalação e indicar os candidatos a todos os cargos da composição inicial, mediante lista tríplice, podendo desta constar juízes federais de qualquer região, observado o disposto no § 9º.

§ 8º É vedado, a partir da promulgação da Constituição, o provimento de vagas de Ministros do Tribunal Federal de Recursos.

§ 9º Quando não houver juiz federal que conte o tempo mínimo previsto no art. 107, inc. II, da Constituição, a promoção poderá contemplar juiz com menos de cinco anos no exercício do cargo.

- ADCT, art. 27, § 7º

§ 10 – Compete à Justiça Federal julgar as ações nela propostas até a data da promulgação da Constituição, e aos Tribunais Regionais Federais bem como ao Superior Tribunal de Justiça julgar as ações rescisórias das decisões até então proferidas pela

Justiça Federal, inclusive daquelas cuja matéria tenha passado à competência de outro ramo do Judiciário.

§ 11 – São criados, ainda, os seguintes Tribunais Regionais Federais: o da 6ª Região, com sede em Curitiba, Estado do Paraná, e jurisdição nos Estados do Paraná, Santa Catarina e Mato Grosso do Sul; o da 7ª Região, com sede em Belo Horizonte, Estado de Minas Gerais, e jurisdição no Estado de Minas Gerais; o da 8ª Região, com sede em Salvador, Estado da Bahia, e jurisdição nos Estados da Bahia e Sergipe; e o da 9ª Região, com sede em Manaus, Estado do Amazonas, e jurisdição nos Estados do Amazonas, Acre, Rondônia e Roraima.

- Incluído pela EC nº 73/13

Art. 28. Os juízes federais de que trata o art. 123, § 2º, da Constituição de 1967, com a redação dada pela Emenda Constitucional nº 7, de 1977, ficam investidos na titularidade de varas na Seção Judiciária para a qual tenham sido nomeados ou designados; na inexistência de vagas, proceder-se-á ao desdobramento das varas existentes.

Parágrafo único. Para efeito de promoção por antiguidade, o tempo de serviço desses juízes será computado a partir do dia de sua posse.

- CRFB, art. 93, inc. II

Art. 29. Enquanto não aprovadas as leis complementares relativas ao Ministério Público e à Advocacia-Geral da União, o Ministério Público Federal, a Procuradoria-Geral da Fazenda Nacional, as Consultorias Jurídicas dos Ministérios, as Procuradorias e Departamentos Jurídicos de autarquias federais com representação própria e os membros das Procuradorias das Universidades fundacionais públicas continuarão a exercer suas atividades na área das respectivas atribuições.

§ 1º O Presidente da República, no prazo de cento e vinte dias, encaminhará ao Congresso Nacional projeto de lei complementar dispondo sobre a organização e o funcionamento da Advocacia-Geral da União.

§ 2º Aos atuais Procuradores da República, nos termos da lei complementar, será facultada a opção, de forma irretratável, entre as carreiras do Ministério Público Federal e da Advocacia-Geral da União.

- CRFB, arts. 129, § 3º, e 131, § 2º

§ 3º Poderá optar pelo regime anterior, no que respeita às garantias e vantagens, o membro do Ministério Público admitido antes da promulgação da Constituição, observando-se, quanto às vedações, a situação jurídica na data desta.

- CRFB, art. 128, § 5º, inc. II, "b"

§ 4º Os atuais integrantes do quadro suplementar dos Ministérios Públicos do Trabalho e Militar que tenham adquirido estabilidade nessas funções passam a integrar o quadro da respectiva carreira.

§ 5º Cabe à atual Procuradoria-Geral da Fazenda Nacional, diretamente ou por delegação, que pode ser ao Ministério Público Estadual, representar judicialmente a União nas causas de natureza fiscal, na área da respectiva competência, até a promulgação das leis complementares previstas neste artigo.

Art. 30. A legislação que criar a justiça de paz manterá os atuais juízes de paz até a posse dos novos titulares, assegurando-lhes os direitos e atribuições conferidos a estes, e designará o dia para a eleição prevista no art. 98, inc. II, da Constituição.

Art. 31. Serão estatizadas as serventias do foro judicial, assim definidas em lei, respeitados os direitos dos atuais titulares.

Art. 32. O disposto no art. 236 não se aplica aos serviços notariais e de registro que já tenham sido oficializados pelo Poder Público, respeitando-se o direito de seus servidores.

Art. 33. Ressalvados os créditos de natureza alimentar, o valor dos precatórios judiciais pendentes de pagamento na data da promulgação da Constituição, incluído o remanescente de juros e correção monetária, poderá ser pago em moeda corrente, com atualização, em prestações anuais, iguais e sucessivas, no prazo máximo de oito anos, a partir de 1º de julho de 1989, por decisão editada pelo Poder Executivo até cento e oitenta dias da promulgação da Constituição.

Parágrafo único. Poderão as entidades devedoras, para o cumprimento do disposto neste artigo, emitir, em cada ano, no exato montante do dispêndio, títulos de dívida pública não computáveis para efeito do limite global de endividamento.

- ADCT, arts. 78, *caput*, e 97, § 15

Art. 34. O sistema tributário nacional entrará em vigor a partir do primeiro dia do quinto mês seguinte ao da promulgação da Constituição, mantido, até então, o da Constituição de 1967, com a redação dada pela Emenda nº 1, de 1969, e pelas posteriores.

§ 1º Entrarão em vigor com a promulgação da Constituição os arts. 148, 149, 150, 154, inc. I, 156, inc. III, e 159, inc. I, "c", revogadas as disposições em contrário da Constituição de 1967 e das Emendas que a modificaram, especialmente de seu art. 25, inc. III.

§ 2º O Fundo de Participação dos Estados e do Distrito Federal e o Fundo de Participação dos Municípios obedecerão às seguintes determinações:

I – a partir da promulgação da Constituição, os percentuais serão, respectivamente, de dezoito por cento e de vinte por cento, calculados sobre o produto da arrecadação dos impostos referidos no art. 153, incs. III e IV, mantidos os atuais critérios de rateio até a entrada em vigor da lei complementar a que se refere o art. 161, inc. II;

II – o percentual relativo ao Fundo de Participação dos Estados e do Distrito Federal será acrescido de um ponto percentual no exercício financeiro de 1989 e, a partir de 1990, inclusive, à razão de meio ponto por exercício, até 1992, inclusive, atingindo em 1993 o percentual estabelecido no art. 159, inc. I, "a";

- ADCT, art. 14, § 4º

III – o percentual relativo ao Fundo de Participação dos Municípios, a partir de 1989, inclusive, será elevado à razão de meio ponto percentual por exercício financeiro, até atingir o estabelecido no art. 159, inc. I, "b".

§ 3º Promulgada a Constituição, a União, os Estados, o Distrito Federal e os Municípios poderão editar as leis necessárias à aplicação do sistema tributário nacional nela previsto.

- ADCT, art. 34, §§ 4º e 5º

§ 4º As leis editadas nos termos do parágrafo anterior produzirão efeitos a partir da entrada em vigor do sistema tributário nacional previsto na Constituição.

- ADCT, art. 34, § 5º

§ 5º Vigente o novo sistema tributário nacional, fica assegurada a aplicação da legislação anterior, no que não seja incompatível com ele e com a legislação referida nos §§ 3º e 4º.

§ 6º Até 31 de dezembro de 1989, o disposto no art. 150, inc. III, "b", não se aplica aos impostos de que tratam os arts. 155, inc. I, "a" e "b", e 156, incs. II e III, que podem ser cobrados trinta dias após a publicação da lei que os tenha instituído ou aumentado.

§ 7º Até que sejam fixadas em lei complementar, as alíquotas máximas do imposto municipal sobre vendas a varejo de combustíveis líquidos e gasosos não excederão a três por cento.

§ 8º Se, no prazo de sessenta dias contados da promulgação da Constituição, não for editada a lei complementar necessária à instituição do imposto de que trata o art. 155, inc. I, "b", os Estados e o Distrito Federal, mediante convênio celebrado nos termos da Lei Complementar nº 24, de 7 de janeiro de 1975, fixarão normas para regular provisoriamente a matéria.

§ 9º Até que lei complementar disponha sobre a matéria, as empresas distribuidoras de energia elétrica, na condição de contribuintes ou de substitutos tributários, serão as responsáveis, por ocasião da saída do produto de seus estabelecimentos, ainda que destinado a outra unidade da Federação, pelo pagamento do imposto sobre operações relativas à circulação de mercadorias incidente sobre energia elétrica, desde a produção ou importação até a última operação, calculado o imposto sobre o preço então praticado na operação final e assegurado seu recolhimento ao Estado ou ao Distrito Federal, conforme o local onde deva ocorrer essa operação.

§ 10 – Enquanto não entrar em vigor a lei prevista no art. 159, inc. I, "c", cuja promulgação se fará até 31 de dezembro de 1989, é assegurada a aplicação dos recursos previstos naquele dispositivo da seguinte maneira:

I – seis décimos por cento na Região Norte, através do Banco da Amazônia S.A.;

II – um inteiro e oito décimos por cento na Região Nordeste, através do Banco do Nordeste do Brasil S.A.;

III – seis décimos por cento na Região Centro-Oeste, através do Banco do Brasil S.A.

§ 11 – Fica criado, nos termos da lei, o Banco de Desenvolvimento do Centro-Oeste, para dar cumprimento, na referida região, ao que determinam os arts. 159, inc. I, "c", e 192, § 2º, da Constituição.

§ 12 – A urgência prevista no art. 148, inc. II, não prejudica a cobrança do empréstimo compulsório instituído, em benefício das Centrais Elétricas Brasileiras S.A. (Eletrobrás), pela Lei nº 4.156, de 28 de novembro de 1962, com as alterações posteriores.

Art. 35. O disposto no art. 165, § 7º, será cumprido de forma progressiva, no prazo de até dez anos, distribuindo-se os recursos entre as regiões macroeconômicas em razão proporcional à população, a partir da situação verificada no biênio 1986-87.

§ 1º Para aplicação dos critérios de que trata este artigo, excluem-se das despesas totais as relativas:

I – aos projetos considerados prioritários no plano plurianual;

II – à segurança e defesa nacional;

III – à manutenção dos órgãos federais no Distrito Federal;

IV – ao Congresso Nacional, ao Tribunal de Contas da União e ao Poder Judiciário;

V – ao serviço da dívida da administração direta e indireta da União, inclusive fundações instituídas e mantidas pelo Poder Público federal.

§ 2º Até a entrada em vigor da lei complementar a que se refere o art. 165, § 9º, incs. I e II, serão obedecidas as seguintes normas:

I – o projeto do plano plurianual, para vigência até o final do primeiro exercício financeiro do mandato presidencial subsequente, será encaminhado até quatro meses antes do encerramento do primeiro exercício financeiro e devolvido para sanção até o encerramento da sessão legislativa;

II – o projeto de lei de diretrizes orçamentárias será encaminhado até oito meses e meio antes do encerramento do exercício financeiro e devolvido para sanção até o encerramento do primeiro período da sessão legislativa;

III – o projeto de lei orçamentária da União será encaminhado até quatro meses antes do encerramento do exercício financeiro e devolvido para sanção até o encerramento da sessão legislativa.

Art. 36. Os fundos existentes na data da promulgação da Constituição, excetuados os resultantes de isenções fiscais que passem a integrar patrimônio privado e os que interessem à defesa nacional, extinguir-se-ão, se não forem ratificados pelo Congresso Nacional no prazo de dois anos.

Art. 37. A adaptação ao que estabelece o art. 167, inc. III, deverá processar-se no prazo de cinco anos, reduzindo-se o excesso à base de, pelo menos, um quinto por ano.

Art. 38. Até a promulgação da lei complementar referida no art. 169, a União, os Estados, o Distrito Federal e os Municípios não poderão despender com pessoal mais do que sessenta e cinco por cento do valor das respectivas receitas correntes.

Parágrafo único. A União, os Estados, o Distrito Federal e os Municípios, quando a respectiva despesa de pessoal exceder o limite previsto neste artigo, deverão retornar àquele limite, reduzindo o percentual excedente à razão de um quinto por ano.

Art. 39. Para efeito do cumprimento das disposições constitucionais que impliquem variações de despesas e receitas da União, após a promulgação da Constituição, o Poder Executivo deverá elaborar e o Poder Legislativo apreciar projeto de revisão da lei orçamentária referente ao exercício financeiro de 1989.

Parágrafo único. O Congresso Nacional deverá votar no prazo de doze meses a lei complementar prevista no art. 161, inc. II.

Art. 40. É mantida a Zona Franca de Manaus, com suas características de área livre de comércio, de exportação e importação, e de incentivos fiscais, pelo prazo de vinte e cinco anos, a partir da promulgação da Constituição.

Parágrafo único. Somente por lei federal podem ser modificados os critérios que disciplinaram ou venham a disciplinar a aprovação dos projetos na Zona Franca de Manaus.

- CRFB, art. 151, inc. I
- ADCT, art. 92

Art. 41. Os Poderes Executivos da União, dos Estados, do Distrito Federal e dos Municípios reavaliarão todos os incentivos fiscais de natureza setorial ora em vigor, propondo aos Poderes Legislativos respectivos as medidas cabíveis.

§ 1º Considerar-se-ão revogados após dois anos, a partir da data da promulgação da Constituição, os incentivos que não forem confirmados por lei.

§ 2º A revogação não prejudicará os direitos que já tiverem sido adquiridos, àquela data, em relação a incentivos concedidos sob condição e com prazo certo.

- CRFB, art. 5º, inc. XXXVI
- ADCT, art. 17, *caput*

§ 3º Os incentivos concedidos por convênio entre Estados, celebrados nos termos do art. 23, § 6º, da Constituição de 1967, com a redação da Emenda Constitucional nº 1, de 17 de outubro de 1969, também deverão ser reavaliados e reconfirmados nos prazos deste artigo.

- CRFB, art. 150, § 6º

Art. 42. Durante vinte e cinco anos, a União aplicará, dos recursos destinados à irrigação:

- Redação dada pela EC nº 43/04

I – vinte por cento na Região Centro-Oeste;

II – cinquenta por cento na Região Nordeste, preferencialmente no semiárido.

Art. 43. Na data da promulgação da lei que disciplinar a pesquisa e a lavra de recursos e jazidas minerais, ou no prazo de um ano, a contar da promulgação da Constituição, tornar-se-ão sem efeito as autorizações, concessões e demais títulos atributivos de direitos minerários, caso os trabalhos de pesquisa ou de lavra não hajam sido comprovadamente iniciados nos prazos legais ou estejam inativos.

Art. 44. As atuais empresas brasileiras titulares de autorização de pesquisa, concessão de lavra de recursos minerais e de aproveitamento dos potenciais de energia hidráulica em vigor terão quatro anos, a partir da promulgação da Constituição, para cumprir os requisitos do art. 176, § 1º.

§ 1º Ressalvadas as disposições de interesse nacional previstas no texto constitucional, as empresas brasileiras ficarão dispensadas do cumprimento do disposto no art. 176, § 1º, desde que, no prazo de até quatro anos da data da promulgação da Constituição, tenham o produto de sua lavra e beneficiamento destinado a industrialização no território nacional, em seus próprios estabelecimentos ou em empresa industrial controladora ou controlada.

- ADCT, art. 44, § 3º

§ 2º Ficarão também dispensadas do cumprimento do disposto no art. 176, § 1º, as empresas brasileiras titulares de concessão de energia hidráulica para uso em seu processo de industrialização.

§ 3º As empresas brasileiras referidas no § 1º somente poderão ter autorizações de pesquisa e concessões de lavra ou potenciais de energia hidráulica, desde que a energia e o produto da lavra sejam utilizados nos respectivos processos industriais.

Art. 45. Ficam excluídas do monopólio estabelecido pelo art. 177, inc. II, da Constituição as refinarias em funcionamento no País amparadas pelo art. 43 e nas condições do art. 45 da Lei nº 2.004, de 3 de outubro de 1953.

Parágrafo único. Ficam ressalvados da vedação do art. 177, § 1º, os contratos de risco feitos com a Petróleo Brasileiro S.A. (Petrobras), para pesquisa de petróleo, que estejam em vigor na data da promulgação da Constituição.

Art. 46. São sujeitos à correção monetária desde o vencimento, até seu efetivo pagamento, sem interrupção ou suspensão, os créditos junto a entidades submetidas aos regimes de intervenção ou liquidação extrajudicial, mesmo quando esses regimes sejam convertidos em falência.

- ADCT, art. 46, parágrafo único, inc. I

Parágrafo único. O disposto neste artigo aplica-se também:

I – às operações realizadas posteriormente à decretação dos regimes referidos no *caput* deste artigo;

II – às operações de empréstimo, financiamento, refinanciamento, assistência financeira de liquidez, cessão ou sub-rogação de créditos ou cédulas hipotecárias, efetivação de garantia de depósitos do público ou de compra de obrigações passivas, inclusive as realizadas com recursos de fundos que tenham essas destinações;

III – aos créditos anteriores à promulgação da Constituição;

IV – aos créditos das entidades da administração pública anteriores à promulgação da Constituição, não liquidados até 1º de janeiro de 1988.

Art. 47. Na liquidação dos débitos, inclusive suas renegociações e composições posteriores, ainda que ajuizados, decorrentes de quaisquer empréstimos concedidos por bancos e por instituições financeiras, não existirá correção monetária desde que o empréstimo tenha sido concedido:

I – aos micro e pequenos empresários ou seus estabelecimentos no período de 28 de fevereiro de 1986 a 28 de fevereiro de 1987;

II – ao mini, pequenos e médios produtores rurais no período de 28 de fevereiro de 1986 a 31 de dezembro de 1987, desde que relativos a crédito rural.

§ 1º Consideram-se, para efeito deste artigo, microempresas as pessoas jurídicas e as firmas individuais com receitas anuais de até dez mil Obrigações do Tesouro

Nacional, e pequenas empresas as pessoas jurídicas e as firmas individuais com receita anual de até vinte e cinco mil Obrigações do Tesouro Nacional.

§ 2º A classificação de mini, pequeno e médio produtor rural será feita obedecendo-se às normas de crédito rural vigentes à época do contrato.

§ 3º A isenção da correção monetária a que se refere este artigo só será concedida nos seguintes casos:

I – se a liquidação do débito inicial, acrescido de juros legais e taxas judiciais, vier a ser efetivada no prazo de noventa dias, a contar da data da promulgação da Constituição;

II – se a aplicação dos recursos não contrariar a finalidade do financiamento, cabendo o ônus da prova à instituição credora;

III – se não for demonstrado pela instituição credora que o mutuário dispõe de meios para o pagamento de seu débito, excluído desta demonstração seu estabelecimento, a casa de moradia e os instrumentos de trabalho e produção;

IV – se o financiamento inicial não ultrapassar o limite de cinco mil Obrigações do Tesouro Nacional;

V – se o beneficiário não for proprietário de mais de cinco módulos rurais.

§ 4º Os benefícios de que trata este artigo não se estendem aos débitos já quitados e aos devedores que sejam constituintes.

§ 5º No caso de operações com prazos de vencimento posteriores à data-limite de liquidação da dívida, havendo interesse do mutuário, os bancos e as instituições financeiras promoverão, por instrumento próprio, alteração nas condições contratuais originais de forma a ajustá-las ao presente benefício.

§ 6º A concessão do presente benefício por bancos comerciais privados em nenhuma hipótese acarretará ônus para o Poder Público, ainda que através de refinanciamento e repasse de recursos pelo banco central.

§ 7º No caso de repasse a agentes financeiros oficiais ou cooperativas de crédito, o ônus recairá sobre a fonte de recursos originária.

Art. 48. O Congresso Nacional, dentro de cento e vinte dias da promulgação da Constituição, elaborará código de defesa do consumidor.

- CRFB, arts. 5º, inc. XXXII, 24, inc. V, e 170, inc. V

Art. 49. A lei disporá sobre o instituto da enfiteuse em imóveis urbanos, sendo facultada aos foreiros, no caso de sua extinção, a remição dos aforamentos mediante aquisição do domínio direto, na conformidade do que dispuserem os respectivos contratos.

§ 1º Quando não existir cláusula contratual, serão adotados os critérios e bases hoje vigentes na legislação especial dos imóveis da União.

§ 2º Os direitos dos atuais ocupantes inscritos ficam assegurados pela aplicação de outra modalidade de contrato.

§ 3º A enfiteuse continuará sendo aplicada aos terrenos de marinha e seus acrescidos, situados na faixa de segurança, a partir da orla marítima.

- CRFB, art. 20, inc. VII

§ 4º Remido o foro, o antigo titular do domínio direto deverá, no prazo de noventa dias, sob pena de responsabilidade, confiar à guarda do registro de imóveis competente toda a documentação a ele relativa.

Art. 50. Lei agrícola a ser promulgada no prazo de um ano disporá, nos termos da Constituição, sobre os objetivos e instrumentos de política agrícola, prioridades, planejamento de safras, comercialização, abastecimento interno, mercado externo e instituição de crédito fundiário.

- CRFB, art. 163, inc. VII

Art. 51. Serão revistos pelo Congresso Nacional, através de Comissão mista, nos três anos a contar da data da promulgação da Constituição, todas as doações, vendas e concessões de terras públicas com área superior a três mil hectares, realizadas no período de 1º de janeiro de 1962 a 31 de dezembro de 1987.

§ 1º No tocante às vendas, a revisão será feita com base exclusivamente no critério de legalidade da operação.

- ADCT, art. 51, § 3º

§ 2º No caso de concessões e doações, a revisão obedecerá aos critérios de legalidade e de conveniência do interesse público.

- ADCT, art. 51, § 3º

§ 3º Nas hipóteses previstas nos parágrafos anteriores, comprovada a ilegalidade, ou havendo interesse público, as terras reverterão ao patrimônio da União, dos Estados, do Distrito Federal ou dos Municípios.

- CRFB, art. 20, inc. I

Art. 52. Até que sejam fixadas as condições do art. 192, são vedados:

- Redação dada pela EC nº 40/03

I – a instalação, no País, de novas agências de instituições financeiras domiciliadas no exterior;

II – o aumento do percentual de participação, no capital de instituições financeiras com sede no País, de pessoas físicas ou jurídicas residentes ou domiciliadas no exterior.

Parágrafo único. A vedação a que se refere este artigo não se aplica às autorizações resultantes de acordos internacionais, de reciprocidade, ou de interesse do Governo brasileiro.

Art. 53. Ao ex-combatente que tenha efetivamente participado de operações bélicas durante a Segunda Guerra Mundial, nos termos da Lei nº 5.315, de 12 de setembro de 1967, serão assegurados os seguintes direitos:

I – aproveitamento no serviço público, sem a exigência de concurso, com estabilidade;

- CRFB, art. 37, incs. II a IV

II – pensão especial correspondente à deixada por segundo-tenente das Forças Armadas, que poderá ser requerida a qualquer tempo, sendo inacumulável com quaisquer rendimentos recebidos dos cofres públicos, exceto os benefícios previdenciários, ressalvado o direito de opção;

- ADCT, art. 53, inc. III e parágrafo único

III – em caso de morte, pensão à viúva ou companheira ou dependente, de forma proporcional, de valor igual à do inciso anterior;

IV – assistência médica, hospitalar e educacional gratuita, extensiva aos dependentes;

V – aposentadoria com proventos integrais aos vinte e cinco anos de serviço efetivo, em qualquer regime jurídico;

VI – prioridade na aquisição da casa própria, para os que não a possuam ou para suas viúvas ou companheiras.

Parágrafo único. A concessão da pensão especial do inciso II substitui, para todos os efeitos legais, qualquer outra pensão já concedida ao ex-combatente.

Art. 54. Os seringueiros recrutados nos termos do Decreto-lei nº 5.813, de 14 de setembro de 1943, e amparados pelo Decreto-lei nº 9.882, de 16 de setembro de 1946, receberão, quando carentes, pensão mensal vitalícia no valor de dois salários mínimos.

§ 1º O benefício é estendido aos seringueiros que, atendendo a apelo do Governo brasileiro, contribuíram para o esforço de guerra, trabalhando na produção de borracha, na Região Amazônica, durante a Segunda Guerra Mundial.

§ 2º Os benefícios estabelecidos neste artigo são transferíveis aos dependentes reconhecidamente carentes.

§ 3º A concessão do benefício far-se-á conforme lei a ser proposta pelo Poder Executivo dentro de cento e cinquenta dias da promulgação da Constituição.

Art. 54-A. Os seringueiros de que trata o art. 54 deste Ato das Disposições Constitucionais Transitórias receberão indenização, em parcela única, no valor de R$ 25.000,00 (vinte e cinco mil reais).

- Incluído pela EC nº 78/14

Art. 55. Até que seja aprovada a lei de diretrizes orçamentárias, trinta por cento, no mínimo, do orçamento da seguridade social, excluído o seguro-desemprego, serão destinados ao setor de saúde.

- CRFB, art. 165, § 2º

Art. 56. Até que a lei disponha sobre o art. 195, inc. I, a arrecadação decorrente de, no mínimo, cinco dos seis décimos percentuais correspondentes à alíquota da contribuição de que trata o Decreto-lei nº 1.940, de 25 de maio de 1982, alterada pelo Decreto-lei nº 2.049, de 1º de agosto de 1983, pelo Decreto nº 91.236, de 8 de maio de 1985, e pela Lei nº 7.611, de 8 de julho de 1987, passa a integrar a receita da seguridade social, ressalvados, exclusivamente no exercício de 1988, os compromissos assumidos com programas e projetos em andamento.

Art. 57. Os débitos dos Estados e dos Municípios relativos às contribuições previdenciárias até 30 de junho de 1988 serão liquidados, com correção monetária, em cento e vinte parcelas mensais, dispensados os juros e multas sobre eles incidentes, desde que os devedores requeiram o parcelamento e iniciem seu pagamento no prazo de cento e oitenta dias a contar da promulgação da Constituição.

§ 1º O montante a ser pago em cada um dos dois primeiros anos não será inferior a cinco por cento do total do débito consolidado e atualizado, sendo o restante dividido em parcelas mensais de igual valor.

§ 2º A liquidação poderá incluir pagamentos na forma de cessão de bens e prestação de serviços, nos termos da Lei nº 7.578, de 23 de dezembro de 1986.

§ 3º Em garantia do cumprimento do parcelamento, os Estados e os Municípios consignarão, anualmente, nos respectivos orçamentos as dotações necessárias ao pagamento de seus débitos.

§ 4º Descumprida qualquer das condições estabelecidas para concessão do parcelamento, o débito será considerado vencido em sua totalidade, sobre ele incidindo juros de mora; nesta hipótese, parcela dos recursos correspondentes aos Fundos de Participação, destinada aos Estados e Municípios devedores, será bloqueada e repassada à previdência social para pagamento de seus débitos.

Art. 58. Os benefícios de prestação continuada, mantidos pela previdência social na data da promulgação da Constituição, terão seus valores revistos, a fim de que seja restabelecido o poder aquisitivo, expresso em número de salários mínimos, que tinham na data de sua concessão, obedecendo-se a esse critério de atualização até a implantação do plano de custeio e benefícios referidos no artigo seguinte.

Parágrafo único. As prestações mensais dos benefícios atualizadas de acordo com este artigo serão devidas e pagas a partir do sétimo mês a contar da promulgação da Constituição.

Art. 59. Os projetos de lei relativos à organização da seguridade social e aos planos de custeio e de benefício serão apresentados no prazo máximo de seis meses da promulgação da Constituição ao Congresso Nacional, que terá seis meses para apreciá-los.

Parágrafo único. Aprovados pelo Congresso Nacional, os planos serão implantados progressivamente nos dezoito meses seguintes.

- ADCT, art. 58, *caput*

Art. 60. Até o décimo quarto ano a partir da promulgação desta Emenda Constitucional, os Estados, o Distrito Federal e os Municípios destinarão parte dos recursos a que se refere o *caput* do art. 212 da Constituição Federal à manutenção e desenvolvimento da educação básica e à remuneração condigna dos trabalhadores da educação, respeitadas as seguintes disposições:

- Redação dada pela EC nº 53/06

I – a distribuição dos recursos e de responsabilidades entre o Distrito Federal, os Estados e seus Municípios é assegurada mediante a criação, no âmbito de cada Estado e do Distrito Federal, de um Fundo de Manutenção e Desenvolvimento da Educação Básica e de Valorização dos Profissionais da Educação – FUNDEB, de natureza contábil;

- ADCT, art. 60, incs. II, IV e XII e § 4º
- Redação dada pela EC nº 53/06

II – os Fundos referidos no inciso I do *caput* deste artigo serão constituídos por vinte por cento dos recursos a que se referem os incisos I, II e III do art. 155; o inciso II do *caput* do art. 157; os incisos II, III e IV do *caput* do art. 158; e as alíneas "a" e "b" do inciso I e o inciso II do *caput* do art. 159, todos da Constituição Federal, e distribuídos entre cada Estado e seus Municípios, proporcionalmente ao número de alunos das diversas etapas e modalidades da educação básica presencial, matriculados nas respectivas redes, nos respectivos âmbitos de atuação prioritária estabelecidos nos §§ 2º e 3º do art. 211 da Constituição Federal;

- ADCT, art. 60, incs. V e VII, "d" e § 5º
- Redação dada pela EC nº 53/06

III – observadas as garantias estabelecidas nos incisos I, II, III e IV do *caput* do art. 208 da Constituição Federal e as metas de universalização da educação básica estabelecidas no Plano Nacional de Educação, a lei disporá sobre:

- Redação dada pela EC nº 53/06

a) a organização dos Fundos, a distribuição proporcional de seus recursos, as diferenças e as ponderações quanto ao valor anual por aluno entre etapas e modalidades da educação básica e tipos de estabelecimento de ensino;

- Redação dada pela EC nº 53/06

b) a forma de cálculo do valor anual mínimo por aluno;

- Redação dada pela EC nº 53/06

c) os percentuais máximos de apropriação dos recursos dos Fundos pelas diversas etapas e modalidades da educação básica, observados os arts. 208 e 214 da Constituição Federal, bem como as metas do Plano Nacional de Educação;

- Redação dada pela EC nº 53/06

d) a fiscalização e o controle dos Fundos;

- Redação dada pela EC nº 53/06

e) prazo para fixar, em lei específica, piso salarial profissional nacional para os profissionais do magistério público da educação básica;

- CRFB, art. 206, inc. VIII
- ADCT, art. 60, inc. VI
- Redação dada pela EC nº 53/06

IV – os recursos recebidos à conta dos Fundos instituídos nos termos do inciso I do *caput* deste artigo serão aplicados pelos Estados e Municípios exclusivamente nos respectivos âmbitos de atuação prioritária, conforme estabelecido nos §§ 2º e 3º do art. 211 da Constituição Federal;

- Redação dada pela EC nº 53/06

V – a União complementará os recursos dos Fundos a que se refere o inciso II do *caput* deste artigo sempre que, no Distrito Federal e em cada Estado, o valor por aluno não alcançar o mínimo definido nacionalmente, fixado em observância ao disposto no inciso VII do *caput* deste artigo, vedada a utilização dos recursos a que se refere o § 5º do art. 212 da Constituição Federal;

- ADCT, art. 60, incs. VI, VII e XI
- Redação dada pela EC nº 53/06

VI – até dez por cento da complementação da União prevista no inciso V do *caput* deste artigo poderá ser distribuída para os Fundos por meio de programas direcionados para a melhoria da qualidade da educação, na forma da lei a que se refere o inciso III do *caput* deste artigo;

- Redação dada pela EC nº 53/06

VII – a complementação da União de que trata o inciso V do *caput* deste artigo será de, no mínimo:

- Redação dada pela EC nº 53/06

a) dois bilhões de reais, no primeiro ano de vigência dos Fundos;

- ADCT, art. 60, inc. IX
- Redação dada pela EC nº 53/06

b) três bilhões de reais, no segundo ano de vigência dos Fundos;

- ADCT, art. 60, inc. IX
- Redação dada pela EC nº 53/06

c) quatro bilhões e quinhentos milhões de reais, no terceiro ano de vigência dos Fundos;

- ADCT, art. 60, inc. IX
- Redação dada pela EC nº 53/06

d) dez por cento do total dos recursos a que se refere o inciso II do *caput* deste artigo, a partir do quarto ano de vigência dos Fundos;

- ADCT, art. 60, incs. VIII e XI
- Redação dada pela EC nº 53/06

VIII – a vinculação de recursos à manutenção e desenvolvimento do ensino estabelecida no art. 212 da Constituição Federal suportará, no máximo, trinta por cento da complementação da União, considerando-se para os fins deste inciso os valores previstos no inciso VII do *caput* deste artigo;

- Redação dada pela EC nº 53/06

IX – os valores a que se referem as alíneas "a", "b" e "c" do inciso VII do *caput* deste artigo serão atualizados, anualmente, a partir da promulgação desta Emenda Constitucional, de forma a preservar, em caráter permanente, o valor real da complementação da União;

- Redação dada pela EC nº 53/06

X – aplica-se à complementação da União o disposto no art. 160 da Constituição Federal;

- Redação dada pela EC nº 53/06

XI – o não cumprimento do disposto nos incisos V e VII do *caput* deste artigo importará crime de responsabilidade da autoridade competente;

- Redação dada pela EC nº 53/06

XII – proporção não inferior a sessenta por cento de cada Fundo referido no inciso I do *caput* deste artigo será destinada ao pagamento dos profissionais do magistério da educação básica em efetivo exercício.

- Redação dada pela EC nº 53/06

§ 1º A União, os Estados, o Distrito Federal e os Municípios deverão assegurar, no financiamento da educação básica, a melhoria da qualidade de ensino, de forma a garantir padrão mínimo definido nacionalmente.

- Redação dada pela EC nº 53/06

§ 2º O valor por aluno do ensino fundamental, no Fundo de cada Estado e do Distrito Federal, não poderá ser inferior ao praticado no âmbito do Fundo de Manutenção e Desenvolvimento do Ensino Fundamental e de Valorização do Magistério – FUNDEF, no ano anterior à vigência desta Emenda Constitucional.

- Redação dada pela EC nº 53/06

§ 3º O valor anual mínimo por aluno do ensino fundamental, no âmbito do Fundo de Manutenção e Desenvolvimento da Educação Básica e de Valorização dos Profissionais da Educação – FUNDEB, não poderá ser inferior ao valor mínimo fixado nacionalmente no ano anterior ao da vigência desta Emenda Constitucional.

- ADCT, art. 71
- Redação dada pela EC nº 53/06

§ 4º Para efeito de distribuição de recursos dos Fundos a que se refere o inciso I do *caput* deste artigo, levar-se-á em conta a totalidade das matrículas no ensino fundamental e considerar-se-á para a educação infantil, para o ensino médio e para a educação de jovens e adultos um terço das matrículas no primeiro ano, dois terços no segundo ano e sua totalidade a partir do terceiro ano.

- Redação dada pela EC nº 53/06

§ 5º A porcentagem dos recursos de constituição dos Fundos, conforme o inciso II do *caput* deste artigo, será alcançada gradativamente nos primeiros três anos de vigência dos Fundos, da seguinte forma:

- Redação dada pela EC nº 53/06

I – no caso dos impostos e transferências constantes do inciso II do *caput* do art. 155; do inciso IV do *caput* do art. 158; e das alíneas "a" e "b" do inciso I e do inciso II do *caput* do art. 159 da Constituição Federal:

- Redação dada pela EC nº 53/06

a) dezesseis inteiros e sessenta e seis centésimos por cento, no primeiro ano;

- Redação dada pela EC nº 53/06

b) dezoito inteiros e trinta e três centésimos por cento, no segundo ano;

- Redação dada pela EC nº 53/06

c) vinte por cento, a partir do terceiro ano;

- Redação dada pela EC nº 53/06

II – no caso dos impostos e transferências constantes dos incisos I e III do *caput* do art. 155; do inciso II do *caput* do art. 157; e dos incisos II e III do *caput* do art. 158 da Constituição Federal:

- Redação dada pela EC nº 53/06

a) seis inteiros e sessenta e seis centésimos por cento, no primeiro ano;

- Redação dada pela EC nº 53/06

b) treze inteiros e trinta e três centésimos por cento, no segundo ano;

- Redação dada pela EC nº 53/06

c) vinte por cento, a partir do terceiro ano.

- Redação dada pela EC nº 53/06

§ 6º –

- Excluído pela EC nº 53/06

§ 7º –

- Excluído pela EC nº 53/06

Art. 61. As entidades educacionais a que se refere o art. 213, bem como as fundações de ensino e pesquisa cuja criação tenha sido autorizada por lei, que preencham os requisitos dos incisos I e II do referido artigo e que, nos últimos três anos, tenham recebido recursos públicos, poderão continuar a recebê-los, salvo disposição legal em contrário.

Art. 62. A lei criará o Serviço Nacional de Aprendizagem Rural (SENAR) nos moldes da legislação relativa ao Serviço Nacional de Aprendizagem Industrial (SENAI) e ao Serviço Nacional de Aprendizagem do Comércio (SENAC), sem prejuízo das atribuições dos órgãos públicos que atuam na área.

Art. 63. É criada uma Comissão composta de nove membros, sendo três do Poder Legislativo, três do Poder Judiciário e três do Poder Executivo, para promover as comemorações do centenário da proclamação da República e da promulgação da primeira Constituição republicana do País, podendo, a seu critério, desdobrar-se em tantas subcomissões quantas forem necessárias.

Parágrafo único. No desenvolvimento de suas atribuições, a Comissão promoverá estudos, debates e avaliações sobre a evolução política, social, econômica e cultural do País, podendo articular-se com os governos estaduais e municipais e com instituições públicas e privadas que desejem participar dos eventos.

- CRFB, arts. 1º, *caput*, e 34, inc. VII, "a"
- ADCT, art. 2º

Art. 64. A Imprensa Nacional e demais gráficas da União, dos Estados, do Distrito Federal e dos Municípios, da administração direta ou indireta, inclusive fundações instituídas e mantidas pelo Poder Público, promoverão edição popular do texto integral da Constituição, que será posta à disposição das escolas e dos cartórios, dos sindicatos, dos quartéis, das igrejas e de outras instituições representativas da comunidade, gratuitamente, de modo que cada cidadão brasileiro possa receber do Estado um exemplar da Constituição do Brasil.

- CRFB, arts. 1º, inc. II, 5º, incs. XXXIV, "a", LXXI, LXXIII e LXXVII, 14 a 16, 22, inc. XIII, 29, inc. XIII, 61, § 2º, 62, § 1º, inc. I, "a", 68, § 1º, inc. II, 74, § 2º, e 205
- ADCT, art. 8º, § 3º

Art. 65. O Poder Legislativo regulamentará, no prazo de doze meses, o art. 220, § 4º.

Art. 66. São mantidas as concessões de serviços públicos de telecomunicações atualmente em vigor, nos termos da lei.

Art. 67. A União concluirá a demarcação das terras indígenas no prazo de cinco anos a partir da promulgação da Constituição.

- CRFB, arts. 20, inc. XI, 22, inc. XIV, 49, inc. XVI, 109, inc. XI, 129, inc. V, 176, § 1º, 210, § 2º, 231 e 232

Art. 68. Aos remanescentes das comunidades dos quilombos que estejam ocupando suas terras é reconhecida a propriedade definitiva, devendo o Estado emitir-lhes os títulos respectivos.

Art. 69. Será permitido aos Estados manter consultorias jurídicas separadas de suas Procuradorias-Gerais ou Advocacias-Gerais, desde que, na data da promulgação da Constituição, tenham órgãos distintos para as respectivas funções.

- CRFB, art. 132, *caput*

Art. 70. Fica mantida atual competência dos tribunais estaduais até a mesma seja definida na Constituição do Estado, nos termos do art. 125, § 1º, da Constituição.

- CRFB, arts. 25, *caput*, e 29, *caput*
- ADCT, art. 11, *caput*

Art. 71. É instituído, nos exercícios financeiros de 1994 e 1995, bem assim nos períodos de 1º de janeiro de 1996 a 30 de junho de 1997 e 1º de julho de 1997 a 31 de dezembro de 1999, o Fundo Social de Emergência, com o objetivo de saneamento financeiro da Fazenda Pública Federal e de estabilização econômica, cujos recursos serão aplicados prioritariamente no custeio das ações dos sistemas de saúde e educação, incluindo a complementação de recursos de que trata o § 3º do art. 60 do Ato das Disposições Constitucionais Transitórias, benefícios previdenciários e auxílios assistenciais de prestação continuada, inclusive liquidação de passivo previdenciário, e despesas orçamentárias associadas a programas de relevante interesse econômico e social.

- Redação dada pela EC nº 17/97

§ 1º Ao Fundo criado por este artigo não se aplica o disposto na parte final do inciso II do § 9º do art. 165 da Constituição.

- Redação dada pela EC nº 10/96

§ 2º O Fundo criado por este artigo passa a ser denominado Fundo de Estabilização Fiscal a partir do início do exercício financeiro de 1996.

- Incluído pela EC nº 10/96

§ 3º O Poder Executivo publicará demonstrativo da execução orçamentária, de periodicidade bimestral, no qual se discriminarão as fontes e usos do Fundo criado por este artigo.

- Incluído pela EC nº 10/96

Art. 72. Integram o Fundo Social de Emergência:

- Incluído pela ECR nº 1/94

I – o produto da arrecadação do imposto sobre renda e proventos de qualquer natureza incidente na fonte sobre pagamentos efetuados, a qualquer título, pela União, inclusive suas autarquias e fundações;

- ADCT, art. 72, inc. IV e § 2º
- Incluído pela ECR nº 1/94

II – a parcela do produto da arrecadação do imposto sobre renda e proventos de qualquer natureza e do imposto sobre operações de crédito, câmbio e seguro, ou relativas a títulos e valores mobiliários, decorrente das alterações produzidas pela Lei nº 8.894, de 21 de junho de 1994, e pelas Leis nºs 8.849 e 8.848, ambas de 28 de janeiro de 1994, e modificações posteriores;

- ADCT, art. 72, inc. IV, §§ 2º e 5º
- Redação dada pela EC nº 10/96

III – a parcela do produto da arrecadação resultante da elevação da alíquota da contribuição social sobre o lucro dos contribuintes a que se refere o § 1º do art. 22 da Lei nº 8.212, de 24 de julho de 1991, a qual, nos exercícios financeiros de 1994 e 1995, bem assim no período de 1º de janeiro de 1996 a 30 de junho de 1997, passa a ser de trinta por cento, sujeita a alteração por lei ordinária, mantidas as demais normas da Lei nº 7.689, de 15 de dezembro de 1988;

- ADCT, art. 72, incs. IV e V, §§ 1º e 2º
- Redação dada pela EC nº 10/96

IV – vinte por cento do produto da arrecadação de todos os impostos e contribuições da União, já instituídos ou a serem criados, excetuado o previsto nos incisos I, II e III, observado o disposto nos §§ 3º e 4º;

- ADCT, art. 72, § 3º
- Redação dada pela EC nº 10/96

V – a parcela do produto da arrecadação da contribuição de que trata a Lei Complementar nº 7, de 7 de setembro de 1970, devida pelas pessoas jurídicas a que se refere o inciso III deste artigo, a qual será calculada, nos exercícios financeiros de 1994 a 1995, bem assim nos períodos de 1º de janeiro de 1996 a 30 de junho de 1997 e de 1º de julho de 1997 a 31 de dezembro de 1999, mediante a aplicação da alíquota de setenta e cinco centésimos por cento, sujeita a alteração por lei ordinária posterior, sobre a receita bruta operacional, como definida na legislação do imposto sobre renda e proventos de qualquer natureza.

- ADCT, art. 72, §§ 1º e 2º
- Redação dada pela EC nº 17/97

VI – outras receitas previstas em lei específica.

- Incluído pela ECR nº 1/94

§ 1º As alíquotas e a base de cálculo previstas nos incisos III e V aplicar-se-ão a partir do primeiro dia do mês seguinte aos noventa dias posteriores à promulgação desta Emenda.

- Incluído pela ECR nº 1/94

§ 2º As parcelas de que tratam os incisos I, II, III e V serão previamente deduzidas da base de cálculo de qualquer vinculação ou participação constitucional ou legal, não se lhes aplicando o disposto nos arts. 159, 212 e 239 da Constituição.

- Redação dada pela EC nº 10/96

§ 3º A parcela de que trata o inciso IV será previamente deduzida da base de cálculo das vinculações ou participações constitucionais previstas nos arts. 153, § 5º, 157, inc. II, 212 e 239 da Constituição.

- ADCT, art. 72, inc. IV e § 4º
- Redação dada pela EC nº 10/96

§ 4º O disposto no parágrafo anterior não se aplica aos recursos previstos nos arts. 158, inc. II, e 159 da Constituição.

- ADCT, art. 72, inc. IV
- Redação dada pela EC nº 10/96

§ 5º A parcela dos recursos provenientes do imposto sobre renda e proventos de qualquer natureza, destinada ao Fundo Social de Emergência, nos termos do inciso II deste artigo, não poderá exceder a cinco inteiros e seis décimos por cento do total do produto da sua arrecadação.

- Redação dada pela EC nº 10/96

Art. 73. Na regulação do Fundo Social de Emergência não poderá ser utilizado o instrumento previsto no inciso V do art. 59 da Constituição.

- Incluído pela ECR nº 1/94

Art. 74. A União poderá instituir contribuição provisória sobre movimentação ou transmissão de valores e de créditos e direitos de natureza financeira.

- Incluído pela EC nº 12/96

§ 1º A alíquota da contribuição de que trata este artigo não excederá a vinte e cinco centésimos por cento, facultado ao Poder Executivo reduzi-la ou restabelecê-la, total ou parcialmente, nas condições e limites fixados em lei.

- Incluído pela EC nº 12/96

§ 2º A contribuição de que trata este artigo não se aplica o disposto nos arts. 153, § 5º, e 154, inc. I, da Constituição.

- Incluído pela EC nº 12/96

§ 3º O produto da arrecadação da contribuição de que trata este artigo será destinado integralmente ao Fundo Nacional de Saúde, para financiamento das ações e serviços de saúde.

- Incluído pela EC nº 12/96

§ 4º A contribuição de que trata este artigo terá sua exigibilidade subordinada ao disposto no art. 195, § 6º, da Constituição, e não poderá ser cobrada por prazo superior a dois anos.

- ADCT, arts. 75 e 84, *caput*
- Incluído pela EC nº 12/96

Art. 75. É prorrogada, por trinta e seis meses, a cobrança da contribuição provisória sobre movimentação ou transmissão de valores e de créditos e direitos de natureza financeira de que trata o art. 74, instituída pela Lei nº 9.311, de 24 de outubro de 1996, modificada pela Lei nº 9.539, de 12 de dezembro de 1997, cuja vigência é também prorrogada por idêntico prazo.

- Incluído pela EC nº 21/99

§ 1º Observado o disposto no § 6º do art. 195 da Constituição Federal, a alíquota da contribuição será de trinta e oito centésimos por cento, nos primeiros doze meses, e de trinta centésimos, nos meses subsequentes, facultado ao Poder Executivo reduzi-la total ou parcialmente, nos limites aqui definidos.

- Incluído pela EC nº 21/99

§ 2º O resultado do aumento da arrecadação, decorrente da alteração da alíquota, nos exercícios financeiros de 1999, 2000 e 2001, será destinado ao custeio da previdência social.

- Incluído pela EC nº 21/99

§ 3º É a União autorizada a emitir títulos da dívida pública interna, cujos recursos serão destinados ao custeio da saúde e da previdência social, em montante equivalente ao produto da arrecadação da contribuição, prevista e não realizada em 1999.

- ADCT, arts. 80, inc. I, e 84, *caput*
- Incluído pela EC nº 21/99

Art. 76. São desvinculados de órgão, fundo ou despesa, até 31 de dezembro de 2015, 20% (vinte por cento) da arrecadação da União de impostos, contribuições sociais e de intervenção no domínio econômico, já instituídos ou que vierem a ser criados até a referida data, seus adicionais e respectivos acréscimos legais.

- ADCT, art. 76, §§ 1º, 2º e 3º
- Redação dada pela EC nº 68/11

§ 1º O disposto no *caput* não reduzirá a base de cálculo das transferências a Estados, Distrito Federal e Municípios, na forma dos arts. 153, § 5º, 157, inc. I, 158, incs. I e II, e 159, incs. I, "a" e "b" e II, da Constituição Federal, nem a base de cálculo das destinações a que se refere o art. 159, inc. I, "c", da Constituição Federal.

- Redação dada pela EC nº 68/11

§ 2º Excetua-se da desvinculação de que trata o *caput* a arrecadação da contribuição social do salário-educação a que se refere o art. 212, § 5º, da Constituição Federal.

- Redação dada pela EC nº 68/11

§ 3º Para efeito do cálculo dos recursos para manutenção e desenvolvimento do ensino de que trata o art. 212 da Constituição Federal, o percentual referido no *caput* será nulo.

- Redação dada pela EC nº 68/11

Art. 77. Até o exercício financeiro de 2004, os recursos mínimos aplicados nas ações e serviços públicos de saúde serão equivalentes:

- Incluído pela EC nº 29/00

I – no caso da União:

- Incluído pela EC nº 29/00

a) no ano 2000, o montante empenhado em ações e serviços públicos de saúde no exercício financeiro de 1999 acrescido de, no mínimo, cinco por cento;

- Incluída pela EC nº 29/00

b) do ano 2001 ao ano 2004, o valor apurado no ano anterior, corrigido pela variação nominal do Produto Interno Bruto – PIB;

- Incluída pela EC nº 29/00

II – no caso dos Estados e do Distrito Federal, doze por cento do produto da arrecadação dos impostos a que se refere o art. 155 e dos recursos de que tratam os arts. 157 e 159, incs. I, "a" e II, deduzidas as parcelas que forem transferidas aos respectivos Municípios;

- ADCT, art. 77, § 1º
- Incluído pela EC nº 29/00

III – no caso dos Municípios e do Distrito Federal, quinze por cento do produto da arrecadação dos impostos a que se refere o art. 156 e dos recursos de que tratam os arts. 158 e 159, inc. I, "b" e § 3º.

- ADCT, art. 77, § 1º
- Incluído pela EC nº 29/00

§ 1º Os Estados, o Distrito Federal e os Municípios que apliquem percentuais inferiores aos fixados nos incisos II e III deverão elevá-los gradualmente, até o exercício financeiro de 2004, reduzida a diferença à razão de, pelo menos, um quinto por ano, sendo que, a partir de 2000, a aplicação será de pelo menos sete por cento.

- Incluído pela EC nº 29/00

§ 2º Dos recursos da União apurados nos termos deste artigo, quinze por cento, no mínimo, serão aplicados nos Municípios, segundo o critério populacional, em ações e serviços básicos de saúde, na forma da lei.

- Incluído pela EC nº 29/00

§ 3º Os recursos dos Estados, do Distrito Federal e dos Municípios destinados às ações e serviços públicos de saúde e os transferidos pela União para a mesma finalidade serão aplicados por meio de Fundo de Saúde que será acompanhado e fiscalizado por Conselho de Saúde, sem prejuízo do disposto no art. 74 da Constituição Federal.

- Incluído pela EC nº 29/00

§ 4º Na ausência da lei complementar a que se refere o art. 198, § 3º, a partir do exercício financeiro de 2005, aplicar-se-á à União, aos Estados, ao Distrito Federal e aos Municípios o disposto neste artigo.

- Incluído pela EC nº 29/00

Art. 78. Ressalvados os créditos definidos em lei como de pequeno valor, os de natureza alimentícia, os de que trata o art. 33 deste Ato das Disposições Constitucionais Transitórias e suas complementações e os que já tiverem os seus respectivos recursos liberados ou depositados em juízo, os precatórios pendentes na data de promulgação desta Emenda e os que decorram de ações iniciais ajuizadas até 31 de dezembro de 1999 serão liquidados pelo seu valor real, em moeda corrente, acrescido de juros legais, em prestações anuais, iguais e sucessivas, no prazo máximo de dez anos, permitida a cessão dos créditos.

- ADCT, arts. 78, §§ 2º e 3º, e 86, *caput*
- Incluído pela EC nº 30/00

§ 1º É permitida a decomposição de parcelas, a critério do credor.

- Incluído pela EC nº 30/00

§ 2º As prestações anuais a que se refere o *caput* deste artigo terão, se não liquidadas até o final do exercício a que se referem, poder liberatório do pagamento de tributos da entidade devedora.

- Incluído pela EC nº 30/00

§ 3º O prazo referido no *caput* deste artigo fica reduzido para dois anos, nos casos de precatórios judiciais originários de desapropriação de imóvel residencial do credor, desde que comprovadamente único à época da imissão na posse.

- Incluído pela EC nº 30/00

§ 4º O Presidente do Tribunal competente deverá, vencido o prazo ou em caso de omissão no orçamento, ou preterição ao direito de precedência, a requerimento do credor, requisitar ou determinar o sequestro de recursos financeiros da entidade executada, suficientes à satisfação da prestação.

- ADCT, arts. 86, § 2º, 87, *caput*, e 97, § 15
- Incluído pela EC nº 30/00

Art. 79. É instituído, para vigorar até o ano de 2010, no âmbito do Poder Executivo Federal, o Fundo de Combate e Erradicação da Pobreza, a ser regulado por lei complementar com o objetivo de viabilizar a todos os brasileiros acesso a níveis dignos de subsistência, cujos recursos serão aplicados em ações suplementares de nutrição, habitação, educação, saúde, reforço de renda familiar e outros programas de relevante interesse social voltados para melhoria da qualidade de vida.

- CRFB, arts. 1º, inc. III, 5º, incs. III e XLVII, "e", 170, *caput*, 226, § 7º, 227, *caput*, e 230, *caput*
- Incluído pela EC nº 31/00

Parágrafo único. O Fundo previsto neste artigo terá Conselho Consultivo e de Acompanhamento que conte com a participação de representantes da sociedade civil, nos termos da lei.

- ADCT, art. 80, § 2º
- Incluído pela EC nº 31/00

Art. 80. Compõem o Fundo de Combate e Erradicação da Pobreza:

- Incluído pela EC nº 31/00

I – a parcela do produto da arrecadação correspondente a um adicional de oito centésimos por cento, aplicável de 18 de junho de 2000 a 17 de junho de 2002, na alíquota da contribuição social de que trata o art. 75 do Ato das Disposições Constitucionais Transitórias;

- ADCT, art. 84, *caput*
- Incluído pela EC nº 31/00

II – a parcela do produto da arrecadação correspondente a um adicional de cinco pontos percentuais na alíquota do Imposto sobre Produtos Industrializados – IPI, ou do imposto que vier a substituí-lo, incidente sobre produtos supérfluos e aplicável até a extinção do Fundo;

- ADCT, arts. 80, § 2º, e 83
- Incluído pela EC nº 31/00

III – o produto da arrecadação do imposto de que trata o art. 153, inc. VII, da Constituição;

- Incluído pela EC nº 31/00

IV – dotações orçamentárias;

- ADCT, art. 81, § 1º
- Incluído pela EC nº 31/00

V– doações, de qualquer natureza, de pessoas físicas ou jurídicas do País ou do exterior;

- Incluído pela EC nº 31/00

VI – outras receitas, a serem definidas na regulamentação do referido Fundo.

- Incluído pela EC nº 31/00

§ 1º Aos recursos integrantes do Fundo de que trata este artigo não se aplica o disposto nos arts. 159 e 167, inc. IV, da Constituição, assim como qualquer desvinculação de recursos orçamentários.

- Incluído pela EC nº 31/00

§ 2º A arrecadação decorrente do disposto no inciso I deste artigo, no período compreendido entre 18 de junho de 2000 e o início da vigência da lei complementar a que se refere o art. 79, será integralmente repassada ao Fundo, preservado o seu valor real, em títulos públicos federais, progressivamente resgatáveis após 18 de junho de 2002, na forma da lei.

- ADCT, art. 84, § 2º, inc. III
- Incluído pela EC nº 31/00

Art. 81. É instituído Fundo constituído pelos recursos recebidos pela União em decorrência da desestatização de sociedades de economia mista ou empresas públicas por ela controladas, direta ou indiretamente, quando a operação envolver a alienação do respectivo controle acionário a pessoa ou entidade não integrante da Administração Pública, ou de participação societária remanescente após a alienação, cujos rendimentos, gerados a partir de 18 de junho de 2002, reverterão ao Fundo de Combate e Erradicação de Pobreza.

- ADCT, art. 81, § 3º
- Incluído pela EC nº 31/00

§ 1º Caso o montante anual previsto nos rendimentos transferidos ao Fundo de Combate e Erradicação da Pobreza, na forma deste artigo, não alcance o valor de quatro bilhões de reais, far-se-á complementação na forma do art. 80, inc. IV, do Ato das Disposições Constitucionais Transitórias.

- ADCT, art. 81, §§ 2º e 3º
- Incluído pela EC nº 31/00

§ 2º Sem prejuízo do disposto no § 1º, o Poder Executivo poderá destinar ao Fundo a que se refere este artigo outras receitas decorrentes da alienação de bens da União.

- Incluído pela EC nº 31/00

§ 3º A constituição do Fundo a que se refere o *caput*, a transferência de recursos ao Fundo de Combate e Erradicação da Pobreza e as demais disposições referentes ao § 1º deste artigo serão disciplinadas em lei, não se aplicando o disposto no art. 165, § 9º, inc. II, da Constituição.

- ADCT, art. 84, § 2º, inc. III
- Incluído pela EC nº 31/00

Art. 82. Os Estados, o Distrito Federal e os Municípios devem instituir Fundos de Combate á Pobreza, com os recursos de que trata este artigo e outros que vierem a destinar, devendo os referidos Fundos ser geridos por entidades que contem com a participação da sociedade civil.

- Incluído pela EC nº 31/00

§ 1º Para o financiamento dos Fundos Estaduais e Distrital, poderá ser criado adicional de até dois pontos percentuais na alíquota do Imposto sobre Circulação de Mercadorias e Serviços – ICMS, sobre os produtos e serviços supérfluos e nas condições definidas na lei complementar de que trata o art. 155, § 2º, inc. XII, da Constituição, não se aplicando, sobre este percentual, o disposto no art. 158, inc. IV, da Constituição.

- Redação dada pela EC nº 42/03

§ 2º Para o financiamento dos Fundos Municipais, poderá ser criado adicional de até meio ponto percentual na alíquota do Imposto sobre serviços ou do imposto que vier a substituí-lo, sobre serviços supérfluos.

- CRFB, arts. 3º, inc. III, e 23, inc. X
- ADCT, art. 83
- Incluído pela EC nº 31/00

Art. 83. Lei federal definirá os produtos e serviços supérfluos a que se referem os arts. 80, inc. II, e 82, § 2º.

- Redação dada pela EC nº 42/03

Art. 84. A contribuição provisória sobre movimentação ou transmissão de valores e de créditos e direitos de natureza financeira, prevista nos arts. 74, 75 e 80, inc. I, deste Ato das Disposições Constitucionais Transitórias, será cobrada até 31 de dezembro de 2004.

- ADCT, arts. 84, § 1º, e 90, *caput*
- Incluído pela EC nº 37/02

§ 1º Fica prorrogada, até a data referida no *caput* deste artigo, a vigência da Lei nº 9.311, de 24 de outubro de 1996, e suas alterações.

- Incluído pela EC nº 37/02

§ 2º Do produto da arrecadação da contribuição social de que trata este artigo será destinada a parcela correspondente à alíquota de:

- Incluído pela EC nº 37/02

I – vinte centésimos por cento ao Fundo Nacional de Saúde, para financiamento das ações e serviços de saúde;

- Incluído pela EC nº 37/02

II – dez centésimos por cento ao custeio da previdência social;

- Incluído pela EC nº 37/02

III – oito centésimos por cento ao Fundo de Combate e Erradicação da Pobreza, de que tratam os arts. 80 e 81 deste Ato das Disposições Constitucionais Transitórias.

- CRFB, arts. 3º, inc. III, e 23, inc. X
- ADCT, arts. 79 a 82
- Incluído pela EC nº 37/02

§ 3º A alíquota da contribuição de que trata este artigo será de:

- Incluído pela EC nº 37/02

I – trinta e oito centésimos por cento, nos exercícios financeiros de 2002 e 2003;

- ADCT, arts. 85, *caput*, e 90, § 2º
- Incluído pela EC nº 37/02

II –

- Excluído pela EC nº 42/03

Art. 85. A contribuição a que se refere o art. 84 deste Ato das Disposições Constitucionais Transitórias não incidirá, a partir do trigésimo dia da data de publicação desta Emenda Constitucional, nos lançamentos:

- Incluído pela EC nº 37/02

I – em contas correntes de depósito especialmente abertas e exclusivamente utilizadas para operações de:

- Incluído pela EC nº 37/02

a) câmaras e prestadoras de serviços de compensação e de liquidação de que trata o parágrafo único do art. 2º da Lei nº 10.214, de 27 de março de 2001;

- Incluída pela EC nº 37/02

b) companhias securitizadoras de que trata a Lei nº 9.514, de 20 de novembro de 1997;

- Incluída pela EC nº 37/02

c) sociedades anônimas que tenham por objeto exclusivo a aquisição de créditos oriundos de operações praticadas no mercado financeiro;

- ADCT, art. 85, § 2º
- Incluída pela EC nº 37/02

II – em contas correntes de depósito, relativos a:

- Incluído pela EC nº 37/02

a) operações de compra e venda de ações, realizadas em recintos ou sistemas de negociação de bolsas de valores e no mercado de balcão organizado;

- Incluída pela EC nº 37/02

b) contratos referenciados em ações ou índices de ações, em suas diversas modalidades, negociados em bolsas de valores, de mercadorias e de futuros;

- ADCT, art. 85, inc. III e § 3º
- Incluída pela EC nº 37/02

III – em contas de investidores estrangeiros, relativos a entradas no País e a remessas para o exterior de recursos financeiros empregados, exclusivamente, em operações e contratos referidos no inciso II deste artigo.

- Incluído pela EC nº 37/02

§ 1º O Poder Executivo disciplinará o disposto neste artigo no prazo de trinta dias da data de publicação desta Emenda Constitucional.

- Incluído pela EC nº 37/02

§ 2º O disposto no inciso I deste artigo aplica-se somente às operações relacionadas em ato do Poder Executivo, dentre aquelas que constituam o objeto social das referidas entidades.

- Incluído pela EC nº 37/02

§ 3º O disposto no inciso II deste artigo aplica-se somente a operações e contratos efetuados por intermédio de instituições financeiras, sociedades corretoras de títulos e valores mobiliários, sociedades distribuidoras de títulos e valores mobiliários e sociedades corretoras de mercadorias.

- Incluído pela EC nº 37/02

Art. 86. Serão pagos conforme disposto no art. 100 da Constituição Federal, não se lhes aplicando a regra de parcelamento estabelecida no *caput* do art. 78 deste Ato das Disposições Constitucionais Transitórias, os débitos da Fazenda Federal, Estadual, Distrital ou Municipal oriundos de sentenças transitadas em julgado, que preencham, cumulativamente, as seguintes condições:

- Incluído pela EC nº 37/02

I – ter sido objeto de emissão de precatórios judiciários;

- Incluído pela EC nº 37/02

II – ter sido definidos como de pequeno valor pela lei de que trata o § 3º do art. 100 da Constituição Federal ou pelo art. 87 deste Ato das Disposições Constitucionais Transitórias;

- Incluído pela EC nº 37/02

III – estar, total ou parcialmente, pendentes de pagamento na data da publicação desta Emenda Constitucional.

- ADCT, art. 86, §§ 1º e 2º
- Incluído pela EC nº 37/02

§ 1º Os débitos a que se refere o *caput* deste artigo, ou os respectivos saldos, serão pagos na ordem cronológica de apresentação dos respectivos precatórios, com precedência sobre os de maior valor.

- Incluído pela EC nº 37/02

§ 2º Os débitos a que se refere o *caput* deste artigo, se ainda não tiverem sido objeto de pagamento parcial, nos termos do art. 78 deste Ato das Disposições Constitucionais Transitórias, poderão ser pagos em duas parcelas anuais, se assim dispuser a lei.

- Incluído pela EC nº 37/02

§ 3º Observada a ordem cronológica de sua apresentação, os débitos de natureza alimentícia previstos neste artigo terão precedência para pagamento sobre todos os demais.

- Incluído pela EC nº 37/02

Art. 87. Para efeito do que dispõem o § 3º do art. 100 da Constituição Federal e o art. 78 deste Ato das Disposições Constitucionais Transitórias serão considerados de pequeno valor, até que se dê a publicação oficial das respectivas leis definidoras pelos entes da Federação, observado o disposto no § 4º do art. 100 da Constituição Federal, os débitos ou obrigações consignados em precatório judiciário, que tenham valor igual ou inferior a:

- Incluído pela EC nº 37/02

I – quarenta salários-mínimos, perante a Fazenda dos Estados e do Distrito Federal;

- Incluído pela EC nº 37/02

II – trinta salários-mínimos, perante a Fazenda dos Municípios.

- Incluído pela EC nº 37/02

Parágrafo único. Se o valor da execução ultrapassar o estabelecido neste artigo, o pagamento far-se-á, sempre, por meio de precatório, sendo facultada à parte exequente a renúncia ao crédito do valor excedente, para que possa optar pelo pagamento do saldo sem o precatório, da forma prevista no § 3º do art. 100.

- ADCT, art. 86, inc. II
- Incluído pela EC nº 37/02

Art. 88. Enquanto lei complementar não disciplinar o disposto nos incisos I e III do § 3º do art. 156 da Constituição Federal, o imposto a que se refere o inciso III do *caput* do mesmo artigo:

- Incluído pela EC nº 37/02

I – terá alíquota mínima de dois por cento, exceto para os serviços a que se referem os itens 32, 33 e 34 da Lista de Serviços anexa ao Decreto-lei nº 406, de 31 de dezembro de 1968;

- ADCT, art. 88, inc. II
- Incluído pela EC nº 37/02

II – não será objeto de concessão de isenções, incentivos e benefícios fiscais, que resulte, direta ou indiretamente, na redução da alíquota mínima estabelecida no inciso I.

- Incluído pela EC nº 37/02

Art. 89. Os integrantes da carreira policial militar e os servidores municipais do ex-Território Federal de Rondônia que, comprovadamente, se encontravam no exercício regular de suas funções prestando serviço àquele ex-Território na data em que foi transformado em Estado, bem como os servidores e os policiais militares alcançados pelo disposto no art. 36 da Lei Complementar nº 41, de 22 de dezembro de 1981, e aqueles admitidos regularmente nos quadros do Estado de Rondônia até a data de posse do primeiro Governador eleito, em 15 de março de 1987, constituirão, mediante opção, quadro em extinção da administração federal, assegurados os direitos e as vantagens a eles inerentes, vedado o pagamento, a qualquer título, de diferenças remuneratórias.

- ADCT, art. 89, § 2º
- Redação dada pela EC nº 60/09

§ 1º Os membros da Polícia Militar continuarão prestando serviços ao Estado de Rondônia, na condição de cedidos, submetidos às corporações da Polícia Militar, observadas as atribuições de função compatíveis com o grau hierárquico.

- Redação dada pela EC nº 60/09

§ 2º Os servidores a que se refere o *caput* continuarão prestando serviços ao Estado de Rondônia na condição de cedidos, até seu aproveitamento em órgão ou entidade da administração federal direta, autárquica ou fundacional.

- Incluído dada pela EC nº 60/09

Art. 90. O prazo previsto no *caput* do art. 84 deste Ato das Disposições Constitucionais Transitórias fica prorrogado até 31 de dezembro de 2007.

- ADCT, art. 90, §§ 1º e 2º
- Incluído pela EC nº 42/03

§ 1º Fica prorrogada, até a data referida no *caput* deste artigo, a vigência da Lei nº 9.311, de 24 de outubro de 1996, e suas alterações.

- Incluído pela EC nº 42/03

§ 2º Até a data referida no *caput* deste artigo, a alíquota da contribuição de que trata o art. 84 deste Ato das Disposições Constitucionais Transitórias será de trinta e oito centésimos por cento.

- Incluído pela EC nº 42/03

Art. 91. A União entregará aos Estados e ao Distrito Federal o montante definido em lei complementar, de acordo com critérios, prazos e condições nela determinados, podendo considerar as exportações para o exterior de produtos primários e semielaborados, a relação entre as exportações e as importações, os créditos decorrentes de aquisições destinadas ao ativo permanente e a efetiva manutenção e aproveitamento do crédito do imposto a que se refere o art. 155, § 2º, inc. X, "a".

- ADCT, art. 91, § 3º
- Incluído pela EC nº 42/03

§ 1º Do montante de recursos que cabe a cada Estado, setenta e cinco por cento pertencem ao próprio Estado, e vinte e cinco por cento, aos seus Municípios, distribuídos segundo os critérios a que se refere o art. 158, parágrafo único, da Constituição.

- Incluído pela EC nº 42/03

§ 2º A entrega de recursos prevista neste artigo perdurará, conforme definido em lei complementar, até que o imposto a que se refere o art. 155, inc. II, tenha o produto de sua arrecadação destinado predominantemente, em proporção não inferior a oitenta por cento, ao Estado onde ocorrer o consumo das mercadorias, bens ou serviços.

- Incluído pela EC nº 42/03

§ 3º Enquanto não for editada a lei complementar de que trata o *caput*, em substituição ao sistema de entrega de recursos nele previsto, permanecerá vigente o sistema de entrega de recursos previsto no art. 31 e Anexo da Lei Complementar nº 87, de 13 de setembro de 1996, com a redação dada pela Lei Complementar nº 115, de 26 de dezembro de 2002.

- Incluído pela EC nº 42/03

§ 4º Os Estados e o Distrito Federal deverão apresentar à União, nos termos das instruções baixadas pelo Ministério da Fazenda, as informações relativas ao imposto de que trata o art. 155, inc. II, declaradas pelos contribuintes que realizarem operações ou prestações com destino ao exterior.

- Incluído pela EC nº 42/03

Art. 92. São acrescidos dez anos ao prazo fixado no art. 40 deste Ato das Disposições Constitucionais Transitórias.

- Incluído pela EC nº 42/03

Art. 92-A. São acrescidos 50 (cinquenta) anos ao prazo fixado pelo art. 92 deste Ato das Disposições Constitucionais Transitórias.

- Incluído pela EC nº 83/14

Art. 93. A vigência do disposto no art. 159, inc. III e § 4º, iniciará somente após a edição da lei de que trata o referido inciso III.

- Incluído pela EC nº 42/03

Art. 94. Os regimes especiais de tributação para microempresas e empresas de pequeno porte próprios da União, dos Estados, do Distrito Federal e dos Municípios cessarão a partir da entrada em vigor do regime previsto no art. 146, inc. III, "d", da Constituição.

- Incluído pela EC nº 42/03

Art. 95. Os nascidos no estrangeiro entre 7 de junho de 1994 e a data da promulgação desta Emenda Constitucional, filhos de pai brasileiro ou mãe brasileira, poderão ser registrados em repartição diplomática ou consular brasileira competente ou em ofício de registro, se vierem a residir na República Federativa do Brasil.

- CRFB, arts. 1º, *caput*, 3º, *caput*, 4º, 5º, § 2º, 12, incs. I e II, "b", 13, *caput* e § 1º, e 18, *caput*
- Incluído pela EC nº 54/07

Art. 96. Ficam convalidados os atos de criação, fusão, incorporação e desmembramento de Municípios, cuja lei tenha sido publicada até 31 de dezembro de 2006, atendidos os requisitos estabelecidos na legislação do respectivo Estado à época de sua criação.

- Incluído pela EC nº 57/08

Art. 97. Até que seja editada a lei complementar de que trata o § 15 do art. 100 da Constituição Federal, os Estados, o Distrito Federal e os Municípios que, na data de publicação desta Emenda Constitucional, estejam em mora na quitação de precatórios vencidos, relativos às suas administrações direta e indireta, inclusive os emitidos durante o período de vigência do regime especial instituído por este artigo, farão esses pagamentos de acordo com as normas a seguir estabelecidas, sendo inaplicável o disposto no art. 100 desta Constituição Federal, exceto em seus §§ 2º, 3º, 9º, 10, 11, 12, 13 e 14, e sem prejuízo dos acordos de juízos conciliatórios já formalizados na data de promulgação desta Emenda Constitucional.

- Incluído pela EC nº 62/09

§ 1º Os Estados, o Distrito Federal e os Municípios sujeitos ao regime especial de que trata este artigo optarão, por meio de ato do Poder Executivo:

- Incluído pela EC nº 62/09

I – pelo depósito em conta especial do valor referido pelo § 2º deste artigo; ou

- ADCT, art. 97, § 14
- Incluído pela EC nº 62/09

II – pela adoção do regime especial pelo prazo de até 15 (quinze) anos, caso em que o percentual a ser depositado na conta especial a que se refere o § 2º deste artigo corresponderá, anualmente, ao saldo total dos precatórios devidos, acrescido do índice oficial de remuneração básica da caderneta de poupança e de juros simples no mesmo percentual de juros incidentes sobre a caderneta de poupança para fins de compensação da mora, excluída a incidência de juros compensatórios, diminuído das amortizações e dividido pelo número de anos restantes no regime especial de pagamento.

- ADCT, art. 97, §§ 4º, 5º, 6º, 10, 13 e 14
- Incluído pela EC nº 62/09

§ 2º Para saldar os precatórios, vencidos e a vencer, pelo regime especial, os Estados, o Distrito Federal e os Municípios devedores depositarão mensalmente, em conta especial criada para tal fim, um doze avos do valor calculado percentualmente sobre as respectivas receitas correntes líquidas, apuradas no segundo mês anterior ao mês de pagamento, sendo que esse percentual, calculado no momento de opção pelo regime e mantido fixo até o final do prazo a que se refere o § 14 deste artigo, será:

- Incluído pela EC nº 62/09

I – para os Estados e para o Distrito Federal:

- Incluído pela EC nº 62/09

a) de, no mínimo, 1,5% (um inteiro e cinco décimos por cento), para os Estados das regiões Norte, Nordeste e Centro-Oeste, além do Distrito Federal, ou cujo estoque de precatórios pendentes das suas administrações direta e indireta corresponder a até 35% (trinta e cinco por cento) do total da receita corrente líquida;

- Incluída pela EC nº 62/09

b) de, no mínimo, 2% (dois por cento), para os Estados das regiões Sul e Sudeste, cujo estoque de precatórios pendentes das suas administrações direta e indireta corresponder a mais de 35% (trinta e cinco por cento) da receita corrente líquida;

- Incluída pela EC nº 62/09

II – para Municípios:

- Incluído pela EC nº 62/09

a) de, no mínimo, 1% (um por cento), para Municípios das regiões Norte, Nordeste e Centro-Oeste, ou cujo estoque de precatórios pendentes das suas administrações direta e indireta corresponder a até 35% (trinta e cinco por cento) da receita corrente líquida;

- Incluída pela EC nº 62/09

b) de, no mínimo, 1,5% (um inteiro e cinco décimos por cento), para Municípios das regiões Sul e Sudeste, cujo estoque de precatórios pendentes das suas administrações direta e indireta corresponder a mais de 35 % (trinta e cinco por cento) da receita corrente líquida.

- ADCT, art. 97, §§ 1º, incs. I e II, 4º, 5º, 6º, 10 e 13
- Incluída pela EC nº 62/09

§ 3º Entende-se como receita corrente líquida, para os fins de que trata este artigo, o somatório das receitas tributárias, patrimoniais, industriais, agropecuárias, de contribuições e de serviços, transferências correntes e outras receitas correntes, incluindo as oriundas do § 1º do art. 20 da Constituição Federal, verificado no período compreendido pelo mês de referência e os 11 (onze) meses anteriores, excluídas as duplicidades, e deduzidas:

- Incluído pela EC nº 62/09

I – nos Estados, as parcelas entregues aos Municípios por determinação constitucional;

- Incluído pela EC nº 62/09

II – nos Estados, no Distrito Federal e nos Municípios, a contribuição dos servidores para custeio do seu sistema de previdência e assistência social e as receitas provenientes da compensação financeira referida no § 9º do art. 201 da Constituição Federal.

- Incluído pela EC nº 62/09

§ 4º As contas especiais de que tratam os §§ 1º e 2º serão administradas pelo Tribunal de Justiça local, para pagamento de precatórios expedidos pelos tribunais.

- ADCT, art. 97, § 10, inc. I
- Incluído pela EC nº 62/09

§ 5º Os recursos depositados nas contas especiais de que tratam os §§ 1º e 2º deste artigo não poderão retornar para Estados, Distrito Federal e Municípios devedores.

- ADCT, art. 97, § 10, inc. V
- Incluído pela EC nº 62/09

§ 6º Pelo menos 50% (cinquenta por cento) dos recursos de que tratam os §§ 1º e 2º deste artigo serão utilizados para pagamento de precatórios em ordem cronológica de apresentação, respeitadas as preferências definidas no § 1º, para os requisitórios do mesmo ano e no § 2º do art. 100, para requisitórios de todos os anos.

- ADCT, art. 97, §§ 8º, inc. II, 10, 17 e 18
- Incluído pela EC nº 62/09

§ 7º Nos casos em que não se possa estabelecer a precedência cronológica entre 2 (dois) precatórios, pagar-se-á primeiramente o precatório de menor valor.

- ADCT, art. 97, § 17
- Incluído pela EC nº 62/09

§ 8º A aplicação dos recursos restantes dependerá de opção a ser exercida por Estados, Distrito Federal e Municípios devedores, por ato do Poder Executivo, obedecendo à seguinte forma, que poderá ser aplicada isoladamente ou simultaneamente:

- Incluído pela EC nº 62/09

I – destinados ao pagamento dos precatórios por meio do leilão;

- ADCT, art. 97, §§ 8º, inc. II, 9º e 17
- Incluído pela EC nº 62/09

II – destinados a pagamento a vista de precatórios não quitados na forma do § 6º e do inciso I, em ordem única e crescente de valor por precatório;

- ADCT, art. 97, § 17
- Incluído pela EC nº 62/09

III – destinados a pagamento por acordo direto com os credores, na forma estabelecida por lei própria da entidade devedora, que poderá prever criação e forma de funcionamento de câmara de conciliação.

- ADCT, art. 97, § 17
- Incluído pela EC nº 62/09

§ 9º Os leilões de que trata o inciso I do § 8º deste artigo:

- Incluído pela EC nº 62/09

I – serão realizados por meio de sistema eletrônico administrado por entidade autorizada pela Comissão de Valores Mobiliários ou pelo Banco Central do Brasil;

- Incluído pela EC nº 62/09

II – admitirão a habilitação de precatórios, ou parcela de cada precatório indicada pelo seu detentor, em relação aos quais não esteja pendente, no âmbito do Poder Judiciário, recurso ou impugnação de qualquer natureza, permitida por iniciativa do Poder Executivo a compensação com débitos líquidos e certos, inscritos ou não em dívida ativa e constituídos contra devedor originário pela Fazenda Pública devedora até a data da expedição do precatório, ressalvados aqueles cuja exigibilidade esteja suspensa nos termos da legislação, ou que já tenham sido objeto de abatimento nos termos do § 9º do art. 100 da Constituição Federal;

- ADCT, art. 97, § 9º, inc. IV
- Incluído pela EC nº 62/09

III – ocorrerão por meio de oferta pública a todos os credores habilitados pelo respectivo ente federativo devedor;

- Incluído pela EC nº 62/09

IV – considerarão automaticamente habilitado o credor que satisfaça o que consta no inciso II;

- Incluído pela EC nº 62/09

V – serão realizados tantas vezes quanto necessário em função do valor disponível;

- Incluído pela EC nº 62/09

VI – a competição por parcela do valor total ocorrerá a critério do credor, com deságio sobre o valor desta;

- Incluído pela EC nº 62/09

VII – ocorrerão na modalidade deságio, associado ao maior volume ofertado cumulado ou não com o maior percentual de deságio, pelo maior percentual de deságio, podendo ser fixado valor máximo por credor, ou por outro critério a ser definido em edital;

- Incluído pela EC nº 62/09

VIII – o mecanismo de formação de preço constará nos editais publicados para cada leilão;

- Incluído pela EC nº 62/09

IX – a quitação parcial dos precatórios será homologada pelo respectivo Tribunal que o expediu.

- Incluído pela EC nº 62/09

§ 10 – No caso de não liberação tempestiva dos recursos de que tratam o inciso II do § 1º e os §§ 2º e 6º deste artigo:

- Incluído pela EC nº 62/09

I – haverá o sequestro de quantia nas contas de Estados, Distrito Federal e Municípios devedores, por ordem do Presidente do Tribunal referido no § 4º, até o limite do valor não liberado;

- Incluído pela EC nº 62/09

II – constituir-se-á, alternativamente, por ordem do Presidente do Tribunal requerido, em favor dos credores de precatórios, contra Estados, Distrito Federal e Municípios devedores, direito líquido e certo, autoaplicável e independentemente de regulamentação, à compensação automática com débitos líquidos lançados por esta contra aqueles, e, havendo saldo em favor do credor, o valor terá automaticamente poder liberatório do pagamento de tributos de Estados, Distrito Federal e Municípios devedores, até onde se compensarem;

- Incluído pela EC nº 62/09

III – o chefe do Poder Executivo responderá na forma da legislação de responsabilidade fiscal e de improbidade administrativa;

- Incluído pela EC nº 62/09

IV – enquanto perdurar a omissão, a entidade devedora:

- Incluído pela EC nº 62/09

a) não poderá contrair empréstimo externo ou interno;

- Incluída pela EC nº 62/09

b) ficará impedida de receber transferências voluntárias;

- Incluída pela EC nº 62/09

V – a União reterá os repasses relativos ao Fundo de Participação dos Estados e do Distrito Federal e ao Fundo de Participação dos Municípios, e os depositará nas contas especiais referidas no § 1º, devendo sua utilização obedecer ao que prescreve o § 5º, ambos deste artigo.

- Incluído pela EC nº 62/09

§ 11 – No caso de precatórios relativos a diversos credores, em litisconsórcio, admite-se o desmembramento do valor, realizado pelo Tribunal de origem do precatório, por credor, e, por este, a habilitação do valor total a que tem direito, não se aplicando, neste caso, a regra do § 3º do art. 100 da Constituição Federal.

- Incluído pela EC nº 62/09

§ 12 – Se a lei a que se refere o § 4º do art. 100 não estiver publicada em até cento e oitenta dias, contados da data de publicação desta Emenda Constitucional, será considerado, para os fins referidos, em relação a Estados, Distrito Federal e Municípios devedores, omissos na regulamentação, o valor de:

- Incluído pela EC nº 62/09

I – 40 (quarenta) salários mínimos para Estados e para o Distrito Federal;

- Incluído pela EC nº 62/09

II – 30 (trinta) salários mínimos para Municípios.

- Incluído pela EC nº 62/09

§ 13 – Enquanto Estados, Distrito Federal e Municípios devedores estiverem realizando pagamentos de precatórios pelo regime especial, não poderão sofrer sequestro de valores, exceto no caso de não liberação tempestiva dos recursos de que tratam o inciso II do § 1º e o § 2º deste artigo.

- Incluído pela EC nº 62/09

§ 14 – O regime especial de pagamento de precatório previsto no inciso I do § 1º vigorará enquanto o valor dos precatórios devidos for superior ao valor dos recursos vinculados, nos termos do § 2º, ambos deste artigo, ou pelo prazo fixo de até 15 (quinze) anos, no caso da opção prevista no inciso II do § 1º.

- Incluído pela EC nº 62/09

§ 15 – Os precatórios parcelados na forma do art. 33 ou do art. 78 deste Ato das Disposições Constitucionais Transitórias e ainda pendentes de pagamento ingressarão no regime especial com o valor atualizado das parcelas não pagas relativas a cada precatório, bem como o saldo dos acordos judiciais e extrajudiciais.

- Incluído pela EC nº 62/09

§ 16 – A partir da promulgação desta Emenda Constitucional, a atualização de valores de requisitórios, até o efetivo pagamento, independentemente de sua natureza, será feita pelo índice oficial de remuneração básica da caderneta de poupança, e, para fins de compensação da mora, incidirão juros simples no mesmo percentual de juros incidentes sobre a caderneta de poupança, ficando excluída a incidência de juros compensatórios.

- Incluído pela EC nº 62/09

§ 17 – O valor que exceder o limite previsto no § 2º do art. 100 da Constituição Federal será pago, durante a vigência do regime especial, na forma prevista nos §§ 6º e 7º ou nos incisos I, II e III do § 8º deste artigo, devendo os valores dispendidos para o atendimento do disposto no § 2º do art. 100 da Constituição Federal serem computados para efeito do § 6º deste artigo.

- Incluído pela EC nº 62/09

§ 18 – Durante a vigência do regime especial a que se refere este artigo, gozarão também da preferência a que se refere o § 6º os titulares originais de precatórios que tenham completado 60 (sessenta) anos de idade até a data da promulgação desta Emenda Constitucional.

- Incluído pela EC nº 62/09

Art. 98. O número de defensores públicos na unidade jurisdicional será proporcional à efetiva demanda pelo serviço da Defensoria Pública e à respectiva população.

- Incluído pela EC nº 80/14

§ 1º No prazo de 8 (oito) anos, a União, os Estados e o Distrito Federal deverão contar com defensores públicos em todas as unidades jurisdicionais, observado o disposto no *caput* deste artigo.

- Incluído pela EC nº 80/14

§ 2º Durante o decurso do prazo previsto no § 1º deste artigo, a lotação dos defensores públicos ocorrerá, prioritariamente, atendendo as regiões com maiores índices de exclusão social e adensamento populacional.

- Incluído pela EC nº 80/14

Art. 99. Para efeito do disposto no inciso VII do § 2º do art. 155, no caso de operações e prestações que destinem bens e serviços a consumidor final não contribuinte localizado em outro Estado, o imposto corresponde à diferença entre a alíquota interna e a interestadual será partilhado entre os Estados de origem e de destino, na seguinte proporção:

- Incluído pela EC nº 87/15

I – para o ano de 2015: 20% (vinte por cento) para o Estado de destino e 80% (oitenta por cento) para o Estado de origem;

- Incluído pela EC nº 87/15

II – para o ano de 2016: 40% (quarenta por cento) para o Estado de destino e 60% (sessenta por cento) para o Estado de origem;

- Incluído pela EC nº 87/15

III – para o ano de 2017: 60% (sessenta por cento) para o Estado de destino e 40% (quarenta por cento) para o Estado de origem;

- Incluído pela EC nº 87/15

IV – para o ano de 2018: 80% (oitenta por cento) para o Estado de destino e 20% (vinte por cento) para o Estado de origem;

- Incluído pela EC nº 87/15

V – a partir do ano de 2019: 100% (cem por cento) para o Estado de destino.

- Incluído pela EC nº 87/15

Art. 100. Até que entre em vigor a Lei Complementar de que trata o inciso II do § 1º do art. 40 da Constituição Federal, os Ministros do Supremo Tribunal Federal, dos Tribunais Superiores e do Tribunal de Contas da União aposentar-se-ão, compulsoriamente, aos 75 (setenta e cinco) anos de idade, nas condições do art. 52 da Constituição Federal.

- Incluído pela EC nº 88/15

Brasília, 5 de outubro de 1988.

Ulysses Guimarães, Presidente – *Mauro Benevides,* 1º Vice-Presidente – *Jorge Arbage,* 2º Vice-Presidente – *Marcelo Cordeiro,* 1º Secretário – *Mário Maia,* 2º Secretário – *Arnaldo Faria de Sá,* 3º Secretário – *Benedita da Silva,* 1º Suplente de Secretário – *Luiz Soyer,* 2º Suplente de Secretário – *Sotero Cunha,* 3º Suplente de Secretário – *Bernardo Cabral,* Relator Geral – *Adolfo Oliveira,* Relator Adjunto – *Antônio Carlos Konder Reis,* Relator Adjunto – *José Fogaça,* Relator Adjunto – *Abigail Feitosa – Acival Gomes – Adauto Pereira – Ademir Andrade – Adhemar de Barros Filho – Adroaldo Streck – Adylson Motta – Aécio de Borba – Aécio Neves – Affonso Camargo – Afif Domingos – Afonso Arinos – Afonso Sancho – Agassiz Almeida – Agripino de Oliveira Lima – Airton Cordeiro – Airton Sandoval – Alarico Abib – Albano Franco – Albérico Cordeiro – Albérico Filho – Alceni Guerra – Alcides Saldanha – Aldo Arantes – Alércio Dias – Alexandre Costa – Alexandre Puzyna – Alfredo Campos – Almir Gabriel – Aloisio Vasconcelos – Aloysio Chaves – Aloysio Teixeira – Aluizio Bezerra – Aluízio Campos – Álvaro Antônio – Álvaro Pacheco – Álvaro Valle – Alysson Paulinelli – Amaral Netto – Amaury Müller – Amilcar Moreira – Ângelo Magalhães – Anna Maria Rattes – Annibal Barcellos – Antero de Barros – Antônio Câmara – Antônio Carlos Franco – Antonio Carlos Mendes Thame – Antônio de Jesus – Antonio Ferreira – Antonio Gaspar – Antonio Mariz – Antonio Perosa – Antônio Salim Curiati – Antonio Ueno – Arnaldo Martins – Arnaldo Moraes – Arnaldo Prieto – Arnold Fioravante – Arolde de Oliveira – Artenir Werner – Artur da Távola – Asdrubal Bentes – Assis Canuto – Átila Lira – Augusto Carvalho – Áureo Mello – Basílio Villani – Benedicto Monteiro – Benito Gama – Beth Azize – Bezerra de Melo – Bocayuva Cunha – Bonifácio de Andrada – Bosco França – Brandão Monteiro – Caio Pompeu – Carlos Alberto – Carlos Alberto Caó – Carlos Benevides – Carlos Cardinal – Carlos Chiarelli*

– Carlos Cotta – Carlos De'Carli – Carlos Mosconi – Carlos Sant'Anna – Carlos Vinagre – Carlos Virgílio – Carrel Benevides – Cássio Cunha Lima – Célio de Castro – Celso Dourado – César Cals Neto – César Maia – Chagas Duarte – Chagas Neto – Chagas Rodrigues – Chico Humberto – Christóvam Chiaradia – Cid Carvalho – Cid Sabóia de Carvalho – Cláudio Ávila – Cleonâncio Fonseca – Costa Ferreira – Cristina Tavares – Cunha Bueno – Dálton Canabrava – Darcy Deitos – Darcy Pozza – Daso Coimbra – Davi Alves Silva – Del Bosco Amaral – Delfim Netto – Délio Braz – Denisar Arneiro – Dionisio Dal Prá – Dionísio Hage – Dirce Tutu Quadros – Dirceu Carneiro – Divaldo Suruagy – Djenal Gonçalves – Domingos Juvenil – Domingos Leonelli – Doreto Campanari – Edésio Frias – Edison Lobão – Edivaldo Motta – Edme Tavares – Edmilson Valentim – Eduardo Bonfim – Eduardo Jorge – Eduardo Moreira – Egídio Ferreira Lima – Elias Murad – Eliel Rodrigues – Eliézer Moreira – Enoc Vieira – Eraldo Tinoco – Eraldo Trindade – Erico Pegoraro – Ervin Bonkoski – Etevaldo Nogueira – Euclides Scalco – Eunice Michiles – Evaldo Gonçalves – Expedito Machado – Ézio Ferreira – Fábio Feldmann – Fábio Raunheitti – Farabulini Júnior – Fausto Fernandes – Fausto Rocha – Felipe Mendes – Feres Nader – Fernando Bezerra Coelho – Fernando Cunha – Fernando Gasparian – Fernando Gomes – Fernando Henrique Cardoso – Fernando Lyra – Fernando Santana – Fernando Velasco – Firmo de Castro – Flavio Palmier da Veiga – Flávio Rocha – Florestan Fernandes – Floriceno Paixão – França Teixeira – Francisco Amaral – Francisco Benjamim – Francisco Carneiro – Francisco Coelho – Francisco Diógenes – Francisco Dornelles – Francisco Küster – Francisco Pinto – Francisco Rollemberg – Francisco Rossi – Francisco Sales – Furtado Leite – Gabriel Guerreiro – Gandi Jamil – Gastone Righi – Genebaldo Correia – Genésio Bernardino – Geovani Borges – Geraldo Alckmin Filho – Geraldo Bulhões – Geraldo Campos – Geraldo Fleming – Geraldo Melo – Gerson Camata – Gerson Marcondes – Gerson Peres – Gidel Dantas – Gil César – Gilson Machado – Gonzaga Patriota – Guilherme Palmeira – Gumercindo Milhomem – Gustavo de Faria – Harlan Gadelha – Haroldo Lima – Haroldo Sabóia – Hélio Costa – Hélio Duque – Hélio Manhães – Hélio Rosas – Henrique Córdova – Henrique Eduardo Alves – Heráclito Fortes – Hermes Zaneti – Hilário Braun – Homero Santos – Humberto Lucena – Humberto Souto – Iberê Ferreira – Ibsen Pinheiro – Inocêncio Oliveira – Irajá Rodrigues – Iram Saraiva – Irapuan Costa Júnior – Irma Passoni – Ismael Wanderley – Israel Pinheiro – Itamar Franco – Ivo Cersósimo – Ivo Lech – Ivo Mainardi – Ivo Vanderlinde – Jacy Scanagatta – Jairo Azi – Jairo Carneiro – Jalles Fontoura – Jamil Haddad – Jarbas Passarinho – Jayme Paliarin – Jayme Santana – Jesualdo Cavalcanti – Jesus Tajra – Joaci Góes – João Agripino – João Alves – João Calmon – João Carlos Bacelar – João Castelo – João Cunha – João da Mata – João de Deus Antunes – João Herrmann Neto – João Lobo – João Machado Rollemberg – João Menezes – João Natal – João Paulo – João Rezek – Joaquim Bevilácqua – Joaquim Francisco – Joaquim Hayckel – Joaquim Sucena – Jofran Frejat – Jonas Pinheiro – Jonival Lucas – Jorge Bornhausen – Jorge Hage – Jorge Leite – Jorge Uequed – Jorge Vianna – José Agripino – José Camargo – José Carlos Coutinho – José Carlos Grecco – José Carlos Martinez – José Carlos Sabóia – José Carlos Vasconcelos – José Costa – José da Conceição – José Dutra – José Egreja – José Elias – José Fernandes – José Freire – José Genoíno – José Geraldo – José Guedes – José Ignácio Ferreira – José Jorge – José Lins – José Lourenço – José Luiz de Sá – José Luiz Maia – José Maranhão – José Maria Eymael – José Maurício – José Melo

– José Mendonça Bezerra – José Moura – José Paulo Bisol – José Queiroz – José Richa – José Santana de Vasconcellos – José Serra – José Tavares – José Teixeira – José Thomaz Nonô – José Tinoco – José Ulísses de Oliveira – José Viana – José Yunes – Jovanni Masini – Juarez Antunes – Júlio Campos – Júlio Costamilan – Jutahy Júnior – Jutahy Magalhães – Koyu Iha – Lael Varella – Lavoisier Maia – Leite Chaves – Lélio Souza – Leopoldo Peres – Leur Lomanto – Levy Dias – Lézio Sathler – Lídice da Mata – Louremberg Nunes Rocha – Lourival Baptista – Lúcia Braga – Lúcia Vânia – Lúcio Alcântara – Luís Eduardo – Luís Roberto Ponte – Luiz Alberto Rodrigues – Luiz Freire – Luiz Gushiken – Luiz Henrique – Luiz Inácio Lula da Silva – Luiz Leal – Luiz Marques – Luiz Salomão – Luiz Viana – Luiz Viana Neto – Lysâneas Maciel – Maguito Vilela – Maluly Neto – Manoel Castro – Manoel Moreira – Manoel Ribeiro – Mansueto de Lavor – Manuel Viana – Márcia Kubitschek – Márcio Braga – Márcio Lacerda – Marco Maciel – Marcondes Gadelha – Marcos Lima – Marcos Queiroz – Maria de Lourdes Abadia – Maria Lúcia – Mário Assad – Mário Covas – Mário de Oliveira – Mário Lima – Marluce Pinto – Matheus Iensen – Mattos Leão – Maurício Campos – Maurício Correa – Maurício Fruet – Maurício Nasser – Maurício Pádua – Maurílio Ferreira Lima – Mauro Borges – Mauro Campos – Mauro Miranda – Mauro Sampaio – Max Rosenmann – Meira Filho – Melo Freire – Mello Reis – Mendes Botelho – Mendes Canale – Mendes Ribeiro – Messias Góis – Messias Soares – Michel Temer – Milton Barbosa – Milton Lima – Milton Reis – Miraldo Gomes – Miro Teixeira – Moema São Thiago – Moysés Pimentel – Mozarildo Cavalcanti – Mussa Demes – Myrian Portella – Nabor Júnior – Naphtali Alves de Souza – Narciso Mendes – Nelson Aguiar – Nelson Carneiro – Nelson Jobim – Nelson Sabrá – Nelson Seixas – Nelson Wedekin – Nelton Friedrich – Nestor Duarte – Ney Maranhão – Nilso Sguarezi – Nilson Gibson – Nion Albernaz – Noel de Carvalho – Nyder Barbosa – Octávio Elísio – Odacir Soares – Olavo Pires – Olívio Dutra – Onofre Corrêa – Orlando Bezerra – Orlando Pacheco – Oscar Corrêa – Osmar Leitão – Osmir Lima – Osmundo Rebouças – Osvaldo Bender – Osvaldo Coelho – Osvaldo Macedo – Osvaldo Sobrinho – Oswaldo Almeida – Oswaldo Trevisan – Ottomar Pinto – Paes de Andrade – Paes Landim – Paulo Delgado – Paulo Macarini – Paulo Marques – Paulo Mincarone – Paulo Paim – Paulo Pimentel – Paulo Ramos – Paulo Roberto – Paulo Roberto Cunha – Paulo Silva – Paulo Zarzur – Pedro Canedo – Pedro Ceolin – Percival Muniz – Pimenta da Veiga – Plínio Arruda Sampaio – Plínio Martins – Pompeu de Sousa – Rachid Saldanha Derzi – Raimundo Bezerra – Raimundo Lira – Raimundo Rezende – Raquel Cândido – Raquel Capiberibe – Raul Belém – Raul Ferraz – Renan Calheiros – Renato Bernardi – Renato Johnsson – Renato Vianna – Ricardo Fiuza – Ricardo Izar – Rita Camata – Rita Furtado – Roberto Augusto – Roberto Balestra – Roberto Brant – Roberto Campos – Roberto D'Ávila – Roberto Freire – Roberto Jefferson – Roberto Rollemberg – Roberto Torres – Roberto Vital – Robson Marinho – Rodrigues Palma – Ronaldo Aragão – Ronaldo Carvalho – Ronaldo Cezar Coelho – Ronan Tito – Ronaro Corrêa – Rosa Prata – Rose de Freitas – Rospide Netto – Rubem Branquinho – Rubem Medina – Ruben Figueiró – Ruberval Pilotto – Ruy Bacelar – Ruy Nedel – Sadie Hauache – Salatiel Carvalho – Samir Achôa – Sandra Cavalcanti – Santinho Furtado – Sarney Filho – Saulo Queiroz – Sérgio Brito – Sérgio Spada – Sérgio Werneck – Severo Gomes – Sigmaringa Seixas – Sílvio Abreu – Simão Sessim – Siqueira Campos – Sólon Borges dos Reis – Stélio Dias – Tadeu França – Telmo

Kirst – Teotonio Vilela Filho – Theodoro Mendes – Tito Costa – Ubiratan Aguiar – Ubiratan Spinelli – Uldurico Pinto – Valmir Campelo – Valter Pereira – Vasco Alves – Vicente Bogo – Victor Faccioni – Victor Fontana – Victor Trovão – Vieira da Silva – Vilson Souza – Vingt Rosado – Vinicius Cansanção – Virgildásio de Senna – Virgílio Galassi – Virgílio Guimarães – Vitor Buaiz – Vivaldo Barbosa – Vladimir Palmeira – Wagner Lago – Waldec Ornélas – Waldyr Pugliesi – Walmor de Luca – Wilma Maia – Wilson Campos – Wilson Martins – Ziza Valadares. Participantes: Álvaro Dias – Antônio Britto – Bete Mendes – Borges da Silveira – Cardoso Alves – Edivaldo Holanda – Expedito Júnior – Fadah Gattass – Francisco Dias – Geovah Amarante – Hélio Gueiros – Horácio Ferraz – Hugo Napoleão – Iturival Nascimento – Ivan Bonato – Jorge Medauar – José Mendonça de Morais – Leopoldo Bessone – Marcelo Miranda – Mauro Fecury – Neuto de Conto – Nivaldo Machado – Oswaldo Lima Filho – Paulo Almada – Prisco Viana – Ralph Biasi – Rosário Congro Neto – Sérgio Naya – Tidei de Lima. In Memoriam: Alair Ferreira – Antônio Farias – Fábio Lucena – Norberto Schwantes – Virgílio Távora.

EMENDAS CONSTITUCIONAIS

EMENDA CONSTITUCIONAL Nº 1, DE 31 DE MARÇO DE 1992

Dispõe sobre a Remuneração dos Deputados Estaduais e dos Vereadores

As Mesas da Câmara dos Deputados e do Senado Federal, nos termos do § 3º do art. 60 da Constituição Federal, promulgam a seguinte Emenda ao texto constitucional:

Art. 1º O § 2º do art. 27 da Constituição passa a vigorar com a seguinte redação:

...

Art. 2º São acrescentados ao art. 29 da Constituição os seguintes incisos, VI e VII, renumerando-se os demais:

...

Art. 3º Esta Emenda Constitucional entra em vigor na data de sua publicação.

Brasília, 31 de março de 1992.

Mesa da Câmara dos Deputados Mesa do Senado Federal

EMENDA CONSTITUCIONAL Nº 2, DE 25 DE AGOSTO DE 1992

Dispõe sobre o Plebiscito previsto no art. 2º do Ato das Disposições Constitucionais Transitórias

As Mesas da Câmara dos Deputados e do Senado Federal, nos termos do § 3º do art. 60 da Constituição Federal, promulgam a seguinte Emenda ao texto constitucional:

Artigo único. O plebiscito de que trata o art. 2º do Ato das Disposições Constitucionais Transitórias realizar-se-á no dia 21 de abril de 1993.

§ 1º A forma e o sistema de governo definidos pelo plebiscito terão vigência em 1º de janeiro de 1995.

§ 2º A lei poderá dispor sobre a realização do plebiscito, inclusive sobre a gratuidade da livre divulgação das formas e sistemas de governo, através dos meios de comunicação de massa concessionários ou permissionários de serviço público, assegurada igualdade de tempo e paridade de horários.

§ 3º A norma constante do parágrafo anterior não exclui a competência do Tribunal Superior Eleitoral para expedir instruções necessárias à realização da consulta plebiscitária.

Brasília, 25 de agosto de 1992.

Mesa da Câmara dos Deputados Mesa do Senado Federal

EMENDA CONSTITUCIONAL Nº 3, DE 17 DE MARÇO DE 1993

Altera os arts. 40, 42, 102, 103, 155, 156, 160, 167 da Constituição Federal

As Mesas da Câmara dos Deputados e do Senado Federal, nos termos do § 3º do art. 60 da Constituição Federal, promulgam a seguinte Emenda ao texto constitucional:

Art. 1º Os dispositivos da Constituição Federal abaixo enumerados passam a vigorar com as seguintes alterações:

...

Art. 2º A União poderá instituir, nos termos de lei complementar, com vigência até 31 de dezembro de 1994, imposto sobre movimentação ou transmissão de valores e de créditos e direitos de natureza financeira.

§ 1º A alíquota do imposto de que trata este artigo não excederá a vinte e cinco centésimos por cento, facultado ao Poder Executivo reduzi-la ou restabelecê-la, total ou parcialmente, nas condições e limites fixados em lei.

§ 2º Ao imposto de que trata este artigo não se aplica o art. 150, incs. III, "b" e VI, nem o disposto no § 5º do art. 153 da Constituição.

§ 3º O produto da arrecadação do imposto de que trata este artigo não se encontra sujeito a qualquer modalidade de repartição com outra entidade federada.

§ 4º

- Excluído pela ECR nº 1/94

Art. 3º A eliminação do adicional ao imposto de renda, de competência dos Estados, decorrente desta Emenda Constitucional, somente produzirá efeitos a partir de 1º de janeiro de 1996, reduzindo-se a correspondente alíquota, pelo menos, a dois e meio por cento no exercício financeiro de 1995.

Art. 4º A eliminação do imposto sobre vendas a varejo de combustíveis líquidos e gasosos, de competência dos Municípios, decorrente desta Emenda Constitucional, somente produzirá efeitos a partir de 1º de janeiro de 1996, reduzindo-se a correspondente alíquota, pelo menos, a um e meio por cento no exercício financeiro de 1995.

Art. 5º Até 31 de dezembro de 1999, os Estados, o Distrito Federal e os Municípios somente poderão emitir títulos da dívida pública no montante necessário ao refinanciamento do principal devidamente atualizado de suas obrigações, representadas por essa espécie de títulos, ressalvado o disposto no art. 33, parágrafo único, do Ato das Disposições Constitucionais Transitórias.

Art. 6º Revogam-se o inciso IV e o § 4º do art. 156 da Constituição Federal.

Brasília, 17 de março de 1993.

Mesa da Câmara dos Deputados — Mesa do Senado Federal

EMENDA CONSTITUCIONAL Nº 4, DE 14 DE SETEMBRO DE 1993

Dá Nova Redação ao art. 16
da Constituição Federal

As Mesas da Câmara dos Deputados e do Senado Federal, nos termos do § 3º do art. 60 da Constituição Federal, promulgam a seguinte Emenda ao texto constitucional:

Artigo único. O art. 16 da Constituição Federal passa a vigorar com a seguinte redação:

...

Brasília, 14 de setembro de 1993.

Mesa da Câmara dos Deputados — Mesa do Senado Federal

EMENDA CONSTITUCIONAL Nº 5, DE 15 DE AGOSTO DE 1995

Altera o § 2º do art. 25
da Constituição Federal

As Mesas da Câmara dos Deputados e do Senado Federal, nos termos do § 3º do art. 60 da Constituição Federal, promulgam a seguinte Emenda ao texto constitucional:

Artigo único. O § 2º do art. 25 da Constituição Federal passa a vigorar com a seguinte redação:

...

Brasília, 15 de agosto de 1995.

Mesa da Câmara dos Deputados — Mesa do Senado Federal

EMENDA CONSTITUCIONAL Nº 6, DE 15 DE AGOSTO DE 1995

Altera o inciso IX do art. 170, o art. 171 e o § 1º do art. 176
da Constituição Federal

As Mesas da Câmara dos Deputados e do Senado Federal, nos termos do § 3º do art. 60 da Constituição Federal, promulgam a seguinte Emenda ao texto constitucional:

Art. 1º O inciso IX do art. 170 e o § 1º do art. 176 da Constituição Federal passam a vigorar com a seguinte redação:

...

Art. 2º Fica incluído o seguinte art. 246 no Título IX – "Das Disposições Constitucionais Gerais":

...

Art. 3º Fica revogado o art. 171 da Constituição Federal.

Brasília, 15 de agosto de 1995.

Mesa da Câmara dos Deputados — Mesa do Senado Federal

EMENDA CONSTITUCIONAL Nº 7, DE 15 DE AGOSTO DE 1995

Altera o art. 178 da Constituição Federal e dispõe sobre a Adoção de Medidas Provisórias

As Mesas da Câmara dos Deputados e do Senado Federal, nos termos do § 3º do art. 60 da Constituição Federal, promulgam a seguinte Emenda ao texto constitucional:

Art. 1º O art. 178 da Constituição Federal passa a vigorar com a seguinte redação:

...

Art. 2º Fica incluído o seguinte art. 246 no Título IX – "Das Disposições Constitucionais Gerais":

...

Brasília, 15 de agosto de 1995.

Mesa da Câmara dos Deputados — Mesa do Senado Federal

EMENDA CONSTITUCIONAL Nº 8, DE 15 DE AGOSTO DE 1995

Altera o inciso XI e a alínea "A" do inciso XII do art. 21 da Constituição Federal

As Mesas da Câmara dos Deputados e do Senado Federal, nos termos do § 3º do art. 60 da Constituição Federal, promulgam a seguinte Emenda ao texto constitucional:

Art. 1º O inciso XI e a alínea "a" do inciso XII do art. 21 da Constituição Federal passam a vigorar com a seguinte redação:

...

Art. 2º É vedada a adoção de medida provisória para regulamentar o disposto no inciso XI do art. 21 com a redação dada por esta Emenda constitucional.

Brasília, 15 de agosto de 1995.

Mesa da Câmara dos Deputados — Mesa do Senado Federal

EMENDA CONSTITUCIONAL Nº 9, DE 9 DE NOVEMBRO DE 1995

Dá Nova Redação ao art. 177 da Constituição Federal, alterando e inserindo parágrafos

As Mesas da Câmara dos Deputados e do Senado Federal, nos termos do § 3º do art. 60 da Constituição Federal, promulgam a seguinte Emenda ao texto constitucional:

Art. 1º O § 1º do art. 177 da Constituição Federal passa a vigorar com a seguinte redação:

...

Art. 2º Inclua-se um parágrafo, a ser enumerado como § 2º com a redação seguinte, passando o atual § 2º para § 3º, no art. 177 da Constituição Federal:

...

Art. 3º É vedada a adoção de medida provisória para a regulamentação da matéria prevista nos incisos I a IV e nos §§ 1º e 2º do art. 177 da Constituição Federal.

Brasília, 9 de novembro de 1995.

Mesa da Câmara dos Deputados | Mesa do Senado Federal

EMENDA CONSTITUCIONAL Nº 10, DE 4 DE MARÇO DE 1996

Altera os arts. 71 e 72 do Ato das Disposições Constitucionais Transitórias, introduzidos pela Emenda Constitucional de Revisão nº 1, de 1994

As Mesas da Câmara dos Deputados e do Senado Federal, nos termos do § 3º do art. 60 da Constituição Federal, promulgam a seguinte Emenda ao texto constitucional:

Art. 1º O art. 71 do Ato das Disposições Constitucionais Transitórias passa a vigorar com a seguinte redação:

...

Art. 2º O art. 72 do Ato das Disposições Constitucionais Transitórias passa a vigorar com a seguinte redação:

...

Art. 3º Esta Emenda Constitucional entra em vigor na data de sua publicação.

Brasília, 4 de março de 1996.

Mesa da Câmara dos Deputados | Mesa do Senado Federal

EMENDA CONSTITUCIONAL Nº 11, DE 30 DE ABRIL DE 1996

Permite a Admissão de Professores, Técnicos e Cientistas Estrangeiros pelas Universidades Brasileiras e concede Autonomia às Instituições de Pesquisa Científica e Tecnológica

As Mesas da Câmara dos Deputados e do Senado Federal, nos termos do § 3º do art. 60 da Constituição Federal, promulgam a seguinte Emenda ao texto constitucional:

Art. 1º São acrescentados ao art. 207 da Constituição Federal dois parágrafos com a seguinte redação:

...

Art. 2º Esta Emenda entra em vigor na data de sua publicação.

Brasília, 30 de abril de 1996.

Mesa da Câmara dos Deputados | Mesa do Senado Federal

EMENDA CONSTITUCIONAL Nº 12, DE 15 DE AGOSTO DE 1996

Outorga Competência à União, para instituir Contribuição Provisória sobre Movimentação ou Transmissão de Valores e de Créditos e Direitos de Natureza Financeira

As Mesas da Câmara dos Deputados e do Senado Federal, nos termos do § 3º do art. 60 da Constituição Federal, promulgam a seguinte Emenda ao texto constitucional:

Artigo único. Inclui o art. 74 no Ato das Disposições Constitucionais Transitórias.

...

Brasília, 15 de agosto de 1996.

Mesa da Câmara dos Deputados — Mesa do Senado Federal

EMENDA CONSTITUCIONAL Nº 13, DE 21 DE AGOSTO DE 1996

Dá Nova Redação ao inciso II do art. 192 da Constituição Federal

As Mesas da Câmara dos Deputados e do Senado Federal, nos termos do § 3º do art. 60 da Constituição Federal, promulgam a seguinte Emenda ao texto constitucional:

Artigo único. O inciso II do art. 192 da Constituição Federal passa a vigorar com a seguinte redação:

...

Brasília, 21 de agosto de 1996.

Mesa da Câmara dos Deputados — Mesa do Senado Federal

EMENDA CONSTITUCIONAL Nº 14, DE 12 DE SETEMBRO DE 1996

Modifica os arts. 34, 208, 211 e 212 da Constituição Federal e dá Nova Redação ao art. 60 do Ato das Disposições Constitucionais Transitórias

As Mesas da Câmara dos Deputados e do Senado Federal, nos termos do § 3º do art. 60 da Constituição Federal, promulgam a seguinte Emenda ao texto constitucional:

Art. 1º É acrescentada no inciso VII do art. 34, da Constituição Federal, a alínea "e":

...

Art. 2º É dada nova redação aos incisos I e II do art. 208 da Constituição Federal:

...

Art. 3º É dada nova redação aos §§ 1º e 2º do art. 211 da Constituição Federal e nele são inseridos mais dois parágrafos:

...

Art. 4º É dada nova redação ao § 5º do art. 212 da Constituição Federal:

...

Art. 5º É alterado o art. 60 do Ato das Disposições Constitucionais Transitórias e nele são inseridos novos parágrafos, passando o artigo a ter a seguinte redação:

...

Art. 6º Esta Emenda entra em vigor a primeiro de janeiro do ano subsequente ao de sua promulgação.

Brasília, 12 de setembro de 1996.

Mesa da Câmara dos Deputados Mesa do Senado Federal

EMENDA CONSTITUCIONAL Nº 15, DE 12 DE SETEMBRO DE 1996

Dá Nova Redação ao § 4º do art. 18 da Constituição Federal

As Mesas da Câmara dos Deputados e do Senado Federal, nos termos do § 3º do art. 60 da Constituição Federal, promulgam a seguinte Emenda ao texto constitucional:

Artigo único. O § 4º do art. 18 da Constituição Federal passa a vigorar com a seguinte redação:

...

Brasília, 12 de setembro de 1996.

Mesa da Câmara dos Deputados Mesa do Senado Federal

EMENDA CONSTITUCIONAL Nº 16, DE 4 DE JUNHO DE 1997

Dá Nova Redação ao § 5º do art. 14, ao caput *do art. 28, ao inciso II do art. 29, ao* caput *do art. 77 e ao art. 82 da Constituição Federal*

As Mesas da Câmara dos Deputados e do Senado Federal, nos termos do § 3º do art. 60 da Constituição Federal, promulgam a seguinte Emenda ao texto constitucional:

Art. 1º O § 5º do art. 14, o *caput* do art. 28, o inciso II do art. 29, o *caput* do art. 77 e o art. 82 da Constituição Federal passam a vigorar com a seguinte redação:

...

Art. 2º Esta Emenda Constitucional entra em vigor na data de sua publicação.

Brasília, 4 de junho de 1997.

Mesa da Câmara dos Deputados Mesa do Senado Federal

EMENDA CONSTITUCIONAL Nº 17, DE 22 DE NOVEMBRO DE 1997

Altera Dispositivos dos arts. 71 e 72 do Ato das Disposições Constitucionais Transitórias, introduzidos pela Emenda Constitucional de Revisão nº 1, de 1994

As Mesas da Câmara dos Deputados e do Senado Federal, nos termos do § 3º do art. 60 da Constituição Federal, promulgam a seguinte Emenda ao Texto Constitucional:

Art. 1º O *caput* do art. 71 do Ato das Disposições Constitucionais Transitórias passa a vigorar com a seguinte redação:

...

Art. 2º O inciso V do art. 72 do Ato das Disposições Constitucionais Transitórias passa a vigorar com a seguinte redação:

...

Art. 3º A União repassará aos Municípios, do produto da arrecadação do Imposto sobre a Renda e Proventos de qualquer natureza, tal como considerado na constituição dos fundos de que trata o art. 159, inc. I, da Constituição, excluída a parcela referida no art. 72, inc. I, do Ato das Disposições Constitucionais Transitórias, os seguintes percentuais:

I – um inteiro e cinquenta e seis centésimos por cento, no período de 1º de julho de 1997 a 31 de dezembro de 1997;

II – um inteiro e oitocentos e setenta e cinco milésimos por cento, no período de 1º de janeiro de 1998 a 31 de dezembro de 1998;

III – dois inteiros e cinco décimos por cento, no período de 1º de janeiro de 1999 a 31 de dezembro de 1999.

Parágrafo único. O repasse dos recursos de que trata este artigo obedecerá a mesma periodicidade e aos mesmos critérios de repartição e normas adotadas no Fundo de Participação dos Municípios, observado o disposto no art. 160 da Constituição.

Art. 4º Os efeitos do disposto nos arts. 71 e 72 do Ato das Disposições Constitucionais Transitórias, com a redação dada pelos arts. 1º e 2º desta Emenda, são retroativos a 1º de julho de 1997.

Parágrafo único. As parcelas de recursos destinados ao Fundo de Estabilização Fiscal e entregues na forma do art. 159, inc. I, da Constituição, no período compreendido entre 1º de julho de 1997 e a data de promulgação desta Emenda, serão deduzidas das cotas subsequentes, limitada a dedução a um décimo do valor total entregue em cada mês.

Art. 5º Observado o disposto no artigo anterior, a União aplicará as disposições do art. 3º desta Emenda retroativamente a 1º de julho de 1997.

Art. 6º Esta Emenda Constitucional entra em vigor na data de sua publicação.

Brasília, 22 de novembro de 1997.

Mesa da Câmara dos Deputados — Mesa do Senado Federal

EMENDA CONSTITUCIONAL Nº 18, DE 5 DE FEVEREIRO DE 1998

Dispõe sobre o Regime Constitucional dos Militares

As Mesas da Câmara dos Deputados e do Senado Federal, nos termos do § 3º do art. 60 da Constituição Federal, promulgam a seguinte Emenda ao texto constitucional:

Art. 1º O art. 37, inc. XV, da Constituição passa a vigorar com a seguinte redação:

...

Art. 2º A seção II do Capítulo VII do Título III da Constituição passa a denominar-se "Dos Servidores Públicos" e a Seção III do Capítulo VII do Título III da Constituição Federal passa a denominar-se "Dos Militares dos Estados, do Distrito Federal e dos Territórios", dando-se ao art. 42 a seguinte redação:

...

Art. 3º O inciso II do § 1º do art. 61 da Constituição passa a vigorar com as seguintes alterações:

...

Art. 4º Acrescente-se o § 3º ao art. 142 da Constituição:

...

Art. 5º Esta Emenda Constitucional entra em vigor na data de sua publicação.

Brasília, 5 de fevereiro de 1998.

Mesa da Câmara dos Deputados — Mesa do Senado Federal

EMENDA CONSTITUCIONAL Nº 19, DE 4 DE JUNHO DE 1998

Modifica o Regime e dispõe sobre Princípios e Normas da Administração Pública, Servidores e Agentes Políticos, Controle de Despesas e Finanças Públicas e Custeio de Atividades a Cargo do Distrito Federal, e dá Outras Providências

As Mesas da Câmara dos Deputados e do Senado Federal, nos termos do § 3º do art. 60 da Constituição Federal, promulgam esta Emenda ao texto constitucional:

Art. 1º Os incisos XIV e XXII do art. 21 e XXVII do art. 22 da Constituição Federal passam a vigorar com a seguinte redação:

...

Art. 2º O § 2º do art. 27 e os incisos V e VI do art. 29 da Constituição Federal passam a vigorar com a seguinte redação, inserindo-se § 2º no art. 28 e renumerando-se para § 1º o atual parágrafo único:

...

Art. 3º O *caput*, os incisos I, II, V, VII, X, XI, XIII, XIV, XV, XVI, XVII e XIX e o § 3º do art. 37 da Constituição Federal passam a vigorar com a seguinte redação, acrescendo-se ao artigo os §§ 7º a 9º:

...

Art. 4º O *caput* do art. 38 da Constituição Federal passa a vigorar com a seguinte redação:

...

Art. 5º O art. 39 da Constituição Federal passa a vigorar com a seguinte redação:

...

Art. 6º O art. 41 da Constituição Federal passa a vigorar com a seguinte redação:

...

Art. 7º O art. 48 da Constituição Federal passa a vigorar acrescido do seguinte inciso XV:

...

Art. 8º Os incisos VII e VIII do art. 49 da Constituição Federal passam a vigorar com a seguinte redação:

...

Art. 9º O inciso IV do art. 51 da Constituição Federal passa a vigorar com a seguinte redação:

...

Art. 10. O inciso XIII do art. 52 da Constituição Federal passa a vigorar com a seguinte redação:

...

Art. 11. O § 7º do art. 57 da Constituição Federal passa a vigorar com a seguinte redação:

...

Art. 12. O parágrafo único do art. 70 da Constituição Federal passa a vigorar com a seguinte redação:

...

Art. 13. O inciso V do art. 93, o inciso III do art. 95 e a alínea "b" do inciso II do art. 96 da Constituição Federal passam a vigorar com a seguinte redação:

...

Art. 14. O § 2º do art. 127 da Constituição Federal passa a vigorar com a seguinte redação:

...

Art. 15. A alínea "c" do inciso I do § 5º do art. 128 da Constituição Federal passa a vigorar com a seguinte redação:

...

Art. 16. A Seção II do Capítulo IV do Título IV da Constituição Federal passa a denominar-se "Da Advocacia Pública".

...

Art. 17. O art. 132 da Constituição Federal passa a vigorar com a seguinte redação:

...

Art. 18. O art. 135 da Constituição Federal passa a vigorar com a seguinte redação:

...

Art. 19. O § 1º e seu inciso III e os §§ 2º e 3º do art. 144 da Constituição Federal passam a vigorar com a seguinte redação, inserindo-se no artigo § 9º:

...

Art. 20. O *caput* do art. 167 da Constituição Federal passa a vigorar acrescido de inciso X, com a seguinte redação:

...

Art. 21. O art. 169 da Constituição Federal passa a vigorar com a seguinte redação:

...

Art. 22. O § 1º do art. 173 da Constituição Federal passa a vigorar com a seguinte redação:

...

Art. 23. O inciso V do art. 206 da Constituição Federal passa a vigorar com a seguinte redação:

...

Art. 24. O art. 241 da Constituição Federal passa a vigorar com a seguinte redação:

...

Art. 25. Até a instituição do fundo a que se refere o inciso XIV do art. 21 da Constituição Federal, compete à União manter os atuais compromissos financeiros com a prestação de serviços públicos do Distrito Federal.

Art. 26. No prazo de dois anos da promulgação desta Emenda, as entidades da administração indireta terão seus estatutos revistos quanto à respectiva natureza jurídica, tendo em conta a finalidade e as competências efetivamente executadas.

Art. 27. O Congresso Nacional, dentro de cento e vinte dias da promulgação desta Emenda, elaborará lei de defesa do usuário de serviços públicos.

Art. 28. É assegurado o prazo de dois anos de efetivo exercício para aquisição da estabilidade aos atuais servidores em estágio probatório, sem prejuízo da avaliação a que se refere o § 4º do art. 41 da Constituição Federal.

Art. 29. Os subsídios, vencimentos, remuneração, proventos da aposentadoria e pensões e quaisquer outras espécies remuneratórias adequar-se-ão, a partir da promulgação desta Emenda, aos limites decorrentes da Constituição Federal, não se admitindo a percepção de excesso a qualquer título.

Art. 30. O projeto de lei complementar a que se refere o art. 163 da Constituição Federal será apresentado pelo Poder Executivo ao Congresso Nacional no prazo máximo de cento e oitenta dias da promulgação desta Emenda.

Art. 31. Os servidores públicos federais da administração direta e indireta, os servidores municipais e os integrantes da carreira policial militar dos ex-Territórios Federais do Amapá e de Roraima que comprovadamente encontravam-se no exercício regular de suas funções prestando serviços àqueles ex-Territórios na data em que foram transformados em Estados, os servidores e os policiais militares admitidos regularmente pelos governos dos Estados do Amapá e de Roraima no período entre a transformação e a efetiva instalação desses Estados em outubro de 1993 e, ainda, os servidores nesses Estados com vínculo funcional já reconhecido pela União integrarão, mediante opção, quadro em extinção da administração federal.

• Redação dada pela EC nº 79/14

§ 1º O enquadramento referido no *caput* para os servidores ou para os policiais militares admitidos regularmente entre a transformação e a instalação dos Estados em outubro de 1993 deverá dar-se no cargo em que foram originariamente admitidos ou em cargo equivalente.

• Redação dada pela EC nº 79/14

§ 2º Os integrantes da carreira policial militar a que se refere o *caput* continuarão prestando serviços aos respectivos Estados, na condição de cedidos, submetidos às disposições estatutárias a que estão sujeitas as corporações das respectivas Polícias Militares, observados as atribuições de função compatíveis com seu grau hierárquico e o direito às devidas promoções.

• Redação dada pela EC nº 79/14

§ 3º Os servidores a que se refere o *caput* continuarão prestando serviços aos respectivos Estados e a seus Municípios, na condição de cedidos, até seu aproveitamento em órgão ou entidade da administração federal direta, autárquica ou fundacional.

• Incluído pela EC nº 79/14

Art. 32. A Constituição Federal passa a vigorar acrescida do seguinte artigo:

...

Art. 33. Consideram-se servidores não estáveis, para os fins do art. 169, § 3º, inc. II, da Constituição Federal aqueles admitidos na administração direta, autárquica e fundacional sem concurso público de provas ou de provas e títulos após o dia 5 de outubro de 1983.

Art. 34. Esta Emenda Constitucional entra em vigor na data de sua promulgação.

Brasília, 4 de junho de 1998.

Mesa da Câmara dos Deputados — Mesa do Senado Federal

EMENDA CONSTITUCIONAL Nº 20, DE 15 DE DEZEMBRO DE 1998

Modifica o Sistema de Previdência Social, estabelece Normas de Transição e dá Outras Providências

As Mesas da Câmara dos Deputados e do Senado Federal, nos termos do § 3º do art. 60 da Constituição Federal, promulgam a seguinte Emenda ao texto constitucional:

Art. 1º A Constituição Federal passa a vigorar com as seguintes alterações:

...

Art. 2º A Constituição Federal, nas Disposições Constitucionais Gerais, é acrescida dos seguintes artigos:

...

Art. 3º É assegurada a concessão de aposentadoria e pensão, a qualquer tempo, aos servidores públicos e aos segurados do regime geral de previdência social, bem como aos seus dependentes, que, até a data da publicação desta Emenda, tenham cumprido os requisitos para a obtenção destes benefícios, com base nos critérios da legislação então vigente.

§ 1º O servidor de que trata este artigo, que tenha completado as exigências para aposentadoria integral e que opte por permanecer em atividade fará jus à isenção da contribuição previdenciária até completar as exigências para aposentadoria contidas no art. 40, § 1º, inc. III, "a", da Constituição Federal.

§ 2º Os proventos da aposentadoria a ser concedida aos servidores públicos referidos no *caput*, em termos integrais ou proporcionais ao tempo de serviço já exercido até a data de publicação desta Emenda, bem como as pensões de seus dependentes, serão calculados de acordo com a legislação em vigor à época em que foram atendidas as prescrições nela estabelecidas para a concessão destes benefícios ou nas condições da legislação vigente.

§ 3º São mantidos todos os direitos e garantias assegurados nas disposições constitucionais vigentes à data de publicação desta Emenda aos servidores e militares, inativos e pensionistas, aos anistiados e aos ex-combatentes, assim como àqueles que já cumpriram, até aquela data, os requisitos para usufruírem tais direitos, observado o disposto no art. 37, inc. XI, da Constituição Federal.

Art. 4º Observado o disposto no art. 40, § 10, da Constituição Federal, o tempo de serviço considerado pela legislação vigente para efeito de aposentadoria, cumprido até que a lei discipline a matéria, será contado como tempo de contribuição.

Art. 5º O disposto no art. 202, § 3º, da Constituição Federal, quanto à exigência de paridade entre a contribuição da patrocinadora e a contribuição do segurado, terá vigência no prazo de dois anos a partir da publicação desta Emenda, ou, caso ocorra antes, na data de publicação da lei complementar a que se refere o § 4º do mesmo artigo.

Art. 6º As entidades fechadas de previdência privada patrocinadas por entidades públicas, inclusive empresas públicas e sociedades de economia mista, deverão rever, no prazo de dois anos, a contar da publicação desta Emenda, seus planos de benefícios e serviços, de modo a ajustá-los atuarialmente a seus ativos, sob pena de intervenção, sendo seus dirigentes e os de suas respectivas patrocinadoras responsáveis civil e criminalmente pelo descumprimento do disposto neste artigo.

Art. 7º Os projetos das leis complementares previstas no art. 202 da Constituição Federal deverão ser apresentados ao Congresso Nacional no prazo máximo de noventa dias após a publicação desta Emenda.

Art. 8º

- Excluído pela EC nº 41/03

Art. 9º Observado o disposto no art. 4º desta Emenda e ressalvado o direito de opção a aposentadoria pelas normas por ela estabelecidas para o regime geral de previdência social, é assegurado o direito à aposentadoria ao segurado que se tenha filiado ao regime geral de previdência social, até a data de publicação desta Emenda, quando, cumulativamente, atender aos seguintes requisitos:

I – contar com cinquenta e três anos de idade, se homem, e quarenta e oito anos de idade, se mulher e

II – contar tempo de contribuição igual, no mínimo, à soma de:

a) trinta e cinco anos, se homem, e trinta anos, se mulher e

b) um período adicional de contribuição equivalente a vinte por cento do tempo que, na data da publicação desta Emenda, faltaria para atingir o limite de tempo constante da alínea anterior.

§ 1º O segurado de que trata este artigo, desde que atendido o disposto no inciso I do *caput*, e observado o disposto no art. 4º desta Emenda, pode aposentar-se com valores proporcionais ao tempo de contribuição, quando atendidas as seguintes condições:

I – contar tempo de contribuição igual, no mínimo, à soma de:

a) trinta anos, se homem, e vinte e cinco anos, se mulher e

b) um período adicional de contribuição equivalente a quarenta por cento do tempo que, na data da publicação desta Emenda, faltaria para atingir o limite de tempo constante da alínea anterior;

II – o valor da aposentadoria proporcional será equivalente a setenta por cento do valor da aposentadoria a que se refere o *caput*, acrescido de cinco por cento por ano de contribuição que supere a soma a que se refere o inciso anterior, até o limite de cem por cento.

§ 2º O professor que, até a data da publicação desta Emenda, tenha exercido atividade de magistério e que opte por aposentar-se na forma do disposto no *caput*, terá o tempo de serviço exercido até a publicação desta Emenda contado com o acréscimo de dezessete por cento, se homem, e de vinte por cento, se mulher, desde que se aposente, exclusivamente, com tempo de efetivo exercício de atividade de magistério.

Art. 10.

- Excluído pela EC nº 41/03

Art. 11. A vedação prevista no art. 37, § 10, da Constituição Federal, não se aplica aos membros de poder e aos inativos, servidores e militares, que, até a publicação desta Emenda, tenham ingressado novamente no serviço público por concurso público de provas ou de provas e títulos, e pelas demais formas previstas na Constituição Federal, sendo-lhes proibida a percepção de mais de uma aposentadoria pelo regime de previdência a que se refere o art. 40 da Constituição Federal, aplicando-se-lhes, em qualquer hipótese, o limite de que trata o § 11 deste mesmo artigo.

Art. 12. Até que produzam efeitos as leis que irão dispor sobre as contribuições de que trata o art. 195 da Constituição Federal, são exigíveis as estabelecidas em lei, destinadas ao custeio da seguridade social e dos diversos regimes previdenciários.

Art. 13. Até que a lei discipline o acesso ao salário-família e auxílio-reclusão para os servidores, segurados e seus dependentes, esses benefícios serão concedidos apenas àqueles que tenham renda bruta mensal igual ou inferior a R$ 360,00 (trezentos e sessenta reais), que, até a publicação da lei, serão corrigidos pelos mesmos índices aplicados aos benefícios do regime geral de previdência social.

Art. 14. O limite máximo para o valor dos benefícios do regime geral de previdência social de que trata o art. 201 da Constituição Federal é fixado em R$ 1.200,00 (um mil e duzentos reais), devendo, a partir da data da publicação desta Emenda, ser reajustado de forma a preservar, em caráter permanente, seu valor real, atualizado pelos mesmos índices aplicados aos benefícios do regime geral de previdência social.

Art. 15. Até que a lei complementar a que se refere o art. 201, § 1º, da Constituição Federal, seja publicada, permanece em vigor o disposto nos arts. 57 e 58 da Lei nº 8213, de 24 de julho de 1991, na redação vigente à data da publicação desta Emenda.

Art. 16. Esta Emenda Constitucional entra em vigor na data de sua publicação.

Art. 17. Revoga-se o inciso II do § 2º do art. 153 da Constituição Federal.

Brasília, 15 de dezembro de 1998.

Mesa da Câmara dos Deputados — Mesa do Senado Federal

EMENDA CONSTITUCIONAL Nº 21, DE 18 DE MARÇO DE 1999

Prorroga, alterando a Alíquota, a Contribuição Provisória sobre Movimentação ou Transmissão de Valores e de Créditos e de Direitos de Natureza Financeira, a que se refere o art. 74 do Ato das Disposições Constitucionais Transitórias

As Mesas da Câmara dos Deputados e do Senado Federal, nos termos do § 3º do art. 60 da Constituição Federal, promulgam a seguinte Emenda ao texto constitucional:

Art. 1º Fica incluído o art. 75 no Ato das Disposições Constitucionais Transitórias, com a seguinte redação:

...

Art. 2º Esta Emenda entra em vigor na data de sua publicação.

Brasília, 18 de março de 1999.

Mesa da Câmara dos Deputados — Mesa do Senado Federal

EMENDA CONSTITUCIONAL Nº 22, DE 18 DE MARÇO DE 1999

Acrescenta parágrafo único ao art. 98 e altera as alíneas "i" do inciso I do art. 102 e "c" do inciso I do art. 105 da Constituição Federal

As Mesas da Câmara dos Deputados e do Senado Federal, nos termos do § 3º do art. 60 da Constituição Federal, promulgam a seguinte Emenda ao texto constitucional:

Art. 1º É acrescentado ao art. 98 da Constituição Federal o seguinte parágrafo único:

...

Art. 2º A alínea "i" do inciso I do art. 102 da Constituição Federal passa a vigorar com a seguinte redação:

...

Art. 3º A alínea "c" do inciso I do art. 105 da Constituição Federal passa a vigorar com a seguinte redação:

...

Art. 4º Esta Emenda Constitucional entra em vigor na data de sua publicação.

Brasília, 18 de março de 1999.

Mesa da Câmara dos Deputados — Mesa do Senado Federal

EMENDA CONSTITUCIONAL Nº 23, DE 2 DE SETEMBRO DE 1999

Altera os arts. 12, 52, 84, 91, 102 e 105 da Constituição Federal (Criação do Ministério da Defesa)

As Mesas da Câmara dos Deputados e do Senado Federal, nos termos do § 3º do art. 60 da Constituição Federal, promulgam a seguinte Emenda ao texto constitucional:

Art. 1º Os arts. 12, 52, 84, 91, 102 e 105 da Constituição Federal, passam a vigorar com as seguintes alterações:

...

Art. 2º. Esta Emenda Constitucional entra em vigor na data de sua publicação.

Brasília, 2 de setembro de 1999.

Mesa da Câmara dos Deputados — Mesa do Senado Federal

EMENDA CONSTITUCIONAL Nº 24, DE 9 DE DEZEMBRO DE 1999

Altera Dispositivos da Constituição Federal Pertinentes à Representação Classistas na Justiça do Trabalho

As Mesas da Câmara dos Deputados e do Senado Federal, nos termos do § 3º do art. 60 da Constituição Federal, promulgam a seguinte Emenda ao texto constitucional:

Art. 1º Os arts. 111, 112, 113, 115 e 116 da Constituição Federal passam a vigorar com a seguinte redação:

...

Art. 2º É assegurado o cumprimento dos mandatos dos atuais ministros classistas temporários do Tribunal Superior do Trabalho e dos atuais juízes classistas temporários dos Tribunais Regionais do Trabalho e das Juntas de Conciliação e Julgamento.

Art. 3º Esta Emenda Constitucional entra em vigor na data de sua publicação.

Art. 4º Revoga-se o art. 117 da Constituição Federal.

Brasília, 9 de dezembro de 1999.

Mesa da Câmara dos Deputados — Mesa do Senado Federal

EMENDA CONSTITUCIONAL Nº 25, DE 14 DE FEVEREIRO DE 2000

Altera o inciso VI do art. 29 e acrescenta o art. 29-A à Constituição Federal, que dispõem sobre Limites de Despesas com o Poder Legislativo Municipal

As Mesas da Câmara dos Deputados e do Senado Federal, nos termos do § 3º do art. 60 da Constituição Federal, promulgam a seguinte Emenda ao texto constitucional:

Art. 1º O inciso VI do art. 29 da Constituição Federal passa a vigorar com a seguinte redação:

...

Art. 2º A Constituição Federal passa a vigorar acrescida do seguinte art. 29-A:

...

Art. 3º Esta Emenda Constitucional entra em vigor em 1º de janeiro de 2001.

Brasília, 14 de fevereiro de 2000.

Mesa da Câmara dos Deputados | Mesa do Senado Federal

EMENDA CONSTITUCIONAL Nº 26, DE 14 DE FEVEREIRO DE 2000

Altera a Redação do art. 6º da Constituição Federal

As Mesas da Câmara dos Deputados e do Senado Federal, nos termos do § 3º do art. 60 da Constituição Federal, promulgam a seguinte Emenda ao texto constitucional:

Art. 1º O art. 6º da Constituição Federal passa a vigorar com a seguinte redação:

...

Art. 2º Esta Emenda Constitucional entra em vigor na data de sua publicação.

Brasília, 14 de fevereiro de 2000.

Mesa da Câmara dos Deputados | Mesa do Senado Federal

EMENDA CONSTITUCIONAL Nº 27, DE 21 DE MARÇO DE 2000

Acrescenta o art. 76 ao Ato das Disposições Constitucionais Transitórias, instituindo a Desvinculação de Arrecadação de Impostos e Contribuições Sociais da União

As Mesas da Câmara dos Deputados e do Senado Federal, nos termos do § 3º do art. 60 da constituição Federal, promulgam a seguinte Emenda ao texto constitucional:

Art. 1º É incluído o art. 76 ao Ato das Disposições Constitucionais Transitórias, com a seguinte redação:

...

Art. 2º Esta Emenda Constitucional entra em vigor na data de sua publicação.

Brasília, 21 de março de 2000.

Mesa da Câmara dos Deputados | Mesa do Senado Federal

EMENDA CONSTITUCIONAL Nº 28, DE 25 DE MAIO DE 2000

Dá nova Redação ao inciso XXIX do art. 7º e revoga o art. 233 da Constituição Federal

As Mesas da Câmara dos Deputados e do Senado Federal, nos termos do § 3º do art. 60 da Constituição Federal, promulgam a seguinte Emenda ao texto constitucional:

Art. 1º O inciso XXIX do art. 7º da Constituição Federal passa a vigorar com a seguinte redação:

...

Art. 2º Revoga-se o art. 233 da Constituição Federal.

Art. 3º Esta Emenda Constitucional entra em vigor na data de sua publicação.

Brasília, 25 de maio de 2000.

Mesa da Câmara dos Deputados Mesa do Senado Federal

EMENDA CONSTITUCIONAL Nº 29, DE 13 DE SETEMBRO DE 2000

Altera os arts. 34, 35, 156, 160, 167 e 198 da Constituição Federal e acrescenta artigo ao Ato das Disposições Constitucionais Transitórias, para assegurar os Recursos Mínimos para o Financiamento das Ações e Serviços Públicos de Saúde

As Mesas da Câmara dos Deputados e do Senado Federal, nos termos do § 3º do art. 60 da Constituição Federal, promulgam a seguinte Emenda ao texto constitucional:

Art. 1º A alínea "e" do inciso VII do art. 34 passa a vigorar com a seguinte redação:

...

Art. 2º O inciso III do art. 35 passa a vigorar com a seguinte redação:

...

Art. 3º O § 1º do art. 156 da Constituição Federal passa a vigorar com a seguinte redação:

...

Art. 4º O parágrafo único do art. 160 passa a vigorar com a seguinte redação:

...

Art. 5º O inciso IV do art. 167 passa a vigorar com a seguinte redação:

...

Art. 6º O art. 198 passa a vigorar acrescido dos seguintes §§ 2º e 3º, numerando-se o atual parágrafo único como § 1º:

...

Art. 7º O Ato das Disposições Constitucionais Transitórias passa a vigorar acrescido do seguinte art. 77:

...

Art. 8º Esta Emenda Constitucional entra em vigor na data de sua publicação.

Brasília, 13 de setembro de 2000.

Mesa da Câmara dos Deputados | Mesa do Senado Federal

EMENDA CONSTITUCIONAL Nº 30, DE 13 DE SETEMBRO DE 2000

Altera a Redação do art. 100 da Constituição Federal e acrescenta o art. 78 no Ato das Disposições Constitucionais Transitórias, Referente ao Pagamento de Precatórios Judiciários

As Mesas da Câmara dos Deputados e do Senado Federal, nos termos do § 3º do art. 60 da Constituição Federal, promulgam a seguinte Emenda ao texto constitucional:

Art. 1º O art. 100 da Constituição Federal passa a vigorar com a seguinte redação:

...

Art. 2º É acrescido, no Ato das Disposições Constitucionais Transitórias, o art. 78, com a seguinte redação:

...

Art. 3º Esta Emenda Constitucional entra em vigor na data de sua publicação.

Brasília, 13 de setembro de 2000.

Mesa da Câmara dos Deputados | Mesa do Senado Federal

EMENDA CONSTITUCIONAL Nº 31, DE 14 DE DEZEMBRO DE 2000

Altera o Ato das Disposições Constitucionais Transitórias, introduzindo artigos que criam o Fundo de Combate e Erradicação da Pobreza

As Mesas da Câmara dos Deputados e do Senado Federal, nos termos do § 3º do art. 60 da Constituição Federal, promulgam a seguinte Emenda ao texto constitucional:

Art. 1º A Constituição Federal, no Ato das Disposições Constitucionais Transitórias, é acrescida dos seguintes artigos:

...

Art. 2º Esta Emenda Constitucional entra em vigor na data de sua publicação.

Brasília, 14 de dezembro de 2000.

Mesa da Câmara dos Deputados | Mesa do Senado Federal

EMENDA CONSTITUCIONAL Nº 32, DE 11 DE SETEMBRO DE 2001

Altera Dispositivos dos arts. 48, 57, 61, 62, 64, 66, 84, 88 e 246 da Constituição Federal, e dá Outras Providências

As Mesas da Câmara dos Deputados e do Senado Federal, nos termos do § 3º do art. 60 da Constituição Federal, promulgam a seguinte Emenda ao texto constitucional:

Art. 1º Os arts. 48, 57, 61, 62, 64, 66, 84, 88 e 246 da Constituição Federal passam a vigorar com as seguintes alterações:

...

Art. 2º As medidas provisórias editadas em data anterior à da publicação desta Emenda continuam em vigor até que medida provisória ulterior as revogue explicitamente ou até deliberação definitiva do Congresso Nacional.

Art. 3º Esta Emenda Constitucional entra em vigor na data de sua publicação.

Brasília, 11 de setembro de 2001.

Mesa da Câmara dos Deputados — Mesa do Senado Federal

EMENDA CONSTITUCIONAL Nº 33, DE 11 DE DEZEMBRO DE 2001

Altera os arts. 149, 155 e 177 da Constituição Federal

As Mesas da Câmara dos Deputados e do Senado Federal, nos termos do § 3º do art. 60 da Constituição Federal, promulgam a seguinte Emenda ao texto constitucional:

Art. 1º O Art. 149 da Constituição Federal passa a vigorar acrescido dos seguintes parágrafos, renumerando-se o atual parágrafo único para § 1º:

...

Art. 2º O art. 155 da Constituição Federal passa a vigorar com as seguintes alterações:

...

Art. 3º O art. 177 da Constituição Federal passa a vigorar acrescido do seguinte parágrafo:

...

Art. 4º Enquanto não entrar em vigor a lei complementar de que trata o art. 155, § 2º, inc. XII, "h", da Constituição Federal, os Estados e o Distrito Federal, mediante convênio celebrado nos termos do § 2º, inc. XII, "g", do mesmo artigo, fixarão normas para regular provisoriamente a matéria.

Art. 5º Esta Emenda Constitucional entra em vigor na data de sua promulgação.

Brasília, 11 de dezembro de 2001.

Mesa da Câmara dos Deputados — Mesa do Senado Federal

EMENDA CONSTITUCIONAL Nº 34, DE 13 DE DEZEMBRO DE 2001

Dá Nova Redação à alínea "c" do inciso XVI do art. 37 da Constituição Federal

As Mesas da Câmara dos Deputados e do Senado Federal, nos termos do § 3º do art. 60 da Constituição Federal, promulgam a seguinte Emenda ao texto constitucional:

Art. 1º A alínea "c" do inciso XVI do art. 37 da Constituição Federal passa a vigorar com a seguinte redação:

...

Art. 2º Esta Emenda Constitucional entra em vigor na data de sua publicação.

Brasília, 13 de dezembro de 2001.

Mesa da Câmara dos Deputados Mesa do Senado Federal

EMENDA CONSTITUCIONAL Nº 35, DE 20 DE DEZEMBRO DE 2001

Dá Nova Redação ao art. 53 da Constituição Federal

As Mesas da Câmara dos Deputados e do Senado Federal, nos termos do § 3º do art. 60 da Constituição Federal, promulgam a seguinte Emenda ao texto constitucional:

Art. 1º O art. 53 da Constituição Federal passa a vigorar com as seguintes alterações:

...

Art. 2º Esta Emenda Constitucional entra em vigor na data de sua publicação.

Brasília, 20 de dezembro de 2001.

Mesa da Câmara dos Deputados Mesa do Senado Federal

EMENDA CONSTITUCIONAL Nº 36, DE 28 DE MAIO DE 2002

Dá Nova Redação ao art. 222 da Constituição Federal, para permitir a Participação de Pessoas Jurídicas no Capital Social de Empresas Jornalísticas e de Radiodifusão Sonora e dee Sons e Imagens, nas Condições que especifica

As Mesas da Câmara dos Deputados e do Senado Federal, nos termos do § 3º do art. 60 da Constituição Federal, promulgam a seguinte Emenda ao texto constitucional:

Art. 1º O art. 222 da Constituição Federal passa a vigorar com a seguinte redação:

...

Art. 2º Esta Emenda Constitucional entra em vigor na data de sua publicação.

Brasília, 28 de maio de 2002.

Mesa da Câmara dos Deputados Mesa do Senado Federal

EMENDA CONSTITUCIONAL Nº 37, DE 12 DE JUNHO DE 2002

Altera os arts. 100 e 156 da Constituição Federal e acrescenta os arts. 84, 85, 86, 87 e 88 ao Ato das Disposições Constitucionais Transitórias

As Mesas da Câmara dos Deputados e do Senado Federal, nos termos do § 3º do art. 60 da Constituição Federal, promulgam a seguinte Emenda ao texto constitucional:

Art. 1º O art. 100 da Constituição Federal passa a vigorar acrescido do seguinte § 4º, renumerando-se os subsequentes:

...

Art. 2º O § 3º do art. 156 da Constituição Federal passa a vigorar com a seguinte redação:

...

Art. 3º O Ato das Disposições Constitucionais Transitórias passa a vigorar acrescido dos seguintes arts. 84, 85, 86, 87 e 88:

...

Art. 4º Esta Emenda Constitucional entra em vigor na data de sua publicação.

Brasília, 12 de junho de 2002.

Mesa da Câmara dos Deputados — Mesa do Senado Federal

EMENDA CONSTITUCIONAL Nº 38, DE 12 DE JUNHO DE 2002

Acrescenta o art. 89 ao Ato das Disposições Constitucionais Transitórias, incorporando os Policiais Militares do Extinto Território Federal de Rondônia aos Quadros da União

As Mesas da Câmara dos Deputados e do Senado Federal, nos termos do § 3º do art. 60 da Constituição Federal, promulgam a seguinte Emenda ao texto Constitucional:

Art. 1º O Ato das Disposições Constitucionais Transitórias passa a vigorar acrescido do seguinte art. 89:

...

Art. 2º Esta Emenda Constitucional entra em vigor na data de sua publicação.

Brasília, 12 de junho de 2002.

Mesa da Câmara dos Deputados — Mesa do Senado Federal

EMENDA CONSTITUCIONAL Nº 39, DE 19 DE DEZEMBRO DE 2002

Acrescenta o art. 149-A à Constituição Federal (instituindo Contribuição para Custeio do Serviço de iluminação Pública nos Municípios e no Distrito Federal)

As Mesas da Câmara dos Deputados e do Senado Federal, nos termos do § 3º do art. 60 da Constituição Federal, promulgam a seguinte Emenda ao texto Constitucional:

Art. 1º A Constituição Federal passa a vigorar acrescida do seguinte art. 149-A:

...

Art. 2º Esta Emenda Constitucional entra em vigor na data de sua publicação.

Brasília, 19 de dezembro de 2002.

Mesa da Câmara dos Deputados Mesa do Senado Federal

EMENDA CONSTITUCIONAL Nº 40, DE 29 DE MAIO DE 2003

Altera o inciso V do art. 163 e o art. 192 da Constituição Federal, e o caput do art. 52 do Ato das Disposições Constitucionais Transitórias

As Mesas da Câmara dos Deputados e do Senado Federal, nos termos do § 3º do art. 60 da Constituição Federal, promulgam a seguinte Emenda ao texto constitucional:

Art. 1º O inciso V do art. 163 da Constituição Federal passa a vigorar com a seguinte redação:

...

Art. 2º O art. 192 da Constituição Federal passa a vigorar com a seguinte redação:

...

Art. 3º O *caput* do art. 52 do Ato das Disposições Constitucionais Transitórias passa a vigorar com a seguinte redação:

...

Art. 4º Esta Emenda Constitucional entra em vigor na data de sua publicação.

Brasília, 29 de maio de 2003.

Mesa da Câmara dos Deputados Mesa do Senado Federal

EMENDA CONSTITUCIONAL Nº 41, DE 19 DE DEZEMBRO DE 2003

Modifica os arts. 37, 40, 42, 48, 96, 149 e 201 da Constituição Federal, revoga o inciso IX do § 3º do art. 142 da Constituição Federal e Dispositivos da Emenda Constitucional nº 20, de 15 de dezembro de 1998, e dá Outras Providências

As Mesas da Câmara dos Deputados e do Senado Federal, nos termos do § 3º do art. 60 da Constituição Federal, promulgam a seguinte Emenda ao texto constitucional:

Art. 1º A Constituição Federal passa a vigorar com as seguintes alterações:

...

Art. 2º Observado o disposto no art. 4º da Emenda Constitucional nº 20, de 15 de dezembro de 1998, é assegurado o direito de opção pela aposentadoria voluntária com proventos calculados de acordo com o art. 40, §§ 3º e 17, da Constituição Federal, àquele que tenha ingressado regularmente em cargo efetivo na Administração Pública direta, autárquica e fundacional, até a data de publicação daquela Emenda, quando o servidor, cumulativamente:

I – tiver cinquenta e três anos de idade, se homem, e quarenta e oito anos de idade, se mulher;

II – tiver cinco anos de efetivo exercício no cargo em que se der a aposentadoria;

III – contar tempo de contribuição igual, no mínimo, à soma de:

a) trinta e cinco anos, se homem, e trinta anos, se mulher e

b) um período adicional de contribuição equivalente a vinte por cento do tempo que, na data de publicação daquela Emenda, faltaria para atingir o limite de tempo constante da alínea "a" deste inciso.

§ 1º O servidor de que trata este artigo que cumprir as exigências para aposentadoria na forma do *caput* terá os seus proventos de inatividade reduzidos para cada ano antecipado em relação aos limites de idade estabelecidos pelo art. 40, § 1º, inc. III, "a" e § 5º da Constituição Federal, na seguinte proporção:

I – três inteiros e cinco décimos por cento, para aquele que completar as exigências para aposentadoria na forma do *caput* até 31 de dezembro de 2005;

II – cinco por cento, para aquele que completar as exigências para aposentadoria na forma do *caput* a partir de 1º de janeiro de 2006.

§ 2º Aplica-se ao magistrado e ao membro do Ministério Público e de Tribunal de Contas o disposto neste artigo.

§ 3º Na aplicação do disposto no § 2º deste artigo, o magistrado ou o membro do Ministério Público ou de Tribunal de Contas, se homem, terá o tempo de serviço exercido até a data de publicação da Emenda Constitucional nº 20, de 15 de dezembro de 1998, contado com acréscimo de dezessete por cento, observado o disposto no § 1º deste artigo.

§ 4º O professor, servidor da União, dos Estados, do Distrito Federal e dos Municípios, incluídas suas autarquias e fundações, que, até a data de publicação da Emenda Constitucional nº 20, de 15 de dezembro de 1998, tenha ingressado, regularmente, em cargo efetivo de magistério e que opte por aposentar-se na forma do disposto no *caput*, terá o tempo de serviço exercido até a publicação daquela Emenda contado com o acréscimo de dezessete por cento, se homem, e de vinte por cento, se mulher, desde que se aposente, exclusivamente, com tempo de efetivo exercício nas funções de magistério, observado o disposto no § 1º

§ 5º O servidor de que trata este artigo, que tenha completado as exigências para aposentadoria voluntária estabelecidas no *caput*, e que opte por permanecer em atividade, fará jus a um abono de permanência equivalente ao valor da sua contribuição previdenciária até completar as exigências para aposentadoria compulsória contidas no art. 40, § 1º, inc. II, da Constituição Federal.

§ 6º Às aposentadorias concedidas de acordo com este artigo aplica-se o disposto no art. 40, § 8º, da Constituição Federal.

Art. 3º É assegurada a concessão, a qualquer tempo, de aposentadoria aos servidores públicos, bem como pensão aos seus dependentes, que, até a data de publicação desta Emenda, tenham cumprido todos os requisitos para obtenção desses benefícios, com base nos critérios da legislação então vigente.

§ 1º O servidor de que trata este artigo que opte por permanecer em atividade tendo completado as exigências para aposentadoria voluntária e que conte com, no mínimo, vinte e cinco anos de contribuição, se mulher, ou trinta anos de contribuição, se homem, fará jus a um abono de permanência equivalente ao valor da sua contribuição previdenciária até completar as exigências para aposentadoria compulsória contidas no art. 40, § 1º, inc. II, da Constituição Federal.

§ 2º Os proventos da aposentadoria a ser concedida aos servidores públicos referidos no *caput*, em termos integrais ou proporcionais ao tempo de contribuição já exercido até a data de publicação desta Emenda, bem como as pensões de seus dependentes, serão calculados de acordo com a legislação em vigor à época em que foram atendidos os requisitos nela estabelecidos para a concessão desses benefícios ou nas condições da legislação vigente.

Art. 4º Os servidores inativos e os pensionistas da União, dos Estados, do Distrito Federal e dos Municípios, incluídas suas autarquias e fundações, em gozo de benefícios na data de publicação desta Emenda, bem como os alcançados pelo disposto no seu art. 3º, contribuirão para o custeio do regime de que trata o art. 40 da Constituição Federal com percentual igual ao estabelecido para os servidores titulares de cargos efetivos.

Parágrafo único. A contribuição previdenciária a que se refere o *caput* incidirá apenas sobre a parcela dos proventos e das pensões que supere:

I – cinquenta por cento do limite máximo estabelecido para os benefícios do regime geral de previdência social de que trata o art. 201 da Constituição Federal, para os servidores inativos e os pensionistas dos Estados, do Distrito Federal e dos Municípios;

II – sessenta por cento do limite máximo estabelecido para os benefícios do regime geral de previdência social de que trata o art. 201 da Constituição Federal, para os servidores inativos e os pensionistas da União.

Art. 5º O limite máximo para o valor dos benefícios do regime geral de previdência social de que trata o art. 201 da Constituição Federal é fixado em R$ 2.400,00 (dois mil e quatrocentos reais), devendo, a partir da data de publicação desta Emenda, ser reajustado de forma a preservar, em caráter permanente, seu valor real, atualizado pelos mesmos índices aplicados aos benefícios do regime geral de previdência social.

Art. 6º Ressalvado o direito de opção à aposentadoria pelas normas estabelecidas pelo art. 40 da Constituição Federal ou pelas regras estabelecidas pelo art. 2º desta Emenda, o servidor da União, dos Estados, do Distrito Federal e dos Municípios, incluídas suas autarquias e fundações, que tenha ingressado no serviço público até a data de publicação desta Emenda poderá aposentar-se com proventos integrais, que corresponderão à totalidade da remuneração do servidor no cargo efetivo em que se der a aposentadoria, na forma da lei, quando, observadas as reduções de idade e tempo de contribuição contidas no § 5º do art. 40 da Constituição Federal, vier a preencher, cumulativamente, as seguintes condições:

I – sessenta anos de idade, se homem, e cinquenta e cinco anos de idade, se mulher;

II – trinta e cinco anos de contribuição, se homem, e trinta anos de contribuição, se mulher;

III – vinte anos de efetivo exercício no serviço público e

IV – dez anos de carreira e cinco anos de efetivo exercício no cargo em que se der a aposentadoria.

Parágrafo único.

- Excluído pela EC nº 47/05

Art. 6º-A. O servidor da União, dos Estados, do Distrito Federal e dos Municípios, incluídas suas autarquias e fundações, que tenha ingressado no serviço público até a data de publicação desta Emenda Constitucional e que tenha se aposentado ou venha a se aposentar por invalidez permanente, com fundamento no inciso I do § 1º do art. 40 da Constituição Federal, tem direito a proventos de aposentadoria calculados com base na remuneração do cargo efetivo em que se der a aposentadoria, na forma da lei, não sendo aplicáveis as disposições constantes dos §§ 3º, 8º e 17 do art. 40 da Constituição Federal.

- Incluído pela EC nº 70/12

Parágrafo único. Aplica-se ao valor dos proventos de aposentadorias concedidas com base no *caput* o disposto no art. 7º desta Emenda Constitucional, observando-se igual critério de revisão às pensões derivadas dos proventos desses servidores.

- Incluído pela EC nº 70/12

Art. 7º Observado o disposto no art. 37, inc. XI, da Constituição Federal, os proventos de aposentadoria dos servidores públicos titulares de cargo efetivo e as pensões dos seus dependentes pagos pela União, Estados, Distrito Federal e Municípios, incluídas suas autarquias e fundações, em fruição na data de publicação desta Emenda, bem como os proventos de aposentadoria dos servidores e as pensões dos dependentes abrangidos pelo art. 3º desta Emenda, serão revistos na mesma proporção e na mesma data, sempre que se modificar a remuneração dos servidores em atividade, sendo também estendidos aos aposentados e pensionistas quaisquer benefícios ou vantagens posteriormente concedidos aos servidores em atividade, inclusive quando decorrentes da transformação ou reclassificação do cargo ou função em que se deu a aposentadoria ou que serviu de referência para a concessão da pensão, na forma da lei.

Art. 8º Até que seja fixado o valor do subsídio de que trata o art. 37, inc. XI, da Constituição Federal, será considerado, para os fins do limite fixado naquele inciso, o valor da maior remuneração atribuída por lei na data de publicação desta Emenda a Ministro do Supremo Tribunal Federal, a título de vencimento, de representação mensal e da parcela recebida em razão de tempo de serviço, aplicando-se como limite, nos Municípios, o subsídio do Prefeito, e nos Estados e no Distrito Federal, o subsídio mensal do Governador no âmbito do Poder Executivo, o subsídio dos Deputados Estaduais e Distritais no âmbito do Poder Legislativo e o subsídio dos Desembargadores do Tribunal de Justiça, limitado a noventa inteiros e vinte e cinco centésimos por cento da maior remuneração mensal de Ministro do Supremo Tribunal Federal a que se refere este artigo, no âmbito do Poder Judiciário, aplicável este limite aos membros do Ministério Público, aos Procuradores e aos Defensores Públicos.

Art. 9º Aplica-se o disposto no art. 17 do Ato das Disposições Constitucionais Transitórias aos vencimentos, remunerações e subsídios dos ocupantes de cargos, funções e empregos públicos da administração direta, autárquica e fundacional, dos membros de qualquer dos Poderes da União, dos Estados, do Distrito Federal e dos Municípios, dos detentores de mandato eletivo e dos demais agentes políticos e os proventos, pensões ou outra espécie remuneratória percebidos cumulativamente ou não, incluídas as vantagens pessoais ou de qualquer outra natureza.

Art. 10. Revogam-se o inciso IX do § 3º do art. 142 da Constituição Federal, bem como os arts. 8º e 10 da Emenda Constitucional nº 20, de 15 de dezembro de 1998.

Art. 11. Esta Emenda Constitucional entra em vigor na data de sua publicação.

Brasília, 19 de dezembro de 2003.

Mesa da Câmara dos Deputados — Mesa do Senado Federal

EMENDA CONSTITUCIONAL Nº 42, DE 19 DE DEZEMBRO DE 2003

Altera o Sistema Tributário Nacional e dá Outras Providências

As Mesas da Câmara dos Deputados e do Senado Federal, nos termos do § 3º do art. 60 da Constituição Federal, promulgam a seguinte Emenda ao texto constitucional:

Art. 1º Os artigos da Constituição a seguir enumerados passam a vigorar com as seguintes alterações:

...

Art. 2º Os artigos do Ato das Disposições Constitucionais Transitórias a seguir enumerados passam a vigorar com as seguintes alterações:

...

Art. 3º O Ato das Disposições Constitucionais Transitórias passa a vigorar acrescido dos seguintes artigos:

...

Art. 4º Os adicionais criados pelos Estados e pelo Distrito Federal até a data da promulgação desta Emenda, naquilo em que estiverem em desacordo com o previsto nesta Emenda, na Emenda Constitucional nº 31, de 14 de dezembro de 2000, ou na lei complementar de que trata o art. 155, § 2º, inc. XII, da Constituição, terão vigência, no máximo, até o prazo previsto no art. 79 do Ato das Disposições Constitucionais Transitórias.

Art. 5º O Poder Executivo, em até sessenta dias contados da data da promulgação desta Emenda, encaminhará ao Congresso Nacional projeto de lei, sob o regime de urgência constitucional, que disciplinará os benefícios fiscais para a capacitação do setor de tecnologia da informação, que vigerão até 2019 nas condições que estiverem em vigor no ato da aprovação desta Emenda.

Art. 6º Fica revogado o inciso II do § 3º do art. 84 do Ato das Disposições Constitucionais Transitórias.

Brasília, 19 de dezembro de 2003.

Mesa da Câmara dos Deputados — Mesa do Senado Federal

EMENDA CONSTITUCIONAL Nº 43, DE 15 DE ABRIL DE 2004

Altera o art. 42 do Ato das Disposições Constitucionais Transitórias, prorrogando, por 10 (dez) Anos, a Aplicação, por Parte da União, de Percentuais Mínimos do Total dos Recursos Destinados à Irrigação nas Regiões Centro-Oeste e Nordeste

As Mesas da Câmara dos Deputados e do Senado Federal, nos termos do § 3º do art. 60 da Constituição Federal, promulgam a seguinte Emenda ao texto constitucional:

Art. 1º O *caput* do art. 42 do Ato das Disposições Constitucionais Transitórias passa a vigorar com a seguinte redação:

...

Art. 2º Esta Emenda Constitucional entra em vigor na data de sua publicação.

Brasília, 15 de abril de 2004.

Mesa da Câmara dos Deputados | Mesa do Senado Federal

EMENDA CONSTITUCIONAL Nº 44, DE 30 DE JUNHO DE 2004

Altera o Sistema Tributário Nacional e dá Outras Providências

As Mesas da Câmara dos Deputados e do Senado Federal, nos termos do § 3º do art. 60 da Constituição Federal, promulgam a seguinte Emenda ao texto constitucional:

Art. 1º O inciso III do art. 159 da Constituição passa a vigorar com a seguinte redação:

...

Art. 2º Esta Emenda à Constituição entra em vigor na data de sua publicação.

Brasília, 30 de junho de 2004.

Mesa da Câmara dos Deputados | Mesa do Senado Federal

EMENDA CONSTITUCIONAL Nº 45, DE 30 DE DEZEMBRO DE 2004

Altera Dispositivos dos arts. 5º, 36, 52, 92, 93, 95, 98, 99, 102, 103, 104, 105, 107, 109, 111, 112, 114, 115, 125, 126, 127, 128, 129, 134 e 168 da Constituição Federal, e acrescenta os arts. 103-A, 103-B, 111-A e 130-A, e dá Outras Providências

As Mesas da Câmara dos Deputados e do Senado Federal, nos termos do § 3º do art. 60 da Constituição Federal, promulgam a seguinte Emenda ao texto constitucional:

Art. 1º Os arts. 5º, 36, 52, 92, 93, 95, 98, 99, 102, 103, 104, 105, 107, 109, 111, 112, 114, 115, 125, 126, 127, 128, 129, 134 e 168 da Constituição Federal passam a vigorar com a seguinte redação:

...

Art. 2º A Constituição Federal passa a vigorar acrescida dos seguintes arts. 103-A, 103-B, 111-A e 130-A:

...

Art. 3º A lei criará o Fundo de Garantia das Execuções Trabalhistas, integrado pelas multas decorrentes de condenações trabalhistas e administrativas oriundas da fiscalização do trabalho, além de outras receitas.

Art. 4º Ficam extintos os tribunais de Alçada, onde houver, passando os seus membros a integrar os Tribunais de Justiça dos respectivos Estados, respeitadas a antiguidade e classe de origem.

Parágrafo único. No prazo de cento e oitenta dias, contado da promulgação desta Emenda, os Tribunais de Justiça, por ato administrativo, promoverão a integração dos membros dos tribunais extintos em seus quadros, fixando-lhes a competência e remetendo, em igual prazo, ao Poder Legislativo, proposta de alteração da organização e da divisão judiciária correspondentes, assegurados os direitos dos inativos e pensionistas e o aproveitamento dos servidores no Poder Judiciário estadual.

Art. 5º O Conselho Nacional de Justiça e o Conselho Nacional do Ministério Público serão instalados no prazo de cento e oitenta dias a contar da promulgação desta Emenda, devendo a indicação ou escolha de seus membros ser efetuada até trinta dias antes do termo final.

§ 1º Não efetuadas as indicações e escolha dos nomes para os Conselhos Nacional de Justiça e do Ministério Público dentro do prazo fixado no *caput* deste artigo, caberá, respectivamente, ao Supremo Tribunal Federal e ao Ministério Público da União realizá-las.

§ 2º Até que entre em vigor o Estatuto da Magistratura, o Conselho Nacional de Justiça, mediante resolução, disciplinará seu funcionamento e definirá as atribuições do Ministro-Corregedor.

Art. 6º O Conselho Superior da Justiça do Trabalho será instalado no prazo de cento e oitenta dias, cabendo ao Tribunal Superior do Trabalho regulamentar seu funcionamento por resolução, enquanto não promulgada a lei a que se refere o art. 111-A, § 2º, inc. II.

Art. 7º O Congresso Nacional instalará, imediatamente após a promulgação desta Emenda Constitucional, comissão especial mista, destinada a elaborar, em cento e oitenta dias, os projetos de lei necessários à regulamentação da matéria nela tratada, bem como promover alterações na legislação federal objetivando tornar mais amplo o acesso à Justiça e mais célere a prestação jurisdicional.

Art. 8º As atuais súmulas do Supremo Tribunal Federal somente produzirão efeito vinculante após sua confirmação por dois terços de seus integrantes e publicação na imprensa oficial.

Art. 9º São revogados o inciso IV do art. 36; a alínea "h" do inciso I do art. 102; o § 4º do art. 103 e os §§ 1º a 3º do art. 111.

Art. 10. Esta Emenda Constitucional entra em vigor na data de sua publicação.

Brasília, 30 de dezembro de 2004.

Mesa da Câmara dos Deputados | Mesa do Senado Federal

EMENDA CONSTITUCIONAL Nº 46, DE 5 DE MAIO DE 2005

Altera o inciso IV do art. 20
da Constituição Federal

As Mesas da Câmara dos Deputados e do Senado Federal, nos termos do § 3º do art. 60 da Constituição Federal, promulgam a seguinte Emenda ao texto constitucional:

Art. 1º O inciso IV do art. 20 da Constituição Federal passa a vigorar com a seguinte redação:

...

Art. 2º Esta Emenda Constitucional entra em vigor na data de sua publicação.

Brasília, 5 de maio de 2005.

Mesa da Câmara dos Deputados — Mesa do Senado Federal

EMENDA CONSTITUCIONAL Nº 47, DE 5 DE JULHO DE 2005

Altera os arts. 37, 40, 195 e 201 da Constituição Federal, para
dispor sobre a Previdência Social, e dá Outras Providências

As Mesas da Câmara dos Deputados e do Senado Federal, nos termos do § 3º do art. 60 da Constituição Federal, promulgam a seguinte Emenda ao texto constitucional:

Art. 1º Os arts. 37, 40, 195 e 201 da Constituição Federal passam a vigorar com a seguinte redação:

...

Art. 2º Aplica-se aos proventos de aposentadorias dos servidores públicos que se aposentarem na forma do *caput* do art. 6º da Emenda Constitucional nº 41, de 2003, o disposto no art. 7º da mesma Emenda.

Art. 3º Ressalvado o direito de opção à aposentadoria pelas normas estabelecidas pelo art. 40 da Constituição Federal ou pelas regras estabelecidas pelos arts. 2º e 6º da Emenda Constitucional nº 41, de 2003, o servidor da União, dos Estados, do Distrito Federal e dos Municípios, incluídas suas autarquias e fundações, que tenha ingressado no serviço público até 16 de dezembro de 1998 poderá aposentar-se com proventos integrais, desde que preencha, cumulativamente, as seguintes condições:

I – trinta e cinco anos de contribuição, se homem, e trinta anos de contribuição, se mulher;

II – vinte e cinco anos de efetivo exercício no serviço público, quinze anos de carreira e cinco anos no cargo em que se der a aposentadoria;

III – idade mínima resultante da redução, relativamente aos limites do art. 40, § 1º, inc. III, "a", da Constituição Federal, de um ano de idade para cada ano de contribuição que exceder a condição prevista no inciso I do *caput* deste artigo.

Parágrafo único. Aplica-se ao valor dos proventos de aposentadorias concedidas com base neste artigo o disposto no art. 7º da Emenda Constitucional nº 41, de 2003, observando-se igual critério de revisão às pensões derivadas dos proventos de servidores falecidos que tenham se aposentado em conformidade com este artigo.

Art. 4º Enquanto não editada a lei a que se refere o § 11 do art. 37 da Constituição Federal, não será computada, para efeito dos limites remuneratórios de que trata o inciso XI do *caput* do mesmo artigo, qualquer parcela de caráter indenizatório, assim definida pela legislação em vigor na data de publicação da Emenda Constitucional nº 41, de 2003.

Art. 5º Revoga-se o parágrafo único do art. 6º da Emenda Constitucional nº 41, de 19 de dezembro de 2003.

Art. 6º Esta Emenda Constitucional entra em vigor na data de sua publicação, com efeitos retroativos à data de vigência da Emenda Constitucional nº 41, de 2003.

Brasília, 5 de julho de 2005.

Mesa da Câmara dos Deputados — Mesa do Senado Federal

EMENDA CONSTITUCIONAL Nº 48, DE 10 DE AGOSTO DE 2005

Acrescenta o § 3º ao art. 215 da Constituição Federal, instituindo o Plano Nacional de Cultura

As Mesas da Câmara dos Deputados e do Senado Federal, nos termos do § 3º do art. 60 da Constituição Federal, promulgam a seguinte Emenda ao texto constitucional:

Art. 1º O art. 215 da Constituição Federal passa a vigorar acrescido do seguinte § 3º:

...

Art. 2º Esta Emenda Constitucional entra em vigor na data de sua publicação.

Brasília, 10 de agosto de 2005.

Mesa da Câmara dos Deputados — Mesa do Senado Federal

EMENDA CONSTITUCIONAL Nº 49, DE 8 DE FEVEREIRO DE 2006

Altera a Redação da alínea "b" e acrescenta alínea "c" ao inciso XXIII do caput *do art. 21 e altera a Redação do inciso V do* caput *do art. 177 da Constituição Federal para excluir do Monopólio da União a Produção, a Comercialização e a Utilização de Radioisótopos de Meia-Vida Curta, para Usos Médicos, Agrícolas e Industriais*

As Mesas da Câmara dos Deputados e do Senado Federal, nos termos do § 3º do art. 60 da Constituição Federal, promulgam a seguinte Emenda ao texto constitucional:

Art. 1º O inciso XXIII do art. 21 da Constituição Federal passa a vigorar com a seguinte redação:

...

Art. 2º O inciso V do *caput* do art. 177 da Constituição Federal passa a vigorar com a seguinte redação:

...

Art. 3º Esta Emenda Constitucional entra em vigor na data de sua publicação.

Brasília, 8 de fevereiro de 2006.

Mesa da Câmara dos Deputados | Mesa do Senado Federal

EMENDA CONSTITUCIONAL Nº 50, DE 14 DE FEVEREIRO DE 2006

Modifica o art. 57 da Constituição Federal

As Mesas da Câmara dos Deputados e do Senado Federal, nos termos do § 3º do art. 60 da Constituição Federal, promulgam a seguinte Emenda ao texto constitucional:

Art. 1º O art. 57 da Constituição Federal passa a vigorar com a seguinte redação:

...

Art. 2º Esta Emenda Constitucional entra em vigor na data de sua publicação.

Brasília, 14 de fevereiro de 2006.

Mesa da Câmara dos Deputados | Mesa do Senado Federal

EMENDA CONSTITUCIONAL Nº 51, DE 14 DE FEVEREIRO DE 2006

Acrescenta os §§ 4º, 5º e 6º ao art. 198 da Constituição Federal

As Mesas da Câmara dos Deputados e do Senado Federal, nos termos do § 3º do art. 60 da Constituição Federal, promulgam a seguinte Emenda ao texto constitucional:

Art. 1º O art. 198 da Constituição Federal passa a vigorar acrescido dos seguintes §§ 4º, 5º e 6º:

...

Art. 2º Após a promulgação da presente Emenda Constitucional, os agentes comunitários de saúde e os agentes de combate às endemias somente poderão ser contratados diretamente pelos Estados, pelo Distrito Federal ou pelos Municípios na forma do § 4º do art. 198 da Constituição Federal, observado o limite de gasto estabelecido na Lei Complementar de que trata o art. 169 da Constituição Federal.

Parágrafo único. Os profissionais que, na data de promulgação desta Emenda e a qualquer título, desempenharem as atividades de agente comunitário de saúde ou de agente de combate às endemias, na forma da lei, ficam dispensados de se submeter ao processo seletivo público a que se refere o § 4º do art. 198 da Constituição Federal, desde que tenham sido contratados a partir de anterior processo de Seleção Pública efetuado por órgãos ou entes da administração direta ou indireta de Estado, Distrito Federal ou Município ou por outras instituições com a efetiva supervisão e autorização da administração direta dos entes da federação.

Art. 3º Esta Emenda Constitucional entra em vigor na data da sua publicação.

Brasília, 14 de fevereiro de 2006.

Mesa da Câmara dos Deputados — Mesa do Senado Federal

EMENDA CONSTITUCIONAL Nº 52, DE 8 DE MARÇO DE 2006

Dá Nova Redação ao § 1º do art. 17 da Constituição Federal para disciplinar as Coligações Eleitorais

As Mesas da Câmara dos Deputados e do Senado Federal, nos termos do § 3º do art. 60 da Constituição Federal, promulgam a seguinte Emenda ao texto constitucional:

Art. 1º O § 1º do art. 17 da Constituição Federal passa a vigorar com a seguinte redação:

...

Art. 2º Esta Emenda Constitucional entra em vigor na data de sua publicação, aplicando-se às eleições que ocorrerão no ano de 2002.

Brasília, 8 de março de 2006.

Mesa da Câmara dos Deputados — Mesa do Senado Federal

EMENDA CONSTITUCIONAL Nº 53, DE 19 DE DEZEMBRO DE 2006

Dá Nova Redação aos arts. 7º, 23, 30, 206, 208, 211 e 212 da Constituição Federal e ao art. 60 do Ato das Disposições Constitucionais Transitórias

As Mesas da Câmara dos Deputados e do Senado Federal, nos termos do § 3º do art. 60 da Constituição Federal, promulgam a seguinte Emenda ao texto constitucional:

Art. 1º A Constituição Federal passa a vigorar com as seguintes alterações:

...

Art. 2º O art. 60 do Ato das Disposições Constitucionais Transitórias passa a vigorar com a seguinte redação:

...

Art. 3º Esta Emenda Constitucional entra em vigor na data de sua publicação, mantidos os efeitos do art. 60 do Ato das Disposições Constitucionais Transitórias, conforme estabelecido pela Emenda Constitucional nº 14, de 12 de setembro de 1996, até o início da vigência dos Fundos, nos termos desta Emenda Constitucional.

Brasília, 19 de dezembro de 2006.

Mesa da Câmara dos Deputados — Mesa do Senado Federal

EMENDA CONSTITUCIONAL Nº 54, DE 20 DE SETEMBRO DE 2007

Dá Nova Redação à alínea "c" do inciso I do art. 12 da Constituição Federal e acrescenta art. 95 ao Ato Das Disposições Constitucionais Transitórias, assegurando o Registro nos Consulados de Brasileiros nascidos no Estrangeiro

As Mesas da Câmara dos Deputados e do Senado Federal, nos termos do § 3º do art. 60 da Constituição Federal, promulgam a seguinte Emenda ao texto constitucional:

Art. 1º A alínea "c" do inciso I do art. 12 da Constituição Federal passa a vigorar com a seguinte redação:

...

Art. 2º O Ato das Disposições Constitucionais Transitórias passa a vigorar acrescido do seguinte art. 95:

...

Art. 3º Esta Emenda Constitucional entra em vigor na data de sua publicação.

Brasília, 20 de setembro de 2007.

Mesa da Câmara dos Deputados — Mesa do Senado Federal

EMENDA CONSTITUCIONAL Nº 55, DE 20 DE SETEMBRO DE 2007

Altera o art. 159 da Constituição Federal, aumentando a Entrega de Recursos pela União ao Fundo de Participação dos Municípios

As Mesas da Câmara dos Deputados e do Senado Federal, nos termos do § 3º do art. 60 da Constituição Federal, promulgam a seguinte Emenda ao texto constitucional:

Art. 1º O art. 159 da Constituição Federal passa a vigorar com as seguintes alterações:

...

Art. 2º No exercício de 2007, as alterações do art. 159 da Constituição Federal previstas nesta Emenda Constitucional somente se aplicam sobre a arrecadação dos impostos sobre renda e proventos de qualquer natureza e sobre produtos industrializados realizada a partir de 1º de setembro de 2007.

Art. 3º Esta Emenda Constitucional entra em vigor na data de sua publicação.

Brasília, 20 de setembro de 2007.

Mesa da Câmara dos Deputados — Mesa do Senado Federal

EMENDA CONSTITUCIONAL Nº 56, DE 20 DE DEZEMBRO DE 2007

Prorroga o Prazo previsto no caput *do art. 76 do Ato das Disposições Constitucionais Transitórias e dá Outras Providências*

As Mesas da Câmara dos Deputados e do Senado Federal, nos termos do § 3º do art. 60 da Constituição Federal, promulgam a seguinte Emenda ao texto constitucional:

Art. 1º O *caput* do art. 76 do Ato das Disposições Constitucionais Transitórias passa a vigorar com a seguinte redação:

...

Art. 2º Esta Emenda Constitucional entra em vigor na data da sua publicação.

Brasília, 20 de dezembro de 2007.

Mesa da Câmara dos Deputados | Mesa do Senado Federal

EMENDA CONSTITUCIONAL Nº 57, DE 18 DE DEZEMBRO DE 2008

Acrescenta artigo ao Ato das Disposições Constitucionais Transitórias para convalidar os Atos de Criação, Fusão, Incorporação e Desmembramento de Municípios

As Mesas da Câmara dos Deputados e do Senado Federal, nos termos do § 3º do art. 60 da Constituição Federal, promulgam a seguinte Emenda ao texto constitucional:

Art. 1º O Ato das Disposições Constitucionais Transitórias passa a vigorar acrescido do seguinte art. 96:

...

Art. 2º Esta Emenda Constitucional entra em vigor na data de sua publicação.

Brasília, 18 de dezembro de 2008.

Mesa da Câmara dos Deputados | Mesa do Senado Federal

EMENDA CONSTITUCIONAL Nº 58, DE 23 DE SETEMBRO DE 2009

Altera a Redação do inciso IV do caput *do art. 29 e do art. 29-A da Constituição Federal, tratando das Disposições Relativas à Recomposição das Câmaras Municipais*

As Mesas da Câmara dos Deputados e do Senado Federal, nos termos do § 3º do art. 60 da Constituição Federal, promulgam a seguinte Emenda ao texto constitucional:

Art. 1º O inciso IV do *caput* do art. 29 da Constituição Federal passa a vigorar com a seguinte redação:

...

Art. 2º O art. 29-A da Constituição Federal passa a vigorar com a seguinte redação:

...

Art. 3º Esta Emenda Constitucional entra em vigor na data de sua promulgação, produzindo efeitos:

I – o disposto no art. 1º, a partir do processo eleitoral de 2008; e

II – o disposto no art. 2º, a partir de 1º de janeiro do ano subsequente ao da promulgação desta Emenda.

Brasília, 23 de setembro de 2009.

Mesa da Câmara dos Deputados Mesa do Senado Federal

EMENDA CONSTITUCIONAL Nº 59, DE 11 DE NOVEMBRO DE 2009

Acrescenta § 3º ao art. 76 do Ato das Disposições Constitucionais Transitórias para reduzir, Anualmente, a partir do Exercício de 2009, o Percentual da Desvinculação das Receitas da União incidente sobre os Recursos Destinados à Manutenção e Desenvolvimento do Ensino de que trata o art. 212 da Constituição Federal, dá Nova Redação aos incisos I e VII do art. 208, de forma a prever a Obrigatoriedade do Ensino de quatro a dezessete Anos e ampliar a Abrangência dos Programas Suplementares para Todas as Etapas da Educação Básica, e dá Nova Redação ao § 4º do art. 211 e ao § 3º do art. 212 e ao caput do art. 214, com a Inserção Neste Dispositivo de inciso VI

As Mesas da Câmara dos Deputados e do Senado Federal, nos termos do § 3º do art. 60 da Constituição Federal, promulgam a seguinte Emenda ao texto constitucional:

Art. 1º Os incisos I e VII do art. 208 da Constituição Federal, passam a vigorar com as seguintes alterações:

...

Art. 2º O § 4º do art. 211 da Constituição Federal passa a vigorar com a seguinte redação:

...

Art. 3º O § 3º do art. 212 da Constituição Federal passa a vigorar com a seguinte redação:

...

Art. 4º O *caput* do art. 214 da Constituição Federal passa a vigorar com a seguinte redação, acrescido do inciso VI:

...

Art. 5º O art. 76 do Ato das Disposições Constitucionais Transitórias passa a vigorar acrescido do seguinte § 3º:

...

Art. 6º O disposto no inciso I do art. 208 da Constituição Federal deverá ser implementado progressivamente, até 2016, nos termos do Plano Nacional de Educação, com apoio técnico e financeiro da União.

Art. 7º Esta Emenda Constitucional entra em vigor na data da sua publicação.

Brasília, 11 de novembro de 2009.

Mesa da Câmara dos Deputados Mesa do Senado Federal

EMENDA CONSTITUCIONAL Nº 60, DE 11 DE NOVEMBRO DE 2009

Altera o art. 89 do Ato das Disposições Constitucionais Transitórias para dispor sobre o Quadro de Servidores Civis e Militares do ex-Território Federal de Rondônia

As Mesas da Câmara dos Deputados e do Senado Federal, nos termos do § 3º do art. 60 da Constituição Federal, promulgam a seguinte Emenda ao texto constitucional:

Art. 1º O art. 89 do Ato das Disposições Constitucionais Transitórias passa a vigorar com a seguinte redação, vedado o pagamento, a qualquer título, em virtude de tal alteração, de ressarcimentos ou indenizações, de qualquer espécie, referentes a períodos anteriores à data de publicação desta Emenda Constitucional:

...

Art. 2º Esta Emenda Constitucional entra em vigor na data de sua publicação, não produzindo efeitos retroativos.

Brasília, 11 de novembro de 2009.

Mesa da Câmara dos Deputados — Mesa do Senado Federal

EMENDA CONSTITUCIONAL Nº 61, DE 11 DE NOVEMBRO DE 2009

Altera o art. 103-B da Constituição Federal, para modificar a Composição do Conselho Nacional de Justiça

As Mesas da Câmara dos Deputados e do Senado Federal, nos termos do § 3º do art. 60 da Constituição Federal, promulgam a seguinte Emenda ao texto constitucional:

Art. 1º O art. 103-B da Constituição Federal passa a vigorar com a seguinte redação:

...

Art. 2º Esta Emenda Constitucional entra em vigor na data de sua publicação.

Brasília, 11 de novembro de 2009.

Mesa da Câmara dos Deputados — Mesa do Senado Federal

EMENDA CONSTITUCIONAL Nº 62, DE 9 DE DEZEMBRO DE 2009

Altera o art. 100 da Constituição Federal e acrescenta o art. 97 ao Ato das Disposições Constitucionais Transitórias, instituindo Regime Especial de Pagamento de Precatórios pelos Estados, Distrito Federal e Municípios

As Mesas da Câmara dos Deputados e do Senado Federal, nos termos do § 3º do art. 60 da Constituição Federal, promulgam a seguinte Emenda ao texto constitucional:

Art. 1º O art. 100 da Constituição Federal passa a vigorar com a seguinte redação:

...

Art. 2º O Ato das Disposições Constitucionais Transitórias passa a vigorar acrescido do seguinte art. 97:

...

Art. 3º A implantação do regime de pagamento criado pelo art. 97 do Ato das Disposições Constitucionais Transitórias deverá ocorrer no prazo de até noventa dias, contados da data da publicação desta Emenda Constitucional.

Art. 4º A entidade federativa voltará a observar somente o disposto no art. 100 da Constituição Federal:

I – no caso de opção pelo sistema previsto no inciso I do § 1º do art. 97 do Ato das Disposições Constitucionais Transitórias, quando o valor dos precatórios devidos for inferior ao dos recursos destinados ao seu pagamento;

II – no caso de opção pelo sistema previsto no inciso II do § 1º do art. 97 do Ato das Disposições Constitucionais Transitórias, ao final do prazo.

Art. 5º Ficam convalidadas todas as cessões de precatórios efetuadas antes da promulgação desta Emenda Constitucional, independentemente da concordância da entidade devedora.

Art. 6º Ficam também convalidadas todas as compensações de precatórios com tributos vencidos até 31 de outubro de 2009 da entidade devedora, efetuadas na forma do disposto no § 2º do art. 78 do ADCT, realizadas antes da promulgação desta Emenda Constitucional.

Art. 7º Esta Emenda Constitucional entra em vigor na data de sua publicação.

Brasília, 9 de dezembro de 2009.

Mesa da Câmara dos Deputados — Mesa do Senado Federal

EMENDA CONSTITUCIONAL Nº 63, DE 4 DE FEVEREIRO DE 2010

Altera o § 5º do art. 198 da Constituição Federal para dispor sobre Piso Salarial Profissional Nacional e Diretrizes para os Planos de Carreira de Agentes Comunitários de Saúde e de Agentes de Combate às Endemias

As Mesas da Câmara dos Deputados e do Senado Federal, nos termos do § 3º do art. 60 da Constituição Federal, promulgam a seguinte Emenda ao texto constitucional:

Art. 1º O § 5º do art. 198 da Constituição Federal passa a vigorar com a seguinte redação:

...

Art. 2º Emenda Constitucional entra em vigor na data de sua publicação.

Brasília, 4 de fevereiro de 2010.

Mesa da Câmara dos Deputados — Mesa do Senado Federal

EMENDA CONSTITUCIONAL Nº 64, DE 4 DE FEVEREIRO DE 2010

Altera o art. 6º da Constituição Federal, para introduzir a Alimentação como Direito Social

As Mesas da Câmara dos Deputados e do Senado Federal, nos termos do § 3º do art. 60 da Constituição Federal, promulgam a seguinte Emenda ao texto constitucional:

Art. 1º O art. 6º da Constituição Federal passa a vigorar com a seguinte redação:

...

Art. 2º Esta Emenda Constitucional entra em vigor na data de sua publicação.

Brasília, 4 de fevereiro de 2010.

Mesa da Câmara dos Deputados — Mesa do Senado Federal

EMENDA CONSTITUCIONAL Nº 65, DE 13 DE JULHO DE 2010

Altera a Denominação do Capítulo VII do Título VIII da Constituição Federal e modifica o seu art. 227, para cuidar dos Interesses da Juventude

As Mesas da Câmara dos Deputados e do Senado Federal, nos termos do § 3º do art. 60 da Constituição Federal, promulgam a seguinte Emenda ao texto constitucional:

Art. 1º O Capítulo VII do Título VIII da Constituição Federal passa a denominar-se "Da Família, da Criança, do Adolescente, do Jovem e do Idoso".

Art. 2º O art. 227 da Constituição Federal passa a vigorar com a seguinte redação:

...

Art. 3º Esta Emenda Constitucional entra em vigor na data de sua publicação.

Brasília, 13 de julho de 2010.

Mesa da Câmara dos Deputados — Mesa do Senado Federal

EMENDA CONSTITUCIONAL Nº 66, DE 13 DE JULHO DE 2010

Dá Nova Redação ao § 6º do art. 226 da Constituição Federal, que dispõe sobre a Dissolubilidade do Casamento Civil pelo Divórcio, suprimindo o Requisito de Prévia Separação Judicial por mais de 1 (um) Ano ou de Comprovada Separação de Fato por mais de 2 (dois) Anos

As Mesas da Câmara dos Deputados e do Senado Federal, nos termos do § 3º do art. 60 da Constituição Federal, promulgam a seguinte Emenda ao texto constitucional:

Art. 1º O § 6º do art. 226 da Constituição Federal passa a vigorar com a seguinte redação:

...

Art. 2º Esta Emenda Constitucional entra em vigor na data de sua publicação.

Brasília, 13 de julho de 2010.

Mesa da Câmara dos Deputados — Mesa do Senado Federal

EMENDA CONSTITUCIONAL Nº 67, DE 22 DE DEZEMBRO DE 2010

Prorroga, por Tempo Indeterminado, o Prazo de Vigência do Fundo de Combate e Erradicação da Pobreza

As Mesas da Câmara dos Deputados e do Senado Federal, nos termos do § 3º do art. 60 da Constituição Federal, promulgam a seguinte Emenda ao texto constitucional:

Art. 1º Prorrogam-se, por tempo indeterminado, o prazo de vigência do Fundo de Combate e Erradicação da Pobreza a que se refere o *caput* do art. 79 do Ato das Disposições Constitucionais Transitórias e, igualmente, o prazo de vigência da Lei Complementar nº 111, de 6 de julho de 2001, que "Dispõe sobre o Fundo de Combate e Erradicação da Pobreza, na forma prevista nos arts. 79, 80 e 81 do Ato das Disposições Constitucionais Transitórias".

Art. 2º Esta Emenda Constitucional entra em vigor na data de sua publicação.

Brasília, 22 de dezembro de 2010.

Mesa da Câmara dos Deputados | Mesa do Senado Federal

EMENDA CONSTITUCIONAL Nº 68, DE 21 DE DEZEMBRO DE 2011

Altera o art. 76 do Ato das Disposições Constitucionais Transitórias

As Mesas da Câmara dos Deputados e do Senado Federal, nos termos do § 3º do art. 60 da Constituição Federal, promulgam a seguinte Emenda ao texto constitucional:

Art. 1º O art. 76 do Ato das Disposições Constitucionais Transitórias passa a vigorar com a seguinte redação:

...

Art. 2º Esta Emenda Constitucional entra em vigor na data da sua publicação.

Brasília, 21 de dezembro de 2011.

Mesa da Câmara dos Deputados | Mesa do Senado Federal

EMENDA CONSTITUCIONAL Nº 69, DE 29 DE MARÇO DE 2012

Altera os arts. 21, 22 e 48 da Constituição Federal, para transferir da União para o Distrito Federal as Atribuições de organizar e manter a Defensoria Pública do Distrito Federal

As Mesas da Câmara dos Deputados e do Senado Federal, nos termos do § 3º do art. 60 da Constituição Federal, promulgam a seguinte Emenda ao texto constitucional:

Art. 1º Os arts. 21, 22 e 48 da Constituição Federal passam a vigorar com a seguinte redação:

...

Art. 2º Sem prejuízo dos preceitos estabelecidos na Lei Orgânica do Distrito Federal, aplicam-se à Defensoria Pública do Distrito Federal os mesmos princípios e regras que, nos termos da Constituição Federal, regem as Defensorias Públicas dos Estados.

Art. 3º O Congresso Nacional e a Câmara Legislativa do Distrito Federal, imediatamente após a promulgação desta Emenda Constitucional e de acordo com suas competências, instalarão comissões especiais destinadas a elaborar, em sessenta dias, os projetos de lei necessários à adequação da legislação infraconstitucional à matéria nela tratada.

Art. 4º Esta Emenda Constitucional entra em vigor na data de sua publicação, produzindo efeitos quanto ao disposto no art. 1º após decorridos cento e vinte dias de sua publicação oficial.

Brasília, 29 de março de 2012.

Mesa da Câmara dos Deputados Mesa do Senado Federal

EMENDA CONSTITUCIONAL Nº 70, DE 29 DE MARÇO DE 2012

Acrescenta art. 6º-A à Emenda Constitucional nº 41, de 19 de dezembro de 2003, para estabelecer Critérios para o Cálculo e a Correção dos Proventos da Aposentadoria por Invalidez dos Servidores Públicos que ingressaram no Serviço Público até a Data da Publicação daquela Emenda Constitucional

As Mesas da Câmara dos Deputados e do Senado Federal, nos termos do § 3º do art. 60 da Constituição Federal, promulgam a seguinte Emenda ao texto constitucional:

Art. 1º A Emenda Constitucional nº 41, de 19 de dezembro de 2003, passa a vigorar acrescida do seguinte art. 6º-A:

...

Art. 2º A União, os Estados, o Distrito Federal e os Municípios, assim como as respectivas autarquias e fundações, procederão, no prazo de cento e oitenta dias da entrada em vigor desta Emenda Constitucional, à revisão das aposentadorias, e das pensões delas decorrentes, concedidas a partir de 1º de janeiro de 2004, com base na redação dada ao § 1º do art. 40 da Constituição Federal pela Emenda Constitucional nº 20, de 15 de dezembro de 1998, com efeitos financeiros a partir da data de promulgação desta Emenda Constitucional.

Art. 3º Esta Emenda Constitucional entra em vigor na data de sua publicação.

Brasília, 29 de março de 2012.

Mesa da Câmara dos Deputados Mesa do Senado Federal

EMENDA CONSTITUCIONAL Nº 71, DE 29 DE NOVEMBRO DE 2012

Acrescenta o art. 216-A à Constituição Federal para instituir o Sistema Nacional de Cultura.

As Mesas da Câmara dos Deputados e do Senado Federal, nos termos do § 3º do art. 60 da Constituição Federal, promulgam a seguinte Emenda ao texto constitucional:

Art. 1º A Constituição Federal passa a vigorar acrescida do seguinte art. 216-A:

...

Art. 2º Esta Emenda Constitucional entra em vigor na data de sua publicação.

Brasília, 29 de novembro de 2012.

Mesa da Câmara dos Deputados Mesa do Senado Federal

EMENDA CONSTITUCIONAL Nº 72, DE 2 DE ABRIL DE 2013

Altera a redação do parágrafo único do art. 7º da Constituição Federal para estabelecer a igualdade de direitos trabalhistas entre os trabalhadores domésticos e os demais trabalhadores urbanos e rurais

As Mesas da Câmara dos Deputados e do Senado Federal, nos termos do § 3º do art. 60 da Constituição Federal, promulgam a seguinte Emenda ao texto constitucional:

Artigo único. O parágrafo único do art. 7º da Constituição Federal passa a vigorar com a seguinte redação:

...

Brasília, em 2 de abril de 2013.

Mesa da Câmara dos Deputados Mesa do Senado Federal

EMENDA CONSTITUCIONAL Nº 73, DE 6 DE JUNHO DE 2013

Cria os Tribunais Regionais Federais da 6ª, 7ª, 8ª e 9ª Regiões

As Mesas da Câmara dos Deputados e do Senado Federal, nos termos do § 3º do art. 60 da Constituição Federal, promulgam a seguinte Emenda ao texto constitucional:

Art. 1º O art. 27 do Ato das Disposições Constitucionais Transitórias passa a vigorar acrescido do seguinte § 11:

...

Art. 2º Os Tribunais Regionais Federais da 6ª, 7ª, 8ª e 9ª Regiões deverão ser instalados no prazo de 6 (seis) meses, a contar da promulgação desta Emenda Constitucional.

Art. 3º Esta Emenda Constitucional entra em vigor na data de sua publicação.

Brasília, em 6 de junho de 2013.

Mesa da Câmara dos Deputados Mesa do Senado Federal

EMENDA CONSTITUCIONAL Nº 74, DE 6 DE AGOSTO DE 2013

Altera o art. 134 da Constituição Federal

As Mesas da Câmara dos Deputados e do Senado Federal, nos termos do § 3º do art. 60 da Constituição Federal, promulgam a seguinte Emenda ao texto constitucional:

Art. 1º O art. 134 da Constituição Federal passa a vigorar acrescido do seguinte § 3º:

...

Art. 2º Esta Emenda Constitucional entra em vigor na data de sua publicação.

Brasília, em 6 de agosto de 2013.

Mesa da Câmara dos Deputados Mesa do Senado Federal

EMENDA CONSTITUCIONAL Nº 75, DE 15 DE OUTUBRO DE 2013

Acrescenta a alínea "e" ao inc. VI do art. 150 da Constituição Federal, instituindo imunidade tributária sobre os fonogramas e videofonogramas musicais produzidos no Brasil contendo obras musicais ou literomusicais de autores brasileiros e/ou obras em geral interpretadas por artistas brasileiros bem como os suportes materiais ou arquivos digitais que os contenham

As Mesas da Câmara dos Deputados e do Senado Federal, nos termos do § 3º do art. 60 da Constituição Federal, promulgam a seguinte Emenda ao texto constitucional:

Art. 1º O inc. VI do art. 150 da Constituição Federal passa a vigorar acrescido da seguinte alínea "e":

...

Art. 2º Esta Emenda Constitucional entra em vigor na data de sua publicação.

Brasília, em 15 de outubro de 2013.

Mesa da Câmara dos Deputados — Mesa do Senado Federal

EMENDA CONSTITUCIONAL Nº 76, DE 28 DE NOVEMBRO DE 2013

Altera o § 2º do art. 55 e o § 4º do art. 66 da Constituição Federal, para abolir a votação secreta nos casos de perda de mandato de Deputado ou Senador e de apreciação de veto

As Mesas da Câmara dos Deputados e do Senado Federal, nos termos do § 3º do art. 60 da Constituição Federal, promulgam a seguinte Emenda ao texto constitucional:

Art. 1º Os arts. 55 e 66 da Constituição Federal passam a vigorar com as seguintes alterações:

...

Art. 2º Esta Emenda Constitucional entra em vigor na data de sua publicação.

Brasília, em 28 de novembro de 2013.

Mesa da Câmara dos Deputados — Mesa do Senado Federal

EMENDA CONSTITUCIONAL Nº 77, DE 11 DE FEVEREIRO DE 2014

Altera os incs. II, III e VIII do § 3º do art. 142 da Constituição Federal, para estender aos profissionais de saúde das Forças Armadas a possibilidade de cumulação de cargo a que se refere o art. 37, inc. XVI, alínea "c"

As Mesas da Câmara dos Deputados e do Senado Federal, nos termos do § 3º do art. 60 da Constituição Federal, promulgam a seguinte Emenda ao texto constitucional:

Artigo único. Os incs. II, III e VIII do § 3º do art. 142 da Constituição Federal passam a vigorar com as seguintes alterações:

...

Brasília, em 11 de fevereiro de 2014.

Mesa da Câmara dos Deputados — Mesa do Senado Federal

EMENDA CONSTITUCIONAL Nº 78, DE 14 DE MAIO DE 2014

Acrescenta art. 54-A ao Ato das Disposições Constitucionais Transitórias, para dispor sobre indenização devida aos seringueiros de que trata o art. 54 desse Ato

As Mesas da Câmara dos Deputados e do Senado Federal, nos termos do § 3º do art. 60 da Constituição Federal, promulgam a seguinte Emenda ao texto constitucional:

Art. 1º O Ato das Disposições Constitucionais Transitórias passa a vigorar acrescido do seguinte art. 54-A:

...

Art. 2º A indenização de que trata o art. 54-A do Ato das Disposições Constitucionais Transitórias somente se estende aos dependentes dos seringueiros que, na data de entrada em vigor desta Emenda Constitucional, detenham a condição de dependentes na forma do § 2º do art. 54 do Ato das Disposições Constitucionais Transitórias, devendo o valor de R$ 25.000,00 (vinte e cinco mil reais) ser rateado entre os pensionistas na proporção de sua cota-parte na pensão.

Art. 3º Esta Emenda Constitucional entra em vigor no exercício financeiro seguinte ao de sua publicação.

Brasília, em 14 de maio de 2014.

Mesa da Câmara dos Deputados — Mesa do Senado Federal

EMENDA CONSTITUCIONAL Nº 79, DE 27 DE MAIO DE 2014

Altera o art. 31 da Emenda Constitucional nº 19, de 4 de junho de 1998, para prever a inclusão, em quadro em extinção da Administração Federal, de servidores e policiais militares admitidos pelos Estados do Amapá e de Roraima, na fase de instalação dessas unidades federadas, e dá outras providências

As Mesas da Câmara dos Deputados e do Senado Federal, nos termos do § 3º do art. 60 da Constituição Federal, promulgam a seguinte Emenda ao texto constitucional:

Art. 1º O art. 31 da Emenda Constitucional nº 19, de 4 de junho de 1998, passa a vigorar com a seguinte redação:

...

Art. 2º Para fins do enquadramento disposto no *caput* do art. 31 da Emenda Constitucional nº 19, de 4 de junho de 1998, e no *caput* do art. 89 do Ato das Disposições Constitucionais Transitórias, é reconhecido o vínculo funcional, com a União, dos servidores regularmente admitidos nos quadros dos Municípios integrantes dos ex-Territórios do Amapá, de Roraima e de Rondônia em efetivo exercício na data de transformação desses ex-Territórios em Estados.

Art. 3º Os servidores dos ex-Territórios do Amapá, de Roraima e de Rondônia incorporados a quadro em extinção da União serão enquadrados em cargos de atribuições equivalentes ou assemelhadas, integrantes de planos de cargos e carreiras da União, no nível de progressão alcançado, assegurados os direitos, vantagens e padrões remuneratórios a eles inerentes.

Art. 4º Cabe à União, no prazo máximo de 180 (cento e oitenta) dias, contado a partir da data de publicação desta Emenda Constitucional, regulamentar o enquadramento de servidores estabelecido no art. 31 da Emenda Constitucional nº 19, de 4 de junho de 1998, e no art. 89 do Ato das Disposições Constitucionais Transitórias.

Parágrafo único. No caso de a União não regulamentar o enquadramento previsto no *caput*, o optante tem direito ao pagamento retroativo das diferenças remuneratórias desde a data do encerramento do prazo para a regulamentação referida neste artigo.

Art. 5º A opção para incorporação em quadro em extinção da União, conforme disposto no art. 31 da Emenda Constitucional nº 19, de 4 de junho de 1998, e no art. 89 do Ato das Disposições Constitucionais Transitórias, deverá ser formalizada pelos servidores e policiais militares interessados perante a administração, no prazo máximo de 180 (cento e oitenta) dias, contado a partir da regulamentação prevista no art. 4º.

Art. 6º Os servidores admitidos regularmente que comprovadamente se encontravam no exercício de funções policiais nas Secretarias de Segurança Pública dos ex-Territórios do Amapá, de Roraima e de Rondônia na data em que foram transformados em Estados serão enquadrados no quadro da Polícia Civil dos ex-Territórios, no prazo de 180 (cento e oitenta) dias, assegurados os direitos, vantagens e padrões remuneratórios a eles inerentes.

Art. 7º Aos servidores admitidos regularmente pela União nas Carreiras do Grupo Tributação, Arrecadação e Fiscalização de que trata a Lei nº 6.550, de 5 de julho de 1978, cedidos aos Estados do Amapá, de Roraima e de Rondônia são assegurados os mesmos direitos remuneratórios auferidos pelos integrantes das Carreiras correspondentes do Grupo Tributação, Arrecadação e Fiscalização da União de que trata a Lei nº 5.645, de 10 de dezembro de 1970.

Art. 8º Os proventos das aposentadorias, pensões, reformas e reservas remuneradas, originadas no período de outubro de 1988 a outubro de 1993, passam a ser mantidos pela União a partir da data de publicação desta Emenda Constitucional, vedado o pagamento, a qualquer título, de valores referentes a períodos anteriores a sua publicação.

Art. 9º É vedado o pagamento, a qualquer título, em virtude das alterações promovidas por esta Emenda Constitucional, de remunerações, proventos, pensões ou indenizações referentes a períodos anteriores à data do enquadramento, salvo o disposto no parágrafo único do art. 4º.

Art. 10. Esta Emenda Constitucional entra em vigor na data de sua publicação.

Brasília, em 27 de maio de 2014.

Mesa da Câmara dos Deputados — Mesa do Senado Federal

EMENDA CONSTITUCIONAL Nº 80, DE 4 DE JUNHO DE 2014

Altera o Capítulo IV – Das Funções Essenciais à Justiça, do Título IV – Da Organização dos Poderes, e acrescenta artigo ao Ato das Disposições Constitucionais Transitórias da Constituição Federal

As Mesas da Câmara dos Deputados e do Senado Federal, nos termos do § 3º do art. 60 da Constituição Federal, promulgam a seguinte Emenda ao texto constitucional:

Art. 1º O Capítulo IV – Das Funções Essenciais à Justiça, do Título IV – Da Organização dos Poderes, passa a vigorar com as seguintes alterações:

...

Art. 2º O Ato das Disposições Constitucionais Transitórias passa a vigorar acrescido do seguinte art. 98:

...

Art. 3º Esta Emenda Constitucional entra em vigor na data de sua publicação.

Brasília, em 4 de junho de 2014.

Mesa da Câmara dos Deputados — Mesa do Senado Federal

EMENDA CONSTITUCIONAL Nº 81, DE 5 DE JUNHO DE 2014

Dá nova redação ao art. 243 da Constituição Federal

As Mesas da Câmara dos Deputados e do Senado Federal, nos termos do § 3º do art. 60 da Constituição Federal, promulgam a seguinte Emenda ao texto constitucional:

Art. 1º O art. 243 da Constituição Federal passa a vigorar com a seguinte redação:

...

Art. 2º Esta Emenda Constitucional entra em vigor na data de sua publicação.

Brasília, em 5 de junho de 2014.

Mesa da Câmara dos Deputados — Mesa do Senado Federal

EMENDA CONSTITUCIONAL Nº 82, DE 16 DE JULHO DE 2014

Inclui o § 10 ao art. 144 da Constituição Federal, para disciplinar a segurança viária no âmbito dos Estados, do Distrito Federal e dos Municípios

As Mesas da Câmara dos Deputados e do Senado Federal, nos termos do § 3º do art. 60 da Constituição Federal, promulgam a seguinte Emenda ao texto constitucional:

Art. 1º O art. 144 da Constituição Federal passa a vigorar acrescido do seguinte § 10:

...

Art. 2º Esta Emenda Constitucional entra em vigor na data de sua publicação.

Brasília, em 16 de julho de 2014

Mesa da Câmara dos Deputados Mesa do Senado Federal

EMENDA CONSTITUCIONAL Nº 83, DE 5 DE AGOSTO DE 2014

Acrescenta o art. 92-A ao Ato das Disposições Constitucionais Transitórias – ADCT

As Mesas da Câmara dos Deputados e do Senado Federal, nos termos do § 3º do art. 60 da Constituição Federal, promulgam a seguinte Emenda ao texto constitucional:

Art. 1º O Ato das Disposições Constitucionais Transitórias passa a vigorar acrescido do seguinte art. 92-A:

...

Art. 2º Esta Emenda Constitucional entra em vigor na data de sua publicação.

Brasília, em 5 de agosto de 2014.

Mesa da Câmara dos Deputados Mesa do Senado Federal

EMENDA CONSTITUCIONAL Nº 84, DE 2 DE DEZEMBRO DE 2014

Altera o art. 159 da Constituição Federal para aumentar a entrega de recursos pela União para o Fundo de Participação dos Municípios

As Mesas da Câmara dos Deputados e do Senado Federal, nos termos do § 3º do art. 60 da Constituição Federal, promulgam a seguinte Emenda ao texto constitucional:

Art. 1º O art. 159 da Constituição Federal passa a vigorar com a seguinte redação:

...

Art. 2º Para os fins do disposto na alínea "e" do inc. I do *caput* do art. 159 da Constituição Federal, a União entregará ao Fundo de Participação dos Municípios o percentual de 0,5% (cinco décimos por cento) do produto da arrecadação dos impostos sobre renda e proventos de qualquer natureza e sobre produtos industrializados no primeiro exercício em que esta Emenda Constitucional gerar efeitos financeiros, acrescentando-se 0,5% (cinco décimos por cento) a cada exercício, até que se alcance o percentual de 1% (um por cento).

Art. 3º Esta Emenda Constitucional entra em vigor na data de sua publicação, com efeitos financeiros a partir de 1º de janeiro do exercício subsequente.

Brasília, em 2 de dezembro de 2014.

Mesa da Câmara dos Deputados Mesa do Senado Federal

EMENDA CONSTITUCIONAL Nº 85, DE 26 DE FEVEREIRO DE 2015

Altera e adiciona dispositivos na Constituição Federal para atualizar o tratamento das atividades de ciência, tecnologia e inovação

As Mesas da Câmara dos Deputados e do Senado Federal, nos termos do § 3º do art. 60 da Constituição Federal, promulgam a seguinte Emenda ao texto constitucional:

Art. 1º A Constituição Federal passa a vigorar com as seguintes alterações:

...

Art. 2º O Capítulo IV do Título VIII da Constituição Federal passa a vigorar acrescido dos seguintes arts. 219-A e 219-B:

...

Art. 3º Esta Emenda Constitucional entra em vigor na data de sua publicação.

Brasília, em 26 de fevereiro de 2015.

Mesa da Câmara dos Deputados — Mesa do Senado Federal

EMENDA CONSTITUCIONAL Nº 86, DE 17 DE MARÇO DE 2015

Altera os arts. 165, 166 e 198 da Constituição Federal, para tornar obrigatória a execução da programação orçamentária que especifica.

As Mesas da Câmara dos Deputados e do Senado Federal, nos termos do § 3º do art. 60 da Constituição Federal, promulgam a seguinte Emenda ao texto constitucional:

Art. 1º Os arts. 165, 166 e 198 da Constituição Federal passam a vigorar com as seguintes alterações:

...

Art. 2º O disposto no inciso I do § 2º do art. 198 da Constituição Federal será cumprido progressivamente, garantidos, no mínimo:

I – 13,2% (treze inteiros e dois décimos por cento) da receita corrente líquida no primeiro exercício financeiro subsequente ao da promulgação desta Emenda Constitucional;

II – 13,7% (treze inteiros e sete décimos por cento) da receita corrente líquida no segundo exercício financeiro subsequente ao da promulgação desta Emenda Constitucional;

III – 14,1% (quatorze inteiros e um décimo por cento) da receita corrente líquida no terceiro exercício financeiro subsequente ao da promulgação desta Emenda Constitucional;

IV – 14,5% (quatorze inteiros e cinco décimos por cento) da receita corrente líquida no quarto exercício financeiro subsequente ao da promulgação desta Emenda Constitucional;

V – 15% (quinze por cento) da receita corrente líquida no quinto exercício financeiro subsequente ao da promulgação desta Emenda Constitucional.

Art. 3º As despesas com ações e serviços públicos de saúde custeados com a parcela da União oriunda da participação no resultado ou da compensação financeira pela exploração de petróleo e gás natural, de que trata o § 1º do art. 20 da Constituição Federal, serão computadas para fins de cumprimento do disposto no inciso I do § 2º do art. 198 da Constituição Federal.

Art. 4º Esta Emenda Constitucional entra em vigor na data de sua publicação e produzirá efeitos a partir da execução orçamentária do exercício de 2014.

Art. 5º Fica revogado o inciso IV do § 3º do art. 198 da Constituição Federal.

Brasília, em 17 de março de 2015.

Mesa da Câmara dos Deputados Mesa do Senado Federal

EMENDA CONSTITUCIONAL Nº 87, DE 16 DE ABRIL DE 2015[1]

Altera o § 2º do art. 155 da Constituição Federal e inclui o art. 99 no Ato das Disposições Constitucionais Transitórias, para tratar da sistemática de cobrança do imposto sobre operações relativas à circulação de mercadorias e sobre prestações de serviços de transporte interestadual e intermunicipal e de comunicação incidente sobre as operações e prestações que destinem bens e serviços a consumidor final, contribuinte ou não do imposto, localizado em outro Estado.

As Mesas da Câmara dos Deputados e do Senado Federal, nos termos do § 3º do art. 60 da Constituição Federal, promulgam a seguinte Emenda ao texto constitucional:

Art. 1º Os incisos VII e VIII do § 2º do art. 155 da Constituição Federal passam a vigorar com as seguintes alterações:

...

Art. 2º O Ato das Disposições Constitucionais Transitórias passa a vigorar acrescido do seguinte art. 99:

...

Art. 3º Esta Emenda Constitucional entra em vigor na data de sua publicação, produzindo efeitos no ano subsequente e após 90 (noventa) dias desta.

Brasília, em 16 de abril de 2015.

Mesa da Câmara dos Deputados Mesa do Senado Federal

---

1 *DOU* de 17-5-2015.

EMENDA CONSTITUCIONAL Nº 88, DE 7 DE MAIO DE 2015[1]

Altera o art. 40 da Constituição Federal, relativamente ao limite de idade para a aposentadoria compulsória do servidor público em geral, e acrescenta dispositivo ao Ato das Disposições Constitucionais Transitórias.

As Mesas da Câmara dos Deputados e do Senado Federal, nos termos do § 3º do art. 60 da Constituição Federal, promulgam a seguinte Emenda ao texto constitucional:

Art. 1º O art. 40 da Constituição Federal passa a vigorar com a seguinte alteração:

...

Art. 2º O Ato das Disposições Constitucionais Transitórias passa a vigorar acrescido do seguinte art. 100:

...

Art. 3º Esta Emenda Constitucional entra em vigor na data de sua publicação.

Brasília, em 7 de maio de 2015.

Mesa da Câmara dos Deputados | Mesa do Senado Federal

---

1 *DOU* de 8-5-2015.

EMENDAS CONSTITUCIONAIS DE REVISÃO

EMENDA CONSTITUCIONAL DE REVISÃO Nº 1, DE 1º DE MARÇO DE 1994

Acrescenta os arts. 71, 72 e 73 ao Ato das Disposições Constitucionais Transitórias

A Mesa do Congresso Nacional, nos termos do art. 60 da Constituição Federal, combinado com o art. 3º do Ato das Disposições Constitucionais Transitórias, promulga a seguinte Emenda Constitucional:

Art. 1º Ficam incluídos os arts. 71, 72 e 73 no Ato das Disposições Constitucionais Transitórias, com a seguinte redação:

...

Art. 2º Fica revogado o § 4º do art. 2º da Emenda Constitucional nº 3, de 1993.

Art. 3º Esta Emenda entra em vigor na data de sua publicação.

Brasília, 1º de março de 1994.

Mesa do Congresso Nacional

EMENDA CONSTITUCIONAL DE REVISÃO Nº 2, DE 7 DE JUNHO DE 1994

Altera o caput *do art. 50 e seu § 2º da Constituição Federal*

A Mesa do Congresso Nacional, nos termos do art. 60 da Constituição Federal, combinado com o art. 3º do Ato das Disposições Constitucionais Transitórias, promulga a seguinte Emenda Constitucional:

Art. 1º É acrescentada a expressão ou quaisquer titulares de órgãos diretamente subordinados à Presidência da República ao texto do art. 50 da Constituição, que passa a vigorar com a redação seguinte:

...

Art. 2º É acrescentada a expressão ou a qualquer das pessoas referidas no *caput* deste artigo ao § 2º do art. 50, que passa a vigorar com a redação seguinte:

...

Art. 3º Esta Emenda Constitucional entra em vigor na data de sua publicação.

Brasília, 7 de junho de 1994.

Mesa do Congresso Nacional

EMENDA CONSTITUCIONAL DE REVISÃO Nº 3, DE 7 DE JUNHO DE 1994

Altera a alínea "c" do inciso I, a alínea "b" do inciso II, o § 1º e o inciso II do § 4º do art. 12 da Constituição Federal

A Mesa do Congresso Nacional, nos termos do art. 60 da Constituição Federal, combinado com o art. 3º do Ato das Disposições Constitucionais Transitórias, promulga a seguinte Emenda Constitucional:

Art. 1º A alínea "c" do inciso I, a alínea "b" do inciso II, o § 1º e o inciso II do § 4º do art. 12 da Constituição Federal passam a vigorar com a seguinte redação:

...

Art. 2º Esta Emenda Constitucional entra em vigor na data de sua publicação.

Brasília, 7 de junho de 1994.

Mesa do Congresso Nacional

EMENDA CONSTITUCIONAL DE REVISÃO Nº 4, DE 7 DE JUNHO DE 1994

Altera o § 9º do art. 14 da Constituição Federal

A Mesa do Congresso Nacional, nos termos do art. 60 da Constituição Federal, combinado com o art. 3º do Ato das Disposições Constitucionais Transitórias, promulga a seguinte Emenda Constitucional:

Art. 1º São acrescentadas ao § 9º do art. 14 da Constituição as expressões: a probidade administrativa, a moralidade para o exercício do mandato, considerada a vida pregressa do candidato, e, após a expressão a fim de proteger, passando o dispositivo a vigorar com a seguinte redação:

...

Art. 2º Esta Emenda Constitucional entra em vigor na data de sua publicação.

Brasília, 7 de junho de 1994.

Mesa do Congresso Nacional

EMENDA CONSTITUCIONAL DE REVISÃO Nº 5, DE 7 DE JUNHO DE 1994

Altera o art. 82 da Constituição Federal

A Mesa do Congresso Nacional, nos termos do art. 60 da Constituição Federal, combinado com o art. 3º do Ato das Disposições Constitucionais Transitórias, promulga a seguinte Emenda Constitucional:

Art. 1º No art. 82 fica substituída a expressão cinco anos por quatro anos.

Art. 2º Esta Emenda Constitucional entra em vigor no dia 1º de janeiro de 1995.

Brasília, 7 de junho de 1994.

Mesa do Congresso Nacional

EMENDA CONSTITUCIONAL DE REVISÃO Nº 6, DE 7 DE JUNHO DE 1994

Acrescenta o § 4º ao art. 55 da Constituição Federal

A Mesa do Congresso Nacional, nos termos do art. 60 da Constituição Federal, combinado com o art. 3º do Ato das Disposições Constitucionais Transitórias, promulga a seguinte Emenda Constitucional:

Art. 1º Fica acrescido, no art. 55, o § 4º, com a seguinte redação:

...

Art. 2º Esta Emenda Constitucional entra em vigor na data de sua publicação.

Brasília, 7 de junho de 1994.

Mesa do Congresso Nacional

LEGISLAÇÃO CORRELATA AO DIREITO CONSTITUCIONAL

1. Lei Complementar nº 95, de 26 de fevereiro de 1998

Dispõe sobre a Elaboração, a Redação, a Alteração e a Consolidação das Leis, conforme determina o parágrafo único do art. 59 da Constituição Federal, e estabelece Normas para a Consolidação dos Atos Normativos que menciona

O PRESIDENTE DA REPÚBLICA: Faço saber que o Congresso Nacional decreta e eu sanciono a seguinte Lei Complementar:

CAPÍTULO I

Disposições Preliminares

Art. 1º A elaboração, a redação, a alteração e a consolidação das leis obedecerão ao disposto nesta Lei Complementar.

Parágrafo único. As disposições desta Lei Complementar aplicam-se, ainda, às medidas provisórias e demais atos normativos referidos no art. 59 da Constituição Federal, bem como, no que couber, aos decretos e aos demais atos de regulamentação expedidos por órgãos do Poder Executivo.

Art. 2º VETADO

§ 1º VETADO

§ 2º Na numeração das leis serão observados, ainda, os seguintes critérios:

I – as emendas à Constituição Federal terão sua numeração iniciada a partir da promulgação da Constituição;

II – as leis complementares, as leis ordinárias e as leis delegadas terão numeração sequencial em continuidade às séries iniciadas em 1946.

CAPÍTULO II

Das Técnicas de Elaboração, Redação e Alteração das Leis

Seção I

Da Estruturação das Leis

Art. 3º A lei será estruturada em três partes básicas:

I – parte preliminar, compreendendo a epígrafe, a ementa, o preâmbulo, o enunciado do objeto e a indicação do âmbito de aplicação das disposições normativas;

II – parte normativa, compreendendo o texto das normas de conteúdo substantivo relacionadas com a matéria regulada;

III – parte final, compreendendo as disposições pertinentes às medidas necessárias à implementação das normas de conteúdo substantivo, às disposições transitórias, se for o caso, a cláusula de vigência e a cláusula de revogação, quando couber.

Art. 4º A epígrafe, grafada em caracteres maiúsculos, propiciará identificação numérica singular à lei e será formada pelo título designativo da espécie normativa, pelo número respectivo e pelo ano de promulgação.

Art. 5º A ementa será grafada por meio de caracteres que a realcem e explicitará, de modo conciso e sob a forma de título, o objeto da lei.

Art. 6º O preâmbulo indicará o órgão ou instituição competente para a prática do ato e sua base legal.

Art. 7º O primeiro artigo do texto indicará o objeto da lei e o respectivo âmbito de aplicação, observados os seguintes princípios:

I – excetuadas as codificações, cada lei tratará de um único objeto;

II – a lei não conterá matéria estranha a seu objeto ou a este não vinculada por afinidade, pertinência ou conexão;

III – o âmbito de aplicação da lei será estabelecido de forma tão específica quanto o possibilite o conhecimento técnico ou científico da área respectiva;

IV – o mesmo assunto não poderá ser disciplinado por mais de uma lei, exceto quando a subsequente se destine a complementar lei considerada básica, vinculando-se a esta por remissão expressa.

Art. 8º A vigência da lei será indicada de forma expressa e de modo a contemplar prazo razoável para que dela se tenha amplo conhecimento, reservada a cláusula "entra em vigor na data de sua publicação" para as leis de pequena repercussão.

§ 1º A contagem do prazo para entrada em vigor das leis que estabeleçam período de vacância far-se-á com a inclusão da data da publicação e do último dia do prazo, entrando em vigor no dia subsequente à sua consumação integral.

- Incluído pela Lei Complementar nº 107/01

§ 2º As leis que estabeleçam período de vacância deverão utilizar a cláusula "esta lei entra em vigor após decorridos (o número de) dias de sua publicação oficial".

- Incluído pela Lei Complementar nº 107/01

Art. 9º A cláusula de revogação deverá enumerar, expressamente, as leis ou disposições legais revogadas.

- Redação dada pela Lei Complementar nº 107/01

Parágrafo único. VETADO

- Incluído pela Lei Complementar nº 107/01

Seção II

Da Articulação e da Redação das Leis

Art. 10. Os textos legais serão articulados com observância dos seguintes princípios:

I – a unidade básica de articulação será o artigo, indicado pela abreviatura "Art.", seguida de numeração ordinal até o nono e cardinal a partir deste;

II – os artigos desdobrar-se-ão em parágrafos ou em incisos; os parágrafos em incisos, os incisos em alíneas e as alíneas em itens;

III – os parágrafos serão representados pelo sinal gráfico "§", seguido de numeração ordinal até o nono e cardinal a partir deste, utilizando-se, quando existente apenas um, a expressão "parágrafo único" por extenso;

IV – os incisos serão representados por algarismos romanos, as alíneas por letras minúsculas e os itens por algarismos arábicos;

V – o agrupamento de artigos poderá constituir Subseções; o de Subseções, a Seção; o de Seções, o Capítulo; o de Capítulos, o Título; o de Títulos, o Livro e o de Livros, a Parte;

VI – os Capítulos, Títulos, Livros e Partes serão grafados em letras maiúsculas e identificados por algarismos romanos, podendo estas últimas desdobrar-se em Parte Geral e Parte Especial ou ser subdivididas em partes expressas em numeral ordinal, por extenso;

VII – as Subseções e Seções serão identificadas em algarismos romanos, grafadas em letras minúsculas e postas em negrito ou caracteres que as coloquem em realce;

VIII – a composição prevista no inciso V poderá também compreender agrupamentos em Disposições Preliminares, Gerais, Finais ou Transitórias, conforme necessário.

Art. 11. As disposições normativas serão redigidas com clareza, precisão e ordem lógica, observadas, para esse propósito, as seguintes normas:

I – para a obtenção de clareza:

a) usar as palavras e as expressões em seu sentido comum, salvo quando a norma versar sobre assunto técnico, hipótese em que se empregará a nomenclatura própria da área em que se esteja legislando;

b) usar frases curtas e concisas;

c) construir as orações na ordem direta, evitando preciosismo, neologismo e adjetivações dispensáveis;

d) buscar a uniformidade do tempo verbal em todo o texto das normas legais, dando preferência ao tempo presente ou ao futuro simples do presente;

e) usar os recursos de pontuação de forma judiciosa, evitando os abusos de caráter estilístico;

II – para a obtenção de precisão:

a) articular a linguagem, técnica ou comum, de modo a ensejar perfeita compreensão do objetivo da lei e a permitir que seu texto evidencie com clareza o conteúdo e o alcance que o legislador pretende dar à norma;

b) expressar a ideia, quando repetida no texto, por meio das mesmas palavras, evitando o emprego de sinonímia com propósito meramente estilístico;

c) evitar o emprego de expressão ou palavra que confira duplo sentido ao texto;

d) escolher termos que tenham o mesmo sentido e significado na maior parte do território nacional, evitando o uso de expressões locais ou regionais;

e) usar apenas siglas consagradas pelo uso, observado o princípio de que a primeira referência no texto seja acompanhada de explicitação de seu significado;

f) grafar por extenso quaisquer referências a números e percentuais, exceto data, número de lei e nos casos em que houver prejuízo para a compreensão do texto;

- Redação dada pela Lei Complementar nº 107/01

g) indicar, expressamente o dispositivo objeto de remissão, em vez de usar as expressões "anterior", "seguinte" ou equivalentes;

- Incluída pela Lei Complementar nº 107/01

III – para a obtenção de ordem lógica:

a) reunir sob as categorias de agregação – subseção, seção, capítulo, título e livro – apenas as disposições relacionadas com o objeto da lei;

b) restringir o conteúdo de cada artigo da lei a um único assunto ou princípio;

c) expressar por meio dos parágrafos os aspectos complementares à norma enunciada no *caput* do artigo e as exceções à regra por este estabelecida;

d) promover as discriminações e enumerações por meio dos incisos, alíneas e itens.

Seção III

Da Alteração das Leis

Art. 12. A alteração da lei será feita:

I – mediante reprodução integral em novo texto, quando se tratar de alteração considerável;

II – mediante revogação parcial;

- Redação dada pela Lei Complementar nº 107/01

III – nos demais casos, por meio de substituição, no próprio texto, do dispositivo alterado, ou acréscimo de dispositivo novo, observadas as seguintes regras:

a) revogado;

- Redação dada pela Lei Complementar nº 107/01

b) é vedada, mesmo quando recomendável, qualquer renumeração de artigos e de unidades superiores ao artigo, referidas no inciso V do art. 10, devendo ser utilizado o mesmo número do artigo ou unidade imediatamente anterior, seguido de letras maiúsculas, em ordem alfabética, tantas quantas forem suficientes para identificar os acréscimos;

- Redação dada pela Lei Complementar nº 107/01

c) é vedado o aproveitamento do número de dispositivo revogado, vetado, declarado inconstitucional pelo Supremo Tribunal Federal ou de execução suspensa pelo Senado Federal em face de decisão do Supremo Tribunal Federal, devendo a lei alterada manter essa indicação, seguida da expressão "revogado", "vetado", "declarado inconstitucional, em controle concentrado, pelo Supremo Tribunal Federal", ou "execução suspensa pelo Senado Federal, na forma do art. 52, inc. X, da Constituição Federal";

- Redação dada pela Lei Complementar nº 107/01

d) é admissível a reordenação interna das unidades em que se desdobra o artigo, identificando-se o artigo assim modificado por alteração de redação, supressão ou acréscimo com as letras "NR" maiúsculas, entre parênteses, uma única vez ao seu final, obedecidas, quando for o caso, as prescrições da alínea *"c"*.

- Redação dada pela Lei Complementar nº 107/01

Parágrafo único. O termo "dispositivo" mencionado nesta Lei refere-se a artigos, parágrafos, incisos, alíneas ou itens.

- Incluído pela Lei Complementar nº 107/01

CAPÍTULO III

Da Consolidação das Leis e Outros Atos Normativos

Seção I

Da Consolidação das Leis

Art. 13. As leis federais serão reunidas em codificações e consolidações, integradas por volumes contendo matérias conexas ou afins, constituindo em seu todo a Consolidação da Legislação Federal.

- Redação dada pela Lei Complementar nº 107/01

§ 1º A consolidação consistirá na integração de todas as leis pertinentes a determinada matéria num único diploma legal, revogando-se formalmente as leis incorporadas à consolidação, sem modificação do alcance nem interrupção da força normativa dos dispositivos consolidados.

- Incluído pela Lei Complementar nº 107/01

§ 2º Preservando-se o conteúdo normativo original dos dispositivos consolidados, poderão ser feitas as seguintes alterações nos projetos de lei de consolidação:

- Incluído pela Lei Complementar nº 107/01

I – introdução de novas divisões do texto legal base;

- Incluído pela Lei Complementar nº 107/01

II – diferente colocação e numeração dos artigos consolidados;

- Incluído pela Lei Complementar nº 107/01

III – fusão de disposições repetitivas ou de valor normativo idêntico;

- Incluído pela Lei Complementar nº 107/01

IV – atualização da denominação de órgãos e entidades da administração pública;

- Incluído pela Lei Complementar nº 107/01

V – atualização de termos antiquados e modos de escrita ultrapassados;

- Incluído pela Lei Complementar nº 107/01

VI – atualização do valor de penas pecuniárias, com base em indexação padrão;

- Incluído pela Lei Complementar nº 107/01

VII – eliminação de ambiguidades decorrentes do mau uso do vernáculo;

- Incluído pela Lei Complementar nº 107/01

VIII – homogeneização terminológica do texto;

- Incluído pela Lei Complementar nº 107/01

IX – supressão de dispositivos declarados inconstitucionais pelo Supremo Tribunal Federal, observada, no que couber, a suspensão pelo Senado Federal de execução de dispositivos, na forma do art. 52, inc. X, da Constituição Federal;

- Incluído pela Lei Complementar nº 107/01

X – indicação de dispositivos não recepcionados pela Constituição Federal;

- Incluído pela Lei Complementar nº 107/01

XI – declaração expressa de revogação de dispositivos implicitamente revogados por leis posteriores.

- Incluído pela Lei Complementar nº 107/01

§ 3º As providências a que se referem os incisos IX, X e XI do § 2º deverão ser expressa e fundadamente justificadas, com indicação precisa das fontes de informação que lhes serviram de base.

- Incluído pela Lei Complementar nº 107/01

Art. 14. Para a consolidação de que trata o art. 13 serão observados os seguintes procedimentos:

- Redação dada pela Lei Complementar nº 107/01

I – O Poder Executivo ou o Poder Legislativo procederá ao levantamento da legislação federal em vigor e formulará projeto de lei de consolidação de normas que tratem da mesma matéria ou de assuntos a ela vinculados, com a indicação precisa dos diplomas legais expressa ou implicitamente revogados;

- Redação dada pela Lei Complementar nº 107/01

II – a apreciação dos projetos de lei de consolidação pelo Poder Legislativo será feita na forma do Regimento Interno de cada uma de suas Casas, em procedimento simplificado, visando a dar celeridade aos trabalhos;

- Redação dada pela Lei Complementar nº 107/01

III – revogado.

- Redação dada pela Lei Complementar nº 107/01

§ 1º Não serão objeto de consolidação as medidas provisórias ainda não convertidas em lei.

- Incluído pela Lei Complementar nº 107/01

§ 2º A Mesa Diretora do Congresso Nacional, de qualquer de suas Casas e qualquer membro ou Comissão da Câmara dos Deputados, do Senado Federal ou do Congresso Nacional poderá formular projeto de lei de consolidação.

- Incluído pela Lei Complementar nº 107/01

§ 3º Observado o disposto no inciso II do *caput*, será também admitido projeto de lei de consolidação destinado exclusivamente à:

- Incluído pela Lei Complementar nº 107/01

I – declaração de revogação de leis e dispositivos implicitamente revogados ou cuja eficácia ou validade encontre-se completamente prejudicada;

- Incluído pela Lei Complementar nº 107/01

II – inclusão de dispositivos ou diplomas esparsos em leis preexistentes, revogando-se as disposições assim consolidadas nos mesmos termos do § 1º do art. 13.

- Incluído pela Lei Complementar nº 107/01

§ 4º VETADO

- Incluído pela Lei Complementar nº 107/01

Art. 15. Na primeira sessão legislativa de cada legislatura, a Mesa do Congresso Nacional promoverá a atualização da Consolidação das Leis Federais Brasileiras, incorporando às coletâneas que a integram as emendas constitucionais, leis, decretos legislativos e resoluções promulgadas durante a legislatura imediatamente anterior, ordenados e indexados sistematicamente.

Seção II

Da Consolidação de Outros Atos Normativos

Art. 16. Os órgãos diretamente subordinados à Presidência da República e os Ministérios, assim como as entidades da administração indireta, adotarão, em prazo estabelecido em decreto, as providências necessárias para, observado, no que couber, o procedimento a que se refere o art. 14, ser efetuada a triagem, o exame e a consolidação dos decretos de conteúdo normativo e geral e demais atos normativos inferiores em vigor, vinculados às respectivas áreas de competência, remetendo os textos consolidados à Presidência da República, que os examinará e reunirá em coletâneas, para posterior publicação.

Art. 17. O Poder Executivo, até cento e oitenta dias do início do primeiro ano do mandato presidencial, promoverá a atualização das coletâneas a que se refere o artigo anterior, incorporando aos textos que as integram os decretos e atos de conteúdo normativo e geral editados no último quadriênio.

CAPÍTULO IV

Disposições Finais

Art. 18. Eventual inexatidão formal de norma elaborada mediante processo legislativo regular não constitui escusa válida para o seu descumprimento.

Art. 18-A. VETADO

- Incluído pela Lei Complementar nº 107/01

Art. 19. Esta Lei Complementar entra em vigor no prazo de noventa dias, a partir da data de sua publicação.

Brasília, 26 de fevereiro de 1998; 177º da Independência e 110º da República.

FERNANDO HENRIQUE CARDOSO
Iris Rezende

2. Lei nº 5.869, de 11 de janeiro de 1973

Institui o Código de Processo Civil

TÍTULO IX

Do Processo nos Tribunais

...

CAPÍTULO II

Da Declaração de Inconstitucionalidade

Art. 480. Arguida a inconstitucionalidade de lei ou de ato normativo do poder público, o relator, ouvido o Ministério Público, submeterá a questão à turma ou câmara, a que tocar o conhecimento do processo.

Art. 481. Se a alegação for rejeitada, prosseguirá o julgamento; se for acolhida, será lavrado o acórdão, a fim de ser submetida a questão ao tribunal pleno.

Parágrafo único. Os órgãos fracionários dos tribunais não submeterão ao plenário, ou ao órgão especial, a arguição de inconstitucionalidade, quando já houver pronunciamento destes ou do plenário do Supremo Tribunal Federal sobre a questão.

- Incluído pela Lei nº 9.756/98

Art. 482. Remetida a cópia do acórdão a todos os juízes, o presidente do tribunal designará a sessão de julgamento.

§ 1º O Ministério Público e as pessoas jurídicas de direito público responsáveis pela edição do ato questionado, se assim o requererem, poderão manifestar-se no incidente de inconstitucionalidade, observados os prazos e condições fixados no Regimento Interno do Tribunal.

- Incluído pela Lei nº 9.868/99

§ 2º Os titulares do direito de propositura referidos no art. 103 da Constituição poderão manifestar-se, por escrito, sobre a questão constitucional objeto de apreciação pelo órgão especial ou pelo Pleno do Tribunal, no prazo fixado em Regimento, sendo-lhes assegurado o direito de apresentar memoriais ou de pedir a juntada de documentos.

- Incluído pela Lei nº 9.868/99

§ 3º O relator, considerando a relevância da matéria e a representatividade dos postulantes, poderá admitir, por despacho irrecorrível, a manifestação de outros órgãos ou entidades.

- CRFB, art. 97
- Incluído pela Lei nº 9.868/99

3. Lei nº 9.868, de 10 de novembro de 1999

Dispõe sobre o Processo e Julgamento da Ação Direta de Inconstitucionalidade e da Ação Declaratória de Constitucionalidade perante o Supremo Tribunal Federal

O PRESIDENTE DA REPÚBLICA: Faço saber que o Congresso Nacional decreta e eu sanciono a seguinte Lei:

CAPÍTULO I

Da Ação Direta de Inconstitucionalidade e da Ação Declaratória de Constitucionalidade

Art. 1º Esta Lei dispõe sobre o processo e julgamento da ação direta de inconstitucionalidade e da ação declaratória de constitucionalidade perante o Supremo Tribunal Federal.

- CRFB, art. 102, inc. I, "a"

CAPÍTULO II

Da Ação Direta de Inconstitucionalidade

Seção I

Da Admissibilidade e do Procedimento da Ação Direta de Inconstitucionalidade

Art. 2º Podem propor a ação direta de inconstitucionalidade:

I – o Presidente da República;

II – a Mesa do Senado Federal;

III – a Mesa da Câmara dos Deputados;

IV – a Mesa de Assembleia Legislativa ou a Mesa da Câmara Legislativa do Distrito Federal;

V – o Governador de Estado ou o Governador do Distrito Federal;

VI – o Procurador-Geral da República;

- CRFB, art. 129, inc. IV

VII – o Conselho Federal da Ordem dos Advogados do Brasil;

VIII – partido político com representação no Congresso Nacional;

IX – confederação sindical ou entidade de classe de âmbito nacional.

- CRFB, art. 103, incs. I a IX

Parágrafo único. VETADO

Art. 3º A petição indicará:

I – o dispositivo da lei ou do ato normativo impugnado e os fundamentos jurídicos do pedido em relação a cada uma das impugnações;

II – o pedido, com suas especificações.

Parágrafo único. A petição inicial, acompanhada de instrumento de procuração, quando subscrita por advogado, será apresentada em duas vias, devendo conter cópias da lei ou do ato normativo impugnado e dos documentos necessários para comprovar a impugnação.

Art. 4º A petição inicial inepta, não fundamentada e a manifestamente improcedente serão liminarmente indeferidas pelo relator.

Parágrafo único. Cabe agravo da decisão que indeferir a petição inicial.

Art. 5º Proposta a ação direta, não se admitirá desistência.

Parágrafo único. VETADO

Art. 6º O relator pedirá informações aos órgãos ou às autoridades das quais emanou a lei ou o ato normativo impugnado.

Parágrafo único. As informações serão prestadas no prazo de trinta dias contado do recebimento do pedido.

Art. 7º Não se admitirá intervenção de terceiros no processo de ação direta de inconstitucionalidade.

§ 1º VETADO

§ 2º O relator, considerando a relevância da matéria e a representatividade dos postulantes, poderá, por despacho irrecorrível, admitir, observado o prazo fixado no parágrafo anterior, a manifestação de outros órgãos ou entidades.

Art. 8º Decorrido o prazo das informações, serão ouvidos, sucessivamente, o Advogado-Geral da União e o Procurador-Geral da República, que deverão manifestar-se, cada qual, no prazo de quinze dias.

- CRFB, art. 103, §§ 1º e 3º

Art. 9º Vencidos os prazos do artigo anterior, o relator lançará o relatório, com cópia a todos os Ministros, e pedirá dia para julgamento.

§ 1º Em caso de necessidade de esclarecimento de matéria ou circunstância de fato ou de notória insuficiência das informações existentes nos autos, poderá o relator requisitar informações adicionais, designar perito ou comissão de peritos para que emita parecer sobre a questão, ou fixar data para, em audiência pública, ouvir depoimentos de pessoas com experiência e autoridade na matéria.

§ 2º O relator poderá, ainda, solicitar informações aos Tribunais Superiores, aos Tribunais federais e aos Tribunais estaduais acerca da aplicação da norma impugnada no âmbito de sua jurisdição.

§ 3º As informações, perícias e audiências a que se referem os parágrafos anteriores serão realizadas no prazo de trinta dias, contado da solicitação do relator.

Seção II

Da Medida Cautelar em Ação Direta de Inconstitucionalidade

Art. 10. Salvo no período de recesso, a medida cautelar na ação direta será concedida por decisão da maioria absoluta dos membros do Tribunal, observado o disposto no art. 22, após a audiência dos órgãos ou autoridades dos quais emanou a lei ou ato normativo impugnado, que deverão pronunciar-se no prazo de cinco dias.

§ 1º O relator, julgando indispensável, ouvirá o Advogado-Geral da União e o Procurador-Geral da República, no prazo de três dias.

§ 2º No julgamento do pedido de medida cautelar, será facultada sustentação oral aos representantes judiciais do requerente e das autoridades ou órgãos responsáveis pela expedição do ato, na forma estabelecida no Regimento do Tribunal.

§ 3º Em caso de excepcional urgência, o Tribunal poderá deferir a medida cautelar sem a audiência dos órgãos ou das autoridades das quais emanou a lei ou o ato normativo impugnado.

Art. 11. Concedida a medida cautelar, o Supremo Tribunal Federal fará publicar em seção especial do Diário Oficial da União e do Diário da Justiça da União a parte dispositiva da decisão, no prazo de dez dias, devendo solicitar as informações à autoridade da qual tiver emanado o ato, observando-se, no que couber, o procedimento estabelecido na Seção I deste Capítulo.

§ 1º A medida cautelar, dotada de eficácia contra todos, será concedida com efeito *ex nunc*, salvo se o Tribunal entender que deva conceder-lhe eficácia retroativa.

§ 2º A concessão da medida cautelar torna aplicável a legislação anterior acaso existente, salvo expressa manifestação em sentido contrário.

Art. 12. Havendo pedido de medida cautelar, o relator, em face da relevância da matéria e de seu especial significado para a ordem social e a segurança jurídica, poderá, após a prestação das informações, no prazo de dez dias, e a manifestação do Advogado-Geral da União e do Procurador-Geral da República, sucessivamente, no prazo de cinco dias, submeter o processo diretamente ao Tribunal, que terá a faculdade de julgar definitivamente a ação.

- CRFB, art. 102, inc. I, "p"

CAPÍTULO II-A

Da Ação Direta de Inconstitucionalidade por Omissão

- Incluído pela Lei nº 12.063/09

Seção I

Da Admissibilidade e do Procedimento da Ação Direta de Inconstitucionalidade por Omissão

• Incluída pela Lei nº 12.063/09

Art. 12-A. Podem propor a ação direta de inconstitucionalidade por omissão os legitimados à propositura da ação direta de inconstitucionalidade e da ação declaratória de constitucionalidade.

• Incluído pela Lei nº 12.063/09

Art. 12-B. A petição indicará:

• Incluído pela Lei nº 12.063/09

I – a omissão inconstitucional total ou parcial quanto ao cumprimento de dever constitucional de legislar ou quanto à adoção de providência de índole administrativa;

• Incluído pela Lei nº 12.063/09

II – o pedido, com suas especificações.

• Incluído pela Lei nº 12.063/09

Parágrafo único. A petição inicial, acompanhada de instrumento de procuração, se for o caso, será apresentada em 2 (duas) vias, devendo conter cópias dos documentos necessários para comprovar a alegação de omissão.

• Incluído pela Lei nº 12.063/09

Art. 12-C. A petição inicial inepta, não fundamentada, e a manifestamente improcedente serão liminarmente indeferidas pelo relator.

• Incluído pela Lei nº 12.063/09

Parágrafo único. Cabe agravo da decisão que indeferir a petição inicial.

• Incluído pela Lei nº 12.063/09

Art. 12-D. Proposta a ação direta de inconstitucionalidade por omissão, não se admitirá desistência.

• Incluído pela Lei nº 12.063/09

Art. 12-E. Aplicam-se ao procedimento da ação direta de inconstitucionalidade por omissão, no que couber, as disposições constantes da Seção I do Capítulo II desta Lei.

• Incluído pela Lei nº 12.063/09

§ 1º Os demais titulares referidos no art. 2º desta Lei poderão manifestar-se, por escrito, sobre o objeto da ação e pedir a juntada de documentos reputados úteis para o exame da matéria, no prazo das informações, bem como apresentar memoriais.

• Incluído pela Lei nº 12.063/09

§ 2º O relator poderá solicitar a manifestação do Advogado-Geral da União, que deverá ser encaminhada no prazo de 15 (quinze) dias.

• Incluído pela Lei nº 12.063/09

§ 3º O Procurador-Geral da República, nas ações em que não for autor, terá vista do processo, por 15 (quinze) dias, após o decurso do prazo para informações.

• Incluído pela Lei nº 12.063/09

Seção II

Da Medida Cautelar em Ação Direta de Inconstitucionalidade por Omissão

- Incluída pela Lei nº 12.063/09

Art. 12-F. Em caso de excepcional urgência e relevância da matéria, o Tribunal, por decisão da maioria absoluta de seus membros, observado o disposto no art. 22, poderá conceder medida cautelar, após a audiência dos órgãos ou autoridades responsáveis pela omissão inconstitucional, que deverão pronunciar-se no prazo de 5 (cinco) dias.

- Incluído pela Lei nº 12.063/09

§ 1º A medida cautelar poderá consistir na suspensão da aplicação da lei ou do ato normativo questionado, no caso de omissão parcial, bem como na suspensão de processos judiciais ou de procedimentos administrativos, ou ainda em outra providência a ser fixada pelo Tribunal.

- Incluído pela Lei nº 12.063/09

§ 2º O relator, julgando indispensável, ouvirá o Procurador-Geral da República, no prazo de 3 (três) dias.

- Incluído pela Lei nº 12.063/09

§ 3º No julgamento do pedido de medida cautelar, será facultada sustentação oral aos representantes judiciais do requerente e das autoridades ou órgãos responsáveis pela omissão inconstitucional, na forma estabelecida no Regimento do Tribunal.

- Incluído pela Lei nº 12.063/09

Art.12-G. Concedida a medida cautelar, o Supremo Tribunal Federal fará publicar, em seção especial do Diário Oficial da União e do Diário da Justiça da União, a parte dispositiva da decisão no prazo de 10 (dez) dias, devendo solicitar as informações à autoridade ou ao órgão responsável pela omissão inconstitucional, observando-se, no que couber, o procedimento estabelecido na Seção I do Capítulo II desta Lei.

- Incluído pela Lei nº 12.063/09

Seção III

Da Decisão na Ação Direta de Inconstitucionalidade por Omissão

- Incluída pela Lei nº 12.063/09

Art. 12-H. Declarada a inconstitucionalidade por omissão, com observância do disposto no art. 22, será dada ciência ao Poder competente para a adoção das providências necessárias.

- Incluído pela Lei nº 12.063/09

§ 1º Em caso de omissão imputável a órgão administrativo, as providências deverão ser adotadas no prazo de 30 (trinta) dias, ou em prazo razoável a ser estipulado excepcionalmente pelo Tribunal, tendo em vista as circunstâncias específicas do caso e o interesse público envolvido.

- Incluído pela Lei nº 12.063/09

§ 2º Aplica-se à decisão da ação direta de inconstitucionalidade por omissão, no que couber, o disposto no Capítulo IV desta Lei.

- CRFB, art. 103, § 2º
- Incluído pela Lei nº 12.063/09

CAPÍTULO III

Da Ação Declaratória de Constitucionalidade

Seção I

Da Admissibilidade e do Procedimento da
Ação Declaratória de Constitucionalidade

Art. 13. Podem propor a ação declaratória de constitucionalidade de lei ou ato normativo federal:

I – o Presidente da República;

II – a Mesa da Câmara dos Deputados;

III – a Mesa do Senado Federal;

IV – o Procurador-Geral da República.

Art. 14. A petição inicial indicará:

I – o dispositivo da lei ou do ato normativo questionado e os fundamentos jurídicos do pedido;

II – o pedido, com suas especificações;

III – a existência de controvérsia judicial relevante sobre a aplicação da disposição objeto da ação declaratória.

Parágrafo único. A petição inicial, acompanhada de instrumento de procuração, quando subscrita por advogado, será apresentada em duas vias, devendo conter cópias do ato normativo questionado e dos documentos necessários para comprovar a procedência do pedido de declaração de constitucionalidade.

Art. 15. A petição inicial inepta, não fundamentada e a manifestamente improcedente serão liminarmente indeferidas pelo relator.

Parágrafo único. Cabe agravo da decisão que indeferir a petição inicial.

Art. 16. Proposta a ação declaratória, não se admitirá desistência.

Art. 17. VETADO

Art. 18. Não se admitirá intervenção de terceiros no processo de ação declaratória de constitucionalidade.

§ 1º VETADO

§ 2º VETADO

Art. 19. Decorrido o prazo do artigo anterior, será aberta vista ao Procurador-Geral da República, que deverá pronunciar-se no prazo de quinze dias.

Art. 20. Vencido o prazo do artigo anterior, o relator lançará o relatório, com cópia a todos os Ministros, e pedirá dia para julgamento.

§ 1º Em caso de necessidade de esclarecimento de matéria ou circunstância de fato ou de notória insuficiência das informações existentes nos autos, poderá o relator requisitar informações adicionais, designar perito ou comissão de peritos para que emita parecer sobre a questão ou fixar data para, em audiência pública, ouvir depoimentos de pessoas com experiência e autoridade na matéria.

§ 2º O relator poderá solicitar, ainda, informações aos Tribunais Superiores, aos Tribunais federais e aos Tribunais estaduais acerca da aplicação da norma questionada no âmbito de sua jurisdição.

§ 3º As informações, perícias e audiências a que se referem os parágrafos anteriores serão realizadas no prazo de trinta dias, contado da solicitação do relator.

Seção II

Da Medida Cautelar em Ação Declaratória de Constitucionalidade

Art. 21. O Supremo Tribunal Federal, por decisão da maioria absoluta de seus membros, poderá deferir pedido de medida cautelar na ação declaratória de constitucionalidade, consistente na determinação de que os juízes e os Tribunais suspendam o julgamento dos processos que envolvam a aplicação da lei ou do ato normativo objeto da ação até seu julgamento definitivo.

Parágrafo único. Concedida a medida cautelar, o Supremo Tribunal Federal fará publicar em seção especial do Diário Oficial da União a parte dispositiva da decisão, no prazo de dez dias, devendo o Tribunal proceder ao julgamento da ação no prazo de cento e oitenta dias, sob pena de perda de sua eficácia.

CAPÍTULO IV

Da Decisão na Ação Direta de Inconstitucionalidade e na Ação Declaratória de Constitucionalidade

Art. 22. A decisão sobre a constitucionalidade ou a inconstitucionalidade da lei ou do ato normativo somente será tomada se presentes na sessão pelo menos oito Ministros.

Art. 23. Efetuado o julgamento, proclamar-se-á a constitucionalidade ou a inconstitucionalidade da disposição ou da norma impugnada se num ou noutro sentido se tiverem manifestado pelo menos seis Ministros, quer se trate de ação direta de inconstitucionalidade ou de ação declaratória de constitucionalidade.

Parágrafo único. Se não for alcançada a maioria necessária à declaração de constitucionalidade ou de inconstitucionalidade, estando ausentes Ministros em número que possa influir no julgamento, este será suspenso a fim de aguardar-se o comparecimento dos Ministros ausentes, até que se atinja o número necessário para prolação da decisão num ou noutro sentido.

Art. 24. Proclamada a constitucionalidade, julgar-se-á improcedente a ação direta ou procedente eventual ação declaratória; e, proclamada a inconstitucionalidade, julgar-se-á procedente a ação direta ou improcedente eventual ação declaratória.

Art. 25. Julgada a ação, far-se-á a comunicação à autoridade ou ao órgão responsável pela expedição do ato.

Art. 26. A decisão que declara a constitucionalidade ou a inconstitucionalidade da lei ou do ato normativo em ação direta ou em ação declaratória é irrecorrível, ressalvada a interposição de embargos declaratórios, não podendo, igualmente, ser objeto de ação rescisória.

Art. 27. Ao declarar a inconstitucionalidade de lei ou ato normativo, e tendo em vista razões de segurança jurídica ou de excepcional interesse social, poderá o Supremo Tribunal Federal, por maioria de dois terços de seus membros, restringir os efeitos daquela declaração ou decidir que ela só tenha eficácia a partir de seu trânsito em julgado ou de outro momento que venha a ser fixado.

Art. 28. Dentro do prazo de dez dias após o trânsito em julgado da decisão, o Supremo Tribunal Federal fará publicar em seção especial do Diário da Justiça e do Diário Oficial da União a parte dispositiva do acórdão.

Parágrafo único. A declaração de constitucionalidade ou de inconstitucionalidade, inclusive a interpretação conforme a Constituição e a declaração parcial de inconstitucionalidade sem redução de texto, têm eficácia contra todos e efeito vinculante em relação aos órgãos do Poder Judiciário e à Administração Pública federal, estadual e municipal.

- CRFB, art. 102, § 2º

CAPÍTULO V

Das Disposições Gerais e Finais

Art. 29. O art. 482 do Código de Processo Civil fica acrescido dos seguintes parágrafos:

...

Art. 30. O art. 8º da Lei nº 8.185, de 14 de maio de 1991, passa a vigorar acrescido dos seguintes dispositivos:

"Art. 8º

I –

n) a ação direta de inconstitucionalidade de lei ou ato normativo do Distrito Federal em face da sua Lei Orgânica;

§ 3º São partes legítimas para propor a ação direta de inconstitucionalidade:

I – o Governador do Distrito Federal;

II – a Mesa da Câmara Legislativa;

III – o Procurador-Geral de Justiça;

IV – a Ordem dos Advogados do Brasil, seção do Distrito Federal;

V – as entidades sindicais ou de classe, de atuação no Distrito Federal, demonstrando que a pretensão por elas deduzida guarda relação de pertinência direta com os seus objetivos institucionais;

VI – os partidos políticos com representação na Câmara Legislativa.

§ 4º Aplicam-se ao processo e julgamento da ação direta de inconstitucionalidade perante o Tribunal de Justiça do Distrito Federal e Territórios as seguintes disposições:

I – o Procurador-Geral de Justiça será sempre ouvido nas ações diretas de constitucionalidade ou de inconstitucionalidade;

II – declarada a inconstitucionalidade por omissão de medida para tornar efetiva norma da Lei Orgânica do Distrito Federal, a decisão será comunicada ao Poder competente para adoção das providências necessárias, e, tratando-se de órgão administrativo, para fazê-lo em trinta dias;

III – somente pelo voto da maioria absoluta de seus membros ou de seu órgão especial, poderá o Tribunal de Justiça declarar a inconstitucionalidade de lei ou de ato normativo do Distrito Federal ou suspender a sua vigência em decisão de medida cautelar.

§ 5º Aplicam-se, no que couber, ao processo de julgamento da ação direta de inconstitucionalidade de lei ou ato normativo do Distrito Federal em face da sua Lei Orgânica as normas sobre o processo e o julgamento da ação direta de inconstitucionalidade perante o Supremo Tribunal Federal."

Art. 31. Esta Lei entra em vigor na data de sua publicação.

Brasília, 10 de novembro de 1999; 178º da Independência e 111º da República.

FERNANDO HENRIQUE CARDOSO
José Carlos Dias

4. Lei nº 9.882, de 3 de dezembro de 1999

Dispõe sobre o Processo e Julgamento da Arguição de Descumprimento de Preceito Fundamental, nos termos do § 1º do art. 102 da Constituição Federal

O PRESIDENTE DA REPÚBLICA: Faço saber que o Congresso Nacional decreta e eu sanciono a seguinte Lei:

Art. 1º A arguição prevista no § 1º do art. 102 da Constituição Federal será proposta perante o Supremo Tribunal Federal, e terá por objeto evitar ou reparar lesão a preceito fundamental, resultante de ato do Poder Público.

Parágrafo único. Caberá também arguição de descumprimento de preceito fundamental:

I – quando for relevante o fundamento da controvérsia constitucional sobre lei ou ato normativo federal, estadual ou municipal, incluídos os anteriores à Constituição;

II – VETADO

Art. 2º Podem propor arguição de descumprimento de preceito fundamental:

I – os legitimados para a ação direta de inconstitucionalidade;

II – VETADO

§ 1º Na hipótese do inciso II, faculta-se ao interessado, mediante representação, solicitar a propositura de arguição de descumprimento de preceito fundamental ao Procurador-Geral da República, que, examinando os fundamentos jurídicos do pedido, decidirá do cabimento do seu ingresso em juízo.

- CRFB, art. 5º, inc. XXXIV, "a"

§ 2º VETADO

Art. 3º A petição inicial deverá conter:

I – a indicação do preceito fundamental que se considera violado;

II – a indicação do ato questionado;

III – a prova da violação do preceito fundamental;

IV – o pedido, com suas especificações;

V – se for o caso, a comprovação da existência de controvérsia judicial relevante sobre a aplicação do preceito fundamental que se considera violado.

Parágrafo único. A petição inicial, acompanhada de instrumento de mandato, se for o caso, será apresentada em duas vias, devendo conter cópias do ato questionado e dos documentos necessários para comprovar a impugnação.

Art. 4º A petição inicial será indeferida liminarmente, pelo relator, quando não for o caso de arguição de descumprimento de preceito fundamental, faltar algum dos requisitos prescritos nesta Lei ou for inepta.

§ 1º Não será admitida arguição de descumprimento de preceito fundamental quando houver qualquer outro meio eficaz de sanar a lesividade.

§ 2º Da decisão de indeferimento da petição inicial caberá agravo, no prazo de cinco dias.

Art. 5º O Supremo Tribunal Federal, por decisão da maioria absoluta de seus membros, poderá deferir pedido de medida liminar na arguição de descumprimento de preceito fundamental.

§ 1º Em caso de extrema urgência ou perigo de lesão grave, ou ainda, em período de recesso, poderá o relator conceder a liminar, *ad referendum* do Tribunal Pleno.

§ 2º O relator poderá ouvir os órgãos ou autoridades responsáveis pelo ato questionado, bem como o Advogado-Geral da União ou o Procurador-Geral da República, no prazo comum de cinco dias.

§ 3º A liminar poderá consistir na determinação de que juízes e tribunais suspendam o andamento de processo ou os efeitos de decisões judiciais, ou de qualquer outra medida que apresente relação com a matéria objeto da arguição de descumprimento de preceito fundamental, salvo se decorrentes da coisa julgada.

§ 4º VETADO

Art. 6º Apreciado o pedido de liminar, o relator solicitará as informações às autoridades responsáveis pela prática do ato questionado, no prazo de dez dias.

§ 1º Se entender necessário, poderá o relator ouvir as partes nos processos que ensejaram a arguição, requisitar informações adicionais, designar perito ou comissão de peritos para que emita parecer sobre a questão, ou ainda, fixar data para declarações, em audiência pública, de pessoas com experiência e autoridade na matéria.

§ 2º Poderão ser autorizadas, a critério do relator, sustentação oral e juntada de memoriais, por requerimento dos interessados no processo.

Art. 7º Decorrido o prazo das informações, o relator lançará o relatório, com cópia a todos os ministros, e pedirá dia para julgamento.

Parágrafo único. O Ministério Público, nas arguições que não houver formulado, terá vista do processo, por cinco dias, após o decurso do prazo para informações.

Art. 8º A decisão sobre a arguição de descumprimento de preceito fundamental somente será tomada se presentes na sessão pelo menos dois terços dos Ministros.

§ 1º VETADO

§ 2º VETADO

Art. 9º VETADO

Art. 10. Julgada a ação, far-se-á comunicação às autoridades ou órgãos responsáveis pela prática dos atos questionados, fixando-se as condições e o modo de interpretação e aplicação do preceito fundamental.

§ 1º O presidente do Tribunal determinará o imediato cumprimento da decisão, lavrando-se o acórdão posteriormente.

§ 2º Dentro do prazo de dez dias contado a partir do trânsito em julgado da decisão, sua parte dispositiva será publicada em seção especial do Diário da Justiça e do Diário Oficial da União.

§ 3º A decisão terá eficácia contra todos e efeito vinculante relativamente aos demais órgãos do Poder Público.

Art. 11. Ao declarar a inconstitucionalidade de lei ou ato normativo, no processo de arguição de descumprimento de preceito fundamental, e tendo em vista razões de segurança jurídica ou de excepcional interesse social, poderá o Supremo Tribunal Federal, por maioria de dois terços de seus membros, restringir os efeitos daquela declaração ou decidir que ela só tenha eficácia a partir de seu trânsito em julgado ou de outro momento que venha a ser fixado.

Art. 12. A decisão que julgar procedente ou improcedente o pedido em arguição de descumprimento de preceito fundamental é irrecorrível, não podendo ser objeto de ação rescisória.

Art. 13. Caberá reclamação contra o descumprimento da decisão proferida pelo Supremo Tribunal Federal, na forma do seu Regimento Interno.

Art. 14. Esta Lei entra em vigor na data de sua publicação.

Brasília, 3 de dezembro de 1999; 178º da Independência e 111º da República.

FERNANDO HENRIQUE CARDOSO
José Carlos Dias

5. Lei nº 12.562, de 23 de dezembro de 2011

Regulamenta o art. 36, inc. III, da Constituição Federal, para dispor sobre o Processo e Julgamento da Representação Interventiva perante o Supremo Tribunal Federal

A PRESIDENTA DA REPÚBLICA: Faço saber que o Congresso Nacional decreta e eu sanciono a seguinte Lei:

Art. 1º Esta Lei dispõe sobre o processo e julgamento da representação interventiva prevista no art. 36, inc. III, da Constituição Federal.

Art. 2º A representação será proposta pelo Procurador-Geral da República, em caso de violação aos princípios referidos no art. 34, inc. VII, da Constituição Federal, ou de recusa, por parte de Estado-Membro, à execução de lei federal.

- CRFB, art. 129, inc. IV

Art. 3º A petição inicial deverá conter:

I – a indicação do princípio constitucional que se considera violado ou, se for o caso de recusa à aplicação de lei federal, das disposições questionadas;

II – a indicação do ato normativo, do ato administrativo, do ato concreto ou da omissão questionados;

III – a prova da violação do princípio constitucional ou da recusa de execução de lei federal;

IV – o pedido, com suas especificações.

Parágrafo único. A petição inicial será apresentada em 2 (duas) vias, devendo conter, se for o caso, cópia do ato questionado e dos documentos necessários para comprovar a impugnação.

Art. 4º A petição inicial será indeferida liminarmente pelo relator, quando não for o caso de representação interventiva, faltar algum dos requisitos estabelecidos nesta Lei ou for inepta.

Parágrafo único. Da decisão de indeferimento da petição inicial caberá agravo, no prazo de 5 (cinco) dias.

Art. 5º O Supremo Tribunal Federal, por decisão da maioria absoluta de seus membros, poderá deferir pedido de medida liminar na representação interventiva.

§ 1º O relator poderá ouvir os órgãos ou autoridades responsáveis pelo ato questionado, bem como o Advogado-Geral da União ou o Procurador-Geral da República, no prazo comum de 5 (cinco) dias.

§ 2º A liminar poderá consistir na determinação de que se suspenda o andamento de processo ou os efeitos de decisões judiciais ou administrativas ou de qualquer outra medida que apresente relação com a matéria objeto da representação interventiva.

Art. 6º Apreciado o pedido de liminar ou, logo após recebida a petição inicial, se não houver pedido de liminar, o relator solicitará as informações às autoridades responsáveis pela prática do ato questionado, que as prestarão em até 10 (dez) dias.

§ 1º Decorrido o prazo para prestação das informações, serão ouvidos, sucessivamente, o Advogado-Geral da União e o Procurador-Geral da República, que deverão manifestar-se, cada qual, no prazo de 10 (dez) dias.

§ 2º Recebida a inicial, o relator deverá tentar dirimir o conflito que dá causa ao pedido, utilizando-se dos meios que julgar necessários, na forma do regimento interno.

Art. 7º Se entender necessário, poderá o relator requisitar informações adicionais, designar perito ou comissão de peritos para que elabore laudo sobre a questão ou, ainda, fixar data para declarações, em audiência pública, de pessoas com experiência e autoridade na matéria.

Parágrafo único. Poderão ser autorizadas, a critério do relator, a manifestação e a juntada de documentos por parte de interessados no processo.

Art. 8º Vencidos os prazos previstos no art. 6º ou, se for o caso, realizadas as diligências de que trata o art. 7º, o relator lançará o relatório, com cópia para todos os Ministros, e pedirá dia para julgamento.

Art. 9º A decisão sobre a representação interventiva somente será tomada se presentes na sessão pelo menos 8 (oito) Ministros.

Art. 10. Realizado o julgamento, proclamar-se-á a procedência ou improcedência do pedido formulado na representação interventiva se num ou noutro sentido se tiverem manifestado pelo menos 6 (seis) Ministros.

Parágrafo único. Estando ausentes Ministros em número que possa influir na decisão sobre a representação interventiva, o julgamento será suspenso, a fim de se aguardar o comparecimento dos Ministros ausentes, até que se atinja o número necessário para a prolação da decisão.

Art. 11. Julgada a ação, far-se-á a comunicação às autoridades ou aos órgãos responsáveis pela prática dos atos questionados, e, se a decisão final for pela procedência do pedido formulado na representação interventiva, o Presidente do Supremo Tribunal Federal, publicado o acórdão, levá-lo-á ao conhecimento do Presidente da República para, no prazo improrrogável de até 15 (quinze) dias, dar cumprimento ao art. 36, §§ 1º e 3º, da Constituição Federal.

Parágrafo único. Dentro do prazo de 10 (dez) dias, contado a partir do trânsito em julgado da decisão, a parte dispositiva será publicada em seção especial do Diário da Justiça e do Diário Oficial da União.

Art. 12. A decisão que julgar procedente ou improcedente o pedido da representação interventiva é irrecorrível, sendo insuscetível de impugnação por ação rescisória.

Art. 13. Esta Lei entra em vigor na data de sua publicação.

Brasília, 23 de dezembro de 2011; 190º da Independência e 123º da República.

DILMA ROUSSEFF
Luiz Paulo Teles Ferreira Barreto
Fernando Luiz Albuquerque Faria

6. Lei nº 11.417, de 19 de dezembro de 2006

Regulamenta o art. 103-A da Constituição Federal e altera a Lei nº 9.784, de 29 de janeiro de 1999, disciplinando a Edição, a Revisão e o Cancelamento de Enunciado de Súmula Vinculante pelo Supremo Tribunal Federal, e dá Outras Providências

O PRESIDENTE DA REPÚBLICA: Faço saber que o Congresso Nacional decreta e eu sanciono a seguinte Lei:

Art. 1º Esta Lei disciplina a edição, a revisão e o cancelamento de enunciado de súmula vinculante pelo Supremo Tribunal Federal e dá outras providências.

Art. 2º O Supremo Tribunal Federal poderá, de ofício ou por provocação, após reiteradas decisões sobre matéria constitucional, editar enunciado de súmula que, a partir de sua publicação na imprensa oficial, terá efeito vinculante em relação aos demais órgãos do Poder Judiciário e à administração pública direta e indireta, nas esferas federal, estadual e municipal, bem como proceder à sua revisão ou cancelamento, na forma prevista nesta Lei.

§ 1º O enunciado da súmula terá por objeto a validade, a interpretação e a eficácia de normas determinadas, acerca das quais haja, entre órgãos judiciários ou entre esses e a administração pública, controvérsia atual que acarrete grave insegurança jurídica e relevante multiplicação de processos sobre idêntica questão.

§ 2º O Procurador-Geral da República, nas propostas que não houver formulado, manifestar-se-á previamente à edição, revisão ou cancelamento de enunciado de súmula vinculante.

§ 3º A edição, a revisão e o cancelamento de enunciado de súmula com efeito vinculante dependerão de decisão tomada por 2/3 (dois terços) dos membros do Supremo Tribunal Federal, em sessão plenária.

§ 4º No prazo de 10 (dez) dias após a sessão em que editar, rever ou cancelar enunciado de súmula com efeito vinculante, o Supremo Tribunal Federal fará publicar, em seção especial do Diário da Justiça e do Diário Oficial da União, o enunciado respectivo.

Art. 3º São legitimados a propor a edição, a revisão ou o cancelamento de enunciado de súmula vinculante:

I – o Presidente da República;

II – a Mesa do Senado Federal;

III – a Mesa da Câmara dos Deputados;

IV – o Procurador-Geral da República;

V – o Conselho Federal da Ordem dos Advogados do Brasil;

VI – o Defensor Público-Geral da União;

VII – partido político com representação no Congresso Nacional;

VIII – confederação sindical ou entidade de classe de âmbito nacional;

IX – a Mesa de Assembleia Legislativa ou da Câmara Legislativa do Distrito Federal;

X – o Governador de Estado ou do Distrito Federal;

XI – os Tribunais Superiores, os Tribunais de Justiça de Estados ou do Distrito Federal e Territórios, os Tribunais Regionais Federais, os Tribunais Regionais do Trabalho, os Tribunais Regionais Eleitorais e os Tribunais Militares.

§ 1º O Município poderá propor, incidentalmente ao curso de processo em que seja parte, a edição, a revisão ou o cancelamento de enunciado de súmula vinculante, o que não autoriza a suspensão do processo.

§ 2º No procedimento de edição, revisão ou cancelamento de enunciado da súmula vinculante, o relator poderá admitir, por decisão irrecorrível, a manifestação de terceiros na questão, nos termos do Regimento Interno do Supremo Tribunal Federal.

Art. 4º A súmula com efeito vinculante tem eficácia imediata, mas o Supremo Tribunal Federal, por decisão de 2/3 (dois terços) dos seus membros, poderá restringir os efeitos vinculantes ou decidir que só tenha eficácia a partir de outro momento, tendo em vista razões de segurança jurídica ou de excepcional interesse público.

Art. 5º Revogada ou modificada a lei em que se fundou a edição de enunciado de súmula vinculante, o Supremo Tribunal Federal, de ofício ou por provocação, procederá à sua revisão ou cancelamento, conforme o caso.

Art. 6º A proposta de edição, revisão ou cancelamento de enunciado de súmula vinculante não autoriza a suspensão dos processos em que se discuta a mesma questão.

Art. 7º Da decisão judicial ou do ato administrativo que contrariar enunciado de súmula vinculante, negar-lhe vigência ou aplicá-lo indevidamente caberá reclamação ao Supremo Tribunal Federal, sem prejuízo dos recursos ou outros meios admissíveis de impugnação.

§ 1º Contra omissão ou ato da administração pública, o uso da reclamação só será admitido após esgotamento das vias administrativas.

§ 2º Ao julgar procedente a reclamação, o Supremo Tribunal Federal anulará o ato administrativo ou cassará a decisão judicial impugnada, determinando que outra seja proferida com ou sem aplicação da súmula, conforme o caso.

Art. 8º O art. 56 da Lei nº 9.784, de 29 de janeiro de 1999, passa a vigorar acrescido do seguinte § 3º:

"Art. 56.

§ 3º Se o recorrente alegar que a decisão administrativa contraria enunciado da súmula vinculante, caberá à autoridade prolatora da decisão impugnada, se não a reconsiderar, explicitar, antes de encaminhar o recurso à autoridade superior, as razões da aplicabilidade ou inaplicabilidade da súmula, conforme o caso."

Art. 9º A Lei nº 9.784, de 29 de janeiro de 1999, passa a vigorar acrescida dos seguintes arts. 64-A e 64-B:

"Art. 64-A. Se o recorrente alegar violação de enunciado da súmula vinculante, o órgão competente para decidir o recurso explicitará as razões da aplicabilidade ou inaplicabilidade da súmula, conforme o caso.

Art. 64-B. Acolhida pelo Supremo Tribunal Federal a reclamação fundada em violação de enunciado da súmula vinculante, dar-se-á ciência à autoridade prolatora e ao órgão competente para o julgamento do recurso, que deverão adequar as futuras decisões administrativas em casos semelhantes, sob pena de responsabilização pessoal nas esferas cível, administrativa e penal."

Art. 10. O procedimento de edição, revisão ou cancelamento de enunciado de súmula com efeito vinculante obedecerá, subsidiariamente, ao disposto no Regimento Interno do Supremo Tribunal Federal.

Art. 11. Esta Lei entra em vigor 3 (três) meses após a sua publicação.

Brasília, 19 de dezembro de 2006; 185º da Independência e 118º da República.

LUIZ INÁCIO LULA DA SILVA
Márcio Thomaz Bastos

7. Regimento Interno do Supremo Tribunal Federal, de 15 de outubro de 1980

TÍTULO VI

Da Declaração de Inconstitucionalidade e da Interpretação de Lei

CAPÍTULO I

Da Declaração de Inconstitucionalidade de Lei ou Ato Normativo

Art. 169. O Procurador-Geral da República poderá submeter ao Tribunal, mediante representação, o exame de lei ou ato normativo federal ou estadual, para que seja declarada a sua inconstitucionalidade.

§ 1º Proposta a representação, não se admitirá desistência, ainda que afinal o Procurador-Geral se manifeste pela sua improcedência.

- Redação dada pela ER nº 2/85

§ 2º Não se admitirá assistência a qualquer das partes.

- Incluído pela ER nº 2/85

Art. 170. O Relator pedirá informações à autoridade da qual tiver emanado o ato, bem como ao Congresso Nacional ou à Assembleia Legislativa, se for o caso.

§ 1º Se houver pedido de medida cautelar, o Relator submetê-la-á ao Plenário e somente após a decisão solicitará as informações.

§ 2º As informações serão prestadas no prazo de trinta dias, contados do recebimento do pedido, podendo ser dispensadas, em caso de urgência, pelo Relator, *ad referendum* do Tribunal.

§ 3º Se, ao receber os autos, ou no curso do processo, o Relator entender que a decisão é urgente, em face do relevante interesse de ordem pública que envolve, poderá, com prévia ciência das partes, submetê-lo ao conhecimento do Tribunal, que terá a faculdade de julgá-lo com os elementos de que dispuser.

Art. 171. Recebidas as informações, será aberta vista ao Procurador-Geral, pelo prazo de quinze dias, para emitir parecer.

Art. 172. Decorrido o prazo do artigo anterior, ou dispensadas as informações em razão da urgência, o Relator, lançado o relatório, do qual a Secretaria remeterá cópia a todos os Ministros, pedirá dia para julgamento.

Art. 173. Efetuado o julgamento, com o *quorum* do art. 143, parágrafo único, proclamar-se-á a inconstitucionalidade ou a constitucionalidade do preceito ou do ato impugnados, se num ou noutro sentido se tiverem manifestado seis Ministros.

Parágrafo único. Se não for alcançada a maioria necessária à declaração de inconstitucionalidade, estando licenciados ou ausentes Ministros em número que possa influir no julgamento, este será suspenso a fim de aguardar-se o comparecimento dos Ministros ausentes, até que se atinja o *quorum*.

Art. 174. Proclamada a constitucionalidade na forma do artigo anterior, julgar-se-á improcedente a representação.

- Redação dada pela ER nº 2/85

Art. 175. Julgada procedente a representação e declarada a inconstitucionalidade total ou parcial de Constituição Estadual, de lei ou decreto federal ou estadual, de resolução de órgão judiciário ou legislativo, bem como de qualquer outro ato normativo federal ou estadual ou de autoridade da administração direta ou indireta, far-se-á comunicação à autoridade ou órgão responsável pela expedição do ato normativo impugnado.

Parágrafo único. Se a declaração de inconstitucionalidade de lei ou ato estadual se fundar nos incisos VI e VII do art. 10 da Constituição, a comunicação será feita, logo após a decisão, à autoridade interessada, bem como, depois do trânsito em julgado, ao Presidente da República, para os efeitos do § 2º do art. 11 da Constituição.

- CRFB, art. 102, inc. I, "a"

Art. 176. Arguida a inconstitucionalidade de lei ou ato normativo federal, estadual ou municipal, em qualquer outro processo submetido ao Plenário, será ela julgada em conformidade com o disposto nos arts. 172 a 174, depois de ouvido o Procurador-Geral.

§ 1º Feita a arguição em processo de competência da Turma, e considerada relevante, será ele submetido ao Plenário, independente de acórdão, depois de ouvido o Procurador-Geral.

§ 2º De igual modo procederão o Presidente do Tribunal e os das Turmas, se a inconstitucionalidade for alegada em processo de sua competência.

Art. 177. O Plenário julgará a prejudicial de inconstitucionalidade e as demais questões da causa.

- CRFB, art. 97

Art. 178. Declarada, incidentalmente, a inconstitucionalidade, na forma prevista nos arts. 176 e 177, far-se-á comunicação, logo após a decisão, à autoridade ou órgão interessado, bem como, depois do trânsito em julgado, ao Senado Federal, para os efeitos do art. 42, inc. VII, da Constituição.

- CRFB, art. 52, inc. X

...

TÍTULO XII

Da Execução

...

CAPÍTULO IV

Da Intervenção Federal nos Estados

Art. 350. A requisição de intervenção federal, prevista no art. 11, § 1º, "a", "b" e "c", da Constituição, será promovida:

I – de ofício, ou mediante pedido do Presidente do Tribunal de Justiça do Estado, no caso do inciso IV do art. 10 da Constituição, se a coação for exercida contra o Poder Judiciário;

II – de ofício, ou mediante pedido do Presidente de Tribunal de Justiça do Estado ou de Tribunal Federal, quando se tratar de prover a execução de ordem ou decisão judiciária, com ressalva, conforme a matéria, da competência do Tribunal Superior Eleitoral e do disposto no inciso seguinte;

III – de ofício, ou mediante pedido da parte interessada, quando se tratar de prover a execução de ordem ou decisão do Supremo Tribunal Federal;

IV – mediante representação do Procurador-Geral, no caso do inciso VII do art. 10 da Constituição, assim como no do inciso VI, quando se tratar de prover a execução de lei federal.

Art. 351. O Presidente, ao receber o pedido:

I – tomará as providências oficiais que lhe parecerem adequadas para remover, administrativamente, a causa do pedido;

II – mandará arquivá-lo, se for manifestamente infundado, cabendo do seu despacho agravo regimental.

Art. 352. Realizada a gestão prevista no inciso I do artigo anterior, solicitadas informações à autoridade estadual e ouvido o Procurador-Geral, o pedido será relatado pelo Presidente, em sessão plenária pública ou secreta.

Art. 353. O julgamento, se não tiver sido público, será proclamado em sessão pública.

Art. 354. Julgado procedente o pedido, o Presidente do Supremo Tribunal Federal imediatamente comunicará a decisão aos órgãos do Poder Público interessados e requisitará a intervenção ao Presidente da República.

- CRFB, art. 36, incs. I a III

TÍTULO XIII

Da Súmula Vinculante

- Incluído pela ER nº 46/11

Art. 354-A. Recebendo proposta de edição, revisão ou cancelamento de súmula vinculante, a Secretaria Judiciária a autuará e registrará ao Presidente, para apreciação, no prazo de cinco dias, quanto à adequação formal da proposta.

- Incluído pela ER nº 46/11

Art. 354-B. Verificado o atendimento dos requisitos formais, a Secretaria Judiciária publicará edital no sítio do Tribunal e no Diário da Justiça Eletrônico, para ciência e manifestação de interessados no prazo de cinco dias, encaminhando a seguir os autos ao Procurador-Geral da República.

- Incluído pela ER nº 46/11

Art. 354-C. Devolvidos os autos com a manifestação do Procurador-Geral da República, o Presidente submeterá as manifestações e a proposta de edição, revisão ou cancelamento de súmula aos Ministros da Comissão de Jurisprudência, em meio eletrônico, para que se manifestem no prazo comum de quinze dias; decorrido o prazo, a proposta, com ou sem manifestação, será submetida, também por meio eletrônico, aos demais Ministros, pelo mesmo prazo comum.

- Incluído pela ER nº 46/11

Art. 354-D. Decorrido o prazo do art. 354-C, o Presidente submeterá a proposta à deliberação do Tribunal Pleno, mediante inclusão em pauta.

- Incluído pela ER nº 46/11

Art. 354-E. A proposta de edição, revisão ou cancelamento de súmula vinculante poderá versar sobre questão com repercussão geral reconhecida, caso em que poderá ser apresentada por qualquer Ministro logo após o julgamento de mérito do processo, para deliberação imediata do Tribunal Pleno na mesma sessão.

- Incluído pela ER nº 46/11

Art. 354-F. O teor da proposta de súmula aprovada, que deve constar do acórdão, conterá cópia dos debates que lhe deram origem, integrando-o, e constarão das publicações dos julgamentos no Diário da Justiça Eletrônico.

- Incluído pela ER nº 46/11

Art. 354-G. A proposta de edição, revisão ou cancelamento de súmula tramitará sob a forma eletrônica, e as informações correspondentes ficarão disponíveis aos interessados no sítio do STF.

- CRFB, art. 103-A
- Incluído pela ER nº 46/11

8. Decreto-lei nº 3.689, de 3 de outubro de 1941

Código de Processo Penal

TÍTULO II

Dos Recursos em Geral

...

CAPÍTULO X

Do *Habeas Corpus* e seu Processo

Art. 647. Dar-se-á *habeas corpus* sempre que alguém sofrer ou se achar na iminência de sofrer violência ou coação ilegal na sua liberdade de ir e vir, salvo nos casos de punição disciplinar.

Art. 648. A coação considerar-se-á ilegal:

I – quando não houver justa causa;

II – quando alguém estiver preso por mais tempo do que determina a lei;

III – quando quem ordenar a coação não tiver competência para fazê-lo;

IV – quando houver cessado o motivo que autorizou a coação;

V – quando não for alguém admitido a prestar fiança, nos casos em que a lei a autoriza;

VI – quando o processo for manifestamente nulo;

VII – quando extinta a punibilidade.

Art. 649. O juiz ou o tribunal, dentro dos limites da sua jurisdição, fará passar imediatamente a ordem impetrada, nos casos em que tenha cabimento, seja qual for a autoridade coatora.

Art. 650. Competirá conhecer, originariamente, do pedido de *habeas corpus*:

I – ao Supremo Tribunal Federal, nos casos previstos no art. 101, inc. I, "g", da Constituição;

II – aos Tribunais de Apelação, sempre que os atos de violência ou coação forem atribuídos aos governadores ou interventores dos Estados ou Territórios e ao prefeito do Distrito Federal, ou a seus secretários, ou aos chefes de Polícia.

§ 1º A competência do juiz cessará sempre que a violência ou coação provier de autoridade judiciária de igual ou superior jurisdição.

§ 2º Não cabe o *habeas corpus* contra a prisão administrativa, atual ou iminente, dos responsáveis por dinheiro ou valor pertencente à Fazenda Pública, alcançados ou omissos em fazer o seu recolhimento nos prazos legais, salvo se o pedido for acompanhado de prova de quitação ou de depósito do alcance verificado, ou se a prisão exceder o prazo legal.

Art. 651. A concessão do *habeas corpus* não obstará, nem porá termo ao processo, desde que este não esteja em conflito com os fundamentos daquela.

Art. 652. Se o *habeas corpus* for concedido em virtude de nulidade do processo, este será renovado.

Art. 653. Ordenada a soltura do paciente em virtude de *habeas corpus*, será condenada nas custas a autoridade que, por má-fé ou evidente abuso de poder, tiver determinado a coação.

Parágrafo único. Neste caso, será remetida ao Ministério Público cópia das peças necessárias para ser promovida a responsabilidade da autoridade.

Art. 654. O *habeas corpus* poderá ser impetrado por qualquer pessoa, em seu favor ou de outrem, bem como pelo Ministério Público.

§ 1º A petição de *habeas corpus* conterá:

a) o nome da pessoa que sofre ou está ameaçada de sofrer violência ou coação e o de quem exercer a violência, coação ou ameaça;

b) a declaração da espécie de constrangimento ou, em caso de simples ameaça de coação, as razões em que funda o seu temor;

c) a assinatura do impetrante, ou de alguém a seu rogo, quando não souber ou não puder escrever, e a designação das respectivas residências.

§ 2º Os juízes e os tribunais têm competência para expedir de ofício ordem de *habeas corpus*, quando no curso de processo verificarem que alguém sofre ou está na iminência de sofrer coação ilegal.

Art. 655. O carcereiro ou o diretor da prisão, o escrivão, o oficial de justiça ou a autoridade judiciária ou policial que embaraçar ou procrastinar a expedição de ordem de *habeas corpus*, as informações sobre a causa da prisão, a condução e apresentação do paciente, ou a sua soltura, será multado na quantia de duzentos mil-réis a um conto de réis, sem prejuízo das penas em que incorrer. As multas serão impostas pelo juiz do tribunal que julgar o *habeas corpus*, salvo quando se tratar de autoridade judiciária, caso em que caberá ao Supremo Tribunal Federal ou ao Tribunal de Apelação impor as multas.

Art. 656. Recebida a petição de *habeas corpus*, o juiz, se julgar necessário, e estiver preso o paciente, mandará que este lhe seja imediatamente apresentado em dia e hora que designar.

Parágrafo único. Em caso de desobediência, será expedido mandado de prisão contra o detentor, que será processado na forma da lei, e o juiz providenciará para que o paciente seja tirado da prisão e apresentado em juízo.

Art. 657. Se o paciente estiver preso, nenhum motivo escusará a sua apresentação, salvo:

I – grave enfermidade do paciente;

II – não estar ele sob a guarda da pessoa a quem se atribui a detenção;

III – se o comparecimento não tiver sido determinado pelo juiz ou pelo tribunal.

Parágrafo único. O juiz poderá ir ao local em que o paciente se encontrar, se este não puder ser apresentado por motivo de doença.

Art. 658. O detentor declarará à ordem de quem o paciente estiver preso.

Art. 659. Se o juiz ou o tribunal verificar que já cessou a violência ou coação ilegal, julgará prejudicado o pedido.

Art. 660. Efetuadas as diligências, e interrogado o paciente, o juiz decidirá, fundamentadamente, dentro de 24 (vinte e quatro) horas.

§ 1º Se a decisão for favorável ao paciente, será logo posto em liberdade, salvo se por outro motivo dever ser mantido na prisão.

§ 2º Se os documentos que instruírem a petição evidenciarem a ilegalidade da coação, o juiz ou o tribunal ordenará que cesse imediatamente o constrangimento.

§ 3º Se a ilegalidade decorrer do fato de não ter sido o paciente admitido a prestar fiança, o juiz arbitrará o valor desta, que poderá ser prestada perante ele, remetendo, neste caso, à autoridade os respectivos autos, para serem anexados aos do inquérito policial ou aos do processo judicial.

§ 4º Se a ordem de *habeas corpus* for concedida para evitar ameaça de violência ou coação ilegal, dar-se-á ao paciente salvo-conduto assinado pelo juiz.

§ 5º Será incontinenti enviada cópia da decisão à autoridade que tiver ordenado a prisão ou tiver o paciente à sua disposição, a fim de juntar-se aos autos do processo.

§ 6º Quando o paciente estiver preso em lugar que não seja o da sede do juízo ou do tribunal que conceder a ordem, o alvará de soltura será expedido pelo telégrafo, se houver, observadas as formalidades estabelecidas no art. 289, parágrafo único, *in fine*, ou por via postal.

Art. 661. Em caso de competência originária do Tribunal de Apelação, a petição de *habeas corpus* será apresentada ao secretário, que a enviará imediatamente ao presidente do tribunal, ou da câmara criminal, ou da turma, que estiver reunida, ou primeiro tiver de reunir-se.

Art. 662. Se a petição contiver os requisitos do art. 654, § 1º, o presidente, se necessário, requisitará da autoridade indicada como coatora informações por escrito. Faltando, porém, qualquer daqueles requisitos, o presidente mandará preenchê-lo, logo que lhe for apresentada a petição.

Art. 663. As diligências do artigo anterior não serão ordenadas, se o presidente entender que o *habeas corpus* deva ser indeferido *in limine*. Nesse caso, levará a petição ao tribunal, câmara ou turma, para que delibere a respeito.

Art. 664. Recebidas as informações, ou dispensadas, o *habeas corpus* será julgado na primeira sessão, podendo, entretanto, adiar-se o julgamento para a sessão seguinte.

Parágrafo único. A decisão será tomada por maioria de votos. Havendo empate, se o presidente não tiver tomado parte na votação, proferirá voto de desempate; no caso contrário, prevalecerá a decisão mais favorável ao paciente.

Art. 665. O secretário do tribunal lavrará a ordem que, assinada pelo presidente do tribunal, câmara ou turma, será dirigida, por ofício ou telegrama, ao detentor, ao carcereiro ou autoridade que exercer ou ameaçar exercer o constrangimento.

Parágrafo único. A ordem transmitida por telegrama obedecerá ao disposto no art. 289, parágrafo único, *in fine*.

Art. 666. Os regimentos dos Tribunais de Apelação estabelecerão as normas complementares para o processo e julgamento do pedido de *habeas corpus* de sua competência originária.

Art. 667. No processo e julgamento do *habeas corpus* de competência originária do Supremo Tribunal Federal, bem como nos de recurso das decisões de última ou única instância, denegatórias de *habeas corpus*, observar-se-á, no que lhe for aplicável, o disposto nos artigos anteriores, devendo o regimento interno do tribunal estabelecer as regras complementares.

- CRFB, arts. 5º, incs. LXVIII e LXXVII, 102, incs. I, "d" e "i" e II, "a", 105, incs. I, "c" e II, "a", 108, inc. I, "d", 109, inc. VII, 114, inc. IV, 121, §§ 3º e 4º, inc. V, e 142, § 2º

9. Lei nº 12.016, de 7 de agosto de 2009

Disciplina o Mandado de Segurança Individual e Coletivo e dá Outras Providências

O PRESIDENTE DA REPÚBLICA: Faço saber que o Congresso Nacional decreta e eu sanciono a seguinte Lei:

Art. 1º Conceder-se-á mandado de segurança para proteger direito líquido e certo, não amparado por *habeas corpus* ou *habeas data*, sempre que, ilegalmente ou com abuso de poder, qualquer pessoa física ou jurídica sofrer violação ou houver justo receio de sofrê-la por parte de autoridade, seja de que categoria for e sejam quais forem as funções que exerça.

- CRFB, arts. 5º, inc. LXIX, 102, incs. I, "d" e II, "a", 105, incs. I, "b" e II, "b", 108, inc. I, "c", 109, inc. VIII, 114, inc. IV, e 121, §§ 3º e 4º, inc. V

§ 1º Equiparam-se às autoridades, para os efeitos desta Lei, os representantes ou órgãos de partidos políticos e os administradores de entidades autárquicas, bem como os dirigentes de pessoas jurídicas ou as pessoas naturais no exercício de atribuições do poder público, somente no que disser respeito a essas atribuições.

§ 2º Não cabe mandado de segurança contra os atos de gestão comercial praticados pelos administradores de empresas públicas, de sociedade de economia mista e de concessionárias de serviço público.

§ 3º Quando o direito ameaçado ou violado couber a várias pessoas, qualquer delas poderá requerer o mandado de segurança.

Art. 2º Considerar-se-á federal a autoridade coatora se as consequências de ordem patrimonial do ato contra o qual se requer o mandado houverem de ser suportadas pela União ou entidade por ela controlada.

Art. 3º O titular de direito líquido e certo decorrente de direito, em condições idênticas, de terceiro poderá impetrar mandado de segurança a favor do direito originário, se o seu titular não o fizer, no prazo de 30 (trinta) dias, quando notificado judicialmente.

Parágrafo único. O exercício do direito previsto no *caput* deste artigo submete-se ao prazo fixado no art. 23 desta Lei, contado da notificação.

Art. 4º Em caso de urgência, é permitido, observados os requisitos legais, impetrar mandado de segurança por telegrama, radiograma, fax ou outro meio eletrônico de autenticidade comprovada.

§ 1º Poderá o juiz, em caso de urgência, notificar a autoridade por telegrama, radiograma ou outro meio que assegure a autenticidade do documento e a imediata ciência pela autoridade.

§ 2º O texto original da petição deverá ser apresentado nos 5 (cinco) dias úteis seguintes.

§ 3º Para os fins deste artigo, em se tratando de documento eletrônico, serão observadas as regras da Infraestrutura de Chaves Públicas Brasileira – ICP-Brasil.

Art. 5º Não se concederá mandado de segurança quando se tratar:

I – de ato do qual caiba recurso administrativo com efeito suspensivo, independentemente de caução;

- CRFB, art. 5º, inc. XXXV

II – de decisão judicial da qual caiba recurso com efeito suspensivo;

III – de decisão judicial transitada em julgado.

Parágrafo único. VETADO

Art. 6º A petição inicial, que deverá preencher os requisitos estabelecidos pela lei processual, será apresentada em 2 (duas) vias com os documentos que instruírem a primeira reproduzidos na segunda e indicará, além da autoridade coatora, a pessoa jurídica que esta integra, à qual se acha vinculada ou da qual exerce atribuições.

§ 1º No caso em que o documento necessário à prova do alegado se ache em repartição ou estabelecimento público ou em poder de autoridade que se recuse a fornecê-lo por certidão ou de terceiro, o juiz ordenará, preliminarmente, por ofício, a exibição desse documento em original ou em cópia autêntica e marcará, para o cumprimento da ordem, o prazo de 10 (dez) dias. O escrivão extrairá cópias do documento para juntá-las à segunda via da petição.

§ 2º Se a autoridade que tiver procedido dessa maneira for a própria coatora, a ordem far-se-á no próprio instrumento da notificação.

§ 3º Considera-se autoridade coatora aquela que tenha praticado o ato impugnado ou da qual emane a ordem para a sua prática.

§ 4º VETADO

§ 5º Denega-se o mandado de segurança nos casos previstos pelo art. 267 da Lei nº 5.869, de 11 de janeiro de 1973 – Código de Processo Civil.

§ 6º O pedido de mandado de segurança poderá ser renovado dentro do prazo decadencial, se a decisão denegatória não lhe houver apreciado o mérito.

Art. 7º Ao despachar a inicial, o juiz ordenará:

I – que se notifique o coator do conteúdo da petição inicial, enviando-lhe a segunda via apresentada com as cópias dos documentos, a fim de que, no prazo de 10 (dez) dias, preste as informações;

II – que se dê ciência do feito ao órgão de representação judicial da pessoa jurídica interessada, enviando-lhe cópia da inicial sem documentos, para que, querendo, ingresse no feito;

III – que se suspenda o ato que deu motivo ao pedido, quando houver fundamento relevante e do ato impugnado puder resultar a ineficácia da medida, caso seja finalmente deferida, sendo facultado exigir do impetrante caução, fiança ou depósito, com o objetivo de assegurar o ressarcimento à pessoa jurídica.

§ 1º Da decisão do juiz de primeiro grau que conceder ou denegar a liminar caberá agravo de instrumento, observado o disposto na Lei nº 5.869, de 11 de janeiro de 1973 – Código de Processo Civil.

§ 2º Não será concedida medida liminar que tenha por objeto a compensação de créditos tributários, a entrega de mercadorias e bens provenientes do exterior, a reclassificação ou equiparação de servidores públicos e a concessão de aumento ou a extensão de vantagens ou pagamento de qualquer natureza.

§ 3º Os efeitos da medida liminar, salvo se revogada ou cassada, persistirão até a prolação da sentença.

§ 4º Deferida a medida liminar, o processo terá prioridade para julgamento.

§ 5º As vedações relacionadas com a concessão de liminares previstas neste artigo se estendem à tutela antecipada a que se referem os arts. 273 e 461 da Lei nº 5.869, de 11 janeiro de 1973 – Código de Processo Civil.

Art. 8º Será decretada a perempção ou caducidade da medida liminar *ex officio* ou a requerimento do Ministério Público quando, concedida a medida, o impetrante criar obstáculo ao normal andamento do processo ou deixar de promover, por mais de 3 (três) dias úteis, os atos e as diligências que lhe cumprirem.

Art. 9º As autoridades administrativas, no prazo de 48 (quarenta e oito) horas da notificação da medida liminar, remeterão ao Ministério ou órgão a que se acham subordinadas e ao Advogado-Geral da União ou a quem tiver a representação judicial da União, do Estado, do Município ou da entidade apontada como coatora cópia autenticada do mandado notificatório, assim como indicações e elementos outros necessários às providências a serem tomadas para a eventual suspensão da medida e defesa do ato apontado como ilegal ou abusivo de poder.

Art. 10. A inicial será desde logo indeferida, por decisão motivada, quando não for o caso de mandado de segurança ou lhe faltar algum dos requisitos legais ou quando decorrido o prazo legal para a impetração.

§ 1º Do indeferimento da inicial pelo juiz de primeiro grau caberá apelação e, quando a competência para o julgamento do mandado de segurança couber originariamente a um dos tribunais, do ato do relator caberá agravo para o órgão competente do tribunal que integre.

§ 2º O ingresso de litisconsorte ativo não será admitido após o despacho da petição inicial.

Art. 11. Feitas as notificações, o serventuário em cujo cartório corra o feito juntará aos autos cópia autêntica dos ofícios endereçados ao coator e ao órgão de representação judicial da pessoa jurídica interessada, bem como a prova da entrega a estes ou da sua recusa em aceitá-los ou dar recibo e, no caso do art. 4º desta Lei, a comprovação da remessa.

Art. 12. Findo o prazo a que se refere o inciso I do *caput* do art. 7º desta Lei, o juiz ouvirá o representante do Ministério Público, que opinará, dentro do prazo improrrogável de 10 (dez) dias.

Parágrafo único. Com ou sem o parecer do Ministério Público, os autos serão conclusos ao juiz, para a decisão, a qual deverá ser necessariamente proferida em 30 (trinta) dias.

Art. 13. Concedido o mandado, o juiz transmitirá em ofício, por intermédio do oficial do juízo, ou pelo correio, mediante correspondência com aviso de recebimento, o inteiro teor da sentença à autoridade coatora e à pessoa jurídica interessada.

Parágrafo único. Em caso de urgência, poderá o juiz observar o disposto no art. 4º desta Lei.

Art. 14. Da sentença, denegando ou concedendo o mandado, cabe apelação.

§ 1º Concedida a segurança, a sentença estará sujeita obrigatoriamente ao duplo grau de jurisdição.

§ 2º Estende-se à autoridade coatora o direito de recorrer.

§ 3º A sentença que conceder o mandado de segurança pode ser executada provisoriamente, salvo nos casos em que for vedada a concessão da medida liminar.

§ 4º O pagamento de vencimentos e vantagens pecuniárias assegurados em sentença concessiva de mandado de segurança a servidor público da administração direta ou autárquica federal, estadual e municipal somente será efetuado relativamente às prestações que se vencerem a contar da data do ajuizamento da inicial.

Art. 15. Quando, a requerimento de pessoa jurídica de direito público interessada ou do Ministério Público e para evitar grave lesão à ordem, à saúde, à segurança e à economia públicas, o presidente do tribunal ao qual couber o conhecimento do respectivo recurso suspender, em decisão fundamentada, a execução da liminar e da sentença, dessa decisão caberá agravo, sem efeito suspensivo, no prazo de 5 (cinco) dias, que será levado a julgamento na sessão seguinte à sua interposição.

§ 1º Indeferido o pedido de suspensão ou provido o agravo a que se refere o *caput* deste artigo, caberá novo pedido de suspensão ao presidente do tribunal competente para conhecer de eventual recurso especial ou extraordinário.

§ 2º É cabível também o pedido de suspensão a que se refere o § 1º deste artigo, quando negado provimento a agravo de instrumento interposto contra a liminar a que se refere este artigo.

§ 3º A interposição de agravo de instrumento contra liminar concedida nas ações movidas contra o poder público e seus agentes não prejudica nem condiciona o julgamento do pedido de suspensão a que se refere este artigo.

§ 4º O presidente do tribunal poderá conferir ao pedido efeito suspensivo liminar se constatar, em juízo prévio, a plausibilidade do direito invocado e a urgência na concessão da medida.

§ 5º As liminares cujo objeto seja idêntico poderão ser suspensas em uma única decisão, podendo o presidente do tribunal estender os efeitos da suspensão a liminares supervenientes, mediante simples aditamento do pedido original.

Art. 16. Nos casos de competência originária dos tribunais, caberá ao relator a instrução do processo, sendo assegurada a defesa oral na sessão do julgamento.

Parágrafo único. Da decisão do relator que conceder ou denegar a medida liminar caberá agravo ao órgão competente do tribunal que integre.

Art. 17. Nas decisões proferidas em mandado de segurança e nos respectivos recursos, quando não publicado, no prazo de 30 (trinta) dias, contado da data do julgamento, o acórdão será substituído pelas respectivas notas taquigráficas, independentemente de revisão.

Art. 18. Das decisões em mandado de segurança proferidas em única instância pelos tribunais cabe recurso especial e extraordinário, nos casos legalmente previstos, e recurso ordinário, quando a ordem for denegada.

Art. 19. A sentença ou o acórdão que denegar mandado de segurança, sem decidir o mérito, não impedirá que o requerente, por ação própria, pleiteie os seus direitos e os respectivos efeitos patrimoniais.

Art. 20. Os processos de mandado de segurança e os respectivos recursos terão prioridade sobre todos os atos judiciais, salvo *habeas corpus*.

§ 1º Na instância superior, deverão ser levados a julgamento na primeira sessão que se seguir à data em que forem conclusos ao relator.

§ 2º O prazo para a conclusão dos autos não poderá exceder de 5 (cinco) dias.

Art. 21. O mandado de segurança coletivo pode ser impetrado por partido político com representação no Congresso Nacional, na defesa de seus interesses legítimos relativos a seus integrantes ou à finalidade partidária, ou por organização sindical, entidade de classe ou associação legalmente constituída e em funcionamento há, pelo menos, 1 (um) ano, em defesa de direitos líquidos e certos da totalidade, ou de parte, dos seus membros ou associados, na forma dos seus estatutos e desde que pertinentes às suas finalidades, dispensada, para tanto, autorização especial.

Parágrafo único. Os direitos protegidos pelo mandado de segurança coletivo podem ser:

I – coletivos, assim entendidos, para efeito desta Lei, os transindividuais, de natureza indivisível, de que seja titular grupo ou categoria de pessoas ligadas entre si ou com a parte contrária por uma relação jurídica básica;

II – individuais homogêneos, assim entendidos, para efeito desta Lei, os decorrentes de origem comum e da atividade ou situação específica da totalidade ou de parte dos associados ou membros do impetrante.

Art. 22. No mandado de segurança coletivo, a sentença fará coisa julgada limitadamente aos membros do grupo ou categoria substituídos pelo impetrante.

§ 1º O mandado de segurança coletivo não induz litispendência para as ações individuais, mas os efeitos da coisa julgada não beneficiarão o impetrante a título individual se não requerer a desistência de seu mandado de segurança no prazo de 30 (trinta) dias a contar da ciência comprovada da impetração da segurança coletiva.

§ 2º No mandado de segurança coletivo, a liminar só poderá ser concedida após a audiência do representante judicial da pessoa jurídica de direito público, que deverá se pronunciar no prazo de 72 (setenta e duas) horas.

- CRFB, art. 5º, inc. LXX

Art. 23. O direito de requerer mandado de segurança extinguir-se-á decorridos 120 (cento e vinte) dias, contados da ciência, pelo interessado, do ato impugnado.

Art. 24. Aplicam-se ao mandado de segurança os arts. 46 a 49 da Lei nº 5.869, de 11 de janeiro de 1973 – Código de Processo Civil.

Art. 25. Não cabem, no processo de mandado de segurança, a interposição de embargos infringentes e a condenação ao pagamento dos honorários advocatícios, sem prejuízo da aplicação de sanções no caso de litigância de má-fé.

Art. 26. Constitui crime de desobediência, nos termos do art. 330 do Decreto-lei nº 2.848, de 7 de dezembro de 1940, o não cumprimento das decisões proferidas em mandado de segurança, sem prejuízo das sanções administrativas e da aplicação da Lei nº 1.079, de 10 de abril de 1950, quando cabíveis.

Art. 27. Os regimentos dos tribunais e, no que couber, as leis de organização judiciária deverão ser adaptados às disposições desta Lei no prazo de 180 (cento e oitenta) dias, contado da sua publicação.

Art. 28. Esta Lei entra em vigor na data de sua publicação.

Art. 29. Revogam-se as Leis nºs 1.533, de 31 de dezembro de 1951, 4.166, de 4 de dezembro de 1962, 4.348, de 26 de junho de 1964, 5.021, de 9 de junho de 1966; o art. 3º da Lei nº 6.014, de 27 de dezembro de 1973, o art. 1º da Lei nº 6.071, de 3 de julho de 1974, o art. 12 da Lei nº 6.978, de 19 de janeiro de 1982, e o art. 2º da Lei nº 9.259, de 9 de janeiro de 1996.

Brasília, 7 de agosto de 2009; 188º da Independência e 121º da República.

LUIZ INÁCIO LULA DA SILVA
Tarso Genro
José Antonio Dias Toffoli

10. Lei nº 8.038, de 28 de maio de 1990

Institui Normas Procedimentais para os Processos que especifica, perante o Superior Tribunal de Justiça e o Supremo Tribunal Federal

TÍTULO I

Processos de Competência Originária

...

CAPÍTULO V

Outros Procedimentos

Art. 24. Na ação rescisória, nos conflitos de competência, de jurisdição e de atribuições, na revisão criminal e no mandado de segurança, será aplicada a legislação processual em vigor.

Parágrafo único. No mandado de injunção e no habeas data, serão observadas, no que couber, as normas do mandado de segurança, enquanto não editada legislação específica.

- CRFB, arts. 5º, inc. LXXI, 102, incs. I, "q" e II, "a", 105, inc. I, "h", e 121, § 4º, inc. V

11. Lei nº 9.507, de 12 de novembro de 1997

Regula o Direito de Acesso a Informações e disciplina o Rito Processual do Habeas Data

O PRESIDENTE DA REPÚBLICA: Faço saber que o Congresso Nacional decreta e eu sanciono a seguinte Lei:

Art. 1º VETADO

Parágrafo único. Considera-se de caráter público todo registro ou banco de dados contendo informações que sejam ou que possam ser transmitidas a terceiros ou que não sejam de uso privativo do órgão ou entidade produtora ou depositária das informações.

Art. 2º O requerimento será apresentado ao órgão ou entidade depositária do registro ou banco de dados e será deferido ou indeferido no prazo de quarenta e oito horas.

Parágrafo único. A decisão será comunicada ao requerente em vinte e quatro horas.

Art. 3º Ao deferir o pedido, o depositário do registro ou do banco de dados marcará dia e hora para que o requerente tome conhecimento das informações.

Parágrafo único. VETADO

Art. 4º Constatada a inexatidão de qualquer dado a seu respeito, o interessado, em petição acompanhada de documentos comprobatórios, poderá requerer sua retificação.

§ 1º Feita a retificação em, no máximo, dez dias após a entrada do requerimento, a entidade ou órgão depositário do registro ou da informação dará ciência ao interessado.

§ 2º Ainda que não se constate a inexatidão do dado, se o interessado apresentar explicação ou contestação sobre o mesmo, justificando possível pendência sobre o fato objeto do dado, tal explicação será anotada no cadastro do interessado.

Art. 5º VETADO

Art. 6º VETADO

Art. 7º Conceder-se-á *habeas data*:

I – para assegurar o conhecimento de informações relativas à pessoa do impetrante, constantes de registro ou banco de dados de entidades governamentais ou de caráter público;

II – para a retificação de dados, quando não se prefira fazê-lo por processo sigiloso, judicial ou administrativo;

III – para a anotação nos assentamentos do interessado, de contestação ou explicação sobre dado verdadeiro mas justificável e que esteja sob pendência judicial ou amigável.

- CRFB, arts. 5º, incs. LXXII e LXXVII, 102, incs. I, "d" e II, "a", 105, inc. I, "b", 108, inc. I, "c", 109, inc. VIII, 114, inc. IV, e 121, § 4°, inc. V

Art. 8º A petição inicial, que deverá preencher os requisitos dos arts. 282 a 285 do Código de Processo Civil, será apresentada em duas vias, e os documentos que instruírem a primeira serão reproduzidos por cópia na segunda.

Parágrafo único. A petição inicial deverá ser instruída com prova:

I – da recusa ao acesso às informações ou do decurso de mais de dez dias sem decisão;

II – da recusa em fazer-se a retificação ou do decurso de mais de quinze dias, sem decisão; ou

III – da recusa em fazer-se a anotação a que se refere o § 2º do art. 4º ou do decurso de mais de quinze dias sem decisão.

- CRFB, art. 5º, inc. XXXV

Art. 9º Ao despachar a inicial, o juiz ordenará que se notifique o coator do conteúdo da petição, entregando-lhe a segunda via apresentada pelo impetrante, com as cópias dos documentos, a fim de que, no prazo de dez dias, preste as informações que julgar necessárias.

Art. 10. A inicial será desde logo indeferida, quando não for o caso de *habeas data*, ou se lhe faltar algum dos requisitos previstos nesta Lei.

Parágrafo único. Do despacho de indeferimento caberá recurso previsto no art. 15.

Art. 11. Feita a notificação, o serventuário em cujo cartório corra o feito, juntará aos autos cópia autêntica do ofício endereçado ao coator, bem como a prova da sua entrega a este ou da recusa, seja de recebê-lo, seja de dar recibo.

Art. 12. Findo o prazo a que se refere o art. 9º, e ouvido o representante do Ministério Público dentro de cinco dias, os autos serão conclusos ao juiz para decisão a ser proferida em cinco dias.

Art. 13. Na decisão, se julgar procedente o pedido, o juiz marcará data e horário para que o coator:

I – apresente ao impetrante as informações a seu respeito, constantes de registros ou bancos de dadas; ou

II – apresente em juízo a prova da retificação ou da anotação feita nos assentamentos do impetrante.

Art. 14. A decisão será comunicada ao coator, por correio, com aviso de recebimento, ou por telegrama, radiograma ou telefonema, conforme o requerer o impetrante.

Parágrafo único. Os originais, no caso de transmissão telegráfica, radiofônica ou telefônica deverão ser apresentados à agência expedidora, com a firma do juiz devidamente reconhecida.

Art. 15. Da sentença que conceder ou negar o *habeas data* cabe apelação.

Parágrafo único. Quando a sentença conceder o *habeas data*, o recurso terá efeito meramente devolutivo.

Art. 16. Quando o *habeas data* for concedido e o Presidente do Tribunal ao qual competir o conhecimento do recurso ordenar ao juiz a suspensão da execução da sentença, desse seu ato caberá agravo para o Tribunal a que presida.

Art. 17. Nos casos de competência do Supremo Tribunal Federal e dos demais Tribunais caberá ao relator a instrução do processo.

Art. 18. O pedido de *habeas data* poderá ser renovado se a decisão denegatória não lhe houver apreciado o mérito.

Art. 19. Os processos de *habeas data* terão prioridade sobre todos os atos judiciais, exceto *habeas corpus* e mandado de segurança. Na instância superior, deverão ser levados a julgamento na primeira sessão que se seguir à data em que, feita a distribuição, forem conclusos ao relator.

Parágrafo único. O prazo para a conclusão não poderá exceder de vinte e quatro horas, a contar da distribuição.

Art. 20. O julgamento do *habeas data* compete:

I – originariamente:

a) ao Supremo Tribunal Federal, contra atos do Presidente da República, das Mesas da Câmara dos Deputados e do Senado Federal, do Tribunal de Contas da União, do Procurador-Geral da República e do próprio Supremo Tribunal Federal;

b) ao Superior Tribunal de Justiça, contra atos de Ministro de Estado ou do próprio Tribunal;

c) aos Tribunais Regionais Federais contra atos do próprio Tribunal ou de juiz federal;

d) a juiz federal, contra ato de autoridade federal, excetuados os casos de competência dos tribunais federais;

e) a tribunais estaduais, segundo o disposto na Constituição do Estado;

f) a juiz estadual, nos demais casos;

II – em grau de recurso:

a) ao Supremo Tribunal Federal, quando a decisão denegatória for proferida em única instância pelos Tribunais Superiores;

b) ao Superior Tribunal de Justiça, quando a decisão for proferida em única instância pelos Tribunais Regionais Federais;

c) aos Tribunais Regionais Federais, quando a decisão for proferida por juiz federal;

d) aos Tribunais Estaduais e ao do Distrito Federal e Territórios, conforme dispuserem a respectiva Constituição e a lei que organizar a Justiça do Distrito Federal;

III – mediante recurso extraordinário ao Supremo Tribunal Federal, nos casos previstos na Constituição.

Art. 21. São gratuitos o procedimento administrativo para acesso a informações e retificação de dados e para anotação de justificação, bem como a ação de *habeas data*.

Art. 22. Esta Lei entra em vigor na data de sua publicação.

Art. 23. Revogam-se as disposições em contrário.

Brasília, 12 de novembro de 1997; 176º da Independência e 109º da República.

FERNANDO HENRIQUE CARDOSO
Iris Rezende

12. Lei nº 4.717, de 29 de junho de 1965

Regula a Ação Popular

O PRESIDENTE DA REPÚBLICA: Faço saber que o Congresso Nacional decreta e eu sanciono a seguinte Lei:

Art. 1º Qualquer cidadão será parte legítima para pleitear a anulação ou a declaração de nulidade de atos lesivos ao patrimônio da União, do Distrito Federal, dos Estados, dos Municípios, de entidades autárquicas, de sociedades de economia mista (Constituição, art. 141, § 38), de sociedades mútuas de seguro nas quais a União represente os segurados ausentes, de empresas públicas, de serviços sociais autônomos, de instituições ou fundações para cuja criação ou custeio o tesouro público haja concorrido ou concorra com mais de cinquenta por cento do patrimônio ou da receita ânua, de empresas incorporadas ao patrimônio da União, do Distrito Federal, dos Estados e dos Municípios, e de quaisquer pessoas jurídicas ou entidades subvencionadas pelos cofres públicos.

- CRFB, art. 5º, inc. LXXIII

§ 1º Consideram-se patrimônio público para os fins referidos neste artigo, os bens e direitos de valor econômico, artístico, estético, histórico ou turístico.

- Redação dada pela Lei nº 6.513/77

§ 2º Em se tratando de instituições ou fundações, para cuja criação ou custeio o tesouro público concorra com menos de cinquenta por cento do patrimônio ou da receita ânua, bem como de pessoas jurídicas ou entidades subvencionadas, as consequências patrimoniais da invalidez dos atos lesivos terão por limite a repercussão deles sobre a contribuição dos cofres públicos.

§ 3º A prova da cidadania, para ingresso em juízo, será feita com o título eleitoral, ou com documento que a ele corresponda.

§ 4º Para instruir a inicial, o cidadão poderá requerer às entidades, a que se refere este artigo, as certidões e informações que julgar necessárias, bastando para isso indicar a finalidade das mesmas.

§ 5º As certidões e informações, a que se refere o parágrafo anterior, deverão ser fornecidas dentro de 15 (quinze) dias da entrega, sob recibo, dos respectivos requerimentos, e só poderão ser utilizadas para a instrução de ação popular.

§ 6º Somente nos casos em que o interesse público, devidamente justificado, impuser sigilo, poderá ser negada certidão ou informação.

§ 7º Ocorrendo a hipótese do parágrafo anterior, a ação poderá ser proposta desacompanhada das certidões ou informações negadas, cabendo ao juiz, após apreciar os motivos do indeferimento, e salvo em se tratando de razão de segurança nacional, requisitar umas e outras; feita a requisição, o processo correrá em segredo de justiça, que cessará com o trânsito em julgado de sentença condenatória.

Art. 2º São nulos os atos lesivos ao patrimônio das entidades mencionadas no artigo anterior, nos casos de:

a) incompetência;

b) vício de forma;

c) ilegalidade do objeto;

d) inexistência dos motivos;

e) desvio de finalidade.

Parágrafo único. Para a conceituação dos casos de nulidade observar-se-ão as seguintes normas:

a) a incompetência fica caracterizada quando o ato não se incluir nas atribuições legais do agente que o praticou;

b) o vício de forma consiste na omissão ou na observância incompleta ou irregular de formalidades indispensáveis à existência ou seriedade do ato;

c) a ilegalidade do objeto ocorre quando o resultado do ato importa em violação de lei, regulamento ou outro ato normativo;

d) a inexistência dos motivos se verifica quando a matéria de fato ou de direito, em que se fundamenta o ato, é materialmente inexistente ou juridicamente inadequada ao resultado obtido;

e) o desvio de finalidade se verifica quando o agente pratica o ato visando a fim diverso daquele previsto, explícita ou implicitamente, na regra de competência.

Art. 3º Os atos lesivos ao patrimônio das pessoas de direito público ou privado, ou das entidades mencionadas no art. 1º, cujos vícios não se compreendam nas especificações do artigo anterior, serão anuláveis, segundo as prescrições legais, enquanto compatíveis com a natureza deles.

Art. 4º São também nulos os seguintes atos ou contratos, praticados ou celebrados por quaisquer das pessoas ou entidades referidas no art. 1º.

I – A admissão ao serviço público remunerado, com desobediência, quanto às condições de habilitação, das normas legais, regulamentares ou constantes de instruções gerais.

II – A operação bancária ou de crédito real, quando:

a) for realizada com desobediência a normas legais, regulamentares, estatutárias, regimentais ou internas;

b) o valor real do bem dado em hipoteca ou penhor for inferior ao constante de escritura, contrato ou avaliação.

III – A empreitada, a tarefa e a concessão do serviço público, quando:

a) o respectivo contrato houver sido celebrado sem prévia concorrência pública ou administrativa, sem que essa condição seja estabelecida em lei, regulamento ou norma geral;

b) no edital de concorrência forem incluídas cláusulas ou condições, que comprometam o seu caráter competitivo;

c) a concorrência administrativa for processada em condições que impliquem na limitação das possibilidades normais de competição.

IV – As modificações ou vantagens, inclusive prorrogações que forem admitidas, em favor do adjudicatário, durante a execução dos contratos de empreitada, tarefa e concessão de serviço público, sem que estejam previstas em lei ou nos respectivos instrumentos.

V – A compra e venda de bens móveis ou imóveis, nos casos em que não cabível concorrência pública ou administrativa, quando:

a) for realizada com desobediência a normas legais, regulamentares, ou constantes de instruções gerais;

b) o preço de compra dos bens for superior ao corrente no mercado, na época da operação;

c) o preço de venda dos bens for inferior ao corrente no mercado, na época da operação.

VI – A concessão de licença de exportação ou importação, qualquer que seja a sua modalidade, quando:

a) houver sido praticada com violação das normas legais e regulamentares ou de instruções e ordens de serviço;

b) resultar em exceção ou privilégio, em favor de exportador ou importador.

VII – A operação de redesconto quando sob qualquer aspecto, inclusive o limite de valor, desobedecer a normas legais, regulamentares ou constantes de instruções gerais.

VIII – O empréstimo concedido pelo Banco Central da República, quando:

a) concedido com desobediência de quaisquer normas legais, regulamentares,, regimentais ou constantes de instruções gerias:

b) o valor dos bens dados em garantia, na época da operação, for inferior ao da avaliação.

IX – A emissão, quando efetuada sem observância das normas constitucionais, legais e regulamentadoras que regem a espécie.

Da Competência

Art. 5º Conforme a origem do ato impugnado, é competente para conhecer da ação, processá-la e julgá-la o juiz que, de acordo com a organização judiciária de cada Estado, o for para as causas que interessem à União, ao Distrito Federal, ao Estado ou ao Município.

§ 1º Para fins de competência, equiparam-se atos da União, do Distrito Federal, do Estado ou dos Municípios os atos das pessoas criadas ou mantidas por essas pessoas jurídicas de direito público, bem como os atos das sociedades de que elas sejam acionistas e os das pessoas ou entidades por elas subvencionadas ou em relação às quais tenham interesse patrimonial.

§ 2º Quando o pleito interessar simultaneamente à União e a qualquer outra pessoas ou entidade, será competente o juiz das causas da União, se houver; quando interessar simultaneamente ao Estado e ao Município, será competente o juiz das causas do Estado, se houver.

§ 3º A propositura da ação prevenirá a jurisdição do juízo para todas as ações, que forem posteriormente intentadas contra as mesmas partes e sob os mesmos fundamentos.

§ 4º Na defesa do patrimônio público caberá a suspensão liminar do ato lesivo impugnado.

- Incluído pela Lei nº 6.513/77

Dos Sujeitos Passivos da Ação e dos Assistentes

Art. 6º A ação será proposta contra as pessoas públicas ou privadas e as entidades referidas no art. 1º, contra as autoridades, funcionários ou administradores que houverem autorizado, aprovado, ratificado ou praticado o ato impugnado, ou que, por omissas, tiverem dado oportunidade à lesão, e contra os beneficiários diretos do mesmo.

§ 1º Se não houver benefício direto do ato lesivo, ou se for ele indeterminado ou desconhecido, a ação será proposta somente contra as outras pessoas indicadas neste artigo.

§ 2º No caso de que trata o inciso II, "b", do art. 4º, quando o valor real do bem for inferior ao da avaliação, citar-se-ão como réus, além das pessoas públicas ou privadas e entidades referidas no art. 1º, apenas os responsáveis pela avaliação inexata e os beneficiários da mesma.

§ 3º A pessoas jurídica de direito público ou de direito privado, cujo ato seja objeto de impugnação, poderá abster-se de contestar o pedido, ou poderá atuar ao lado do autor, desde que isso se afigure útil ao interesse público, a juízo do respectivo representante legal ou dirigente.

§ 4º O Ministério Público acompanhará a ação, cabendo-lhe apressar a produção da prova e promover a responsabilidade, civil ou criminal, dos que nela incidirem, sendo-lhe vedado, em qualquer hipótese, assumir a defesa do ato impugnado ou dos seus autores.

§ 5º É facultado a qualquer cidadão habilitar-se como litisconsorte ou assistente do autor da ação popular.

Do Processo

Art. 7º A ação obedecerá ao procedimento ordinário, previsto no Código de Processo Civil, observadas as seguintes normas modificativas:

I – Ao despachar a inicial, o juiz ordenará:

a) além da citação dos réus, a intimação do representante do Ministério Público;

b) a requisição, às entidades indicadas na petição inicial, dos documentos que tiverem sido referidos pelo autor (art. 1º, § 6º), bem como a de outros que se lhe afigurem necessários ao esclarecimento dos fatos, ficando prazos de 15 (quinze) a 30 (trinta) dias para o atendimento.

§ 1º O representante do Ministério Público providenciará para que as requisições, a que se refere o inciso anterior, sejam atendidas dentro dos prazos fixados pelo juiz.

§ 2º Se os documentos e informações não puderem ser oferecidos nos prazos assinalados, o juiz poderá autorizar prorrogação dos mesmos, por prazo razoável.

II – Quando o autor o preferir, a citação dos beneficiários far-se-á por edital com o prazo de 30 (trinta) dias, afixado na sede do juízo e publicado três vezes no jornal oficial do Distrito Federal, ou da Capital do Estado ou Território em que seja ajuizada a ação. A publicação será gratuita e deverá iniciar-se no máximo 3 (três) dias após a entrega, na repartição competente, sob protocolo, de uma via autenticada do mandado.

III – Qualquer pessoa, beneficiada ou responsável pelo ato impugnado, cuja existência ou identidade se torne conhecida no curso do processo e antes de proferida a sentença final de primeira instância, deverá ser citada para a integração do contraditório, sendo-lhe restituído o prazo para contestação e produção de provas, Salvo, quanto a beneficiário, se a citação se houver feito na forma do inciso anterior.

IV – O prazo de contestação é de 20 (vinte) dias, prorrogáveis por mais 20 (vinte), a requerimento do interessado, se particularmente difícil a produção de prova documental, e será comum a todos os interessados, correndo da entrega em cartório do mandado cumprido, ou, quando for o caso, do decurso do prazo assinado em edital.

V – Caso não requerida, até o despacho saneador, a produção de prova testemunhal ou pericial, o juiz ordenará vista às partes por 10 (dez) dias, para alegações, sendo-lhe os autos conclusos, para sentença, 48 (quarenta e oito) horas após a expiração desse prazo; havendo requerimento de prova, o processo tomará o rito ordinário.

VI – A sentença, quando não prolatada em audiência de instrução e julgamento, deverá ser proferida dentro de 15 (quinze) dias do recebimento dos autos pelo juiz.

Parágrafo único. O proferimento da sentença além do prazo estabelecido privará o juiz da inclusão em lista de merecimento para promoção, durante 2 (dois) anos, e acarretará a perda, para efeito de promoção por antiguidade, de tantos dias quantos forem os do retardamento, salvo motivo justo, declinado nos autos e comprovado perante o órgão disciplinar competente.

Art. 8º Ficará sujeita à pena de desobediência, salvo motivo justo devidamente comprovado, a autoridade, o administrador ou o dirigente, que deixar de fornecer, no prazo fixado no art. 1º, § 5º, ou naquele que tiver sido estipulado pelo juiz (art. 7º, inc. I, "b"), informações e certidão ou fotocópia de documento necessários à instrução da causa.

Parágrafo único. O prazo contar-se-á do dia em que entregue, sob recibo, o requerimento do interessado ou o ofício de requisição (art. 1º, § 5º, e art. 7º, inc. I, "b").

Art. 9º Se o autor desistir da ação ou der motiva à absolvição da instância, serão publicados editais nos prazos e condições previstos no art. 7º, inc. II, ficando assegurado a qualquer cidadão, bem como ao representante do Ministério Público, dentro do prazo de 90 (noventa) dias da última publicação feita, promover o prosseguimento da ação.

Art. 10. As partes só pagarão custas e preparo a final.

Art. 11. A sentença que, julgando procedente a ação popular, decretar a invalidade do ato impugnado, condenará ao pagamento de perdas e danos os responsáveis pela sua prática e os beneficiários dele, ressalvada a ação regressiva contra os funcionários causadores de dano, quando incorrerem em culpa.

Art. 12. A sentença incluirá sempre, na condenação dos réus, o pagamento, ao autor, das custas e demais despesas, judiciais e extrajudiciais, diretamente relacionadas com a ação e comprovadas, bem como o dos honorários de advogado.

Art. 13. A sentença que, apreciando o fundamento de direito do pedido, julgar a lide manifestamente temerária, condenará o autor ao pagamento do décuplo das custas.

Art. 14. Se o valor da lesão ficar provado no curso da causa, será indicado na sentença; se depender de avaliação ou perícia, será apurado na execução.

§ 1º Quando a lesão resultar da falta ou isenção de qualquer pagamento, a condenação imporá o pagamento devido, com acréscimo de juros de mora e multa legal ou contratual, se houver.

§ 2º Quando a lesão resultar da execução fraudulenta, simulada ou irreal de contratos, a condenação versará sobre a reposição do débito, com juros de mora.

§ 3º Quando o réu condenado perceber dos cofres públicos, a execução far-se-á por desconto em folha até o integral ressarcimento do dano causado, se assim mais convier ao interesse público.

§ 4º A parte condenada a restituir bens ou valores ficará sujeita a sequestro e penhora, desde a prolação da sentença condenatória.

Art. 15. Se, no curso da ação, ficar provada a infringência da lei penal ou a prática de falta disciplinar a que a lei comine a pena de demissão ou a de rescisão de contrato de trabalho, o juiz, *ex officio*, determinará a remessa de cópia autenticada das peças necessárias às autoridades ou aos administradores a quem competir aplicar a sanção.

Art. 16. Caso decorridos 60 (sessenta) dias da publicação da sentença condenatória de segunda instância, sem que o autor ou terceiro promova a respectiva execução, o representante do Ministério Público a promoverá nos 30 (trinta) dias seguintes, sob pena de falta grave.

Art. 17. É sempre permitida às pessoas ou entidades referidas no art. 1º, ainda que hajam contestado a ação, promover, em qualquer tempo, e no que as beneficiar a execução da sentença contra os demais réus.

Art. 18. A sentença terá eficácia de coisa julgada oponível *erga omnes*, exceto no caso de haver sido a ação julgada improcedente por deficiência de prova; neste caso, qualquer cidadão poderá intentar outra ação com idêntico fundamento, valendo-se de nova prova.

Art. 19. A sentença que concluir pela carência ou pela improcedência da ação está sujeita ao duplo grau de jurisdição, não produzindo efeito senão depois de confirmada pelo tribunal; da que julgar a ação procedente caberá apelação, com efeito suspensivo.

- Redação dada pela Lei nº 6.014/73

§ 1º Das decisões interlocutórias cabe agravo de instrumento.

- Redação dada pela Lei nº 6.014/73

§ 2º Das sentenças e decisões proferidas contra o autor da ação e suscetíveis de recurso, poderá recorrer qualquer cidadão e também o Ministério Público.

- Redação dada pela Lei nº 6.014/73

Disposições Gerais

Art. 20. Para os fins desta lei, consideram-se entidades autárquicas:

a) o serviço estatal descentralizado com personalidade jurídica, custeado mediante orçamento próprio, independente do orçamento geral;

b) as pessoas jurídicas especialmente instituídas por lei, para a execução de serviços de interesse público ou social, custeados por tributos de qualquer natureza ou por outros recursos oriundos do Tesouro Público;

c) as entidades de direito público ou privado a que a lei tiver atribuído competência para receber e aplicar contribuições parafiscais.

Art. 21. A ação prevista nesta lei prescreve em 5 (cinco) anos.

Art. 22. Aplicam-se à ação popular as regras do Código de Processo Civil, naquilo em que não contrariem os dispositivos desta lei, nem a natureza específica da ação.

Brasília, 29 de junho de 1965; 144º da Independência e 77º da República.

HUMBERTO DE ALENCAR CASTELO BRANCO
Milton Campos

13. Lei nº 7.347, de 24 de julho de 1985

Disciplina a Ação Civil Pública de Responsabilidade por Danos causados ao Meio Ambiente, ao Consumidor, a Bens e Direitos de Valor Artístico, Estético, Histórico, Turístico e Paisagístico e dá Outras Providências

O PRESIDENTE DA REPÚBLICA: Faço saber que o Congresso Nacional decreta e eu sanciono a seguinte Lei:

Art. 1º Regem-se pelas disposições desta Lei, sem prejuízo da ação popular, as ações de responsabilidade por danos morais e patrimoniais causados:

- Redação dada pela Lei nº 8.884/94

I – ao meio ambiente;

II – ao consumidor;

III – a bens e direitos de valor artístico, estético, histórico, turístico e paisagístico;

IV – a qualquer outro interesse difuso ou coletivo;

- Incluído pela Lei nº 8.078/90

V – por infração da ordem econômica e da economia popular;

- Redação dada pela Medida Provisória nº 2.180-35/01

VI – à ordem urbanística.

CRFB, arts. 5º, inc. V, 24, inc. VIII, e 129, inc. III

- Incluído pela Medida Provisória nº 2.180-35/01

VII – à honra e à dignidade de grupos raciais, étnicos ou religiosos.

- Incluído pela Lei nº 12.966/14

VIII – ao patrimônio público e social.

- Incluído pela Lei nº 13.004/74

Parágrafo único. Não será cabível ação civil pública para veicular pretensões que envolvam tributos, contribuições previdenciárias, o Fundo de Garantia do Tempo de Serviço – FGTS ou outros fundos de natureza institucional cujos beneficiários podem ser individualmente determinados.

- Incluído pela Medida Provisória nº 2.180-35/01

Art. 2º As ações previstas nesta Lei serão propostas no foro do local onde ocorrer o dano, cujo juízo terá competência funcional para processar e julgar a causa.

Parágrafo único. A propositura da ação prevenirá a jurisdição do juízo para todas as ações posteriormente intentadas que possuam a mesma causa de pedir ou o mesmo objeto.

- Incluído pela Medida Provisória nº 2.180-35/01

Art. 3º A ação civil poderá ter por objeto a condenação em dinheiro ou o cumprimento de obrigação de fazer ou não fazer.

Art. 4º Poderá ser ajuizada ação cautelar para os fins desta Lei, objetivando, inclusive, evitar dano ao patrimônio público e social, ao meio ambiente, ao consumidor, à honra e à dignidade de grupos raciais, étnicos ou religiosos, à ordem urbanística ou aos bens e direitos de valor artístico, estético, histórico, turístico e paisagístico.

- Redação dada pela Lei nº 13.004/14

Art. 5º Têm legitimidade para propor a ação principal e a ação cautelar:

- Redação dada pela Lei nº 11.448/07

I – o Ministério Público;

- Redação dada pela Lei nº 11.448/07

II – a Defensoria Pública;

- Redação dada pela Lei nº 11.448/07

III – a União, os Estados, o Distrito Federal e os Municípios;

- Incluído pela Lei nº 11.448/07

IV – a autarquia, empresa pública, fundação ou sociedade de economia mista;

- Incluído pela Lei nº 11.448/07

V – a associação que, concomitantemente:

- Incluído pela Lei nº 11.448/07

a) esteja constituída há pelo menos 1 (um) ano nos termos da lei civil;

- Incluída pela Lei nº 11.448/07

b) inclua, entre suas finalidades institucionais, a proteção ao patrimônio público e social, ao meio ambiente, ao consumidor, à ordem econômica, à livre concorrência, aos direitos de grupos raciais, étnicos ou religiosos ou ao patrimônio artístico, estético, histórico, turístico e paisagístico.

- CRFB, arts. 5º, inc. XXI, e 129, § 1º
- Incluída pela Lei nº 11.448/07
- Redação dada pela Lei nº 13.004/14

§ 1º O Ministério Público, se não intervier no processo como parte, atuará obrigatoriamente como fiscal da lei.

§ 2º Fica facultado ao Poder Público e a outras associações legitimadas nos termos deste artigo habilitar-se como litisconsortes de qualquer das partes.

§ 3º Em caso de desistência infundada ou abandono da ação por associação legitimada, o Ministério Público ou outro legitimado assumirá a titularidade ativa.

- Redação dada pela Lei nº 8.078/90

§ 4º O requisito da pré-constituição poderá ser dispensado pelo juiz, quando haja manifesto interesse social evidenciado pela dimensão ou característica do dano, ou pela relevância do bem jurídico a ser protegido.

- Incluído pela Lei nº 8.078/90

§ 5º Admitir-se-á o litisconsórcio facultativo entre os Ministérios Públicos da União, do Distrito Federal e dos Estados na defesa dos interesses e direitos de que cuida esta lei.

- Incluído pela Lei nº 8.078/90

§ 6º Os órgãos públicos legitimados poderão tomar dos interessados compromisso de ajustamento de sua conduta às exigências legais, mediante cominações, que terá eficácia de título executivo extrajudicial.

- Incluído pela Lei nº 8.078/90

Art. 6º Qualquer pessoa poderá e o servidor público deverá provocar a iniciativa do Ministério Público, ministrando-lhe informações sobre fatos que constituam objeto da ação civil e indicando-lhe os elementos de convicção.

Art. 7º Se, no exercício de suas funções, os juízes e tribunais tiverem conhecimento de fatos que possam ensejar a propositura da ação civil, remeterão peças ao Ministério Público para as providências cabíveis.

Art. 8º Para instruir a inicial, o interessado poderá requerer às autoridades competentes as certidões e informações que julgar necessárias, a serem fornecidas no prazo de 15 (quinze) dias.

§ 1º O Ministério Público poderá instaurar, sob sua presidência, inquérito civil, ou requisitar, de qualquer organismo público ou particular, certidões, informações, exames ou perícias, no prazo que assinalar, o qual não poderá ser inferior a 10 (dez) dias úteis.

§ 2º Somente nos casos em que a lei impuser sigilo, poderá ser negada certidão ou informação, hipótese em que a ação poderá ser proposta desacompanhada daqueles documentos, cabendo ao juiz requisitá-los.

Art. 9º Se o órgão do Ministério Público, esgotadas todas as diligências, se convencer da inexistência de fundamento para a propositura da ação civil, promoverá o arquivamento dos autos do inquérito civil ou das peças informativas, fazendo-o fundamentadamente.

§ 1º Os autos do inquérito civil ou das peças de informação arquivadas serão remetidos, sob pena de se incorrer em falta grave, no prazo de 3 (três) dias, ao Conselho Superior do Ministério Público.

§ 2º Até que, em sessão do Conselho Superior do Ministério Público, seja homologada ou rejeitada a promoção de arquivamento, poderão as associações legitimadas apresentar razões escritas ou documentos, que serão juntados aos autos do inquérito ou anexados às peças de informação.

§ 3º A promoção de arquivamento será submetida a exame e deliberação do Conselho Superior do Ministério Público, conforme dispuser o seu Regimento.

§ 4º Deixando o Conselho Superior de homologar a promoção de arquivamento, designará, desde logo, outro órgão do Ministério Público para o ajuizamento da ação.

Art. 10. Constitui crime, punido com pena de reclusão de 1 (um) a 3 (três) anos, mais multa de 10 (dez) a 1.000 (mil) Obrigações Reajustáveis do Tesouro Nacional – ORTN, a recusa, o retardamento ou a omissão de dados técnicos indispensáveis à propositura da ação civil, quando requisitados pelo Ministério Público.

Art. 11. Na ação que tenha por objeto o cumprimento de obrigação de fazer ou não fazer, o juiz determinará o cumprimento da prestação da atividade devida ou a cessação da atividade nociva, sob pena de execução específica, ou de cominação de multa diária, se esta for suficiente ou compatível, independentemente de requerimento do autor.

Art. 12. Poderá o juiz conceder mandado liminar, com ou sem justificação prévia, em decisão sujeita a agravo.

§ 1º A requerimento de pessoa jurídica de direito público interessada, e para evitar grave lesão à ordem, à saúde, à segurança e à economia pública, poderá o Presidente do Tribunal a que competir o conhecimento do respectivo recurso suspender a execução da liminar, em decisão fundamentada, da qual caberá agravo para uma das turmas julgadoras, no prazo de 5 (cinco) dias a partir da publicação do ato.

§ 2º A multa cominada liminarmente só será exigível do réu após o trânsito em julgado da decisão favorável ao autor, mas será devida desde o dia em que se houver configurado o descumprimento.

Art. 13. Havendo condenação em dinheiro, a indenização pelo dano causado reverterá a um fundo gerido por um Conselho Federal ou por Conselhos Estaduais de que participarão necessariamente o Ministério Público e representantes da comunidade, sendo seus recursos destinados à reconstituição dos bens lesados.

§ 1º Enquanto o fundo não for regulamentado, o dinheiro ficará depositado em estabelecimento oficial de crédito, em conta com correção monetária.

- Redação dada pela Lei nº 12.288/10

§ 2º Havendo acordo ou condenação com fundamento em dano causado por ato de discriminação étnica nos termos do disposto no art. 1º desta Lei, a prestação em dinheiro reverterá diretamente ao fundo de que trata o *caput* e será utilizada para ações de promoção da igualdade étnica, conforme definição do Conselho Nacional de Promoção da Igualdade Racial, na hipótese de extensão nacional, ou dos Conselhos de Promoção de Igualdade Racial estaduais ou locais, nas hipóteses de danos com extensão regional ou local, respectivamente.

- Incluído pela Lei nº 12.288/10

Art. 14. O juiz poderá conferir efeito suspensivo aos recursos, para evitar dano irreparável à parte.

Art. 15. Decorridos sessenta dias do trânsito em julgado da sentença condenatória, sem que a associação autora lhe promova a execução, deverá fazê-lo o Ministério Público, facultada igual iniciativa aos demais legitimados.

- Redação dada pela Lei nº 8.078/90

Art. 16. A sentença civil fará coisa julgada *erga omnes*, nos limites da competência territorial do órgão prolator, exceto se o pedido for julgado improcedente por insuficiência de provas, hipótese em que qualquer legitimado poderá intentar outra ação com idêntico fundamento, valendo-se de nova prova.

- Redação dada pela Lei nº 9.494/97

Art. 17. Em caso de litigância de má-fé, a associação autora e os diretores responsáveis pela propositura da ação serão solidariamente condenados em honorários advocatícios e ao décuplo das custas, sem prejuízo da responsabilidade por perdas e danos.

- Redação dada pela Lei nº 8.078/90

Parágrafo único.

- Excluído pela Lei nº 8.078/90

Art. 18. Nas ações de que trata esta lei, não haverá adiantamento de custas, emolumentos, honorários periciais e quaisquer outras despesas, nem condenação da associação autora, salvo comprovada má-fé, em honorários de advogado, custas e despesas processuais.

- Redação dada pela Lei nº 8.078/90

Art. 19. Aplica-se à ação civil pública, prevista nesta Lei, o Código de Processo Civil, aprovado pela Lei nº 5.869, de 11 de janeiro de 1973, naquilo em que não contrarie suas disposições.

Art. 20. O fundo de que trata o art. 13 desta Lei será regulamentado pelo Poder Executivo no prazo de 90 (noventa) dias.

Art. 21. Aplicam-se à defesa dos direitos e interesses difusos, coletivos e individuais, no que for cabível, os dispositivos do Título III da lei que instituiu o Código de Defesa do Consumidor.

- Incluído pela Lei nº 8.078/90

Art. 22. Esta lei entra em vigor na data de sua publicação.

- Redação dada pela Lei nº 8.078/90

Art. 23. Revogam-se as disposições em contrário.

- Redação dada pela Lei nº 8.078/90

Brasília, 24 de julho de 1985; 164º da Independência e 97º da República.

JOSÉ RIBAMAR FERREIRA ARAÚJO DA COSTA SARNEY
Fernando Lyra

ADENDO
TEXTO ORIGINAL

Textos de artigos, parágrafos, incisos e alíneas da Constituição da República Federativa do Brasil, bem assim do Ato das Disposições Constitucionais Transitórias, reformados por emenda ou revisão:

"Art. 6º São direitos sociais a educação, a saúde, o trabalho, o lazer, a segurança, a previdência social, a proteção à maternidade e à infância, a assistência aos desamparados, na forma desta Constituição.

- Alterado pela EC nº 26/00

Art. 6º São direitos sociais a educação, a saúde, o trabalho, a moradia, o lazer, a segurança, a previdência social, a proteção à maternidade e à infância, a assistência aos desamparados, na forma desta Constituição.

- Realterado pela EC nº 64/10

Art. 7º

XII – salário-família para os seus dependentes;

- Alterado pela EC nº 20/98

XXV – assistência gratuita aos filhos e dependentes desde o nascimento até seis anos de idade em creches e pré-escolas;

- Alterado pela EC nº 53/06

XXIX – ação, quanto a créditos resultantes das relações de trabalho, com prazo prescricional de:

- Alterado pela EC nº 28/00

a) cinco anos para o trabalhador urbano, até o limite de dois anos após a extinção do contrato;

- Excluída pela EC nº 28/00

b) até dois anos após a extinção do contrato, para o trabalhador rural;

- Excluída pela EC nº 28/00

XXXIII – proibição de trabalho noturno, perigoso ou insalubre aos menores de dezoito anos e de qualquer trabalho a menores de quatorze anos, salvo na condição de aprendiz;

- Alterado pela EC nº 20/98

Parágrafo único. São assegurados à categoria dos trabalhadores domésticos os direitos previstos nos incs. IV, VI, VIII, XV, XVII, XVIII, XIX, XXI e XXIV, bem como a sua integração à previdência social.

- Alterado pela EC nº 72/13

Art. 12.

I –

c) os nascidos no estrangeiro, de pai brasileiro ou de mãe brasileira, desde que sejam registrados em repartição brasileira competente, ou venham a residir na República

Federativa do Brasil antes da maioridade e, alcançada esta, optem, em qualquer tempo, pela nacionalidade brasileira;

- Alterada pela ECR nº 3/94

c) os nascidos no estrangeiro, de pai brasileiro ou mãe brasileira, desde que venham a residir na República Federativa do Brasil e optem, em qualquer tempo, pela nacionalidade brasileira;

- Realterada pela EC nº 54/07

II –

b) os estrangeiros de qualquer nacionalidade, residentes na República Federativa do Brasil há mais de trinta anos ininterruptos e sem condenação penal, desde que requeiram a nacionalidade brasileira;

- Alterada pela ECR nº 3/94

§ 1º Aos portugueses com residência permanente no País, se houver reciprocidade em favor de brasileiros, serão atribuídos os direitos inerentes ao brasileiro nato, salvo os casos previstos nesta Constituição.

- Alterado pela ECR nº 3/94

§ 4º

II – adquirir outra nacionalidade por naturalização voluntária.

- Alterado pela ECR nº 3/94

Art. 14.

§ 5º São inelegíveis para os mesmos cargos, no período subsequente, o Presidente da República, os Governadores de Estado e do Distrito Federal, os Prefeitos e quem os houver sucedido, ou substituído nos seis meses anteriores ao pleito.

- Alterado pela EC nº 16/97

§ 9º Lei complementar estabelecerá outros casos de inelegibilidade e os prazos de sua cessação, a fim de proteger a normalidade e legitimidade das eleições contra a influência do poder econômico ou o abuso do exercício de função, cargo ou emprego na administração direta ou indireta.

- Alterado pela ECR nº 4/94

Art. 16. A lei que alterar o processo eleitoral só entrará em vigor um ano após sua promulgação.

- Alterado pela EC nº 4/93

Art. 17.

§ 1º É assegurada aos partidos políticos autonomia para definir sua estrutura interna, organização e funcionamento, devendo seus estatutos estabelecer normas de fidelidade e disciplina partidárias.

- Alterado pela EC nº 52/06

Art. 18.

§ 4º A criação, a incorporação, a fusão e o desmembramento de Municípios preservarão a continuidade e a unidade histórico-cultural do ambiente urbano, far-se-ão por lei estadual, obedecidos os requisitos previstos em Lei Complementar estadual, e dependerão de consulta prévia, mediante plebiscito, às populações diretamente interessadas.

- Alterado pela EC nº 15/96

Art. 20.

IV – as ilhas fluviais e lacustres nas zonas limítrofes com outros países; as praias marítimas; as ilhas oceânicas e as costeiras, excluídas, destas, as áreas referidas no art. 26, inc. II;

- Alterado pela EC nº 46/05

Art. 21.

XI – explorar, diretamente ou mediante concessão a empresas sob controle acionário estatal, os serviços telefônicos, telegráficos, de transmissão de dados e demais serviços públicos de telecomunicações, assegurada a prestação de serviços de informações por entidades de direito privado através da rede pública de telecomunicações explorada pela União.

- Alterado pela EC nº 8/95

XII –

a) os serviços de radiodifusão sonora, e de sons e imagens e demais serviços de telecomunicações;

- Alterada pela EC nº 8/95

XIII – organizar e manter o Poder Judiciário, o Ministério Público e a Defensoria Pública do Distrito Federal e dos Territórios;

- Alterado pela EC nº 69/12

XIV – organizar e manter a polícia federal, a polícia rodoviária e a ferroviária federais, bem como a polícia civil, a polícia militar e o corpo de bombeiros militar do Distrito Federal e dos Territórios;

- Alterado pela EC nº 19/98

XXII – executar os serviços de polícia marítima, aérea e de fronteira;

- Alterado pela EC nº 19/98

XXIII –

b) sob regime de concessão ou permissão, é autorizada a utilização de radioisótopos para a pesquisa e usos medicinais, agrícolas, industriais e atividades análogas;

- Alterada pela EC nº 49/06

c) a responsabilidade civil por danos nucleares independe da existência de culpa;

- Alterada pela EC nº 49/06

Art. 22.

XVII – organização judiciária, do Ministério Público e da Defensoria Pública do Distrito Federal e dos Territórios, bem como organização administrativa destes;

- Alterado pela EC nº 69/12

XXVII – normas gerais de licitação e contratação, em todas as modalidades, para a administração pública, direta e indireta, incluídas as fundações instituídas e mantidas pelo Poder Público, nas diversas esferas de governo, e empresas sob seu controle;

- Alterado pela EC nº 19/98

Art. 23.

V – proporcionar os meios de acesso à cultura, à educação e à ciência;

Parágrafo único. Lei complementar fixará normas para a cooperação entre a União e os Estados, o Distrito Federal e os Municípios, tendo em vista o equilíbrio do desenvolvimento e do bem-estar em âmbito nacional.

- Alterado pela EC nº 53/06

Art. 24.

IX – educação, cultura, ensino e desporto;

Art. 25.

§ 2º Cabe aos Estados explorar diretamente, ou mediante concessão, a empresa estatal, com exclusividade de distribuição, os serviços locais de gás canalizado.

- Alterado pela EC nº 5/95

Art. 27.

§ 2º – A remuneração dos Deputados Estaduais será fixada em cada legislatura, para a subsequente, pela Assembleia Legislativa, observado o que dispõem os arts. 150, inc. II, 153, inc. III e § 2º, inc. I.

- Alterado pela EC nº 1/92

§ 2º – A remuneração dos Deputados Estaduais será fixada em cada legislatura, para a subsequente, pela Assembleia Legislativa, observado o que dispõem os arts. 150, inc. II, 153, inc. III e § 2º, inc. I, na razão de, no máximo, setenta e cinco por cento daquela estabelecida, em espécie, para os Deputados Federais.

- Realterado pela EC nº 19/98

Art. 28. A eleição do Governador e do Vice-Governador de Estado, para mandato de quatro anos, realizar-se-á noventa dias antes do término do mandato de seus antecessores, e a posse ocorrerá no dia 1º de janeiro do ano subsequente, observado, quanto ao mais, o disposto no art. 77.

- Alterado pela EC nº 16/97

Parágrafo único. Perderá o mandato o Governador que assumir outro cargo ou função na administração pública direta ou indireta, ressalvada a posse em virtude de concurso público e observado o disposto no art. 38, incs. I, IV e V.

- Alterado pela EC nº 19/98

Art. 29.

II – eleição do Prefeito e do Vice-Prefeito até noventa dias antes do término do mandato dos que devam suceder, aplicadas as regras do art. 77, no caso de municípios com mais de duzentos mil eleitores;

- Alterado pela EC nº 16/97

IV – número de Vereadores proporcional à população do Município, observados os seguintes limites:

- Alterado pela EC nº 58/09

a) mínimo de nove e máximo de vinte e um nos Municípios de até um milhão de habitantes;

- Alterada pela EC nº 58/09

b) mínimo de trinta e três e máximo de quarenta e um nos Municípios de mais de um milhão e menos de cinco milhões de habitantes;

- Alterada pela EC nº 58/09

c) mínimo de quarenta e dois e máximo de cinquenta e cinco nos Municípios de mais de cinco milhões de habitantes;

- Alterada pela EC nº 58/09

V – remuneração do Prefeito, do Vice-Prefeito e dos Vereadores fixada pela Câmara Municipal em cada legislatura, para a subsequente, observado o que dispõem os arts. 37, inc. XI, 150, inc. II, 153, inc. III e § 2º, inc. I;

- Alterado pela EC nº 19/98

Art. 30.

VI – manter, com a cooperação técnica e financeira da União e do Estado, programas de educação pré-escolar e de ensino fundamental;

- Alterado pela EC nº 53/06

Art. 35.

III – não tiver sido aplicado o mínimo exigido da receita municipal na manutenção e desenvolvimento do ensino;

- Alterado pela EC nº 29/00

Art. 36.

III – de provimento, pelo Supremo Tribunal Federal, de representação do Procurador-Geral da República, na hipótese do art. 34, inc. VII;

- Alterado pela EC nº 45/04

IV – de provimento, pelo Superior Tribunal de Justiça, de representação do Procurador-Geral da República, no caso de recusa à execução de lei federal.

- Excluído pela EC nº 45/04

Art. 37. A administração pública direta, indireta ou fundacional, de qualquer dos Poderes da União, dos Estados, do Distrito Federal e dos Municípios obedecerá aos princípios de legalidade, impessoalidade, moralidade, publicidade e, também, ao seguinte:

- Alterado pela EC nº 19/98

I – os cargos, empregos e funções públicas são acessíveis aos brasileiros que preencham os requisitos estabelecidos em lei;

- Alterado pela EC nº 19/98

II – a investidura em cargo ou emprego público depende de aprovação prévia em concurso público de provas ou de provas e títulos, ressalvadas as nomeações para cargo em comissão declarado em lei de livre nomeação e exoneração;

- Alterado pela EC nº 19/98

V – os cargos em comissão e as funções de confiança serão exercidos, preferencialmente, por servidores ocupantes de cargo de carreira técnica ou profissional, nos casos e condições previstos em lei;

- Alterado pela EC nº 19/98

VII – o direito de greve será exercido nos termos e nos limites definidos em lei complementar;

- Alterado pela EC nº 19/98

X – a revisão geral da remuneração dos servidores públicos, sem distinção de índices entre servidores públicos civis e militares, far-se-á sempre na mesma data;

- Alterado pela EC nº 19/98

XI – a lei fixará o limite máximo e a relação de valores entre a maior e a menor remuneração dos servidores públicos, observados, como limites máximos e no âmbito dos respectivos poderes, os valores percebidos como remuneração, em espécie, a qualquer título, por membros do Congresso Nacional, Ministros de Estado e Ministros do Supremo Tribunal Federal e seus correspondentes nos Estados, no Distrito Federal e nos Territórios, e, nos Municípios, os valores percebidos como remuneração, em espécie, pelo Prefeito;

- Alterado pela EC nº 19/98

XI – a remuneração e o subsídio dos ocupantes de cargos, funções e empregos públicos da administração direta, autárquica e fundacional, dos membros de qualquer dos Poderes da União, dos Estados, do Distrito Federal e dos Municípios, dos detentores de mandato eletivo e dos demais agentes políticos e os proventos, pensões ou outra espécie remuneratória, percebidos cumulativamente ou não, incluídas as vantagens pessoais ou de qualquer outra natureza, não poderão exceder o subsídio mensal, em espécie, dos Ministros do Supremo Tribunal Federal;

- Realterado pela EC nº 41/03

XIII – é vedada a vinculação ou equiparação de vencimentos, para o efeito de remuneração de pessoal do serviço público, ressalvado o disposto no inciso anterior e no art. 39, § 1º;

- Alterado pela EC nº 19/98

XIV – os acréscimos pecuniários percebidos por servidor público não serão computados nem acumulados, para fins de concessão de acréscimos ulteriores, sob o mesmo título ou idêntico fundamento;

- Alterado pela EC nº 19/98

XV – os vencimentos dos servidores públicos, civis e militares, são irredutíveis e a remuneração observará o que dispõem os arts. 37, incs. XI e XII, 150, inc. II, 153, inc. III e § 2º, inc. I;

- Alterado pela EC nº 18/98

XV – os vencimentos dos servidores públicos são irredutíveis, e a remuneração observará o que dispõem os arts. 37, incs. XI e XII, 150, inc. II, 153, inc. III e § 2º, inc. I;

- Realterado pela EC nº 19/98

XVI – é vedada a acumulação remunerada de cargos públicos, exceto, quando houver compatibilidade de horários:

- Alterado pela EC nº 19/98

XVII – a proibição de acumular estende-se a empregos e funções e abrange autarquias, empresas públicas, sociedades de economia mista e fundações mantidas pelo Poder Público;

- Alterado pela EC nº 19/98

XIX – somente por lei específica poderão ser criadas empresa pública, sociedade de economia mista, autarquia ou fundação pública;

- Alterado pela EC nº 19/98

§ 3º As reclamações relativas à prestação de serviços públicos serão disciplinadas em lei.

- Alterado pela EC nº 19/98

Art. 38. Ao servidor público em exercício de mandato eletivo aplicam- se as seguintes disposições:

- Alterado pela EC nº 19/98

Dos Servidores Públicos Civis

- Alterada pela EC nº 18/98

Art. 39.

§ 1º A lei assegurará, aos servidores da administração direta, isonomia de vencimentos para cargos de atribuições iguais ou assemelhados do mesmo Poder ou entre servidores dos Poderes Executivo, Legislativo e Judiciário, ressalvadas as vantagens de caráter individual e as relativas à natureza ou ao local de trabalho.

- Alterado pela EC nº 19/98

§ 2º Aplica-se a esses servidores o disposto no art. 7º, incs. IV, VI, VII, VIII, IX, XII, XIII, XV, XVI, XVII, XVIII, XIX, XX, XXII, XXIII e XXX;

- Alterado pela EC nº 19/98

Art. 40. O servidor será aposentado:

- Alterado pela EC nº 20/98

I – por invalidez permanente, sendo os proventos integrais quando decorrentes de acidente em serviço, moléstia profissional ou doença grave, contagiosa ou incurável, especificadas em lei, e proporcionais nos demais casos;

- Excluído pela EC nº 20/98

II – compulsoriamente, aos setenta anos de idade, com proventos proporcionais ao tempo de serviço;

- Excluído pela EC nº 20/98

III – voluntariamente:

- Excluído pela EC nº 20/98

a) aos trinta e cinco anos de serviço, se homem, e aos trinta, se mulher, com proventos integrais;

- Excluída pela EC nº 20/98

b) aos trinta anos de efetivo exercício em funções de magistério, se professor, e vinte e cinco, se professora, com proventos integrais;

- Excluída pela EC nº 20/98

c) aos trinta anos de serviço, se homem, e aos vinte e cinco, se mulher, com proventos proporcionais a esse tempo;

- Excluída pela EC nº 20/98

d) aos sessenta e cinco anos de idade, se homem, e aos sessenta, se mulher, com proventos proporcionais ao tempo de serviço.

- Excluída pela EC nº 20/98

Art. 40. Aos servidores titulares de cargos efetivos da União, dos Estados, do Distrito Federal e dos Municípios, acrescentadas suas autarquias e fundações, é assegurado regime de previdência de caráter contributivo, observados critérios que preservem o equilíbrio financeiro e atuarial e o disposto neste artigo.

- Realterado pela EC nº 41/03

§ 1º Lei complementar poderá estabelecer exceções ao disposto no inciso III, "a" e "c", no caso de exercício de atividades consideradas penosas, insalubres ou perigosas.

- Alterado pela EC nº 20/98

§ 1º Os servidores abrangidos pelo regime de previdência de que trata este artigo serão aposentados, calculados os seus proventos a partir dos valores fixados na forma do § 3º:

- Realterado pela EC nº 41/03

II – compulsoriamente, aos setenta anos de idade, com proventos proporcionais ao tempo de contribuição.

- Incluído pela EC nº 20/98

§ 2º A lei disporá sobre a aposentadoria em cargos ou empregos temporários.

- Alterado pela EC nº 20/98

§ 3º O tempo de serviço público federal, estadual ou municipal será computado integralmente para os efeitos de aposentadoria e de disponibilidade.

- Alterado pela EC nº 20/98

§ 3º Os proventos de aposentadoria, por ocasião da sua concessão, serão calculados com base na remuneração do servidor no cargo efetivo em que se der a aposentadoria e, na forma da lei, corresponderão à totalidade da remuneração.

- Realterado pela EC nº 41/03

§ 4º Os proventos da aposentadoria serão revistos, na mesma proporção e na mesma data, sempre que se modificar a remuneração dos servidores em atividade, sendo também estendidos aos inativos quaisquer benefícios ou vantagens posteriormente concedidos aos servidores em atividade, inclusive quando decorrentes da transformação ou reclassificação do cargo ou função em que se deu a aposentadoria, na forma da lei.

- Alterado pela EC nº 20/98

§ 4º É vedada a adoção de requisitos e critérios diferenciados para a concessão de aposentadoria aos abrangidos pelo regime de que trata este artigo, ressalvados os casos de atividades exercidas exclusivamente sob condições especiais que prejudiquem a saúde ou a integridade física, definidos em lei complementar.

- Realterado pela EC nº 47/05

§ 5º O benefício da pensão por morte corresponderá à totalidade dos vencimentos ou proventos do servidor falecido, até o limite estabelecido em lei, observado o disposto no parágrafo anterior.

- Alterado pela EC nº 20/98

Art. 41. São estáveis, após dois anos de efetivo exercício, os servidores nomeados em virtude de concurso público.

- Alterado pela EC nº 19/98

§ 1º O servidor público estável só perderá o cargo em virtude de sentença judicial transitada em julgado ou mediante processo administrativo em que lhe seja assegurada ampla defesa.

- Alterado pela EC nº 19/98

§ 2º Invalidada por sentença judicial a demissão do servidor estável, será ele reintegrado, e o eventual ocupante da vaga reconduzido ao cargo de origem, sem direito a indenização, aproveitado em outro cargo ou posto em disponibilidade.

- Alterado pela EC nº 19/98

§ 3º Extinto o cargo ou declarada sua desnecessidade, o servidor estável ficará em disponibilidade remunerada, até seu adequado aproveitamento em outro cargo.

- Alterado pela EC nº 19/98

Dos Servidores Públicos Militares

- Alterada pela EC nº 18/98

Art. 42. São servidores militares federais os integrantes das Forças Armadas e servidores militares dos Estados, Territórios e Distrito Federal os integrantes de suas polícias militares e de seus corpos de bombeiros militares.

- Alterado pela EC nº 18/98

§ 1º As patentes, com prerrogativas, direitos e deveres a elas inerentes, são asseguradas em plenitude aos oficiais da ativa, da reserva ou reformados das Forças Armadas, das Policiais Militares e dos Corpos de Bombeiros Militares dos Estados, dos Territórios e do Distrito Federal, sendo-lhes privativos os títulos, postos e uniformes militares.

- Alterado pela EC nº 18/98

§ 1º Aplicam-se aos militares dos Estados, do Distrito Federal e dos Territórios, além do que vier a ser fixado em lei, as disposições do art. 14, § 8º; do art. 40, § 3º; e do art. 142, §§ 2º e 3º, cabendo a lei estadual específica dispor sobre as matérias do art. 142, 3º, inc. X, sendo as patentes dos oficiais conferidas pelos respectivos Governadores.

- Realterado pela EC nº 20/98

§ 2º As patentes dos oficiais das Forças Armadas são conferidas pelo Presidente da República, e as dos oficiais das Polícias Militares e Corpos de Bombeiros Militares dos Estados, Territórios e Distrito Federal, pelos respectivos Governadores.

- Alterado pela EC nº 18/98

§ 2º Aos militares dos Estados, do Distrito Federal e dos Territórios e a seus pensionistas, aplica-se o disposto no art. 40, §§ 4º e 5º; e aos militares do Distrito Federal e dos Territórios, o disposto no art. 40, § 6º.

- Realterado pela EC nº 20/98

§ 2º Aos militares dos Estados, do Distrito Federal e dos Territórios e a seus pensionistas, aplica-se o disposto no art. 40, §§ 7º e 8º.

- Realterado novamente pela EC nº 41/03

§ 3º O militar em atividade que aceitar cargo público civil permanente será transferido para a reserva.

- Excluído pela EC nº 18/98

§ 4º O militar da ativa que aceitar cargo, emprego ou função pública temporária, não eletiva, ainda que da administração indireta, ficará agregado ao respectivo quadro e somente poderá, enquanto permanecer nessa situação, ser promovido por antiguidade, contando-se-lhe o tempo de serviço apenas para aquela promoção e transferência para a reserva, sendo depois de dois anos de afastamento, contínuos ou não, transferido para a inatividade.

- Excluído pela EC nº 18/98

§ 5º Ao militar são proibidas a sindicalização e a greve.

- Excluído pela EC nº 18/98

§ 6º O militar, enquanto em efetivo serviço, não pode estar filiado a partidos políticos.

- Excluído pela EC nº 18/98

§ 7º O oficial das Forças Armadas só perderá o posto e a patente se for julgado indigno do oficialato ou com ele incompatível, por decisão de tribunal militar de caráter permanente, em tempo de paz, ou de tribunal especial, em tempo de guerra.

- Excluído pela EC nº 18/98

§ 8º O oficial condenado na justiça comum ou militar a pena privativa de liberdade superior a dois anos, por sentença transitada em julgado, será submetido ao julgamento previsto no parágrafo anterior.

- Excluído pela EC nº 18/98

§ 9º A lei disporá sobre os limites de idade, a estabilidade e outras condições de transferência do servidor militar para a inatividade.

- Excluído pela EC nº 18/98

§ 10 Aplica-se aos servidores a que se refere este artigo, e a seus pensionistas, o disposto no art. 40, §§ 4º e 5º.

- Alterado pela EC nº 3/93

§ 10 Aplica-se aos servidores a que se refere este artigo, e a seus pensionistas, o disposto no art. 40, §§ 4º, 5º e 6º.

- Excluído pela EC nº 18/98

§ 11 Aplica-se aos servidores a que se refere este artigo o disposto no art. 7º, incs. VIII, XII, XVII, XVIII e XIX.

- Excluído pela EC nº 18/98

Art. 48.

IX – organização administrativa, judiciária, do Ministério Público e da Defensoria Pública da União e dos Territórios e organização judiciária, do Ministério Público e da Defensoria Pública do Distrito Federal;

- Alterado pela EC nº 69/12

X – criação, transformação e extinção de cargos, empregos e funções públicas;

- Alterado pela EC nº 32/01

XI – criação, estruturação e atribuições dos Ministérios e órgãos da administração pública;

- Alterado pela EC nº 32/01

Art. 49.

VII – fixar idêntica remuneração para os Deputados Federais e os Senadores, em cada legislatura, para a subsequente, observado o que dispõem os arts. 150, inc. II, 153, inc. III e § 2º, inc. I.

- Alterado pela EC nº 19/98

VIII – fixar para cada exercício financeiro a remuneração do Presidente e do Vice-Presidente da República e dos Ministros de Estado, observado o que dispõem os arts. 150, inc. II, 153, inc. III e § 2º, inc. I;

- Alterado pela EC nº 19/98

Art. 50. A Câmara dos Deputados ou o Senado Federal, bem como qualquer de suas Comissões, poderão convocar Ministro de Estado para prestar, pessoalmente, informações sobre assunto previamente determinado, importando crime de responsabilidade a ausência sem justificação adequada.

- Alterado pela ECR nº 2/94

§ 2º As Mesas da Câmara dos Deputados e do Senado Federal poderão encaminhar pedidos escritos de informações a Ministros de Estado, importando em crime de responsabilidade a recusa, ou o não atendimento, no prazo de trinta dias, bem como a prestação de informações falsas.

- Alterado pela ECR nº 2/94

Art. 51.

IV – dispor sobre sua organização, funcionamento, polícia, criação, transformação ou extinção dos cargos, empregos e funções de seus serviços e fixação da respectiva remuneração, observados os parâmetros estabelecidos na lei de diretrizes orçamentárias;

- Alterado pela EC nº 19/98

Art. 52.

I – processar e julgar o Presidente e o Vice-Presidente da República nos crimes de responsabilidade e os Ministros de Estado nos crimes da mesma natureza conexos com aqueles;

- Alterado pela EC nº 23/99

II – processar e julgar os Ministros do Supremo Tribunal Federal, o Procurador-Geral da República e o Advogado-Geral da União nos crimes de responsabilidade;

- Alterado pela EC nº 45/04

XIII – dispor sobre sua organização, funcionamento, polícia, criação, transformação ou extinção dos cargos, empregos e funções de seus serviços e fixação da respectiva remuneração, observados os parâmetros estabelecidos na lei de diretrizes orçamentárias;

- Alterado pela EC nº 19/98

Art. 53. Os Deputados e Senadores são invioláveis por suas opiniões, palavras e votos.

- Alterado pela EC nº 35/01

§ 1º Desde a expedição do diploma, os membros do Congresso Nacional não poderão ser presos, salvo em flagrante de crime inafiançável, nem processados criminalmente, sem prévia licença de sua Casa.

- Alterado pela EC nº 35/01

§ 2º O indeferimento do pedido de licença ou a ausência de deliberação suspende a prescrição enquanto durar o mandato.

- Alterado pela EC nº 35/01

§ 3º No caso de flagrante de crime inafiançável, os autos serão remetidos, dentro de vinte e quatro horas, à Casa respectiva, para que, pelo voto secreto da maioria de seus membros, resolva sobre a prisão e autorize, ou não, a formação de culpa.

- Alterado pela EC nº 35/01

§ 4º Os Deputados e Senadores serão submetidos a julgamento perante o Supremo Tribunal Federal.

- Alterado pela EC nº 35/01

§ 5º Os Deputados e Senadores não serão obrigados a testemunhar sobre informações recebidas ou prestadas em razão do exercício do mandato, nem sobre as pessoas que lhes confiaram ou deles receberam informações.

- Alterado pela EC nº 35/01

§ 6º A incorporação às Forças Armadas de Deputados e Senadores, embora militares e ainda que em tempo de guerra, dependerá de prévia licença da Casa respectiva.

- Alterado pela EC nº 35/01

§ 7º As imunidades de Deputados ou Senadores subsistirão durante o estado de sítio, só podendo ser suspensas mediante o voto de dois terços dos membros da Casa respectiva, nos casos de atos, praticados fora do recinto do Congresso, que sejam incompatíveis com a execução da medida.

- Alterado pela EC nº 35/01

Art. 55.

§ 2º Nos casos dos incs. I, II e VI, a perda do mandato será decidida pela Câmara dos Deputados ou pelo Senado Federal, por voto secreto e maioria absoluta, mediante provocação da respectiva Mesa ou de partido político representado no Congresso Nacional, assegurada ampla defesa.

- Alterado pela EC nº 76/13

Art. 57. O Congresso Nacional reunir-se-á, anualmente, na Capital Federal, de 15 de fevereiro a 30 de junho e de 1º de agosto a 15 de dezembro.

- Alterado pela EC nº 50/06

§ 4º Cada uma das Casas reunir-se-á em sessões preparatórias, a partir de 1º de fevereiro, no primeiro ano da legislatura, para a posse de seus membros e eleição das respectivas Mesas, para mandato de dois anos, vedada a recondução para o mesmo cargo na eleição imediatamente subsequente.

- Alterado pela EC nº 50/06

§ 6º A convocação extraordinária do Congresso Nacional far-se-á:

- Alterado pela EC nº 50/06

II – pelo Presidente da República, pelos Presidentes da Câmara dos Deputados e do Senado Federal, ou a requerimento da maioria dos membros de ambas as Casas, em caso de urgência ou interesse público relevante.

- Alterado pela EC nº 50/06

§ 7º Na sessão legislativa extraordinária, o Congresso Nacional somente deliberará sobre a matéria para a qual foi convocado.

- Alterado pela EC nº 19/98

§ 7º Na sessão legislativa extraordinária, o Congresso Nacional somente deliberará sobre a matéria para a qual foi convocado, vedado o pagamento de parcela indenizatória em valor superior ao do subsídio mensal.

- Realterado pela EC nº 32/98

§ 7º Na sessão legislativa extraordinária, o Congresso Nacional somente deliberará sobre a matéria para a qual foi convocado, ressalvada a hipótese do § 8º, vedado o pagamento de parcela indenizatória em valor superior ao subsídio mensal.

- Realterado novamente pela EC nº 50/06

Art. 61.

§ 1º

II –

c) servidores públicos da União e Territórios, seu regime jurídico, provimento de cargos, estabilidade e aposentadoria de civis, reforma e transferência de militares para a inatividade;

- Alterada pela EC nº 18/98

e) criação, estruturação e atribuições dos Ministérios e órgãos da administração pública.

- Alterada pela EC nº 32/01

Art. 62. Em caso de relevância e urgência, o Presidente da República poderá adotar medidas provisórias, com força de lei, devendo submetê-las de imediato ao Congresso Nacional, que, estando em recesso, será convocado extraordinariamente para se reunir no prazo de cinco dias.

- Alterado pela EC nº 32/01

Parágrafo único. As medidas provisórias perderão eficácia, desde a edição, se não forem convertidas em lei no prazo de trinta dias, a partir de sua publicação, devendo o Congresso Nacional disciplinar as relações jurídicas delas decorrentes.

- Alterado pela EC nº 32/01

Art. 64.

§ 2º Se, no caso do parágrafo anterior, a Câmara dos Deputados e o Senado Federal não se manifestarem, cada qual, sucessivamente, em até quarenta e cinco dias, sobre a proposição, será esta acrescentada na ordem do dia, sobrestando-se a deliberação quanto aos demais assuntos, para que se ultime a votação.

- Alterado pela EC nº 32/01

Art. 66.

§ 4º O veto será apreciado em sessão conjunta, dentro de trinta dias a contar de seu recebimento, só podendo ser rejeitado pelo voto da maioria absoluta dos Deputados e Senadores, em escrutínio secreto.

- Alterado pela EC nº 76/13

§ 6º Esgotado sem deliberação o prazo estabelecido no § 4º, o veto será colocado na ordem do dia da sessão imediata, sobrestadas as demais proposições, até sua votação final, ressalvadas as matérias de que trata o art. 62, parágrafo único.

- Alterado pela EC nº 32/01

Art. 70.

Parágrafo único. Prestará contas qualquer pessoa física ou entidade pública que utilize, arrecade, guarde, gerencie ou administre dinheiros, bens e valores públicos ou pelos quais a União responda, ou que, em nome desta, assuma obrigações de natureza pecuniária.

- Alterado pela EC nº 19/98

Art. 73.

§ 3º Os Ministros do Tribunal de Contas da União terão as mesmas garantias, prerrogativas, impedimentos, vencimentos e vantagens dos Ministros do Superior Tribunal de Justiça e somente poderão aposentar-se com as vantagens do cargo quando o tiverem exercido efetivamente por mais de cinco anos.

- Alterado pela EC nº 20/98

Art. 77. A eleição do Presidente e do Vice-Presidente da República realizar-se-á, simultaneamente, noventa dias antes do término do mandato presidencial vigente.

- Alterado pela EC nº 16/97

Art. 82. O mandato do Presidente da República é de cinco anos, vedada a reeleição para o período subsequente, e terá início em 1º de janeiro do ano seguinte ao da sua eleição.

- Alterado pela ECR nº 5/94

Art. 82. O mandato do Presidente da República é de quatro anos, vedada a reeleição para o período subsequente, e terá início em 1º de janeiro do ano seguinte ao da sua eleição.

- Realterado pela EC nº 16/97

Art. 84.

VI – dispor sobre a organização e o funcionamento da administração federal, na forma da lei;

- Alterado pela EC nº 32/01

XIII – exercer o comando supremo das Forças Armadas, promover seus oficiais-generais e nomeá-los para os cargos que lhes são privativos;

- Alterado pela EC nº 23/99

Art. 88. A lei disporá sobre a criação, estruturação e atribuições dos Ministérios.

- Alterado pela EC nº 32/01

Art. 91.

V – os Ministros militares;

- Alterado pela EC nº 23/99

Art. 92.

Parágrafo único. O Supremo Tribunal Federal e os Tribunais Superiores têm sede na Capital Federal e jurisdição em todo o território nacional.

- Alterado pela EC nº 45/04

Art. 93.

I – ingresso na carreira, cujo cargo inicial será o de juiz substituto, através de concurso público de provas e títulos, com a participação da Ordem dos Advogados do Brasil em todas as suas fases, obedecendo-se, nas nomeações, à ordem de classificação;

- Alterado pela EC nº 45/04

II –

c) aferição do merecimento pelos critérios da presteza e segurança no exercício da jurisdição e pela frequência e aproveitamento em cursos reconhecidos de aperfeiçoamento;

- Alterada pela EC nº 45/04

d) na apuração da antiguidade, o tribunal somente poderá recusar o juiz mais antigo pelo voto de dois terços de seus membros, conforme procedimento próprio, repetindo-se a votação até fixar-se a indicação;

- Alterada pela EC nº 45/04

III – o acesso aos tribunais de segundo grau far-se-á por antiguidade e merecimento, alternadamente, apurados na última entrância ou, onde houver, no Tribunal de Alçada, quando se tratar de promoção para o Tribunal de Justiça, de acordo com o inciso II e a classe de origem;

- Alterado pela EC nº 45/04

IV – previsão de cursos oficiais de preparação e aperfeiçoamento de magistrados como requisitos para ingresso e promoção na carreira;

- Alterado pela EC nº 45/04

V – os vencimentos dos magistrados serão fixados com diferença não superior a dez por cento de uma para outra das categorias da carreira, não podendo, a título nenhum, exceder os dos Ministros do Supremo Tribunal Federal;

- Alterado pela EC nº 19/98

VI – a aposentadoria com proventos integrais é compulsória por invalidez ou aos setenta anos de idade, e facultativa aos trinta anos de serviço, após cinco anos de exercício efetivo na judicatura;

- Alterado pela EC nº 20/98

VII – o juiz titular residirá na respectiva comarca;

- Alterado pela EC nº 45/04

VIII – o ato de remoção, disponibilidade e aposentadoria do magistrado, por interesse público, fundar-se-á em decisão por voto de dois terços do respectivo tribunal, assegurada ampla defesa;

- Alterado pela EC nº 45/04

IX – todos os julgamentos dos órgãos do Poder Judiciário serão públicos, e fundamentadas todas as decisões, sob pena de nulidade, podendo a lei, se o interesse público o exigir, limitar a presença, em determinados atos, às próprias partes e a seus advogados, ou somente a estes;

- Alterado pela EC nº 45/04

X – as decisões administrativas dos tribunais serão motivadas, sendo as disciplinares tomadas pelo voto da maioria absoluta de seus membros;

- Alterado pela EC nº 45/04

XI – nos tribunais com número superior a vinte e cinco julgadores poderá ser constituído órgão especial, com o mínimo de onze e o máximo de vinte e cinco membros, para o exercício das atribuições administrativas e jurisdicionais da competência do tribunal pleno.

- Alterado pela EC nº 45/04

Art. 95.

III – irredutibilidade de vencimentos, observado, quanto à remuneração, o que dispõem os arts. 37, inc. XI, 150, inc. II, 153, inc. III e § 2º, inc. I.

• Alterado pela EC nº 19/98

Art. 96.

II –

b) a criação e a extinção de cargos e a remuneração dos seus serviços auxiliares e dos juízos que lhes forem vinculados, bem como a fixação do subsídio de seus membros e dos juízes, inclusive dos tribunais inferiores, onde houver, ressalvado o disposto no art. 48, inc. XV;

• Alterada pela EC nº 41/03

Art. 100. À exceção dos créditos de natureza alimentícia, os pagamentos devidos pela Fazenda Federal, Estadual ou Municipal, em virtude de sentença judiciária, far-se-ão exclusivamente na ordem cronológica de apresentação dos precatórios e à conta dos créditos respectivos, proibida a designação de casos ou de pessoas nas dotações orçamentárias e nos créditos adicionais abertos para este fim.

• Alterado pela EC nº 62/09

§ 1º É obrigatória a inclusão, no orçamento das entidades de direito público, de verba necessária ao pagamento de seus débitos constantes de precatórios judiciários, apresentados até 1º de julho, data em que terão atualizados seus valores, fazendo-se o pagamento até o final do exercício seguinte.

• Alterado pela EC nº 30/00

§ 1º É obrigatória a inclusão, no orçamento das entidades de direito público, de verba necessária ao pagamento de seus débitos oriundos de sentenças transitadas em julgado, constantes de precatórios judiciários, apresentados até 1º de julho, fazendo-se o pagamento até o final do exercício seguinte, quando terão seus valores atualizados monetariamente.

• Realterado pela EC nº 62/09

§ 2º As dotações orçamentárias e os créditos abertos serão consignados ao Poder Judiciário, recolhendo-se as importâncias respectivas à repartição competente, cabendo ao Presidente do Tribunal que proferir a decisão exequenda determinar o pagamento, segundo as possibilidades do depósito, e autorizar, a requerimento do credor e exclusivamente para o caso de preterimento de seu direito de precedência, o sequestro da quantia necessária à satisfação do débito.

• Alterado pela EC nº 30/00

§ 2º As dotações orçamentárias e os créditos abertos serão consignados diretamente ao Poder Judiciário, cabendo ao Presidente do Tribunal que proferir a decisão exequenda determinar o pagamento segundo as possibilidades do depósito, e autorizar, a requerimento do credor, e exclusivamente para o caso de preterimento de seu direito de precedência, o sequestro da quantia necessária à satisfação do débito.

• Realterado pela EC nº 62/09

Art. 102.

I –

a) a ação direta de inconstitucionalidade de lei ou ato normativo federal ou estadual;

• Alterada pela EC nº 3/93

c) nas infrações penais comuns e nos crimes de responsabilidade, os Ministros de Estado, ressalvado o disposto no art. 52, inc. I, os membros dos Tribunais Superiores, os do Tribunal de Contas da União e os chefes de missão diplomática de caráter permanente;

- Alterada pela EC nº 23/99

h) a homologação das sentenças estrangeiras e a concessão do *exequatur* às cartas rogatórias, que podem ser conferidas pelo regimento interno a seu Presidente;

- Excluída pela EC nº 45/04

i) o *habeas corpus*, quando o coator ou o paciente for tribunal, autoridade ou funcionário cujos atos estejam sujeitos diretamente à jurisdição do Supremo Tribunal Federal, ou se trate de crime sujeito à mesma jurisdição em uma única instância;

- Alterada pela EC nº 22/99

Parágrafo único. A arguição de descumprimento de preceito fundamental, decorrente desta Constituição, será apreciada pelo Supremo Tribunal Federal, na forma da lei.

- Alterado pela EC nº 3/93

Art. 103. Podem propor a ação de inconstitucionalidade:

- Alterado pela EC nº 45/04

IV – a Mesa de Assembleia Legislativa;

- Alterado pela EC nº 45/04

V – o Governador de Estado;

- Alterado pela EC nº 45/04

§ 4º A ação declaratória de constitucionalidade poderá ser proposta pelo Presidente da República, pela Mesa do Senado Federal, pela Mesa da Câmara dos Deputados ou pelo Procurador-Geral da República.

- Excluído pela EC nº 45/04

Art. 104.

Parágrafo único. Parágrafo único. Os Ministros do Superior Tribunal de Justiça serão nomeados pelo Presidente da República, dentre brasileiros com mais de trinta e cinco e menos de sessenta e cinco anos, de notável saber jurídico e reputação ilibada, depois de aprovada a escolha pelo Senado Federal, sendo:

- Alterado pela EC nº 45/04

Art. 105.

I –

b) os mandados de segurança e os *habeas data* contra ato de Ministro de Estado ou do próprio Tribunal;

- Alterada pela EC nº 23/99

c) os *habeas corpus*, quando o coator ou o paciente for qualquer das pessoas mencionadas na alínea "a", quando coator for tribunal, sujeito à sua jurisdição, ou Ministro de Estado, ressalvada a competência da Justiça Eleitoral;

- Alterada pela EC nº 23/99

III –

b) julgar válida lei ou ato de governo local contestado em face de lei federal;

- Alterada pela EC nº 45/04

Parágrafo único. Funcionará junto ao Superior Tribunal de Justiça o Conselho da Justiça Federal, cabendo-lhe, na forma da lei, exercer a supervisão administrativa e orçamentária da Justiça Federal de primeiro e segundo graus.

- Alterado pela EC nº 45/04

Art. 107.

Parágrafo único. A lei disciplinará a remoção ou a permuta de juízes dos Tribunais Regionais Federais e determinará sua jurisdição e sede.

- Alterado pela EC nº 45/04

Art. 111.

III – as Juntas de Conciliação e Julgamento.

- Alterado pela EC nº 24/99

§ 1º O Tribunal Superior do Trabalho compor-se-á de vinte e sete Ministros, escolhidos dentre brasileiros com mais de trinta e cinco e menos de sessenta e cinco anos, nomeados pelo Presidente da República, após aprovação pelo Senado Federal, sendo:

- Alterado pela EC nº 24/99

I – dezessete togados e vitalícios, dos quais onze escolhidos dentre juízes de carreira da magistratura trabalhista, três dentre advogados e três dentre membros do Ministério Público do Trabalho;

- Alterado pela EC nº 24/99

II – dez classistas temporários, com representação paritária dos trabalhadores e empregadores.

- Alterado pela EC nº 24/99

§ 1º O Tribunal Superior do Trabalho compor-se-á de dezessete Ministros, togados e vitalícios, escolhidos dentre brasileiros com mais de trinta e cinco e menos de sessenta e cinco anos, nomeados pelo Presidente da República, após aprovação pelo Senado Federal, dos quais onze escolhidos dentre juízes dos Tribunais Regionais do Trabalho, integrantes da carreira da magistratura trabalhista, três dentre advogados e três dentre membros do Ministério Público do Trabalho.

- Excluído pela EC nº 45/04

§ 2º O Tribunal encaminhará ao Presidente da República listas tríplices, observando-se, quanto às vagas destinadas aos advogados e aos membros do Ministério Público, o disposto no art. 94; as listas tríplices para o provimento de cargos destinados aos juízes da magistratura trabalhista de carreira deverão ser elaboradas pelos Ministros togados e vitalícios.

- Excluído pela EC nº 24/99

§ 3º A lei disporá sobre a competência do Tribunal Superior do Trabalho.

- Excluído pela EC nº 24/99

Art. 112. Haverá pelo menos um Tribunal Regional do Trabalho em cada Estado e no Distrito Federal, e a lei instituirá as Juntas de Conciliação e Julgamento, podendo, nas comarcas onde não forem instituídas, atribuir sua jurisdição aos juízes de direito.

- Alterado pela EC nº 24/99

Art. 112. Haverá pelo menos um Tribunal Regional do Trabalho em cada Estado e no Distrito Federal, e a lei instituirá as Varas do Trabalho, podendo, nas comarcas onde não forem instituídas, atribuir sua jurisdição aos juízes de direito.

- Realterado pela EC nº 45/04

Art. 113. A lei disporá sobre a constituição, investidura, jurisdição, competência, garantias e condições de exercício dos órgãos da Justiça do Trabalho, assegurada a paridade de representação de trabalhadores e empregadores.

- Alterado pela EC nº 24/99

Art. 114. Compete à Justiça do Trabalho conciliar e julgar os dissídios individuais e coletivos entre trabalhadores e empregadores, abrangidos os entes de direito público externo e da administração pública direta e indireta dos Municípios, do Distrito Federal, dos Estados e da União, e, na forma da lei, outras controvérsias decorrentes da relação de trabalho, bem como os litígios que tenham origem no cumprimento de suas próprias sentenças, inclusive coletivas.

- Alterado pela EC nº 45/04

§ 2º Recusando-se qualquer das partes à negociação ou à arbitragem, é facultado aos respectivos sindicatos ajuizar dissídio coletivo, podendo a Justiça do Trabalho estabelecer normas e condições, respeitadas as disposições convencionais e legais mínimas de proteção ao trabalho.

- Alterado pela EC nº 45/04

Art. 115. Os Tribunais Regionais do Trabalho serão compostos de juízes nomeados pelo Presidente da República, sendo dois terços de juízes togados vitalícios e um terço de juízes classistas temporários, observada, entre os juízes togados, a proporcionalidade estabelecida no art. 11, § 1º, inc. I.

- Alterado pela EC nº 24/99

Art. 115. Os Tribunais Regionais do Trabalho serão compostos de juízes nomeados pelo Presidente da República, observada a proporcionalidade estabelecida no § 2º do art. 111.

- Realterado pela EC nº 45/04

Parágrafo único. Os magistrados dos Tribunais Regionais do Trabalho serão:

- Excluído pela EC nº 24/99

I – juízes do trabalho, escolhidos por promoção, alternadamente, por antiguidade e merecimento;

- Excluído pela EC nº 24/99

II – advogados e membros do Ministério Público do Trabalho, obedecido o disposto no art. 94;

- Excluído pela EC nº 24/99

III – classistas indicados em listas tríplices pelas diretorias das federações e dos sindicatos com base territorial na região.

- Excluído pela EC nº 24/99

Art. 116. A Junta de Conciliação e Julgamento será composta de um juiz do trabalho, que a presidirá, e dois juízes classistas temporários, representantes dos empregados e dos empregadores.

- Alterado pela EC nº 24/99

Parágrafo único. Os juízes classistas das Juntas de Conciliação e Julgamento serão nomeados pelo Presidente do Tribunal Regional do Trabalho, na forma da lei, permitida uma recondução.

- Excluído pela EC nº 24/99

Art. 117. O mandato dos representantes classistas, em todas as instâncias, é de três anos.

- Excluído pela EC nº 24/99

Parágrafo único. Os representantes classistas terão suplentes.

- Excluído pela EC nº 24/99

Art. 125.

§ 3º A lei estadual poderá criar, mediante proposta do Tribunal de Justiça, a Justiça Militar estadual, constituída, em primeiro grau, pelos Conselhos de Justiça e, em segundo, pelo próprio Tribunal de Justiça, ou por Tribunal de Justiça Militar nos Estados em que o efetivo da polícia militar seja superior a vinte mil integrantes.

- Alterado pela EC nº 45/04

§ 4º Compete à Justiça Militar estadual processar e julgar os policiais militares e bombeiros militares nos crimes militares, definidos em lei, cabendo ao tribunal competente decidir sobre a perda do posto e da patente dos oficiais e da graduação das praças.

- Alterado pela EC nº 45/04

Art. 126. Para dirimir conflitos fundiários, o Tribunal de Justiça designará juízes de entrância especial, com competência exclusiva para questões agrárias.

- Alterado pela EC nº 45/04

Art. 127.

§ 2º Ao Ministério Público é assegurada autonomia funcional e administrativa, podendo, observado o disposto no art. 169, propor ao Poder Legislativo a criação e extinção de seus cargos e serviços auxiliares, provendo-os por concurso público de provas e de provas e títulos; a lei disporá sobre sua organização e funcionamento.

- Alterado pela EC nº 19/98

Art. 128.

§ 5º

I –

b) inamovibilidade, salvo por motivo de interesse público, mediante decisão do órgão colegiado competente do Ministério Público, por voto de dois terços de seus membros, assegurada ampla defesa;

- Alterada pela EC nº 45/04

c) irredutibilidade de vencimentos, observado, quanto à remuneração, o que dispõem os arts. 37, inc. XI, 150, inc. II, 153, inc. III e § 2º, inc. I;

- Alterada pela EC nº 19/98

II –

e) exercer atividade político-partidária, salvo exceções previstas na lei.

- Alterada pela EC nº 45/04

Art. 129.

§ 2º As funções de Ministério Público só podem ser exercidas por integrantes da carreira, que deverão residir na comarca da respectiva lotação.

- Alterado pela EC nº 45/04

§ 3º O ingresso na carreira far-se-á mediante concurso público de provas e títulos, assegurada participação da Ordem dos Advogados do Brasil em sua realização, e observada, nas nomeações, a ordem de classificação.

- Alterado pela EC nº 45/04

§ 4º Aplica-se ao Ministério Público, no que couber, o disposto no art. 93, incs. II e VI.

- Alterado pela EC nº 45/04

Da Advocacia-Geral da União

- Alterada pela EC nº 19/98

Art. 132. Os Procuradores dos Estados e do Distrito Federal exercerão a representação judicial e a consultoria jurídica das respectivas unidades federadas, organizados em carreira na qual o ingresso dependerá de concurso público de provas e títulos, observado o disposto no art. 135.

- Alterado pela EC nº 19/98

Da Advocacia e da Defensoria Pública

- Alterada pela EC nº 80/14

Art. 134. A Defensoria Pública é instituição essencial à função jurisdicional do Estado, incumbindo-lhe a orientação jurídica e a defesa, em todos os graus, dos necessitados, na forma do art. 5º, inc. LXXIV.

- Alterado pela EC nº 80/14

Art. 134.

Parágrafo único. Lei complementar organizará a Defensoria Pública da União e do Distrito Federal e dos Territórios e prescreverá normas gerais para sua organização nos Estados, em cargos de carreira, providos, na classe inicial, mediante concurso público de provas e títulos, assegurada a seus integrantes a garantia da inamovibilidade e vedado o exercício da advocacia fora das atribuições institucionais.

- Alterado pela EC nº 45/04

Art. 135. Às carreiras disciplinadas neste título aplicam-se o princípio do art. 37, inc. XII, e o art. 39, § 1º.

- Alterado pela EC nº 19/98

Art. 144.

§ 1º A polícia federal, instituída por lei como órgão permanente, estruturado em carreira, destina-se a:

- Alterado pela EC nº 19/98

III – exercer as funções de polícia marítima, aérea e de fronteiras;

- Alterado pela EC nº 19/98

§ 2º A polícia rodoviária federal, órgão permanente, estruturado em carreira, destina-se, na forma da lei, ao patrulhamento ostensivo das rodovias federais.

- Alterado pela EC nº 19/98

§ 3º A polícia ferroviária federal, órgão permanente, estruturado em carreira, destina-se, na forma da lei, ao patrulhamento ostensivo das ferrovias federais.

- Alterado pela EC nº 19/98

Art. 149.

Parágrafo único. Os Estados, o Distrito Federal e os Municípios poderão instituir contribuição, cobrada de seus servidores, para o custeio, em benefício destes, de sistemas de previdência e assistência social.

- Alterado pela EC nº 41/03

Art. 150.

§ 1º A vedação do inciso III, "b", não se aplica aos impostos previstos nos arts. 153, incs. I, II, IV e V, e 154, inc. II.

- Alterado pela EC nº 42/03

§ 6º Qualquer anistia ou remissão, que envolva matéria tributária ou previdenciária, só poderá ser concedida através de lei específica, federal, estadual ou municipal.

- Alterado pela EC nº 3/93

Art. 153.

§ 2º

II – não incidirá, nos termos e limites fixados em lei, sobre rendimentos provenientes de aposentadoria e pensão, pagos pela previdência social da União, dos Estados, do Distrito Federal e dos Municípios, a pessoa com idade superior a sessenta e cinco anos, cuja renda total seja constituída, exclusivamente, de rendimentos do trabalho.

- Excluído pela EC nº 20/98

§ 4º O imposto previsto no inciso VI terá suas alíquotas fixadas de forma a desestimular a manutenção de propriedades improdutivas e não incidirá sobre pequenas glebas rurais, definidas em lei, quando as explore, só ou com sua família, o proprietário que não possua outro imóvel.

- Alterado pela EC nº 42/03

Art. 155. Compete aos Estados e ao Distrito Federal instituir:

- Alterado pela EC nº 3/93

I – impostos sobre:

- Alterado pela EC nº 3/93

a) transmissão *causa mortis* e doação, de quaisquer bens ou direitos;

- Alterada pela EC nº 3/93

b) operações relativas à circulação de mercadorias e sobre prestações de serviços de transporte interestadual e intermunicipal e de comunicação, ainda que as operações e as prestações se iniciem no exterior;

- Alterada pela EC nº 3/93

c) propriedade de veículos automotores.

- Alterada pela EC nº 3/93

II – adicional de até cinco por cento do que for pago à União por pessoas físicas ou jurídicas domiciliadas nos respectivos territórios, a título do imposto previsto no art. 153, inc. III, incidente sobre lucros, ganhos e rendimentos de capital.

- Alterado pela EC nº 3/93

§ 1º O imposto previsto no inciso I, "a":

- Alterado pela EC nº 3/93

§ 2º O imposto previsto no inciso I, "b", atenderá ao seguinte:

- Alterado pela EC nº 3/93

VII – em relação às operações e prestações que destinem bens e serviços a consumidor final em outro Estado, adotar-se-á:

a) a alíquota interestadual, quando o destinatário for contribuinte do imposto;

b) a alíquota interna, quando o destinatário não for contribuinte dele;

VIII – na hipótese da alínea "a" do inciso anterior, caberá ao Estado da localização do destinatário o imposto correspondente à diferença entre a alíquota interna e a interestadual;

IX –

a) sobre a entrada de mercadoria importada do exterior, ainda quando se tratar de bem destinado a consumo ou ativo fixo do estabelecimento, assim como sobre serviço prestado no exterior, cabendo o imposto ao Estado onde estiver situado o estabelecimento destinatário da mercadoria ou do serviço;

- Alterada pela EC nº 33/01

X –

a) sobre operações que destinem ao exterior produtos industrializados, excluídos os semi-elaborados definidos em lei complementar;

- Alterada pela EC nº 42/03

§ 3º À exceção dos impostos de que tratam o inciso II do *caput* deste artigo e o art. 153, incs. I e II, nenhum outro tributo poderá incidir sobre operações relativas a energia elétrica, serviços de telecomunicações, derivados de petróleo, combustíveis e minerais do País.

- Alterado pela EC nº 33/01

Art. 156.

III – vendas a varejo de combustíveis líquidos e gasosos, exceto óleo diesel;

- Alterado pela EC nº 3/93

IV – serviços de qualquer natureza, não compreendidos no art. 155, inc. I, "b", definidos em lei complementar.

- Excluído pela EC nº 3/93

§ 1º O imposto previsto no inciso I poderá ser progressivo, nos termos de lei municipal, de forma a assegurar o cumprimento da função social da propriedade.

- Alterado pela EC nº 29/00

§ 3º Em relação ao imposto previsto no inciso III, cabe à lei complementar:

- Alterado pela EC nº 37/02

I – fixar as suas alíquotas máximas;

- Alterado pela EC nº 37/02

§ 4º Cabe à lei complementar:

- Excluído pela EC nº 3/93

I – fixar as alíquotas máximas dos impostos previstos nos incisos III e IV;

- Excluído pela EC nº 3/93

II – excluir da incidência do imposto previsto no inciso IV exportações de serviços para o exterior.

- Excluído pela EC nº 3/93

Art. 158.

II – cinquenta por cento do produto da arrecadação do imposto da União sobre a propriedade territorial rural, relativamente aos imóveis neles situados;

- Alterado pela EC nº 42/03

Art. 159.

I – do produto da arrecadação dos impostos sobre renda e proventos de qualquer natureza e sobre produtos industrializados, quarenta e sete por cento na seguinte forma:

- Alterado pela EC nº 55/07

I – do produto da arrecadação dos impostos sobre renda e proventos de qualquer natureza e sobre produtos industrializados, quarenta e oito por cento na seguinte forma:

- Realterado pela EC nº 55/07

Art. 160.

Parágrafo único. Parágrafo único. A vedação prevista neste artigo não impede a União e os Estados de condicionarem a entrega de recursos ao pagamento de seus créditos, inclusive de suas autarquias.

- Alterado pela EC nº 29/00

Art. 163.

V – fiscalização das instituições financeiras;

- Alterado pela EC nº 40/03

Art. 167.

IV – a vinculação de receita de impostos a órgão, fundo ou despesa, ressalvadas a repartição do produto da arrecadação dos impostos a que se referem os arts. 158 e 159, a destinação de recursos para as ações e serviços públicos de saúde e para manutenção e desenvolvimento do ensino, como determinado, respectivamente, pelos arts. 198, § 2º, e 212, e a prestação de garantias às operações de crédito por antecipação de receita, previstas no art. 165, § 8º, bem como o disposto no § 4º deste artigo;

- Alterado pela EC nº 42/03

Art. 168. Os recursos correspondentes às dotações orçamentárias, compreendidos os créditos suplementares e especiais, destinados aos órgãos dos Poderes Legislativo e Judiciário e do Ministério Público, ser-lhes-ão entregues até o dia 20 de cada mês, na forma da lei complementar a que se refere o art. 165, § 9º.

- Alterado pela EC nº 45/04

Art. 169.

Parágrafo único. A concessão de qualquer vantagem ou aumento de remuneração, a criação de cargos ou alteração de estrutura de carreiras, bem como a admissão de pessoal, a qualquer título, pelos órgãos e entidades da administração direta ou indireta, inclusive fundações instituídas e mantidas pelo Poder Público, só poderão ser feitas:

- Alterado pela EC nº 19/98

Art. 170.

VI – defesa do meio ambiente;

- Alterado pela EC nº 42/03

IX – tratamento favorecido para as empresas brasileiras de capital nacional de pequeno porte.

- Alterado pela EC nº 6/95

Art. 171. São consideradas:

- Excluído pela EC nº 6/95

I – empresa brasileira a constituída sob as leis brasileiras e que tenha sua sede e administração no País;

- Excluído pela EC nº 6/95

II – empresa brasileira de capital nacional aquela cujo controle efetivo esteja em caráter permanente sob a titularidade direta ou indireta de pessoas físicas domiciliadas e residentes no País ou de entidades de direito público interno, entendendo-se por controle efetivo da empresa a titularidade da maioria de seu capital votante e o exercício, de fato e de direito, do poder decisório para gerir suas atividades.

- Excluído pela EC nº 6/95

§ 1º A lei poderá, em relação à empresa brasileira de capital nacional:

- Excluído pela EC nº 6/95

I – conceder proteção e benefícios especiais temporários para desenvolver atividades consideradas estratégicas para a defesa nacional ou imprescindíveis ao desenvolvimento do País;

- Excluído pela EC nº 6/95

II – estabelecer, sempre que considerar um setor imprescindível ao desenvolvimento tecnológico nacional, entre outras condições e requisitos:

- Excluído pela EC nº 6/95

a) a exigência de que o controle referido no inciso II do *caput* se estenda às atividades tecnológicas da empresa, assim entendido o exercício, de fato e de direito, do poder decisório para desenvolver ou absorver tecnologia;

- Excluída pela EC nº 6/95

b) percentuais de participação, no capital, de pessoas físicas domiciliadas e residentes no País ou entidades de direito público interno.

- Excluída pela EC nº 6/95

§ 2º Na aquisição de bens e serviços, o Poder Público dará tratamento preferencial, nos termos da lei, à empresa brasileira de capital nacional.

- Excluído pela EC nº 6/95

Art. 173.

§ 1º A empresa pública, a sociedade de economia mista e outras entidades que explorem atividade econômica sujeitam-se ao regime jurídico próprio das empresas privadas, inclusive quanto às obrigações trabalhistas e tributárias.

- Alterado pela EC nº 19/98

Art. 176.

§ 1º A pesquisa e a lavra de recursos minerais e o aproveitamento dos potenciais a que se refere o *caput* deste artigo somente poderão ser efetuados mediante autorização ou concessão da União, no interesse nacional, por brasileiros ou empresa brasileira de capital nacional, na forma da lei, que estabelecerá as condições específicas quando essas atividades se desenvolverem em faixa de fronteira ou terras indígenas.

- Alterado pela EC nº 6/95

Art. 177.

V – a pesquisa, a lavra, o enriquecimento, o reprocessamento, a industrialização e o comércio de minérios e minerais nucleares e seus derivados.

- Alterado pela EC nº 49/06

§ 1º O monopólio previsto neste artigo inclui os riscos e resultados decorrentes das atividades nele mencionadas, sendo vedado à União ceder ou conceder qualquer tipo de participação, em espécie ou em valor, na exploração de jazidas de petróleo ou gás natural, ressalvado o disposto no art. 20, § 1º.

- Alterado pela EC nº 9/95

§ 2º A lei disporá sobre o transporte e a utilização de materiais radioativos no território nacional.

- Alterado pela EC nº 9/95

Art. 178. A lei disporá sobre:

- Alterado pela EC nº 7/95

I – a ordenação dos transportes aéreo, aquático e terrestre;

- Alterado pela EC nº 7/95

II – a predominância dos armadores nacionais e navios de bandeira e registros brasileiros e do país exportador ou importador;

- Alterado pela EC nº 7/95

III – o transporte de granéis;

- Alterado pela EC nº 7/95

IV – a utilização de embarcações de pesca e outras.

- Alterado pela EC nº 7/95

§ 1º A ordenação do transporte internacional cumprirá os acordos firmados pela União, atendido o princípio da reciprocidade.

- Alterado pela EC nº 7/95

§ 2º Serão brasileiros os armadores, os proprietários, os comandantes e dois terços, pelo menos, dos tripulantes de embarcações nacionais.

- Alterado pela EC nº 7/95

§ 3º A navegação de cabotagem e a interior são privativas de embarcações nacionais, salvo caso de necessidade pública, segundo dispuser a lei.

- Alterado pela EC nº 7/95

Art. 192. O sistema financeiro nacional, estruturado de forma a promover o desenvolvimento equilibrado do País e a servir aos interesses da coletividade, será regulado em lei complementar, que disporá, inclusive, sobre:

- Alterado pela EC nº 40/03

I – a autorização para o funcionamento das instituições financeiras, assegurado às instituições bancárias oficiais e privadas acesso a todos os instrumentos do mercado financeiro bancário, sendo vedada a essas instituições a participação em atividades não previstas na autorização de que trata este inciso.

- Excluído pela EC nº 40/03

II – autorização e funcionamento dos estabelecimentos de seguro, resseguro, previdência e capitalização, bem como do órgão oficial fiscalizador.

- Excluído pela EC nº 40/03

III – as condições para a participação do capital estrangeiro nas instituições a que se referem os incisos anteriores, tendo em vista, especialmente:

- Excluído pela EC nº 40/03

a) os interesses nacionais;

- Excluída pela EC nº 40/03

b) os acordos internacionais.

- Excluída pela EC nº 40/03

IV – a organização, o funcionamento e as atribuições do banco central e demais instituições financeiras públicas e privadas.

- Excluído pela EC nº 40/03

V – os requisitos para a designação de membros da diretoria do banco central e demais instituições financeiras, bem como seus impedimentos após o exercício do cargo.

- Excluído pela EC nº 40/03

VI – a criação de fundo ou seguro, com o objetivo de proteger a economia popular, garantindo créditos, aplicações e depósitos até determinado valor, vedada a participação de recursos da União.

- Excluído pela EC nº 40/03

VII – os critérios restritivos da transferência de poupança de regiões com renda inferior à média nacional para outras de maior desenvolvimento.

- Excluído pela EC nº 40/03

VIII – o funcionamento das cooperativas de crédito e os requisitos para que possam ter condições de operacionalidade e estruturação próprias das instituições financeiras.

- Excluído pela EC nº 40/03

§ 1º A autorização a que se referem os incisos I e II será inegociável e intransferível, permitida a transmissão do controle da pessoa jurídica titular, e concedida sem ônus, na forma da lei do sistema financeiro nacional, a pessoa jurídica cujos diretores tenham capacidade técnica e reputação ilibada, e que comprove capacidade econômica compatível com o empreendimento.

- Excluído pela EC nº 40/03

§ 2º Os recursos financeiros relativos a programas e projetos de caráter regional, de responsabilidade da União, serão depositados em suas instituições regionais de crédito e por elas aplicados.

- Excluído pela EC nº 40/03

§ 3º As taxas de juros reais, nelas Acrescentadas comissões e quaisquer outras remunerações direta ou indiretamente referidas à concessão de crédito, não poderão ser superiores a doze por cento ao ano; a cobrança acima deste limite será conceituada como crime de usura, punido, em todas as suas modalidades, nos termos que a lei determinar.

- Excluído pela EC nº 40/03

Art. 194.

Parágrafo único.

VII – caráter democrático e descentralizado da gestão administrativa, com a participação da comunidade, em especial de trabalhadores, empresários e aposentados.

- Alterado pela EC nº 20/98

Art. 195.

I – dos empregadores, incidente sobre a folha de salários, o faturamento e o lucro;

- Alterado pela EC nº 20/98

II – dos trabalhadores;

- Alterado pela EC nº 20/98

§ 8º O produtor, o parceiro, o meeiro e o arrendatário rurais, o garimpeiro e o pescador artesanal, bem como os respectivos cônjuges, que exerçam suas atividades em regime de economia familiar, sem empregados permanentes, contribuirão para a seguridade social mediante a aplicação de uma alíquota sobre o resultado da comercialização da produção e farão jus aos benefícios nos termos da lei.

- Alterado pela EC nº 20/98

Art. 198.

§ 2º

I – no caso da União, na forma definida nos termos da lei complementar prevista no § 3º;

- Incluído pela EC nº 29/00

§ 3º

I – os percentuais de que trata o § 2º;

- Incluído pela EC nº 29/00

IV – as normas de cálculo do montante a ser aplicado pela União.

- Incluído pela EC nº 29/00

Parágrafo único. O sistema único de saúde será financiado, nos termos do art. 195, com recursos do orçamento da seguridade social, da União, dos Estados, do Distrito Federal e dos Municípios, além de outras fontes.

- Alterado pela EC nº 29/00

Art. 200.

V – incrementar em sua área de atuação o desenvolvimento científico e tecnológico.

Art. 201. Os planos de previdência social, mediante contribuição, atenderão, nos termos da lei, a:

- Alterado pela EC nº 20/98

I – cobertura dos eventos de doença, invalidez, morte, acrescentados os resultantes de acidentes do trabalho, velhice e reclusão;

- Alterado pela EC nº 20/98

II – ajuda à manutenção dos dependentes dos segurados de baixa renda;

- Alterado pela EC nº 20/98

III – proteção à maternidade, especialmente à gestante;

- Alterado pela EC nº 20/98

IV – proteção ao trabalhador em situação de desemprego involuntário;

- Alterado pela EC nº 20/98

V – pensão por morte de segurado, homem ou mulher, ao cônjuge ou companheiro e dependentes, obedecido o disposto no § 5º e no art. 202.

- Alterado pela EC nº 20/98

§ 1º Qualquer pessoa poderá participar dos benefícios da Previdência Social, mediante contribuição na forma dos planos previdenciários.

- Alterado pela EC nº 20/98

§ 1º É vedada a adoção de requisitos e critérios diferenciados para a concessão de aposentadoria aos beneficiários do regime geral de previdência social, ressalvados os casos de atividades exercidas sob condições especiais que prejudiquem a saúde ou a integridade física, definidos em lei complementar.

- Realterado pela EC nº 47/05

§ 2º É assegurado o reajustamento dos benefícios para preservar-lhes, em caráter permanente, o valor real, conforme critérios definidos em lei.

- Alterado pela EC nº 20/98

§ 3º Todos os salários de contribuição considerados no cálculo de benefício serão corrigidos monetariamente.

- Alterado pela EC nº 20/98

§ 4º Os ganhos habituais do empregado, a qualquer título, serão incorporados ao salário para efeito de contribuição previdenciária e consequente repercussão em benefícios, nos casos e na forma da lei.

- Alterado pela EC nº 20/98

§ 5º Nenhum benefício que substitua o salário de contribuição ou o rendimento do trabalho do segurado terá valor mensal inferior ao salário-mínimo.

- Alterado pela EC nº 20/98

§ 6º A gratificação natalina dos aposentados e pensionistas terá por base o valor dos proventos do mês de dezembro de cada ano.

- Alterado pela EC nº 20/98

§ 7º A previdência social manterá seguro coletivo, de caráter complementar e facultativo, custeado por contribuições adicionais.

- Alterado pela EC nº 20/98

§ 8º É vedado subvenção ou auxílio do Poder Público às entidades de previdência privada com fins lucrativos.

- Alterado pela EC nº 20/98

Art. 202. É assegurada aposentadoria, nos termos da lei, calculando-se o benefício sobre a média dos trinta e seis últimos salários de contribuição, corrigidos monetariamente mês a mês, e comprovada a regularidade dos reajustes dos salários de contribuição de modo a preservar seus valores reais e obedecidas as seguintes condições:

- Alterado pela EC nº 20/98

I – aos sessenta e cinco anos de idade, para o homem, e aos sessenta, para a mulher, reduzido em cinco anos o limite de idade para os trabalhadores rurais de ambos os sexos e para os que exerçam suas atividades em regime de economia familiar, neste acrescentados o produtor rural, o garimpeiro e o pescador artesanal;

- Excluído pela EC nº 20/98

II – após trinta e cinco anos de trabalho, ao homem, e, após trinta, à mulher, ou em tempo inferior, se sujeitos a trabalho sob condições especiais, que prejudiquem a saúde ou a integridade física, definidas em lei;

- Excluído pela EC nº 20/98

III – após trinta anos, ao professor, e, após vinte e cinco, à professora, por efetivo exercício de função de magistério.

- Excluído pela EC nº 20/98

§ 1º É facultada aposentadoria proporcional, após trinta anos de trabalho, ao homem, e, após vinte e cinco, à mulher.

- Alterado pela EC nº 20/98

§ 2º Para efeito de aposentadoria, é assegurada a contagem recíproca do tempo de contribuição na administração pública e na atividade privada, rural e urbana, hipótese em que os diversos sistemas de previdência social se compensarão financeiramente, segundo critérios estabelecidos em lei.

- Alterado pela EC nº 20/98

Art. 206.

V – valorização dos profissionais do ensino, garantidos, na forma da lei, planos de carreira para o magistério público, com piso salarial profissional e ingresso exclusivamente por concurso público de provas e títulos;

- Alterado pela EC nº 53/06

Art. 208.

I – ensino fundamental, obrigatório e gratuito, inclusive para os que a ele não tiveram acesso na idade própria;

- Alterado pela EC nº 14/96

I – ensino fundamental, obrigatório e gratuito, assegurada, inclusive, sua oferta gratuita para todos os que a ele não tiveram acesso na idade própria;

- Realterado pela EC nº 59/09

II – progressiva extensão da obrigatoriedade e gratuidade ao ensino médio;

- Alterado pela EC nº 14/96

IV – atendimento em creche e pré-escola às crianças de zero a seis anos de idade;

- Alterado pela EC nº 53/06

VII – atendimento ao educando, no ensino fundamental, através de programas suplementares de material didático-escolar, transporte, alimentação e assistência à saúde.

- Alterado pela EC nº 59/09

Art. 211.

§ 1º A União organizará e financiará o sistema federal de ensino e o dos Territórios, e prestará assistência técnica e financeira aos Estados, ao Distrito Federal e aos Municípios para o desenvolvimento de seus sistemas de ensino e o atendimento prioritário à escolaridade obrigatória.

- Alterado pela EC nº 14/96

§ 2º Os Municípios atuarão prioritariamente no ensino fundamental e pré-escolar.

- Alterado pela EC nº 14/96

Art. 212.

§ 3º A distribuição dos recursos públicos assegurará prioridade ao atendimento das necessidades do ensino obrigatório, nos termos do plano nacional de educação.

- Alterado pela EC nº 59/09

§ 5º O ensino fundamental público terá como fonte adicional de financiamento a contribuição social do salário-educação, recolhida pelas empresas, na forma da lei.

- Alterado pela EC nº 53/06

Art. 213.

§ 2º As atividades universitárias de pesquisa e extensão poderão receber apoio financeiro do Poder Público.

Art. 214. A lei estabelecerá o plano nacional de educação, de duração plurianual, visando à articulação e ao desenvolvimento do ensino em seus diversos níveis e à integração das ações do Poder Público que conduzam à:

- Alterado pela EC nº 59/09

CAPÍTULO IV
Da Ciência e Tecnologia

Art. 218. O Estado promoverá e incentivará o desenvolvimento científico, a pesquisa e a capacitação tecnológicas.

§ 1º A pesquisa científica básica receberá tratamento prioritário do Estado, tendo em vista o bem público e o progresso das ciências.

§ 3º O Estado apoiará a formação de recursos humanos nas áreas de ciência, pesquisa e tecnologia, e concederá aos que delas se ocupem meios e condições especiais de trabalho.

Art. 222. A propriedade de empresa jornalística e de radiodifusão sonora e de sons e imagens é privativa de brasileiros natos ou naturalizados há mais de dez anos, aos quais caberá a responsabilidade por sua administração e orientação intelectual.

- Alterado pela EC nº 36/02

§ 1º É vedada a participação de pessoa jurídica no capital social de empresa jornalística ou de radiodifusão, exceto a de partido político e de sociedades cujo capital pertença exclusiva e nominalmente a brasileiros.

- Alterado pela EC nº 36/02

§ 2º A participação referida no parágrafo anterior só se efetuará através de capital sem direito a voto e não poderá exceder a trinta por cento do capital social.

- Alterado pela EC nº 36/02

Da Família, da Criança, do Adolescente e do Idoso

- Alterado pela EC nº 65/10

Art. 226.

§ 6º O casamento civil pode ser dissolvido pelo divórcio, após prévia separação judicial por mais de um ano nos casos expressos em lei, ou comprovada separação de fato por mais de dois anos.

- Alterado pela EC nº 66/10

Art. 227. É dever da família, da sociedade e do Estado assegurar à criança e ao adolescente, com absoluta prioridade, o direito à vida, à saúde, à alimentação, à educação, ao lazer, à profissionalização, à cultura, à dignidade, ao respeito, à liberdade e à convivência familiar e comunitária, além de colocá-los a salvo de toda forma de negligência, discriminação, exploração, violência, crueldade e opressão.

- Alterado pela EC nº 65/10

§ 1º O Estado promoverá programas de assistência integral à saúde da criança e do adolescente, admitida a participação de entidades não governamentais e obedecendo os seguintes preceitos:

- Alterado pela EC nº 65/10

II – criação de programas de prevenção e atendimento especializado para os portadores de deficiência física, sensorial ou mental, bem como de integração social do adolescente portador de deficiência, mediante o treinamento para o trabalho e a convivência, e a facilitação do acesso aos bens e serviços coletivos, com a eliminação de preconceitos e obstáculos arquitetônicos.

- Alterado pela EC nº 65/10

§ 3º

III – garantia de acesso do trabalhador adolescente à escola;

- Alterado pela EC nº 65/10

VII – programas de prevenção e atendimento especializado à criança e ao adolescente dependente de entorpecentes e drogas afins.

- Alterado pela EC nº 65/10

Art. 233. Para efeito do art. 7º, inc. XXIX, o empregador rural comprovará, de cinco em cinco anos, perante a Justiça do Trabalho, o cumprimento das suas obrigações trabalhistas para com o empregado rural, na presença deste e de seu representante sindical.

- Excluído pela EC nº 28/00

§ 1º Uma vez comprovado o cumprimento das obrigações mencionadas neste artigo, fica o empregador isento de qualquer ônus decorrente daquelas obrigações no período respectivo. Caso o empregado e seu representante não concordem com a comprovação do empregador, caberá à Justiça do Trabalho a solução da controvérsia.

- Excluído pela EC nº 28/00

§ 2º Fica ressalvado ao empregado, em qualquer hipótese, o direito de postular, judicialmente, os créditos que entender existir, relativamente aos últimos cinco anos.

Excluído pela EC nº 28/00

§ 3º A comprovação mencionada neste artigo poderá ser feita em prazo inferior a cinco anos, a critério do empregador.

Excluído pela EC nº 28/00

Art. 241. Aos delegados de polícia de carreira aplica-se o princípio do art. 39, § 1º, correspondente às carreiras disciplinadas no art. 135 desta Constituição.

- Alterado pela EC nº 19/98

Art. 243. As glebas de qualquer região do País onde forem localizadas culturas ilegais de plantas psicotrópicas serão imediatamente expropriadas e especificamente destinadas ao assentamento de colonos, para o cultivo de produtos alimentícios e medicamentosos, sem qualquer indenização ao proprietário e sem prejuízo de outras sanções previstas em lei.

- Alterado pela EC nº 81/14

Parágrafo único. Todo e qualquer bem de valor econômico apreendido em decorrência do tráfico ilícito de entorpecentes e drogas afins será confiscado e reverterá em benefício de instituições e pessoal especializados no tratamento e recuperação de viciados e no aparelhamento e custeio de atividades de fiscalização, controle, prevenção e repressão do crime de tráfico dessas substâncias.

- Alterado pela EC nº 81/14

Art. 42. Durante quinze anos, a União aplicará, dos recursos destinados à irrigação:

- Alterado pela EC nº 43/04

Art. 52. Até que sejam fixadas as condições a que se refere o art. 192, inc. III, são vedados:

- Alterado pela EC nº 40/03

Art. 60. Nos dez primeiros anos da promulgação da Constituição, o Poder Público desenvolverá esforços, com a mobilização de todos os setores organizados da sociedade e com a aplicação de, pelo menos, cinquenta por cento dos recursos a que se refere o art. 212 da Constituição, para eliminar o analfabetismo e universalizar o ensino fundamental.

- Alterado pela EC nº 14/96

Art. 60. Nos dez primeiros anos da promulgação desta Emenda, os Estados, o Distrito Federal e os Municípios destinarão não menos de sessenta por cento dos recursos a que se refere o *caput* do art. 212 da Constituição Federal, à manutenção e ao desenvolvimento do ensino fundamental, com o objetivo de assegurar a universalização de seu atendimento e a remuneração condigna do magistério.

- Realterado pela EC nº 53/06

Parágrafo único. Em igual prazo, as universidades públicas descentralizarão suas atividades, de modo a estender suas unidades de ensino superior às cidades de maior densidade populacional."

- Alterado pela EC nº 14/96

SÚMULA VINCULANTE DO SUPREMO TRIBUNAL FEDERAL

1. Ofende a garantia constitucional do ato jurídico perfeito a decisão que, sem ponderar as circunstâncias do caso concreto, desconsidera a validez e a eficácia de acordo constante de termo de adesão instituído pela Lei Complementar nº 110/01.
   - CRFB, art. 5º, inc. XXXVI
2. É inconstitucional a lei ou ato normativo estadual ou distrital que disponha sobre sistemas de consórcios e sorteios, inclusive bingos e loterias.
   - CRFB, art. 22, inc. XX
3. Nos processos perante o Tribunal de Contas da União asseguram-se o contraditório e a ampla defesa quando da decisão puder resultar anulação ou revogação de ato administrativo que beneficie o interessado, excetuada a apreciação da legalidade do ato de concessão inicial de aposentadoria, reforma e pensão.
   - CRFB, art. 5º, inc. LV
4. Salvo nos casos previstos na constituição, o salário-mínimo não pode ser usado como indexador de base de cálculo de vantagem de servidor público ou de empregado, nem ser substituído por decisão judicial.
   - CRFB, art. 7º, inc. IV
5. A falta de defesa técnica por advogado no processo administrativo disciplinar não ofende a Constituição.
   - CRFB, art. 5º, inc. LV
6. Não viola a Constituição o estabelecimento de remuneração inferior ao salário-mínimo para as praças prestadoras de serviço militar inicial.
   - CRFB, art. 7º, inc. IV
7. A norma do § 3º do art. 192 da Constituição, revogada pela Emenda Constitucional nº 40/03, que limitava a taxa de juros reais a 12% ao ano, tinha sua aplicação condicionada à edição de lei complementar.
8. São inconstitucionais o parágrafo único do art. 5º do Decreto-lei nº 1.569/77 e os arts. 45 e 46 da Lei nº 8.212/91, que tratam de prescrição e decadência de crédito tributário.
   - CRFB, art. 146, inc. III, "b"
9. O disposto no art. 127 da Lei nº 7.210/84 (Lei de Execução Penal) foi recebido pela ordem constitucional vigente, e não se lhe aplica o limite temporal previsto no *caput* do art. 58.
   - CRFB, art. 5º, incs. XXXVI e XLVI
10. Viola a cláusula de reserva de plenário (Constituição Federal, art. 97) a decisão de órgão fracionário de tribunal que, embora não declare expressamente a inconstitucionalidade de lei ou ato normativo do Poder Público, afasta sua incidência, no todo ou em parte.
11. Só é lícito o uso de algemas em casos de resistência e de fundado receio de fuga ou de perigo à integridade física própria ou alheia, por parte do preso ou de terceiros, justificada a excepcionalidade por escrito, sob pena de responsabilidade disciplinar, civil e penal do agente ou da autoridade e de nulidade da prisão ou do ato processual a que se refere, sem prejuízo da responsabilidade civil do Estado.
   - CRFB, art. 5º, incs. III, X e XLIX
12. A cobrança de taxa de matrícula nas universidades públicas viola o disposto no art. 206, inc. IV, da Constituição Federal.

13. A nomeação de cônjuge, companheiro ou parente em linha reta, colateral ou por afinidade, até o terceiro grau, inclusive, da autoridade nomeante ou de servidor da mesma pessoa jurídica investido em cargo de direção, chefia ou assessoramento, para o exercício de cargo em comissão ou de confiança ou, ainda, de função gratificada na Administração Pública direta e indireta em qualquer dos Poderes da União, dos Estados, do Distrito Federal e dos Municípios, compreendido o ajuste mediante designações recíprocas, viola a Constituição Federal.
   - CRFB, art. 37, inc. II
14. É direito do defensor, no interesse do representado, ter acesso amplo aos elementos de prova que, já documentados em procedimento investigatório realizado por órgão com competência de polícia judiciária, digam respeito ao exercício do direito de defesa.
   - CRFB, art. 5º, inc. LV
15. O cálculo de gratificações e outras vantagens do servidor público não incide sobre o abono utilizado para se atingir o salário-mínimo.
   - CRFB, arts. 7º, inc. IV, e 39, § 3º
16. Os arts. 7º, inc. IV, e 39, § 3º (redação da Emenda Constitucional nº 19/98), da Constituição, referem-se ao total da remuneração percebida pelo servidor público.
17. Durante o período previsto no § 1º do art. 100 da Constituição, não incidem juros de mora sobre os precatórios que nele sejam pagos.
18. A dissolução da sociedade ou do vínculo conjugal, no curso do mandato, não afasta a inelegibilidade prevista no § 7º do art. 14 da Constituição Federal.
19. A taxa cobrada exclusivamente em razão dos serviços públicos de coleta, remoção e tratamento ou destinação de lixo ou resíduos provenientes de imóveis, não viola o art. 145, inc. II, da Constituição Federal.
20. A Gratificação de Desempenho de Atividade Técnico-Administrativa – GDATA, instituída pela Lei nº 10.404/02, deve ser deferida aos inativos nos valores correspondentes a 37,5 pontos no período de fevereiro a maio de 2002 e, nos termos do art. 5º, parágrafo único, da Lei nº 10.404/02, no período de junho de 2002 até a conclusão dos efeitos do último ciclo de avaliação a que se refere o art. 1º da Medida Provisória nº 198/04, a partir da qual passa a ser de 60 pontos.
   - CRFB, art. 40, § 8º
21. É inconstitucional a exigência de depósito ou arrolamento prévios de dinheiro ou bens para admissibilidade de recurso administrativo.
   - CRFB, art. 5º, incs. XXXIV, "a", e LV
22. A Justiça do Trabalho é competente para processar e julgar as ações de indenização por danos morais e patrimoniais decorrentes de acidente de trabalho propostas por empregado contra empregador, inclusive aquelas que ainda não possuíam sentença de mérito em primeiro grau quando da promulgação da Emenda Constitucional nº 45/04.
   - CRFB, art. 114, inc. VI
23. A Justiça do Trabalho é competente para processar e julgar ação possessória ajuizada em decorrência do exercício do direito de greve pelos trabalhadores da iniciativa privada.
   - CRFB, art. 114, inc. II
24. Não se tipifica crime material contra a ordem tributária, previsto no art. 1º, incs. I a IV, da Lei nº 8.137/90, antes do lançamento definitivo do tributo.
   - CRFB, art. 5º, inc. LV
25. É ilícita a prisão civil de depositário infiel, qualquer que seja a modalidade do depósito.
   - CRFB, art. 5º, inc. LXVII

26. Para efeito de progressão de regime no cumprimento de pena por crime hediondo, ou equiparado, o juízo da execução observará a inconstitucionalidade do art. 2º da Lei nº 8.072/90, sem prejuízo de avaliar se o condenado preenche, ou não, os requisitos objetivos e subjetivos do benefício, podendo determinar, para tal fim, de modo fundamentado, a realização de exame criminológico.
    - CRFB, art. 5º, inc. XLVI
27. Compete à Justiça estadual julgar causas entre consumidor e concessionária de serviço público de telefonia, quando a ANATEL não seja litisconsorte passiva necessária, assistente, nem opoente.
    - CRFB, art. 21, inc. XI
28. É inconstitucional a exigência de depósito prévio como requisito de admissibilidade de ação judicial na qual se pretenda discutir a exigibilidade de crédito tributário.
    - CRFB, art. 5º, inc. XXXV
29. É constitucional a adoção, no cálculo do valor de taxa, de um ou mais elementos da base de cálculo própria de determinado imposto, desde que não haja integral identidade entre uma base e outra.
    - CRFB, art. 145, § 2º
30. É inconstitucional lei estadual que, a título de incentivo fiscal, retém parcela do ICMS pertencente aos Municípios.
    - Publicação suspensa na sessão plenária de 4 de fevereiro de 2010
31. É inconstitucional a incidência do ISS sobre operações de locação de bens móveis.
    - CRFB, art. 156, inc. III e § 3º
32. O ICMS não incide sobre alienação de salvados de sinistro pelas seguradoras.
    - CRFB, art. 155, inc. II e § 2º
33. Aplicam-se ao servidor público, no que couber, as regras do regime geral da previdência social sobre aposentadoria especial de que trata o art. 40, § 4º, inc. III, da Constituição Federal, até a edição de lei complementar específica.
34. A Gratificação de Desempenho de Atividade de Seguridade Social e do Trabalho – GDASST, instituída pela Lei nº 10.483/02, deve ser estendida aos inativos no valor correspondente a 60 (sessenta) pontos, desde o advento da Medida Provisória nº 198/04, convertida na Lei nº 10.971/04, quando tais inativos façam jus à paridade constitucional (EC 20/98, 41/03 e 47/05).
    - CRFB, art. 40, § 8º
35. A homologação da transação penal prevista no art. 76 da Lei nº 9.099/95 não faz coisa julgada material e, descumpridas suas cláusulas, retoma-se a situação anterior, possibilitando-se ao Ministério Público a continuidade da persecução penal mediante oferecimento de denúncia ou requisição de inquérito policial.
    - CRFB, art. 98, inc. I
36. Compete à Justiça Federal comum processar e julgar civil denunciado pelos crimes de falsificação e de uso de documento falso quando se tratar de falsificação da caderneta de inscrição e registro (CIR) ou de carteira de habilitação de amador (CHA), ainda que expedidas pela Marinha do Brasil.
    - CRFB, art. 109, inc. IV
37. Não cabe ao Poder Judiciário, que não tem função legislativa, aumentar vencimentos de servidores públicos sob o fundamento de isonomia.
    - CRFB, art. 37, inc. X

ÍNDICE REMISSIVO

A

ação associativa: art. 5º, inc. XXI

ação civil pública: arts. 24, inc. VIII, e 129, inc. III e § 1º

ação contra o Conselho Nacional de Justiça ou Conselho Nacional do Ministério Público: art. 102, inc. I, "r"

ação declaratória de constitucionalidade: arts. 102, inc. I, "a", e 103, *caput*

ação de impugnação de mandato eletivo: art. 14, §§ 10 e 11

ação direta de inconstitucionalidade: arts. 102, inc. I, "a" e "p", 103, *caput*, §§ 1º e 3º, e 129, inc. IV

ação direta de inconstitucionalidade interventiva: arts. 34, inc. VII, 36, inc. III, e 129, inc. IV

ação direta de inconstitucionalidade por omissão: art. 103, § 2º

ação em que todos os membros da magistratura sejam interessados ou mais da metade dos membros do tribunal de origem estejam impedidos: art. 102, inc. I, "n"

ação penal pública: art. 129, inc. I

ação popular: art. 5º, inc. LXXIII

ação rescisória: arts. 102, inc. I, "j", 105, inc. I, "e", e 108, inc. I, "b"

acesso à ciência: art. 23, inc. V

acesso à cultura: arts. 23, inc. V, e 215, *caput* e § 3º, inc. IV

acesso à educação: arts. 23, inc. V, 206, inc. I, e 208, § 1º

acesso aos cargos públicos: arts. 37, inc. I, 39, § 3º, 61, § 1º, inc. II, "c", 96, inc. I, "c", 127, § 2º, e 207, § 1º

ações afirmativas: arts. 3º, incs. I, III e IV, 4º, inc. VIII, 5º, *caput* e inc. XLII, 7º, incs. XX e XXXI, 23, incs. II e X, 24, inc. XIV, 37, inc. VIII, 170, inc. VII, 203, incs. IV e V, 206, inc. I, 208, inc. III, e 227, § 1º, inc. II

acordos e convenções coletivas: art. 7º, inc. XXVI

acumulação remunerada de cargos públicos: arts. 37, incs. XVI e XVII e § 10, 38, 40, § 6º, 95, parágrafo único, inc. I, e 128, § 5º, inc. II, "d"

administração das reservas cambiais e fiscalização das operações de natureza financeira: arts. 21, inc. VIII, 22, inc. VII, 48, inc. II, e 74, inc. III

advocacia: art. 133

Advocacia-Geral da União: art. 131

águas: arts. 20, inc. III, e 26, inc. I

alistamento eleitoral: art. 14, §§ 1º e 2º

anistia: arts. 5º, inc. XLIII, 21, inc. XVII, e 48, inc. VIII

anterioridade tributária: arts. 62, § 2º, e 150, inc. III, "b"

aplicabilidade imediata das normas definidoras de direitos fundamentais: art. 5º, § 1º

arguição de descumprimento de preceito fundamental: art. 102, *§ 1º*

asseguração da defesa nacional: arts. 21, inc. III, 22, inc. XXVIII, 84, inc. XIII, e 142

Assembleias Legislativas: arts. 27 e 103, inc. IV

assistência jurídica: arts. 5º, inc. LXXIV, 24, inc. XIII, e 134, *caput*

associação: arts. 5º, incs. XVII a XXI e LXX, "b", 8º, 37, inc. VI, 136, § 1º, inc. I, "a", e 142, § 3º, inc. IV

atividades nucleares de qualquer natureza: arts. 21, inc. XXIII, 22, inc. XXVI, 49, inc. XIV, e 177, inc. V

atribuições da polícia federal e das polícias rodoviária e ferroviária federais: arts. 22, inc. XXII, e 144, §§ 1º a 3º

atribuições do Advogado-Geral da União: arts. 103, § 3º, e 131, § 1º

atribuições do Presidente da Câmara dos Deputados: arts. 80, 89, inc. II, e 91, inc. II

atribuições do Presidente da República: art. 84

atribuições do Presidente do Senado Federal: arts. 57, § 5º, 80, 89, inc. III, e 91, inc. III

atribuições do Procurador-Geral da República: arts. 36, inc. III, 103, inc. VI e § 1º, 103-B, § 6º, 109, § 5º, 128, § 1º, e 130-A, inc. I

atribuições dos Comandantes da Marinha, do Exército e da Aeronáutica: art. 91, inc. VIII

atribuições dos Ministros de Estado: arts. 84, inc. II, 87, parágrafo único, 89, inc. VI, 90, § 1º, e 91, incs. IV a VII

atribuições do Vice-Presidente da República: arts. 79, parágrafo único, 89, inc. I, e 91, inc. I

ausência do Presidente da República: arts. 49, inc. III, e 83

automação: art. 7º, inc. XXVII

autonomia funcional e administrativa: arts. 99, *caput*, 103-B, § 4º, inc. I, 127, § 2º, 130-A, § 2º, inc. I, e 134, § 2º

autonomia gerencial, orçamentária e financeira: art. 37, § 8º

autorização e fiscalização da produção e comercialização de material bélico: arts. 21, inc. VI, e 170, parágrafo único

B

bens da União: arts. 20, 48, inc. V, e 176, *caput*

bens dos Estados: art. 26

blocos parlamentares: art. 58, § 1º

busca domiciliar: arts. 5º, inc. XI, e 139, inc. V

C

Câmara dos Deputados: arts. 51 e 103, inc. III

Câmara Legislativa: arts. 32, § 3º, e 103, inc. IV

Câmaras regionais: arts. 107, § 3º, 115, § 2º, e 125, § 6º

capacidade contributiva: art. 145, § 1º

Capital Federal: arts. 18, § 1º, e 48, inc. VII

cargos públicos efetivos: arts. 41, § 1º, e 169, § 4º

cargos públicos em comissão: art. 37, incs. II e V

cargos públicos vitalícios: arts. 73, § 3º, 95, inc. I, e 128, § 5º, inc. I, "a"

causas de inelegibilidade: art. 14, §§ 4º, 5º, 7º a 9º

celebração da paz: arts. 4º, inc. VI, 21, inc. II, 49, inc. II, 84, inc. XX, e 91, § 1º, inc. I

censura: arts. 5º, inc. IX, e 220, *caput* e § 2º

certidão: art. 5º, incs. XXXIV, "b" e LXXVI, "b"

cidadania: arts. 1º, inc. II, 5º, incs. XXXIV, "a", LXXI, LXXIII e LXXVII, 14 a 16, 22, inc. XIII, 29, inc. XIII, 61, § 2º, 62, § 1º, inc. I, "a", 68, § 1º, inc. II, 74, § 2º, e 205

cláusulas pétreas: art. 60, § 4º

comércio interestadual e exterior: arts. 22, inc. VIII, e 237

comissões mistas: arts. 62, § 9º, 72 e 166, § 1º

comissões permanentes: arts. 58, § 2º, 72 e 166, § 1º

comissões parlamentares de inquérito: art. 58, § 3º

comissões temporárias: art. 58, *caput*

competências comuns: art. 23

competências concorrentes: art. 24

competências enumeradas: arts. 18, § 4º, e 25, §§ 2º e 3º

competências exclusivas: art. 21

competências privativas: art. 22

competências remanescentes: art. 25, § 1º

competências reservadas: arts. 21, incs. XIII e XIV, 22, inc. XVII, e 32, § 1º

competência suplementar: arts. 24, § 2º, e 30, inc. II

comutação de penas: art. 84, inc. XII

concessão de domínio: arts. 49, inc. XVII, e 188, § 1º

concessão de indulto: art. 84, inc. XII

concurso público: arts. 37, incs. II a IV, 93, inc. I, 127, § 2º, 129, § 3º, 131, § 2º, 132, *caput*, e 134, § 1º

condecorações e distinções honoríficas: art. 84, inc. XXI

condições de elegibilidade: art. 14, § 3º

confederação sindical: art. 103, inc. IX

conflitos de atribuições: art. 105, inc. I, "g"

conflitos de competência: arts. 102, inc. I, "o", 105, inc. I, "d", 108, inc. I, "e", e 114, inc. V

conflitos entre União e Estados, União e Distrito Federal, ou entre uns e outros: art. 102, inc. I, "f"

Congresso Nacional: arts. 44, parágrafo único, e 57, §§ 3º e 5º

Conselho da Justiça Federal: art. 105, parágrafo único, inc. II

Conselho da República: arts. 51, inc. V, 52, inc. XIV, 84, incs. XVII e XVIII, 89, 90, 136, *caput*, e 137, *caput*

Conselho de Defesa Nacional: arts. 84, inc. XVIII, 91, 136, *caput*, e 137, *caput*

Conselho Federal da Ordem dos Advogados do Brasil: arts. 103, inc. VII, 103-B, inc. XII e § 6º, e 130-A, inc. V e § 4º

Conselho Nacional de Justiça: arts. 92, inc. I-A, e 103-B

Conselho Nacional do Ministério Público: art. 130-A

Conselho Superior da Justiça do Trabalho: art. 111-A, § 2º, inc. II

consórcios e sorteios: art. 22, inc. XX

consórcios públicos: art. 241

Constituição de Estado: arts. 25, *caput*, 29, *caput*, 75, parágrafo único, e 125, § 1º

contraditório: arts. 5º, inc. LV, e 247, parágrafo único

contratação por tempo determinado: art. 37, inc. XI

controle administrativo, financeiro e disciplinar: arts. 103-B, § 4º, e 130-A, § 2º

controle da poluição: arts. 23, inc. VI, e 24, inc. VI

controle externo da atividade policial: art. 129, inc. VII

convocação extraordinária: arts. 36, § 2º, 57, § 6º, 136, § 5º, e 138, § 2º

cooperativas: arts. 5º, inc. XVIII, e 174, § 2º

Corpos de Bombeiros Militares: arts. 22, inc. XXI, 42 e 144, inc. V e § 5º

criação, desmembramento, fusão ou incorporação de Municípios: art. 18, § 4º

criação, divisão, reintegração ou transformação de Territórios: arts. 18, § 2º, 33, § 1º, e 48, inc. VI

criação ou extinção de órgãos públicos: arts. 48, inc. XI, 61, § 1º, inc. II, "e", e 88

criação, extinção ou transformação de cargos públicos: arts. 48, inc. X, 51, inc. IV, 52, inc. XIII, 61, § 1º, inc. II, "a", 84, inc. XXV, 96, inc. II, "b", e 127, § 2º

crimes dolosos contra a vida: art. 5º, inc. XXXVIII, "d"

crimes hediondos: art. 5º, inc. XLIII

crimes políticos: arts. 5º, inc. LII, e 102, inc. II, "b"

cumprimento das leis e das decisões judiciais: arts. 34, inc. VI, e 85, inc. VII

custas dos serviços forenses: arts. 24, inc. IV, e 98, § 2º

D

declaração de guerra: arts. 4º, inc. IV, 21, inc. II, 49, inc. II, 84, inc. XIX, e 91, § 1º, inc. I

decoro parlamentar: art. 55, inc. II e § 1º

decretação de estado de defesa, estado de sítio e intervenção federal: arts. 21, inc. V, 36, § 1º, 49, inc. IV, 57, § 6º, inc. I, 60, § 1º, 84, incs. IX e X, 90, inc. I, 91, § 1º, inc. II, 136 a 141

decretos legislativos: arts. 49, 59, inc. VI, e 62, § 3º

defesa civil: arts. 22, inc. XXVIII, e 144, § 5º

Defensoria Pública: arts. 21, inc. XIII, 22, inc. XVII, 24, inc. XIII, 48, inc. IX, 61, § 1º, inc. II, "d", 134 e 168

delegação de serviços públicos: arts. 21, incs. XI e XII, 25, § 2º, 30, inc. V, e 175, *caput*

delegação legislativa: arts. 49, incs. V e XI, e 68

democracia: arts. 17, *caput*, 23, inc. I, 34, inc. VII, "a", 90, inc. II, 127, *caput*, 136 a 144, 194, parágrafo único, inc. VII, 206, inc. VI, e 215, § 3º, inc. IV

desapropriação: arts. 5º, inc. XXIV, 22, inc. II, 182, § 4º, inc. III, e 184

desenvolvimento nacional: arts. 3º, inc. II, 5º, inc. XXIX, 21, inc. IX, 23, parágrafo único, 43, § 1º, inc. II, 48, inc. IV, 58, § 2º, inc. VI, 174, § 1º, 192, 215, § 3º, 218, § 2º, e 219

desenvolvimento urbano: arts. 21, inc. XX, e 182, *caput*

despesa do Poder Legislativo Municipal: arts. 29, inc. VII, e 29-A, *caput*

desporto: arts. 5º, inc. XXVIII, "a", 24, inc. IX, e 217

detenção em edifício não destinado a acusados ou condenados: arts. 5º, inc. XV, e 139, inc. II

devido processo legal: art. 5º, inc. LIV

dignidade da pessoa humana: arts. 1º, inc. III, 5º, incs. III e XLVII, "e", 170, *caput*, 226, § 7º, 227, *caput*, e 230, *caput*

direito à assistência social: arts. 6º e 203

direito à cultura: arts. 24, inc. IX, e 215

direito à educação: arts. 6º, 24, inc. IX, e 205

direito à honra: art. 5º, incs. V e X

direito à igualdade formal ou jurídica: art. 5º, *caput* e inc. I

direito à igualdade material ou real: art. 5º, *caput* e inc. I

direito à imagem: art. 5º, incs. V e X

direito à intimidade: art. 5º, incs. V e X

direito à liberdade: art. 5º, *caput*

direito à liberdade de ação: art. 5º, inc. II

direito à liberdade de consciência e crença: art. 5º, incs. VI, VII e VIII

direito à liberdade de expressão ou manifestação: art. 5º, incs. IV, IX e XIV

direito à liberdade de locomoção: art. 5º, inc. XV

direito à liberdade profissional: art. 5º, inc. XIII

direito à moradia: arts. 6º, 21, inc. XX, 23, inc. IX, e 187, inc. VII

direito à nacionalidade: arts. 5º, inc. LXXI, 12, 22, inc. XIII, 62, § 1º, inc. I, "a", e 68, § 1º, inc. II

direito ao desporto: arts. 24, inc. IX, e 217

direito ao meio ambiente: art. 225

direito ao próprio corpo: art. 5º, inc. III

direito ao trabalho: art. 6º

direito à previdência social: arts. 6º, 24, inc. XII, e 201

direito à privacidade: art. 5º, incs. V e X

direito à saúde: arts. 6º, 24, inc. XII, e 196

direito à segurança: art. 5º, *caput*

direito à segurança das comunicações pessoais: art. 5º, inc. XII

direito à segurança das relações jurídicas: art. 5º, inc. XXXVI

direito à segurança do domicílio: art. 5º, inc. XI

direito à segurança em matéria penal: art. 5º, incs. XXXVII a LXVII

direito à segurança em matéria tributária: art. 150, incs. I a VI

direito às partes separadas do corpo: art. 5º, inc. III

direito à vida: art. 5º, *caput*

Direito Civil, Empresarial, Penal, Processual, Eleitoral, Agrário, Marítimo, Aeronáutico, Espacial e do Trabalho: arts. 22, inc. I, e 62, § 1º, inc. I, "a" e "b"

direito de associação: art. 5º, incs. XVII a XXI

direito de comunicação: art. 220

direito de propriedade: art. 5º, *caput* e inc. XXII

direito de propriedade autoral: art. 5º, incs. XXVII e XXVIII

direito de propriedade hereditária: art. 5º, incs. XXX e XXXI

direito de propriedade industrial: art. 5º, inc. XXIX
direito de reunião: art. 5º, inc. XVI
direito de ser votado: art. 14, §§ 3º a 9º
direito de votar: art. 14, §§ 1º e 2º
direito do consumidor: arts. 5º, inc. XXXII, 24, inc. V, e 170, inc. V
direitos à liberdade de pensamento: art. 5º, incs. IV, VI a IX e XIV
direitos à integridade física: art. 5º, inc. III
direitos à integridade moral: art. 5º, incs. V e X
direitos à seguridade social: art. 194, *caput*
direitos coletivos: art. 5º
direitos das crianças e dos adolescentes: art. 227
direitos das famílias: art. 226
direitos de propriedade intelectual: art. 5º, incs. XXVII a XXIX
direitos dos idosos: art. 230
direitos dos trabalhadores: art. 7º
direitos humanos: arts. 4º, inc. II, 5º, §§ 2º e 3º, e 34, inc. VII, "b"
direitos individuais: arts. 5º, 60, § 4º, inc. IV, e 85, inc. III
direitos políticos: arts. 14 a 16, 55, inc. IV, 62, § 1º, inc. I, "a", 68, § 1º, inc. II, e 85, inc. III
direitos sociais: arts. 6º a 11 e 85, inc. III
Direito Tributário, Financeiro, Penitenciário, Econômico e Urbanístico: art. 24, inc. I
diretrizes da política nacional de transportes: arts. 22, inc. IX, e 178, *caput*
diretrizes e bases da educação nacional: arts. 6º, 22, inc. XXIV, e 24, inc. IX
diretrizes orçamentárias: arts. 48, inc. II, 57, § 2º, 62, § 1º, inc. I, "d", 68, § 1º, inc. III, 84, inc. XXIII, 165, inc. II e § 2º, e 166
discussão e votação: arts. 62, § 8º, e 64, *caput*
Distrito Federal: arts. 1º, *caput*, 18, *caput*, e 32
dívida pública: arts. 48, inc. II, 52, incs. VI e IX, e 163, inc. II
duração do trabalho: art. 7º, incs. XIII a XVI

E

educação infantil: arts. 30, inc. VI, e 211, § 2º
efeito vinculante: arts. 102, § 2º, e 103-A, *caput*
efetivos das Forças Armadas: arts. 48, inc. III, e 61, § 1º, inc. I
elaboração e execução de planos nacionais de ordenação do território e de desenvolvimento social e econômico: arts. 21, inc. IX, e art. 43, § 1º, inc. II
emendas à Constituição: arts. 59, inc. I, e 60
emissão de moeda: arts. 21, inc. VII, 48, inc. XIV, e 164
emprego: arts. 5º, inc. XIII, 22, inc. XVI, e 170, inc. VIII
empresas de pequeno porte: arts. 146, inc. III, "d", 170, inc. IX, e 179
energia: arts. 21, inc. XII, e 22, inc. IV
ensino fundamental: arts. 30, inc. VI, e 211, §§ 2º e 3º
ensino médio: art. 211, § 3º

entidade de classe: arts. 5º, inc. LXX, "b", e 103, inc. IX

erradicação da pobreza: arts. 3º, inc. III, e 23, inc. X

Escola Nacional de Formação e Aperfeiçoamento de Magistrados: art. 105, parágrafo único, inc. I

Escola Nacional de Formação e Aperfeiçoamento de Magistrados do Trabalho: art. 111-A, § 2º, inc. I

espaço aéreo e marítimo: art. 48, inc. V

estabelecimento das áreas e condições para o exercício da atividade de garimpagem: arts. 21, inc. XXV, e 174, §§ 3º e 4º

estabelecimento do plano nacional de viação: arts. 21, inc. XXI, e 22, inc. IX

estabilidade: arts. 41, *caput*, e 132, parágrafo único

Estado democrático: arts. 1º, *caput*, 5º, inc. XLIV, e 91, *caput* e § 1º, inc. IV

Estados: arts. 1º, *caput*, 18, *caput*, e 25 a 28

Estatuto da Magistratura: arts. 93 e 103-B, §§ 4º e 5º

Estatuto do Ministério Público: art. 128, § 5º

execução de lei federal, ordem ou decisão judicial: art. 34, inc. VI

execução de sentença: art. 102, inc. I, "m"

exequatur: arts. 105, inc. I, "i", e 109, inc. X

exercício da classificação, para efeito indicativo, de diversões e espetáculos públicos e programas de rádio e televisão: arts. 21, inc. XVI, 220, § 3º, e 221

exoneração do Procurador-Geral da República: arts. 52, inc. XI, e 128, § 2º

extradição: arts. 5º, incs. LI e LII, 22, inc. XV, e 102, inc. I, "g"

F

férias: art. 7º, inc. XVII

fiança: art. 5º, incs. XLII, XLIII, XLIV e LXVI

fiscalização contábil, financeira e orçamentária: arts. 29, inc. XI, 31, 70 a 75

fiscalização da regularidade dos serviços públicos: art. 129, inc. II

flagrante delito: arts. 5º, incs. XI e LXI, e 53, § 2º

forma federativa de Estado: arts. 1º, *caput*, 18, *caput*, e 60, § 4, inc. I

função social da propriedade: arts. 5º, inc. XXIII, 170, inc. III, 182, § 2º, e 186

funções de confiança: art. 37, inc. V

G

garantias das operações de crédito: arts. 163, inc. III, e 167, inc. IV

garantias dos juízes: arts. 62, § 1º, inc. I, "c", 68, § 1º, inc. I, 73, § 3º, e 95, *caput*

garantias dos membros do Ministério Público: arts. 62, § 1º, inc. I, "c", 68, § 1º, inc. I, e 128, § 5º, inc. I

Governadoria de Estado: arts. 28 e 103, inc. V

Governadoria do Distrito Federal: arts. 32, §§ 2º e 4º, e 103, inc. V

graça: art. 5º, inc. XLIII

grave comprometimento da ordem pública: art. 34, inc. III

greve: arts. 9º, 37, inc. VII, e 142, § 3º, inc. IV

Guardas Municipais: art. 144, § 8º

H

habeas corpus: arts. 5º, incs. LXVIII e LXXVII, 102, incs. I, "d" e "i" e II, "a", 105, incs. I, "c" e II, "a", 108, inc. I, "d", 109, inc. VII, 114, inc. IV, 121, §§ 3º e 4º, inc. V, e 142, § 2º

habeas data: arts. 5º, incs. LXXII e LXXVII, 102, incs. I, "d" e II, "a", 105, inc. I, "b", 108, inc. I, "c", 109, inc. VIII, 114, inc. IV, e 121, § 4º, inc. V

I

identidade de retribuição pecuniária: art. 49, inc. VII

ilhas: arts. 20, inc. IV, e 26, incs. II e III

impeachment: arts. 50, § 2º, 51, inc. I, 52, incs. I e II e parágrafo único, 85, 86, *caput*, §§ 1º, inc. II e 2º, 102, inc. I, "c", e 167, § 1º

impostos da União: art. 153

impostos dos Estados e do Distrito Federal: art. 155

impostos dos Municípios: arts. 30, inc. III, e 156

impostos extraordinários: art. 154, inc. II

Imposto sobre a Exportação: art. 153, inc. II

Imposto sobre a Importação: art. 153, inc. I

Imposto sobre a Renda e Proventos de Qualquer Natureza: art. 153, inc. III e § 2º

Imposto sobre Grandes Fortunas: art. 153, inc. VII

Imposto sobre Operações de Crédito, Câmbio e Seguro, ou relativas a Títulos ou Valores Mobiliários: art. 153, inc. V

Imposto sobre Operações relativas à Circulação de Mercadorias e Prestações de Serviços de Transporte Interestadual e Intermunicipal e de Comunicação: art. 155, inc. II e § 2º

Imposto sobre Produtos Industrializados: art. 153, inc. IV e § 3º

Imposto sobre Propriedade de Veículos Automotores: art. 155, inc. III e § 6º

Imposto sobre Propriedade Predial e Territorial Urbana: art. 156, inc. I e § 1º

Imposto sobre Propriedade Territorial Rural: art. 153, inc. VI e § 4º

Imposto sobre Serviços de Qualquer Natureza: art. 156, inc. III e § 3º

Imposto sobre Transmissão *Causa Mortis* de Bens e Direitos: art. 155, inc. I e § 1º

Imposto sobre Transmissão *Inter Vivos* de Bens e Direitos: art. 156, inc. II e § 2º

improbidade administrativa: arts. 15, inc. V, e 37, § 4º

imunidade parlamentar material: arts. 27, § 1º, 29, inc. VIII, e 53, *caput*

imunidades parlamentares formais: arts. 27, § 1º, e 53, §§ 2º a 5º e 8º

imunidade temporária à persecução criminal: art. 86, § 4º

imunidade temporária à prisão provisória: art. 86, § 3º

inafastabilidade do controle judicial: arts. 5º, incs. XXXV e LXXVIII, e 217, § 1º

inamovibilidade: arts. 73, § 3º, 93, inc. VIII, 95, inc. II, e 128, § 5º, inc. I, "b"

incidente de deslocamento de competência: art. 109, inc. V-A e § 5º

incorporação, subdivisão ou desmembramento de Estados: arts. 18, § 3º, e 48, inc. VI

independência nacional: art. 4º, inc. I, 78, *caput*, e 91, § 1º, inc. IV

índios: arts. 20, inc. XI, 22, inc. XIV, 49, inc. XVI, 109, inc. XI, 129, inc. V, 176, § 1º, 210, § 2º, 231 e 232

indiscriminação no trabalho: art. 7º, incs. XXX, XXXI e XXXII

individualização da pena: art. 5º, inc. XLVI

informática: art. 22, inc. IV

iniciativa geral: arts. 61, *caput*, e 84, inc. III

iniciativa popular: arts. 1º, parágrafo único, 14, inc. III, 27, § 4º, 29, inc. XIII, e 61, § 2º

iniciativa reservada: arts. 51, inc. IV, 52, inc. XIII, 61, § 1º, 73, 84, inc. III, 93, 96, inc. II, e 127, § 2º

inspeção do trabalho: arts. 21, inc. XXIV, e 170, parágrafo único

instituição do sistema nacional de gerenciamento de recursos hídricos: arts. 20, § 1º, 21, inc. XIX, e 23, inc. XI

instituições financeiras: arts. 48, inc. XIII, e 192

interdição de direitos: art. 5º, inc. XLVI, "e"

intervenção nas empresas de serviços públicos: arts. 139, inc. VI, e 175, *caput*

invasão estrangeira: arts. 34, inc. II, 84, inc. XIX, e 137, inc. II

investimentos de capital estrangeiro: arts. 172, 192 e 222, § 4º

irredutibilidade de subsídios: arts. 73, § 3º, 95, inc. III, e 128, § 5º, inc. I, "c"

irretroatividade da norma penal: art. 5º, inc. XL

irretroatividade da norma tributária: art. 150, inc. III, "a"

isenção do serviço militar: arts. 27, § 1º, e 53, § 7º

isonomia tributária: art. 150, inc. II

J

juizados especiais: arts. 24, inc. X, e 98, inc. I e § 1º

juiz natural: art. 5º, incs. XXXVII e LIII

julgamento de contas: arts. 49, inc. IX, e 71, inc. II

juntas comerciais: art. 24, inc. III

justiça de paz: art. 98, inc. II

Justiça do Trabalho: arts. 92, inc. IV, 111 a 116

Justiça Eleitoral: arts. 92, inc. V, 118 a 121

Justiças Estaduais: arts. 92, inc. VII, 125 e 126

Justiça Federal Comum: arts. 92, inc. III, 106 a 110

justiça itinerante: arts. 107, § 2º, 115, § 1º, e 125, § 7º

Justiça Militar Federal: arts. 92, inc. VI, 122 a 124

justiça social: arts. 3º, inc. I, 170, *caput*, e 193

livre iniciativa: arts. 5º, inc. XIII, e 170, *caput*

L

lazer: arts. 6º, 217, § 3º, e 227, *caput*
legislatura: arts. 44, parágrafo único, e 57, § 4º
Lei Orgânica do Distrito Federal: art. 32, *caput*
Lei Orgânica de Município: art. 29
leis complementares: arts. 59, inc. II, 61, 62, § 1º, inc. III, e 69
leis delegadas: arts. 59, inc. IV, e 68
leis ordinárias: arts. 59, inc. III, e 61
licença dos Deputados: arts. 27, § 1º, e 56
licença dos Senadores da República: art. 56
licitações e contratos administrativos: arts. 22, inc. XXVII, 37, inc. XXI, 173, § 1º, inc. III, e 175, *caput*
líderes partidários: arts. 89, incs. IV e V, e 140
limitação ao dever de testemunhar: art. 53, § 6º
limites do território nacional: art. 48, inc. V
língua portuguesa: arts. 13, *caput*, e 210, § 2º
litígio entre Estado estrangeiro ou organismo internacional e União, Estado, Distrito Federal ou Território: art. 102, inc. I, "e"

M

maioria: arts. 47, 53, § 8º, 60, § 2º, e 69
mandado de injunção: arts. 5º, inc. LXXI, 102, incs. I, "q" e II, "a", 105, inc. I, "h", e 121, § 4º, inc. V
mandado de segurança: arts. 5º, inc. LXIX, 102, incs. I, "d" e II, "a", 105, incs. I, "b" e II, "b", 108, inc. I, "c", 109, inc. VIII, 114, inc. IV, e 121, §§ 3º e 4º, inc. V
mandado de segurança coletivo: art. 5º, inc. LXX
mandato do Presidente da República: art. 82
mandado dos Deputados: arts. 27, § 1º, 32, § 2º, e 44, parágrafo único
mandato dos Governadores: arts. 28, *caput*, e 32, § 2º
mandato dos Prefeitos de Município: art. 29, inc. I
mandato dos Senadores da República: art. 46, § 1º
mandato dos Vereadores: art. 29, inc. I
manutenção de relações com Estados estrangeiros e participação em organizações internacionais: arts. 4º, *caput*, 21, inc. I, 49, inc. I, e 84, incs. VII e VIII
medidas provisórias: arts. 59, inc. V, 84, inc. XXVI, e 62
metalurgia e recursos minerais: arts. 22, inc. XII, 176, *caput*, e 225, § 2º
microempresas: arts. 146, inc. III, "d", 170, inc. IX, e 179
Ministério Público: arts. 127 a 130
Ministério Público junto aos Tribunais de Contas: arts. 73, § 2º, inc. I, e 130
mobilização nacional: arts. 22, inc. XXVIII, e 84, inc. XIX
mulheres: arts. 5º, inc. I, 7º, inc. XX, e 143, § 2º
multa: art. 5º, inc. XLVI, "c"
Municípios: arts. 1º, *caput*, 18, *caput*, e 29 a 31

N

naturalização: arts. 12 e 22, inc. XIII

nomeação do Advogado-Geral da União: arts. 84, inc. XVI, e 131, § 1º

nomeação do presidente e diretores do banco central: arts. 52, inc. III, "d", e 84, inc. XIV

nomeação do Procurador-Geral da República: arts. 52, inc. III, "e", 84, inc. XIV, e 128, § 1º

nomeação dos Comandantes da Marinha, do Exército e da Aeronáutica: art. 84, inc. XIII

nomeação dos Governadores de Territórios: arts. 52, inc. III, "c", e 84, inc. XIV

nomeação dos Ministros de Estado: arts. 84, inc. I, e 87, *caput*

nomeação dos Ministros do Superior Tribunal de Justiça: arts. 52, inc. III, "a", 84, inc. XIV, e 104, parágrafo único

nomeação dos Ministros do Superior Tribunal Militar: arts. 52, inc. III, "a", 84, inc. XIV, e 123, *caput*

nomeação dos Ministros do Supremo Tribunal Federal: arts. 52, inc. III, "a", 84, inc. XIV, e 101, parágrafo único

nomeação dos Ministros do Tribunal de Contas da União: arts. 49, inc. XIII, 52, inc. III, "b", 73, § 1º, e 84, inc. XV

nomeação dos Ministros do Tribunal Superior Eleitoral: arts. 52, inc. III, "a", 84, inc. XIV, e 115, *caput*

nomeação dos Ministros do Tribunal Superior do Trabalho: arts. 52, inc. III, "a", 84, inc. XIV, e 111-A, *caput*

número de Deputados: arts. 27, *caput*, e 45, § 1º

número de Senadores da República: art. 46, § 1º

número de Vereadores: art. 29, inc. IV

O

objeção de consciência: arts. 5º, inc. VIII, 15, inc. IV, e 143, § 1º

ocupação temporária: art. 136, § 1º, inc. II

operações de câmbio: arts. 21, inc. VIII, e 163, inc. VI

orçamento: arts. 24, inc. II, 165 a 169 e 85, inc. VI

orçamentos anuais: arts. 48, inc. II, 62, § 1º, inc. I, "d", 68, § 1º, inc. III, 84, inc. XXIII, 165, inc. III e § 5º, e 166

organização das atividades de estatística, geografia, geologia e cartografia: arts. 21, inc. XV, e 22, inc. XVIII

organização do Poder Judiciário, Ministério Público e Defensoria Pública do Distrito Federal e Territórios: arts. 21, inc. XIII, 22, inc. XVII, 92, inc. VII, 128, inc. I, "d", e 134, § 1º

organização da Polícia Civil, Polícia Militar e Corpo de Bombeiros Militar do Distrito Federal: arts. 21, inc. XIV, 32, § 4º, e 144, § 6º

organização, efetivos, material bélico, garantias, convocação e mobilização das polícias militares e corpos de bombeiros militares: arts. 22, inc. XXI, e 144, § 5º

organização paramilitar: arts. 5º, inc. XVII, e 17, § 4º

ouvidorias de justiça: art. 103-B, § 7º

ouvidorias do Ministério Público: art. 130-A, § 5º

P

parcelamento ou edificação compulsórios: art. 182, § 4º, inc. I

participação nos lucros ou resultados da empresa: art. 7º, inc. XI

partidos políticos: arts. 5º, inc. LXX, "a", 17, 62, § 1º, inc. I, "a", e 103, inc. VIII

pena de banimento: art. 5º, inc. XLVII, "d"

pena de caráter perpétuo: art. 5º, inc. XLVII, "b"

pena de morte: art. 5º, inc. XLVII, "a"

pena de trabalhos forçados: art. 5º, inc. XLVII, "c"

penas cruéis: art. 5º, inc. XLVII, "e"

pequena propriedade rural: arts. 5º, inc. XXVI, 43, § 3º, e 185, inc. I

perda de bens: art. 5º, incs. XLV, XLI, "b" e LIV

perda de mandato do Presidente da República: arts. 15, 52, parágrafo único, 78, parágrafo único, e 83

perda de mandato dos Deputados: arts. 27, § 1º, e 55

perda de mandato dos Governadores: art. 28, § 1º

perda de mandato dos Prefeitos de Município: art. 28, inc. XIV

perda de mandato dos Senadores da República: art. 55

perda de mandato dos Vereadores: art. 29, inc. IX

períodos legislativos: art. 57, *caput*

permanência em localidade determinada: arts. 5º, inc. XV, e 139, inc. I

permanência ou trânsito de forças estrangeiras no território nacional: arts. 21, inc. IV, 49, inc. II, e 84, inc. XXII

pessoas portadoras de deficiência: arts. 7º, inc. XXXI, 23, inc. II, 24, inc. XIV, 37, inc. VIII, 203, incs. IV e V, 208, inc. III, 227, §§ 1º, inc. II e 2º, e 244

planejamento e promoção de defesa permanente contra as calamidades públicas: art. 21, inc. XVIII

plano plurianual: arts. 48, inc. II, 62, § 1º, inc. I, "d", 68, § 1º, inc. III, 84, inc. XXIII, 165, inc. I e § 1º, e 166

plebiscito: arts. 1º, parágrafo único, 14, inc. I, 18, §§ 3º e 4º, e 49, inc. XV

pluralismo político: arts. 1º, inc. V, e 17, *caput*

poder de requisição: art. 129, incs. VI e VIII

polícia marítima, aeroportuária e de fronteiras: arts. 21, inc. XXII, e 144, § 1º, inc. III

Polícia Federal: arts. 22, inc. XXII, e 144, inc. I e § 1º

Polícia Ferroviária Federal: arts. 22, inc. XXII, e 144, inc. III e § 3º

Polícia Rodoviária Federal: arts. 22, inc. XXII, e 144, inc. II e § 2º

Polícias Civis: arts. 24, inc. XVI, e 144, inc. IV e § 4º

Polícias Militares: arts. 22, inc. XXI, 42 e 144, inc. V e § 5º

política agrícola: arts. 23, inc. VIII, e 187

política urbana: arts. 30, inc. VIII, e 182

posse do Presidente da República: arts. 57, §§ 3º, inc. III e 6º, inc. I, e 78, *caput*

poupança popular: arts. 22, inc. XIX, e 62, § 1º, inc. II

preconceito de origem, raça, sexo, cor ou idade: arts. 3º, inc. IV, 5º, inc. XLI, 7º, incs. XXX e XXXI, e 227, *caput*, §§ 1º, inc. II e 6º

Prefeitura de Município: art. 29

prerrogativa de foro especial do Advogado-Geral da União: art. 52, inc. II

prerrogativa de foro especial dos Comandantes da Marinha, do Exército e da Aeronáutica: arts. 52, inc. I, e 102, inc. I, "c"

prerrogativa de foro especial dos Deputados Federais e Senadores da República: arts. 53, § 1º, e 102, inc. I, "b"

prerrogativa de foro especial dos Governadores: art. 105, inc. I, "a"

prerrogativa de foro especial dos juízes: arts. 96, inc. III, 105, inc. I, "a", e 108, inc. I, "a"

prerrogativa de foro dos membros do Conselho Nacional de Justiça: art. 52, inc. II

prerrogativa de foro dos membros do Conselho Nacional do Ministério Público: art. 52, inc. II

prerrogativa de foro especial dos membros do Ministério Público: arts. 96, inc. III, 105, inc. I, "a", e 108, inc. I, "a"

prerrogativa de foro especial dos Ministros de Estado: arts. 52, inc. I, e 102, inc. I, "c"

prerrogativa de foro especial dos Ministros do Superior Tribunal de Justiça: art. 102, inc. I, "c"

prerrogativa de foro especial dos Ministros do Superior Tribunal Militar: art. 102, inc. I, "c"

prerrogativa de foro especial dos Ministros do Supremo Tribunal Federal: arts. 52, inc. II, e 102, inc. I, "b"

prerrogativa de foro especial dos Ministros do Tribunal de Contas da União: art. 102, inc. I, "c"

prerrogativa de foro especial dos Ministros do Tribunal Superior Eleitoral: art. 102, inc. I, "c"

prerrogativa de foro especial dos Ministros do Tribunal Superior do Trabalho: art. 102, inc. I, "c"

prerrogativa de foro especial dos Prefeitos de Município: art. 29, inc. X

prerrogativa de foro especial do Presidente da República: arts. 52, inc. I, 86, *caput*, e 102, inc. I, "b"

prerrogativa de foro especial do Procurador-Geral da República: arts. 52, inc. II, e 102, inc. I, "b"

prescrição da pretensão punitiva: art. 5º, incs. XLII e XLIV

prescrição dos créditos trabalhistas: art. 7º, inc. XXIX

Presidência da República: arts. 76 e 103, inc. I

prestação de contas: arts. 30, inc. III, 31, §§ 2º e 3º, 33, § 2º, 34, inc. VII, "d", 35, inc. II, 70, parágrafo único, e 84, inc. XXIV

prestação de informações: arts. 5º, inc. XXXIII, 37, § 3º, inc. II, e 139, inc. III

prestação social alternativa: art. 5º, inc. XLVI, "d"

presunção de inocência: art. 5º, inc. LVII

previdência privada: art. 202

princípio da eficiência: art. 37, *caput*, §§ 3º e 8º

princípio da impessoalidade: arts. 22, inc. XXVII, 37, *caput* e incs. II e XXI, e 173, § 1º, inc. III

princípio da legalidade: arts. 5º, inc. II, 37, *caput*, e 84, incs. IV e VI

princípio da moralidade: arts. 15, inc. V, 37, *caput* e § 4º, e 85, inc. V

princípio da publicidade: arts. 5º, incs. XXXIII, XXXIV e LXXII, e 37, *caput*

princípios constitucionais sensíveis: art. 34, inc. VII

privação da liberdade: art. 5º, incs. XLVI, "a" e LIV

procedimentos em matéria processual: arts. 22, inc. I, e 24, inc. XI

Procuradorias-Gerais dos Estados e do Distrito Federal: art. 132

proibição da prova ilícita: art. 5º, inc. LVI

proibições dos Deputados: arts. 27, § 1º, e 54

proibições dos Senadores da República: art. 54

proibições dos Vereadores: arts. 29, inc. IX, e 54

promulgação: art. 66, §§ 5º e 7º, e 84, inc. IV

propaganda comercial: arts. 22, inc. XXIX, e 37, § 1º

propriedade privada: arts. 5º, *caput* e inc. XXII, e 170, inc. II

proteção à infância e juventude: arts. 6º, 24, inc. XV, e 227, § 3º

proteção à maternidade e paternidade: arts. 6º e 7º, incs. XVIII, XIX e XXV

proteção ao patrimônio histórico, cultural, artístico, turístico e paisagístico: arts. 23, incs. III e IV, 24, inc. VII, e 30, inc. IX

proteção contra o desemprego: art. 7º, incs. II, III e XXI

proteção do meio ambiente: arts. 23, incs. VI e VII, 24, inc. VI, 170, inc. VI, e 225, *caput*

publicação: art. 84, inc. IV

publicidade dos atos processuais: arts. 5º, inc. LX, e 93, inc. IX

Q

quinto constitucional: arts. 94, 107, inc. I, 111-A, inc. I, e 115, inc. I

quorum: art. 47

R

racismo: arts. 4º, inc. VIII, e 5º, inc. XLII

radiodifusão: arts. 21, inc. XII, 22, inc. IV, e 48, inc. XII

razoável duração do processo: art. 5º, inc. LXXVIII

recesso parlamentar: arts. 57, *caput*, 58, § 4º, 62, § 4º, e 64, § 4º

reciprocidade: arts. 4º, inc. V, e 178, *caput*

reclamação: arts. 102, inc. I, "l", 103-A, § 3º, e 105, inc. I, "f"

recurso especial: art. 105, inc. III

recurso extraordinário: art. 102, inc. III

recurso ordinário: arts. 102, inc. II, e 105, inc. II

redução das desigualdades regionais: arts. 3º, inc. III, 43, *caput*, 165, § 7º, e 170, inc. VII

referendo: arts. 1º, parágrafo único, 14, inc. II, e 49, inc. XV

regime de urgência: arts. 62, § 6º, e 64, §§ 1º e 2º

regime dos portos, navegação lacustre, fluvial, marítima, aérea e aeroespacial: arts. 22, inc. X, e 178, parágrafo único
regime geral de previdência social: art. 201
regimento interno de Casas Legislativas: arts. 27, § 3º, 51, inc. III, 52, inc. XII, e 57, § 3º, inc. II
regimento interno dos Tribunais: art. 96, inc. I, "a"
regime próprio de previdência social: art. 40
regiões metropolitanas: art. 25, § 3º
registros públicos: arts. 22, inc. XXV, e 236
regulação: arts. 5º, inc. II, 21, inc. XI, e 177, § 2º, inc. III
regulamentação: arts. 5º, inc. II, 49, incs. V e X, 84, incs. IV e VI, e 87, parágrafo único, inc. I
renovação de concessão ou permissão de serviços públicos: arts. 49, inc. XII, e 223
reorganização das finanças da unidade da federação: art. 34, inc. V
reparação de danos: arts. 5º, inc. XLV, e 225, § 3º
repartição das receitas tributárias: arts. 34, inc. V, "b", 157 a 162
repercussão geral: art. 102, § 3º
representação de inconstitucionalidade: art. 125, § 2º
representação de inconstitucionalidade interventiva: art. 35, inc. IV
representação judicial e consultoria jurídica de entidades públicas: arts. 129, inc. IX, 131, *caput*, e 132, *caput*
representação paritária e do pessoal: arts. 10 e 11
república: art. 34, inc. VII, "a"
República Federativa do Brasil: arts. 1º, *caput*, 3º, *caput*, 4º, 5º, § 2º, 12, incs. I e II, "b", 13, *caput* e § 1º, e 18, *caput*
requisição de bens: arts. 5º, inc. XXV, 22, inc. III, e 139, inc. VII
reserva de plenário: art. 97
reserva legal: art. 5º, inc. XXXIX
resoluções: arts. 51, 52, 59, inc. VII, e 68, § 2º
responsabilidade civil do Estado: arts. 5º, inc. LXXV, e 37, § 6º
responsabilidade penal de pessoas jurídicas: arts. 173, § 5º, e 225, § 3º
responsabilidade pessoal: art. 5º, inc. XLV
retribuição pecuniária: art. 37, incs. X e XII, e 39, § 4º
reunião: arts. 5º, inc. XVI, 136, § 1º, inc. I, "a", e 139, inc. IV
revisão criminal: arts. 102, inc. I, "j", 105, inc. I, "e", e 108, inc. I, "b"

S

salário: art. 7º, incs. IV a X
sanção: arts. 66, *caput*, e 84, inc. IV
saneamento básico: arts. 21, inc. XX, 23, inc. IX, e 200, inc. IV
segurança do território nacional: arts. 85, inc. IV, e 91, § 1º, inc. III
segurança e medicina do trabalho: art. 7º, incs. XXII, XXIII e XXVIII
segurança pública: arts. 6º e 144
seguridade social: arts. 22, inc. XXIII, e 194
Senado Federal: arts. 52 e 103, inc. II
sentenças estrangeiras: arts. 105, inc. I, "i", e 109, inc. X

separação dos Poderes: arts. 2º, 34, inc. IV, 44, *caput*, 60, § 4º, inc. III, 76, 85, inc. II, e 92, *caput*

serviço postal: arts. 21, inc. X, e 22, inc. V

sessão conjunta: arts. 57, § 3º, e 66, § 4º

sessão legislativa: arts. 51, inc. II, 57, § 3º, inc. I, 84, incs. XI e XXIV, e 103-B, § 4º, inc. VII

sigilo da correspondência: arts. 5º, inc. XII, 136, § 1º, inc. I, "b", e 139, inc. III

sigilo das comunicações: arts. 5º, inc. XII, e 136, § 1º, inc. I, "c"

sindicatos: arts. 5º, inc. LXX, "b", 8º e 114, inc. III

sistema eleitoral majoritário: arts. 28, *caput*, 29, inc. II, 46, *caput*, e 77, § 2º

sistema eleitoral proporcional: arts. 27, § 1º, 29, inc. I, e 45, *caput*

sistema monetário e de medidas, títulos e garantias dos metais: arts. 22, inc. VI, e 48, inc. XIV

sistema tributário: arts. 48, inc. I, 52, inc. XV, 145 a 162

sistema único de saúde: arts. 30, inc. VII, e 198, § 1º

sítios arqueológicos: arts. 20, inc. X, e 216, inc. V

soberania: arts. 1º, inc. I, 5º, inc. LXXI, 14, *caput*, 17, *caput*, 91, *caput*, 170, inc. I, e 231, § 5º

subsídio do Presidente da República: arts. 39, § 4º, e 49, inc. VIII

subsídio dos Advogados da União, Procuradores da Fazenda Nacional, Procuradores dos Estados e do Distrito Federal e Defensores Públicos: art. 135

subsídio dos Deputados: arts. 27, §§ 1º e 2º, 37, inc. XI, 39, § 4º, e 49, inc. VII

subsídio dos Governadores: arts. 28, § 2º, e 39, § 4º

subsídio dos juízes: art. 95, inc. III

subsídio dos membros do Ministério Público: art. 128, § 5º, inc. I, "c"

subsídio dos Ministros de Estado: arts. 39, § 4º, e 49, inc. VIII

subsídio dos Ministros do Superior Tribunal de Justiça: art. 93, inc. V

subsídio dos Ministros do Superior Tribunal Militar: art. 93, inc. V

subsídio dos Ministros do Supremo Tribunal Federal: arts. 37, inc. XI, 48, inc. XV, e 96, inc. II, "b"

subsídio dos Ministros do Tribunal de Contas da União: arts. 73, § 3º, e 93, inc. V

subsídio dos Ministros do Tribunal Superior Eleitoral: art. 93, inc. V

subsídio dos Ministros do Tribunal Superior do Trabalho: art. 93, inc. V

subsídio dos Prefeitos de Municípios: art. 29, inc. V, e 39, § 4º

subsídio dos Secretários Estaduais: art. 39, § 4º

subsídio dos Secretários Municipais: art. 39, § 4º

subsídio dos Senadores da República: arts. 37, inc. XI, 39, § 4º, e 49, inc. VII

subsídio dos servidores policiais: art. 144, § 9º

subsídio dos Vereadores: arts. 29, inc. VI, e 39, § 4º

súmula vinculante: art. 103-A

Superior Tribunal de Justiça: arts. 92, incs. II, 104 e 105

Supremo Tribunal Federal: arts. 92, inc. I, 101 a 103-A

T

telecomunicações: arts. 21, inc. XI, 22, inc. IV, e 48, inc. XII

terras devolutas: arts. 20, inc. II, 26, inc. IV, e 188, *caput*

Territórios: arts. 33 e 61, § 1º, inc. II, "b"

terrorismo: arts. 4º, inc. VIII, e 5º, inc. XLIII

teto retributivo: arts. 37, inc. XI e § 9º, e 96, inc. II, "b"

tipicidade tributária: art. 150, inc. I

títulos da dívida pública: arts. 163, inc. IV, 182, § 4º, inc. III, e 184

tomada de contas: art. 51, inc. II

tombamento: arts. 23, inc. III, 24, inc. VII, e 216

tortura: art. 5º, incs. III, XLIII e XLIX

trabalho: arts. 1º, inc. IV, 5º, inc. XIII, 6º a 11, 21, inc. XXIV, 170, *caput*, 186, inc. III, 193, 203, inc. III, 205, 214, inc. IV, e 227, § 3º, inc. I

tráfico ilícito de entorpecentes e drogas afins: arts. 5º, incs. XLIII e LI, 144, § 1º, inc. II, e 243, parágrafo único

trânsito e transporte: arts. 22, inc. XI, e 23, inc. XII

Tribunal de Contas da União: arts. 33, § 2º, 71 a 74

Tribunais de Contas dos Estados e do Distrito Federal: arts. 31, § 1º, e 75

Tribunais e Conselhos de Contas dos Municípios: arts. 31, §§ 1º e 4º, e 75

Tribunais de Justiça: arts. 35, inc. IV, e 125, §§ 1º e 2º

Tribunais de Justiça Militar: art. 125, § 3º

Tribunal do Júri: arts. 5º, inc. XXXVIII, e 125, § 4º

Tribunal Penal Internacional: art. 5º, § 4º

turismo: art. 180

U

união: arts. 1º, *caput*, 34, inc. I, e 60, § 4º, inc. I

União: arts. 18, *caput*, 20 a 24 e 85, inc. I

uniformidade tributária: art. 151, inc. I

universidades: arts. 207 e 213, § 2º

usucapião: arts. 183, § 3º, e 191, parágrafo único

utilização da Polícia Civil, Polícia Militar e Corpo de Bombeiros Militar do Distrito Federal: arts. 32, § 4º, e 144, § 6º

V

vedação da limitação da circulação de pessoas ou bens através de tributos interestaduais ou intermunicipais: art. 150, inc. V

vedação de confisco: art. 150, inc. IV

vedações dos juízes: arts. 73, § 3º, e 95, parágrafo único

vedações dos membros do Ministério Público: art. 128, § 5º, inc. II

veto: arts. 57, § 3º, inc. IV, 66, §§ 1º e 4º, e 84, inc. V

vinculação ou equiparação: art. 37, inc. XIII e § 12

vitaliciedade: arts. 73, **§ 3o,** 95, inc. I, e 128, § 5º, inc. I, "a"

voto direto, secreto, universal e periódico: arts. 14, *caput*, e 60, § 4º, inc. II

Formato	17 x 24 cm
Tipografia	Iowan 10/12
Papel	Offset Sun Paper 63 g/m² (miolo)
	Cartão Supremo 250 g/m² (capa)
Número de páginas	440
Impressão	Bartira Gráfica